D1628880

Stanisław Ignacy Witkiewicz · Abschied vom Herbst

Stanisław Ignacy Witkiewicz

Abschied vom Herbst

Roman

Aus dem Polnischen von Walter Tiel

Piper
München Zürich

Die Originalausgabe erschien 1927 unter dem Titel
»Pożegnanie jesieni« bei F. Hoesick in Warschau.

ISBN 3-492-03112-9
Alle Rechte der deutschen Ausgabe:
R. Piper GmbH & Co. KG, München 1987
Gesetzt aus der Bembo-Antiqua
Gesamtherstellung: Mühlberger, Augsburg
Printed in Germany

Was ist, o Natur, Deiner Tröstungen Wort
gegen die Begierden, die Du weckst durch Deiner Finsternisse Raum.
(Deinen dunklen Raum)

Inhalt

Vorwort 9

I. Kapitel: Hela Bertz 13

II. Kapitel: Bekehrung und Duell 68

III. Kapitel: Wesentliche Gespräche 104

IV. Kapitel: Hochzeiten und erstes Pronunziamento 151

V. Kapitel: Homococo 202

VI. Kapitel: Verbrechen 251

VII. Kapitel: Flucht 336

VIII. Kapitel: Das Geheimnis eines Septembermorgens 400

Vorwort

Da ich die Versprechungen, die das erste Vorwort enthielt, nicht eingelöst habe, das nämlich zu schreiben, was ich einen »metaphysischen Roman« nenne, verfasse ich ein zweites – nur ein paar Worte.

1. Vorweg weise ich den Vorwurf zurück, daß dieser Roman pornographisch sei. Meines Erachtens muß die Beschreibung bestimmter Dinge erlaubt sein, soweit sie einen Vorwand zu anderen, wesentlicheren Aussagen abgeben. Stefan Żeromski[1] vermerkte in seinem Roman *Vorfrühling*, daß er an gegebener Stelle von der Beschreibung bestimmter Szenen absehe, weil das polnische Publikum so etwas nicht liebt. Ich halte das nicht für richtig. Gemessen an dem, was die Franzosen schreiben (im Moment fällt mir Mirbeau, Paul Adam, Margueritte ein), meine ich nicht, daß die Dinge in diesem Buch zu monströs dargestellt sind. Manchmal sind der Punkt auf dem »i« und das Schwänzchen am »e« besser als diskrete Pünktchen und Gedankenstriche. Seitdem Berent[2] das Wort »Hurensohn« drucken ließ (in *Wintersaat*) und Boy[3] einen Satz, in dem der Ausdruck vorkam: »Sie paaren sich wie wilde Esel« (im Vorwort zu *Fräulein de Maupin*), finde ich, daß man sich gelegentlich nicht genieren muß, wenn es sich entsprechend lohnt. Freilich kann man immer sagen: Was dem Fürsten erlaubt ist, ist dem Schwein nicht erlaubt – na ja, man muß etwas riskieren.

2. Ich lehne ebenfalls von vornherein den etwaigen Vorwurf ab, ich hätte ein leichtfertiges Verhältnis zu religiösen Fragen. Bei uns gibt es so viele borniert Leute, daß so etwas durchaus möglich sein könnte. Energisch protestiere ich dagegen.

3. Gesellschaftliche Fragen werden naiv behandelt, ohne Fachkenntnisse, die ich nicht besitze. Es geht um den Hinter-

9

grund. Ich mache keinerlei Anspielungen auf aktuelle Dinge: nichts von Maiereignissen des Jahres 1926, keine Märzereignisse des Jahres 1927. Ich hätte diese ganze Geschichte ebensogut in Venezuela oder in Paraguay ansiedeln können und die »Helden« mit spanischen oder sogar portugiesischen Namen ausstatten können. Das hätte das Wesen der Dinge nicht geändert.

4. Weil ich keine Ahnung davon habe, was ein luxuriöses Leben ist, behandle ich diese Fragen etwas humoristisch und phantastisch à la Madzia Samoswaniec[4]. Die Idee, phantastische Bezeichnungen zum Beispiel für nicht existierende Speisen einzuführen, entnahm ich dem leider 1917 vernichteten Roman *Kardynal Poniflet* von Leon Chwistek[5]. Er schrieb ihn 1906, und dort »traten« nicht existierende Pflanzen »auf«. Anstatt irgendein »Menü« zu kopieren aus dem Hotel Australia in Sydney oder von einem Festessen beim Major der Stadt Bendigo bei Melbourne oder einfach von Rydz in Warschau, zog ich es einfach vor, Bezeichnungen nicht existierender Speisen zu verwenden. Auf diese Weise könnten diese Speisen sogar für einen Feinschmeckerklub in Paris einen gewissen Reiz haben. Dasselbe gilt für die purpurroten Pferde, Möbel, Bilder und so weiter.

5. Indien kenne ich nicht, außer von einem mehrstündigen Aufenthalt in Bombay. Dafür war ich auf der Durchreise nach Australien im Jahr 1914 zwei Wochen auf Ceylon (damit muß ich mich brüsten, denn wenn ich ein Snob bin, dann nur ein australischer). Ich weiß dagegen nicht, weshalb ich bestimmte Ereignisse in Indien angesiedelt habe, davon ausgehend, was ich in Ceylon gesehen hatte. Auch an die Landesgeographie habe ich mich nicht genau gehalten.

6. Als Motto nehme ich ein Bruchstück aus einem Gedicht eines meiner schlimmsten »Feinde«, Anton Slonimskis, nicht um falsche Objektivität vorzutäuschen, sondern einfach deshalb, weil mir dieses Gedicht sehr gut gefällt und weil es als Motto paßt. Ich muß aber betonen, daß ich mich in meinen Urteilen über Kunst von keinen persönlichen Rücksichten leiten lasse, auch nicht von Politik oder sonstigem, außer davon, ob ich die gegebene Sache für künstlerisch gut halte oder für

schlecht. Leider muß ich feststellen, daß dieses Verhältnis zu Kunstwerken bei uns eine Seltenheit ist.

7. Das, was mein zweiter sehr unangenehmer »Feind«, Karol Irzykowski[6], über das Verhältnis der Kritik zum Kunstwerk in bezug auf den Autor schreibt, ist völlig richtig. Den Autor auf Grund seines Werkes in den Dreck zu ziehen, ist indiskret, ungehörig, nicht gentlemanlike. Leider kann jeder einer solchen Schweinerei ausgesetzt werden. Das ist sehr unangenehm.

P. S. Für einen »schlimmen Feind« halte ich denjenigen, mit dem man sich nicht auseinandersetzen kann, weil ihm ein eindeutiges System von Begriffen fehlt, und denjenigen, der sich selbst gegenüber nicht aufrichtig ist – der sich selbst nicht genau genug analysiert, wenn er sich zur Kritik oder zur Polemik anschickt, tja – und der die Ideen seines Gegners nicht versteht.

8. Ich weise noch darauf hin, daß dieser Roman der zweite ist, den ich geschrieben habe. Den ersten, *622 Stürze des Bung oder Das dämonische Weib*, schrieb ich in den Jahren 1910–1911. Aus Gründen, die mit mir nichts zu tun haben, kann er nicht veröffentlicht werden.

9. Den Roman halte ich nicht für ein Kunstwerk, entsprechend meiner Definition der Kunst im allgemeinen. Ansichten über den Roman habe ich 1925 im Januarheft des *Skamander* geäußert anläßlich einer Kritik von J. M. Rytards[7] *Himmelfahrt*.

10. Niemand wird mich dazu zwingen, daß ich das schön klingende zweisilbige Wort »tryumf« – »triumf« schreibe. Dadurch verwandelt es sich in ein einsilbiges Wort, was völlig unvereinbar ist mit dem Geist der polnischen Sprache. Man kann nicht wegen irgendwelcher orthographischer Forderungen den seit Jahrhunderten gebräuchlichen Klang der Worte verändern, um so mehr, wenn sie ganz objektiv in der früheren Schreibweise besser klingen. Mir scheint, das ist alles.

30. X. 1926   S. I. W.

1. Stefan Żeromski (1864–1925): bekannter Romanschriftsteller.
2. Waclaw Berent (1873–1940): Romanschriftsteller. Sein Roman *Wintersaat* erschien 1911.
3. Tadeusz Boy-Żeleński (1871–1941): Arzt, Schriftsteller und Publizist, bedeutender Literaturkritiker und Übersetzer.
4. Magdalena Samoswaniec (1884–1972): Satirikerin. Tochter des Malers Wojciech Kossak.
5. Leon Chwistek (1884–1944): Philosoph, Kunsttheoretiker, Maler und Schriftsteller.
6. Karol Irzykowski (1873–1944): Schriftsteller und Kritiker. Verfasser des experimentellen psychologischen Romans *Paluba* (1903).
7. Jerzy Mieczyslaw Rytard (1899–1970): Dichter und Schriftsteller, Freund Witkacys.

★ Sterne verweisen auf im Original deutschen Text.

I. Kapitel
Hela Bertz

Es war ein Nachmittag im Herbst. Atanazy Bazakbal, sehr unbemittelt, weit über zwanzig, ausgezeichnet gebaut und ungewöhnlich gut aussehend, brünett, kleidete sich eilig und doch sorgfältig an. Seine hellgrünen Augen, seine gerade Nase und sein recht stolzer, gewölbter Mund von der Farbe roher Leber stellten eine verhältnismäßig sympathische Gruppe der sichtbaren Organe seines Körpers dar. Der Duft der schwarzblau gemusterten Krawatte erinnerte ihn an seine vorletzte Geliebte, eine Blondine mit langen, schlanken Beinen und einem fehlerhaften Nasenansatz. Die Erinnerung an die sinnlosen Worte, die sie beim endgültigen Abschied gesagt hatte, explodierte wie eine ferne Granate und fiel mit dem Verschwinden schwacher Parfumdüfte in sich zusammen.

Vor einer halben Stunde hatte Atanazy endgültig beschlossen, zu Hela Bertz zu gehen. Er war übrigens schon mehrmals dort gewesen, aber nie deswegen . . . Jedenfalls nicht programmatisch. Der Zweck dieses Besuchs entsetzte ihn, aber gleichzeitig war alles so klein und unwichtig wie diese paar Fliegen, die um die nicht angezündete Lampe an der Zimmerdecke herumflogen im gelben Abglanz der Sonne, der von dem Haus gegenüber reflektiert wurde. Die Inkommensurabilität der inneren Zustände und des tatsächlichen Materials würgte wie ein Polyp, der sich von innen her in die wesentlichsten, lebenspendenden Eingeweide eingesaugt hatte – vielleicht war es das Herz.

Atanazy hatte sich zu diesem Schritt entschlossen, weil er es nicht länger ertragen konnte. Nicht etwa ohne Hela Bertz, obgleich sie ihm einmal ganz gefährlich gut gefallen hatte – nein: Er konnte einfach das gewaltige Übermaß seiner Liebe zu seiner Verlobten nicht mehr ertragen, die er gerade in dieser

Zeit zu sehr zu lieben begonnen hatte. Kann man auf der Basis von Gegenseitigkeit zu sehr lieben? Unsinn – und dennoch war Atanazys Situation fatal: die Liebe dieses gewohnheitsmäßigen Analytikers potenzierte sich auf eine phantastische Art, aus ihm völlig unverständlichen Gründen. Hela Bertz war natürlich Jüdin und zugleich die Verkörperung alles dessen, was Atanazy an einer Frau an sich gefallen konnte. Außerdem war sie, bis zu gewissen unüberschreitbaren Grenzen, eine notorisch leichtsinnige Frau. Davon hatte sich Atanazy bei einer Abendgesellschaft überzeugen können, die mit einer Trinkerei à la manière russe geendet hatte. Doch ob diese Leichtigkeit beim ersten Mal auf weite Sicht nicht irgendwelche Hinterhalte verbarg?

»Oh, welch sonderbare Formen kann der Wahnsinn gesunder Menschen annehmen« – so hatte neulich, das letzte Mal seine Hand drückend, Gina Beer, geborene Osłabędzka, die Frau eines reichen Juden und Cousine seiner augenblicklichen Verlobten, zu ihm gesagt. Zum erstenmal dachte er über diesen scheinbar sinnlosen Satz nach. Eine Sekunde lang stand er vor einem Abgrund, der in seinem Inneren klaffte, unerwartet wie ein feuerspeiender Krater zwischen den langweiligen Feldern der masowischen Tiefebene: gurgito nel campo vasto – ein von wer weiß wo herbeigeirrter Satz. Wenn er wollte, könnte er in diesem Augenblick viele wichtige Dinge erfahren: er brauchte nur zu fragen, und eine geheime Stimme würde alles mit mathematischer Präzision beantworten und das Wesen der gewichtigsten Vorbestimmungen aufdecken. Doch Atanazy war – in diesem Zustand – von den kleinen Dingen des Lebens gefangen, noch dazu von denen des »sexuellen Bereichs«. Abscheulich! Wie viele derartige Momente hatte er schon einfach aus Faulheit vergeudet sowie durch Einfügung nicht entsprechender Zahlen an die Stelle von X und Ypsilon in jene Gleichungen des reinen Schicksals, die ihm der Zufall unverdienter Offenbarungen vor sein inneres Auge stellte. Heute waren seine Verlobte und Hela Bertz die Parameter; und die Variable, vielmehr ihr System, war wie gewöhnlich er selbst, aufgespalten in mehr als ein Dutzend Doppelgänger. »Warum gerade Hela Bertz, und nicht zum Beispiel die arme Gina«(so arm war sie wiederum nicht) »oder irgendeine von den anderen ehemaligen oder potentiellen

Geliebten? Mit einer anderen wäre es kein Treubruch, ich muß sie aber wirklich betrügen. Hela ist die schönste und intelligenteste« (und reichste – flüsterte etwas) »Frau, die ich kenne. Sie allein entspricht jenem höchsten ›Standard‹ der Untreue, der notwendig ist. – Wozu dieser ›Standard‹? Es genügt, sie zu küssen – aber mit anderen . . .? Ja – das ist der Wahnsinn gesunder Menschen! Vielleicht bin ich wirklich wahnsinnig?« – Er war entsetzt, aber nur kurz: wieder sah er Zosias grüne Augen vor sich. »Sie würde mich sogar vor dem Wahnsinn retten«, dachte er mit maßloser, alle anderen Gefühle zermalmender Liebe. Er empfand sich selbst als kleines, nichtswürdiges Geschöpf und begehrte mit wahnsinniger Kraft irgendeine Erhöhung über sich hinaus. Vorläufig jedoch änderte er seine Entschlüsse nicht. Das war eben sein fatales Schicksal. Aber was ging das irgend jemanden an? Und dennoch . . .

Seinen widerlichen Plan beschloß Atanazy à coup sûr auszuführen. »Wenn ich nur nicht zufällig ein ganz gewöhnliches, kleines, gemeines, trauriges Schwein bin, ›un cochon triste‹?« dachte er und griff zum Telefonhörer.

»Fräulein Hela?«

»Ja, wer ist da?«

»Bazakbal. Sind Sie allein?«

»Ja. Das heißt . . . eigentlich . . .«

»Ich möchte kommen und mit Ihnen über Proust und Valéry sprechen und so weiter . . .«

»Gerne – aber gleich. Um fünf Uhr fahren Kuba und ich zu dieser Ausstellung von Scheußlichkeiten. Niemand versteht es, so wie er . . .« Atanazy legte plötzlich den Hörer auf. Ihn überkam die bekannte Atmosphäre des sogenannten wirklichen »Dämonismus«, dieser »weiblichen Welt«, dieser Schweinerei, in der Körper, Seelen und Kleider nur lockende Ergänzung selbständig lebender Geschlechtsorgane sind, wie Blütenblätter um Stempel und Staubfäden. Nur, daß es da schön ist . . . Ein wahnsinniger Ekel vor dem Geschlecht überhaupt schüttelte ihn von Grund auf. »Oh, wäre es doch hermaphroditisch wie bei den Schnecken, ohne diese Spaltung der Persönlichkeit! Ach, wer hat diese ganze wilde Phantasmagorie erdacht! Nun ja, wir gewöhnen uns so daran, daß es für uns aufhört, sonderbar zu sein. Doch wenn man darüber nachdenkt, daß jemand das da in jenes und dabei . . .« Die metaphysische Scheußlichkeit der Erotik wurde ihm klar wie noch nie. Und dennoch stand seine Verlobte Zosia gewissermaßen außerhalb. »Liebe ist etwas anderes, muß es sein – und wenn das nicht an sich schon so ist, werde ich es bewußt erschaffen. Nur diese Zutaten . . . Eine einzige Frau lieben wie einen Freund (auch das ist ekelhaft) und außerdem eine beliebige Anzahl von Geliebten haben (was gibt es Ekelhafteres?) – das wäre das Ideal. Und sie ebenso? Nein – Symmetrie ist hier ausgeschlossen. Der Treubruch einer Frau ist etwas ganz anderes als der Treubruch eines Mannes.« »Wir stecken nur das da in jenes, sie aber stecken Gefühl hinein (wo hinein?)«, erinnerte er sich an den peinlichen Satz eines ehemaligen Freundes, des bolschewisierenden Poeten Sajetan Tempe. »Den grundsätzlichen Unterschied beider Arten von Treubruch beweist auch das Märchen von dem Experiment mit einem weißen Kaninchenweibchen. Nachdem diese Dame ihren weißen Gatten nur ein einziges Mal mit einem schwarzen Geliebten betrogen hatte, gebar sie bis an ihr Lebensende ab und zu scheckige Kinder.«

Die transzendentale Ausweglosigkeit der Situation und die Unlösbarkeit der mit ihr verbundenen Probleme wurden ihm klar wie die Sonne, wie 2 × 2. Und trotzdem mußte man weiter in dieses Knäuel von Widersprüchen, Leben genannt, eindringen, in jenes Leben, von dem man in psychologisch-sozialen Dimensionen spricht, in dieses sogar in seinen kleinen Ungewöhnlichkeiten gewöhnliche Leben; schlimmer noch, man mußte in das ganze Dasein eindringen, bereits auf der zweiten Etage der Probleme, dort, wo unveränderliche, notwendige Begriffe und ihre notwendigen Verbindungen bestehen, in die Sphäre der allgemeinen Ontologie. Die Unvereinbarkeit beider Welten wurde immer quälender und sinnloser. Wie eine Emulsion aus Öl und Wasser immer – auch wenn sie noch so sorgfältig gemischt ist – bei hinreichender Vergrößerung stets einzelne Fettkügelchen aufweisen wird. »Dennoch steckt am Grunde des Daseins, an seinem Ursprung selbst irgendein höllischer Nonsens, obendrein noch ein langweiliger

Nonsens. Aber diese Langeweile ist das Ergebnis der heutigen Zeiten. Früher war das groß und schön. Heute ist das Geheimnis auf den Hund gekommen, und es gibt immer weniger Menschen, die noch darum wissen. Bis am Ende eintöniges Grau alles bedeckt, für viele, viele Jahre, noch bevor die Sonne erlischt.« Atanazy fiel Arrhenius' Buch *Das Schicksal der Planeten* ein, und eine Unlust, nicht mehr metaphysisch, sondern geologisch-astronomisch, bedrückte ihn eine Weile lang zutiefst. Also ein kompletter »Aprenuledelüschisme«? Und die Menschheit, und die allgemeinen Ideale, und das allgemeine Glück? »Aus der Gesellschaft kannst du dich nicht davonstehlen, Brüderchen – aus ihr bist du gekommen, und keinerlei Abstraktionen werden dir da helfen«, hatte dieser verfluchte Tempe einmal gesagt. Der Kreis der Widersprüche schloß sich bei diesem Gedanken wie Wasser über einem hineingeworfenen Stein. Genug. Atanazy erstarrte plötzlich in dem Gefühl, daß die Resultate seiner Entschlüsse unwiderruflich seien. (Die frühere Welt versank lautlos in irgendeiner vom Zuschauerraum des Bewußtseins aus unsichtbaren Versenkung.) Selbst wenn er zur Zeit ausgehalten worden wäre (was man ihm wegen der Romanze mit Frau Beer unterstellte), so hätte das seine in diesem Moment vollkommene Proportion psychischer Daten um kein Haar geändert. Wie eine Kanonenkugel, aus dem geheimnisvollen Abgrund des Daseins abgeschossen, raste er dahin, um das Endziel seines Lebens zu treffen und an ihm zu zerschellen, mit der gleichen Sinnlosigkeit, mit der auch alles andere seinem Ende zueilte. Geld hatte er etwas, er verdiente es als Rechtsanwaltsgehilfe. »Oh, wenn ich alles, was sich hier abspielt, in funktionale und nicht in kausale Verbindungen fassen könnte«, dachte er voller Neid auf irgendeinen unbekannten, ja sogar unvorstellbaren Herrn, der wahrscheinlich alles genauso erfaßte. »Nichts in ordinäre Ursachen- und Folgekomplexe zerteilen, nichts von kleinen Zielstrebigkeiten wissen – die strömende Woge der Lust und des Leidens in den verschlungenen Knäueln der Ganzheit des Daseins fühlen, in der endlosen Verzahnung von allem mit allem, das an das Nichtsein grenzt, an das Absolute Nichts. Mit einem Wort, die Psychologie einer Amöbe...« Kleine Dinge, verbunden mit dem Verlassen seines Hauses, unterbrachen glücklicherweise diese Gedankengänge beziehungsweise Gedankenverirrungen. »So durchlebt Gott das Weltall«, »dachte« er noch mit Mühe, nun schon völlig unaufrichtig. Das vor einer Weile verklungene Telefongespräch flog gewissermaßen in Gestalt aneinanderschlagender kleiner Metallbleche an ihm vorbei, mit dem herben Geschmack der unwiderruflichen Konvergenz von Ereignissen. »Ich muß sie gerade heute betrügen, sonst wird auch sie nicht glücklich – es ist der letzte Tag – morgen bin ich dazu nicht mehr imstande.« Er klebte diese Worte auf den gegenwärtigen Moment wie eine Briefmarke auf einen lügnerischen Brief. Er hatte nichts mehr zu bedenken, und das schreckliche Gefühl der großen, grundlosen Liebe zu seiner Verlobten, Zosia Osłabędzka, stürzte wieder mit unerträglicher Last auf ihn herab. Er fühlte, daß er keine Kraft zur Erfüllung seiner Absicht hatte, und die nicht analysierbare, drohende Lawine eines gewaltigeren Gefühls türmte sich himmelhoch vor ihm auf. Wie kann man dieses unüberwindliche Hindernis überspringen? Wie kann man so ohne Grund, ohne Vorbehalt, sogar ohne Glauben an diese Liebe – *so lieben – eben so?* Das könnte nicht einmal Strug beschreiben.

Er wußte, daß die Rückkehr zu einer seiner früheren Geliebten hier ein Nichts wäre, ein Stäubchen im Verhältnis zu den ungeheuren eisernen Hanteln, mit denen er unter Aufbietung der letzten Kräfte noch jonglierte und dabei dem Beobachter zulächelte, der ihm in solchen Momenten ein größeres Publikum ersetzte. Maßlose Traurigkeit, verbunden mit der Notwendigkeit dieser programmatischen Untreue, überzog wie nahendes, langwährendes Schlechtwetter den ganzen psychischen Horizont. Und ohne das . . .? – Die würgende Qual eines unerträglichen Gefühls, das alles wie ein bösartiges Geschwür auffraß. Das dachte er mit folgenden Worten: »Es gibt eigentlich gar nichts zu fressen – ich bin ja nichts. Und dennoch . . . es gibt nur ein einziges Leben.« Zum erstenmal machte er sich diese peinliche Binsenwahrheit wirklich bewußt und beschloß unwiderruflich, sich zu wehren. Es fehlte nicht viel, und er hätte geweint. Er biß die Zähne zusammen und schluckte mit großer Anstrengung einen riesigen Klumpen kondensierten Leids hinunter.

»Imaginäre Probleme«, knurrte er wütend einen Nichtexistierenden an, der ihm ganz deutlich diesen Vorwurf machte. Wer war es? Eine ferne Perspektive verschiedenartiger Wahnideen tat sich auf wie eine nächtliche Landschaft im Schein eines plötzlichen Blitzes und schrumpfte wieder, von der Dunkelheit verschlungen, zu dem wie üblich unverständlichen gegenwärtigen Augenblick.

Soeben bog er in die Untere Mühlenstraße ein, in der Hela Bertz wohnte. Die Sonne ging unter und erfüllte die Luft mit gelbem Staub. Dieser Anblick steigerte sein Leid zu Ausmaßen, die seine Eingeweide sprengten. Er entsann sich der Theorie vom Mikro- und Megalosplanchismus, wonach die Menschheit sich in zwei grundsätzliche Typen einteilt: in einen mehr weiblichen und einen mehr männlichen, je nach dem Übergewicht des Nervus vagus oder des Nervus sympaticus. Er begriff seine absolute Machtlosigkeit und die Hoffnungslosigkeit jeglichen Kampfs: Mikrosplanchisten sind zur Großen Liebe unfähig: Das ist ein Axiom. Und dennoch war das, was er Zosia gegenüber fühlte, doch wohl zumindest etwas in »dieser Art«? Ginge er denn sonst jetzt, sie, die einzige Geliebte, mit einer ihm im Grunde nicht sympathischen, hyperintellektuellen rothaarigen Semitin zu betrügen, wenn dieses Gefühl nicht etwas wäre, was seine normale Skala tatsächlicher, schon so häufig gemachter Erlebnisse überragte? Die Widersprüchlichkeit dieser Zustände und der Unglaube in die Erreichbarkeit des Glücks drückten ihn vollends nieder. Mit dem Gang eines morschen Greises schleppte er sich dahin, und an den Schläfen und unter den Augen brach ihm der kalte Schweiß des Entsetzens aus.

Der gezackte, gebirgig-phantastische Umriß der Häuser, die in der fernen Perspektive der Straße verschwanden, erinnerte ihn an einen herbstlichen Gebirgsabend, der dort ohne ihn währte. Was gingen ihn die Blicke anderer Fressen, Gesichter und Masken auf diese für ihn einzigen »Komplexe der Elemente« an, wie Tempe, der Psychologe, sagte. Er fühlte die Gleichzeitigkeit ferner Erscheinungen unmittelbar gegeben, als sei sie berührbar. »Warum halten Physiker die Definition der Gleichzeitigkeit für schwierig?« dachte er. »Wäre ich genügend groß, dann würde ich gleichzeitig diese Zackenlinie der Häuser und den Felsen im Tal der Trümmer sehen, ebenso, wie ich gleichzeitig zwei Spiegelungen der Sonne in den Fenstern sehe. Die Definition der Gleichzeitigkeit impliziert die Annahme des Existenzbegriffs des einzelnen: im Bereich des physischen Begriffs selbst ist sie unmöglich.« Mit der letzten Welle strahlender Wärme blitzte ihm die orangefarbene Sonne in die Augen, mitten ins Gesicht. Blaugraue Dämmerung senkte sich herab, und gleichzeitig betrat Atanazy das Palais der Bertz'. Die riesige Treppe aus rotem Marmor und die Wände des Treppenhauses, verkleidet mit bronzenen, vergoldeten Platten mit komplizierten orientalischen Mustern, und dieser warme Geruch nach höchstem Wohlstand, nach Frische und Sauberkeit, guter Haut und gutem Parfum und nach noch etwas völlig Unfaßbarem, das alles wirkte aufreizend auf ihn. Die Macht dieser im Augenblick unsichtbaren Frau, zentriert in diesem Reichtum, der ihr jederzeit erlaubte, irgendeine wilde, phantastische Tat zu begehen; die Freiheit, die ihr der durch eine Selbstmorddrohung terrorisierte Vater beließ; die Selbstmordmanie, die sie trotz vieler Geschmacklosigkeiten erhaben und unerreichbar erscheinen ließ – all das zusammen erregte ihn in diesem Moment in einer ekelhaften und demütigenden Weise. Ein Lakai in roter Livree trat ihm in den Weg, ein trübseliger, schöner, ordinärer Bursche. »Bestimmt liebt er sie auch, und vielleicht . . .« Zartfühlend schob er ihn beiseite, ging durch drei fast leere, düstere, dunkelrote kleine Salons, trat ohne anzuklopfen in das kleine »jungfräuliche« (eher »halbjungfräuliche«, dachte er) Zimmer Helas, das an das prächtige Schlafzimmer grenzte. Er beschloß, brutal zu sein. Die roten Farben der Möbel, der Wandbespannungen und der Teppiche wirkten auf ihn wie auf einen Stier.

Trotz des Halbdämmers gewahrte er gerade noch »Kuba« (den Prinzen Prepudrech) und Hela, wie sie sich in einem wahnsinnigen Kuß voneinander losrissen. Prepudrech sprang auf, Hela platzte mit einem weibchenartigen Lachen heraus, das aus den niedrigeren Teilen ihres angeblich wundervoll gewölbten Unterleibs zu kommen schien. (Davon hatte Prepudrech selbst einst Atanazy in einem Anfall einer bei ihm ungewöhnlichen Aufrichtigkeit berichtet.)

Der Prinz – Jakob Cefardi Azalin – war ein Jüngling Mitte zwanzig, unerhört schick und schön. Unter Damen und Backfischen der üppigen Plutokratie galt er als Gipfel der Distinktion. Die echte Aristokratie empfing ihn überhaupt nicht, da sie seinen persischen Titel für verdächtig hielt – wohl konnten dort deklarierte Parias verkehren, nicht aber irgend so ein unklarer Prepudrech.

Atanazy grüßte kalt, flüchtig. Die Banalität der Situation wurde ihm geradezu unerträglich. Eine Radierung von Klinger tauchte in seiner Erinnerung auf, *Die Rivalen*: zwei verbissen mit Messern aufeinander einstechende Kerle, und »sie«, die mit einem Fächerchen in der Hand aufmerksam beobachtete, welcher von beiden siegen würde, um sich ihm dann hinzugeben, sofort, noch heiß, vom Blut des anderen triefend. Auf diesem Hintergrund wuchsen Größe und Reinheit seines Gefühls für Zosia ins Riesenhafte, in ganz unmögliche Ausmaße. Eine rasende Wut auf sich selbst würgte ihn an der Gurgel und auf alles, was unwiderruflich geschehen sollte und mußte. Der Rückzug war absolut unmöglich: weiter vorwärts zu stürzen verlangte der auf den Kopf gestellte Ehrgeiz – die Lust, scheinbar schwierige Entschlüsse auszuführen. Im Grunde waren diese Entschlüsse nur an der Oberfläche schwierig: es war eher der Widerwille, eine dünne Schicht edlerer Materialien zu durchbrechen, darunter sich ein Sumpf breitmachte, der zu leichtem, angenehmem Hineinwaten lud, ein Sumpf von pseudo-interessanten Komplikationen und sogenannter »psychischer Perversion«.

»Herr Prepudrech«, sagte Atanazy mit erzwungener Unhöflichkeit, »ich beabsichtige, mit Fräulein Hela ein sehr wichtiges Gespräch zu führen. Könnten Sie Ihre Visite nicht abkürzen? Zusammen werden die Herrschaften nicht fahren, davon kann keine Rede sein«, endete er mit ungewöhnlicher Kraft und Entschlossenheit. In den Augen von Hela Bertz blitzte eine Böses verheißende Flamme auf, und unruhig blähten sich ihre Nasenflügel. Es schien zu einem wenn auch nur leichten

Kampf zwischen Männern zu kommen, und was sich hinter seinem Ausgang verbarg, war ungewiß. Eine kleine nachmittägliche Überraschung.

»Nun werden wir erst recht fahren. Dieses Gespräch können wir irgendwann führen, meinetwegen heute nach dem Abendessen. Sie fahren mit uns, dann werden wir Kuba unter irgendeinem Vorwand los und haben dann noch die ganze Nacht vor uns«, lispelte Hela in einem gleichgültigen Ton, als ginge es um die gewöhnlichsten Dinge.

Der bisher heitere Prinz wurde plötzlich steif und düster. Unversehens geschlagen, versank er unvermittelt in einen schmutzigen Abgrund sexueller Qualen. Dieser Abend hatte sein Eigentum werden sollen. Er war in Hela schon seit einigen Monaten verliebt und war wütend, daß er sie nicht dazu bringen konnte, ihn ernst zu nehmen. Sie küßte sich mit ihm bis zur Besinnungslosigkeit in von anderen Vergnügungen gerade freien Augenblicken und zahlte ihm dann ihren Sturz mit völliger Gleichgültigkeit heim. Gedemütigt, eifersüchtig und immer giftiger schnellte er zu ihr zurück, als hinge er an einem Gummifaden. Er konnte nicht einmal andere Weiber als Antidoton benutzen – er hatte einen unüberwindlichen Ekel vor ihnen.

»Nein, Fräulein Hela. Heute abend bin ich besetzt: ich muß mich mit Ihnen sofort aussprechen.« Atanazy stammelte jetzt fast.

Über Fräulein Bertz' Gesicht huschte ein grauer Schatten, und in der Dämmerung blitzten ihre blauen Augen in einem klaren, kalten Glanz des Erstaunens auf.

»Das ist etwas ganz Neues! So lange haben wir uns nicht gesehen, und Sie haben den Abend besetzt. Womit denn? Vielleicht wieder Łohoyski . . .?«

»Łohoyski hat damit nichts zu tun. Ich werde es Ihnen später erklären.«

»Später, später! Ich mag solche Bedingungen und Vorwände nicht: diese ganzen Pseudokomplikationen, in denen Sie lustvoll herumwühlen. Sie sind im Grunde ein Kind. Aber trotzdem mag ich Sie.«

Prepudrech, der sich wieder ein wenig gefaßt hatte, kicherte in unaufrichtigem Triumph.

22

»Also fahren wir«, sagte er und näherte sich Hela mit dem schleifenden Gleitschritt eines notorischen Dancing-Bubis. Im Vorbeigehen stieß er Atanazy an, der, gespannt wie eine Sehne, mit zusammengepreßten Fäusten dastand, einem lächerlichen Tier ähnlich, das sich zum Sprung anschickt. Das war zuviel.

»Herr Prepudrech«, sagte Atanazy mit vibrierender Stimme, hinter der heimliche Begierde lauerte, »wenn Sie nicht auf der Stelle das Zimmer verlassen, bürge ich nicht für das weitere Geschehen.«

Prepudrech wandte sich um. Er war blaß, und auf seiner Stirn wurden zwischen den Falten der Niedertracht Schweißtröpfchen sichtbar.

»Ich bin über Ihre Frechheit erstaunt«, setzte er zu einer längeren Rede an. Er beendete sie nicht. Atanazy packte ihn an den Schultern, drehte ihn rasch um und führte ihn nach der Methode »tit-for-tat« zur Tür. Im Spiegel erblickte er sein Gesicht voller Ratlosigkeit und Erstaunen, und plötzlich tat Kuba ihm leid. Doch es ging alles automatisch weiter: er ließ den rechten Arm des Prinzen los, machte die Tür auf und stieß ihn mit der Linken in den kleinen Salon nebenan. Dann drehte er den Schlüssel um und trat mit dem Schritt eines wilden Tiers zu Hela. Sie atmete schwer und blickte ihn mit weiten Augen an. Sie kamen ihm bodenlos vor. Er schwankte vor schrecklicher, blinder Begierde, die ihn an der Kehle packte wie ein scheußlicher Polyp. Jetzt begriff er, warum er Zosia liebte und nicht diese . . . Aber er begriff es nur in einem abgesonderten, wie nicht zu ihm gehörenden »everything-tight«-Kompartiment seines Wesens. Eine einzige Begierde nur füllte ihn bis zum Rand. Im ganzen Körper empfand er dieses sonderbare Gemisch von sich lockernder Schwäche und sich spannender Kraft: die Ankündigung wilder, unheimlicher Wollust, die er schon so lange nicht mehr genossen hatte. Etwas in ihm flüsterte den Namen »Zosia«, doch dieses Wort war tot, ohne Bedeutung. »Eben darum, programmatische Schweinerei«, dachte er.

»Dieses Vieh lauscht . . . Warten Sie«, flüsterte Hela mit krächzender, zitternder Stimme, in der die Erwartung von etwas Brutalem, Zermalmendem lag. Sie war gleichsam plattge-

23

drückt von dieser Erwartung, weich und kraftlos. Obwohl der Gedanke an seine Verlobte Atanazys Bewußtsein nur eben gestreift hatte, war seine ganze Begierde momentan spurlos verschwunden. Entgegengesetzte Elemente erhoben sich wie zwei Zahlen mit umgekehrten Vorzeichen: das Resultat war gleich null. »Wozu lebe ich?« dachte er in maßloser Ermüdung.

Schnell versank das Zimmer in grauvioletter Dämmerung. Der gegenwärtige Moment, unveränderlich, zog sich endlos dahin. Es schien Atanazy, als stünde er jahrhundertelang so da. Ohnmacht und Spannkraft wichen langsam aus den Muskeln, sammelten sich im Herzen und verdichteten sich dort zu einem Knäuel dumpfen Schmerzes. »Leiden des Daseins an sich selbst«, schossen sinnlose Worte vorbei. Viel hätte er darum gegeben, in diesem Moment allein auf dem Sofa seines Zimmers zu liegen. Mit Sehnsucht dachte er an »jenes« Halbdunkel, an »jene« Fliegen rings um die Lampe und an »jene« Gedanken, die ihn nur dort bei ihm in der Dämmerstunde heimsuchten. In solchen Augenblicken hatte das gegenwärtige Leben, wenn auch gleichsam fern und sich selbst fremd, den geheimnisvollen Glanz, den für ihn normalerweise nur manche sehr gute Phasen der Vergangenheit besaßen. »Einschlafen und vergessen – oder nein: sich von dieser Stadt befreien und irgendwo abseits auch nur ein Stückchen eines solchen Lebens schaffen wie diese besten, unwiederbringlich vergangenen Tage, wie diese Visionen von der Gegenwart, frei von Zufall und Langeweile, schön wie Kunstwerke in ihrer endgültigen Harmonie und zugleich flüchtig in Beliebigkeit und Phantasie wie vom Winde über Wiesen getriebene Blütendaunen.« Doch ein unerbittlicher Blick von der Seite enthüllte die lächerliche Form dieses Gedankens, und seine Worte zeigten ihm sein eigenes Bild, mit heruntergelassenen Hosen an irgendeinem sandigen Feldweg hockend. Bitter lachte er auf. Die Unerreichbarkeit, die Ferne von allem quälte ihn immer schrecklicher.

»Was sind Sie plötzlich so verdattert, Herr Tazio?« ertönte in völliger Leere Helas Stimme, wie der erste Abschuß einer elfzölligen Haubitze in sommerlichem, stillem Morgengrauen. »Sind Sie verpupst oder was?« wiederholte sie sanfter. Atanazy erwachte wie aus einem Traum. Mit rasender, maßloser Schnelligkeit wehte ihn ein Sturmwind aus unbekannten Ländern an und stellte ihn hierher, in das Zimmer dieser vom Reichtum gelangweilten kleinen Jüdin.

»Ich kann Proust nicht lesen«, sagte er plötzlich und nahm neben ihr auf dem Sofa Platz. In einem fernen Zimmer schlug eine Tür zu.

»Azalin macht sich endlich aus dem Staub«, sagte Hela und schaltete ungeduldig die Lampe ein. Ein blasses, milchig-orangefarbenes Licht überschwemmte das mit übertriebener, unangenehmer Schlichtheit eingerichtete Zimmer.

»Muß ich denn«, sprach Atanazy weiter wie ein Automat, »um alle zwanzig Seiten irgendeinen Aphorismus zu lesen oder sonst so ein Sprüchlein vom Leben, das ich im Notfall auch selbst zusammenkombinieren könnte, muß ich darum mit einer ganzen Bande von snobistischen Dummköpfen herumstehen und übermäßig detaillierte Beschreibungen ihrer uninteressanten Zustände und Gedanken anhören, in einer ebenso uninteressanten Form dargebracht? Diese halbe Seiten langen Sätze, dieses Walken und Differenzieren von Gewöhnlichkeit und Dummheit bis zum Übelwerden. Zugegeben, die Aristokratie ist früher einmal etwas gewesen; aber heute unterscheidet sie sich außer in gewissen, rein physischen Eigenschaften nicht grundsätzlich von irgendeiner anderen Kaste. Und vielleicht kann man hier mehr eingebildete Einfaltspinsel finden als woanders – ihnen hilft die Tradition, aber die Voraussetzungen sind die gleichen wie bei allen andern. Der Prozentsatz an außerordentlichen Menschen ist jetzt gleichmäßiger verteilt. Dieser ganze Proust ist gut für Snobs, die es nicht schaffen, sich in herrschaftliche Salons hineinzuquetschen, und vor allem für Menschen, die einen Überfluß an Zeit haben. Ich habe keine Zeit.«

»Da komme ich nicht mit«, flüsterte Hela mit zusammengebissenen Zähnen. »Haben Sie Kuba deswegen hinausgeworfen, um mir eben das zu sagen? Sie sind selbst ein unbewußter Snob . . .«

»Alle sind verrückt geworden mit diesem verfluchten Proust. Mich irritiert das im höchsten Maße. Ich habe Ihnen die Bücher zurückgebracht. Ich habe sie unten vergessen. Und das sonderbarste ist, daß immerhin intelligente Menschen und nicht ohne Geschmack . . . Oder dieser Valéry! Obgleich wir, was Proust betrifft, zufällig übereinstimmen. Ich bestreite nicht, daß Valéry ein intelligenter und gebildeter Mensch ist – besonders beschlagen ist er in der Physik –, aber ich sehe in ihm nicht – außer in seiner Poesie, die tatsächlich ungewöhnlich ist und sehr intellektuell – etwas so besonders Außergewöhnliches. Seine private Methode des Schaffens, bei hervorragender Mitwirkung des Intellekts, will er zu dem Maß absoluter Wahrheit aufblähen, unter Mißachtung der künstlerischen Intuition und anderer, eher visionärer, apokalyptischer Schöpfer. Alles hängt von den Proportionen dieser Voraussetzungen ab: vom Empfinden einer Einheit der primären Konstruktion, vom Reichtum der Welt der Vorstellungen und Gedanken, von Intellekt und Talent – das heißt von rein sinnlichen Fähigkeiten. Und dabei finde ich jene unerträglich, die erst nach dem Kriege überzeugt waren, daß es mit der Menschheit und der Kultur überhaupt schlecht steht. Ich habe das schon früher gewußt. Die Demokratisierung . . .«

»Megaloman! Genug!!! Ich kann dieses Gerede nicht länger ertragen. Würden Sie endlich sagen, was Sie wollen? Warum sind Sie gerade heute gekommen? Der heutige Tag ist für mich ein grundsätzlicher. Und überhaupt, was geht mich das alles an? Kuba wird Ihnen bestimmt Zeugen schicken. Die Sache mit Ihnen gibt ihm Gelegenheit, die Geschichte mit Chwazdrygiel zu vertuschen, die, wenn sie auch ehrenhaft endete, aus der Vergangenheit doch einen gewissen Schatten auf ihn wirft. Er wird Zeugen schicken, um mir zu imponieren . . .«

»Jetzt sage ich: genug – oder ich fange wieder an, von Proust zu sprechen.«

»Also was ist eigentlich los? Ich bin sehr enerviert. Sie haben mir meinen Entschluß verdorben. Ich fühle, daß Sie mir etwas Wichtiges verheimlichen. Wir sind doch Freunde?«

»Eben das ist das Schlimmste, daß wir es nicht sind. Doch der ganze Zauber der Situation beruht nur darauf.«

»Bitte ohne Posen, Herr Atanazy: hier kenne ich mich aus.«

»Das ist keine Pose. Ich bin verlobt.«

»Sie sind wohl verrückt geworden«, sagte Hela nach einer längeren Pause. »Und aus welchen Gründen?« fragte sie nach einer Weile, und in ihrer Stimme zitterte ein vorhin überspieltes Bedauern.

»Ich liebe«, erwiderte Atanazy hart und neigte sich über ihr außergewöhnlich schmales und dennoch nicht spitzes Knie, das unter ihrem zu kurzen Kleid hervorsah. »Ich hasse dieses Wort, aber so ist es.«

»Er liebt, der Arme! Wann haben Sie es denn fertiggebracht, diese wahnsinnige Dummheit zu begehen?«

»Vor zehn Tagen. Aber es hing schon seit einem halben Jahr über mir.«

»Und mir nichts davon zu sagen! Wer ist sie?«

»Zosia Osłabędzka.«

»Das heißt, daß Sie wenigstens Ihr Schäfchen ins trockene bringen.«

»Ich schwöre Ihnen . . .«

»Ich weiß: Uneigennützigkeit. Aber hüten Sie sich. Sie sind achtundzwanzig und ein Nichts, ein ziemlich interessantes Nichts: der Querschnitt eines bestimmten typischen Zustands einer bestimmten Schicht der Gesellschaft.«

»Sie wollen mich auf eine billige Art besiegen . . .«

»Ich denke nicht daran. Aber infolge des in unserer Zeit überall zunehmenden Lebensfiebers und insbesondere nach dem Kriege wurde das Alter des Wahnsinns für Männer, es sollte eigentlich die heute Vierzigjährigen treffen, um einige Jahre vorverlegt. Es ist ein Wahnsinn, sich mit Ihrer inneren Struktur, der eines nicht vollendeten Künstlers, jetzt in eine Ehe zu zwängen. Und dazu dieser Rest von Gewissensbissen, vielmehr des Gewissenbißchens, das Sie noch haben. Sie werden bestimmt verrückt werden.«

»Und selbst wenn ich mir das Genick bräche – wen ginge das etwas an! Ich bin allein. Ja, Sie haben recht: ich bin ein Nichts, und eben darum kann ich mir ein Experiment erlauben, das sich ein anderer nicht leisten könnte. Und trotz allem habe ich Angst: Angst vor mir selbst. Bisher wußte ich nicht, wer ich bin. Ein wenig hat sich offenbart, aber ich weiß noch nicht alles. Ach, nicht darum geht es – sondern vielmehr um etwas, was damit verbunden ist: um den metaphysischen Sinn des Lebens ohne Religion.«

»Lassen Sie diese Geheimnistuerei. Ich mag keine künstlichen Komplikationen. Sie haben kein Recht, über Religion zu sprechen. Ich fange an zu bedauern, Sie nicht bis zu dem Grad ermutigt zu haben, daß Sie sich mir erklärt hätten.«

»Ich wußte, daß es so kommen würde. Was aber die Ermutigung betrifft, so glaube ich, genügend –«

»Sie sind dumm: ich habe Sie zu Küssen ermutigt, nicht aber zu einer Erklärung. Sie wissen wohl immer noch nicht, wer ich bin . . .«

»Ich weiß es. Ich weiß auch, wer Ihr Vater ist. Ich habe von allen Ihren Bewerbern gehört, von einheimischen und ausländischen: Graf de la Tréfouille, Fürst Zawratyński . . .«

»Wechseln wir nicht das Thema. Was weiter?«

»Also, die relative Wohlhabenheit meiner Verlobten ist eher ein Hindernis für diese Ehe. Doch habe ich angesichts der Wahrhaftigkeit meiner Gefühle dieses Problem überwunden. Für eine Geldehe bin ich zu ehrgeizig. Zudem wüßte ich nicht einmal, wie das Geld zu nutzen wäre.«

»Noch nicht. Ich würde Sie aller Ambitionen entwöhnen. Sie selbst würden mich für Geld mit Liebhabern verkuppeln.«

»Genug! Das ist abscheulich.«

»Ach, welche Unschuld! Ein bescheidener Verlobter kann solche Abwegigkeiten nicht hören. Sie sind in dieser Verlobung völlig verdummt. Nun, nehmen Sie's nicht übel und reden Sie weiter.« Atanazy überwand seinen Abscheu und tauchte tiefer in die erzwungene Situation.

»Also, ich liebe zu sehr: darin liegt meine Tragödie.« Hela wandte sich ihm mit ihrem ganzen Körper zu:

»Und sie?«

»Nichts; sie liebt mich so, wie Mädchen dieses Alters gewöhnlich ihren Verlobten lieben. Aber nicht darum geht es. Ich halte es nicht mehr aus.«

»Und wann ist die Hochzeit?«

»Ach, Sie sind zynisch. Ich halte es nicht aus, in diesem Maße zu lieben – es geht nicht um irgendeine dumme Begierde. Sie gefallen mir tausend, unendlich viele Male besser als sie.«

»Warum also nicht mich . . .?« sagte sie beinah unter Tränen: Atanazy gewann für sie langsam den Zauber von etwas Verlorenem.

»Sie haben es selbst gesagt: ich war noch nicht genügend ermutigt. Und übrigens liebe ich Sie nicht und könnte Sie nicht lieben. Mich schreckt Ihre Rasse, und zugleich zieht sie mich mit schrecklicher Gewalt an . . .«

»Ach, was für ein Esel: so eine Gelegenheit zu versäumen!« sagte Hela vollkommen ehrlich. »Dieser Bettler, der wegen eines geringen Unterhalts zu einem sogenannten tugendsamen Fräulein aus gutem Hause geht, wagt es, mir von Rasse zu sprechen! Ich verbiete Ihnen zu heiraten – verstehen Sie?! Ich hasse Ihre . . .« Atanazy bedeckte ihr Gesicht mit der Rechten und bog sie zugleich mit der Linken nach hinten, indem er ihre Schulter von hinten packte. Brutal preßte er etwas Unsichtbares an sich, fast ohne ein menschliches Gefühl in sich zu spüren. »So müssen in solchen Momenten Tiere sein«, dachte er im Bruchteil einer Sekunde. Seine plötzliche Wut verwandelte sich wieder in eine unerträgliche, weitschweifige Gier; die Gier auf eine unbekannte Gattung. »Und ist nicht dennoch eben dieses das Allerwesentlichste?« Er ließ ihr Gesicht los und verbiß sich in ihre fleischigen, noch kühlen Lippen, gierig, besinnungslos und doch mit dem ganzen Bewußtsein bestialischer Lust. Sie befreite sich mit einem Fausthieb von unten gegen sein Brustbein.

»Sind Sie bereits verrückt? Darum also verloben Sie sich mit einer anderen, um mich dann abküssen zu kommen? Das ist schon nicht mehr pervers – das ist eine gewöhnliche, ordinäre Schweinerei.« Atanazy bekam eine ganze Weile lang keine Luft.

»Nein – Sie verstehen mich nicht. Trotz allem können Sie allein mich retten. Hätten Sie anders gehandelt, vielleicht hätte ich eben Sie . . .« sagte er schwer atmend.

»Niemals würde ich Ihre Frau sein, Sie sind nicht aus guter Familie, Sie haben keine Manieren. Sie sind ein armer Schlucker. Um Sie herrscht diese Atmosphäre der Armut, die sich nichts leisten kann. Sie könnten höchstens einer meiner Geliebten werden und notwendigerweise nur gleichzeitig mit einem Ihrer Freunde.«

»Das werden Sie mir alles später erzählen. Jetzt hören Sie zu:

ich liebe Zosia derart, daß ich nicht weiß, was mit mir ge-
schieht, wenn das länger dauert. Das ist diese höllische große
Liebe, die in Tausenden von Jahren nur einmal auf einem
Planeten vorkommt.«

»Nie wieder will ich das von Ihnen hören . . .«

»Sie gefallen mir wie noch niemand vorher, und ich weiß,
daß niemand mir jemals wieder so gefallen wird: gerade so,
wie Sie sind: eine reiche, ordinäre, gemeine Jüdin. Sie sind die
Verkörperung der Geheimnisse des Ostens auf Blond mit Blau,
Sie sind das einzige Wesen, mit dem ich einen Sohn haben
möchte – der würde nicht degeneriert sein.«

»Ach, warum sind Sie kein französischer Graf! Meine aus-
ländischen Bewerber sind mir ziemlich mißlungen. Außer Ih-
nen gefällt mir nur Kuba wirklich, aber den verachte ich ein
wenig.«

»Sie müssen die meine werden, wenn ich auch keinen Titel
habe. Wenn ich Zosia mit einer anderen betröge, so würde das
alles nur potenzieren. Sie allein mit Ihrer teuflischen, hethiti-
schen, bis zur endgültigen Vollendung gebrachten Schönheit
können ein Antidoton für mich sein.«

»Ich bin Jungfrau, Herr Atanazy«, sagte Hela plötzlich in
ganz anderem Ton. Es war etwas Fernes darin, als hätte eine
Woge aus uralten Zeiten sich hier in diesem Zimmer gebro-
chen, als schwacher Widerhall eines Sturms, der einst in der
Ferne gewütet hatte.

»Wissen Sie, daß ich darüber nie nachgedacht habe? Ihr Geld
stellt Sie über dieses Problem.«

»Also nur mit mir wäre es Untreue? Mit einer anderen nicht,
bestimmt nicht? Ich verstehe Sie gut. Glauben Sie nicht, daß
ich ein so brutales Vieh bin, wie ich tue – ich muß posieren,
denn sonst . . .«

»Also sind Sie einverstanden?« fragte Atanazy gedankenlos,
und die ganze Lust, Hela zu vergewaltigen, zerstob wie ein
kleiner Morgennebel. Wieder verspürte er ein Verlangen nach
Einsamkeit. Plötzlich blitzte ein böser Gedanke in ihm auf:
»Sie, Zosia, zwingt mich dazu. Ich hasse sie, weil sie mich
zwingt, sie so zu lieben.« In diesem Augenblick hätte er sie mit
Vergnügen blutig gepeitscht. »Ein engelhaftes kleines Biest,

ein reiner kleiner Geist. O Gott! – weswegen liebe ich dieses Stück blutarmen Fleisches mit grünen Augen so?« Fast stöhnte er, und im selben Augenblick sah er unmittelbar vor sich Helas blaue, schräge Augen und ihren blutigen, plötzlich geschwollenen, breiten Mund. Er spürte Schwindel im Kopf, und eine wilde Begierde, schrecklicher als alles, was er jemals empfunden hatte, einschließlich der Eindrücke im Trommelfeuer der schweren Artillerie, riß an seinem ganzen Wesen (die weichen, arischen, blutigen Gedärme bäumten sich auf wie eine getürmte Woge über dem Abgrund eines schwarzroten, jüdischen, würgenden, bösartigen Etwas – das er nicht kannte). Die Situation war wahrhaft unheilschwanger. »Verhängnisvoll – Friedrich Nietzsche – Jenseits von Gut und Böse – Schicksal – Sasza Schneider – männlicher, beelzebubischer Dämonismus, bärtig, überhaupt behaart – nur das ist etwas wert – unmittelbares Erleben.« Die Reihe dieser Assoziationen unterbrach ihr ihm längst bekannter, von jener »Sauferei« her bekannter Kuß.

»Willst du wirklich, oder darf ich dich nur küssen?« stammelte er, diesen Gedanken zum Trotz.

»Tu, was du willst! Frage nicht! Kanaille! Idiot! Impotenter . . .!« hagelte es Schimpfworte auf ihn. Ganz offensichtlich wollte Hela sich bis zur höchsten Spannung des Wahnsinns erregen. Er packte sie an den kraftlosen, gleichsam gestaltlosen Armen, drückte sie in viehischer Raserei mit voller Kraft an sich, saugte sich mit einem vor Lust bewußtlosen Kuß in ihre Lippen. Und schon nach einem Augenblick begannen die so gut bekannten und dennoch stets vom neuen Objekt abhängigen, ewig neuen, bekannten erotischen Freuden. »Wäre es nicht ein wahres Glück, immerfort in diesem Zustand viehischer Bewußtlosigkeit zu verharren: ein Stier zu sein, eine Schlange, ja ein Insekt, oder auch eine sich teilende Amöbe, aber nicht zu denken, sich keine Rechenschaft zu geben . . .« konnte Atanazy gerade noch denken und gleich darauf: »Und jede Bestie ist anders«, flüsterte in ihm eine Stimme die Worte des Kazio Norski, aus den *Emanzipierten* von Prus. »Überangepriesenes Vergnügen«, fiel ihm ein Ausdruck Chwazdrygiels ein, des Biologen aus der Schule Loebs. »Nein – nicht überangepriesen, aber ein allzu langes Zusammenleben mit einer Frau zieht ein Übergewicht onanistischer Elemente der Erotik nach sich, zuungunsten wirklicher, zwei-persönlicher Geschlechtlichkeit: Dieses gemeinsame Herumsuhlen in sublimierter Schweinerei, dieser Zauber zwiefacher Unanständigkeit – all das verliert sich allmählich in der gegenseitigen Gewöhnung. Ein trotz der Gegenwart der anderen Seite einsames Sich-Dopen als Ersatz für eine wirkliche Erregung erinnert ausgesprochenermaßen an onanistische Erlebnisse, so gut aus der Kindheit bekannt, leider auch noch aus späteren Zeiten.«

Er saugte sich immer gewaltsamer in den Mund ein, der erst jetzt dem Druck seiner Lippen, Zähne und Zunge allmählich nachgab. Der Mund kroch ganz auseinander, verwandelte sich in einen nassen, heißen Sumpf von unwahrscheinlicher Geilheit, vergrößerte sich zu unmöglichen Ausmaßen, war das einzig wirklich Existierende. Aus dieser schlüpfrigen, weichtierhaften Masse schob Helas Zunge sich wie eine Flamme, berührte seine Lippen und Zunge und begann, bis zum Wahnsinn aufreizend, sich in seinem Mund zu bewegen . . . Die Wollust, im ganzen Körper zerfließend, schien sich schon dem Gipfel zu nähern, und trotzdem verstärkte sie sich immer mehr, zu einer unerträglichen, an Schmerz grenzenden Potenz. Überall fühlte er die Berührung dieser gleichsam bewußt tätigen Zunge: im Rücken, in den Lenden und dort, wo Milliarden von ihm gezeugter Wesen sich nach dem Leben rissen, weder seine große Liebe beachtend, noch den Sinn seines Daseins, noch die ganze Metaphysik. In den Dunkelheiten des Körpers, in den angeschwollenen Drüsen, an den Knotenpunkten komplizierter Nervenwege drängte alles mit elementarer Gewalt zu einem Ziel hin: die einzige Bezahlung des belogenen Geistes war eine unmenschliche Lust, die ihn in der Bewußtlosigkeit des Augenblicks vernichtete.

Allein schon das Fehlen des semitischen, faden, gleichsam etwas muffigen Geruchs, der ihn so oft bei verschiedenen minder sauberen kleinen Jüdinnen abgeschreckt hatte, brachte ihn zum Wahnsinn. Der Speichel war duftend wie frisch gebrochene, von der Maisonne durchwärmte Zweige einer jungen Birke. Ihr Mund schien immer fremder, ähnelte dem gar nicht, den er einst betrunken geküßt hatte. Der Blick der lüstern verschleierten und dennoch kalt ihn beobachtenden schrägen, blauen Augen Helas erregte ihn bis zu unheimlicher Wut, die die fleischige, verhärtete Begierde wie mit einer dünnen Drahtgerte anpeitschte. Er fühlte sich vollkommen in ihrer Macht. »Nichts wird mich hinausreißen. Ich bin verloren«, dachte er mit der perversen Lust der Grausamkeit gegen sich selbst. »Wollust des Untergangs – gibt es etwas Höllischeres.« Er wollte sie in diesem Augenblick nicht einmal vergewaltigen – wesentlich war dieses düstere Sich-Ergeben in die Qual der Unersättlichkeit. Plötzlich zuckte er auf in einer Lust, die seinen Begriff von Lust überhaupt überschritt. Vor dem Hintergrund ihres Blicks war diese Berührung etwas Unerträgliches: Zorn, Haß, Verzweiflung, Schmerz wegen etwas, was für immer verloren war, unheilbare Krankheit, vergessene wunderschöne Musik, Kindheit und eine schwarze, mit arm- und beinlosen Rümpfen (von lebenden, entsetzlichen Dingen, die keine Geschöpfe waren) kriechende Zukunft, Zuckungen des verzweifelten Sich-Hinausreißens in irgendein anderes Dasein, in dem der Schmerz unerträglicher Erregung sich mit dem wilden Hinaussprudeln unirdischer, außersinnlicher Wonne sättigte. Noch eine Zuckung, und er sah alles vor sich, buchstäblich alles, wie in einem schrillen, künstlichen Licht des Vormittags betrachtete er die Ganzheit des Daseins, das in den Strahlen eines erbarmungslosen, teuflischen Scheinwerfers vor dem Hintergrund des schwarzen Nichts gleißte. »Alles hat er verdorben«, dachte Hela und empfand plötzlich Widerwillen gegen Atanazy und seine Umarmungen.

»Ich hätte nicht gedacht, daß Sie sich gleich beim ersten Mal so fatal blamieren werden«, vernahm Atanazy ihre Stimme wie aus entsetzlicher Ferne, inmitten von zuckenden Kreisen ersterbender Annehmlichkeit, die schon nicht mehr Lust war.

»Ach – Sie wissen nicht, was das für mich war. Ich bedaure nicht, daß es gerade so geschehen ist.«

»Zosia scheint Sie nicht mit Liebe und Tod zu plagen«, flüsterte Hela mit traurigem Zynismus und streichelte mitleidig seinen erhitzten, berstenden Kopf. Atanazy war wunderschön, aber er machte ein dummes Gesicht. Das Aussprechen dieses Namens in diesem Moment schien ihm eine ungeheure Schändung dieses Heiligtums, doch er schwieg, erdrückt von einer geradezu unheimlichen Liebe zur Verlobten. Sie stürzte auf ihn herab wie eine Lawine, fast gleichzeitig mit der Beendigung dieser Dinge. »Ich habe einen Augenblick gedacht, Sie hätten sie verführt und wären zur Ehe gezwungen. Aber jetzt sehe ich, daß es nicht so ist«, lachte Hela traurig.

»Was geht Sie Zosia an? Sie sind keine Frau aus dieser psychischen Dimension – Sie werden sie nie verstehen – mich auch nicht«, fügte er nach einer Weile hinzu.

»Das sagen Sie nur, weil ich Jüdin bin. Und das sagen Sie erst jetzt, weil Sie einen Augenblick lang Ihre dummen Phantasien über Untreue und Liebe befriedigt und sich an mir gesättigt haben. Vor einer Weile noch war ich für Sie eine Jüdin mit einem Pluszeichen – darum habe ich Ihnen gefallen . . .«

»Und Sie gefallen mir noch immer. Ich weiß nicht, ob ich ohne Sie leben kann. Sie begreifen nichts. Ich bin im Zustand einer Katastrophe.«

»Ihre Katastrophe ist künstlich. Aber Sie haben die Front gewechselt. Wie seid ihr niederträchtig, ihr Gojim«, fügte sie voll Ekel und Verachtung hinzu. »Wirklich, ich wundere mich, daß ein so kluger Mensch wie Sie nichts und aber nichts begreift von der Anmut unserer Rasse: dieser Beigeschmack des Östlich-Geheimnisvollen durch das ganze Ghetto hindurch und das, was jetzt ist. Ich selbst bin für mich unverständlich – ich bin in mich verliebt, in dieses Etwas, das in mir, für mich selbst ein Geheimnis ist.« Zum erstenmal hatte sie mit diesen »für Bubis« gedachten gedankenlosen Wunderlichkeiten ungewollt etwas gesagt, was sie nachdenklich machte. Das Geheimnis, das sie für sich selbst war, war vor ihrem inneren Blick in ausgesprochen sexuell-unanständiger Gestalt vorbeigehuscht auf dem Hintergrund ihrer alltäglichen, familiären, häuslichen Persönlichkeit. Doch ein Gespräch, ein sogenanntes »wirkliches«, ließ sich nicht mehr anknüpfen. Für kurze Zeit hatte Atanazy seine Begierde mit diesem Kosen befriedigt. Wieder warf er sich auf ihren Mund, die einzige Rettung vor der wachsenden Komplikation, und stammelte geschmacklose Verleugnungen. Wieder berauschte er sich mit programmatischer Schweinerei wie mit einem scheußlichen Narkotikum. Hela gab sich ihm gleichgültig hin und beobachtete seinen Rausch mit kaltem Triumph. Doch seit er nicht mehr wie früher ein ungelöstes Problem für sie war, das ihr den weiteren Weg versperrte, hatte er aufgehört zu sein. Sie begriff jetzt nicht, daß sie sich jemals ernsthaft mit ihm hatte befassen können. Atanazy küßte sie überall und dort . . . Von dem subtilen und doch ungeheuerlichen, unheimlichen Geruch ihres Körpers wäre er beinahe ohnmächtig geworden, und nochmals genoß er die höchste Lust, sogar ohne ihre aktive Teilnahme. Doch zu Gewalt vermochte er sich nicht mehr aufzuschwingen. Schließlich riß er sich von ihren Knien los und ließ sie ohne ein Wort allein.

»Ein Hysteriker«, dachte Hela mit Mißbehagen, und plötzlich verschwand Atanazy einfach aus ihrem Bewußtsein. Sie vertiefte sich in sich selbst. Die ganze Welt fing an, sich wie in einem Aufwallen heiligen Rauches zu drehen; es begann ein gewöhnlicher Gottesdienst für eine angeblich unbekannte Gottheit, die eigentlich sie selbst war.

»Ich bin einzig in mir, allein und einzig.« – »Wie alles andere, wie diese rote Schlange, die du im Schlafzimmer hast, und dieses Schächtelchen mit Pastillen – weißt du . . .« flüsterte eine geheime Stimme, in der Kindheit Azababrol genannt – aber Hela hörte sie nicht an. Sie dachte weiter: ». . . Ich kann machen, was ich will: ich kann mich auch umbringen – ich habe kein Gewissen; das ist zwar ein Glück, aber dennoch . . . Ich kann nicht existieren, ohne aufzuhören zu leben, wenn ich dieses Zeug einnehme . . . Ich lebe nicht wirklich auf dieser Welt: ich bin wie jene syrische Prinzessin, die sich im Tempel der Astaroth für ein paar Kupfermünzen fremden Passanten hingibt, um sich das Recht auf einen einzigen Ehemann zu erwerben.« Es verging ein gedankenleerer Augenblick, dann tauchte zum ersten Mal eine andere Wirklichkeit auf. »Ich bin ein gewöhnliches, reiches Fräulein, das sich langweilt und das an seinem Judentum leidet. Der Ehrgeiz erlaubt mir nicht, einen dieser ausländischen Dummköpfe zu wählen. Es geht dabei nur darum, die Geldmassen von einer Position in die andere zu schieben. Ich will nichts davon wissen. Niemand liebt mich, außer Vater und Kuba – aber beide entsprechen nicht meinen Ansprüchen. Überhaupt, so ein Mensch ist gar nicht vorstellbar. Vielleicht dieser Tazio . . .« Verachtung, verbunden mit einer gewissen Sinnlichkeit, sogar Zärtlichkeit, huschte durch ihr Lächeln. »Er könnte, wenn er wollte . . .« – Das gehemmte Verlangen würgte sie an der Gurgel eine Sekunde lang bis zu Tränen. – »Ich möchte eine Prinzessin von Geblüt sein; oder nein: nur eine arme Komtesse – alles Geld würde ich dafür hingeben und von einer bescheidenen Rente in einem Kloster für wohlgeborene Fräulein leben.« Wahnsinniges Bedauern darüber, daß es nicht so war und niemals so sein würde, setzte sich eine Weile in ihr fest, in Gestalt einer schweren, glühenden Kugel im oberen Teil ihres Bauchs. »Ich bin ein unglückseliges, tödlich gelangweiltes, jüdisches Nichts. Ich warte auf irgendeine äußerliche Gelegenheit, um mich aus purer geistiger Armut umbringen zu können. Ich möchte Sanktionen höherer Mächte über mein Leben haben. Ach, sich von neuem erringen können, ganz von der Kindheit an . . .« Sie dachte an die Familientragödie: die wunderbar schöne Mutter aus altem chassidischem Hause (Hela war ihr ähnlich, doch mit einer Beimischung der beelzebubischen Charakterdichte des Vaters), eine wilde, sich ihrer Krankheit nicht bewußte Nymphomanin – dazu die ungeheuerliche, an Wahnsinn grenzende Liebe des alten Bertz. Der Tod der Mutter, die Verzweiflung des Vaters und das Suchen nach einer vollkommen ähnlichen Frau. Nun hatte er . . . wie abscheulich das alles doch ist. – Und dieser analytische, onanistische Atanazy, der schon so bleiben könnte, wie er ist, wenn er nur ein bißchen mehr geistige Stärke zeigte. Warum hatte er sie nicht einfach genommen, wie ein Männchen das Weibchen, warum hatte er es ihr nicht befohlen, um sie glücklich zu machen, warum *liebte er sie nicht* – diese ewige Maskerade der Körper und der Seelen, verwandelt von einem boshaften, eifersüchtigen, alternden Geist.

»Ich bin eine, die um Gefühle bettelt, eine Bettlerin der Liebe – ich muß an etwas anderes glauben, als mein jüdischer Glaube mir befiehlt, muß für die Vergangenheit büßen: eben das ist es, was ich suche. Büßen und diesen armen Prepudrech heiraten. Er allein wird mein absoluter Untertan sein, wenn ich schon keinen absoluten Herrscher finde. Ja: Buße, Verdienste erlangen, Güte – gut sein, ohne die Voraussetzungen dafür zu haben, das ist ein Kunststück, das meines Ehrgeizes würdig ist. Sich für ein höheres Ziel aufopfern? Gott, du Einziger! Wo soll man es finden?« – »Kommunistin werden«, flüsterte wieder eine Stimme, eine andere diesmal. »Ja – aber auch ohne Kommunistin zu werden, kann man das lediglich dort finden, wo dieser unbesiegbare Priester Wyprztyk herrscht. Und von solchen Dummheiten hängt manchmal alles ab! Hätte er sich mir damals hingegeben, so wäre ich wohl bis zum Tode Jüdin geblieben!« Sie klingelte nach dem Dienstmädchen. »Etwas muß sich ändern – sonst kommt wieder dieses machtvolle, schreckliche Verlangen nach dem Tode, und ich werde es nicht aushalten – ich will leben – will sehen, was weiter geschieht, wie in der Feuilleton-Fortsetzung eines Romans . . .« Tränen schimmerten in ihren erweiterten, in die Unendlichkeit starrenden Augen. Sie empfand eine so schreckliche Düsternis, als wäre sie schon eine elende Bettlerin, in Lumpen, ohne Nachtlager im Winter, als wäre sie schon zu lebenslänglichem Gefängnis verurteilt und sollte nie wieder die Sonne der Freiheit sehen. Sie schaute auf das Leben und auf die Welt wie durch eine schmutzige Scheibe hinter dem vergitterten Fensterchen irgendeines scheußlichen Klosetts. »Warum? Habe ich nicht alles, was ich begehren könnte? Doch auch wenn ich in diesem Augenblick die Königin aller Juden der Welt wäre, würde ich trotzdem haargenau dasselbe empfinden.«

Herein kam das Dienstmädchen Józia Figoń (eine frühere Lehrerin aus dem Pensionat) mit der Miene eines plattgedrückten arischen Mäusleins, das in den unerforschten Gebieten des feindlichen jüdischen Reichtums umherschlüpft; sie schob sich an das »gnädige Fräulein« heran. Hela empfand Widerwillen und Zorn und Eifersucht. »Manchmal möchte ich sogar diese sein . . .« Urplötzlich fiel von allen diesen Problemen die Lebendigkeit ab wie eine häßliche, krötenartige, grindige Schale: sie gliederten sich nun nach anderen Dimensionen, als ein mäßig interessantes Begriffsrätsel. Es blieb lediglich eine absolute, fast metaphysische Unersättlichkeit, zu deren Befriedigung auch alle Sterne und Nebel der Milchstraße nicht genügt hätten. »Die Welt ist ein einziges großes Gefängnis«, dachte Hela und verspürte großes Verlangen nach einem katholischen Begräbnis – einem prachtvollen, so einem, wie es unlängst die Herzogin von Mazowien gehabt hatte. Das überzeugte sie endgültig von der Notwendigkeit der Taufe.

»Morgen trete ich zum Katholizismus über«, sagte sie laut, so, als spräche sie von irgendeinem Autoausflug.

»Das kann nicht sein! Warum, gnädiges Fräulein?« fragte Józia mit vertraulicher Stimme. Hela vertraute ihr manchmal ihre geheimsten Gedanken an.

»Nun ja, es ist Zeit, einmal an die Erlösung meiner niemandem notwendigen Seele zu denken. Man kann doch nur bei euch aus diesem Schlingengewirr der Widersprüche erlöst werden«, gab Hela, plötzlich nachdenklich geworden, zur Antwort.

Józia hatte ein dunkelbordeauxrotes Kleid und eine zinnoberfarbene Schürze mit einer gleichfarbenen Spitze an. Überhaupt herrschte Rot vor im ganzen Palais der Bertz': die Wandbespannung wie die der Möbel, die Teppiche, ja besonders ausgewählte Bilder hatten als vorherrschende Farbe Rot in allen möglichen Schattierungen. Im Speisesaal hingen, außer einigen obligaten Stilleben mit roten Kompositionsteilen, etwa dreißig Kopien von Porträts von Kardinälen und Erzbischöfen.

Das war die einzige offizielle Perversion des alten Bertz. Hela, in dieser Röte seit ihrer Kindheit erzogen, teilte vollkommen den Geschmack des Papas.

»Ich habe dennoch eine größere Hochachtung vor Juden, die ihren Glauben nicht wechseln«, begann Fräulein Figoń.

»Sie verstehen nichts, Józia. Es geht hier nicht um ein Geschäft. Es ist Papa in diesem Augenblick vielleicht recht im Hinblick auf seine Affären mit Italien; doch darüber bin ich erhaben. Ich will aufhören zu lügen und das zu Ende führen, was in mir bereits angefangen und sogar zum größeren Teil vollendet ist: durch meine ganze Kultur bin ich Arierin, trotz gewisser jüdischer Unarten. Die Lüge eurer abscheulichen gemäßigten Demokratie ist in meinem Blut zu gleichen Teilen mit dem Judentum vermischt – nichts wird das je ändern. Die demokratische Ideologie ist das Werk reiner Arier. Wir möchten herrschen, aber als ein starkes Volk, das nicht von bürgerlicher Gemeinschaft zerfressen ist: wahrhaft und königlich herrschen, über sich und über andere, ohne alle Spielereien in der Art des Parlamentarismus. Wenn nicht, so werden wir zu Mitfaktoren des sozialen Umsturzes – es gibt für uns nur zwei Wege. «

»Und was ist mit dem jüdischen Proletariat«, unterbrach Józia.

»Ihr würdet dieses Proletariat nicht von euch unterdrückt sehen, sondern unter der Herrschaft unserer Könige: nicht einen Schatten von Bolschewismus würde man in ihm finden. Unser Faschismus wäre erst etwas Herrliches. Die Juden sind das einzige Volk, das noch einen gesunden Nationalismus in sich hat – es ist lediglich unsere Lage, die uns zum Trotz explosives Material aus uns macht: sie transformiert, vielmehr deformiert unsere Kraft in den Bezügen einer anderen Struktur.«

»Gnädiges Fräulein beginnen gleich zu divagieren, sobald Sie sich nur in die Ihnen fremde Sphäre sozialer Fragen begeben. Leider ist ein Experiment, das zeigen würde, wie alles wäre, wenn alles ganz anders wäre, nicht möglich, und darum . . .«

»Darum kleiden Sie mich bitte aus und reichen mir den rötesten Schlafrock. Diese Manie des Roten versetzt mich manchmal in Raserei. Und morgen lassen Sie bitte Priester Wyprztyk um neun Uhr hierherkommen. Bis Mittag muß die ganze Familie getauft sein – sonst erschieße ich mich. Das Mittagessen werde ich im Bett einnehmen«, schloß sie in bösem Ton. Nach kurzer Zeit saß sie bereits in einer schwarzen Wanne, die inmitten der grellroten, blitzenden Wände des Baderaums aussah wie ein düsterer Sarkophag. Ihr Körper hatte in dieser Umgebung eine leicht bläuliche Farbe; die von einer kalten Dusche nassen Haare klebten mit grünlichem Schillern eng um ihren länglichen, ovalen Kopf. Eine neue Woge von Verachtung für Atanazy überschwemmte ihr trauriges, böses und müdes Herz. Vor diesem Hintergrund zeichnete Prepudrech sich langsam als etwas freilich Mißlungenes und Unfertiges, doch in einem gewissen Sinn zumindest mit sich selbst Identisches ab. »Er ist so, wie er ist – er gibt nicht vor, mehr zu sein. Würde ich ihn in den Bauch stoßen, so nähme er nicht Zuflucht zu einer Hyperkonstruktion, vermittels welcher dieser Stoß in den Bauch transformiert würde zu einem Stoß in den sogenannten ›metaphysischen Bauchnabel‹ – ein scheußlicher Begriff! Ein Gespenst, das sich hinter einer Matratze versteckt, das ist dieser ganze Bazakbal. Und warum ist ein solches Nichts gerade für mich ein Etwas?« erboste sie sich immer mehr und schlug mit den Händen auf das Wasser. In der vom Geplansche unterbrochenen Stille erklang die Klingel zur Tür des letzten kleinen Salons.

»Wenn das der Prinz ist, bitten Sie ihn in das Boudoir. Ich werde heute mit ihm schlafen, euch allen zum Trotz. Verstehen Sie, Józia?« schrie sie Fräulein Figoń an, das bewegungslos am Ofen stand.

»Bitte sehr, gnädiges Fräulein.« Wie ein Amen klang Józias Stimme, und wie ein gefälltes Urteil fiel die Tür hinter ihr ins Schloß. Nach Sekunden trat Prepudrech ohne anzuklopfen ins Badezimmer. Seine Augen waren weit aufgerissen, sein Gesicht war blaß, und mit ausgedörrten Lippen schnappte er mühsam nach Luft.

»Wieso kommst du ungebeten herein?« schrie Hela scharf, doch ohne sich im geringsten zu genieren.

»Weil es mir so gefällt«, erwiderte der Prinz mit künstlich titanischer Stimme.

»Kuba, spiele nicht Bazakbal, das wird dir nicht gelingen. Du machst dich höchstens lächerlich«, sagte sie und bespritzte ihn mit Wasser, denn es fiel ihr ein, daß Napoleon so mit Ney verfahren war, als dieser ihn nach der Rückkehr von Waterloo im Badezimmer aufsuchte.

»Zunächst ersuche ich Sie ein für allemal, mich nicht Kuba zu nennen«, erwiderte Prepudrech und wischte sich ab. »Ich habe ihm schon Zeugen geschickt: Łohoyski und Miecio Baehrenklotz. Ich weiß, daß ich ein geborener Feigling bin und daß Sie mich mit Recht für einen solchen halten. Aber«, sagte er weiter und umfaßte mit einem wilden, hoffnungslosen Blick Helas durch die Brechung des Wassers deformierten Körper, »Mut bedeutet nicht, daß man keine Angst hat, sondern daß man die Angst beherrscht.«

»Mit einem Wort, je größer die Angst, desto größer der Mut . . .«

»Sie wissen zu gut, wovon ich spreche. Sie sind zu intelli-

40

gent, als daß Sie es nicht verstünden. Diese backfischhaften Sticheleien sind nicht am Platze.«

»Nun gut, Azio, beruhige dich. Es steht noch nicht so schlecht, wie du denkst.« Prepudrech wurde augenblicklich weich. Er hatte jedoch nicht die Kraft, zu glauben, was Józia ihm im Vorzimmer von der Nacht zugeflüstert hatte, die ihn erwartete. Das Bestechen eines Dienstmädchens im Hause der Bertz' gehörte nicht zu den leichten Sachen; dennoch tat er es seit längerer Zeit und opferte dafür ein Drittel seiner Einkünfte.

»Ich bin hier unter den Fenstern auf und ab gegangen und habe darauf gewartet, daß er herauskommt. Ich mache Ihnen keine Szene, aber dennoch ist das ungeheuerlich. Bitte um Antwort: ja oder nein.«

»Nein«, erwiderte Hela derart einfach, daß er es glauben mußte.

»Und das andere ist wahr?« fragte er, vor Ungewißheit und Erwartung zitternd.

»Hat es dir diese Klatschbase Józia schon gesagt?«

»Ja«, sagte er beinahe stöhnend. »Scherze nicht: vielleicht ist das der letzte, der einzig wesentliche Augenblick meines Lebens.«

»Es ist wahr. Ich bin schrecklich einsam und unglücklich. Ich werde mich dir heute hingeben. Du glaubst doch wohl, daß ich jungfräulich bin?«

»Ach, Hela, ich beschwöre dich . . . Ich bin glücklich . . . Aber tu es nicht so: nicht so programmatisch . . . Das nimmt mir meine ganze Kraft . . .«

»Hast du Angst, dich aus übermäßigem Glück zu kompromittieren? Hab keine Angst: das werde ich dir nicht gestatten. Morgen empfange ich die Taufe. Die erste und letzte Nacht der Sünde, und dann die Buße der Verlobung.«

»Willst du mich wirklich heiraten, falls ich nicht umkomme?«

»Das wird von der heutigen Nacht abhängen.« Sie lachte schamlos auf. Er stürzte sich auf sie und zog sie aus dem Wasser, naß, heiß, während ihre Haare ihm das Gesicht verklebten, feuchte und kühle Haare, die sich schon zu natürlichen Locken ringelten. Er schleppte sie, die von dieser Gewalt betäubt war, ins purpurne Schlafzimmer. Dort wartete schon das Diner auf sie. Aber sie hatten keine Zeit zum Essen. Den Prinzen Prepudrech befiel ein unheildrohender Wahn. Er hatte das sichere Vorgefühl, daß er umkommen werde, und so genoß er die letzten Momente des Lebens mit düsterer Geistesabwesenheit. Das Ticken der Uhr, die in den Bauch eines Papuagötzen aus Ebenholz eingelassen war, peitschte mit der Grausamkeit des Gleichmaßes seine immer schneller jagende persönliche Zeit vorwärts. Gegen neun Uhr lagen sie schon völlig erschöpft da und bereiteten sich innerlich auf den zweiten Teil der Nacht vor. Jemand klopfte gerade in dem Augenblick an die Tür des Schlafzimmers, als Hela Bertz auf der elektrischen Platte eigenhändig das längst kalt gewordene Mahl wieder aufwärmte, oder vielmehr seinen ersten Teil: eine Suppe von roten Marmoniten und eine Pastete à la Trémouille aus Lebern von gandischen Trivuten, zugerichtet in einer Sauce à la Waterbrook. In Prepudrechs betäubtem Geiste baute sich die Zukunft in einer dämmrigen Pyramide aus unerhörten Reichtümern zusammen, die er niemals auch nur betrachten sollte. Diese Pyramide wurde zeitweilig kleiner und veränderte sich unter dem Einfluß eines stechenden Angstgefühls in einen schwarzen, gewundenen Kringel, in eine angebrannte, schmerzliche Speckgriebe. Er watete durch Wüsteneien absoluter Sinnlosigkeit, blutend von unerträglichen Qualen: der Tod unter Foltern (vorerst psychischen) begann allmählich und wurde trotz der Unmöglichkeit, ihn zu begreifen, zu einer alltäglichen Wirklichkeit. »Ach, warum habe ich mich vorm Krieg gedrückt«, dachte er. »Damals wäre der Schrecken groß gewesen, wenn . . .« Doch er fühlte sofort, daß es eine Lüge war: Die Geringfügigkeit des Schreckens und die ihm proportionale Geringfügigkeit des Mutes waren in ihm selbst, Azalin Belial-Prepudrech, und nicht in Ereignissen, die diesen Schrecken hervorriefen.

Die sich am Tisch geschäftig machende Hela (jawohl: sich geschäftig machende), deren bläulichen Körper er vor einem Augenblick zum erstenmal besessen hatte – (er konnte noch nicht daran glauben) –, kam ihm vor wie eine Kaplanin, die einen unbekannten Trauergottesdienst über seinem Leichnam zelebrierte. Trotz der ständig in ihm wachsenden Begierde fühlte er sich bereits tot. Diese Widersprüchlichkeit ergab im Resultat einen stumpfen, fast ausschließlich moralischen (!!) Schmerz in der Schamgrube. Dieser verfluchte Jemand klopfte zum zweitenmal an.

»Zieh rasch meinen Pyjama an, das ist Papa«, sagte Hela ruhig, ohne dabei aufzuhören, sich mit dem Mahl zu befassen. »Wieso? Willst du ihn so empfangen?« fragte der Prinz mit unterdrücktem Flüstern. Plötzlich verhüllte die Furcht vor dem alten Bertz zumindest teilweise die »Furcht vor dem Duell«. »Ach richtig! Es ist ja alles eins: ich werde morgen ohnehin umkommen.«

»Hör auf zu unken. Zieh dich an. Sofort, Papa!« rief sie im gleichen Ton zur Tür hin, nur lauter. Helas Ruhe gab ihm sein Gleichgewicht wieder. Nach einer Weile schon stand Azalin in dem etwas engen, dunkelrosa Pyjama Helas da und harrte vor einem riesigen schwarzen Schrank mit roten Spiegeln der Ereignisse. Auf das Schlimmste gefaßt, kreuzte er die Hände vor der Brust. Er war tatsächlich schön. Sein Zauber, der eines schwarzen persischen Epheben, potenziert durch Blässe und sexuelle Erschöpfung, die seine Gesichtszüge verschärften wie bei einem Leichnam, dieser Zauber glänzte jetzt wie ein Edelstein in der Fassung der roten Scheiben und des schwarzen Holzes. Der Spiegel reflektierte in warmem Ton seinen weißen, wunderschönen, etwas weiblichen Hals. Hela blickte ihn flüchtig an und spürte Stolz. Nein – nicht Stolz, eher einen Mangel an Scham. »Wenn er doch zusammen mit dem niederträchtigen Tazio einen einzigen Menschen ausmachte! Vielleicht wäre ich dann glücklich«, dachte sie, und die Erinnerung an die eben zum erstenmal empfundene tiefe, wirkliche Wollust ergoß sich über ihren Körper mit einer Woge ohnmächtig machender Wärme, um sich sogleich zu einer geschmeidigen, ihr bisher unbekannten Kraft zu spannen. Jetzt erst begriff sie die Gewalt und die Macht der neu errungenen, vollen Weiblichkeit. Und neben einem dem Mitleid ähnlichen Gefühl und einer äußerlichen Anerkennung des Prinzen tauchte in ihrem bisher leeren Herzen gleichzeitig etwas Tieferes auf: eine Weile schaute sie ihn an wie einen Sohn, dann huschte Bazakbal, auch er schon verändert, wie ein Gespenst in der Ferne vorüber.

43

»Den anderen werde ich auch haben und viele andere. Doch mein Gatte wird dieses ›Söhnlein‹ sein. Ich werde alles haben, was ich will . . .« Die Welt, die trotz Reichtum, Schönheit und anderen Attributen einen schmalen Grat von Alltäglichkeit darstellte, von beiden Seiten umgeben von Abgründen von Geheimnissen, erweiterte sich auf einmal in einen freien Raum stürmischer Möglichkeiten, sprühend von unbekannter Herrlichkeit, Frische und von noch etwas . . . In der Tiefe streifte, wie eben das Gespenst Bazakbals, aber auf einer anderen Ebene möglicher Geschehnisse, der Tod vorbei. Ein unheilverkündender Schatten fiel auf den lachenden Gesichtskreis der Unendlichkeit. Auf dem Bild von Böcklin *Siehe, es lacht die Au* wird einer verschleierten und weinenden Gestalt unter schwarzen Zypressen von irgendeiner anderen Figur ein sonniger Ausblick in der Ferne gezeigt. »Und dennoch ist es gut, gut, zu existieren«, dachte sie. Das Problem des Judentums und der arischen Kultur (sie wußte nicht einmal genau, was das war, diese arische Kultur) hörte auf, sie zu quälen.

»Bitte«, sprach sie mit klangvoller, unschuldiger Stimme. Prepudrech zuckte auf: zum erstenmal begriff er, daß er sie liebte (bisher hatte er sie eigentlich gehaßt). Und sein ganzes bis dahin gedankenloses Leben zog vor ihm in einer brennenden Woge von Scham vorüber. Er fühlte, daß sie als Frau jemand war, er dagegen nur ein elender Zusatz. Er krümmte sich wie zu einem Sprung, zu einem Sprung über das ganze Leben, über sich selbst hinaus. Doch mit einem schmutzigen, grauen Wischlappen verhüllte das Bild des Duells ihm die Zukunft. »Das also ist meine erste Tat«, schrieb etwas vor ihm diesen quasi sinnlosen Satz. Lettern in einer anderen Dimension des Geistes, wie im Traum: raumlos und farblos standen sie über der verschimmelten Marmelade der damaligen, nicht ganz ehrenhaft erledigten Affäre. Was bedeutete schon ein positives Protokoll, wenn das Gewissen und der Blick der Zeugen etwas anderes sagten. Er fühlte sich – wie Bazakbal vor einigen Stunden und wie übrigens jeder manchmal – wie ein abgefeuertes Geschoß, das ohnmächtig in eine unbekannte Ferne fliegt.

Nun trat Papa Bertz ins Schlafzimmer, ein bärtiger Fürst der Finsternis vom Bild Sasza Schneiders (im Frack), und erstarrte beim Anblick der vor ihm sich ausbreitenden unwahrscheinlichen Ausschweifung.

»Hela«, stöhnte er auf. Und dann mit wütendem Zorn: »Du, du . . . dieses persisch-prinzliche kleine Aas – ich sein persisches Pulver. Dieses scheißfreundliche Luder wagt es . . .!« Er erstickte fast an den unerwarteten Eindrücken. »O Hela, wie verwundest du mein Herz! Dabei habe ich zwei Faschisten für dich! Einer ist ein echter italienischer Marchese! Oh, das überlebe ich nicht!« Damit fiel er in einen Fauteuil und schloß die schmerzenden Augen.

»Herr Bertz«, begann Azalin dem Anschein nach kalt, doch zitternd in einer Entrüstung, die an echten Schrecken grenzte, »Marchesen gibt es in Italien wie Hunde . . .«

»Warte, Azio: vor allen Dingen muß man die tatsächliche Lage klären«, unterbrach ihn Hela. »Wäre es dir lieber, Papa, wenn ich nicht mehr lebte?«

»Ja, ich weiß. Ich kenne das alles. Du hast mich immer mit dem Tode erpreßt. Ich liebe dich, dich allein«, stöhnte der kraftlose Beelzebub im Fauteuil.

»Das ist mein Verlobter. Wir haben eine amerikanische Probe gemacht. Er allein hat mir wirklich gefallen. Und wer weiß – vielleicht liebe ich ihn sogar, in gewisser Weise.«

»Aber er ist ein Nichts für dich und genauso ein Nichts in meinen höchsten Rechnungen. Ein notorischer Feigling mit dem schlechtesten Ruf, ein plutokratischer Speichellecker mit einem verdächtigen Titel. Ich hätte geglaubt, daß du die Größe des Hauses Bertz erhieltest.«

»Herr Bertz«, begann der Prinz mit wirklichem Stolz, »morgen schlage ich mich mit Bazakbal . . .«

»Ein zweites Nichts. Oh, warum habe ich dieses Pack in mein Haus gelassen!«

»Ich muß indiskret sein, denn der Moment ist außerordentlich. Ich muß auch gewisse spezielle Rücksichten gegenüber dem Vater meiner Verlobten nehmen. Was aber meinen Titel angeht, so bitte ich die Genealogie der Fürsten Belial-Prepudrech nachzuprüfen – das Kapitel über die Khane im Teheranischen Almanach. Wenn ich morgen nicht falle, ist übermorgen die Trauung.«

»Was für eine Trauung?« schäumte Bertz. »Bist du wahnsinnig geworden? Ah, ihr seid alle irrsinnig! Nur so kann ich mir das Ganze erklären.«

»Eine katholische Trauung, Papa«, mischte sich Hela mit sanftem Zureden ein. »Azalin ist katholisch, seine Mutter ist eine geborene Baroneß Gnembe, Papa.«

»Eine Baroneß, so wie er ein Prinz! Ha – und dort gibt es so viele echte . . .! Nein – ich kann nicht . . .« Und er schlug mit der Faust auf die Lehne.

»Herr Bertz, ich bitte Sie, meine Mutter nicht zu beleidigen«, begann Azalin.

»Morgen nehme ich den katholischen Glauben an«, unterbrach ihn Hela. »Und auch du, Papa, wirst von deiner Tochter dazu gezwungen. Deine Ehre bleibt erhalten, Papa, und mit Rücksicht auf die Geschäfte, hast du immer gesagt, Papa . . .«

»Ja, ja«, würgte Bertz, schon ein wenig beruhigt, aus sich heraus, das Wort »Papa« wirkte auf ihn wie Morphium. »Wenn aber der Lümmel umkommt, was dann?«

»Das macht nichts. Niemand außer dir, Józia, mir und ihm weiß etwas davon. Ich habe übrigens entsprechende Pillen eingenommen.«

»Aber der künftige Gatte –«, die Stimme blieb ihm im Halse stecken.

»Nun, bei unserem Geld brauchen wir uns mit solchen Kleinigkeiten nicht zu befassen. Und gestehe, Papa, dich quält eine ganz gewöhnliche Eifersucht um meinetwillen. Du bist unterbewußt in mich verliebt: Tochterkomplex. Sonst wäre dir alles einerlei. Genügt dir Lola Green nicht mehr als Antidoton gegen blutschänderische Gefühle? Sie ähnelt mir wie eine Zwillingsschwester. Sie ist hier nur einmal aufgetreten. Du zahlst ihr ungeheure Summen. Ich weiß alles. Ich habe ihr Foto in meiner Sammlung erotischer Raritäten neben meinem, deinem und Mamas. Tochterkomplex! Ha, ha, ha!«

»Genug, genug mit diesem Freud, denn wenn er auch Jude ist, ich würde ihm mit Vergnügen den Schädel spalten. Den gescheitesten Leuten hat er den Kopf verdreht – sogar dir, Hela. Wäre denn ohne den verfluchten Freud das, was ich hier sehe, jemals eingetreten?!«

46

»Papa: entweder du beruhigst dich und ißt etwas mit uns, oder du verläßt bitte meine Zimmer. Der arme Azalin hat für heute ohnehin schon genug von unseren Gesprächen, und es erwarten ihn noch der zweite Teil des Programms und das Duell am Morgen.«

»Laß ihn sich wenigstens ausschlafen«, sagte der Alte sanfter; doch gleich überfiel ihn eine neue Woge des Zorns aus der Gegend des Adamsapfels. »Ah, du Lump! Mich so zu hintergehen! Du hättest erst bei mir anhalten sollen, Kanaille, statt mir die Tochter in meinem eigenen Hause zu vergewaltigen wie die letzte Nutte! Verstehst du mich, du Lausekerl?!«

»Herr Bertz: wenn ich in Wut gerate, werde ich auch Sie noch fordern müssen«, sagte Prepudrech, schon lachend. »Das Königreich Beider Bertze«, wie man sie nannte, blickte ihn fast mit Bewunderung an.

»Ah, macht, was ihr wollt. Ich habe heute noch drei Sitzungen!« rief Bertz und faßte sich an den Kopf. So blieb er eine Sekunde, mit unbegreiflicher Schnelligkeit irgendeine verwegene finanzpolitische Kombination erwägend, und stürzte plötzlich, ohne sich zu verabschieden, hinaus. Und in den Zimmern seiner Tochter begann von neuem eine tödliche Orgie, verbunden mit einem seltsamen Trauergottesdienst für die Seele des vor Erschöpfung, Verzweiflung und Angst dahinsterbenden Prinzen Belial-Prepudrech. Das Problem der Jungfräulichkeit hatte für Hela vollkommen zu existieren aufgehört. Die ganze Vergangenheit erschien ihr fremd, als gehörte sie zu einer anderen Person. Selbst der heutige Abend mit Atanazy war ihr nur mehr in der Art gegenwärtig, als erzählte sie ihr Erlebnis einem bekannten sympathischen Mädchen. Die Gegenwart gewann an Dichte, schwoll auf unanständige Weise an. Doch hinter diesen Moränen aus allzu realen Stücken materialisierter Augenblicke aus einstigen Träumen verbarg sich ein winziges Gespenst aus vergangenen Jahren, vielleicht aus der Kindheit: ein tödliches Geistlein, ein Abgesandter unerforschter Länder von jenseits der Gräber. »Nur nicht jetzt ... noch ... noch ...« dachte sie, mit den Zähnen knirschend vor unerträglicher Lust. Der Prinz, schön wie ein *junger, teuflischer Gott*, füllte sie (Hela) mit einer unbegreiflichen, Böses verkün-

47

denden Schönheit an, die identisch war mit mörderischer Lust und gleichzeitig mit ihm eine Einheit bildete. Er füllte sie ganz bis an den gewürgten Hals, bis »über die Ufer«, und sättigte die Gespreizte bis zum Platzen mit einer alles verschlingenden Begierde, mit immer schrecklicheren Stößen »irgendeiner unbegreiflichen Walze«. Noch einen Moment, und es schien Hela, sie würde verrückt . . . Ach – und die ganze Welt zerfloß in ein einziges Meer von unsagbarer, unendlicher Glückseligkeit. »Und er war dieser und dieses Gesicht und jenes, dieses in diesem . . .« Prepudrech starrte mit wildem Entzücken in die ekstatisch verdrehten Augen der Geliebten. Er hatte die Gewißheit, jetzt auf dem Gipfel des Lebens zu stehen – was konnte es darüber hinaus geben für ihn, einen armen Dancing-Bubi? Und morgen der Tod und Schluß. Und Hela, berauscht von frisch empfundener Wonne, schien sich zu verdreifachen, vervierfachen, verfünffachen, sich in den Augen zu verpuppen und aus dem Körper des unglückseligen Epheben alle verborgenen Vorräte an Feuer und lebenspendenden Kräften herauszuziehen. In einer Pause, gegen Mitternacht, reichte ihnen die treue Józia die weitere Folge des Menus: Karotten à la Tripolini, auf einer speziellen Butter, hergestellt aus gewissen Sekreten des Nashorns, und einen Straußenbraten in einer Rühreispeise aus Straußeneiern, mit einem Salat aus australischem Löwenzahn, Schnecken aus dem Nemisee und runden (eine Rarität!) damaszenischen Kronpleiten, die vorher nach der Methode von Whight an den Rändern angebraten worden waren. Damit gesättigt, tollten sie weiter wie ein Paar von Skorpionen, bis durch die Ritzen der karminroten Vorhänge aus original malaiischem Humpolong das Morgengrauen blaute. Nachdem Prepudrech zum elftenmal seiner Verlobten die kondensierte Ladung seines tiefsten Wesens verabreicht hatte, erwachte er aus der Ohnmacht. Ihm fiel eine Episode aus den in der Kindheit gelesenen *Aschen* von Żeromski ein: die Fürstin Elisabeth und Raffael, und er überlegte, wie oft das wohl bei jenem Paar geschehen sein mochte.

»Ich habe ihnen angesagt, daß bis morgen, das heißt bis heute früh, alles bereit sein müsse, sollten sie auch die ganze Nacht arbeiten«, sagte er zu Hela, da er ihr nichts Besseres zu sagen hatte. Überhaupt verspürte er manchmal in ihrer Gesellschaft eine schändliche Leere im Kopf und hatte eine panische Angst vor diesen Momenten – dann nämlich entschlüpfte sie ihm besonders hoffnungslos, und er war machtlos. Aber dieses Empfinden intellektueller Minderwertigkeit war eines der masochistischen Elemente seines Verlangens. »Es sei denn, daß dieses Vieh bis zum Morgen keine Zeugen gefunden hätte«, fügte er mit künstlich nonchalantem Ton hinzu.

»Wie ist das vor sich gegangen? Du hast mir nichts davon gesagt.«

»Wolltest du es denn hören?«

»Wir hatten keine Zeit. Nimmst du mir das etwa übel?«

»Aber nein. Ich liebe dich. Ich möchte so schrecklich gern leben. Doch ich muß über diese Schwelle gehen. Muß deiner würdig werden.« Er begann, sie leichthin und irgendwie scheu zu küssen, da er in Mund und Nase den aufreizenden Geschmack und Geruch der vorigen Zärtlichkeiten spürte. »Niemals werde ich mich von diesem Körper losreißen«, dachte er bitter, und die ganze Welt schien ihm wie eine kleine Pille in riesenhaften, wie die Welt großen, nie gesättigten Zeugungsorganen. Sie gehörten nicht mehr zur »Welt« – es war ein Dasein eines anderen »Typus« in der Bedeutung Russells, falls man diesen Begriff auf die Wirklichkeit anwenden will.

»In dieser Eile liegt auch deine Schwäche. Du mußt stark sein – sonst wirst du mich verlieren. Denk dran . . .« sagte Hela schon schläfrig, mit halbgeschlossenen Augen.

»Ich liebe dich. Ich muß dich wirklich erobern. Du, du!« Er schlug sie plötzlich mit der Faust auf die Schulter, als wollte er in diesem Schlag den Rest seines nicht ausgesprochenen Gedankens äußern.

»Genug. Reg dich nicht von neuem auf. Es muß schon nach drei Uhr sein. In sechs Stunden kommt Pfarrer Wyprztyk zu mir. Ich muß etwas schlafen. Vergiß nicht, gleich nach dem Duell zu telefonieren.« Prepudrech stürzte ins Badezimmer und kam nach einer Weile von dort frisch und kräftig zurück, als sei nichts geschehen. Hela schlief schon. Sie war so schön, daß er sich mit Mühe zurückhielt, um sich nicht in ihren halboffenen Mund zu verbeißen. Die schrägen Augen, verhüllt von ermüdeten, zuckenden Lidern, schienen einen unanständigen Schatten auf den ganzen Körper zu werfen. Der Duft . . . Doch genug: nicht einen Augenblick mehr. Man muß schlafen – zumindest eine Stunde. Er kleidete sich fieberhaft an und stürzte durch die leeren Zimmer die Treppe hinunter. Der erstaunte Portier ließ ihn auf die Straße, wie ein wildes Tier aus einem Käfig. Der Prinz war in diesem Augenblick mutig. Doch wie lange würde das andauern? Von diesem Gedanken gejagt, rannte er fast bis zur Ecke, wo verschlafene Autos standen. Neblig erwachte der Tag: ein grauer, düsterer, abscheulicher, städtischer Tag.

Als Atanazy von Hela wegging, rannte er ebenfalls. Das heißt, wenn es um die Zeit geht, dann rannte Prepudrech wie Atanazy – doch das ist einerlei. Atanazys Inneres wurde von der Liebe zu Zosia zersprengt – von einer schrecklichen, unerträglichen Liebe. Unter dem Einfluß des »Verrats« (o Elend!) war etwas für immer verlorengegangen. Aber ein »anderes Etwas«, vielleicht gefährlicher, weil widersprüchlicher, potenzierte sich zum Ausmaß eines fast physischen Schmerzes. Was dieses und jenes war, wußte er noch nicht genau. Alles zusammen ergab aber nicht jenes einstige Fast-Mitleid, das er im Verhältnis zu verschiedenen Mädchen gefühlt hatte, mit denen er sich verlobte, um dann unter den Qualen der Widersprüche und Gewissensbisse mit ihnen zu brechen. »Das ist etwas Unaussprechliches, etwas, was keiner Definition unterliegt – wie eine gerade Linie –, es sei denn, daß wir zur Definition Begriffe aus einer anderen, der Geometrie fremden Sphäre benützen wollen«, dachte er blaß, bedrückt von der ihm bisher unbekannten Last eines reinen, einheitlichen Gefühls. Hela und Prepudrech hatte er fast vergessen. Er wußte ganz bestimmt, daß, auch wenn »dieser Idiot« ihn fordern sollte, ihm, Atanazy, nichts geschehen konnte. Das Gefühl, das ihm das System der Lebensbegriffe zersprengte wie eine reife Frucht die Schale, stellte in Atanazys völlig irrationaler Intuition einen für jegliche Gefahr undurchdringlichen Panzer dar. Der Tod war eine Absurdität. »Der Tod ist nicht imstande, diese Liebe zu töten, also wird er auch mich nicht töten«: in dieses derart idiotische Axiom schloß er den gegenwärtigen Stand der Dinge ein. »Ob aber Freud nicht doch zufällig recht hat?« Er erinnerte sich an psychoanalytische Séancen mit Doktor Burdygiel und an alle seine Suggestionen von dem Anschein nach nicht existenten Dingen. »Wäre nicht der Tod meiner Mutter gewesen, hätte ich mich vielleicht nicht derart in sie verliebt.« Obwohl sein Körper noch von der perversen Lust zerwühlt war, die Hela ihm gegeben hatte, war einzig Zosia (»diese verfluchte Zosia«) der Gegenstand seines wesentlichsten Verlangens. Jetzt wußte er, daß er Hela stets überwinden würde können, sei es auch nur mittels eines anderen Weibes, doch das im Kern seines Wesens, den er populär den »metaphysischen Bauchnabel« nannte, lokalisierte Gefühl würde sich durch nichts herausreißen lassen. »Dieses Verschmelzen von Verlangen und Erleben mit derselben – ja, unbedingt derselben Person – keiner anderen« – (Atanazy lächelte bitter zum wievielten Male schon) – »zu einer einzigen unteilbaren Masse – von innen heraus, für sich selber – ja: das war die Definition der großen Liebe. Das, was beim Weibe ein einziges ist von Anbeginn, ist beim Manne (o wie scheußlich sind diese beiden Worte, die man immerfort in allen Gesellschaften vernimmt, in allen Gesprächen von Balalaika spielenden Offizieren mit verdächtigen Ehefrauen, von Dienstmädchen mit Chauffeuren, Prinzessinnen mit Box- und Tennismeistern) eine asymptotische Konvergenz, etwas Extremes, das sich nie in absoluter Einheit verbinden läßt. An der Spannung der Kraft in Richtung des Zusammenfließens dieser Elemente in ihren Grenzen mißt man Größe . . . Oh, wie ist das alles scheußlich!«

In dem beginnenden Nachtleben der Stadt verbreitete sich die Erotomanie wie ein klebriger Nebel. Alles schien nur eine Maske, das schamlos hingespreizte Geschlecht bedeckend – *alles*: vom Firmenschild am Laden bis zur Aktentasche unterm Arm und der Uniform – bei ihnen, den Männern. »Sie« (die Weiber) gingen ohne Masken, im Triumph ihren einzigen frechen Wert umhertragend, indem sie die Unanständigkeit der besessenen Gedanken durch Pelze akzentuierten, durch Hüte, Strümpfe, Pantöffelchen, Spitzen, Einsätze, Besätze, überhaupt durch diesen Weiberkrimskrams, dieses ganze Gelumpe, diese »chiffonerie« – stop: die Langeweile von Modejournalen, und am anderen Ende dieses. Auch Zosia war eine von ihnen ... Und doch? Die Zufälligkeit, die »contingence« von alledem war entsetzlich: »Es fehlt nicht viel, und ich schreibe ein Gedicht«, dachte Atanazy mit Ekel. »Ah nein – das eine ist mir nicht erlaubt. Niemals werde ich ein Künstler sein, obwohl es jetzt so leicht wäre. Ich kann übrigens Gedichte schreiben, aber nur in der Überzeugung, daß es nichts ist. Vorbei sind die Zeiten der metaphysischen Absolutheit der Kunst. Die Kunst war früher vielleicht nichts Heiliges, hatte aber wenigstens den Geruch davon – ein böser Geist verkörperte sich in den Menschen der Tat. Heute wüßte er nicht, in wem sich verkörpern – Reste von Lebensindividualismus, das ist reine Komödie – es existiert nur eine organisierte Masse und ihre Diener. Aus purer Not ist der böse Geist in die Sphäre der Kunst umgezogen und verkörpert sich heute in degenerierten, perversen Künstlern. Doch die werden niemandem schaden noch helfen: sie existieren nur zum Vergnügen der untergehenden Abfälle bourgeoiser Kultur.«

Die nicht besonders klaren, gequälten Gedanken Atanazys wurden von seinem Eintritt ins Haustor unterbrochen. Es begann der zweite Akt: man mußte immerhin die Zeugen »dieses Idioten« erwarten.

Information: [Atanazy entstammte einer Familie des mittleren Adels. Sein Vater protegierte die schönen Künste in seinem Landkreis, doch seinem Sohn verbot er »carrément«, Künstler zu werden, und prügelte ihn kräftig für die geringste Skizze und für jeden Vers. Die Mutter klagte darüber, doch nach dem Tod des alten Bazakbal (finanzielle Sorgen und Alkohol) erzog sie den kleinen Tazio (aus Angst vor dem Geist des Gatten, den sie angeblich mehrmals nach dem Tod gesehen hatte) in der vom Alten angegebenen Richtung. Der »metaphysische Bauchnabel« glomm ständig in Atanazy, jedoch zu »schöpferischer Tätigkeit« war es nie gekommen. Und so wurde er allmählich, er wußte selbst nicht, wann, zum Gehilfen eines Rechtsanwalts, wobei er mit Schrecken an eine künftige Advokatur dachte. Das Leben floß in einem doppelten Flußbett dahin – das andere, sagten manche, war nicht so sehr das eines Flusses als das eines Schweins. Doch dieser Ruf war aus solchen Fossilien von altertümlicher Tugendhaftigkeit entsprungen, daß man ihn nicht wirklich ernst nehmen konnte. Der nicht zustandegekommene Künstler, zu Boden gedrückt wie ein Sklave im Kielraum einer Galeere, gab dennoch ab und zu Lebenszeichen von sich. Atanazys Alltag war nicht der Alltag eines gewöhnlichen Menschen, sondern alles war immer *nicht das* und *nicht das*. Seine Mutter war an Krebs gestorben. Während der langen Krankheit hatte er sich an die Vorstellung dieses Verlusts gewöhnt. Er war sogar froh, daß ihre Qualen zu Ende waren, und litt darunter nicht so, wie er früher geglaubt hatte. Aber dennoch hatte sich etwas geändert; Atanazy, notorisch unfähig zu großer Liebe, verliebte sich zum erstenmal. Solch hochgespannter Gefühle ungewohnt, zappelte er in den Widersprüchen wie ein Fisch an einem heißen Tag auf dem Sande. Auf diesem Hintergrund erwuchs die schändliche Idee eines programmatischen Verrats. Das war alles. Doch es nahten andere Zeiten, und sogar ganz gewöhnliche Existenzen bogen, wanden und deformierten sich, je nach der variablen Struktur des gesellschaftlichen Milieus.]

Auf der Treppe begegnete Atanazy zwei Männern. Im Halbdunkel erkannte er sie nicht gleich; und auch als er sie erkannt hatte, ahnte er nicht, worum es ging, obwohl er gerade daran gedacht hatte.

»Ah, du bist es, Jędrek? Wie geht's dir? Guten Abend«, sagte er und verneigte sich in der Richtung des anderen der beiden Herren. Der erste war Łohoyski, einer der originellsten Grafen auf unserem Planeten (interessant, ob es auf anderen Planeten auch Grafen gibt? Sicherlich, denn die Existenz der Aristokratie ist etwas Absolutes: »eine transzendentale Gesetzmäßigkeit«*, wie Hans Cornelius wohl gesagt hätte, wenn er sich überhaupt mit diesem Problem befaßt hätte).

»Halt! Komm mir nicht näher!« rief Łohoyski scharf.

»Was denn? Habt ihr eine ansteckende Krankheit?« fragte Atanazy, und im selben Augenblick erfaßte er die Situation. »Also, das sind sie. Hätte ich nie gedacht«, dachte er und beschloß sofort, als Gegenzeugen zwei Offiziere zu bitten, die er von irgendeinem Ball her nur oberflächlich kannte. »Diesem Clown zum Trotz, der mir da beinah meinen Freund schickt.« (»Und vielleicht nicht nur einen Freund«, flüsterte eine geheimnisvolle Stimme in ihm.) Der zweite Gentleman war

Mieczysław Baron Baehrenklotz, ein Amateurkarikaturist und Autor von Kabarettversen.

»Wir sind hier wegen einer Ehrensache von seiten Azalins, des Prinzen Prepudrech«, sagte Łohoyski mit künstlich offiziellem Ton, hielt das aber nicht aus und prustete mit einem kurzen, pferdegesunden Lachen heraus, wobei er seine ohnehin schon unnormal hervorstehenden Zähne unter einem blonden, nach oben gezwirbelten Schnurrbart bleckte. Seine grünen, vorstehenden, in einen Schädel von wunderbarer Schönheit gefaßten Augen funkelten vor unterdrückter Lustigkeit.

Information: [Er war überhaupt ein herrlicher, rassiger Kerl, gebaut wie eine griechische Statue. In ihm schäumten wilde Lebenskraft und die Lust, alles um jeden Preis zu genießen. Er hätte sich aus jedem beliebig hochgestellten Hause eine Frau leisten können, seien es die Bourbonen oder die Wittelsbacher; einstweilen aber war ihm die Freiheit lieber, die er erst das zweite Jahr genoß, seit dem Tode des Vaters nämlich, eines Tyrannen mindestens im Stile des 14. Jahrhunderts. Atanazy mochte ihn sehr. Manchmal schien es, als verberge er noch etwas dahinter . . . Aber vorläufig war ihr Verhältnis von idealer Reinheit und Selbstlosigkeit.]

»Prepudrech ist dir zuvorgekommen, Tazio. Ich hätte dir liebend gern . . . Doch schon um der Perversität der Situation selber konnte ich es diesem . . .«

»Herr Andreas«, begann Baehrenklotz kalt, »ich werde mein Mandat niederlegen müssen . . .«

»Schon gut. Ich bin ganz ernst. Vielleicht sind Sie so freundlich, uns zu sich zu bitten«, wandte sich Łohoyski mit übertriebener Steifheit an Atanazy. Sie gingen hinein.

Beim Anblick seines Zimmers erstarrte Atanazy. Es kam ihm vor, als sei er jahrhundertelang nicht hier gewesen. Er hatte den Eindruck, als habe er vor dem Entschluß, die Verlobte zu betrügen, überhaupt nicht wirklich existiert. Jetzt erst erwachte er aus irgendeinem unklaren Traum, und die Vergangenheit schien ihm tatsächlich fremd, voller Lücken, wie ein Traum, an den man sich nur ungern erinnert. »Das kommt mir nur so vor, weil meine Vergangenheit meine und nur meine ist. Sogar im Falle einer Persönlichkeitsspaltung ist jede Seite eindeutig umrissen und mit sich selbst identisch. All dieses Gerede von der Unbestimmtheit und Nichtidentität des ›Ich‹ ist nichts als die Pose einer absolut vorurteilsfreien Wissenschaftlichkeit; aber im Grunde ist es eine Pseudowissenschaftlichkeit, die jede wesentliche Erkenntnis unmöglich macht, indem sie von vornherein gewisse wirkliche Dinge als nicht zu den materialistischen und psychologischen Voraussetzungen gehörend ausschließt. Diese Selbsttäuschung, als ›ginge man von unmittelbar gegebenen Daten aus‹, wobei man als unmittelbar gegebene Daten zum Beispiel die eigene Existenz ansieht! Oder diese Überbewertung der Analyse über die Intuition! Eine Entehrung von Husserls These, daß die euklidische Geometrie relativ im Verhältnis zum Dasein ist und daß eine gerade Linie keine absolute Bedeutung hat. Es kann zur physischen Beschreibung der Erscheinungen hundert schiefe Geometrien geben, doch das beweist nicht, daß die wirkliche Welt schief und endlich ist.« Diese unpassenden Abschweifungen unterbrach Baehrenklotz:

»Unser Auftraggeber läßt höflichst bitten, daß wir uns noch heute mit Ihren Zeugen treffen, um die Sache morgen früh erledigt zu haben.«

»Ich glaube, daß dies in Anbetracht deiner Bekanntschaften nichts Besonderes sein sollte«, begann Jędruś.

»Das ist eine von unserer Kompetenz unabhängige Frage«, unterbrach ihn Baehrenklotz. »Bis um zwei Uhr nachts warten wir im Café Illusion.«

»Also gehen wir. Ich werde in dieser offiziellen Atmosphäre noch platzen!« rief Łohoyski. »Tut mir leid, Tazio«, wandte er sich an den nachdenklichen Atanazy, »daß wir über all das nicht noch heute reden können . . .« Baehrenklotz zog ihn ohne jede Zeremonie aus dem Zimmer.

Atanazy, hungrig wie ein Wolf (es war schon acht Uhr), fuhr plötzlich auf, als hätte man ihn aus dem Schlaf geweckt. Er zog sich ungestüm aus und prustete nach zwei Minuten schon im »Tub«, um die Spuren der begangenen Untreue von sich abzuwaschen. Die Armseligkeit all dessen bedrückte ihn wie ein nächtlicher Alp. Er beschloß, wenigstens heute nicht zu Zosia zu gehen, doch das erwies sich als undurchführbar. Nach einer halben Stunde schon begab er sich eilig ans gegenüberliegende Ende der Stadt; er ging absichtlich zu Fuß, um so Zeit zu haben, alle Mittel für den Kampf mit dem Bösen zu rekonstruieren. Atanazy dachte niemals über das Gute und das Böse als solches nach – theoretisch befaßte er sich nicht mit Ethik. Er kannte die Korrelate dieser Begriffe im Leben mehr oder weniger gut, und Schweinereien beging er prinzipiell nicht. Die Frau eines Freundes zu verführen, jemandem die Verlobte auszuspannen, eine unschädliche Lüge für künstlerische Zwecke: das heißt: zur Ergänzung und Vollendung einer durch den Zufall skizzierten Situation zu erfinden – derartige kleine Schweinereien kamen in seinem pedantisch kleinlich-reichen Leben schon vor. Aber große Schweinereien, solche, die an das Strafgesetzbuch heranreichen, sowie finanzielle Ungenauigkeiten, so gering sie auch sein mochten, waren ihm völlig fremd. Hatte er sich schuldig gemacht, so litt Atanazy oft sogar lange und aufrichtig und beschloß dann Besserung, meistens allerdings vergeblich. Mit dem Willen war das irgendwie unklar. Der trat nur sporadisch auf, war nicht »Meister des täglichen Schaffens«, wie sich sein einstiger Lehrer, Professor Buliston Chwazdrygiel, ausdrückte, ein Biologe und Bekenner des extremen Materialismus. Fälle von »titanischen« Überwindungen kamen vor, die leichtfielen, wie auch schwer errungene, kleine Erpressungen, nicht einmal erwähnenswert, aber notwendig. Die Lebenslinie, zickzackartig und verworren, unterwarf sich einer geheimen Kraft kapriziös veränderlicher Spannungen, die aus den verbotenen Sphären des »metaphysischen Bauchnabels« entsprangen = (genau): aus der unmittelbar gegebenen Einheit der Persönlichkeit, der Quelle jeglicher Metaphysik und Kunst. Der Mangel an spontanem schöpferischem Elan erlaubte es Atanazy niemals, von sich zu sagen: »Ich bin ein Künstler.« Schon der Klang dieses Wortes ekelte ihn an, und vor Leuten, die ihm irgendwelche Talente einreden wollten, lachte er mitleidlos über sich selbst. Dafür komponierte er unbewußt sein Leben wie ein wahres Kunstwerk, doch leider in kleinem Maßstab.

Die letzten Entwicklungs- oder eher Verfallsphasen der

zeitgenössischen Kunst bestätigten seine Ekelgefühle. Obwohl er sich nicht als ein Mensch »voll seiner selbst« fühlte, der in vollkommener Anpassung an die Gegebenheiten und die Wirklichkeit seine »Mission auf diesem Planeten« erfüllte (ein Ausdruck des Pfarrers Wyprztyk), wurde Atanazy dennoch bei dem Gedanken, er könnte einer von »ihnen« sein, einer dieser von Nebenprodukten perversen Schaffens vergifteten Dekadenten, von einem Schauder des Ekels und Entsetzens geschüttelt. »Nur Blagueure vergiften sich nicht, und auch nicht die Typen, die derart überintellektualisiert sind, daß sie im Grunde Blagueuren gleichen« – so hatte einmal Ziezio Smorski gesagt, dessen ungeheuerliche, wie aus rohem Fleisch, rosa Guttapercha und künstlichen Haaren gebastelten musikalischen Schöpfungen jetzt schon auf der ganzen Welt mit ständig wachsender Bewunderung gespielt wurden. Er vergiftete sich denn auch gehörig: zweimal war er schon in der berühmtesten Heilanstalt für Nervenkranke gerettet worden. Beim dritten Mal soll er angeblich definitiv verrückt geworden sein, ohne Möglichkeit einer Rettung. Nein – ein Künstler war er, Atanazy, nicht und würde nie einer sein, obgleich manche ihm sagten, »es habe noch Zeit«. Und übrigens, was für eine Richtung hätte er wählen sollen unter seinen unzähligen Talenten, angefangen vom Gedichteschreiben und der Taschenspielerei bis zu Improvisationen auf dem Klavier und der Erfindung neuer Gerichte – nein: der ganze Zauber des Lebens beruhte ja eben im Ausharren in der Unbestimmtheit. Der Ehrgeiz, für andere jemand zu sein, war bei Atanazy eingeschlafen. Er spürte, daß man dieses Ungeheuer, das zu unerwarteten Ausmaßen anwachsen konnte, nicht wecken darf. Doch konnte ihn nicht das Leben selbst in eine Lage bringen, in der er notwendigerweise die ihm bisher unbekannten Kräfte und Möglichkeiten würde nützen müssen? Wieder neigte er sich über die eigene Tiefe (eher ein »Tieflein«) wie über einen Krater: »gurgito nel campo vasto« – kam ein sinnloser Satz empor, geheimnisvolles Gemurmel von überlaufendem psychischem Magma, erstickende Schwaden explodierender innerer Narkotika (»Ob das nicht alles Humbug ist?« dachte er. »Denn wen geht schon ein Leben wie das meine etwas an?«) gaben zu erkennen, daß das Ungeheuer nicht schlief. Wie dem auch sei, der Moment schien Spannung in sich zu haben: »Wahnsinnige Liebe, erste programmatische Untreue, Duell – hm – das reicht für heute abend.« Die Manie des sogenannten »Komponierens der Vorfälle« war jene kleine Ritze, durch die sich wie durch ein Sicherheitsventil der Druck der künstlerischen Elemente regulierte. Das Knäuelgewölk dieses sonderbaren Zustands, das sich noch nicht durch die Färbung eines wirklichen Komplexes offenbart hatte, brach gleichsam aus dem tiefsten Grund des Wesens der Persönlichkeit hervor und taumelte in einer nicht näher bestimmten Dimension des Geistes, bevor es auf einen anderen konkreten Zustand oder ein Ereignis der äußeren Welt niedersank. Es schien, als verberge sich schon jetzt gleich hinter einer dünnen Scheidewand, die man jederzeit zertrümmern konnte, etwas unbegreiflich Außergewöhnliches; als könnte in jedem Moment etwas geschehen, was das Weltall und ihn selbst in absolute Harmonie verwandelte, in eine Konstruktion ohne Fehler, maßlos wunderlich in ihrer gleichzeitigen Beliebigkeit und Willkür. Jetzt, jetzt mußte diese Bombe platzen, neue Welten enthüllen – da verdunkelte sich plötzlich alles, wurde fern und fremd und versank im trüben Bewußtsein eines normalen Alltags. »Wäre ich ein Künstler, erschüfe ich in einem solchen Moment die erste Idee eines Kunstwerks«, dachte Bazakbal bei solchen Gelegenheiten und hatte damit wohl recht. Manchmal schien ihm, als hätte er etwas unerhört Wichtiges über das Leben zu sagen, über die Zukunft der Menschheit, über gesellschaftliche Angelegenheiten. Chwazdrygiel hatte ihm oft zu einem historisch-philosophischen Studium geraten. Doch alles zerschlug sich an dem sogenannten »Nicht-dicht-Halten der Klappen«, der »Ungenauigkeit der endgültigen Zustände«, am »Mangel funktioneller Verbindungen zwischen entlegenen Bezirken des Intellekts« – alles in Chwazdrygiels eigenen Termini. Ihm zufolge waren die interessantesten Typen der Gegenwart die allseitigen Dilettanten – »les dégénérés supérieurs«, kleine Manometer, die alle, selbst die subtilsten Veränderungen in dem Zusammenspiel der gesellschaftlichen Kräfte anzeigten. Atanazy wäre sehr gern so ein Manometer gewesen – leider sah er sich selbst nicht auf genügend interessante Weise: das Leben an sich hörte auf, ein ausreichender Grund für das Dasein zu sein.

Automatisch ging er durch die immer stärker belebten Straßen. Die Stadt war ohne Planung gebaut. Ähnlich wie in manchen Teilen Londons grenzten die schlimmsten »Slums« an relativ anständige Straßen. Plötzlich fühlte sich Atanazy wie ein gewöhnlicher Gigolo, und die Straße, herbstlich, kalt und kotig, verschlang ihn, mit allen seinen psychologischen Wunderlichkeiten und ungeborenen Welt- und Lebensanschauungen. Hinter einer Häuserreihe kam ein mit Staketen umzäunter Garten zum Vorschein. Hinten schimmerte zwischen Bäumen mit gelben und roten Kronen aus welken Blättern, die eine Bogenlampe erhellte, die weiße Villa der Osłabędzkis. Dort herrschte eine Stille, die der Stadt ringsherum fremd schien. Es war eine Insel friedlichen, reinen Glücks inmitten eines Meeres schmutziger Zügellosigkeit. Zur »Stadt« gehörte Hela Bertz, sie war ihr allertiefstes Symbol. Warum aber war dieses Glück von derart schrecklicher, unerträglicher Qual durchtränkt? In einem der unteren Fenster leuchtete der grüne Fleck eines Lampenschirms. Dort war Zosia, war wirklich! Er konnte es nicht glauben: Aufgrund seines Verrats schien sie sich ins Riesenhafte zu vergrößern, zu außermenschlichen – freilich nicht in der physischen Bedeutung des Wortes – Ausmaßen zu wachsen, wurde sonderbar und unbegreiflich im metaphysischen Sinn dieser Worte, so, wie in seltenen Augenblicken der Erleuchtung die ganze Welt zum Geheimnis des Seins wird. Er selbst war in diesem Augenblick ein kleiner, erbärmlicher, gewöhnlicher Mensch. Er fuhr in einen Hafen ein wie ein Boot während des Sturms nach einem mißratenen Fischzug.

Information: [Frau Osłabędzka legte soeben die man weiß nicht wievielte Patience. Sophie, ihre Tochter, las einen Universitätskursus über Psychopathologie. Sie studierte Medizin, völlig ohne ein äußeres Bedürfnis, wegen irgendwelcher geheimnisvoller eigener Ziele. Es hatte mit einer wissenschaftlichen Neugier begonnen, dann ging es in eine Pflicht über, dann in eine Gewohnheit, bis es in reiner Mildtätigkeit steckenblieb, in irgendwelchen pflegerisch-schulischen Absichten, langweilig wie Kutteln mit Rhizinusöl. Bis endlich Atanazy erschien und alles zum Teufel ging. Was man aber einmal angefangen hatte, das mußte man auch zu Ende führen – das war Zosias Prinzip.]

»Tazio verspätet sich. Er wollte gleich nach dem Abendbrot kommen«, flüsterte sie gleichsam für sich.

»Du wirst sehen, wie er sich ein Jahr nach der Heirat verspäten wird«, erwiderte die Mama. »Ich kenne diese unruhigen brünetten Typen. Er ist zu intelligent, als daß er sich auf sich selbst verlassen könnte: er analysiert alles so um, daß er sich alles wird erlauben können.«

»Mama«, begann Zosia vorwurfsvoll, »ich sehe das Leben ganz anders. Ich brauche wenigstens ein bißchen von dieser Phantastik, die ich überhaupt nicht habe. Er gibt mir alles, er erfüllt meine allerwichtigsten Kindheitsträume.«

»Du wirst sehen, was diese Phantastik später für dich sein wird. Liebst du ihn wirklich?« fragte sie wohl zum hundertstenmal seit zehn Tagen.

»Ich hab' dir schon gesagt: ich nenne nichts beim Namen. Ihm sage ich, ja, ich liebe, sonst würde er mich vielleicht nicht verstehen, dies eine nur – denn im übrigen weiß er alles. Männer sind so sonderbar in diesen einfachsten Dingen.«

»Was weißt du davon . . .« In der Tat wußte Zosia nichts. Der Verlobte gab ihr den ersten Kuß. Doch aufgrund von Lektüre, Gesprächen und Studien meinte sie, weit mehr zu wissen als die Mutter.

Ohne anzuklopfen stürzte Atanazy ins Zimmer. Jetzt war er kein »Gigolo« mehr, er ruhte sich nicht mehr aus. Die ganze Komplikation seines Wesens lag hier vor ihm, wie auf einem Tisch, einer Schüssel, zugeschüttet von der zermalmenden Last einer unbegreiflichen Liebe.

Information: [Zosia war eine fast flachshelle Blondine, ähnlich wie ihre Mutter, die gerade in kürzester Zeit weiß zu werden begann. Sie waren einander fast peinlich ähnlich. Diese Tatsache wurde dadurch gelindert, daß Frau O. trotz einer gewissen Kantigkeit ihres Charakters und einer nicht immer taktvollen Wahrheitsliebe Atanazy ziemlich sympathisch war. Zosia war wunderschön, besonders für schlanke Brünette. Ihre grünen, leicht schrägen Augen, aber nicht so wie bei Hela

Bertz, hatten auf einem kleinbestienhaft sinnlichen Hintergrund etwas Mädchenhaft-Kleinkätzchenhaftes an sich, zugleich eine mitunter schwankende Tiefe und ein kluges, kaltes Denken. Der volle, sehr frische und rote, in den Umrissen ein wenig ungefüge Mund, unruhig und zuckend, bildete einen Kontrast zu der geraden und dünnen Nase von auffallend klassischer Schönheit. Sie war hochgewachsen und in Maßen füllig. Ihre Hände und Beine waren schlank in den Gelenken, ihre Finger lang und spindelförmig. Schluß.

Der alte Osłabędzki lebte zum Glück nicht mehr. Er soll ein auf seltsame Weise bedrückender Herr gewesen sein, bei allem Anschein von Liebenswürdigkeit und Rücksichtnahme. Beide Damen, wenn sie sich auch niemals vor der Welt dazu bekannt hätten, noch es sich selber einzugestehen wagten, genossen im Stillen das einsame häusliche Glück und das freie Verfügen über ein ziemlich großes Vermögen an ländlichem und »städtischem« Besitz. Angeblich trug die Familie der Rzewskis, aus der Frau O. stammte, in Kleinpolen den Grafentitel – daher einige leichte, aber im übrigen unschädliche Eitelkeiten und Allüren. Atanazy, als Nachkomme eines tatarischen Geschlechts dritten Ranges, von dem kein Hund etwas wußte, war kein so ganz entsprechender Gatte für Zosia. Daher eine Atmosphäre von Mesalliance. Doch was konnte man schon machen – so waren die Zeiten. Frau Osłabędzka pflegte sich zum Trost zu sagen, »das gute Beispiel kommt von oben«, und erzählte dort, wo man sie anhören wollte, von einer österreichischen Erzherzogin, die einen Seemann geheiratet hatte, einen ganz einfachen »von«, und von einer Prinzessin von Braganza, der Gattin eines Grafen Łohoyski, des Onkels von Jędruś.]

Beim Anblick Zosias hörte Atanazy für ein paar Sekunden auf zu existieren. Ein gräßlicher Schmerz aus Vorwurf und potenzierter Liebe, aus Scham und Ekel vor sich selbst, vermischt mit einer geradezu wilden Idealisierung der Verlobten, würgten ihn wie eine scheußliche, mörderische, riesige Pranke an der Gurgel. Für heute hatte er genug. Er fiel auf die Knie und küßte scheu ihre Hände, erstickt von unaussprechlichen Gefühlen. Danach riß er sich hoch und begrüßte die Mama.

»Verzeih mir«, sagte er mit fremder Stimme. »Ich hatte einige Dinge zu erledigen und bin noch nicht ganz fertig. Ohnehin konnte ich dies bißchen Zeit nur mit Mühe dem Chaos des heutigen Tages entreißen. Ich muß gleich wieder gehen.«

»Aber warum bist du so sonderbar?«

»Nichts – ich sehnte mich schrecklich nach dir. Ich hatte das Gefühl, es sei etwas Schlimmes passiert. Ich weiß nicht. Ich liebe dich anscheinend zu sehr. Ich kenne mich selbst nicht wieder.« Frau O. blickte Atanazy aufmerksam und ohne große Sympathie an. Plötzlich verflog alles in die phantastische Sphäre eines herannahenden Wunders (dies bezieht sich auf Atanazy). Eine geheimnisvolle Wolke von Erscheinungen war aus dem Grund des Wesens emporgequollen und verdeckte das blendende Licht der endgültigen Wahrheit. Atanazy faßte Zosia leicht am Arm.

»Darf ich zu dir hinüber? Ich möchte dir gewisse Dinge sagen, die Sie, gnädige Frau, gewiß nur langweilen. Sie sind mir nicht böse? Nicht wahr?«

»Herr Atanazy, Sie wissen, ich bin sehr nachsichtig, da ich selbst Schreckliches erlebt habe.« (Was das gewesen war, wußte niemand, und niemand sollte es jemals erfahren.) »Ich weiß, daß bewußtes Entgegenwirken in schicksalshaften Fällen schlimmer ist, als sich der Vorsehung passiv zu unterwerfen.«

»Es gibt keinen Zufall«, entgegnete Atanazy hart, der angesichts eines theoretischen Problems sein ganzes geistiges Gleichgewicht wiedergewonnen hatte. (Zosia freute sich über alles wie ein Kind.) »Entweder ist alles Willkür – in gewissen Grenzen der Möglichkeit, Grenzen in mathematischer Bedeutung –, die manchmal auf der Grundlage des Prinzips großer Zahlen wie eine Notwendigkeit aussieht; oder es gibt eine absolute Notwendigkeit, und dann hat der Begriff einer Auswahl zwischen Dingen, die groß genug sind, um schicksalshaft genannt zu werden, keinen Sinn.«

»Sie sind höflich, wie immer. Seien Sie mir nicht böse, aber wenn nicht ich Sie erziehe, dann wohl kaum noch jemand, denn Zosia traue ich in diesem Fall gar nicht. Geht, Kinder. Nur schütten Sie Ihr Inneres nicht zu sehr vor ihr aus, weder jetzt noch nach der Hochzeit. Die Männer wissen heute überhaupt nicht mehr, was man sagen darf und was nicht; sie haben jeglichen Takt verloren. Man sollte übrigens immer etwas geheimnisvoll gegenüber einer geliebten Frau sein.« Atanazy verneigte sich und ging mit Zosia in ihr Mädchenzimmer. Jetzt erst, angesichts des Friedens in diesem Haus, empfand Tazio das morgige Duell als etwas Unangenehmes, aber noch streifte keinerlei Schatten von Angst auch nur sein Bewußtsein.

Ganz von selbst dachte er weiter: »Zufriedenheit aus eigener Geringfügigkeit, Rechtfertigung dieser Zufriedenheit durch metaphysische Berücksichtigung des relativen Werts aller Gefühle im Leben. Schwäche, Güte, Gerührtheit über sich selbst, flacher Egoismus, der Bestätigung in falscher Güte sucht, in eben dieser Gerührtheit. Ekelhafte Worte!« Wie nichtig kamen ihm alle seine kleinen Pseudogedanken angesichts der Gewalt eines immer mächtiger werdenden Gefühls vor, das objektiv außerhalb seiner selbst zu existieren schien, jenseits der ganzen Scheußlichkeit seiner psychischen Gedärme. Schon tauchte der Gipfel des Turms in Finsternisse, die für den Geist undurchdringlich blieben, und der sichtbare Unterbau schwoll in wunderlichen Windungen, hob das Ganze des mit teuflischer Gewitztheit erdachten Baus auf ein gallertartiges Fundament. Das alles hielt sich wie ein Meerespolyp auf dünnem Stengel an einer Nabelschnur, die jeden Augenblick reißen konnte. (Mit beinahe diesen Worten dachte er – welch ein Sturz!) »Und was dann, was dann«, fragte er sich, ohne zwischendurch überhaupt an die Wirklichkeit dieser ganzen Geschichte zu glauben. »Vielleicht gibt es das gar nicht? Ach, wie gut das wäre!« Und wieder: »Wäre ich *jemand,* ein Künstler, ein Lebensschöpfer, selbst nur ein elender Sozialreformer (warum ein elender?), so würde ich dies alles (das heißt: Zosia, die künftige Schwiegermutter und wahrscheinlich die Villa) in eine andere Dimension emporheben und eine wirkliche Größe erschaffen. So, wie es ist, muß ich in das hineinwaten, was es ist. Ich metaphysiere es künstlich, indem ich ein gelungenes Absolutes daraus mache, eine allgemeine Gleichung ewiger Gesetze, um mich ohne Scham vor mir selbst der schrecklichen Zügellosigkeit des reinen Gefühls hinzugeben.« Bei Naturen wie Atanazy ist das reine Gefühl nur eine Form von psychischer Onanie, die man

63

haßt, aus Selbstverachtung mit Füßen tritt, die man verehrt in Form einer Projektion auf eine andere Person, Frau oder Mann, das ist schon einerlei. Es handelt sich dabei um solche Typen, die mit Leichtigkeit homo- und heterosexuell sein können, je nachdem, welcher Bildschirm sich besser eignet, ihre anmutigen Silhouetten zum Zweck der Selbstvergötterung zu reflektieren. Die zwiefache Erotik ist für sie nur eine Zugabe – in Wirklichkeit sind sie Onanisten.

Nichts davon wußte die arme Zosia, aber auch Tazio wußte gewisse Dinge nicht, weder von sich noch von Zosia. Während sie jetzt seinen geplagten Kopf in ihren Händen hielt, dachte sie: »Wie arm er ist, dumm, mir fern, wie ein Geschöpf einer anderen Gattung, trotz seiner wirklich außergewöhnlichen Intelligenz. Worauf beruht das? So ein armer, verwirrter Junge. Wie schrecklich leid er mir tut. Und manchmal, wenn es mir gefällt, möchte ich ihn in Fetzen zerreißen, damit es ihn gar nicht mehr gibt.« Hier blickte sie in Atanazys Augen mit einem plötzlichen Glanz von Begierde, der auf ihrem Gesicht wie eine von Visionen aus dem Jenseits durchleuchtete Begeisterung erschien. »Ich werde alles für ihn tun. Er muß sehr arm sein, wenn er allein ist. So kenne ich ihn nicht und werde ihn nie kennen. Das ist Liebe, das, was ich denke, ja: das, was ich denke, aber nicht fühle – anders kann es nicht sein. Ach, könnten doch gleichzeitig er und Miecio Baehrenklotz obendrein – das wäre Glück.« (Was, zum Teufel – konnte denn dieser arme Atanazy immer nur in Kombination mit jemand anderem die Hauptperson sein? Hätte er gewußt, was Zosia dachte, er hätte sich keine Vorwürfe gemacht wegen einer dummen ›Perversität‹.) »Mein Leben ist jetzt nicht mehr so elend wie vor einem Jahr, als ich mit Schaudern an den nahenden Frühling dachte und an die Leere in mir und ringsherum. Ich bin eine psychische Masochistin und eine physische Sadistin. Mag sein (das ist sogar sicher), daß er das Gegenteil davon ist und daß ich ihn deswegen liebe – ihn liebe – ach, welch ein Glück!« »Ich liebe dich«, flüsterte sie und küßte ihn leicht auf die Stirn, statt seine Lippen zu zerbeißen, worauf sie Lust hatte.

Atanazy erstarb in unmenschlichem Glück und in der Sättigung an der durch ihre Gewalt quälenden Liebe. Und plötzlich drang wie ein entsetzliches Schmerzgebrüll in die Stille der Erwartung, wie ein Messer in die Fasern des lebendigen Fleisches in diesem Augenblick der Gewissensbiß ein. Das Unglück stürzte auf ihn wie ein großer Block. »Das Bewußtsein, Abfall der überendlichen Existenz des Körpers, in dem Milliarden von Wesen (bis hin zu den unendlich kleinen) in der Begrenzung einer Persönlichkeit ihr Weltall bilden, erlosch in viehischem Leiden.« So hätte Atanazy es beschrieben, wenn er in diesem Moment hätte denken können. Noch leuchtete ein Fünkchen in hoffnungsloser Finsternis, wie ein einziger Stern am leeren Himmel. »Niemals mehr wird es *das* sein, niemals mehr.« Aus diesem Fünkchen alles von neuem aufbauen? Das schien ihm eine übermenschliche, titanische Arbeit – eine langweilige dazu, bis zum Wahnsinn langweilige. Das Leben vor ihm war eine sündige, endlose Wüste, die man in Zweifeln und Qualen durchqueren mußte.

»Niemals mehr, nie«, flüsterte er.

»Was niemals?« fragte Zosia.

»Frage jetzt nichts. Nie mehr werde ich Unrecht tun. Ich bin dein auf ewig«, sagte er wie die Formel eines Schwurs und legte den Kopf auf ihre Knie. Und gleichzeitig haschte er mit den Resten seines Bewußtseins nach jenem Moment und räsonierte so: »Durch diesen Verrat habe ich, statt alles zu vernichten, eine höhere Stufe des Gefühls erkannt. Daher ist darin keine Schuld, da alles in einer anderen Dimension erkauft ist.« Plötzlich erhob er sich, feierlich und getrost, im Geiste ermutigt durch die eben entdeckte Wahrheit. Er zweifelte nicht, daß dies Wahrheit *ist,* und spürte nicht einmal einen Schatten der begangenen, subtilen Schweinerei. Und da er es nicht spürte, so gab es auch tatsächlich keine Schweinerei. Was gingen ihn denn die Meinungen derjenigen an, die, könnten sie nur unter gewissen Bedingungen und mit gewisser Intelligenz und Intuition und so weiter und weiter . . . Aber nicht einmal in dieser allgemeinen Form zeigten sich noch Zweifel. Nachdem er einige Sekunden auf einen gewartet hatte, fühlte Atanazy, daß er recht haben mußte, daß alles Vorgefallene Notwendigkeit gewesen und die Notwendigkeit gut war. Er küßte Zosia auf das Haar. Er hatte nicht den Mut, sie auf den Mund zu küssen.

»Ich muß gehen. Frage nichts«, sagte er klangvoll, kristallisch. »Ich denke nicht daran«, dachte Zosia: »In diesem Augenblick geht mich das gar nichts an. Wahrscheinlich irgendeine hysterische ›innere Komplikation‹.« Ein kleiner, flüchtiger Augenblick huschte vorüber wie ein leichter Flaum, legte sich aber mit schmutzigem, grauem Lastschatten auf ihre seit einiger Zeit miteinander verflochtenen Leben. »Komödiant«, dachte sie sekundenlang gleichsam ins Leere. »Sie haben immerhin Intuition, diese Bestien«, dachte er und erwog dabei die Möglichkeit, ob Zosia hinsichtlich seines Verrats etwas ahnte. Er sah in ihre Augen, deren Blick nach innen gekehrt war. Trotz der Gewißheit, daß Zosia nichts ahnte, fühlte er sich demaskiert, was die allgemeinen Umrisse seines psychischen Mechanismus betraf. Beide vermuteten etwas zu ihrem Thema, beide kreisten um einen unbewußten Punkt, in dem sich ihre Verdächtigungen überschnitten, ohne zur letzten Wahrheit gelangen zu können oder (vielleicht) zu wollen.

Information: [Trotz ihrer intellektuellen Unterlegenheit war Zosia weit gewitzter als Tazio, der überhaupt keine Menschenkenntnis besaß und sich dessen noch rühmte, man weiß nicht warum.] Er ging hinaus, nachdem er sie doch noch flüchtig auf den Mund geküßt hatte, und das Geheimnis ihres gegenseitigen Verhältnisses blieb wieder auf unbegrenzte Zeit in Schwebe.

Atanazy fuhr zum Café Illusion, wo er die Offiziere, die er brauchte, anzutreffen hoffte. Er fühlte sich geradezu ausgezeichnet. Das über ihm hängende Duell vergrößerte noch den Zauber der vorübergehenden Augenblicke. Alles war irgendwie schön, interessant und notwendig. »Dasselbe Empfinden hat Łohoyski nach Coco, wenn er nicht lügt«, dachte er. »Und ich bin auch ohne dieses Zeug fähig, die Welt so zu sehen.« Er fand die Offiziere (Rittmeister Purcel und Leutnant Grzmot), besprach die Angelegenheit schnell mit ihnen, gab ihnen Carte blanche für eine definitive Erledigung und ließ sie auf die Zeugen des Prinzen los. Łohoyski wollte ihm etwas sagen, doch er entwischte ihm schnell. »Der darf alles, aber ich nicht. Dennoch wäre es amüsanter, wenn ich ein Graf wäre.« Es war nun fast sicher, daß das Duell morgen in der Frühe stattfinden würde. Auf jeden Fall wollte er sich um fünf Uhr wecken lassen. Gegen Prepudrech empfand er keinen Zorn, nicht einmal Unwillen. Eher tat er ihm ein wenig leid. »Er wird als erster schießen und infolge eines Angst-Tatterichs nicht treffen, ich aber werde ihm ein Bonbon in die rechte Halbkugel packen«, dachte Atanazy auf dem Heimweg. Alles: der Verrat, das Wiedersehen mit Zosia und das Duell, fügte sich ihm zu einem harmonischen Ganzen. Er war mit der Komposition dieses Tages zufrieden.

»Wenn sich alle Tage auf diese Weise zusammenfügten, wäre das ganze Leben eine recht erträgliche Schöpfung, eine gewisse Einheit in der Größe«, sagte er laut und knipste das Licht in seinem Zimmer aus. Wieder zog der ganze Tag mit rasender Geschwindigkeit in der Erinnerung an ihm vorbei, aber in einer scheußlichen Färbung, in ekelhafter Deformierung, mit plastisch hervortretenden Momenten der Lüge und Niedertracht. Doch wich dieser Eindruck sogleich dem vorherigen Empfinden der Harmonie.

»Peuh«, sagte er nach französischer Art, »wir haben hundertmal schlimmere Dinge erlebt.« Das war allerdings keineswegs wahr.

II. Kapitel
Bekehrung und Duell

Es war neun Uhr am Morgen, als Józia Figoń die Tür zum Schlafzimmer von Hela Bertz vor dem Pfarrer Hieronymus Wyprztyk öffnete und ihn dort hineinließ wie einen Kater in ein Zimmer, in dem eine Ratte ist. Pfarrer Wyprztyk, vom Orden der Parallelisten, war Doktor der Theologie und Professor der Höchsten Dogmatik an der hiesigen Universität und im fernen Antiochien. Pater Hieronymus war ein großer (2 m 10 cm), hagerer, blonder Mann mit einer riesigen, nach links hin schiefen Adlernase. Er hatte nichts Klösterliches an sich. Lediglich um seiner Person eine größere Bedeutung als Seelenfänger zu geben, war er einem Missionsorden beigetreten. Nur die blaue Schärpe auf der schwarzen Soutane verriet ihn als Parallelisten. Er neigte sich vornüber, reckte den Hals wie ein Kondor und bemühte sich, das Halbdunkel des stickigen Schlafgemachs mit seinem bohrenden Blick zu durchdringen. Geruch eines Abendessens (eines guten), Parfum herbstlichen Waldenzians und noch etwas... (»Ha – ich weiß schon«, dachte er) – ja: der subtile Geruch einer »fleischlichen Orgie«, wie er sich ausdrückte, reizte seine empfindlichen Nüstern, die Nüstern eines Mikrosplanchikers und gescheiterten Schizophrenen. In solchen Augenblicken, in denen er sich pflichtgemäß unerlaubten Dingen näherte, »sättigte sich« Pfarrer Hieronymus »am stärksten mit der Wirklichkeit«. Diese Umschreibung war in den Kreisen gewisser Narkotiker und noch anderer »Iker« bekannt, in die einige seiner Schüler sich verirrt hatten, zu Zeiten, als er Katechet gewesen war, oder, wie man sagte, an Katechese gelitten hatte. Plötzlich, nachdem er eine Wolke entstehender unangenehmer Gefühle von Mitleid und Zorn durchdrungen hatte, die in den »vermischten Hintergrund« zurücktraten, tauchte aus dem mit einer verzwickten

Kombination von Düften gesättigten Halbdunkel vor ihm das Bild der schlafenden Hela auf. Die zerrauften, sich lockenden roten Haare umgaben lüstern ihren Kopf, der wie in einem wollüstigen Krampf zur Seite geneigt war. Eine der Brüste, heftig atmend und wunderschön, von der Gestalt einer indischen Dagobe, mit einer kleinen, wie ein Blümlein unschuldigen, rosigen Warze, ein schmaler, bläulichweißer Fuß mit hochgewölbtem Spann und die Arme – das alles lag unbedeckt. Der übrige Körper verschob die dünne, dunkelrote Bettdecke zu einer sexuell-verheißungsvollen Skizze. Pfarrer Wyprztyk sättigte sich immer stärker mit der Wirklichkeit . . . Doch sogleich kam er zu sich und machte, plötzlich in eine andere Dimension schreitend, aus dem sinnlichen Bild einen flachen Fleck von Erinnerung in der entfliehenden Vergangenheit und schlug die schweren Türangeln der Freiheit zu, hinter denen, im Inneren seines feurigen, leidenschaftlichen Wesens, in einer kleinen Hölle, wo er die fürstlichen, nicht umzubringenden Monstren verbarg, unter anderem auch eine nie zu Tode erwürgte Lebensgier keuchte. Und schon transformierte er diese Energie mittels komplizierter, ihm allein bekannter Muster in andere, höhere Werte. Mit langem, knochigem Finger und flacher Fingerkuppe berührte er den nackten Arm seines künftigen Opfers, auf das er schon seit einigen Jahren gelauert hatte.

»Wie geht es dir, Ameisenlöwe?« flüsterte Hela, fröhlich erwachend. Das Ende des beim Erwachen vergessenen Traums war köstlich gewesen. Etwas absolut Unbestimmtes stieg empor und breitete sich in einem angenehmen Verlust von Raumgefühl fächerartig aus.

»Hast du vor, wieder in diesem Ton mit mir zu sprechen, störrisches Töchterchen? Ich gehe, und diesmal werde ich nicht wiederkommen«, sagte Wyprztyk ohne einen Schatten von Gekränktsein in der Stimme. Hela erwachte vollends.

»Nein, Pater: diesmal will ich mich wirklich taufen lassen. Nur verlange nicht Glauben von mir, nicht heute, sogleich, auf Bestellung. Ich fühle mich sehr schlecht allein mit mir selber. Ich kann das Gefühl völliger Einsamkeit und Leere nicht loswerden, trotz Freundinnen und Freunden.«

»Und sogar Liebhabern«, bemerkte Pater Hieronymus gleichgültig und schniefte leicht durch die Nase.

»Nur heute – eben habe ich mich mit vollem Bewußtsein einem bestimmten jungen Menschen hingegeben, aber unter dem Vorbehalt, daß unsere Trauung in den nächsten Tagen stattfindet. Er ist Katholik und . . .«

»Nur deswegen . . .?«

»Nein, nicht nur deswegen, obgleich auch das zu dem System der wirkenden Kräfte gehört.«

»Im Brennpunkt dieser Mächte sehe ich keine wirkliche Erleuchtung, die ihre Quelle in der ewigen Wahrheit hat«, bemerkte der Pfarrer ironisch.

»Pater, ich kann diesen Ton und diese Sprache nicht länger ertragen, deren Hochwürden sich befleißigen, störrischen Köchinnen wie auch mir gegenüber. Ich bin in metaphysischer Bedeutung einsam . . . empfinde alles als Trugbild. Ich habe schließlich viel gelesen . . . mit mir darf man nicht so umgehen.«

»Eben darum, weil du in der Philosophie allzu belesen bist, wollte ich bei dir alle Einfachheit anwenden. Aber wenn nicht, dann nicht. Ich werde also gewichtigere Argumente anführen.«

»Vor allem, wie soll man dieses bedrückende Gefühl von Einsamkeit loswerden? Ich will leben, und alles schlüpft mir aus den Händen, und alles ›ist nicht das‹. Ich besitze doch wohl die Voraussetzungen, um mir ein Leben nach meinen Wünschen zu schaffen. Aber nichts von alledem: das Leben fließt wie nebenbei, und ich rufe euch alle mit stummer Stimme, die niemand vernimmt, und auch wenn ihr mit mir seid, flieht ihr immerfort in die Ferne der Zukunft. Jede Wirklichkeit hat für mich den kläglichen Geschmack einer unwiederbringlichen Erinnerung an ein nie gewesenes Ereignis. Ich will glauben, denn allein das kann allem einen endgültigen Sinn geben, obgleich ich irgendwo, im Grunde der Seele oder vielmehr des Intellekts, dies für Resignation, für einen bewußten Sturz halten werde.«

»Ja, ich kenne das: das ist eine pragmatische Ansicht, die ich überall ausrotte, wo ich es kann. Die flachste Doktrin, die es gibt – übrigens der Nichtigkeit unserer Zeiten gut angepaßt. Alle sind wir Pragmatiker in rein tierischer Bedeutung: wir wollen, daß es uns wohl sei: jedem Vieh, ja, jeder Zelle geht es darum. Aber die Stufen dessen, was gut ist, sind verschieden: es gibt eine ganze Hierarchie von Nützlichkeiten und Annehmlichkeiten, zu deren Zusammenfassung in einen reinen Begriff der Pragmatik es keine Kriterien gibt. Eine reine Relativität.«

»Die Kriterien sind gesellschaftliche«, unterbrach Hela. »Das Streben der Menschheit nach immer größerer gesellschaftlicher Vollkommenheit schafft Kriterien für die Werttabelle jeder Epoche. Die Kriterien der Pragmatik müssen gesellschaftliche sein, sonst könnte jeder Humbug Prätentionen gegen eine wenn auch nur relative Wahrheit haben. Nach dem Bankrott der Demokratie kommt der Kommunismus oder der Syndikalismus, aber alle diese Ideen, von denen die beiden ersten Ausdruck eines unstabilen Zustands der Dinge in Übergangsstadien sind, können sich auf die Pragmatik stützen wie auch auf den aufgeklärten Absolutismus. Nur daß in früheren Zeiten die aufgeklärte Pragmatik gesellschaftlich unnötig war . . .«

»Warte, Töchterchen: im Prinzip bin ich mit dir einverstanden, doch bringst du durch ein Übermaß an Konzeptionen eine derartige Verwirrung herein, daß wir da nie wieder herauskommen. Du willst zuviel auf einmal sagen. Heute geht es nur um das eine: daß du an die Notwendigkeit deiner Bekehrung glaubst, und das eben nicht von einem pragmatischen Gesichtspunkt aus. Du mußt sogar dann glauben, wenn du mit diesem Augenblick einen qualvollen subjektiven Seelenzustand auf unbegrenzte Zeit antizipieren würdest.«

»Eine angenehme Perspektive. Ich will metaphysisch glücklich sein, und damit basta. Es ist deine Pflicht, Vater, mir das zu geben.«

»Höre wenigstens eine Zeitlang auf, die steinreiche kleine Jüdin mit dem übermäßig geschärften Intellekt zu sein – der übrigens auf typisch semitische Art unschöpferisch ist –, hör einmal auf, etwas zu fordern. Ergib dich, so wie du dich dem Experiment der Hypnose unterworfen hast. Es handelt sich um die ›Einstellung‹ – ohne eine entsprechende Einstellung kann man nichts verstehen. Am Anfang muß diese Grundlage vorhanden sein, das, was zum Beispiel Husserl in bezug auf seine Theorie ›phänomenologische Einstellung‹ nennt. Dein Geld kann hier nichts helfen, selbst wenn du alles meinem Kloster stiften wolltest. Ich schwöre dir, daß nicht das mein Ziel ist.«

»Im Unterbewußt . . .«

»Mit Hilfe des Begriffs Unterbewußtsein kann man alles beweislos umdrehen. Für Psychoanalytiker ist das vielleicht gut. Schließen wir das für immer aus unseren Gesprächen aus. Demütige dich vor der Idee, die ich repräsentiere, nicht aber vor mir. Ist es denn nicht ein Beweis für mich, daß eben du, trotz deiner Reichtümer, deiner Schönheit, deines jüdischen Hochmuts und, sagen wir es offen: deiner Klugheit, dich hast an mich wenden müssen, an meine Welt, um eine Antwort zu finden auf die wahrhaftigsten, weil metaphysischen Qualen?«

»Vielleicht geht es aber nur um Papas Interessen? Vielleicht verhülle ich damit einen schmutzigen, jüdischen Winkelzug? Vielleicht ist das eure gemeinsame Suggestion . . .?«

»Nein: dein Vater, dessen Festigkeit in seinem Glauben ich unermeßlich schätze, ist im Grunde seiner Seele über deine Absicht verzweifelt. Eine andere Sache ist, daß auch er sich taufen lassen muß. Er wagte es nicht, dir vorzuschlagen, daß du diese seine Tat anderen gegenüber – du weißt wem?? – mit der Maske deines scheinbaren oder tatsächlichen Despotismus verdeckst. Und trotz seiner ganzen Verzweiflung hat er dennoch mit Freude die Gelegenheit ergriffen. Das wird sich an ihm auf die Weise rächen, daß er in einem oder in zwei Jahren der inbrünstigste Katholik ist. Finanziell glücklich ist er schon jetzt, denn als Jude könnte er zu gewissen Kreisen internationaler Geschäftsinteressen keinen Zutritt gewinnen. Erst jetzt wird er eine wirkliche Kraft.«

»Eine Kraft, der Beherrschung durch Hochwürden würdig? Oh, wie ungeheuerlich läßt du dich zum besten halten, Pater Hieronymus!«

»Ein Zwiespalt des Geistes muß bei derart mächtigen Wesen wie deinem Vater ein entsetzliches Leiden sein«, vertuschte Pfarrer Hieronymus das Problem.

»Genug mit diesen Erörterungen über das Leben«, unterbrach ihn Hela. »Weder Hochwürden noch ich werden jemals das Wesen der Affären meines Vaters verstehen. Lassen wir ihn in Frieden. Als Mann von Lebensart sind Hochwürden naiv wie ein Kind. Ich will davon reden, worin sich wirklich deine Kraft offenbart. Ich weiß, daß ich als Frau überhaupt nicht für dich existiere. Schon das imponiert mir sehr . . .«

»Das ist nicht so sicher, wie es dir scheint, meine Tochter. Als ich hier hereinkam, hatte ich einen sonderbaren Eindruck, wenn du willst, sag' ich es dir: ich dachte, daß ich mein ganzes Leben nicht der gewesen bin, der ich hätte sein sollen.«

»Also hätten Hochwürden vielleicht ein Verführer sein sollen? Soll ich das vielleicht als Erklärung auffassen und als Wunsch, ein anderes Leben zu beginnen?«

»Jetzt sage ich: genug! Was ich auch immer gedacht habe – manchmal denkt man schreckliche Sachen, die einem geradezu der böse Geist ins Ohr flüstert –, er ist hier, er ist hier mit uns . . .! Behüte uns, Allerheiligste Mutter!« flüsterte er plötzlich mit Schrecken, und in diesem Flüstern war ein erstickter Schrei. »Also«, sagte er hart, »was ich auch gedacht haben mag – ich weiß bestimmt, daß es nichts gibt, keine Sache, kein Buch, keine Person, keine Qual – ich bin in Kleinasien gefoltert worden –, was meine Taten und Gedanken ändern könnte. Ich bin unantastbar, mich kann man nicht vergewaltigen: darin liegt meine Stärke, die ich ohne jede Hoffart objektiv wie ein Meßgerät einschätze.«

»Schon darin, was Hochwürden über nicht vorhandene Hoffart sagen, ist Hoffart enthalten – aber so kann man das Spiel bis ins Unendliche treiben. Rede, Pfarrer, rede unmittelbar zu meinem einsamen Ich, jenseits dieses Zimmers, jenseits dieses Hauses, ohne Ansehen von Papa, irgendwelcher Liebhaber und der ganzen Schweinerei meines Lebens.«

»So spricht man nicht, Tochter. Du posierst, und damit machst du mich verlegen, populär gesagt. Die einzige Sache, deren ich mich wirklich schäme, ist falsches Pathos. Und zweitens ist eben das dein Fehler: diese Lust, Anerkennung unabhängig von Lebensverdiensten zu machen. Man kann Ethik nicht von Metaphysik trennen. Dein Leben muß sich ändern, dann wirst du die endgültige Wahrheit erkennen, wirst dieser Wahrheit würdig werden. Wenn du sie bis jetzt noch nicht kennst, so ist bei deinen geistigen Voraussetzungen die Schuld allein bei deinem Leben, vor allem bei gewissen Gefühlen, die du, statt sie zu überwinden, hegst wie die abscheulichen Blumen in den Treibhäusern deines Vaters.«

»Ich kann das machen, aber nur als Experiment, ohne jeden Glauben an seine Wirksamkeit. Gewisse Gefühle kann man nur abtöten, wenn man gleichzeitig sich selber tötet.«

»Mach, was du willst, Hauptsache, du fängst an. ›Fanget an, Gott wird es beenden‹ – ich weiß nicht mehr, wer das gesagt hat. Diese Art von Selbstmord ist auf jeden Fall besser als deine bisherige. Und das endgültige Ziel: die ewige Erlösung.«

»Eine banale Fragestellung für den berühmten Pfarrer Wyprztyk. Ich habe den Eindruck, Pater, daß deine Nachgiebigkeit, dein Freidenkertum, ich nenne es sogar deine gedankliche Zügellosigkeit, dein privater Modernismus, alles nur Methoden sind, um mich einzufangen, vielmehr einzukreisen.«

Pfarrer Hieronymus beherrschte die Zornaufwallung in der Peripherie seines gewaltigen Körpers; nicht einmal sein Gesicht zuckte.

»Du wirst mich nicht analysieren, mein Kind«, sagte er sanft. »Dazu reicht deine Kraft nicht, trotz der ganzen jüdischen Überklugheit. Und vor allem fehlen dir Ausdrücke, selbst wenn du manches errätst.«

»Was für eine Verachtung! Ach, du bäurischer Goi, du Naseweis, du reichst den Ideen, denen du dienst, nicht an die Knöchel! Du, der du ohne dein Priestertum ein Schweinehirt wärst; du, der du wegen der Karriere auf Frauen verzichtest, die dir gleichen, auf lausige, vertrottelte arische Hirtinnen, um in der aussterbenden Wüste katholischer Blendwerke ein großer Herrscher zu werden . . .«

»Bedenke, daß ich von meiner Familie zum Priesterstand gezwungen wurde und es nicht bedaure. Ehre sei dafür meiner Mutter selig«, er faltete die Hände wie zum Gebet. Er ging absichtlich nicht auf ihre Beleidigungen ein – es war ein Akt der Demut. Hela lachte frech. »Aber jetzt ist Schluß! Du sagst, du seiest einsam – ich werde, um dich von der Richtigkeit meiner Methoden zur Enteinsamung zu überzeugen, keine deines Verstandes unwürdigen Worte verwenden, keine sanften Sprüchlein von Liebe und Aufopferung . . .«

»Würdig hingegen deiner Verbindung mit Köchinnen, Aufwäscherinnen und Näherinnen, in deren Vorstellung du ein großer Wundertäter und Magier bist, Pater Wyprztyk.«

»Schweige und höre zu«, zischte der Pfarrer und hob die schwere Pranke empor. »Er ist imstande, mich tatsächlich zu schlagen«, dachte Hela. »Aber vom Schlagen bis zu ›diesem‹ ist nur ein Haar. Und – wäre nicht der Umstand, daß ich geistig seiner bedarf, ich würde ihn jetzt verführen. Ich bin neugierig, was er wohl machen würde, wenn ich ihn so mit Armen und Beinen umschlänge.« Der Pfarrer ließ die Hand nicht sinken und ballte sie plötzlich zur drohenden Faust. Hela rollte sich im Bett ein wie eine geprügelte Hündin.

»Gestatte mir, Pater, nur eine Sache: ich lasse das Telefon aus dem Salon hierher bringen. Mein Verlobter und Liebhaber hat sich heute in einem Duell geschlagen. Ich möchte wissen . . .«

»In einem Duell! Ist das Polnisch? Nein und nein. Jetzt wirst du mir zuhören.« Durch einen kräftigen Schlag der Finger auf den bläulichen Arm hielt er sie davon zurück, aus dem Bett zu springen. Sie zischte auf vor Schmerz und verbarg sich ganz unter der Bettdecke. Wyprztyk sagte:

»Wir sind beide genügend mit Philosophie geladen, um zu wissen, daß letztlich alle bekannten Systeme nicht imstande sind, das Geheimnis des Daseins zu lösen.« Hela tauchte mit einem konzentrierten und allen irdischen Dingen fernen Ausdruck unter der Bettdecke auf. Nichts Menschliches war jedoch in diesem Gesicht, trotz völliger Losgelöstheit von der Erde. Sie sah aus wie ein sonderbar kluger Vogel. »Ein vergeistigtes Tier, kein Mensch«, dachte Pfarrer Hieronymus und sprach weiter: »Ich will nicht weiter versuchen, dich von der Nichtigkeit jedes der Systeme im einzelnen zu überzeugen; aber ich erwähne einige als Beispiel, vor allem jene, in denen typischerweise große Blöcke von grundsätzlichen Problemen auftreten. Zum ersten: die Psychologie genügt sich selber nicht, sondern führt Begriffe ein, die der Voraussetzung: ›von dem unmittelbar Gegebenen‹ auszugehen, fremd sind.«

»Fassen Sie sich bitte kurz«, sagte Hela gleichgültig.

»Die Phänomenologie in ihrer endgültigen Entwicklung unterscheidet sich in ihren Voraussetzungen nicht sehr von der neuesten Version der Psychologie, wie wir das bei einem Vergleich der *Transzendentalen Systematik* von Cornelius mit der ›phänomenologischen Philosophie‹ von Husserl sehen. Der erste Band, der sich der phänomenologischen Terminologie bedient, ist nichts weiter als eidetische Psychologie.«

»Aber Pater, Husserl wäre sehr beleidigt . . .«

»Ich gehe nicht auf Subtilitäten ein; es geht um die großen Umrisse. Weiter: was hat die neue Logik auf dem Gebiet der Philosophie ergeben? Hat Bertrand Russell wirklich etwas Neues mit dem ganzen ungeheuren Apparat gesagt, den er und Whitehead erschaffen haben – wohl einzig mit dem Ziel, um Menschen, die mit Zeichen operieren, die Möglichkeit zu geben, jeden Gedanken, der anders ausgedrückt ist, als nicht genau genug zu mißachten? Und mit Recht sagte Poincaré den Logistikern: ›Ihr habt Flügel, sagt ihr, warum fliegt ihr nicht?‹«

»Hochwürden, Sie sind langweilig wie . . .«

»Dabei übergehe ich die in ihrer Frechheit ungeheuerlichen Aufschneidereien Bergsons und die hoffnungslosen Platitüden des Pragmatismus, der um den Preis der Nützlichkeit jeglichem Unsinn den Rang der Wahrheit verleiht. Ich spreche auch nicht über die ganze Masse von Zugaben und Unzulänglichkeiten. Wir wissen, daß die physische Anschauung im Grunde eine statistische ist, daß sie uns keine objektive Wahrheit gibt, da sie das Leben in ihren Termini nicht auszudrücken vermag – sie versucht lediglich, die Wirklichkeit mit einer gewissen Annäherung in ein Schema mathematischer Fiktionen zu pressen, das in dem gegebenen Punkte der Entwicklung am geeignetsten erscheint. Diese Annäherung hat heute in Einsteins Theorie ein Maximum erreicht, und ich bezweifle, daß es noch weiter gehen wird. Die physische Anschauung ist notwendig, daran ist nicht zu zweifeln, aber notwendig im allgemeinen, nicht in dieser oder jener Gestalt. Sie richtet sich beinah – ich wiederhole: *beinah absolut!* – allein nach den Komplexen der

Wirklichkeit, die im Verhältnis zu uns von sehr unterschiedlicher Größenordnung sind: in der Astronomie, beim Aufbau der Materie ist sie an ihrem Platz; aber jede beliebige Bewegung irgendeines lebenden Wesens widerspricht der ganzen Physik.«

»Und wie definieren Hochwürden die Wirklichkeit?« fragte Hela mit perfider Miene. »Ist für Sie vielleicht Leon Chwisteks Theorie der Vielheit der Wirklichkeit . . .«

»Erwähne dieses Monstrum nicht. Die Wirklichkeit ist die eine einzige. Sie ist die Sammlung aller aktuellen und gewesenen Qualitäten oder Erinnerungen für die Dauer aller Individuen in dem gegebenen Zeitabschnitt. Chwistek nannte entweder die Anschauungen Wirklichkeiten – aber wenn man keine notwendigen Anschauungen voraussetzt, erhält man eine endlose Reihe von Wirklichkeiten –, oder aber seine Konzeption ist einfach ganz unverständlich und nur qualifiziert für die Kunstsphäre. Als Logiker erkenne ich ihn an, als Philosophen nicht. Also: die großen Probleme der Wissenschaft sind ausgeschöpft, außer in der Biologie, die mit Hilfe von sehr naiven Konzeptionen mit dem Kopf gegen die Wand rennt, das heißt sich hoffnungslos bemühen wird, das Leben restlos mit Mechanismen zu beschreiben, während der Vitalismus in Beliebigkeiten à la Bergson umherirren kann, ohne eine gewisse Grenze der Genauigkeit zu überschreiten – neue notwendige Begriffe wird er nicht schaffen: ihre Zahl ist nämlich begrenzt.« Er atmete auf, befriedigt von dieser Masse von »Truismen«, die er aus sich herausgequetscht hatte. Freilich galten diese »Truismen« nur für eine bestimmte geistige Sphäre. Für andere konnten es Offenbarungen sein, besonders aus dem Mund von Pfarrer Hieronymus. Doch das war nur die negative Seite des Vortrags, das Trampolin, von dem er zum Sprung ansetzte, die Triebfeder, die er aufzog, um das letzte Geschoß abzufeuern, das Helas bisher hoffnungslosen Skeptizismus zerschmettern sollte. Aber warum tat er das alles? Natürlich, »unterbewußt« war er in sie besinnungslos verliebt, und nur deswegen bekämpfte er die unüberwindlichen geistigen Schwierigkeiten für die Erlösung ihrer Seele – so hätte jeder zeitgenössische pseudointelligente Freudianer gesagt. Doch wer konnte das mit

Bestimmtheit wissen? »Ob ich sie nicht unterbewußt liebe?« fragte Pfarrer Hieronymus sich selbst in Gedanken. »Aber schon ein solcher Zweifel bedeutet ja, sich den Gegenstand des Zweifels bewußt zu machen, also kann hier von Unterbewußtsein nicht die Rede sein. Ergo bin ich nicht verliebt.« Er lächelte über diese Gedanken, die einen solchen Kontrast zu der vorherigen Ansprache bildeten, und sprach weiter: »Darum, da wir von dorther nichts zu erhoffen haben, zumal man bemüht war, die Religion wenn schon nicht zu töten, so jedenfalls durch etwas anderes zu ersetzen, müssen wir zu dem Schluß kommen, daß sie die höchste Offenbarung des menschlichen Geistes und die einzige Form ist, das Geheimnis des Daseins zu überwinden. Die Allgemeinheit dieser Erscheinung und auch ihre Folgen sind im wesentlichen immer dieselben: die schöpferische Potenzierung des Individuums zugleich mit der Vervollkommnung der gesellschaftlichen Organisation und der Allgemeinheit des Guten . . .«

»Nur bis zu einem gewissen Punkt der Geschichte potenzieren diese zwei Eigenschaften sich gleichzeitig, dann aber muß sich die erstere zugunsten der letzteren opfern.«

»Wenn die Religion untergeht – was ein Beweis dafür wäre, daß Gott das Experiment mit uns nicht gelungen ist –, dann bin ich mit dir einverstanden; wenn nicht, dann birgt die Zukunft noch unbekannte Möglichkeiten.«

»Aber gerade die Religion geht ja unter, wenn das Individuum in der Vergesellschaftung verschwindet.«

»Du sprichst von der Menschheit wie von einer Maschine. Noch, ich wiederhole: *noch*, ist es nicht an der Zeit! Die Zukunft ist noch in unserer Hand, und wir können sie so gestalten, wie wir wollen. Doch dazu ist eine Hierarchie der Geister notwendig. Ein und dasselbe Süppchen können alle schlürfen, aber die Geister darf man nicht nivellieren, sonst könnte sich die Geduld Gottes erschöpfen.«

»Wie aber kann man das verbieten?«

»Durch eine neue antimaterialistische Organisation des kollektiven Bewußtseins; und das kann nur durch die Religion geschehen, und zwar durch die römisch-katholische. Bisher gingen wir in der gesellschaftlichen Richtung . . .«

»Na, na – ob Hochwürden da nicht übertreiben.«

»Nein, Kind, du weißt, daß es im Grunde so war. Es gab gewisse Anpassungen an die Bedingungen – der Kirchenstaat zum Beispiel –, aber keine wesentlichen. Die Strömung des Urchristentums lebt bis in unsere Zeiten. Und gerade heute muß sich sein individualistisches Element potenzieren, um sich von den Versprechungen materialistischer Systeme nicht distanzieren zu lassen. Die Seele des einzelnen Individuums zu erlösen, ist für uns das Erste gewesen, nicht, die Mägen der Masse vollzustopfen. Das alles beweist, daß die Neigung, der Frage der Religion auszuweichen, ein Symptom des Niedergangs für das betreffende Individuum, für die betreffende Kultur und sogar für die ganze Menschheit ist, falls die Menschheit nicht vor diesem entsetzlichen Weg in Richtung Lebensmaterialismus und gedanklicher Skeptizismus zurückweicht, wozu sie der Klassenkampf und die Auflösung aller Klassen durch bis zu den letzten Konsequenzen geführten Sozialismus oder Syndikalismus drängt. Die Idee der allgemeinen Verstaatlichung oder einer Menschheit ohne Staat, das sind die dem schöpferischen Geist feindlichen Kräfte.«

»Und was ist die andere Lösung?«

»Ich bin kein Sozialutopist, sondern nur Priester«, sagte Wyprztyk salbungsvoll. »Wenn jeder mit ganzer Kraft nach christlicher Vollkommenheit strebte, so könnte die Resultante dieser Bestrebungen eine Kollektivität sein, deren Formen wir jetzt noch nicht voraussehen können.«

»Ah, hier haben wir die ganze Naivität von Hochwürden. Und ich habe manchmal Lust, diesen ganzen Knoten durchzuhauen und alles zum Teufel fahren zu lassen, Papa, das Palais, das Geld, und die große Freiheit zu wählen: als kommunistische Agitatorin. Das ist die einzige einfache Konsequenz aus den höchsten ethischen Gründen.«

»Wozu hast du nicht alles Lust, mein Kind! Gestehe, manchmal empfindest du sogar ein kleines Gelüst, mich zu verführen«, sagte, innerlich seiner selbst nun ganz sicher, Pfarrer Hieronymus. Dafür bekam er von einem Fuß von wundervoller Schönheit und einer fast bläulichen Weiße einen leichten Stoß ans Knie. Ohne auch nur zu zucken, sprach er weiter:

»Also: wenn du nicht in der schrecklichen Öde untergehen willst, in der dich, neidisch auf deine Überlegenheit, die Menschen – wie auch deine eigenen Gefühle – lassen – denn mit Gewalt wirst du alle Leitungen verbrennen – und dieser Gedanke, mit dem du dich aufplusterst wie ein Truthahn – denn ungesättigt vom Absoluten bist du ebenso wie ich –, so mußt du mir nachfolgen. Aber nicht aus Gnade, aus Langeweile oder aus einer Laune heraus, nicht als eine auf ihren Reichtum und ihre Schönheit stolze Bankierstochter, sondern als Büßerin, die darauf wartet, wann man ihr aus Gnade einen Fetzen des höheren Bewußtseins zuwirft. O Gott!« sagte er in anderem Ton, wie zu sich selbst, »bei der Vorstellung, daß ich bei meinem Gefühl für die endgültigen Dinge und ihre Unerfaßbarkeit in hergebrachten Begriffen nicht Katholik wäre, überkommt mich ein schlimmeres Entsetzen, als wenn ich vor mir den Abgrund der Hölle erblickte.« Er faltete die Hände zu einem stummen Dankgebet.

Hela umfaßte die Knie mit den Armen und versank in Nachdenken. Ihre weißen Hände schlangen sich krampfhaft ineinander und lösten sich wieder, wie die Saugarme eines Meeresungeheuers. Sie war in diesem Moment für sich selbst die verkörperte Scheußlichkeit des fleischlichen Daseins eines jeden Wesens und des Kampfes zwischen Geist und Körper, der einen manchmal über dieses abscheuliche, von Drüsensekreten triefende Zellengewimmel erhöht, innen finster, blutig, heiß und stinkend – mit einem Wort: ekelhaft, und dennoch einzigartig und unvermeidlich. Sie ekelte sich vor der kleinsten Bewegung, jedem Satz, sogar vor jedem Gedanken. Bestenfalls hätte das Nirwana eines indischen Fakirs – diese klebrige, metaphysische Scheußlichkeit abwenden können, von der sie sich bis an die Grenzen ihres Daseins beschmiert fühlte. Und dazu die anderen Menschen – diese wirklich unbegreiflichen und dabei manchmal so nahen (brrr) und verständlichen Andersgeschlechtlichen, diese Männer, die sich eben darin suhlten ... Was für eine scheußliche Sache ist doch das Geschlecht! Die Buße wurde zur Notwendigkeit. Doch schon nach einer Weile empfand sie nichts mehr außer einer bis in die Knochen dringenden kalten Trübsal und Leere. Danach kam nur noch

Tod, an den sie sich so vertrauensvoll und ergeben gewandt
hatte und der sie stets mit Verachtung von sich gewiesen. Mit
diesem irgendwo auf dem Grunde der Seele verborgenen Glau-
ben an das Nichts betete sie zu ihm schon seit ihrem zehnten
Lebensjahr, vielleicht sogar schon länger, da sie an das ewige
Leben des Geistes nicht glaubte, trotz einer wahnsinnigen, wil-
den Sehnsucht nach eben diesem Glauben. »Tod – oder ein
Leben auf den Gipfeln«, hatte die kleine, fünfzehnjährige Jüdin
sich gesagt, den Blick auf das unauslotbare Geheimnis der eige-
nen Existenz geheftet. Schon damals betrachtete sie durch die
gewöhnlichen Ereignisse des Alltags hindurch sich selbst und
alles andere als Abglanz von etwas nicht Gleichgültigem,
Schrecklichem. Doch das Nichts warf wie ein gleißender, un-
durchdringlicher Panzer ihre Träume zurück und zeigte ihr auf
seiner glatten, von vollkommener Leere blanken Oberfläche
das eigene, unverständliche Ebenbild und ferne Gaukelbilder
aus dem daneben hinfließenden Leben. Damals stürzte der ei-
gentliche Meister ihrer Kindheit auf ihre Seele, Schopenhauer –
wie ein düsterer und »regenbogenfarbig gefiederter Geier« (so
hatte sie ihn genannt). Und lange irrte sie in seiner herrlichen
Metaphysik umher, wie in einem riesigen Gebäude aus einem
geheimnisvollen Traum. Aber dieses Gebäude war leer; und
obleich es herrlich war und große, helle Kemenaten besaß und
stille Winkel, auch unzugängliche Türme und unerforschte un-
terirdische Verliese, konnte sie es mit ihrem inneren Leben
nicht ausfüllen. Vielleicht hatte es irgendwo für sie überdauert
und zerfiel nun in Trümmer, wie so viele andere Dinge aus den
Jahren der Kindheit, angefangen von den Spielsachen bis zu
den »ersten und einzigen Liebschaften«. Nachdem sie ihren
Glauben verloren hatte, bekehrte sie sich nicht: weder zur
brahmanischen Metaphysik noch zur buddhistischen Ethik.
Dann erst war Kant gekommen und das ganze »Menü« zeitge-
nössischer diskursiver Philosophie. Alles, was gegenwärtig mit
ihr geschah, war inkommensurabel mit der Größe der Welt, in
der sie in Gedanken lebte und in deren fernen, unbekannten,
verschlossenen Weiten der Tod herrschte. Diese Erinnerungen
riefen einen neuen Zweifel hervor.

»Warum gerade diese Religion und nicht eine andere«, begann sie plötzlich. Wyprztyk zuckte zusammen und kehrte in die Wirklichkeit zurück. »Ich weiß, es gibt eine Hierarchie, vom Totemismus zu Buddha, aber sollte ich nicht lieber Buddhistin werden, wenn eben diese Religion, wie Hochwürden mir einmal gestanden, der einen, rein negativen Wahrheit, nach der in Grenzen die ganze Philosophie strebt, am ähnlichsten ist?«

»Eben darum muß man sie verwerfen. Es ist nur etwas Unvollkommenes. Religion ist keine unvollkommene Philosophie, sie ist etwas an sich, das mit nichts vergleichbar ist, etwas Allerhöchstes.«

»Und trotzdem nur ursprüngliches, rohes Material, dessen begriffliche Bearbeitung erst durch die diskursive Philosophie erfolgt.«

»Rohes Material!« rief Wyprztyk ironisch aus. »Wenn wir all das für rohes Material halten, was mehr als eine elende Kombination von Begriffen ist, so bin ich durch dies Ephitheton in bezug auf die Religion nicht gekränkt, doch dann gehören zu dieser Kategorie alle Gefühle überhaupt, das heißt also das ganze unmittelbare Leben. Nein, meine Tochter: das, worüber du dich so verächtlich äußerst, ist das Wesen der individuellen Existenz: die religiösen Gefühle, überall die gleichen, aus denen, je nach der Kraft der durch Verdienst erworbenen Offenbarungen, das System des betreffenden Kults erwächst, wie die Blume aus der Zwiebel. Die Begriffe als solche und ihre Systeme sind lediglich ein Überbau . . .«

»Also müssen auch Tiere religiöse Gefühle haben?«

»Ja; ich sage dir das im Vertrauen: alle lebenden Wesen haben sie in unterschiedlichem Grad, doch nur wir Katholiken erfassen und interpretieren sie in der richtigen Weise. Religion ist nicht ihre begriffliche Erfassung, sondern eine symbolisch-emotionale Transponierung der in der Offenbarung unmittelbar gegebenen Wahrheiten. Mein System, das sich innerhalb der Lehren meiner Kirche befindet, ist nicht irgendein Modernismus, der über eine Reihe von unbedeutenden Kompromissen bis zu völligem Unglauben und pseudowissenschaftlichem Materialismus führt. Ich verbreite den Glauben, ich zerstöre ihn nicht wie jene, die ihn scheinbar den Resultaten der

Wissenschaft angleichen und dabei sein Wesen vernichten. Unser Glaube war nicht von Anfang an so, wie er heute ist: er hat sich erschaffen! Ich sage dir meine geheimsten Gedanken: Ich glaube tief an die schöpferischen Eigenschaften des Katholizismus. Eine herrliche Blütezeit wartet auf uns – sofern jene, die manchmal, wenn Gott es zuläßt, zufällig Träger der Essenz unseres Glaubens sind, diese auf der Welt mächtigste Konstruktion der Gefühle nicht verderben. Ich spreche nicht von Ethik, denn ich weiß, daß du bei diesem Thema widerborstig bist wie ein Igel. Als Seelenkenner weiß ich auch, daß deine Ethik nicht autonom ist, sondern deinen höchsten, absoluten, primären Begriffen entspringt. Nur wir können die Menschheit vor der Mechanisierung und dem Marasmus zurückhalten.«

»Nachdem ihr die Grundlage zu dieser Mechanisierung geschaffen habt«, warf Hela ein. »Zwanzig Jahrhunderte schon arbeitet ihr daran.«

»Jetzt wird eine Rückwelle kommen. Das eben sieht niemand außer uns, den Katholiken. Die Herrschaft des nivellierenden Antichristen wird sich zur höchsten Macht emportürmen, um desto tiefer zu stürzen. Dann werden die Seelen von neuem wie frische Blumen in voller metaphysischer Pracht erblühen, ohne Egoismus und Grausamkeit; die Widersprüche von Güte und Macht, von sozialer Vollkommenheit und individueller Entfaltung, von Aufopferung und dem Ausbruch des Ich werden beseitigt . . .«

»Und was geschieht mit denen, die schon da sind? Warum erblüht nicht alles auf einmal, von Anfang an?«

»Verdienst. Wir selber sollen es vollbringen. Was wäre es denn wert, wenn es seit Jahrhunderten so wäre? Es gäbe dann weder schöpferische Kraft noch Tragik. Unerforschlich sind die Urteilssprüche des Ewigen. Gott in seiner Allmacht hat den Menschen die Freiheit belassen, sich Verdienste zu erringen. Doch einem jeden hat Er so viel Gnade erteilt, wie notwendig ist, damit er erlöst wird. Und auch das sage ich dir, ebenfalls im Vertrauen – denn du bist über die Idee ewiger Strafe erhaben und willst die Vollkommenheit an sich, nicht als Belohnung –, ich sage dir, daß *die Hölle liquidiert werden muß*. Ich habe alles durchschaut: nur ein Fegefeuer wird es geben, und natürlich auf Zeit, und dann den Himmel für alle. Aber wie der Himmel sein wird, kann sich kein beschränkter Geist vorstellen. Wenn der Fluch der geistigen Beschränkung aufgehoben wird, ist das die Grundbelohnung für die Tatsache der normalen irdischen Existenz. Wir werden die Welt und ihr Geheimnis in der unendlichen Vollkommenheit Gottes wie in einem Spiegel betrachten. Und auch das sage ich dir noch, daß in gesellschaftlicher Hinsicht das Christentum der ersten Jahrhunderte ganz anders war als die Kirche zur Renaissancezeit; und beide Phasen waren wieder ganz anders als der heutige Zustand – obschon zwischen den beiden letzteren eigentlich nur graduelle Unterschiede bestehen. Aber da ist etwas, was sie zur Einheit verbindet, trotz der Unterschiede – das sind die prinzipiellen Grundlagen der Ethik und der Dogmatik.«

»Aber in jeder Epoche steht eine andere Art Menschen auf den schöpferischen Posten der Kirchen, der Staaten und aller anderen Sphären – vielleicht nur in der Wissenschaft nicht –, eine völlig andere Schicht, verstehen Sie, Hochwürden? Auf diese Weise ändert sich unmerklich alles bis zur Unkenntlichkeit. Doch das sehen nur bestimmte Menschen, die nämlich, deren Köpfe nicht von Ideen wie Fortschritt, Menschheit, Entwicklung in Richtung auf das Ideal des öffentlichen Besitzes hin und überhaupt von all dem pseudodemokratischen Unsinn verdreht sind . . .«

»Bist du fertig? Du bist gar nicht dumm, Tochter, das weiß ich ja. Aber darum geht es jetzt nicht. Sage mir, ob außer dem Buddhismus, der in der ethischen Konzeption kaum mit unserem Glauben vergleichbar ist, eine Religion existiert, die höher steht als das Christentum, und zwar in der Form des Katholizismus?« Hela schwieg und bemühte sich dabei vergebens, in ihrer Vorstellung den Protestantismus und den griechisch-orthodoxen Glauben höher zu bewerten, aber sie kannte diese Religionen nicht genügend, daher blieben ihre Bemühungen erfolglos. Die Symbolik der Wandlung störte sie am Protestantismus, und der griechisch-orthodoxe Glaube stieß sie durch den Mangel eines konstruktiven Elements in der Messe ab und durch noch etwas Unfaßbares, von dem sie sich keine Rechenschaft zu geben vermochte. Ihre eigene Religion stand wie abseits, ohne an diesem Wettbewerb teilzunehmen. »Das Geheimnis ist das Wesen der Metaphysik«, sprach Pfarrer Wyprztyk weiter. »Nur bei uns allein blieb das Geheimnis gewahrt und erhöht, und nicht in Symbolen, sondern in der unmittelbar gegebenen Wirklichkeit.«

»Hochwürden, Sie mißbrauchen diesen Begriff. Jene unmittelbare Wirklichkeit ist das unmittelbare Erleben, das in seinem Wesen bei einem einzelligen Geschöpf dasselbe ist wie beim Menschen . . .«

»Nein. Es gibt verschiedene Stufen; es gibt eine ganze Hierarchie von qualitativ unterschiedlichen unmittelbaren Gegebenheiten: äußere und innere Qualitäten, Schmerz, Gefühle der Organe, ihre Kombinationen mit sogenannten Lebensgefühlen – religiöse Gründe schließe ich dabei allerdings aus; sie sind die allerhöchsten –, und das Wichtigste: die unmittelbar gegebene Einheit der Persönlichkeit als formale Qualität – die ›Gestaltqualität‹ für das gegebene ›Ich‹, und diese Spaltung in mich, das ›Ich‹ – und die Welt. Dort haben Religion und Kunst ihre Quellen. In dieser Wirklichkeit, der einzigen ihrer Art, und nicht in der Definition ist uns unmittelbar die Idee von einem persönlichen Gott gegeben, dessen wirkliches Ebenbild wir sind.«

»Ach, lassen wir die Kunst beiseite. Ich verachte sie zu sehr. Außerdem mache ich Hochwürden darauf aufmerksam, daß für Cornelius – ich sage das, weil Sie, Hochwürden, in hohem Maße ein Psychologe sind – die Einheit der Persönlichkeit nicht unmittelbar gegeben ist.«

»Cornelius ist für mich kein unfehlbares Orakel. Die Vielheit der Welt ist jedoch nicht die Vielheit des göttlichen Seins. Die absolute Einheit ist gleichbedeutend mit dem Nichts, also muß Gott in einer Person eine Vielheit sein, und so ist Er eine Dreifaltigkeit, notwendig in Seiner Dreifalt, denn Er bedeutet Liebe, Vernunft und Glauben, den höchsten Glauben an sich selber – drei persönliche Wahrheiten, ursprünglich außerhalb der Zeit verwirklicht.«

»Und wissen Sie, Hochwürden, was ich manchmal denke? Wenn es Gott wirklich gibt, ist Er für unsere Gedanken etwas derart Inkommensurables, daß Er sicher sehr darüber lachen muß, wenn Er hört, was für gedankliche Kapriolen wir anstellen, um mit Ihm zurechtzukommen . . .«

Pfarrer Wyprztyk legte Hela den Finger auf den Mund und zischte:

»Schweige, schweige, schweige!« Dann redete er weiter, als kehrte er nicht zu dem vorigen Thema zurück: »Der Begriff Gottes als eines extremen Einzelnen Daseins mit unendlich vielen Attributen ist der allerhöchste. Bei uns bildet allein die Ethik eine Einheit mit der Metaphysik; sie entspringt aus dem Geheimnis der Dreifaltigkeit und der Gemeinschaft aller in einem persönlichen Gott, aus dem höchsten aller realen Geheimnisse – im Gegensatz zu den künstlichen: aus der vierten Dimension in der Seinsbedeutung der Geister bei Séancen und der Theosophie«, schrie Pater Hieronymus, der seine Begeisterung nicht mehr beherrschen konnte. Erst jetzt ließ er diese Lippen fahren, die lüstern unter seiner Hand zu zucken begannen. Hela nahm ein purpurnes Gefäß aus dem Schränkchen und spuckte angewidert aus. Das sah Wyprztyk nicht. Die irgendwo tief in den »Drüsen«, nicht aber in dem elenden Unterbewußtsein verborgene, in ihren Möglichkeiten höchst perverse, in eine andere Dimension sublimierte Liebe zu Hela erzeugte einen blutigen Brodem von metaphysischem Fanatismus. Nur einen Millimeter weiter hinter einer dünnen Trennwand stand der ordinäre, bäurische, gehörnte Teufel mit Gabel und Pecheimer und wartete. Doch Pfarrer Hieronymus verstand es, auch einer so verkleideten Leidenschaft Herr zu werden. Als urtümlicher Mensch, als Bauer mit wenig zügellosen Instinken, weder ererbten noch persönlichen, überwand er den ganzen Ballast der Sinne eigentlich mit Leichtigkeit, und zwar mittels eines kleinen, eigens dazu geschaffenen Ballons von Idealismus. Außerdem war er geradlinig, spekulativ intelligent und sogar menschlich, durchschnittlich, gewöhnlich gut wie Tausende andere, arme Leute – die ganze »Außergewöhnlichkeit« bestand nur in seiner priesterlichen Würde. Wyprztyk selbst, wie die Mehrzahl der gebildeten Menschen seiner Zeit, hatte nicht einmal eine blasse Ahnung davon, wer er wirklich war. In diesem Augenblick empfand er einen schrecklichen Widerwillen gegen sich selbst. Nicht genug, daß er dem Gespräch erlaubt hatte, einen geschmacklosen Ton anzunehmen, den zu schaffen ein Privileg von Hela Bertz war – nur ihre Schönheit und ihr Reichtum garantierten die psychische Straflosigkeit solcher Erscheinungen –, nicht genug, daß er eine Indiskretion begangen hatte, die zu dem noch nicht erreichten Ziel wahrscheinlich in keinem Verhältnis stand – sondern er hatte zu diesem Zweck sogar einige seiner ureigensten Auffassungen von prinzipiellen Fragen geändert. Noch dazu hatte er sich beinahe demaskiert. Er versuchte noch einmal, alles auf eine entsprechende Höhe emporzuschrauben.

»Sieh, elendes Geschöpf, auf die Größe der Konzeption, die ich dir aufgezeigt habe, schaue mit dem kalten Blick deines unfruchtbaren, semitischen Gehirnleins. Wenn du dich auch mit dem intensivsten Gedanken in dieses Labyrinth vertiefst, wirst du immer eine undurchdringliche Wand finden, vor der du dich demütigen mußt, weil du jenseits dieser Wand nichts als Leere empfindest: du wirst einen Abgrund finden, der sich in Wahrheit als ohne Boden erweist, mit Sternen in der Höhe, in der Tiefe, und dieser Abgrund ist kein künstliches Trugbild, kein gut ausgepolsterter Abgrund unserer Philosophie, besser unseres Philosophiechens, in den man hineinspringt, ohne sich weh zu tun.«

»Der gepolsterte Abgrund ist für manche die Zelle eines Irrenhauses.«

»Nicht für dich. Ich kenne dich. Bevor du verrückt wirst, bringst du dich um. Ich aber werde dich dem Tode nicht abtreten.«

Eine Stille entstand. Durch die herabgelassene Gardine drang ein purpurner Schimmer. Irgendwo kroch die Sonne hinter den Wolken hervor.

»Ich möchte wissen, was da mit ihnen los ist«, dachte Hela an ihre Liebhaber, doch angesichts der bevorstehenden metaphysischen Transformationen blieb dieser Gedanke dem gegenwärtigen Zeitabschnitt fern, wie ein sommerlicher Blitz ohne Donner, irgendwo hinter dem Horizont des aktuellen Abendwetters. Und dennoch beneidete sie beide um die Gefahr. Sie gab sich keine Rechenschaft darüber, daß sie die Ursache dieser ganzen dummen Geschichte war. Und plötzlich

wurde alles, auch das vorige Gespräch, klein, winzig wie Ge-
würm, abscheulich. »Es gibt nichts Großes und Schönes außer
dem Tod.« – Als hätten riesige, schwarze Flügel die Erde und
weiter das ganze Weltall umfaßt, bis hin zu den fernsten Son-
nen der Milchstraße und der Sternennebel, und als schrumpfte
in ihrer Umfassung alles zu Zwergenhaftigkeit zusammen und
verwelkte. Und Helas Seele, die Leere des Absoluten Nichts
ausfüllend, dehnte sich bis zu den Ausmaßen des Alls. Es
schwand jede »Allheit« und »Diesheit« – jenes und dieses: die
ganze Zufälligkeit des Lebens, das Jüdin-Sein, die Taufe, die
Heirat mit Azalin Prepudrech, alles floß ineinander, schmolz zu
einer einzigen, unendlich kleinen Pille, die der frosterstarrte
zwischengestirnliche Abgrund verschluckte. Hela spürte sie in
sich. Und gleichzeitig erfaßte sie eine wilde Befriedigung dar-
über, daß sie auf diese ganze »Geschichte« (so dachte sie mit
Widerwillen) distanziert kalt blicken konnte. Heimliche Ambi-
tionen und auch offene, genährt von solchen Abfällen wie:
Schönheit, Reichtum, Position des Vaters, verbrannten wie
leichtes Seidenpapier im Brennpunkt der einzigen Begierde
nach dem Nichtsein. Dahinter erwuchs eine Ambition anderer
Dimension: alles und nichts zugleich zu sein; denn für die Allheit
an sich war die Welt zu klein, und zu klein war ihre Seele und die
Seele der ganzen lebendigen Weltschöpfung (Azalins und sogar
Atanazys) – diese Ambition konnte einzig der Tod sättigen.
Alles war nicht das, *nicht das*. Die entblößte Seele von Hela Bertz
stand einsam im »Sturmwind des Todes«, wie sie diesen Zu-
stand schon in der Kindheit genannt hatte. Der Horizont der
Welt – hinter ihm der Widerschein des Nichtseins, und auf
diesem Hintergrund Wegweiser, beweglich wie Semaphore,
und die Grenzbarrieren der Welt mit einem schwarzen Schlag-
baum, den irgendein ebenfalls schwarzer »Jemand«, der in ei-
nem geheimnisvollen, »letzten« Wärterhäuschen nebenan
wohnte, bewachte. »Er« kam nicht heraus – man wußte nicht,
womit man ihn bestechen könnte – vielleicht mit sich selbst.
Man müßte sich ihm hingeben. Dann würde er einen freilassen,
aber vielleicht auch nicht – und dann erst würde vielleicht das
Leben beginnen. Sie sah sich als das kleine, weinende Mädchen
in Goyas Kupferstich *Madre infeliz*. Aber niemand war bei ihr,

weder die Mutter noch Soldaten mit Bajonetten – sie ahnte, daß sie einmal von irgendwelchen Kerlen mit Bajonetten irgendwohin geführt würde: von Revolutionären oder von Verteidigern einer relativ »vergangenen« Staatsordnung – das wußte sie noch nicht. Sie stand auf dem Pol eines unbekannten Planeten, eigentlich eines riesigen Globus, und ringsum blies der interplanetare Wind des Nichts, und nach einer Weile, jetzt, jetzt gleich, sollte er sie hinwegblasen in eine bodenlose Weite, nicht in die, in der die Welt schwamm und mit ihr eine Einheit bildete, sondern in eine reine Kategorie, eine amorphe Weite von Möglichkeiten aller Geometrien, inbegriffen der zu wilder Primitivität degenerierten Raumleere Euklids in der Konzeption von Stefan Glas. Gleichsam auf dem Boden dieser Weite saß, wie in einem unbegreiflichen Traum, Immanuel Kant, das einzige Etwas, das in dem Gewittersturm des Weltalls standhielt. So ein Augenblick war jetzt, zwischen neun und zehn Uhr am Morgen. Gewöhnlich machte Hela in solchen Augenblicken Selbstmordversuche: zweimal hatte sie Gift genommen, einmal hatte sie sich erschießen wollen – leider vergeblich. Ein elender, ihrer unwürdiger Zufall hatte sie stets gerettet. Wirklich leider? Nein – dieses und jenes dauerte an, war miteinander verbunden, war eine Notwendigkeit, war Leben, dieses volle Leben, das sie gerade in seiner Zufälligkeit so liebte, in seinem Judentum, seinem Reichtum, seiner Perversion, in dieser ganzen »contingence« – wie der große, ehrliche, naive Leibniz gesagt hat: »der metaphysischen Beliebigkeit eines jeden Momentes der Dauer einer jeden Persönlichkeit.« Nur das Dasein in seiner Ganzheit war frei von dieser Kontingenz, mußte es sein, und in seiner räumlich-zeitlichen Unendlichkeit waren alle Beliebigkeiten und Zufälligkeiten enthalten. Im Tode, eigentlich im Moment des Entschlusses zu einem freiwilligen Tod ohne Ziel, erfolgte so etwas wie ein Bruch dieses Gesetzes, und die Ganzheit des Daseins wurde in einem kurzen Augenblick der Illusion zum Eigentum einer einzigen begrenzten persönlichen Existenz. »Und wenn das so wäre, dann jetzt, sofort. Hier, vor seinen Augen. Im letzten Moment seine Absolution, und dann völliges Nichts. Und vorher die Vision einer unbegreiflichen Welt, einer ins Riesenhafte vergrößerten Welt in einer ›anderen‹

Herrlichkeit, deutlich erahnt, aber unbekannt . . .« Die macht-volle, schreckliche Verlockung – und der grausame Zugriff metaphysischer Ambition – zerdrückte, wand und zerpreßte ihren stolzen Körper mitsamt einem Stückchen der Seele bis zum Schmerz, wie eine Wringmaschine ein armseliges Wisch-tuch von Erinnerungen, Gefühlen, Erlebnissen und ähnlichen Kleinigkeiten: ein riesiger Müllhaufen, der vielleicht in einem Moment im jenseitigen, reinigenden Feuer völlig verbrennen und sich für alle Zeiten überleben wird – dieses große Elend der Begrenztheit – in dem unendlich kurzen Moment des ewigen Ruhms freiwilliger Vernichtung.»Liebe und das andere uner-gründliche Wort: Tod« zogen in ihrer Erinnerung vorüber, in der Gestalt von gedruckten Wörtern, als Satz aus Micinskis *Im Sternendämmer*. Wie armselig schien ihr doch das erste dieser beiden »unergründlichen Worte«. Mit einer scheinbar ruhigen, unmerklich lauernden Bewegung öffnete sie das Schublädchen und holte einen in rotes Email gefaßten, kleinen Browning hervor.»Was für ein dummer Snobismus mit diesem Rot über-all«, dachte Wyprztyk, und erst dann entriß er ihr fast automa-tisch mit einem Ruck dieses kleine, rote, gleißende Scheusal, das sie schon dicht an der Schläfe hielt.

»Ah, dummes Vieh! Auf die Knie, elender Staub! Demütige dich vor mir, denn ich vertrete hier in Wahrheit den einen und einzigen« Gott in der Heiligen Dreifaltigkeit«, schrie Pfarrer Hieronymus mit aufrichtig erleuchteter Stimme. Er steckte den Browning in die hintere Hosentasche, wobei er die Sou-tane komisch schürzte. Und obwohl er in diesem Moment etwas lächerlich war, sprang Hela aus dem Bett, fiel vor ihm auf die Knie und streckte die Hände in stummem Flehen vor sich aus. Wieder einmal, auf viele Jahre vielleicht, hatte eine fremde Kraft ihre wesentlichste Versuchung gebrochen. Aber vielleicht wartete auf sie tatsächlich ein anderes Leben, an dem sie sich sättigen könnte? Nur so schnell wie möglich sich be-kehren, Buße tun, endlich »dort« sein und nicht ewig warten. Aus dem »Sturmwind des Todes« war sie unmittelbar in einen friedlichen, stillen Winkel gefallen. Aus wer weiß welchen Gründen kam ihr in ebendiesem Augenblick die Erinnerung an eine levantinische Küste: Sonnenuntergang nach einem Regen, ein Eisenbahnzug, der in schwarze Tunnelschlünde und aus ihnen hervorstürzt in eine wunderschöne Miniaturwelt, schillernd in der Pracht verschossenen Rots, in dunklem, glänzendem, wie lackiertem Grün und Violett in schattigem Dickicht. Dazu ein Duft wie von angebrannter Mandelspeise, Duft von Feigenzweigen, zu abendlichen Lagerfeuern verflochten. Mit einer schrecklichen Lebensbegierde, mit einer scheußlichen, faden Süße im Herzen, mit einem Bedauern über alle gegen sich selbst und andere begangenen »Missetätchen« (weil sie klein waren, darum eben war es so scheußlich wohlig – was für ein Glück, daß es keine schlimmeren gab), mit der Bereitwilligkeit zu einer nach Maßen strengen Buße und mit einem wilden Appetit auf sich selbst in dieser Buße und Vergebung (nur kleine Kuchen in der Kindheit hatten so gut geschmeckt) neigte Hela sich vor dem aufgebrachten Wyprztyk, von sich selbst betrogen, ihres eigenen Elends unbewußt. Von ihrer Seite war das Ganze überhaupt eine einzige große hysterische Lüge: sie langweilte sich und hatte keinen entsprechenden Liebhaber.

»Gnade, Pater. Ich will beichten, gleich hier. Sonst vergeht alles wieder. Ich beschwöre Sie um alles. Ich danke für das neue Leben, das Sie mir, Pater, gegeben haben, und bitte um Vergebung.«

Pfarrer Hieronymus setzte sich auf seinen früheren Platz, so, als setzte sich eine steinerne Figur. Statuenhaft lastete er auf dem Purpur des Fauteuils. Er hatte gesiegt. Zwar war das nur ein geringer Sieg, »aber aus kleinen Stückchen und so weiter . . .«, man brauchte nur eine große Idee. Hatte er sie? Er vergaß Hela plötzlich. »Ja – man mußte seinen Handlungsbereich erweitern, einmal etwas Großes vollbringen. Hier genügten keine neuen theologischen Theorien noch die Eroberung dieses ganzen Abschaums, und sei es auch der beste, die sogenannte Intelligenz, die zur Zeit zwar verfaulte (als Bauer von Fleisch und Blut bekannte er dies mit Wohlbehagen), aber die Zukunft vor sich hat. Und wenn der Papst aus dem Vatikan in die Welt ginge, barfüßig, in Lumpen, und plötzlich zu einem Menschen würde, nach dem Vorbild der Urchristen? Nur war es nicht schon selbst dafür zu spät? Der Kampf der Kardinäle, die einen dafür, die anderen dagegen – die letzteren in der Überzahl. Revolution in Rom, Straßenkämpfe und dann Kommunismus und . . . Ihn entsetzten diese Gedanken, ihm wurde schwindelig. »Ha – wenn ich Papst wäre . . .« dachte er noch. Er beugte sich über die eigene Winzigkeit wie über eine Pfütze und empfand keinen Trost in der Demut. Zu spät! Da weckte ihn ein Flüstern:

»Also ich bitte Sie . . .«, und so begann diese in ihrer Art einzigartige Beichte einer pseudokleingewordenen Büßerin vor einem wirklich kleingewordenen Beichtvater. Pfarrer Hieronymus hörte sie an, schweigend wie ein Fisch. Das Gesicht zu Helas Seite hin verdeckte er mit dem Taschentuch, und die Augen heftete er auf das Porträt eines unbekannten Kardinals. »Wäre ich nur einer von ihnen . . .« dachte er manchmal. Und als er dreimal auf die Armlehne des roten Fauteuils klopfte und schon im Begriff war, die gewohnten Worte zu sagen: »absolvo te . . .« (und sich noch rechtzeitig zurückhielt), da erblickte er eine sonderbare Erscheinung: vor ihm stand nicht mehr die frühere, ordinäre, hysterische, über die Maßen schöne und kluge Jüdin, sondern eine von jenseitiger Begeisterung erleuchtete, wilde Bergbäuerin Kleinasiens, eine echte Hethiterin, versunken in Bewunderung vor einer Gottheit ihrer Religion. Hela betete zum erstenmal zu dem katholischen Gott, dankte Ihm für die Errettung des Lebens, bedauerte ihre Sünden und versprach Besserung.

»Rufe den Vater!« unterbrach Pfarrer Hieronymus sie brutal. Hela erwachte, war aber wie halbbewußt. Sie klingelte, erteilte der trotz allem über die Bekehrung erfreuten Józia Figoń Befehle und legte sich wieder ins Bett. Es herrschte absolutes Schweigen, das lediglich vom Rascheln der sich ein- und wieder ausrollenden brasilianischen roten Schlange im Käfig aus rosa Kristall, der am Fenster stand, unterbrochen wurde. Pfarrer Hieronymus betete still, unbeweglich, er glich einer uralten Mumie. Hela war wie tot, versunken in stummer Verzückung, die an völlige Verdummung grenzte. »Eine gute Katholikin wirst du sein, doch eine Christin nicht«, dachte Wyprztyk träge. Die hungrige Schlange begann mit dem Kopf im Takt an die Scheibe zu klopfen und verlangte Nahrung. Plötzlich war der lauter werdende Schall von hintereinander sich öffnenden Türen zu hören, und der semitische Fürst der Finsternis, oder auch der assyrische König, erschien in einem violetten, mit Gold durchwirkten Pyjama auf der Schwelle des Schlafgemachs, mit unruhig glotzenden Augen, die Achatkugeln glichen.

»Ist schon alles vorbei?« fragte er ungestüm. »In einer halben Stunde habe ich eine Konferenz mit Vertretern eines amerikanischen Kanonentrusts. Ich habe keinen Augenblick Zeit zu verlieren.«

»Pater«, wandte Hela sich mit flehendem Ton an Wyprztyk. »Taufe uns jetzt beide, ganz einfach, mit Wasser, ohne alle Zeremonien. Ich möchte das alles hinter mir haben, möchte eine andere sein. Ich glaube jetzt an das Sakrament, ich bedarf seiner.«

»Ja, Pfarrer Hieronymus«, bestätigte Beelzebub. »Ich habe auch Angst vor diesen Zeremonien.«

»Darum werdet ihr ohnehin nicht herumkommen. Doch der Gedanke ist gut. – Ich verstehe dich«, sagte er zu Hela, »und darum werde ich auf gewisse Formalitäten verzichten – doch unter strengster Diskretion.« Er trat zum Waschtisch, goß Wasser in eine purpurne Schüssel und fragte: »Helena und Adam? Ja?« Hela stand bereits im Hemd und in einem flatternden ziegelroten Schlafrock neben dem Papa im Pyjama. In der roten Dämmerung des Schlafzimmers sahen beide prächtig aus.

»Ja«, erwiderten beide.

Wyprztyk sah sie an, als sehe er sie zum erstenmal. Einen Augenblick lang hatte er den Eindruck, als sei er im Begriff, in der Tiefe litauischer Forsten einen halbwilden Bojaren und eine verwunschene Waldprinzessin zu taufen.

»Nun, Pater«, flüsterte Hela ungeduldig.

»Also, Helena, dich, und dich, Adam, taufe ich im Namen des Vaters, des Sohnes und des Heiligen Geistes«, sagte Pfarrer Hieronymus feierlich und besprengte sie beide mit Wasser. Bertz zuckte zusammen wie der echte Beelzebub.

»Ich bin glücklich, Hochwürden. Danke. Hela – ich liebe dich. Ich muß zu meinen Kanonen eilen«, und er lief hinaus, mit beinahe jugendlichem Schritt, trotz seiner sechsundfünfzig Jahre.

»Und du, Töchterlein, kannst jetzt telefonieren. Vorläufig habe ich genug von irdischen Angelegenheiten«, sagte Wyprztyk. Er küßte Hela auf die Stirn und ging rasch hinaus, als müsse er vor etwas fliehen. Etwas in ihm war plötzlich unterbrochen, er wußte selbst nicht, was; eine große Trauer über die Hoffnungslosigkeit der absoluten Unersättlichkeit hatte ihn befallen. Er hatte ein paar begriffliche Kompromisse gemacht – doch darum ging es nicht. Was hatte das schon gegenüber der Tatsache zu bedeuten, ein derart gefährliches und schwieriges Exemplar wie Hela Bertz im Netz gefangen zu haben. Nachdenklich, auf sich konzentriert und dem Leben gegenüber gleichgültig, trat sie ans Telefon. Angesichts der inneren Veränderung schrumpften vorhin wichtige Tatsachen zu unmerklichen Kleinigkeiten zusammen. Doch was diese Veränderung in Wirklichkeit war, wußten weder Hela noch Pater Hieronymus. Ein Spannen der Federn: dies war das letzte Wort des vorläufig uninteressanten Geheimnisses.

Unterdessen gingen aufs beste geordnet folgende Ereignisse vor sich: Bazakbal und Prepudrech erwachten zu gleicher Zeit, das heißt, sie hatten genau gleich eingestellte Uhren, und beim Erwachen sagten sie identisch denselben Satz: »Oh, zum Teufel, schon fünf Minuten nach fünf!« Weiterhin spielte sich alles mit der diesen Angelegenheiten eigenen unheilverkündenden Langeweile ab, mit einem Gefühl für die Unsinnigkeit des Daseins überhaupt, allerdings nur bei den engagierteren Teilnehmern. Bazakbal fiel ein Satz von William James, des von ihm gehaßten Schöpfers des Pragmatismus, ein, den er in irgendeiner französischen Übersetzung gelesen hatte: »Figurons nous un monde composé uniquement de maux de dents« – wäre eine Welt nicht noch schlechter, die ausschließlich aus Ehrenangelegenheiten bestünde? Um Viertel nach sechs erschienen die Offiziere in prächtiger Laune und erklärten, heute und gleich jetzt. Diese Nachricht wirkte auf Atanazy wie ein Glas guten Schnapses, doch hielt diese Wirkung leider nur kurz an. Nichts von der gestrigen Nonchalance war geblieben, obwohl der Glaube an das Gelingen des Duells ihn keinen Augenblick verließ. Trotzdem – darüber ist nichts zu sagen –, der Moment des Erwachens war schwer, und das Gespräch mit den wenig bekannten Offizieren, denen gegenüber er gute Miene machen mußte, um ihnen nicht jene unheilverkündende, quälende Langeweile zu zeigen, war für ihn eine unerträgliche Folter. Die Sinnlosigkeit dieser Geschichte war derart groß, daß die ihn plagende Liebe, der Verrat und andere Lebens-»Pläne« ihm angesichts der Tatsache einer Droschkenfahrt zur Stadt hinaus um sechs Uhr morgens vorkamen wie verzauberte hängende (unbedingt hängende) Gärten, wie erträumte, phantastische Welten. Das Treffen war auf sieben Uhr in der Unteren Schneise angesetzt.

»Ach, richtig, die Bedingungen«, dachte Atanazy während der Fahrt mit den Zeugen. – »Das macht sich doch recht schick, daß ich sie bisher nicht danach gefragt habe – allerdings nur aus völliger Verblödung.« Und wie gerufen begann der ältere der Offiziere, Rittmeister Purcel (angeblich de Pourcelles, von französischen Emigranten abstammend), einen an sich langweiligen, doch für den Klienten äußerst interessanten Vortrag: »Fünfzehn Schritte, zweimaliger Kugelwechsel, der Prinz hat den ersten Schuß . . .« vernahm Atanazy, als befände er sich in einem anderen Gelaß seiner Seele, in einem psychischen Wartezimmer, wo eine Menge Menschen saßen und es nichts zu lesen gab, nur die Aussicht auf ein endloses Warten. Sein ganzes Inneres war so ein langweiliger »Wartesaal« dritter Klasse, und irgendwo in der Ferne, auf einer anderen Etage, waren eine bunte und flimmernde, unwiederbringliche Vergangenheit, nach der er sich bis zu Schmerzen sehnte wie in früheren Zeiten, und die Zukunft als eine beinah räumliche Pille von unheimlich verführerischem Geschmack, dicht, ganz dicht vor den machtlosen »Freßwerkzeugen«. (Der Begriff der Zeitpille, was soviel bedeutete wie eine im räumlichen Diagramm kondensierte, zeitlich-formale Qualität des Komplexes der Dauer (Gestaltqualität), wurde von Ziezio Smorski zur Erläuterung der Entstehung von nichtimprovisierbaren Musikkonzeptionen in die Musiktheorie eingeführt. Weiter fand dieser Begriff auch Anwendung in der Poesie und im Theater. Zugleich mit dem Begriff eines metaphysischen Bauchnabels, was soviel bedeutete wie die unmittelbar gegebene Einheit der Persönlichkeit, wurde er in gewissen Kreisen notorischer, verhärteter Kretins für völlig sinnlos gehalten. Doch Ziezio, ein Aristokrat an Geist und Körper, befaßte sich nicht mit derart scheußlichen Arbeiten wie dem Aufwühlen von Maulwurfshaufen heimischer Kritik und Ästhetik.) Ein eventuelles Verschlucken der aktuellen Pille durch Atanazy war von dem gegenwärtigen Moment abgetrennt durch ganze Wüsteneien von seelenlosen, öden, unfruchtbaren Momenten, die sich hinzogen wie schauderhaft klebriger Gummi. »Ha, das muß ich um jeden Preis in die allgemeine Komposition einfügen. Das ist einer der Fakten jener Zeitkontinuität seit der Verlobung, kein isoliertes, wüstenhaftes Inselchen aus der Epoche der früheren programmatischen Unordnung, die sich durch künstlerische Erfassung des Lebens rechtfertigte«, dachte Atanazy. Doch das brachte die ganze Angelegenheit um keinen Schritt voran. Die Gegenwart schien aus einem ungenauen, unzerbeißbaren, unzertretbaren Stoff gemacht. Man bräuchte ein kleines Löffelchen, um diesen scheußlichen Haufen von Schweinerei zu essen, den ein widriger Zufall im Komplott mit anderen Menschen angerichtet hatte. Die »anderen Menschen«, das waren alle mit Ausnahme von Zosia. Hela Bertz gegenüber empfand Atanazy trotz ungesättigter Begierden einen scheinbar unüberwindlichen Widerwillen. Die Sinnlosigkeit der Situation wuchs mit rasender Geschwindigkeit. Alles plusterte sich zu einer ekelhaften, grauen Geschwulst auf, durch deren durchsichtige Blähungen ein rötliches, kleines Schreckgespenst zu blicken begann. »Das war nicht Schrecken, sondern eher Abscheu, Unlust zu irgendeinem Entschluß«, dachte Atanazy später des öfteren von diesem Augenblick. Aber aus seinen eigenen Aussagen wäre unmöglich zu erfahren gewesen, wie dies alles vorüberging; das Ereignis wurde nämlich von Grund auf durch Ehrgeiz und Snobismus gefälscht, von welchen Eigenschaften nach Chwazdrygiels Ansicht niemand völlig frei ist, selbst wenn er schwören sollte, sie seien ihm unbekannt. Wie überflüssig das war, was geschah und noch geschehen sollte, nicht nur mit ihm, sondern überhaupt, war unerträglich deutlich – nur ihm natürlich. Sonderbarerweise schien das niemand außer ihm zu merken. Das Empfinden der Ekelhaftigkeit des Daseins ging bereits in die Sphäre der Metaphysik über und besudelte die toten Mumien der reinen Begriffe mit einer scheußlichen, grauen Lebenssoße. Sie fuhren zur Stadt hinaus. Der Nebel lichtete sich, stellenweise orangefarben durchleuchtet, stellenweise bläulich vom Widerschein des bedeckten Himmels. Rauhreif bedeckte die noch nicht ganz blätterlosen, bräunlichen Bäume. Sie fuhren an der Kneipe in der Unteren Schneise vorüber und kamen in einen Erlenwald voller sonnigem Nebel. Der Geruch faulender Blätter mischte sich mit jenem charakteristischen Duft frostiger Luft, der weiß der Himmel woher kommt. Plötzlich zerriß die Sonne den Nebel, und der Wald erglänzte wie von innen heraus, gleißend von nassen Zweigen und Blättern. Und im selben Augenblick all das andere: Ekel, Unmut, sogar ein kleiner heimlicher Schreck, der im Begriff war, jeden Moment zu ordinärer Angst zu werden, dieser Angst mit großen Augen – und all das verschwand wie weggeblasen. Der Moment stand still, voll irdischen Zaubers. Die große, spätherbstliche Morgensonne strahlte geradewegs ins Gesicht und wärmte. Der Zenit wirbelte in heißer Bläue und in Schlieren von Wolkenresten.

»Ein wunderbarer Tag wird heute: wir besaufen uns nachher wie die Schweine«, sagte Rittmeister Purcel mit starkem russischem Akzent. Diese Worte schienen Bazakbal wie herrliche Musik, die mit freudigen Stößen in seinem Blut pulsierte. »Ich bin der letzte Hysteriker«, dachte er. »Was weiß ich, welche Zustände ich bis zum Ende dieser albernen Affäre noch durchmachen muß. Oh, wenn man doch in dem, was jetzt ist, bleiben könnte! Ha – es gibt keine Hoffnung. Alles verdreht sich im Nu.« Doch die Lebensfreude, die Siegesgewißheit und der unheimliche Zauber des sich dehnenden Moments, ein Zauber, der Vergangenheit und Zukunft von mehreren Jahren erhellte – all das dauerte an. Im verworrenen Hintergrund spielten Ungeheuerlichkeiten Ringelreihen. Sie fuhren auf eine kleine Lichtung. Es war leer und still – nur in der Ferne bellte ein Hund, und etwas näher behämmerte ein Specht einen Baum, gleichmäßig und systematisch. Die Offiziere bewirteten einander reichlich mit Schnaps und aßen Wurst dazu. Sie waren zu dritt, denn Łohoyski sollte einen Arzt besorgen (aus Sparsamkeit war nur einer da). Atanazy trank einen Schluck ausgezeichneten Slibowitz, und das potenzierte seinen Lebenswahn bis zum Gipfel. Wären nicht die Zeugen dagewesen, er hätte hier auf dieser kleinen, smaragdenen, rauhreifbedeckten Wiese getanzt. Endlich war von der Stadt her der weiche Widerhall eines Gefährts zu vernehmen, und nach einer Weile kamen in althergebrachter Weise im prächtigen Landauer angefahren: Prepudrech, grün und zerknüllt wie ein Wischlappen, der vor Energie strahlende Łohoyski, der stets an seinem Platz stehende Baehrenklotz und dazu Doktor Chędzior, ein berühmter Chirurg und Leichtathlet. Die Sonne leuchtete in ganzer Fülle, und der Tag versprach wirklich herrlich zu werden. »Sonderbar: ich sättige mich mit Wirklichkeit wie noch nie«, sagte Atanazy halblaut zu sich selbst.

»Es gibt nichts Köstlicheres«, vernahm er unmittelbar an seinem Ohr Rittmeister Purcel sagen und errötete. Die Sättigung wurde sofort um etwa 35% weniger intensiv. »Ja, ja, genau das ist es: darin liegt der ganze Mann. Diese Lebenskraft am Abgrund, dieses Spielen mit dem Schicksal. Ich freue mich, wenn ich mich meines Klienten nicht zu schämen brauche«, sagte Purcel weiter. Das konnten die Zeugen des unglückseligen Prepudrech nicht sagen, der sich trotz einer großen Dosis Alkohols fatal fühlte. Erotisch erschöpft und unausgeschlafen, hätte er das halbe Leben dafür gegeben, daß sich dieser schreckliche, helle, heitere Morgen lediglich als unangenehmer Traum erwies. Wenn er doch nur ganz bestimmt wüßte, daß er sterben würde, und basta! Aber das Schrecklichste waren die Augenblicke des Hoffens, in denen er wie ein Hund an der Kette zerrte, um darauf immer tiefer in eine scheußliche, schlüpfrige (o Schauder! o Ekel!), beinah stinkende Angst zu verfallen. »Angst, Angst!« Dieses Wort schien mit einer unerträglichen, fremden, abscheulichen Materie in die weichen, in dem Kladderadatsch auseinanderkriechenden Gehirnwindungen inkrustiert. Statt eines Körpers, kräftig wie ein Pferd, hatte er »unter sich« weiche, in Zersetzung befindliche Gallerte.

»Das sind alles die Nerven«, sagte Baehrenklotz zu Łohoyski. »Erinnern Sie sich an Józio Weyhard damals in Strzemieszyna? Ein Waschlappen. Völlig desorganisiert, ein aufgelöster

Schlappdarm, trotz mehr als zwanzig vorbildlicher Duelle. Alles nur, weil er am Vortage...«, hier beugte er sich über Łohoyskis Ohr.

»Und was ist daran schlecht?« fragte der Schalk Jędrek, sich dumm stellend.

»Na ja, schließlich – aber nicht die richtige Zeit«, fuhr Miecio kompromißbereit fort, um sein Ansehen in gewissen Sphären nicht zu verlieren. Sie wurden von Purcel unterbrochen; die Zeit vergeht, und er muß schon um neun Uhr in der Manege sein. O Glück, o Lust! Die Gewißheit, in der Manege zu sein oder auch in irgendeiner schlechteren Institution, zu irgendeiner bestimmten Stunde (sei es auch um sechs Uhr morgens), das schien dem armen Azalin der Gipfel jedes erfüllbaren Traumes. Auf dem Boden einer grauen, bösartigen Finsternis, die aus dem wundervollen herbstlichen Morgen ein abscheuliches Rendezvous der niederträchtigsten Gefühle machte und vielleicht noch niederträchtigerer Ausflüchte, sah er Hela in ihrer ganzen unauslotbaren Schönheit und Zauberhaftigkeit, und (o Schande!) er verfluchte sie leise und diskret – als verstecke er sich vor sich selbst. Ihm fiel ein Satz ein, den irgendwer über Napoleon gesagt hatte: »...Le danger ne le mettait pas en colère«. O wenn doch! Aber er war nur böse wie eine Hornisse. Er hätte seine Zeugen vor Neid beißen mögen, daß sie so frei miteinander redeten, lachten, diese verfluchten Pistolen luden. Mit Freuden hätte er dem Doktor Chędzior einen Fußtritt in den Bauch geben mögen, der sich frech in der Morgensonne mit seinem ganzen chirurgischen Kram breitmachte. »Das sind die Folgen dessen, daß man nur so in den Tag hineingelebt und sich nie mit etwas Ernsthaftem befaßt hat«, dachte er. »O Gott«, flüsterte er, ganz und gar nicht an Gott glaubend, »nie wieder... Von morgen an, von heute an, hier, sofort, werde ich ein neues Leben anfangen, mich an irgendeine Arbeit machen, nur soll heute, jetzt nicht...« Ein inneres Gestammel. Aber »dort«, in der Transzendenz, war es leer und stumm. Diese Welt ließ hinter der undurchdringlichen Maske eines heiteren Morgens keinen Gedanken an jene höheren Sphären zu. Wieder übermannte ihn aus hoffnungsloser Vereinsamung eine Welle von Zorn. »Ah, Lumpen! Sie frühstücken mit diesem verdammten Bazakbal, der wie ein König schießt und nichts fürchtet – und ich werde schon erledigt sein oder schwer verwundet – in den Bauch, Sa-kra-ment, in den Bauch!« Er schüttelte sich plötzlich. »Ich habe doch den ersten Schuß! Wenn ich mich richtig ins Zeug lege und ihn . . .«, und auf einmal fuhr eine wilde Macht in seinen klapprigen Körper. Der Blick wurde geierhaft, düster und verbissen. In einem für ihn günstigen Augenblick vernahm er das Kommando. »Auf die Plätze!« rief Purcel. Hätte er diese Worte dreißig Sekunden früher vernommen, er wäre vielleicht in Ohnmacht gefallen. Jetzt aber strafften sie ihn von innen her noch stärker zu einer stierhaften, frechen Elastizität, wie eine große Dosis Strychnin.

»Auf das Kommando: eins – schießt Prinz Prepudrech, auf: zwei – Herr Bazakbal.« Irgend jemand sagte das, aber keine der beiden gegnerischen Seiten glaubte bis dahin an die Möglichkeit dieser sinnlosen Tatsache.

»Natürlich, soweit ich dazu noch imstande bin«, sagte Atanazy halblaut und stellte sich vollkommen fröhlich an den Start. Die Sonne hatte er von rechts, er verspürte ihre lebendige Wärme wie von einem Ofen, nur um Billionen von Kilometern entfernt. Zum erstenmal machte er sich bewußt, daß sie so wärmt wie alles andere, und erstarrte bei dem Gedanken an die Riesenhaftigkeit der Ausmaße: Größe und Ferne. »O könnte der Zauber dieses Moments immer dauern! Wie wundervoll schön wäre dann das Leben! Zosia und Hela vermischten sich plötzlich in einem Gefühl von Trunkenheit zu einer Einheit mit der Wärme der Sonne und dem Blau des Himmels. Ein persönlichkeitsloser, köstlich gefärbter Komplex von Elementen und nichts weiter ›stand‹ oder erhob sich im reinen Dauern, der ›durée pure‹ dieses Esels Bergson«, schoß ihm durch das Bewußtsein. Den Anfang dieses Gedankens kannte er nicht einmal. Es war wie ein von Chwistek erträumter Moment der von ihm so genannten (weiß der Teufel, warum?) »Wirklichkeit der Eindruckselemente« oder einfach ein Wegrücken in den »gemischten Hintergrund« (»unbemerkter Hintergrund«* bei Cornelius) – wiederum zogen Begriffe in Gestalt von individuellen, für andere unverständlichen Zeichen vorbei, Zeichen der unmittelbar gegebenen Einheit der Persönlichkeit. Wyprztyk, der Lehrer der Kindheit, war in allen philosophischen Faseleien deutlich vernehmbar. Ah, genug! Vor sich erblickte er den von der Sonne entstellten Prepudrech, der sich seitwärts zu ihm aufstellte und die Hand mit der Pistole leicht hob. Atanazy konnte nicht glauben, daß das der ihm wohlbekannte und ein wenig von ihm verachtete Prepudrech war. »Er wird noch vor der Zeit schießen, der Idiot. Seine Hand zittert. Ich sehe es, ich sehe es«, flüsterte er erfreut. Doch Prepudrech veränderte sich plötzlich. Er war jetzt schön, seine Augen blitzten in unbegreiflichem Triumph. Er war wirklich genau so, wie er aussah. Der Moment war wundervoll. Er fühlte Helas Anwesenheit im Weltall: er atmete sie in Gestalt warm werdender Luft, verschlang sie mit dem Blick in den Rostfarben des Herbstes und dem mandelartigen (den Geschmack betreffend) Blau des Himmels, spürte sie in dem leichten Wehen des kühlen, feuchten Lüftchens, das vom Norden kam, in dem Wäldchen voller Duft der verfaulten Blätter und einer fast gurkenhaften und trotzdem leichenhaften Frische. Anhalten! Alles anhalten! »Verweile doch, du bist so schön«*, oder so was Ähnliches. »Ziel« – vernahm er die Stimme Purcels. »Iel«, wiederholte mit alberner Fröhlichkeit das Echo mit einem kalten Hauch von rechts. Der Prinz erhob die Pistole und begann sie ohne Zittern auf den Gegner zu senken: vorbei an Kopf, Hals, Brustbein... Er war ein im Grunde guter Junge und wußte im letzten Augenblick nicht, worauf er schießen sollte.

Atanazy befiel plötzlich ein durchdringender Schreck – dieser dünne, durchfallartige, scheußliche. Er hatte den Eindruck, er schreie, obgleich die Stille ringsum makellos war. Ihm fiel die Schlacht ein, die ersten explodierenden Granaten, die Lust zu fliehen, damals gegen Abend, nach einem ganzen Tag Kanonendonner. Nur war es dort etwas anders – wichtiger waren die großen Dinge – vielleicht scheinbar große, aber doch... Ihm fiel ein Vers ein:

»Der Mensch quält sich in jedem Loch,
zwar nicht vergebens – aber doch...«

Hier, hier stellte sich das Problem des Ehrverlusts in einer reineren Form. »Was geht mich eure alberne Ehre an! Ich will leben!« schrie lautlos ein dummes, schreckhaftes Vieh in ihm. Er erblickte Zosias Augen in der Ferne und hielt mit einer letzten Willenskraft den schon potentiell entfliehenden Körper auf. Der Kopf war jedoch an seinem Platz, und vor seinen Augen senkte sich der Lauf der Pistole des Prinzen. »An der Front habe ich das vermieden – jetzt hast du den Salat«, dachte er und fühlte sich verloren.

»Eins«, vernahmen sie beide, ein jeder in seiner auf Ewigkeit verschlossenen Welt. Ein Knall, ein schrecklicher (moralisch) – in Wahrheit war es wie ein Paffen aus einer großen Tabakspfeife, und Atanazy, der sich im letzten Moment dem Prinzen ein wenig zugewandt hatte, fühlte etwas, als hätte ihn jemand schmerzlos mit einem Knüppel auf das rechte Schlüsselbein geschlagen. Er drehte sich von links nach rechts (in dieser Drehung schoß er und verwundete Prepudrech oberflächlich am Muskelfleisch des linken Arms) und fiel in einer sonderbaren Pirouette auf den Rücken, mit dem Kopf zum Gegner hin. Er sah den Himmel, fern und unbegrenzt, als wäre er *nicht das,* und fühlte etwas, was ihm den Atem einklemmte, nur den Atem, nicht irgendeinen Körperteil. Er wollte das ausspucken – aus sich hinauswerfen. Etwas Fremdes war in ihm, etwas Fremdes geschah in ihm, und Weiteres bereitete sich vor, noch Schlimmeres. Also das war es! Jetzt konnte er sterben oder vielleicht am Leben bleiben – wer weiß! Es begannen Hoffnung und Verzweiflung an ihm zu zerren, Hoffnung und Verzweiflung – schnell, immer schneller. Auf einmal spürte er, daß irgendein Schweinezeug, ein warmes, metallisch schmeckendes, seine Gurgel anfüllte – er verschluckte sich. Kalter Schweiß, Schrecken, Übelkeit, schwarz vor den Augen (wie sonderbar verschwand die Welt in den aufgerissenen Augen), und das Nichts, zu einem Bogen gekrümmt, dumm vor Entsetzen – aber wessen? Er verlor das Bewußtsein, mehr vor Schreck als wegen der Wunde. Aber im letzten Augenblick blinkte irgendwoher aus den schwarzen Sturzhaufen des wachsenden, schwellenden Nichts Helas Bild vor ihm auf, und er fühlte, daß sie gesiegt hatte, daß er sich durch dieses Duell sogar über das Grab hinaus mit ihr verbunden hatte. Und dann Zosia, die bereits eine Einheit mit dem Nichts bildete – und Schluß.

Der Prinz, der seine Wunde nicht einmal bemerkt hatte, stürzte mit der Pistole in der Hand zu Atanazy. Als er das weiße Gesicht und den blutigen Mund des Beinahe-Freundes erblickte, den er heimlich verehrte, fiel Prepudrech auf die Knie und begann zu schluchzen.

(Der Arzt tat bereits das Seine.)

»Nie wieder . . .! Ich habe Sie . . .! O Gott . . .! Ich habe immer . . .! Wach auf! Mein Lieber . . .« Er streichelte Atanazys Haar und Gesicht. Kaum konnten der Doktor und die Zeugen ihn fortziehen. Alle hatten ihre gute Laune verloren, obwohl der Tag wunderschön war.

III. Kapitel
Wesentliche Gespräche

Information

[Als Atanazy nach der Operation eingeengt in ein Korsett von Bandagen mit einem leichten Schmerz in der rechten Brust erwachte und sich davon überzeugte, daß er noch lebte, war er über die Maßen erfreut. Doch sofort packte ihn eine schreckliche Unruhe: »Steht mir das alles vielleicht noch einmal bevor, das ganze Sterben – da capo – und schon zum dritten Mal?« Aber Doktor Chędzior beruhigte ihn sogleich: er werde leben, und von alledem werde keine Spur zurückbleiben. Augenblicklich war die ganze höhere Freude verschwunden, und das gewöhnliche vorherige Leben begann. Etwas hatte sich verändert... aber was? »Aha: diese Weiber...« Er hatte nicht die Kraft, weiter zu denken. Oft jedoch kehrte er in Gedanken zu diesem Moment auf der kleinen Wiese zurück: »War das nicht der höchste Punkt meines subjektiven Empfindens von Leben und Welt? Eine Konzentration des Daseinszaubers, wie ich sie nie mehr erreichen werde?« – Trotzdem erfreuten ihn am ersten Tag noch die Rauheit der Bettdecke, Zosias spröder Mund sowie verschiedentliche Tränen und Tröstungen. Auf die Liebe hatte das alles einen sehr guten Einfluß – natürlich auf jener Seite. Von den Momenten der Angst wußte keiner. Die Erklärungen wurden als ausreichend akzeptiert: Anrempelung in gereiztem Zustand, Wortwechsel der gerade an jenem Tag außergewöhnlich erregten Herren – ein barometrisches Tief.

Nachdem Atanazy ins Krankenhaus gebracht war, kehrte er rasch in einen normalen Zustand zurück. Die ganze an dieser Geschichte interessierte Gesellschaft besuchte ihn, oft sogar vollzählig. Dann sättigte er sich wieder mit Wirklichkeit, mit dieser unfaßbaren, scheinbar alltäglichen, doch für keinen »Normalen« sichtbaren Wirklichkeit, zu deren Wahrnehmung und Erfassung man durch delikate Qualen von scheinbar belanglosen Entsagungen gelangte, aber so schwer wie keine von diesen bekannten – die subtile Askese des Geistes: Abweisung gewisser Gedanken, die das alltägliche Leben erleichtern; nicht das sagen, was man sagen sollte (in einer bestimmten Diskussion); Zurückweisung kleiner Annehmlichkeiten, welche die Gesellschaft unwürdiger Personen gibt (wenn schon Bankrott, dann in großem Stil); Einsamkeit, herausgefischt aus dem Wirrwarr der Ereignisse, gerade wenn man am meisten des Drucks einer verdächtig schwesterlichen Hand bedarf – das alles sind einige kleine Mittel, um das Eintreten jener Zustände zu erleichtern, in denen die Welt sich auch ohne Narkotika in stille Schönheit und Wunderbarkeit höheren Grades wandelt.

Wenn Zosia, zur Begrüßung oder zum Abschied, Hela küßte, wenn Prepudrech, der nunmehr einseitig nahe Pseudofreund, ihm das Kissen zurechtrückte, wenn Łohoyski in Gegenwart der Damen aufs frechste den Rittmeister Purcel zu verführen suchte, wenn Pfarrer Wyprztyk mit Habichtsblick und geschickten Worten die Seelen der Anwesenden auslotete, sondierte und auf neue Opfer lauerte – dann schien die Wirklichkeit bis ins Unendliche anzuschwellen, den gegenwärtigen Moment um Billionen von Jahren rückwärts und vorwärts zu überwuchern. Die Zeit verschwand, und die Welt schien auf der Stelle zu treten; trotz der Veränderlichkeit war sie aktuell ewig. Dann wurde diese Unersättlichkeit (die absolut nicht mehr zu befriedigen war, dieses Trinken der Unendlichkeit durch ein dünnes Röhrchen wie Eiskaffee) unter dem Einfluß von Atanazys inneren Spannungen zu einer Gemeinschaft aller ringsherum – es entstand ein psychisches Magnetfeld von ungeheurem Potential. Die Menschen hörten auf, durch die Banalität der Lebensmasken miteinander verbundene Geschöpfe zu sein, die restlos alles voneinander wissen; vielmehr wurden sie füreinander nun zu Symbolen des Geheimnisses von der partiellen Beliebigkeit des Daseins: »Es existiert zwar, doch ebenso könnte es auch nicht sein, es könnte mich nicht geben, es könnte überhaupt nichts geben.« Hier öffnete sich in dreifacher Hierarchie die metaphysische Ungeheuerlichkeit dieser einzigartigen Angelegenheit des Daseins – ganz abgesehen von dem unmittelbaren viehischen Dahinleben, was sogar bei

Staatsmännern in ihren wesentlichen Funktionen auftreten kann oder auch bei Wissenschaftlern in ihrer wissenschaftlichen Arbeit. Auch ein raffiniertes Vieh im Gehrock hat nicht immer Zutritt zu bestimmten Gedankensphären. Die Vorstellung, daß es ihn selbst nicht geben könnte, war Atanazy nicht mehr so recht verständlich. Wäre er wirklich dort auf dem »Kampfplatz« gestorben, so hätte das eine andere Art des Verschwindens von dieser Welt bedeutet. Darin war nichts vom metaphysischen Bewußtwerden der Entsetzlichkeit dieser Tatsache. Das Nichts, auch als leerer Raum unvorstellbar, war vollkommener Unsinn. Und dennoch, trotz der logischen Notwendigkeit, irgend etwas als bestehend anzunehmen, sei es auch nur ein einziges beliebiges Element (sonst gäbe es keine Logik) – worüber Chwazdrygiel einst verschwommen gesprochen hatte –, dennoch gähnte hier das ungeheure Loch der Möglichkeit eines allgemeinen und nicht nur individuellen Nichtseins, ein eher logisches als wirkliches Loch, ohne irgendein bildliches Korrelat des Begriffs – dieses Loch spie tödliches Entsetzen aus. Atanazy verstand das nicht so recht: der ursprüngliche Begriff, von dem aus die Ontologie, die Logik und auch die Mathematik ihren Anfang nehmen, war für ihn der Begriff der Vielheit. Früher, vor dem Krieg, schien ihm das alles übertrieben. Aber nicht einmal nach der ersten Schlacht spürte er dies in diesem Maße. Heute, vor dem Hintergrund des Duellunsinns, wurde die logische kleine Geschichte zu einem wirklichen Erlebnis in der Sphäre der Gefühle: »Das sind also die religiösen Zustände unserer Zeit, dieselben, die früher zu Religionskriegen, zur Inquisition, zu Hexenverbrennungen geführt haben. Was heute solche Typen wie Wyprztyk und ihre Opfer und Zöglinge erleben, ist kein unmittelbarer Zustand mehr, sondern längst durchgekauter Brei ohne Blut und Geschmack. Also kommen nicht nur ganz andere Menschen unter denselben Bezeichnungen vor, sondern auch ganz andere psychische Zustände.« (Das hatte er einmal zu Hela Bertz gesagt.) »Begriffe, die in bestimmten Sphären eindeutig bestimmte Definitionen haben, bedeuten im Leben, in jeder Epoche, etwas anderes, je nach der Veränderung der gefühlsmäßigen Bedeutungskomplexe.«

Für Zosia war diese Zeit eine Epoche des Supremats über den bisher unbesiegbaren Atanazy. Die Tatsache, daß der Verlobte in einem Duell verwundet worden war, brachte das Allerwertvollste in ihr zur Ausstrahlung (das Allerwertvollste von welchem Gesichtspunkt? Natürlich vom ordinär männlichen), das heißt also die mütterlichen Gefühle, und zwar in bezug auf einen fremden Mann. Sie strahlte damals unaufhörlich, was den in metaphysischen Zweifeln verwirrten Atanazy zuweilen irritierte. Obendrein und trotz scheinbar befriedigender Erklärungen spürte Zosia hinter dieser Angelegenheit etwas Dunkles, das sich durch nichts rechtfertigen ließ. Das verlieh Atanazy zusätzlich den Zauber des Geheimnisvollen, ganz abgesehen davon, daß er als potentieller Beschützer einen neuen Wert von ausgesprochen erotischer Färbung gewann. Irgendwo tief innen, obwohl er nicht gewagt hätte, sich dazu zu bekennen, wäre es ihm lieber gewesen, daß das Duell nicht ihretwegen stattgefunden hätte. Sie selbst war in dieser Erhöhung, die ihr neue Gefühle verlieh, geistig schöner geworden, und sie war bis zu Tränen in den Augen mit sich und der Welt zufrieden. Aus der Schönheit ihres inneren Zustands bezog sie das in solchen Fällen charakteristische falsche Bewußtsein des eigenen Verdienstes, ohne sich darüber Rechenschaft zu geben, daß dieser Zustand das allerbanalste Resultat eines einfachen Zusammentreffens äußerer Umstände ist. Die Liebe an sich spielte da gar keine Rolle – obgleich sie sich infolge der Ereignisse und der inneren Veränderungen bis zu beunruhigenden (noch) Ausmaßen verstärkt hatte. Atanazy erlangte als etwas, was endgültig umgebracht und vernichtet werden kann, eine unendlich höhere Bedeutung. Zosias bisher noch ungeweckte Erotik wurde dadurch in eine neue Dimension der Verwirklichungen transponiert und fand darin ihre tiefste Rechtfertigung. Schließlich vermischte sich alles so miteinander, daß nicht mehr zu erkennen war, wo das Verlangen nach Vergewaltigung begann und wo die große Liebe endete, wo Intellekt und erotische Perversionen, echte Zuneigung und Eitelkeit – überhaupt, wo die sogenannte Seele endete und wo der Körper begann: Zosia reifte, wurde wirklich eine Frau. Man sagte allgemein, daß sie in dieser Phase »einfach bezaubernd« war. Ihre mädchenhaft-kleinbestienartige Schönheit (eher Hübschheit), durchleuchtet von dem Strahlen der noch im Erz verborgenen strahlenerzeugenden Materialien einer künftigen Mutter, nahm die Schattierung einer gewissen Unzugänglichkeit und Distanz an. Dies erregte Atanazy auf eine völlig neue Weise: die »Große Liebe« verringerte sich jetzt bei ihm proportional zum physischen Gefallen an der Verlobten. Man hätte also meinen können, alles ginge aufs beste, hin zu größerer Ausgewogenheit und Stetigkeit, wären da nicht gewisse Risse, Zertrennungen, Lädierungen und Schlottrigkeiten gewesen – die aus den letzten Erlebnissen resultierten. Es zeigte sich ein unklarer höherer Horizont (gleichsam irgendwo in den Wolken) von neuen Wertungen und beunruhigenden Anläufen in eine bisher unbekannte Sphäre, die gewissermaßen gesellschaftliche Kriterien besaß, um jene alltäglichen Momente zu beurteilen, die sich bisher – trotz Trübsal – sorglos in die Ferne gleichgültiger Vergangenheit verflüchtigt hatten. Atanazy selbst machte sich das Wesen der heranziehenden Veränderung nicht bewußt, aber die unklare Masse dieser Probleme wurde in Gestalt der unheilvollen Frage umrissen: »Wer bin ich?« und weiter: »Wozu habe ich ein Recht? – Wer soll ich sein? – Was sind meine Grenzen?« Diese Fragen hatten nichts gemein mit möglichen Antworten etwa folgenden Ranges: »Ich war Gehilfe bei einem Rechtsanwalt, jetzt heirate ich aus Liebe, ziemlich reich, will Skizzen schreiben aus dem Grenzgebiet von Philosophie und Soziologie« – diese Fragen erschienen in einer anderen Dimension als bisher. Es waren das keine detaillierten Lebensfragen, keine Probleme von Programmen für partielle Tätigkeiten im Rahmen eines definitiven Verzichts auf künstlerische Absichten. Nein – dies war etwas Neues und Unbekanntes: eine Gewissensabrechnung in Verbindung mit der bisher gleichgültigen (und auch jetzt gleichgültigen – also was, zum Teufel?) Gesellschaft. Allein das Wort: »Gemeinschaft« erweckte einen unklaren Ekel, aber dennoch . . . aber dennoch . . . Ihm fielen die Worte des Vaters ein, eines Träumers vom »allgemeinen Wohl«, der, selbst auf eine ganz durchschnittliche Art lebend, halb böse, halb gut, ihm vorgeworfen hatte, sozialen Angelegenheiten gegenüber gleichgültig zu sein, noch vor achtzehn Jahren – das heißt, als Atanazy kaum zehn Jahre alt war.

»Ihr alle«, hatte der alte Bazakbal von ihm und seinen Schulkollegen gesagt, »lebt in einer vollkommenen Leere. Ihr schneidet euch ganz riesige Seelengebiete heraus, ohne in Verbindung mit den großen nationalen und sozialen Problemen zu leben.« Wie man das aber machen sollte, in Verbindung mit ihnen zu leben, darüber sagte der Alte nichts, und Atanazy drückte ihn nicht mit Fragen an die Wand, denn diese Probleme langweilten ihn damals sehr. Jetzt, mir nichts, dir nichts, nach so vielen Jahren, da man scheinbar für alles die Lösung in Gestalt einer pseudoaristokratischen, pessimistischen, aber sozialen Weltanschauung gefunden hatte, in der das Problem der Mechanisierung der Menschheit, des Verfalls der Kunst und der Philosophie und des Untergangs der Religion positiv gelöst zu sein schien auf eine wirklich transzendentale Art, das heißt auf die einzig mögliche – jetzt plötzlich platzte die Hülle und zeigte die nicht zu Ende gedachten Konzeptionen, und das auch noch von einem bisher gehaßten historischen Gesichtspunkt aus. Die erstarrte Welt der abstrakten Ideen schwamm in die Ferne davon, auf den Wogen jener Marmelade, die den Evolutionen neuer Begriffe zugrunde lag. Trotz Willen und Wissen siegten die Relativität, der Pluralismus – mit einem Wort, intellektuelle Schweinerei und intellektueller Ramsch, geistig unfertiger, »unausgetragener« Kinder würdig, nicht aber zumindest vom Temperament her potentieller Absolutisten.

Unterdessen kam es zwischen den Verlobten schließlich zu gewissen erotischen Annäherungen, zu riskanteren als bisher, hervorgerufen durch Atanazys Bettlägerei und die mütterliche Erregung Zosias, die, dem Anschein nach unschuldig, eine immer reichere Intuition zur Verderbtheit jeglicher Art offenbarte, manchmal Atanazy sogar überbietend, zu seinem erfreuten Erstaunen. Das allgemeine Problem, wer er denn eigentlich für sich selbst sei, wuchs zu metaphysischen Ausmaßen. Tägliche Beschäftigungen, angefangen von der Gymnastik, dem Sich-Waschen (evtl. Rasieren) bis zu geistiger Arbeit (die bei manchen Menschen auch die Metaphysik mit einschließt, mechanisiert bis zu dem Punkt eines seelenlosen Jonglierens mit toten Abstrakta), verhüllen, manchmal vollkommen, den bodenlosen Abgrund, den die mit genügend Boshaftigkeit gestellte Frage auftut: »Wer bin ich?« Nichts hilft hier Pfarrer Wyprztyks Büchlein mit dem Titel: *Erkenne dich selbst, solange noch Zeit ist*, nichts hilft das Zureden alter Tanten, sich an irgendeine nützliche Arbeit zu machen. Unter dem Einfluß von gesteigerter Liebe und Verrat, von Enttäuschung über die eigene Intuition hinsichtlich des Duells und des physischen Leidens, vielleicht aber hauptsächlich aus dem Grunde, einen ordinären, sinnlosen Tod gestreift zu haben, gaben die Stränge der unwillkürlich und instinktiv zum Kampf mit der metaphysischen Ungeheuerlichkeit organisierten Gewöhnlichkeit plötzlich nach und zeigten als Grundlage dieser ganzen alltäglichen Selbstsicherheit eine durch eigene Wunderlichkeit irre gewordene gestaltlose Masse, in der sich die gewöhnliche Persönlichkeit auflöste wie ein Bonbon in heißem Wasser – und an ihrer Stelle erschien eine andere, ungenaue, einem mathematischen Punkt ähnliche, in Wirklichkeit nirgends existierende, weder in der Beliebigkeit dieses noch eines anderen Ortes des Raumes, eine irrationale, mit ihrer eigenen Irrationalität die ganze Welt ansteckende Masse. Lautlos, antikatastrophisch, auf eine geheime und ungekannte Weise standen die stärksten Werte über der Leere Kopf, stürzten still in einen unerwarteten seitlichen Abgrund und nahmen dabei verungeheuerlichte, chimärische, unheilverkündende Gestalt an. (Zum Beispiel veränderten sich die frühere Weltanschauung, die unterbewußte Ethik, das Verhältnis zu der Gemeinschaft, die Liebe (!) – im Blitzen dieses Überbewußtseins verwandelte sich sogar die Liebe radikal, und erst das schamloseste Sättigen perverser Begierden brachte die wahnsinnig gewordenen Gedanken zurück in ihr alltägliches Flußbett.) Die Perversion dieser Momente wurde dadurch potenziert, daß Atanazy sich nicht rühren konnte und daß die aktivere Seite die dem Anschein nach unschuldige Zosia war. Das Erzeugen einer künstlichen Unzugänglichkeit und das Reizen des scheinbar machtlosen »Männchens«, wie sie jetzt heimlich in Gedanken ihren Verlobten nannte, wurde zu ihrer Spezialität. Über unerfaßlichen, beinah nichträumlichen Abgründen künstlich geschaffener Ungesättigtheiten, einem blutigen Schwall harter, bis zum Platzen gespannter Begierden, hing ein feiner Dunst von Wollust an einem Spinnwebfaden mit der Wirklichkeit zusammen, durchtränkt mit dem unheimlichen Geruch des Geschlechts, das sich aus dem puren Grauen dieser einzigartigen Sachen gleichsam materialisiert hatte. Atanazy zu quälen, erregte Zosia bis zur Tollheit . . . Fieberhaft verschlang sie das »Unbekannte« durch die krampfhaft zusammengebissenen Zähne, den verbrannten Mund, den grausam verrenkten Körper: sie verliebte sich einfach mit Haut und Haar.

Derartige kleine Szenen wurden eines Tages durch Łohoyskis Eintritt unterbrochen, der, mit irgendwas sehr unzufrieden (überhaupt mißbilligte er Atanazys Heirat), gleich zu Anfang erklärte, Hela Bertz habe beschlossen, gerade heute zum erstenmal herzukommen. Prepudrech kam von Anfang an ins Krankenhaus, und seine Beziehungen zu Atanazy wurden immer wesentlicher. Er war im Grunde ein recht guter und intelligenter Bursche, nur intellektuell vernachlässigt wie die Mehrzahl der jungen Poeten − er schrieb nämlich manchmal Gedichte, die er Kakophozynthen nannte. (Er spielte auch Klavier, doch das war sogenannte »reine Fingermusik«*, vorläufig ohne jede Zukunft.) Er lernte viel aus den Gesprächen mit Atanazy, dessen Wissen gerade ausreichte, um für so einen Prepudrech einen Meister der Gedanken abzugeben. Jetzt konnte der Prinz wenigstens schon manche von Helas philosophischen Konzeptionen verstehen: ihre Theorie der Begriffe, die Bewegungstheorie vom Gesichtspunkt der Psychologie (der Begriff der Bewegung war von dem weitergehenden Begriff der Veränderung erfaßt) und die Theorie der Notwendigkeit von Geheimnissen auf dem Hintergrund der Begrenztheit in der Unendlichkeit. Die besonders populäre Abhandlung über Psychologie auf der Grundlage der *Transzendentalen Systematik* von Cornelius erschütterte ihn bis in die Grundfesten seines Wesens. »Ich lebe in der Wirklichkeit der Empfindungselemente beinahe wie Chwistek selber« − wiederholte er manchmal in den unpassendsten Momenten, sehr zum Gaudium der lokalen Philosophaster. Seine Popularität war seit dem Duell und seit seiner Verlobung gewachsen, und es schien, als ginge alles immer besser. Er wurde sogar in einigen »sehr guten« Häusern empfangen. Hela, nunmehr eine beflissene Katholikin, befriedigte ihn in erotischer Hinsicht gar nicht. Allerhöchstens empfand er mal bei reinen Verlobtenküssen, wider Willen, sich selbst nicht glaubend, die höchste Wonne. Für Hela war dies eine Phase unterbewußten Aufziehens der schwersten Antriebsfedern, der Vorbereitung zum endgültigen Sprung, dessen Natur und Wesen sie nicht annähernd ahnte. Völlig unwissend stürzte sie sich mit allem guten Glauben in die Tugend und die Geheimnisse katholischer Gottesdienste, wohin sie ihren beelzebubischen Papa manchmal mitschleppte, der ebenfalls Geschmack fand an abseitigen Eindrücken, empfangen in den Ehrbezeugungen einem unbekannten und feindlichen Gott gegenüber, der dennoch im Grunde derselbe Gott war. Die feierliche Taufe hatte inzwischen wegen einer unvermeidlichen Reise von Papa aufgeschoben werden müssen, obgleich die entsprechenden Vorbereitungen bereits getroffen waren. Doch wen geht das etwas an?

Es war dies eine sonderbare Epoche der individuellen Krisen auf dem Hintergrund der Gesellschaftskrise. Diesem verfluchten Sajetan Tempe zufolge verzögerte die das Feld räumende Schicht – vielleicht zum ersten Mal in der Geschichte – ihren endgültigen Abgang so lange und setzte sich zur Wehr ohne Hoffnung, auch nicht direkt, eher mit Hilfe von Kompromissen. Das sollte an einen Verurteilten erinnern, der schon unter dem Galgen um letzte Sekunden fleht. Abgesehen von nur scheinbar kolossalen Ausnahmen bestand die ganze Gesellschaft aus Abfällen der zu Ende gehenden »bourgeoisen Kultur«, die nur noch das Vakuum völliger Erschöpfung und des Marasmus vor sich hatte. Alle spürten mehr oder weniger bewußt den Tod in sich, und das war vielleicht der Grund zur Konsolidierung dieser zufälligen Bekanntschaften zu tieferen Freundschaften und Lieben. Die Weibchen, in solchen Konstellationen natürlich stärker als die Männchen, witterten im Verhältnis zu den in die Tiefe gestürzten Männchen (auch wenn sie noch scheinbar bei Kräften waren) die Möglichkeit neuer Perversionen. Psychischer Nekrophilismus einerseits – andererseits eine Autogalvanisierung der schon erstarrenden Leichen. Niemand gab sich genaue Rechenschaft darüber, wer er (nicht mehr metaphysisch gesehen, sondern sozial) auf dem Hintergrund verworrener, flüchtiger Strukturen der Gesellschaft eigentlich wirklich war, und jeder hatte ein anderes Bild von sich, als ihm zukam. Sogar Atanazy, dieser gänzlich überflüssige, aber ziemlich intelligente Inproduktive, sogar er, trotz seiner außergewöhnlichen Fähigkeit, relativ vergängliche Zustände zu bestimmen und festzulegen, verfehlte ständig seinen intellektuellen Doppelgänger, der rasch zur völligen Liquidation seines geistigen Kramlädchens strebte. Und das war noch sein Glück. Alle stiegen in den Abgrund – manche meinten dabei, zu den Gipfeln emporzusteigen. Hinter ihnen, »im unbemerkten Hintergrund« des gesellschaftlichen Bewußtseins, auf dem wie ein erlöschendes Fünkchen die untergehende sogenannte »Intelligenz« leuchtete, wallte und brodelte das noch gedankenlose Magma der Zukunft, in deren heißem, flüssigem Inneren sich bereits Möglichkeiten kommender Formen eines neuen Daseins verbargen, potentielle Strukturen einer von guten Menschen erträumten Menschheit. Wovon diese künftige Menschheit leben sollte, wußten die guten Leute nicht recht, aber das ging sie gar nichts an – sie wollten den anderen »Licht bringen« und damit die Tatsache vertuschen, daß sie selbst keines mehr in sich hatten: Expansion ersetzte Schaffen, Propaganda den Glauben, Ausgelassenheit in formlosem Gewimmel die Konstruktion der Persönlichkeit. So ungefähr hatte der verfluchte Tempe in einem Gespräch mit Atanazy vor zwei Jahren diesen Prozeß dargestellt. Doch damals waren diese Gedanken nicht bis zu den eigenen Konzeptionen Bazakbals durchgedrungen. Heute traten sie unklar auf, zu einem einzigen Knäuel mit der metaphysisch-erotischen Transformation der letzten Tage vermischt. Atanazy dachte: »Sind nicht Dekadente, die sich nur ganz wenig ihres Niedergangs bewußt sind und mit überwucherten und neugebildeten Hirnen tatenlos ihren eigenen Untergang und den der alten Welt beobachten, eine bessere Form des ›Niedergangs‹ als diejenigen, die sich noch Täuschungen hingeben und sich in den lächerlichen Rollen von Machthabern zu Narren machen?« Die Narretei dieser Konzeption war so offensichtlich, daß der immerhin intelligente

Atanazy keinen Augenblick an sie glauben konnte. Und dennoch blieb dieser Gedanke, vielmehr seine unmittelbare Grundlage, hartnäckig stecken. Welche Schande! War er also wirklich gerade der Typus des gewöhnlichen Menschen, den er doch verachtete? So ein kleines, graues Schweinezeug, eines der Elemente dieser verfaulten Masse, auf der die armseligen Blümchen des heutigen Pseudoindividualismus wuchsen? Wenn er wenigstens ein Künstler wäre! »Wenigstens« – in diesem Wörtchen kam die ganze Verachtung für diese Beschäftigung zum Ausdruck, die ihm von Kindheit an eingeflößt worden war. Nein – Atanazy hatte einen gewissen Ehrgeiz: er wollte kein Narr sein. Hätte er Künstler werden müssen, so wäre er längst einer. Also war er offenbar gerade das und nichts anderes: ein Rechtsanwaltsgehilfe, der sich unfreiwillig durch eine nicht programmatische, reiche Heirat ohne Überzeugung von der gewöhnlichen Arbeit befreite – aber mit welchem Ziel? Die einsamen, weder durch Religion noch durch Kult besetzten Momente von unmittelbarem Erleben des Geheimnisses der Existenz schienen wie Gasblasen über der sumpfigen Oberfläche des Lebens; von keinem Enthusiasmus entzündet, platzten sie und zerwehten in der grauen Atmosphäre der nahenden Dämmerung, der »Ideendämmerung der sich selbst fressenden Menschheit«, wie Chwazdrygiel sagte. Lohnte es überhaupt, irgend etwas zu machen? Sich vom Strom der Ereignisse tragen lassen und sehen, was wird – ach, wenn das nur möglich wäre! Aber eine scheinbar kinderleichte Sache schien Atanazy geradezu undurchführbar. Noch eins: den Moment der Seltsamkeit des Lebens bis zur Kontinuität der metaphysischen Vision potenzieren, im unmittelbaren Erleben sich über den Alp der alltäglichen Zufälligkeit erheben. Und wenn das unmöglich ist, sich wenigstens mit allen Kräften darum bemühen: nur der Weg zu etwas ist etwas Essentielles – das erreichte Ziel ist nichts. Hier könnte das Ziel wohl nur das eine sein: ein schöner Tod. Doch zu einem Selbstmord hatte Atanazy noch keine Lust. Also verblieb nur »der reine Weg an sich und als solcher«. Aber dieser Weg konnte langweilig sein . . . Bei diesem Zweifel trat, wie in solchen Fällen üblich, Atanazy kalter Schweiß auf die Schläfen und unter die Augenlider. Unruhig warf er sich auf dem Bett hin und her. Das alles hatte er zwischen zwei Sätzen Łohoyskis durchdacht. »Was hast du?« fragte Jędrek. Er war heute leicht niedergeschlagen. Die vorübergehend infolge höllischen Mißbrauchs erschlaffte Lebenskraft erlaubte ihm, wenigstens ein bißchen zu denken. Atanazy begann zu reden, um endlich etwas über sich selbst zu erfahren. »Du hast keine Ahnung, wie ich manchmal leide, ganz ohne klaren Grund. Ich habe so sonderbar verworrene Gedanken, die Wertung ist derart vermischt, daß ich nicht länger so leben kann. Meine quasiaristokratische Weltanschauung mit Religion, Philosophie und Kunst an der Spitze beginnt von den Grundlagen her zusammenzustürzen. Eigentlich bin ich die lebendige Verkörperung eines Kompromisses, eines notwendigen Kompromisses, nichts weiter. Könnte ich mit reinem Gewissen Künstler werden, so hätte ich einen konstanten Punkt, von dem aus ich auf all das blicken könnte. Aber ich verachte die Kunst – nicht überhaupt, nur ihre heutigen dekadenten Formen. Die Malerei, Bildhauerei und Poesie sind zu Ende, die Musik geht ihrem Ende entgegen, die Architektur entartet in reine Zweckmäßigkeit, das Theater hat noch eine kleine Weile vor sich, und das nur, wie Tempe richtig behauptet, in Verbindung mit der sozialen Szene. Aber wie sich das auch glätten und einebnen wird – das Theater als Kunstform wird ebenfalls zugrunde gehen.« (Zosia hörte begeistert zu. Im Zustand des Zwiespalts und der Dekadenz gefiel Atanazy ihr am besten. Auch sie, diesen »klugen Dummheiten« lauschend, wie sie solche Gespräche nannte, sättigte sich auf das beste mit einer Wirklichkeit höheren Ranges.) – »Und obendrein kann ich einerseits die Lügen der heutigen Demokratie nicht ertragen, mit ihrem für alle gleichen Start, dem Parlamentarismus, der Quasi-Gleichheit aller vor dem Recht und so weiter – und andererseits geht mich das Schicksal der arbeitenden Klassen und ihr Kampf mit der faden Demokratie, die ja noch in den Anfängen steckt, nichts, aber auch gar nichts an. Das Resultat von alledem wird schrecklich sein: das Ende der höchsten bisherigen Werte, ein grauer Dämmer des allgemeinen Wohlstands. Ich habe mehr Mitleid mit einem von Hirten verbrannten Ameisenhaufen oder einem vor Hunger krepierenden, erblindeten alten Kater als mit dem ganzen menschlichen Elend der Welt. Du hast keine Ahnung, wie schwer es ist, in einer Leere zu leben, die mit solchen Widersprüchen angefüllt ist. Ich weiß, daß irgendwo in einer wie für mich verschlossenen Glaskugel eine große Veränderung der Menschheit vor sich geht, daß sich etwas Riesiges jenseits des Horizonts meines engen Begriffsvermögens umwälzt, und ich kann diese Größe in keiner für mich erkennbaren Tatsache sehen. Ich kann das, was ich sehe, nicht zu einer einzigen Idee integrieren, in der ich mich selber zur Gänze erleben könnte.«

»Sei sicher, daß keinem von denen daran gelegen ist . . .«

»Ich weiß: ich bin ein Differential; doch die Integrierung solcher Elemente ergibt die Resultante der gesellschaftlichen Atmosphäre eines gegebenen Landes. Du wenigstens hast diese Probleme nicht . . .«

»Du irrst. Überhaupt, wenn du die Absicht hast, so mit mir zu reden, dann lassen wir das lieber. Du hast nie auf diese Weise mit mir gesprochen und denkst, daß ich nichts denke . . .«

»Sei nicht böse: aber du bist wenigstens ein Graf . . .«

»Noch ein Wort, und ich bürge für nichts. Sie werden verzeihen«, wandte er sich an Zosia, »aber er will mich programmatisch beleidigen . . .«

»Warte: schweifen wir nicht in unwesentliche Mißverständnisse ab. Reden wir einmal im Leben offen, ohne etwas als Beleidigung aufzufassen. Das ist nicht so banal. Du bist ein Graf – das ist schon etwas. Du gehörst zu dieser Klasse, die wenigstens früher die Wirklichkeit der Geschichte schuf. Du kannst dir mit reinem Gewissen sagen, daß du zwar ein Dekadenter bist, aber von einstiger Größe – nach Tempe von einer ungeheuren Schweinerei in großem Maßstab. Du kannst denken: ›Gut – soll die Welt zusammenstürzen, ich bin immerhin ein Graf, und damit basta.‹ Ich habe kein Recht dazu, ich habe keine Tradition, mit deren Hilfe ich meinen Niedergang ausschmücken könnte. Ich bin etwas Namenloses, ein Stück Abfall der jüngeren Pseudokultur, die bei uns eigentlich nichts Interessantes hervorgebracht hat, da sie seit Jahrhunderten ausländische Novitäten wiederkäut, und meistens nicht einmal zum rechten Zeitpunkt, und nicht die, die es sein sollten, und sie werden nicht von der Seite entgegengenommen, von der sie hätten kommen sollen. Du bist etwas so Internationales wie der erste beste kommunistische kleine Jude – so wart ihr in der ganzen Geschichte trotz der Kriege – Nationalität ist eine recht junge Erfindung – aber lassen wir das: es ist zu Ende gegangen, so armselig, wie es angefangen hatte. Hier helfen keine edelmütigen Einwände. Jetzt könnte vielleicht noch einmal Großes entstehen, groß in früheren Dimensionen, doch dafür wird keine Zeit mehr sein, denn es kommt eine Woge von Veränderungen, die alles hinwegfegen, nivellieren wird, und andere Menschen, so anders, als wären sie von einem anderen Planeten, werden an die Oberfläche kommen und ein neues Leben schaffen, das qualitativ unserem nicht mehr ähnlich ist. Diejenigen, die dagegen kämpfen wollen, sind nicht die Menschen der Zukunft – das ist, als steckte jemand einen prachtvoll geschnitzten Stab zwischen die Räder einer Lokomotive, um sie anzuhalten. Und das ist das Schrecklichste: was jetzt beginnt, hat zwar alle Anzeichen der Größe und ist vielleicht groß im Moment des Entstehens, wird aber dennoch die Ursache einer grauen Öde und gesellschaftlichen Langeweile sein, von der wir nicht einmal eine Ahnung haben, obwohl wir heute schon über diese Dinge klagen. Darum kann ich mich nicht über diese Idee entsetzen.«

»Reden wir offen: Sozialismus oder so etwas Ähnliches. Ich bin schon Kommunist gewesen – davon wirst du mir nichts erzählen. Ich hatte von großen Ausbrüchen geträumt, von der geheimgehaltenen Energie derer, die nur eine Revolution befreien kann. Ich zweifle daran.«

»Das ist es nicht – du warst Sozialdemokrat, solange dein Vater lebte, der dich nicht so leben ließ, wie du wolltest. Jetzt, da du alles hast, hast du die Fronten gewechselt. Aber nicht aus ideellen Gründen. Den Haß gegen die Familie und die Unlust zum Pflügen und Düngen deiner Landgüter hast du auf allgemeinmenschliche Bestrebungen transponiert. Auch ich möchte manchmal aus Langeweile, aus dieser Unersättlichkeit nach Größe weiß der Teufel was sein: ein großer Verbrecher oder gar ein Einbrecher, nicht nur Kommunist, ich möchte, daß auf der Welt irgendein schreckliches Durcheinander geschieht, im Vergleich mit dem sich alle bisherigen Kriege und Revolutionen wie armselige Spielereien ausnehmen würden. Und in einem solchen Durcheinander untergehen – wenn schon nicht in einer kosmischen, interplanetaren Katastrophe ...«

»Ja – und dennoch hattest du vor Azios Pistolenlauf einen Moment Angst; ich habe deine Augen gesehen.«

Zosia reckte sich gespannt auf wie eine Brillenschlange, aufmerksam zuhörend.

»Was hat das damit zu tun? Ja, ich gebe es zu. Im Krieg hatte ich auch Angst, aber anders, und ich bin weder dort noch hier ausgerissen.«

»Krieg ist etwas ganz anderes, obwohl weder du noch ich, wozu es verbergen, uns für eine Idee geschlagen haben, und wenn, so zu einem sehr kleinen Prozentsatz. Erinnerst du dich, wie neidisch wir waren auf diese ...«

»Ach – laß sein. Allein schon bei dem Gedanken an Krieg bekomme ich Krämpfe vor scheußlicher Langeweile. Die Geringfügigkeit dessen, wofür man umkommen kann, entsetzt mich.«

»Na, das ist wohl leicht übertrieben und sogar, sagen wir mal offen: Megalomanie. Wer bist du denn schon, zum Teufel? Vielleicht kenne ich dich nicht, vielleicht verbirgst du etwas in dir, was die Grenzen meines Begreifens überschreitet?« – Hier blickte er verstohlen zu Zosia hin. Diese, in Atanazy vergafft wie in ihre Beute, schien nur an eines zu denken ...

»Einerlei, wer ich bin – unabhängig davon ist alles zu klein: zu klein, um im Namen dessen zu leben, und zu klein, um zu sterben. Und wer ich bin, weiß ich nicht, weiß ich metaphysisch nicht. Das Leben zu ertragen, nicht wissend, wer man ist – vielleicht liegt darin eine gewisse Größe. Außerdem bin ich ein gewesener Rechtsanwaltsgehilfe und der Verlobte Zosias. Das, scheint mir, ist das Sicherste, denn als ich mich am Verlobungsabend bis zur Bewußtlosigkeit betrunken hatte und die Schüsseln auf dem Tisch nicht als Schüsseln sah, sondern wirklich als farbige Fleckchen, und ich als ›Ich‹ überhaupt nicht existierte – oder jenem verfluchten Chwistek zufolge in der

Wirklichkeit der Empfindungselemente war –, da dachte ich mir plötzlich: ›Aha, ich bin Zosias Verlobter‹ – so dachte ich, ohne eigentlich zu wissen, was das bedeutet, und da kehrte ich plötzlich irgendwo aus der Unendlichkeit zu mir selber zurück, aus dem persönlichen Nichtsein, und wurde wieder ich selber, und der Komplex der farbigen Flecke wurde wieder zur Schüssel. Unsinn ist das alles: es löst nicht die Frage, wovon und in wessen Namen man lebt. Der Begriff: ›Im Namen von etwas‹ hat für gewisse Typen seine Bedeutung verloren. Man muß sich damit abfinden, daß diese Klasse von Menschen, zu der wir gehören, am Ende ist. Es gibt nichts, worüber man verzweifeln müßte. Das Gespräch ist die wirklichste Art, sich zu erleben. Die Mauer für die Philosophen in Hadrians Villa bei Tivoli – das ist die einzige gute Sache auf dieser Welt – sie verläuft von Norden nach Süden, oder umgekehrt, damit es vormittags und nachmittags warm hinter ihr ist.«

»Warte. Welche Klasse ist das denn? Eben erst hast du gesagt, daß du dich nicht mit mir zu einer Klasse zählst. Du verhedderst dich in deinen Aussagen. Ich bin doch ein Graf...«

»Angesichts dessen, was kommt, werden sogar solche Unterschiede, wie sie zwischen uns bestehen, unwichtig.« Atanazy lachte. »Ich bin in Gedanken bereits über diese Kategorie hinausgelaufen. Ich würde diese Klasse die Klasse ›der metaphysischen Wesen ohne Form der Tätigkeit‹ nennen – im Leben oder in der Kunst, das ist einerlei. Eine zusätzliche Unterklasse davon werden Grafen ohne höhere Aspirationen sein – Kokainisten und Alkoholiker. Die gegenwärtigen Staatsdiener der faden Demokratie sind ebenso fehl am Platze wie der Teil der Gesellschaft, auf den sie sich stützen. Wir haben aufgehört zu sein – wir: die faden Demokraten in der Praxis, die Schöpfer des Lebens: wir haben keinen Platz im Weltall noch in uns selber. Besser, sie schlachten uns alle so schnell wie möglich ab. Weißt du, daß ich, trotz allem Abscheu gegen die Zukunft, mit Sehnsucht auf eine Katastrophe warte – auf irgend etwas Großes, nur daß nicht mehr diese heutige verlogene Flachheit herrscht, nicht diese Minidistanziertheit unter der Maske angeblich ewiger Wahrheiten. Die Menschheit – ein verfluchter

Begriff, wenn er nicht bis zu den letzten Konsequenzen geführt wird – die Menschheit gibt es nicht: es gibt nur zweibeinige Typen, voneinander so verschieden wie Elefanten und Giraffen. Und wenn einmal eine einheitliche Menschheit existieren wird, dann in Form eines Mechanismus, der sich in nichts mehr von einem Bienenkorb oder Ameisenhaufen unterscheidet.«

»Möglich. Aber was geht das dich an? Freu dich, daß du jetzt lebst, wo das noch nicht passiert ist. Von außen auf alles sehen ist auch eine gewisse Satisfaktion und Erfüllung des Lebens. Sehen und verstehen. Ich denke vielleicht nicht so, denn so recht verstehe ich das alles nicht, aber ich fühle es, und das genügt mir.«

»Du kannst das, denn du hast noch zuviel gesunde, viehische Energie. Aber verstehe: auch die größten Abenteurer unserer Zeiten sind noch Dekadente. Früher formten ebendiese Abenteurer das Leben auf den Gipfeln ihrer Epochen – heute sind es nur sporadische Geschichtchen in kleinem Maßstab. Nietzsches erträumter Übermensch ist heute ein gewöhnlicher Dieb oder Verbrecher, nicht einmal mehr ein preußischer Junker. Ein amerikanischer Trapper ist nur ein Fangarm der Zivilisation, die hinter ihm steht und sich mit seiner Hilfe in die letzten Stücke wilden Landes hineinfrißt, die noch verblieben sind. Und die heutigen Abenteurer in großem Stil: irgendwelche Wilhelme und Ludendorffs, das sind ja verzwergte Typen, durchtränkt von Gemeinschaft in Gestalt des heute erlöschenden Nationalismus, der selbst bereits ein Erzeugnis jener hohen Vergesellschaftung aus der Zeit der Französischen Revolution ist. Und die heutigen Urheber der Revolutionen, die vielleicht tatsächlich mehr Macht als die Pharaonen haben, sind nur eine Emanation der Menschenmasse – sie tun das, was sie müssen, nicht das, was sie wollen. Früher gab es keinen Nationalismus dieses Typs: es waren wirklich die großen Herren, die die Wirklichkeit bogen, wie sie wollten, nach Mustern, die ihrer Phantasie entsprachen.«

»Weißt du, wenn irgendein Bourbone oder Hohenzoller so sprechen würde, so könnte ich das verstehen. Aber du! Wer bist du denn, daß du ein Recht hättest . . .«

»Wenn du das sagst, bourbonischer Cousin, so ist das nur geschmacklos. Ich bin ein mißlungener Künstler. Noch haben diese Schurken wenigstens einen Tropfen von etwas aus alten Zeiten geschluckt – in Form künstlerischer Perversion und Fäulnis, aber sie haben es geschluckt. Ich verachte das. Eigentlich mißlungene Künstler gibt es nicht: wäre ich einer, dann wäre ich es, und basta.«

»Eine große Weisheit. Ich habe auch gemalt, aber mich befriedigte das nicht...«

»Hast gemalt! Kindischer Unsinn! Du hast kein Recht, so zu sprechen. Ich schreibe auch poetische Faseleien desselben Ranges. Das ist nicht der Gipfel dessen, was unsere Epoche in der Kunst, im Charakter ihrer Form ausdrückt. Dasselbe tun die Kinder – wir sind in diesem Punkt ebenfalls Kinder: wir können nichts und wollen nicht können: wir wollen das Leben nicht dieser Chimäre opfern. Glaubst du nicht, daß so ein Ziezio Smorski viel darum geben würde, jetzt lediglich ein blasierter Bubi zu sein und nichts weiter? In betrunkenem Zustand sprach er darüber. Seine Worte kenne ich auswendig: ›Ich habe das Leben und die Vernunft einer Chimäre geopfert, für etwas, was zu Ende geht. Ich hatte Erfolg – ja, etwas ist daran – und Ruhm und alles, was damit verbunden ist. Aber ich würde alles darum geben, um normal zu leben und nicht verrückt zu werden, und verrückt werden muß ich, denn jetzt werde ich nicht mehr stehenbleiben.‹ Das ist ein echter, heutiger Künstler. Jene früheren verstanden es, sie selbst zu sein, ohne verrückt zu werden – heute ist die wirkliche Kunst Wahnsinn. Ich glaube nur an die, die in Wahnsinn enden. Aber alle diese pseudoromantischen und pseudoklassischen Typen sind genauso ein Kehricht wie die, die noch heute mit dem Bacchanal der Lüge regieren – sogar die künftigen mechanisierten Repräsentanten der glücklichen Menschheit werden mit Abscheu an sie denken.«

»Wozu daran denken? Ist es nicht besser, die Wirklichkeit so zu erleben, wie sie ist?«

»Du bist potentiell intelligent, aber begrifflich dumm – sei mir nicht böse. Du bist ein einheitlicher Block, ohne jedes Spältchen, in das ein Gedanke einsinken könnte. Du hast auch nicht diese Gier nach Wahrheit, die ich habe. Ich will die Wahrheit wissen, so ungeheuerlich sie auch sein mag. Gewiß, es wäre besser für mich und für meine Umgebung, wenn ich irgendein Maschinchen am rechten Platz wäre und nicht Unsinn erzählte, noch dazu mit Zosias Geld . . .«

»Das ist nicht wahr«, warf Zosia ein. »So, wie du bist, erkenne ich dich an. Sprich niemals mehr vom Geld, sonst werde ich dich hassen.«

»Ja, du bist bereits verdorben wie alle heutigen Weiber – diese letzten – denn später wird es nur noch mechanische Mütter geben, die gleichberechtigt die sozialen Funktionen der Männer erfüllen. Du ißt gern leicht verdorbene Sachen, schätzt an mir meine innere Fäulnis, die sich unter dem Anschein eines gewöhnlichen Gefühls verbirgt.« Łohoyski blickte Atanazy seltsam an. »Und dennoch mußt du für mich das sein, was ich will, trotz aller Ausflüchte. Grabe unter dir ein Grübchen, grabe – ebendarin werde ich dich einmal fangen«, dachte er unklar. Er zuckte vor Ekel und stechender Eifersucht zusammen bei dem Gedanken, daß Zosia . . . Er träumte von einer anderen Freundschaft, aber niemand wollte ihn verstehen, der ihrer würdig war. Atanazy war der einzige. Das war sein eigener Lebensgipfel – wie schwer war es doch, ihn zu erringen; wie viele Mißverständnisse warteten seiner auf diesem Weg. Atanazy redete weiter: Łohoyski kehrte in die ihm verhaßte Wirklichkeit zurück, in diese – wie Chwistek sie nannte – populäre Wirklichkeit. Und gleichzeitig empfand er Verachtung (diese aristokratische) für »jene« – und in »seiner Sphäre« hatte er niemanden . . .

». . . und das entsetzt mich, daß mich diese andere Welt zu faszinieren beginnt, von der ich mich schon abgewandt hatte – und mich auch jetzt noch mit Abscheu abwende. Es kann sein, daß man, um ihre Schönheit und Größe zu erkennen, andere Kategorien aus sich hervorholen muß, Kategorien nicht nur des Denkens, sondern auch des Empfindens, andere Instinkte, wenn auch einstweilen nur angedeutete. Sonst hat man keinen Schlüssel zur Synthese: man sieht einzelne, zerstückelte Erscheinungen, die, nicht integriert, ein falsches Bild des Ganzen ergeben – so sagte Tempe. Das ist eben diese mikroskopische

Anschauung gegenüber dem umgebenden Leben, die nicht einmal die großen Schriftsteller unserer Zeit vermieden haben. Wer den Weg nicht klar vor sich sieht, hat nicht das Recht, als Prophet das Wort zu ergreifen; er richtet nur trübe Verwirrung an, statt Kräfte zu schaffen, sei es auf dieser, sei es auf jener Seite. Niemand hat den Mut, alles zu Ende zu sagen, den Punkt auf das i zu setzen. Der Kampf des Individuums mit der Gesellschaft, oder eigentlich umgekehrt, tritt auch im Roman in Erscheinung: nicht mehr der Mensch ist der Held – die Masse wird zum Helden; der bisherige Hintergrund und der Roman werden sich damit den Hals brechen und untergehen, denn die Anzahl der Möglichkeiten verringert sich dadurch so lange, bis sich alles im Kreise wiederholt. In unserer Zeit überholt das Leben zum erstenmal die Literatur – nicht aber die Kunst. Und überhaupt diese Dissonanz zwischen der Kunst und der Gesellschaft – eine kleine Abschweifung: der Roman ist kein Werk der Kunst: er wirkt mit seiner Konstruktion nicht unmittelbar: er mußte größer werden, denn je mehr das Leben sich mechanisiert, um so esoterischer, bis zur Perversion esoterisch wird die Kunst, obwohl sie eine Funktion des allgemeinen Zustands ist. Vergeblich wollten die Futuristen dagegen kämpfen: einerseits eine vollkommene Maschine, andererseits eine amorphe, in Grenzen a-konstruktive Breimasse von Komplikationen als Resultat der Ungesättigtheit durch die Form; dazu eine Handvoll von Dekadenten, die dieses Narkotikum brauchen.«
Łohoyski langweilte sich tödlich, aber Atanazy redete weiter und ließ endlich das lange zurückgehaltene gedankliche Chaos aus sich heraus.
»Von dem, womit sie uns jetzt füttern, wird niemand lange leben, und wir warten immerfort auf das ›Große Wort‹ – romantische Laster! Dieses Wort ist als soziale oder nationale Verkündigung gestorben. Die unbewußten Schöpfer der künftigen Wirklichkeit werden es lösen, nicht aber die, die heute vor sich selbst die Machthaber spielen, unter der Maske scheinbar allgemeinmenschlicher gemäßigter Anschauungen, diesem lauen Wasser, von dem alle gesunden Naturen kotzen . . .«
»Und du und deinesgleichen, die gar nicht gesund sind, euch gelüstet nach einer Katastrophe, um interessant zu enden«,

unterbrach ihn Łohoyski wütend. »Weißt du, welchen Eindruck du auf mich machst? Den eines Menschen, der aus Angst davor, während einer Revolution abgeschlachtet zu werden, seine Anschauungen zu ändern beginnt und der sich dabei beobachtet, ob seine Lüge nicht schon allzu offensichtlich ist und ob er nicht bereits allzusehr nach links abgeirrt ist, während ihm doch schon eine geringere Verschiebung das Leben gerettet hätte.«

»Ich schwöre dir: nein! Übrigens widerspricht das dem, was du vorhin gesagt hast.«

»Ich weiß, ich meinte es in übertragenem Sinne.«

»Psychisch ist es vielleicht sowas, ich versuche, mich um jeden Preis zu retten; aber in wessen Namen, weiß ich nicht – ein viehischer Instinkt.« Ein schrecklicher Widerwille befiel ihn. Das ganze Gespräch erschien ihm als unerträglicher Unsinn. Der Widerwille breitete sich aus und erfaßte immer neue Gebiete: Łohoyski, Zosia, alle Probleme, das ganze Leben. Sich von hier losreißen, fliehen, vergessen. Er fühlte, daß er vor sich selbst fliehen müßte, und er begriff, daß er zu lebenslänglicher Gefangenschaft in sich selbst verurteilt war: er empfand sich als Gefangenen und zugleich als seinen eigenen Käfig. Eine Qual ohne Grenzen – in wessen Namen?

Plötzlich leuchteten zwei Lampen auf: eine an der Decke, die andere am Bett, mit einem grünen Schirm. Die graue Stunde des Krankenhauses war zu Ende. Der Wirbel trüber Begriffe, der über der grauen, krepierten Wirklichkeit schwebte, fiel ab. Atanazy atmete auf: alles wird das Leben selbst lösen – man muß sich vom Strom tragen lassen und ein für allemal auf das Komponieren von Ereignissen verzichten; das fiel ihm am schwersten. Das neue Problem, so einfach gestellt, versöhnte ihn mit dem Dasein. Möge alles von selbst dahinfließen – wir werden sehen, was wird. Dieser Satz wurde von diesem Augenblick an zu seiner Devise. Łohoyski schwieg, von unaussprechlichen Absichten innerlich gleichsam anschwellend. Das Gespräch mit Atanazy hatte in ihm von neuem die Lust gestärkt, das Leben zu genießen. Er beschloß, »Tourist inmitten von Ruinen« zu sein – nichts weiter. Die äußere und die innere Welt auf die interessanteste und intensivste Art zu besichtigen, auch wenn man durch bekannte oder ihm bisher unbekannte

Narkotika sterben sollte. Alles für den Augenblick, nichts für die Zukunft – Kokain oder nicht Kokain – einerlei. Er hatte nichts zu verlieren, um seinen Geist kümmerte er sich nicht, die erste Sättigung durch das Leben hatte er hinter sich, die sogenannten »kindlichen Ideale« waren fast verschwunden. Er fühlte eine köstliche Freiheit und Unbeschwertheit. Nur dieser Atanazy . . . Aber auch das wird sich machen lassen. Mit ihm ebendiese unbekannten Gebiete der Gefühle und Zustände besuchen. Atanazy versuchte, wieder zu reden. Er wollte die Leere des entfliehenden Momentes mit Worten verdecken, doch er vermochte es nicht. Man hat leicht reden: »Sich dem Strom ergeben«, doch was soll man machen, wenn es keinen Strom gibt?

»Wenn du wüßtest, was für eine Qual es ist, diesen Appetit auf alles zu haben – diesen allerhöchsten – nicht die Lust zu genießen – und nicht essen zu können . . . Alles möchte ich sein, alles erleben, die wildesten Widersprüche in mir vereinigen – bis ich schließlich platzen würde, wie auf einen Pfahl auf mich selbst gespießt.«

»Du bist albern. Das, wovon du sprichst, ist die Quelle der künstlerischen Schaffenskraft – wie Ziezio Smorski sagt.«

»Du bist nicht wählerisch, du frißt alles, was dir von selber in die Hände fällt, wie ein Schwein, dein Appetit ist auf einem niedereren Niveau – das ist keine metaphysische Unersättlichkeit. Ich weiß, daß es solche Erscheinungen wie uns, Leute ohne rechten Platz, in allen Epochen gegeben hat, aber heute ist es besonders schwierig, sich in dieser Form auf eine wesentliche Art zu erleben. Manchmal träume ich von einem Salon des 18. Jahrhunderts: dann würde ich über Philosophie faseln, durch nichts gekürzt . . .«

»Sofern du nicht der elende Knecht eines großen Herrn wärst und kein Salonschmeichler. Bedenke, daß du kein Aristokrat bist, sondern nur – aber das ist nicht so wichtig – damals wärst du auf einem anderen Platz gewesen als jetzt. Erst um den Preis einer faden Demokratie, wie du es verächtlich nennst, sprichst du überhaupt mit mir wie zu deinesgleichen und hast Zeit für deine Diskussionen. Denn du bist ja kein überragender großer Denker, der selbst aus dem Plebs auf die Gipfel seiner Zeit hätte kriechen können«. Łohoyski wagte es zum erstenmal, auf dem Grund der vorigen Vereinbarung, Atanazy »solche Sachen« zu sagen. Er tat das beinahe programmatisch, mit dem Instinkt der Inversion erfühlend, daß er auf diese Weise auf seinen psychischen Masochismus einwirkte und ihn zu jener Seite drehte, wo er ihn haben wollte, das heißt zu seiner Person hin. Hinter diesem »Dreh« erst zeichnete sich die Idee der höchsten, der »vollen« Freundschaft ab. »Ich bin kein Demokrat, und darin liegt meine Überlegenheit; ich könnte Kommunist sein, das ist eine andere Sache. Aber die Amplitude meiner Schwankungen ist größer, und darum gibt es bei mir nicht wie bei dir einen Platz zur Analyse eines zweifelhaften Wertes.«

»Du vergißt, daß du in deiner Sphäre eine Ausnahme bist«, redete Atanazy über diese Angelegenheit hinweg. »Dieser Jędrek ist gar nicht so dumm, wie ich dachte. Jetzt hat er mich in Verlegenheit gebracht und mich mitten in den geistigen Bauchnabel getroffen. Recht hat er, diese Bestie!« dachte er inzwischen. »In einer anderen Epoche hätte ich mich in der gesellschaftlichen Hierarchie in derselben Klasse, in der ich bin, auf einen anderen Platz verschoben. Die Frage der Rasse ist heutzutage noch kein reiner Snobismus. Das beginnt mir zu gefallen. Man muß sich selbst gegenüber ehrlich sein.« Das Geschoß traf. Das war die erste Bresche. Atanazys Zorn gegen Łohoyski nahm oberflächlich die Form einer leicht erotischen Ergebung an. »Apropos Zyklizität verstehe ich eines nicht«, redete Atanazy vertuschend weiter, »warum sieht Spengler, dem man in seinen historischen Synthesen in vielem recht geben muß – Mathematik und Malerei ausgenommen –, warum sieht er nicht, daß trotz der Zyklizität alles ständig in einer Richtung vorangeht und daß der Prozeß der Vergesellschaftung irreversibel ist. Es ist eine auf eine Parabel gezeichnete Zykloide: ihr Gipfel ist, sofern es sich um das Individuum handelt, das 18. Jahrhundert – von der Französischen Revolution an beginnt die gesellschaftliche Adhäsion die Kraft des Individuums zu übersteigen, und das Erscheinen jedes folgenden großen Menschen wird immer schwieriger. Aus der sich organisierenden Masse wachsen keine starken Persönlichkeiten, sondern nur ihre Werkzeuge, die . . .«

»Genug. Mich langweilt diese begriffliche Hilflosigkeit. Was habe ich davon, daß ich mir die Schwierigkeiten bewußt mache, wenn ich sie doch niemals endgültig verstehe. Und du auch nicht. Überlassen wir das anderen, deren Spezialität das Denken ist. Für uns ist es schon zu spät.«

»Genau das ist es: das ist dieser verfluchte heutige Anti-intellektualismus: der Einfluß des gut verstandenen Bergson, des schlecht verstandenen Spengler, des Pragmatismus und Pluralismus. Ich bin einverstanden, daß der übertriebene Intellekt ein Symptom des Niedergangs ist, doch wie ist dem zu steuern, daß wir in einer Zeit leben, in der dieser Intellekt unseren einzigen Wert darstellt. Ihm allein verdanken wir die selbstgefällige Theorie der Intuition. Es naht die Periode der Herrschaft der Weiber, denen die Theorie der Intuition eine gewaltige Waffe in die Hand gibt. Darum beginnen hervorragende Männer, sich formal zu autarken Verbänden zu organisieren – doch das ist eine abscheuliche Kapitulation: nur mit Hilfe des Intellekts kann man den Sturz der höchsten Werte noch verzögern . . .«

»Ich weiß, ich weiß«, unterbrach Łohoyski ausgesprochen zornig (Atanazys Widerstand machte ihn rasend), »aber nicht du bist dies Gehirn erster Klasse, das dies entscheiden wird. Das Leben an sich . . .«

»Ich weiß auch, was für dich das Leben an sich ist: Narkotika und die schlimmste Perversion, ja mehr als Perversion, und dann das Irrenhaus. Wir haben nicht die Kraft dazu, das Leben so zu genießen, wie die früheren Menschen es genossen, und so zu leiden wie sie – ich spreche von der ganzen Menschheit. Man spricht von der Hypertrophie des Herzens, vom Schwund des Magens, nicht aber von den Folgen psychischer Narkotika, die jeder am Anfang im kleinen sogar beobachten kann, um zu wissen, was ihn erwartet. In dieser Richtung sollte die Propaganda . . .«

»Du bist langweilig mit deinen Moralpredigten bei allen Angelegenheiten und redest mit einer Autorität, als ob du . . .«

»Tazio hat recht«, unterbrach ihn Zosia.

»Für Sie hat Tazio in allem recht, weil Sie in ihn verliebt sind. Aber passen Sie auf, daß Sie ihm das Leben nicht vermiesen. Wenn er sich von der Kette reißt, wird es schlimm um ihn stehen . . .«

In diesem Moment klopfte es, und ins Zimmer traten Hela Bertz und Prepudrech, und hinter ihnen Chwazdrygiel und Smorski. Die Situation wurde augenblicklich gespannt. Alle Zeiger erzitterten und verschoben sich, manche über den roten Strich, über die Sicherheitsgrenze hinaus. Zosia empfand so deutlich wie nie, daß Atanazy, trotz aller Fehler, eben der einzige war: außer ihm gab es für sie kein Leben. Ihn zu verteidigen – war ihre Aufgabe. Aber wovor? Vor Łohoyski, vor Hela oder vor sich selbst? In ihrer Seele schwor sie, alles für sein Glück zu tun, sogar sich selbst zu opfern. Die ganze Medizin ist Blödsinn – nur er, er allein. Sie sah ihn an: verwirrt (aber schön) versuchte er, sich in den Kissen aufzurichten. Er war blaß, nur der Mund war rot wie eine Wunde. Ratlos schaute er umher. In diesem Moment schien Zosia sogar seine Theorie der toten Materie, über die sie vom Gesichtspunkt der materialistischen Biologie aus spottete, wahr und wirklich – früher, trotz ihrer »gewissen« Religiosität, war ihr Chwazdrygiels Gesichtspunkt näher gewesen. Es blieb keine Zeit mehr: Zosia stand auf, blickte Hela direkt in die Augen und reichte ihr die Hand. Jetzt hatte sie die Gewißheit, daß von dieser Seite her die Gefahr lauerte. Doch der Moment der Intuition verging, ertrank in dem Brei von Selbstbetrug, Lügen und Beruhigungen. Die in diesem Zimmer geschwatzten Worte wurden jetzt von der lebendigen Macht des Lebens, dieses Lebens »an sich«, wie Łohoyski sagte, weggeschwemmt. Der kraftlose Körper Atanazys lag tot unter der Wolke der begrifflichen Bedeutungen, die zusammen mit den Schwaden von Zigarettenrauch unter der Zimmerdecke chaotische Knäuel zu bilden schienen. Chwazdrygiel und Ziezio linderten als relativ Fremde die Situation durch eine Reihe von unnötigen Äußerungen.

INFORMATION

[*Chwazdrygiel (Buliston)*, 46 Jahre. In seiner materialistischen Weltanschauung verschlossen wie ein Panzertresor. Er schien wirklich in Leon Chwisteks physikalischer Wirklichkeit zu »leben«: er machte den Eindruck eines Menschen, der keine Farben sieht, keine Töne hört, keine Berührungen spürt. Die Wirklichkeit war für ihn ein illusorisches Bild der Welt, das laut der letzten physikalischen Novität geprägt wurde. Jetzt »glaubte« er natürlich an Elektronen, und die unmittelbar gegebenen Qualitäten hielt er für Zeichen, »mit denen wir solche und solche physischen Verbindungen benennen«. Aber wer das auf diese Weise so benannte und warum gerade so, das interessierte ihn nicht. Die Psychologie von Mach und von Cornelius lief an seinem Hirn ab wie Wasser an einer eingefetteten Haut. Es war ein seltsamer Anachronismus in der Biologie angesichts der beginnenden Orgie des Vitalismus, dessen heimlicher Bekenner sogar Pfarrer Wyprztyk war wie auch sein Schüler Atanazy. Außerdem war Chwazdrygiel ein ausgezeichneter Biologe (ohne die Existenz des Lebens anzuerkennen) und Schöpfer der Theorie des Mikro- und Megalosplanchismus wie auch der Abhängigkeit des psychologischen Charakters des Individuums – vom Übergewicht des Nervus sympathicus oder vagus. Die ganze Menschheit (und auch die Nationen) teilte er nach diesen Eigenschaften in zwei inkommensurable Teile. Er war klein, rasiert, mit einem riesigen ergrauenden Haarschopf.

Ziezio (Żelisław) Smorski. Ein entfernter Cousin von Jędrek. 45 Jahre. Hager, unverhältnismäßig groß, einem Fotostativ ähnelnd. Blond. Oft das Monokel einklemmend und rausnehmend. Fahler Schnurrbart, etwas herabhängend. Tadellos gekleidet. Ganz und gar narkotisiert mit seltenen südamerikanischen Drogen. Er sagte von sich selbst: »Ich bin ›Drogist‹, mein Herr – Jędruś? – ah non – c'est un snob des drogues – et ›de la musique avant toute chose‹, wenn es schon nichts anderes sein kann.« Wegen der Länge seiner Finger konnte er nicht selbst alle seine Klavierkompositionen spielen, worunter er sehr litt. Er hatte einst zu den fähigsten Schülern von Karol Szymanowski gehört. Doch jetzt war seine Musik bis zu vorher unbekannten Ausmaßen ungeheuerlich geworden. Schönberg, die Neopseudo-Kontrapunktisten samt den klassischen Defaitisten und Ultra-Busonisten und Brumbrum-Brumisten und dem »pure nonsens« der Schule der Techniker-Akzidentalisten aus Niederstinkdorf in den Beskiden, die sich künstlich von der Kultur isolierten – sie alle waren nichts gegen seine satanischen Konstruktionen. Er bewahrte die Konstruktionen sogar in der wildesten musikalischen Zügellosigkeit, wie Ludwig XV. die Etikette inmitten der tollsten Orgien. – Ziezio ertrank in Ruhm, doch benutzte er ihn nicht, weil er nicht konnte, ähnlich wie seit kurzem Łohoyski seinen Titel nicht benutzte, obgleich er das mit Leichtigkeit hätte tun können. So wie Atanazy Łohoyski um die Maske eines Grafen ein wenig beneidete, kraft deren er etwas war, sei es auch nur im Gothaischen Almanach, so beneidete Jędrek (ebenfalls ein wenig) Ziezio um den Ruhm, und heimlich litt er ebenso darunter, daß er nur »ein Tourist inmitten von Ruinen« war. Beide wurden von Sajetan Tempe darum beneidet, daß sie ebenso undefinierte Geschöpfe sein durften, während er ein sozialer Parteimann sein mußte (unbedingt mußte); und alle drei wieder wurden von Chwazdrygiel beneidet, der in der Tiefe seiner Seele davon träumte, sich von wissenschaftlicher Arbeit zu lösen und in das gesellschaftliche Leben oder in die Kunstsphäre zu treten. Doch alle übertraf der Neid des Priesters Hieronymus, dessen Neid so groß war, daß er ihn unbewußt und bis zur Unkenntlichkeit entstellt in einen verbissenen Bekehrungseifer und eine Verlängerung von unerträglichen Bußen verwandelt hatte. (So ist also niemand mit seinem Schicksal zufrieden. Doch ist das nicht auch »eine transzendentale Gesetzmäßigkeit«*, durch die überhaupt erst etwas im Weltall geschieht? Wenn alles nur das wäre, was es ist, und wenn jedes Element des Daseins nicht woandershin zerrte, wäre das nicht gleichbedeutend mit dem absoluten Nichts? Darum muß man die Ganzheit des Daseins in der vitalistischen Anschauung nicht als eine Ansammlung von Existenzen, sondern von Organisationen annehmen, etwa in der Art einer Pflanze. Die Annahme nur einer einzigen Existenz nämlich impliziert ebenfalls das Nichts). So dachte Atanazy manchmal. Doch einstweilen war das nicht so wichtig; wichtig war, daß Ziezio Smorski, obwohl er sich noch nicht dazu bekannte, jeden beneidete, der kein Künstler war und nicht verrückt werden mußte, von dem also das Schicksal nicht »la rançon du génie« verlangte.]

Hela sah prachtvoll aus. Ihr Gesicht, das Gesicht eines wunderlichen Vogels, von Askese und Bußen vergeistigt, die der bis zur Grausamkeit ergrimmte Pfarrer Wyprztyk ihr auferlegte, glich einem großen Brennpunkt geheimnisvoller Kräfte und schrecklicher Spannungen, einem Schnittpunkt unglaublicher, bis zum Bersten gespannter Widersprüche. Wie ein Kugelblitz schwebte dieses Gesicht, gleichsam ohne Körper, und drohte bei der geringsten Berührung mit einer ungeheuren Explosion. Uneinnehmbarkeit und der Hochmut der Buße umwehten Hela im Abstand von einigen Schritten und schufen eine auch für die, was Kraft und Qualität betraf, wildesten männlichen Gewalten unüberschreitbare Distanz. Sogar Łohoyski, der als Antisemit und Homosexueller Hela, diese Verkörperung der Weiblichkeit in jüdischer Ausgabe, nicht ausstehen konnte, war von ihrer Schönheit zutiefst erschüttert. Auch er spürte mit dem Instinkt des Verliebten, was für schreckliche Kräfte er da zu bekämpfen hatte. Er sah Atanazy hinter unüberwindbaren Wällen von Weiblichkeit, unzugänglich und fern. Angesichts dieser Erscheinung wurde die zarte, fahle Schönheit Zosias unscheinbar wie eine kleine Kerze neben einer Bogenlampe. Auf dem Hintergrund banaler Plaudereien verzahnte sich die Prädestination immer schrecklicher. Prepudrech bemühte sich vergebens, die Maske des glücklichen Verlobten zu wahren. Von Hela ging ein unheilverkündender, vergiftender Zauber aus, der Verzweiflung hervorrief und die Empfindung, etwas unermeßlich Wertvolles für immer verloren zu haben; ein an Schmerz grenzender Enthusiasmus; Wut, die in Begierde nach Selbstvernichtung überging; metaphysische Sehnsucht nach dem hoffnungslos entfliehenden Leben. Atanazy starrte gebannt auf die perverse Erscheinung der durchsichtigen Maske von Heiligkeit auf Helas schamlosem, wie von innen her nacktem Gesicht, bemühte sich, seine Zukunft zu erraten. »Sie hat etwas Ununterdrückbares, ich aber muß es unterdrücken – vielleicht ist es der sie stets umgebende Tod. Vielleicht aber ist sie einfach mein Typ von Frau, dieses einzige Prachtexemplar auf der ganzen Welt, ein Zufall, der in Tausenden von Jahren nur einmal vorkommt. Was für eine schreckliche Schweinerei ist das alles . . .« Eine ferne Wolke der

Dialektik, ein wundervoller, geballter Kumulus, der irgendwo weit über anderen Ländern schwebte, von der untergehenden Sonne eines kleinen, kümmerlichen Verstandes erleuchtet, verbarg sich hinter dem Horizont der dämmernden Gipfel und dunklen Schluchten des Lebens – des LEBENS – oh, wie haßte Atanazy dieses Wort und alles, was sich hinter ihm versteckte. Er haßte dieses spezifisch bürgerliche, kleinliche Wissen vom Leben und diese Bedeutung des Wörtchens, in der unglückselige, schwächliche Pseudoehefrauen und gewöhnliche Prostituierte oder heruntergekommene Literaten es gebrauchen, wenn sie drittrangige Menschen beschreiben. »Und was für eine Klasse Mensch bin ich?« fragte eine ihm wohlbekannte Stimme, Daimonion, vielleicht gleichfalls dritter Klasse wie er selbst. »Ich bin ein Symbol des Umbruchs, ein kleiner Semaphor der untergehenden Klasse unnötiger Menschen, Plundermenschen.« » . . . ich kenne das Leben – das ist das Leben – so ist das Leben . . .« vernahm er eine heisere, brutale, geschlechtslose Stimme hinter einem elenden, wackligen Holzverschlag: Geschmack von Schminke, Geruch von Gosse und teuren Parfums, von erstklassigem Restaurant, von Waschweib, Kohl, von teurem Leder, Juchtenstiefeln, Schweiß in allen Schattierungen und Elend – das war das Leben. Elend fürchtete Atanazy panisch. Dennoch hatte in den Sphären des Bewußtseins dieses Problem keinerlei Einfluß auf die Problematik seiner Ehe. Aber war es nicht eine unbewußte Vorbereitung einer Lebensreserve – wer bürgte dafür? Oh, wie sehnte er sich nach reiner, über das Leben erhabener Dialektik!

Auf dem Hintergrund dieser Erwägungen vernahm er das Gespräch der beiden Damen, aber als fände es nicht hier statt, sondern in einem einst über sich selbst gelesenen Roman. Eine Sekunde lang hatte er das Vorgefühl seines nahen Todes – damit waren beide verbunden, wie damals, nach dem Duell. Plötzlicher Abscheu gegen beide Frauen packte ihn mit ungewöhnlicher Kraft und dauerte lange – etwa zehn Minuten. Aus Zosias Miene folgerte er, daß sie alles ahnte. Er irrte sich vollkommen. Zosia war nur von Helas notorischer Intelligenz eingeschüchtert und tat, was sie konnte, um nicht dümmer zu erscheinen, als sie war. Hela ließ Atanazy allzu offensichtlich und unnatürlich ihre Verachtung spüren. »Aha – es wird einen Kampf um mich geben – und das um wen? Um einen verfaulten Abfall ›bourgeoiser Kultur‹ ohne Zukunft. Jędrek hatte recht: es geht hier nur um bestimmte Dinge. Was für eine ekelhafte Intuition! Ich bin immerhin ein Stier erster Klasse, und sie wissen das.«

»Wie ich mich freue, Sie endlich kennengelernt zu haben«, sagte Hela. »Mit Ihrem Verlobten sind wir schon seit einem Jahr sehr befreundet – vom Sehen kannten wir uns längst. Er hatte ein Auge auf mich geworfen, bis er mich näher kennenlernte – jetzt ist Schluß damit.«

Zosia: Mich hatte er jahrelang nicht beachtet. Ich weiß nicht, was jetzt mit ihm los ist. Ich habe Angst vor Ihnen: Sie sind ein bißchen zu schön.

Hela: Ich bin Jüdin; man haßt mich deshalb und hat Angst vor mir, meinen Verlobten nicht ausgenommen – das ist sehr amüsant. Prepudrech, sei nicht traurig, sagte sie scharf, und fuhr ihm wie mit einem Rasiermesser über das gequälte, knabenhafte Gesicht.

»Ja«, stöhnte Azalin und erhob sich, ohne zu wissen warum.

Hela: Bleib sitzen! (Er setzte sich.) Die Zukunft schwoll vor ihm an wie ein einziges schreckliches, schwärendes, bis zum Wahnsinn schmerzendes Geschwür. Die Operation ohne Chloroform hatte begonnen und sollte nun dauern bis zum Ende der Verlobungszeit. Und dann? Allein beim Gedanken daran empfand er wahnsinnige Angst. Würde er diese Furie, wie man sie nannte, beherrschen können? Er hatte keine Hoffnung, von dieser Frau loszukommen, und wollte das auch nicht um alles in der Welt. In tiefster Seele war er stolz auf seinen Sturz – endlich war etwas geschehen. Vergeblich suchte er nach Möglichkeiten der Rettung – die Musik blieb als einzige: der Prinz improvisierte manchmal wilde Sachen, wagte aber noch nicht, sich damit vor einem Kenner zu produzieren. »Oh, wenn ich Künstler wäre«, wiederholte er Atanazys Wünsche, »wenn ich daran glauben könnte!« Doch wie sollte er den Glauben erlangen, daß das, was er machte, wirklich Kunst war! Und nur das allein hätte ihm Kraft geben können. Er fürchtete die Enttäu-

133

schung und verbarg dieses Problem selbst vor den nächsten Freunden. Łohoyski und er befanden sich beide auf einer schiefen Ebene, daher ihre Freundschaft; unglücklicherweise gefiel Azalin dem »Grafen« nicht.

Hela (zu Zosia): Die Männer sind eine dumme Bande. Man soll nie so tief fallen, sie ernst zu nehmen. Sie in Käfigen halten, meinetwegen in goldenen – schön –, und sie im Bedarfsfall herauslassen; nachher schüttelt man sich, und weg damit. Für die wesentlichen Gespräche haben wir die Kaplane der verschiedenen Kulte. Diese aussterbende Rasse zufälliger, nicht erblich eingesetzter Zerschmuddler von Geheimnissen ist der einzige würdige Gesprächspartner. – Alle kotzten geradezu innerlich vor Widerwillen; nur Helas Schönheit verlieh dieser Abscheulichkeit positive Bedeutung, allerdings bereits in der Sphäre der Perversion. »Sagen Sie selber, Fräulein, daß zwei solche – ich will nicht sagen, was« (Łohoyski wieherte mit einem bösen Lachen auf) »wie unsere beiden Verlobten sich wegen so einer Dummheit wie einem Anrempeln auf der Straße duellieren! Ich habe einen förmlichen Widerwillen gegen Azio, daß ihm das so gelungen ist. Wie gern hätte ich ihn gepflegt, lange, lange, er hätte schließlich meinetwegen auch sterben dürfen. Oh, wie ich Sie beneide: nicht um das Objekt, sondern um die Funktion.« Zosia war hoffnungslos verwirrt und verlegen. Atanazy irritierte dieses Gespräch maßlos: beinah wäre er aus der Haut gefahren. Doch auf dem Grund lag etwas Sexuelles, »sexueller Zorn«, der mit dem Lingam als Schlagwerkzeug drohte. »Ja, sie lieben es, ebendiesen Zorn hervorzurufen. Scheußlichkeit auf Schritt und Tritt. Wenn es mich gelüstet, kann ich dich jederzeit haben. In der Liebe ist es dasselbe, nur oberflächlich maskiert. Jędrek hat recht: Freundschaft ist etwas unendlich Höheres – nur nicht gerade so eine, wie er sie sich vorstellt.« Aber er spürte in der Beziehung zu Hela nicht mehr dieselbe Sicherheit wie früher, und das erregte ihn immer mehr. Die jüngste Harmonie der Hilflosigkeit verschwand endgültig. Das Leben lag vor ihm wie ein von einem Bären nicht ganz ausgeweidetes Aas, wie eine offene, eiternde Wunde, wie die frech auseinandergewühlten Lappen eines monströsen Geschlechtsorgans: unerledigt, langweilig, zerfleddert, unordentlich, sich jeder Kategorie entziehend; das war keine metaphysische Wunderlichkeit mehr, das war einfach das Gewöhnliche: von hier bis da, und alles ist so, wie es ist: Restaurant, Schnaps, Imbiß und Bierchen, Zigarettchen, Parkett, Mädchen, Liebelei und Freund, Nachmittagskaffee und Großmutter und die Verlobte und irgendwelche Zimmerchen, kleine Teppiche und diese ganzen menschlichen, abscheulichen, geheimnislosen Annehmlichkeiten, reduziert zu chemischen Veränderungen in Ganglionen oder Bandlionen oder irgendwelchen anderen winzigen Schweinereien, aus denen sich der Körper zusammensetzt und von denen Chwazdrygiel so gerne sprach. Er hörte Zosias schüchterne Antwort und spürte wieder, daß er sie liebte, aber alles war weiter von halbflüssigem Unflat überflutet. Er war machtlos.

Zosia: Und ich beneide Sie eben um alles, sogar darum, daß Sie Jüdin sind – nur Sie allein beneide ich darum. Sie haben das Recht zu allem. Aber am meisten beneide ich Sie um diese programmatische ordinäre Gemeinheit, die Sie so gut herstellen können. – Hela sah sie mit Interesse an. – Ich möchte auch so sein.

Hela: Wenn ich mich aber in Herrn Atanazy verliebe bis zu dem Grade, daß ich ihn Ihnen ausspannen möchte . . .

Ein grauer Schatten huschte über Zosias helles »Gesichtchen«: in diesem Moment war sie beinah eine Brünette.

»Nur Sie allein könnte ich dafür umbringen«, sagte sie fast ausbrechend und errötete bis an das »Stirnlein«. (So dachte sie in diesem Augenblick über sich selbst.) »Aber Sie scherzen. Ich will Ihre Freundin sein, o ja«, sie faßte ihren Arm, und beide schmiegten sich aneinander, ohne einander zu umarmen. Atanazy wand sich auf dem Bett vor Abscheu. Zosia sprach wie im Traum, sich selbst zum Trotz, von Abscheu erfüllt, und mußte es trotzdem tun: irgend etwas zog sie unwiderstehlich zu dieser Frau hin (nicht »Fräulein« – das wußte sie mit Sicherheit), »wie das Kaninchen zur Schlange«, so dachte sie banal.

»Umbringen, umbringen«, flüsterte Hela und starrte mit weit geöffneten Augen in die Unendlichkeit. »Weißt du, was umbringen bedeutet, mein Kind – sei es auch nur sich selbst?«

Zosia fühlte sich trotz ihrer ganzen Medizin schwach und armselig. Sie schmiegte sich noch mehr an Hela, gab sich ihr völlig hin, »wie einem Mann«, schoß es ihr durch den Kopf. »Aber dabei ist ja nichts Lesbisches.« Die Veränderung, die bereits während des Gesprächs mit Łohoyski begonnen hatte, ging jetzt mit rasender Geschwindigkeit weiter, ferne Gesichtskreise aufdeckend, neue Flächen unbekannter Länder. Das alles zeichnete sich in ihrem Gehirn wie auf einem Globus ab. Sie sah ihr Gehirn in verschiedenfarbigen Kolorierungen vor sich, wie in einem anatomischen Atlas. Und alles war so entsetzlich, so entsetzlich. Zum erstenmal fühlte sie, wenn auch von der Alltäglichkeit verdeckt, die Ungeheuerlichkeit des Daseins und diese absolute Einsamkeit, die nicht von dieser Welt ist und von der Atanazy so oft gesprochen hatte. Immer enger schmiegte sie sich an Hela, bis sie sie plötzlich umhalste und mitten auf den Mund küßte, ein bißchen von der Seite und von unten. Im selben Moment begegneten Helas Augen gleichsam über diesen Kuß hinweg in einer anderen, reinen Sphäre Atanazys Augen, die plötzlich, allerdings psychisch – Was? Nichts. Jeder dieser drei Personen kam es so vor, als ob die beiden anderen genau das fühlten, wessen man sie selbst verdächtigte. Besonders Atanazy hegte und pflegte stets die unbewußte »Prämisse«, daß alle Menschen im Grunde gleich seien, alle ihm ein wenig ähnlich. Dabei waren wohl niemals drei Menschen so weit voneinander entfernt wie diese drei Verurteilten. Durch die Qual der Widersprüchlichkeit hindurch fühlte Atanazy die wilde Fülle des Lebens: die aufgedunsene Frucht der Zukunft schien wollüstig zu bersten, frische Flüssigkeit spritzte auf die zerknüllten, trockenen Reste der Erinnerungen an vergangene Ereignisse. Die eiternde Wunde wandelte sich in einen leckeren Bissen: er konnte hineinbeißen, wenn er wollte, doch er potenzierte die Begierde, indem er sich mit sich selbst reizte. Die Zukunft türmte sich vor ihm auf zu einer düsteren Festung voller geheimnisträchtiger Türme, Bastionen, Krümmungen und Gräben – er mußte sie erobern wie eine unbekannte Frau, von der er nichts wußte. Das ganze vorherige Gespräch bekam jetzt einen sonderbaren Sinn, selbst in den hoffnungslosesten Ergebnissen. Er fühlte in sich Macht über seine Bestimmung, und sein elendes Schicksal, das eines gewesenen Rechtsanwaltsgehilfen und Pseudointelligenten, wuchs zu den riesigen Ausmaßen eines metaphysischen Symbols, in jenem unheilverkündenden Blitz, der die Zukunft offenbarte, mit der er schon zu einem unzersprengbaren Block verwachsen war. Der morastige Sumpf der Gedärme erstarrte zu einer harten Masse. »Ich werde sie beide haben – das ist für mich das Symbol des allerhöchsten Lebens. Alles wird sich dann von selbst bestimmen, wird außerhalb des Zufalls von Ort und Zeit zur Einheit werden.« Doch der Moment erschöpfte sich in sich selbst, und die Größe kam nicht. Es schleppte sich etwas bereits Totes hin, bis es schließlich platzte, zerspritzte vor der endgültigen Erschlaffung. Das war alles? Er blieb wie ein Wagen mit zerbrochenem Rad auf einem langweiligen Feld zurück. Ringsum sank die düstere Dämmerung der außerweltlichen, unüberwindlichen Langeweile des ganzen Daseins herab. Dauerndes Schwanken zwischen der erhabensten metaphysischen Seltsamkeit des Daseins und der elendsten Lebensniedertracht. Wenn es wenigstens Verbrechen wären!

Hela kannte ihre Bestimmung nicht, die in den Tiefen ihres Körpers verborgen lag – sie wußte nur, daß sie sich dort verbarg. Von Sekunde zu Sekunde wartete sie, was diese Breimasse verwirrter Instinkte mit ihr machen werde. Dort hatte ihr Intellekt, der wie ein Teleskop auf die Unendlichkeit des Daseins eingestellt war, keinen Zutritt; dort zwischen ihren Drüsen (sagen wir: in ihren psychischen Emanationen) drang nur Pfarrer Wyprztyk ein, der sich in diesem düsteren Morast mit seinem zuweilen kraftlosen Gedanken suhlte. Dort konzentrierte sich ihre innere Kraft, duckte sich zu diesem »Tigersprung«, von dem sie von Kindheit an träumte. Der Tod schuf einen künstlichen Hintergrund für die Größe des erwarteten Ereignisses. Aber sie konnte das nicht selbst vollbringen; einzig Atanazy (und auch er nur ganz am Anfang) eignete sich als Medium für diese Prozedur. Darum hatte sie auf ihn als Ehemann verzichtet. Wo aber blieben das katholische Gewissen und die katholische Güte, vor allem die Güte? Nun, das sollte die Buße erledigen; dafür aber litt der unglückselige, der weiß Gott unschuldige Prepudrech.

Zosia hatte keine wirkliche Freundin, ähnlich wie Atanazy

in Wirklichkeit keinen Freund hatte – das verband sie beide. Wenn sie doch Freunde sein könnten, ohne sich zu küssen, ohne zu heiraten! Doch wer hätte ihnen das erklären können! Jetzt kam es Zosia so vor, als ob gerade Hela ihrem Ideal entspräche – aber zugrunde lag dem die Perversion: »Gerade weil es ekelhaft ist, will ich es essen.«

»Ich möchte . . . Ich weiß nicht, was ich möchte . . .« flüsterte sie.

»Ich weiß, ich weiß – aber es ist böse«, wehrte sich Hela mit einem Rest katholischen Gewissens.

»Ich möchte Ihre Freundin sein«, beendete Zosia allem und allen zum Trotz ihren Satz. Sie hatte in diesem Moment keinen Ehrgeiz, sie war entrückt von allem, was sie bisher geschätzt hatte, schamlos nackt. Atanazy bemitleidete sie bis zu Tränen in den Augen. Doch es war schon zu spät. Wieder umarmten sie einander in aller Gegenwart. Die Lüge war in Erfüllung gegangen. Bei Zosia war dieser Reflex, den sie selbst nicht verstand, nur der instinktive Wunsch, als Keil zwischen sie und ihn zu treten: sich und ihn abzugrenzen von der drohenden Gefahr. Und Hela sah in diesem Moment aus wie die Verkörperung sämtlicher weiblicher Gefahren der Welt. Die radioaktiven Schichten des Bösen, des semitischen, schwarzrothaarigen, in altorthodoxer Soße gegorenen, von der Kabbala und dem Talmud durchtränkten Bösen (in der Vorstellung derer, die keine Ahnung davon haben), dieses ganze »CHABEŁE, CHIBEŁE« (Akzent auf den ersten Silben), wie Łohoyski sagte, schimmerte durch die dünne Kruste märtyrerhafter Erhabenheit hindurch. »Halb heilige Teresa, halb jüdische Sadistin, die in Kokainerregung weißgardistische Offiziere unter Foltern ermordet«, dachte Atanazy, und Helas sinnlicher Zauber stieß in masochistischer Transformierung wie das Horn eines böswütigen Viehs in die empfindlichsten Verflechtungen seiner erotischen Zentren. Er verschluckte sich geradezu an dem neuen Gemisch von Ekel und geradezu erhabener Begierde nach dem Unbekannten. Darin waren: Tränen, vermischt mit Absonderungen anderer Drüsen (immerfort Drüsen – aber sind sie nicht das Allerwichtigste, der heutigen Medizin zufolge?), kindliche Perversionen und Erinnerungen an die ersten kindlichen religiösen Ekstasen: ein Mädchenchor in einer Maiandacht und die nackten Beine eines schönen Stubenmädchens, ein aufziehendes sommerliches Abendgewitter und alles, was so zauberhaft sein konnte, jetzt aber verzerrt war von Ekel und Schmerz über die trügerische Schönheit des Lebens. Nie mehr, niemals mehr . . . Das war der schlimmste Sturz, der an etwas Außerweltliches grenzte. Mit letzter Kraft spannte er sich zu einer wilden Revolte des Abscheus. Kraft betrat wieder die leergewordenen Lager. Hela lachte jetzt frei, redete mit Zosia über »alles«, umriß vielmehr das Programm künftiger Gespräche, die massenhaft stattfinden sollten. Eben kamen Baehrenklotz und Pfarrer Wyprztyk herein, und hinter ihnen Purcel und Leutnant Grzmot-Smuglewicz, die Zeugen. Jetzt waren sie komplett. (Auch Zosia hatte manchmal Momente von Bekehrungssehnsucht, und wem hätte sie sich öffnen sollen, wenn nicht dem überklugen Pater Hieronymus.) Wyprztyk hatte in verschiedenen Beichten und Gesprächen ein recht genaues Bild der Vorgänge gewonnen; durch sein Berufsgeheimnis waren ihm alle Sünden vergeben, was seine Machtlosigkeit in diesen Materien betraf, und so ergötzte er sich heimlich an der Situation wie an einem vortrefflichen Roman in Fortsetzungen. Freilich, Zosia gegenüber ließ er nicht seine ganze Intelligenz von der Kette des Glaubens, wie er das Hela gegenüber tat. Trotzdem hatte er es verstanden, ihre Religiosität während des vierjährigen Medizinstudiums hindurch im Zustand schwachen Glimmens zu erhalten. Jetzt war allerdings auch das zu Ende: das Feuerchen war erloschen, getötet von dem mächtigeren Gefühl für Atanazy. Doch aus unbekannten Ursachen zeichnete sich die Ganzheit des Lebens unheilverkündend gegen verworrene Ballungen ab wie ein abendlicher Gewitterhimmel voller geheimnisvoller Zeichen und voller Unruhe. Böse Ahnungen beklemmten das Herz immer unangenehmer: etwas in der Art einer beginnenden Magenverstimmung, nur saß es nicht im Magen. Aus der unermeßlichen Ferne der Schicksale nahte das Unglück mit schweren, aber leisen Schritten. »Aber Ahnungen haben sich ja so oft nicht erfüllt«, dachte Zosia, dem bedrückenden Grauen zum Trotz, und lächelte durch die wachsende Trauer jenen

Welten zu, die irgendwo in der Ferne zurückgeblieben waren wie eine unbekannte Landschaft hinter einem vorbeijagenden Eisenbahnzug. Dort hinten war noch schönes Wetter. Zosia stand heute unmittelbar an der Kluft zwischen zwei Epochen ihres Lebens. Der Eintritt des lange nicht gesehenen Baehrenklotz (nach dem Duell war er plötzlich verreist) machte keinen Eindruck auf sie. Der frühere Zwiespalt war verschwunden – Atanazy war nun alles für sie. Wie die Sonne durch Regenstreifen eines Frühlingsgewitters leuchtete ihr armseliges, kleines Lächeln durch Tränen. Das Gespräch wurde allgemeiner, und die ganze Ballung der sich abzeichnenden Zukunft löste sich scheinbar spurlos auf. Nur Atanazy sah alles. Die ungeheuerliche Liebe zu Zosia, die nicht mehr groß, sondern geradezu gigantisch und grausam wie ein betrunkener Türke war, zerrte erbarmungslos an seinen Innereien. So schien es ihm wenigstens. Das war die Folge verwickelter innerer Empfindungen, deren Spannungen die Stärke eines normalen Bauchwehs erreichten. In Gedanken erneuerte er die schrecklichsten Schwüre: er wollte Zosia treu bleiben bis ans Ende seines Lebens, wollte sich »um sie kümmern«, ihr »alles« geben. »Der einzige reale Mensch hier unter uns ist der Pfarrer«, dachte er am Ende. Im grauen Magma der Sinnlosigkeit glomm wie ein Irrlicht diese Liebe, und das war die einzige Wahrheit für ihn. »Wenig, wenig – ist es nicht besser, sich gleich in den Kopf zu schießen.« Und wieder diese wunderschöne, diabolische Bestie, die in der geheimnisvollen Zukunft mit der Unerbittlichkeit einer »Höllenmaschine« auf ihn lauerte, die auf einen gewissen Tag und eine gewisse Stunde eingestellt war. Er wußte bereits, wann das sein würde: gleich nach der Hochzeit. Und plötzlich wieder: Klarheit, Harmonie, Konstruktion, Sinn – und alles freut sich und frohlockt, sogar die Farbe der geblümten Bettdecke und daß Zosia da ist und sie alle hier sitzen und diese »klugen Dummheiten« reden. (Noch wußte Atanazy nicht, wie schön die Farbe einer Bettdecke sein kann – doch davon später.) Glück, Glück ohne Grenzen über dieser Empfindung, daß in einer Weile jenes kommen und daß dieser Tanz der Widersprüche, langweilig in seiner hoffnungslosen Gesetzmäßigkeit, bis zum Lebensende dauern wird. Der Krieg fiel ihm ein, scheußliche Mühen und Schrecken und eine unerträgliche Ermüdung – aber das hatte es damals nicht gegeben: diese Lust zu leben; am Wert des Lebens zu zweifeln, dazu hatte man weder Zeit noch überhaupt Voraussetzungen. Gerade damals hatte er sich bis zum Wahnsinn nach einem Augenblick der Ruhe gesehnt: inmitten von berstenden Granaten sah er in seiner Vorstellung den kleinen Salon ihres ehemaligen Landsitzes und hätte das halbe Leben darum gegeben, einen bestimmten kleinen Walzer auf dem alten Bechstein spielen zu können – dahinter das Ticken der Wanduhr mit dem Kuckuck, der jede Stunde Schluckauf bekam. Und jetzt sehnte er sich förmlich nach dem »unerträglichen« Heulen der Schrapnelle und dem Knall »zerfetzender« Granaten, dem Kot bis an den Gürtel und den Läusen und dem warmen Wasser aus dem Sumpf und der stinkenden Suppe. »Ach, wäre doch dies alles . . . !« Er begann, dem Gespräch zuzuhören. Die Offiziere, lebende Symbole seiner Gedanken, saßen steif da, stets zu allem bereit. Was für eine herrliche Erfindung, die Uniform! Die Frauen hielten einander umarmt und hörten gleichfalls zu – sie hatten sich auf dem kleinen Kanapee ganz scheußlich »verschwestert«.

Chwazdrygiel sagte: . . . die Kunst erfüllt ihre gesellschaftlichen Aufgaben nicht. Die Künstler sind zu Schmarotzern geworden, die nur von einer bestimmten Schicht leben, die sich im Zustand der Zersetzung befindet. Ein falscher Ästhetizismus hat sie vom Leben entfernt. Neue Schichten werden eine neue soziale Kunst erschaffen. Sie wird den Charakter der kollektiven Gesellschaftsformen beeinflussen . . .«

Atanazy: Keinerlei Schichten werden irgend etwas schaffen – etwas schaffen kann nur ein soziales Abenteuer selber, und das nur auf kurze Zeit. Die Kunst wird Gebrauchskunst werden, sie wird überhaupt aufhören, Kunst zu sein, wird dahin zurückkehren, woher sie gekommen ist, und allmählich verschwinden. Es wird nichts nutzen, den Bauern und Arbeitern einzureden, daß sie eine Kunst schaffen müßten, denn die weitere Entwicklung dieser Schichten – in Form von Kooperativen, Syndikaten oder eines staatlichen Kommunismus – tötet das Individuum als solches – und da ist nichts zu bedauern.

Chwazdrygiel: Die Kunst ist ewig wie das menschliche Leben – das heißt: insofern ewig, als die Planeten . . .

Wyprztyk: Eine Banalität. Künste entstehen und vergehen, und die Kunst überhaupt kann auch untergehen – Tazio hat recht. Doch was geht Sie das an, Herr Professor: für Sie gibt es doch nichts außer Zellen, in erster Linie zu chemischen Prozessen reduziert, dann zu Begriffen, die im gegebenen Moment der Entwicklung der Physik entsprechen. Diese nehmen Sie als endgültige an, die die Wirklichkeit restlos bestimmen. Den unergründlichen Abgrund zwischen Qualitäten und den Bewegungen der prinzipiell qualitätslosen Ausdehnungen überspringen Sie einfach . . .

Chwazdrygiel: Wir denken und sprechen in Abkürzungen: so, wie wir mit dem Begriff des Lebens und seinen Derivativa in ökonomischen Abkürzungen ganze Massen von physischen Erscheinungen umfassen, so verfahren wir auch in allen anderen Verallgemeinerungen.

Wyprztyk: Eine wilde Geschichte! Völlig verkehrt: die ganze Physik läßt sich in psychologischen Termini ausdrükken. Die Begriffe der Physik, angefangen vom Begriff eines toten Gegenstandes überhaupt, sind Abkürzungen eben zur Bezeichnung ziemlich kleiner Ansammlungen von lebenden Wesen . . .

Chwazdrygiel: Irrwege vitalistischer Metaphysik . . .

Wyprztyk: Warten Sie: die physischen Gesetze sind wichtig und sind annäherungsmäßig sehr genau in den Sphären einer anderen Größenordnung als der unseren, sowohl die Kleinheit wie die Größe betreffend: in der Astronomie und der Chemie, in der Theorie des Aufbaus der Materie. Aber selbst wenn tatsächlich Elektronen existieren, es existieren ja auch tatsächlich solche Komplexe sehr kleiner Wesen, wie die Sternensysteme – dann beweist das noch gar nichts. Diese Systeme können aus Elementen fiktiver, toter Materie von Wesen bestehen, die für uns sehr groß sind. Die einen wie die anderen müssen Ansammlungen von lebenden Wesen sein. Die Welt ist nicht kontinuierlich – das ist sicher.

Chwazdrygiel: Nein, da kann ich nicht mit, Professor Hochwürden: Sie machen ebenfalls einen Sprung . . .

Wyprztyk: Ich mache ihn nur zur Abkürzung. Sie sind intelligent genug, um mich sogleich zu verstehen. Die Physik ist eine Fiktion – eine notwendige – das gebe ich zu. Daß sich alles verdrehen kann, beweist, daß Sie, Herr Professor, die Fiktion für eine höhere Wirklichkeit halten als die unmittelbar gegebene Wirklichkeit – eine von der individuellen Existenz gegebene, auch von Ihnen selbst.

Chwazdrygiel: Dieser letzte Begriff ist ebenfalls ein Kürzel, wie der Begriff der roten Farbe. Doch ich wollte von etwas anderem sprechen. Immer wieder höre ich Klagen von Künstlern, daß sie der Gesellschaft fremd geworden wären. Das ist nur deshalb so, weil sie sich infolge ihres künstlichen Aristokratismus von den sozialen Angelegenheiten zurückgezogen haben.

Atanazy: Aber man kann doch Künstlern nicht programmatisch Themen aufzwingen. Auf dem Hintergrund der Vergesellschaftung verfällt die Kunst überhaupt. Die Ursachen sind allgemeiner, ich möchte sagen, kosmischer, in der Bedeutung von Spengler.

Chwazdrygiel: Eine den Inhalt negierende Kunst degradiert sich selbst zu einer rein sinnlichen Befriedigung.

Atanazy: Das ist eben der grundsätzliche Irrtum aller, die nicht sehen, daß die Kunst immer denselben Inhalt ausdrückt: das Gefühl von der Einheit der Persönlichkeit – in formalen, unmittelbar wirkenden Konstruktionen.

Smorski: Aber auch das wird einmal zu Ende gehen. Ich sehe es an mir. Unausführbar und vollkommen unverständlich werden jene Konzeptionen, die die Künstler befriedigen. Wißt ihr, manchmal packe ich den Stier bei den Hörnern, und da, plötzlich, sind die Hörner aus Gallert . . .

Chwazdrygiel: Das Wesen der Kunst ist der in einer gewissen Form dargebrachte Inhalt.

Atanazy: Hier kommen wir zu den ursprünglichen Prämissen. Niemals werde ich Sie, Herr Professor, dialektisch davon überzeugen können, daß die Form das Wesen der Kunst ist. Dennoch ist die Wahrscheinlichkeit auf Seiten meiner Lösung.

Die Schöpfungen der Kunst, untereinander so unterschiedlich, haben eine gemeinsame Eigenschaft: die Form – die Übermacht der Form! Darin unterscheiden sie sich von anderen Erscheinungen und Gegenständen, trotz ihrer eigenen großen Unterschiede. Der Stand der Dinge spricht für mich. Seit Jahrhunderten existiert die Kunst als etwas Besonderes für sich. Es ist keine Kunst, Gemeinsames zwischen der Kunst und allem anderen herauszufinden; es ist aber schwierig zu definieren, wodurch sie sich unterscheidet. Mit der Methode des Herrn Professors kann man beweisen, daß zwischen zwei beliebigen Dingen kein wesentlicher Unterschied besteht: jedes kann seine Form und seinen Inhalt haben, und das Nähen von Schuhen ist nicht vom Schreiben von Symphonien zu unterscheiden. Die Proportion der Gegebenheiten stellt hier ...

Łohoyski: Alles ist relativ. Ich finde, darüber braucht man nicht zu reden. Chwistek selber strebt nach Berücksichtigung der Wahrheit durch die Theorie der Typen ...

Purcel: Aber natürlich. Ich habe die Theorie von der Vielfalt der Wirklichkeit als obligatorisches Fach in der höheren Kavallerieschule eingeführt ...

Atanazy: Beide versteht ihr von Chwistek nicht die Bohne ...

Purcel (schreit): Es gibt keine Kriterien für die Beurteilung der Frage, ob das französische Reglement der Reitkunst besser ist oder das russische ...

Atanazy: Sie sind wohl betrunken, Herr Rittmeister. Also, die einzige interessante Sache ist noch das Gespräch. Nur nicht mit der Überzeugung, daß alles relativ ist: dann ist es freilich besser, Steine zu klopfen oder zu angeln. Das ist die billigste Doktrin, dieser Relativismus, vorwiegend eine Waffe für Menschen von niederer Intelligenz, ähnlich wie der Witz und die Bosheit: sie kommen sich sehr klug vor ...

Łohoyski: Ich danke dir. Und Einstein, er auch ...?

Wyprztyk: Du verstehst nichts von Physik, Jędrek. (Eine kleine überflüssige Information: Łohoyski war ebenso wie Atanazy und Sajetan Tempe Schüler von Pfarrer Hieronymus, noch aus Gymnasialzeiten.) Die Theorie Einsteins, die sich Relativitätstheorie nennt, berücksichtigt unsere Erkenntnis, indem sie sie genauer macht. Die scheinbare Rücksichtslosigkeit Newtons wird nur einer ersten Annäherung im Verhältnis zu Vorgängen, in denen eine ziemlich schnelle Bewegung auftritt, der Lichtgeschwindigkeit, der schnellsten, praktisch unendlichen angenähert.

Łohoyski: Warum aber sollen das gerade 300 000 km je Sekunde sein, diese letzte Geschwindigkeit? Das habe ich nie begreifen können.

Wyprztyk: Eine unendliche Geschwindigkeit kann es nicht geben. Irgendeine der endlichen muß die höchste sein. Ist es nicht einerlei, welche?

Atanazy: Ja – das ist eben der Grundsatz der Zufälligkeit dieser und keiner anderen Sache. Es bezieht sich auch auf die individuelle Existenz. Irgendwo und irgendwann mußte ich Notwendigkeit sein – ist es nicht einerlei, wie. Ach – ich kann das nicht ausdrücken.

Wyprztyk: Das kann in diesem Fall wohl niemand. Ich nannte das einmal den Grundsatz der Faktischen Besonderen Identität, im Gegensatz zu den ewigen Wahrheiten und Gott, ihren Quellen. Doch dieser Begriff hat sich allgemein nicht durchgesetzt. – Auch die Konstatierung dieses Gesetzes ist eine absolute Wahrheit.

Smorski: Und das drückt nur die Kunst aus – ich bin mit Atanazy einer Meinung – das Symbol dafür ist die Konstruktion und die Einheit eines Werks, also seine Einmaligkeit: jedes ist so und nicht anders, wie wir alle in dieser besonderen Identifizierung oder wie das Professor Hochwürden genannt haben, und alle drücken eines aus, dieses je ne sais quoi, so hätte ich früher gesagt – heute ist mein Gehirn – ach, was ist da zu reden. Ich bin glücklich, daß ich ein Künstler bin – auf diese Weise kann man unsere unglückselige Epoche doch noch irgendwie überleben. Seid mir nicht böse, ihr alle, aber ich sage das nicht deshalb, weil man mich in Kalkutta und in New York spielt und ich in Geld schwimme, mit dem ich nichts anzufangen weiß – aber für die Wohltätigkeit gebe ich nichts: Jammerlappen und Kümmerlinge mögen untergehen.

Atanazy: Schweife nicht ab, Ziezio, sprich weiter über die Kunst. Das ist abscheulich, aber interessant.

Smorski: Also nicht deshalb – aber ich kann nicht begreifen, wie ihr alle existieren könnt, ohne Künstler zu sein. Was früher groß war bei Kriegern, großen Staatsmännern, Eroberern, Kaplanen, und was in der damaligen normalen Kunst nicht existierte, haben wir in deformierter Weise geerbt, ein paar Dutzend Menschen auf dieser Welt: ich spreche natürlich nicht von irgendwelchen Landschaftsmalern, von Bernard Shaw oder von Schönberg, dieser Marmelade ohne Konstruktion. Wir sind die Nachkommen der früheren Aristokraten. Ich abstrahiere von meiner Herkunft, obwohl ich (hier verbeugte er sich vor Jędrek) die Ehre habe, von einer Łohoyska geboren zu sein, von einer der schlechteren. Das kam meine Mutter teuer zu stehen, denn sie ist dabei gestorben – ein Smorski, wißt ihr – das ist nicht auszuhalten. (Er brach in ein idiotisches Gelächter aus.)

Łohoyski: Weißt du, Ziezio, du übertreibst doch etwas mit den Witzen, die zu Lasten deines Wahnsinns gehen sollen. Das ist Unsinn. Künstler haben einen Wert durch sich selbst – wozu sich hinter etwas verbergen, was sie nicht sind und niemals sein werden.

Atanazy: Ja – Grafen werden sie nie sein. Angeblich kann man zwei Sorten von Menschen nicht aus dem Gleichgewicht bringen: einen wirklichen Aristokraten und einen Menschen, der sich mit Logistik befaßt . . .

Łohoyski: Das sagst du, weil du mich einfach beneidest. Wenn du noch einmal . . .

Wyprztyk: Genug – ohne Gehässigkeit, Jungens. Ziezio, sprich weiter.

Smorski: Das sind keine Gehässigkeiten. In allem ist ein Stückchen Wahrheit. Ich selber bin un demi-aristo, aber ich dränge mich nicht im geringsten nach etwas, was ich nicht bin. Wenn ich einen Snobismus habe, so in einer ganz anderen Sphäre . . . (Allgemein bekannt waren Ziezios Prozesse wegen Verführung von Minderjährigen – er hatte ein Dutzend solcher Prozesse gehabt, war aber stets ungeschoren herausgekommen. Das Sammeln dieser Fakten war seine Manie. Er liebte es, Fotografien und Ausschnitte aus Zeitungen zu zeigen, aber nur solche, die sich auf diese Erlebnisse bezogen. Seinen

Ruhm als Musiker verachtete er und hielt alle seine Kritiker, die guten wie die schlechten, für vollendete Kretins und Dummköpfe.)

Atanazy: Du brauchst uns das nicht zu erläutern – wir wissen es – und hier sind Damen . . .

Smorski: Ach – das habe ich ganz vergessen. So still sitzen die Damen auf diesem Kanapee.

Hela (mit Ironie): Wir laben uns an der Tiefe eurer Konzeptionen. Wenn man euren Gesprächen so zuhört, dann kann man einen Abscheu davor bekommen, überhaupt zu sprechen. Sind unsere Gespräche, Pater Hieronymus, auch so abscheulich?

Smorski: Spotten Sie nicht über vom Leben geschwächte Gehirne. Ich weiß, daß Sie wie ein Schwamm mit Wissen gesättigt sind. Sie haben den Ruf der intelligentesten Frau in der Hauptstadt. Niemals jedoch haben Sie mich durch ein Gespräch beehrt. Ich könnte meinen, Ihre ganze Klugheit sei nur ein Mythos. Aber ich habe keine Angst vor Ihnen: ich habe absolute Kriterien, die niemand zerstören wird.

Hela: Ihr Hauptkriterium ist der Erfolg. Ich würde Sie gern in zerlöcherten Schuhen sehen, hungrig, vor Kälte zitternd – ob Sie dann immer noch so ein Gefühl von der Wichtigkeit Ihrer Existenz hätten?

Wyprztyk (vorwurfsvoll): Hela!

Hela: Ach ja, verzeihen Sie, Pater: ich habe vergessen, daß ich Christin bin.

Ziezio (beleidigt): Ich kann Ihnen versichern, daß ich auch zum Foltertod verurteilt immer derselbe wäre.

Hela: Mögen Sie das nicht in einer schlechten Stunde ausgesprochen haben. Heute sind Foltern noch unwahrscheinlich – aber morgen!

Smorski: Glauben Sie etwa an die Möglichkeit einer Revolution, nach dem schrecklichen Beispiel Rußlands? Sie reden, als wären Sie Mitglied irgendeines geheimen Komitees einer revolutionärsten Partei.

Hela: Ich kenne Menschen aus allen möglichen Schichten. Aber jetzt spreche ich als eine gewöhnliche Bourgeoise – ein scheußliches Wort. Doch manchmal, zum Beispiel jetzt, nachdem ich zum Katholizismus übergetreten bin, möchte ich gewisse Dinge bis zu den letzten Konsequenzen verfolgen und träume von einem Papst, der endlich aus dem Vatikan herauskäme und auf die Straße ginge. (Pfarrer Hieronymus erzitterte: das war doch sein Gedanke – wäre das Telepathie?)

Smorski: Vielleicht möchten Sie selber Päpstin werden, Päpstin einer neuen Sekte, probeweise? Mit Ihrem Geld kann man alles machen.

Hela: Verkünden Sie solche Prophezeiungen nicht leichtfertig: sie könnten sich verwirklichen. Kann sein, daß ich Päpstin werde. In mir steckt alles – was geschieht, hängt davon ab, wer mich aus dem Gefängnis befreien wird, in dem ich lebe. (Hier sah sie Atanazy an, doch dieser hielt ihren Blick hart aus. Prepudrech krümmte sich zu einem Knäuel, als hätte er einen Dolchstoß erhalten.)

Wyprztyk: Hela: morgen bei der Beichte wirst du mir das alles erzählen. Jetzt schweige. Ich kenne diese Konsequenzen: ganz unten ist der Haß auf die Arier, maskiert mit allgemeinmenschlichen Ideen.

Hela: Pater, Sie faseln wie auf der Folterbank. Sonderbar sind diese Lücken absoluter Dummheit bei den intelligentesten Menschen, wenn es sich um Juden handelt.

Smorski: Um zu meinem Thema zurückzukehren: Künstler sind der letzte Abglanz des untergehenden Individualismus. Es folgt eine stetige geringfügige Verlagerung gewisser Eigenschaften auf andere Typen von Menschen unter anderen Gesichtspunkten.

Atanazy: Dasselbe habe ich bereits vor einer Weile gesagt. Erinnerst du dich, Jędrek? Nur in einer anderen Sphäre...

Łohoyksi: Ich erinnere mich an nichts. Mir dreht es sich im Kopf bei euren Gesprächen. Tatsache ist, daß das Leben auf den Hund gekommen ist und daß nichts es davor bewahren kann, hundemäßig zu sein – nicht einmal deine Symphonien, Ziezio, die ich übrigens verhältnismäßig ziemlich mag. Gehen wir. Lassen wir den Kranken sich ausruhen. Wann ist die Hochzeit?

Atanazy: In einer Woche, falls ich morgen aufstehe. – Diese Worte fielen mit peinlicher Last zwischen die Anwesenden. Warum, wußte niemand. Jeder hatte Lust, davon abzuraten, aber keiner wagte es. Nur Hela lachte sonderbar auf und sagte:

»Auch unsere Hochzeit wird in einer Woche sein. Papa kommt übermorgen zurück. Wir werden es am selben Tag machen, und am Morgen werden ich und Papa offiziell getauft – mit Öl, denn mit Wasser . . .

Wyprztyk: Genug!

Hela: Komm, Prepudrech. (Düster wie ein Verurteilter erhob sich der Prinz und verabschiedete sich geistesabwesend von Atanazy. Er hatte das Gesicht eines Menschen, der in einen Abgrund stürzt. Alle gerieten plötzlich in Bewegung und begannen sich erleichtert ebenfalls zu verabschieden. Nach einer Weile war es still und leer im Krankenhauszimmer. Zurück blieben die beiden im unendlichen Weltall Einsamen, trotz der Illusion der Gefühle und Worte. Beide hatten den Eindruck, als wären seit dem Eintritt von Łohoyski ganze Jahre verflossen, als wären sie woanders: nicht nur in einem anderen Zimmer und einer anderen Stadt, sondern in einer anderen Dimension des Daseins. Atanazy lag mit geschlossenen Augen still da, und Zosia war an das offene Fenster getreten, durch das von unten die kalte Fäule des herbstlichen Abends hereindrang, die sich mit dem Tabakrauch kreuzte, der oben in wolkigen Schwaden entfloh. Dumpf rauschten die blattlosen Bäume im Park. Das Zimmer füllte sich mit dem Geruch von faulendem Blattwerk. Atanazy fühlte sich plötzlich gesund. Er hatte genug vom Liegen im Bett und allen pflegerischen Genüssen. Die letzten Gedanken zum Thema der Relativität, der Intuition (gibt es eine solche Wirklichkeit überhaupt?) und der Unfruchtbarkeit des Intellekts zerwehten in einem begrifflich nicht artikulierbaren Dickicht der bildlichen, tierischen (wahrscheinlich) Denkart. Er döste, zugedeckt bis an den Hals, der Leiche eines Gefolterten ähnlich. Wie losgelöst vom Körper, wie jenseits der Zeit irrte sein Geist unbewußt in einem dem Wachen unbekannten Lande unerfüllbaren Glücks umher, in einer Eintracht mit sich selbst, die nur an der Grenze des Bewußtseins oder im Traum möglich ist. Zosia, gebannt auf die blinkenden Lichter hinter den Bäumen jenseits der Gartenmauer blickend, dachte an »alles«, nur nicht an ihn. Beide Verlobte, nur zwei Schritte voneinander entfernt, befanden sich in diesem Moment gleichsam auf verschiedenen Planeten. Die Körner giftiger Kräuter fielen in ihre Seelen – noch begann nichts zu keimen, doch die heimliche Lüge, geboren aus den uralten Schichten des Bösen, wartete wie eine versteckte Mine auf ihren Initialzünder, und dann konnte der geringste Anstoß eine Explosion hervorrufen. In der Ferne dröhnte ein Zug. Der Pfiff der Lokomotive, fern und klagend, unterbrach diese Stille, die auf dem Hintergrund des Dröhnens geherrscht hatte, und der Moment der Ahnung zerplatzte. Zosia empfand auf einmal eine schreckliche Begierde, sich etwas hinzugeben, sich für etwas zu opfern – ach – einerlei wofür, wenn nur überhaupt . . . – doch ringsum war es leer. Sie wandte sich um und blickte auf das Bett, als sähe sie niemanden. Atanazy schlug die Augen auf, und ihre Blicke begegneten einander. Alles veränderte sich: für eine kleine Weile wich die alltägliche Welt einem Gefühl der Riesenhaftigkeit, der Fremdheit, des Andersseins jener wirklichen, unbekannten Welt. Und wieder verhüllte sich das unbegreifliche Geheimnis der Alldinge. Er war für sie der einzige, ihr armer Atanazy, die letzte Maske, die die Ungeheuerlichkeit des Lebens vor ihr verbarg. Mit ihrem ganzen Körper warf sie sich zu ihm und flüsterte etwas für sie selbst Unverständliches. Doch er blieb weiterhin fremd: allmählich kehrte er aus dem Nichtdasein in seine eigene, isolierte, innere Hölle zurück. Könnten sie nicht so eine kleine, gemeinsame Hölle haben? Vielleicht ist das notwendig, damit eine wirklich große Liebe existiere. Und wieder begann alles wie vor Łohoyskis Ankunft, aber jetzt bereits anders.

IV. Kapitel
Hochzeiten
und erstes Pronunziamento

Die Periode normaler Ereignisse war zu Ende, und alles, was anfangs weite Kreise umfaßt hatte, begann zu diesem Zentrum der Sonderbarkeit hinzustreben, zu diesem Abgrund auf offenem Felde, mit dem man eine halbe Generation früher an langen Winterabenden allzu liberale Staatsmänner mit vergangenen Weltanschauungen am Kaminfeuer zu erschrecken pflegte. Dieser Abgrund sollte nach der Meinung von manchen die ganze individualistische Kultur verschlingen wie ein Mahlstrom ein Fischerboot. Jedem stellte dieser Abgrund sich anders dar, abhängig vor allem davon, ob die gegebene Person die russische Revolution erlebt hatte oder nicht, abhängig natürlich auch von der Klasse, der sie angehörte; obwohl das erste dieser Elemente manchmal das zweite ziemlich weitgehend veränderte. Vorläufig war das jedoch nichts genau Umrissenes, trotz historischer Beispiele und trotz unmittelbarer Nachbarschaft. Jeder hatte seine individualisierten Gefahren, seine privaten kleinen Abgründe, die von Zeit zu Zeit miteinander zu verschmelzen schienen, wie einzelne Pickel einer Hautkrankheit, und Flecken bildeten, »plaques muqueuses« auf größeren Flächen. Freilich handelt es sich hier um sogenannte höhere Klassen, zu denen ihrer Lebensweise nach auch die Anführer der niedereren Klassen gehörten. Jenseits der an manchen Stellen bereits fortgeschwemmten Umzäunungen und halb eingestürzten Dämme und anderen Schutzwehre schäumte, wie graues, wallendes Frühlingswasser, die für manche sehr stinkende Volksmasse – alle behaupteten, eine Revolution sei im Anzug. Alles war schon derart langweilig, stumpfsinnig erschlafft, zukunfts- und geschlechtslos, daß sich sogar die Verknöchertsten und Versteinertsten irgendwo auf dem Grunde erstarrter Mittelpunkte auf Überraschungen freuten. So freuen

sich Menschen auf einen Krieg, eine Revolution oder ein Erd-
beben, die keinen Mut haben, sich in den Kopf zu schießen,
obwohl sie von der Richtigkeit dieser Absicht überzeugt sind.
Es wird sich schon von selbst erledigen, denken sie und entfer-
nen sich immer mehr vom Tode. Und wenn er endlich
kommt, lecken sie gegebenenfalls den Henkern die Hände und
flehen um noch ein Weilchen – nur nicht jetzt. Nur solche
Menschen freuten sich nicht, die etwas besaßen, ebenso wie
auch die folgenden Sorten: A) Sportsmänner – eine Revolution
könnte die Aufmerksamkeit des Publikums von ihren unend-
lich wichtigen Rekorden ablenken; B) Dancing-Fanatiker –
eine Revolution bedeutete für sie allerdings eine mehrmonatige
Unterbrechung der Tänze; C) Businessmänner – eine Unter-
brechung ihrer fruchtbaren Arbeiten konnte langwierig für sie
werden und mit einer eventuellen Versetzung in die aktuelle
Endlosigkeit (einerlei, ob im kleinen oder großen) oder ins
Absolute Nichts enden; und D) noch eine aussterbende Gat-
tung Besonderer Existenzen – doch die sind weniger wichtig.

Eine Revolution, wie übrigens alles, kann man von zwei
Gesichtspunkten aus betrachten: dem normalen, psycholo-
gisch-sozialen, und den von ihm abgeleiteten Gesichtspunkten
der einzelnen Wissenschaften, oder aber vom metaphysischen,
das heißt, man betrachtet die Revolution als ein Ergebnis abso-
luter Gesetze, die jede mögliche Ansammlung von Wesen re-
gieren. Gewisse Vorfälle, wie das Bronisław Malinowski in
seiner Arbeit über »Primitive Glaubenslehren« richtig behaup-
tet, scheinen zur Hervorrufung dieses in heutigen Zeiten im-
mer selteneren Zustandes besonders prädestiniert: des unmit-
telbaren Begreifens der Seltsamkeit des Lebens und überhaupt
des Daseins. Keineswegs jedoch ist die Behauptung richtig,
daß ein beliebiger Zustand starker Gefühlsspannungen schon
imstande sei, sich in ein völlig neues, ein religiöses Gefühl
umzuwandeln, dieses gleichsam aus nichts zu erschaffen. Die
Pseudowissenschaftlichkeit dieser Ansicht, um nicht zu sagen
die Prätention, nichts außer der Beschreibung eindeutig beste-
hender Zustände (des Hungers, der geschlechtlichen Begierde,
der Angst und dergleichen) gelten zu lassen, fälscht prinzipiell
die ganze Situation; dadurch, daß sie von vornherein die

Möglichkeit der Existenz von spezifischen und nicht unbedingt von anderen gewöhnlichen Gefühlen abgeleiteten Zuständen ausschließt, verhindert sie jedes Vordringen zum Kern der Sache.

»Für Menschen, die sozusagen am Rande des Lebens existieren, für solche Typen wie Łohoyski, mich, Prepudrech oder Baehrenklotz wäre eine Revolution eben etwas, was den erstarrten Mechanismus der Seltsamkeit von Grund auf wecken würde. Wenn auch das endgültige Ergebnis und der Verlauf selber antireligiös sein müssen, kann der erste Ausbruch gerade diese Gefühle zum Leben erwecken und sogar neue Formen in der Kunst erschaffen«, so dachte Atanazy auf dem Weg zu Helas Taufe. Der vor kurzem zu Ende gegangene Krieg konnte mit seinem mechanischen Charakter und seiner Ideenlosigkeit, vielmehr mit der Idee einer potenzierten faden Demokratie, die unbeabsichtigt und unterbewußt während seiner Dauer zu glimmen begann, nicht zu einem Doping werden. Mit ihm war nur der Nationalismus scharfer Prägung zu Ende gegangen, in einer natürlichen Evolution, ohne Einwirkung feindlicher Kräfte – in Rußland sogar vor seiner endgültigen Ausformung, wenn auch im Kampf. Wenn doch alles nur schneller geschähe. Atanazy hatte den Eindruck, als wären entzündbare Stoffe in ihm, die, wenn alles ringsum weiterhin so schlapp vonstatten ginge, nie zu einer Explosion kommen würden. Er empfand die dahinfließende Zeit beinahe physisch: es schien ihm, daß alles zum Halten käme, daß die eilende Zeit ihn mit einer kitzelnden Welle umspülte. Wie im Traum vermochte er nicht, sich zu rühren und das innere Tempo des Werdens zu beschleunigen: es war von Vorfällen abhängig geworden, die in der allgemeinen Atmosphäre des morastigen Zerfalls stekkenblieben. Die Menschen gewöhnten sich an den Krisenzustand, er wurde für sie zur normalen Atmosphäre. »Das ist ein Geschwür, das platzen muß«, sagte Atanazy in Gedanken, und dieses Platzen stellte er sich in Gestalt eines unwahrscheinlichen erotischen Wahnsinns in Gesellschaft von Hela vor, auf dem Hintergrund des politischen Umsturzes. Die erwarteten Vorfälle sollten die größten Abweichungen von den gewöhnlichen Grundsätzen des Alltags rechtfertigen. Unterdessen war we-

153

nigstens das Gleichgewicht der Gefühle vollkommen. Wie zwei aus entgegengesetzten Richtungen kommende Vektoren hielten die Widersprüche den Angriffspunkt der Kräfte im Ruhezustand. Das zweifache Lebenssystem begann Atanazy zu gefallen – es hatte nur einen Fehler: es war unbeständig. Das Ende dieser ganzen Geschichte zeichnete sich in Momenten des »Sich-Hineinhörens in die Ewigkeit« ab, irgendwo in dieser dunklen Wolke, die über dem revolutionären Vulkan schwebte, der immer stärkere Lebenszeichen von sich gab. In der Mitte von etwas, was man die allgemeine Lebensplattform nennen könnte, briet auf kleinem Feuer das kleine Gewissen von Atanazy, von kaum merkbaren Vorwürfen bedeckt. Allmählich nahte der Winter. Die Stadt wurde schwarz und schmutzig, manchmal bedeckt von blendendweißen, vor den Augen vergehenden Schneeflocken. Nachher versauerte alles noch mehr.

Endlich stürzte aus irgendeinem Nordexpreß der bärtige Bertz heraus, und ohne vom Bahnhof nach Hause zu fahren, bestimmte er telefonisch den nächsten Tag zum Tauftag, das war der 14. Dezember. Beide Hochzeiten wurden für den Nachmittag desselben Tages festgelegt. Die Orgie nach der Trauung sollte im Palais der Bertz' stattfinden: das war das Ergebnis der Freundschaft, die sich aufgrund religiöser Erlebnisse zwischen Frau Osłabędzka und Hela geknüpft hatte. Menschen, die sich in Perversionen auskannten, prophezeiten schreckliche Dinge. In dieser Zeit kehrte jener verfluchte Sajetan Tempe aus dem Ausland zurück und kam plötzlich zu Atanazy, als dieser gerade Łohoyski erwartete, um mit ihm zusammen zur Taufe zu gehen. Der lange nicht gesehene, jetzt ein wenig fremde Freund machte auf Atanazy keinen sehr angenehmen Eindruck. Bekleidet war er mit einer graugrünen kurzen Joppe und einer riesigen schwarzen Jockeimütze. Die Konstellationen hatten sich seit jenen »guten« Zeiten ein wenig verändert.

»Ha, lieber Tazio«, sagte Sajetan mit künstlicher Süße, bemüht, die Härte und herrische Ungeduld seiner Stimme zu verdecken, »ich habe gehört, daß du dich bereits völlig kandiert hast: du heiratest angeblich ein reiches Fräulein. Aber dein Reichtum ist sicher nicht von langer Dauer. Bei uns ist schon alles in Bewegung. Das wird wie geschmiert gehen, denn auf der Gegenseite gibt es keine Kräfte von genügend großer Spannung, kein Gewicht. Wenn die Lawine einmal losbricht, muß sie ganz hinunterrollen – ob das jemand will oder nicht.«

»Lieber Sajetan«, begann Atanazy und schüttelte sich vor Widerwillen, »nur nicht so, ich bitte dich. Ich bin in einer Phase grundsätzlicher Veränderungen, aber dein Verhältnis zu diesen Dingen kann einem alles verekeln.« Tempe wurde verwirrt.

»Hast du meine letzten Gedichte nicht gelesen?« fragte er. »Rein soziale Pastetchen, gefüllt mit explosivem Material. Ein Gedicht hat für mich nur insofern Wert, als es durch sein Fluidum die Agitation ersetzt. Die Ökonomie der Mittel . . .«

»Ich lese überhaupt keine Gedichte – mir ist das alles derart zuwider geworden, dieser völlige Mangel an wirklichen Erfindungen, diese Anwendung von ganz und gar ungeeigneten künstlerischen Mitteln, die gleichsam unabhängig sind vom beabsichtigten Werk, dieser zusammengestoppelte Inhalt, den man aus zufälligen Zusammenstellungen mitten im Schreiben erfindet, diese Technik der Versifikation, die die hoffnungslose schöpferische Leere verdeckt! Aber dein Bändchen habe ich gelesen, und zwar habe ich mich dabei vor Ekel geschüttelt. Kunst im Dienst primitiver Mägen – leider: die Verse sind gut – Rechtlosigkeit und Heiligtumsentweihung!« Tempe lachte breit und frei heraus. Der Atem der tosenden Straße ging von ihm aus, und er dampfte geradezu von der Hitze einer zusammengedrängten Menschenmasse. Er war wirklich zufrieden.

»Das habe ich erwartet, daß so ein typischer nihilistischer kleiner Bourgeois wie du, der du noch dazu ein Ästhet bist, nicht anders würde reagieren können. Es gibt Gedichte, die sind welke Blätter, und Gedichte, die Bomben sind. Ich möchte diesen ganzen Haufen Kehricht aus unserer Poesie hinausfegen – eine Schande – Aufklebeetiketten für Parfums und Präservative . . . Der Inhalt, der Inhalt ist die Hauptsache, und dieser Inhalt empört dich.«

»Du irrst«, erwiderte Atanazy zornig und musterte Tempes Gesicht mit starkem Widerwillen. Wie irritierten ihn jetzt die schwarzen, flammenden, unruhigen Augen, die hellrötlichen, gekrausten Haare und die kalbfleischfarbene, stellenweise pikkelige Haut und vor allem die verborgene, aufreizende Macht dieses Menschen. »Mir geht es um die Form, nicht um den Inhalt. Daß du geplagte Kommunisten beschreibst, das Leben genießende, fette Spitzel, verhärtete Seelen von Richtern oder nationalistischen Humbug, das ärgert mich an sich gar nicht – das ist genauso Lebensmaterial wie alles andere. Aber es mißfällt mir, daß du dieses neue Material ohne jeden Glauben an seinen künstlerischen Wert einfach programmatisch hineinpackst in die verfaulte Form der früheren Poesie und dabei höchstens einige bereits verbrauchte futuristische Kunststückchen benützt – das erfüllt mich mit Ekel, auch gegen den detaillierten Inhalt deiner Verse: den Gestank der Souterrains, den Schweiß, das Elend, die hoffnungslose mechanische Arbeit, die Gefangenen und die Spargel essenden Spitzel – mit Ekel gegen das Material selber, das nicht in künstlerische Elemente verwandelt wird. Dieses Material erweckt nicht das beabsichtigte Gefühl – wie in unverdauter Nahrung die Mohrrüben, die Erbsen und Bohnen, jedes für sich abgesondert zu sehen ist, so schwimmt in deinen Versen die Form separiert herum, und ebenso separiert der scheußliche Inhalt. Ich spreche dabei gar nicht von allgemeineren Ideen, denn davon sehe ich wenige; aber es irritiert mich, daß ich der Form als solcher nichts vorwerfen kann.«

»Ja, du würdest die Revolution gern von einer Parterreloge aus betrachten wie eine Vorstellung – noch besser, wenn sie von diesen neuen, angeblich sozialen Künstlern inszeniert wäre, die aus allem eine pseudokünstlerische Komödie machen wollen: von einer Tagung aus, einer Versammlung, einer Straßenschießerei aus, der Arbeit selbst sogar! Der Idiotismus dieser Idee springt in die Augen – und trotzdem gibt es manche ernste Menschen, die diese Möglichkeit überlegen. Ach – ich habe einen Abscheu vor unseren Künstlern, vor den einen wie vor den anderen – niederträchtige Würmer in faulendem Aas. Erst jetzt, da sie überzeugt sind, daß sie in ihren Türmen aus Hundegebein Hungers sterben können, weil die menschliche Gesellschaft ihren Wert durchschaut hat, erst jetzt steigen sie gnädig zur Gesellschaft nieder und bieten ihre konstruktivistischen Fähigkeiten als Opfergabe an. Pfui – ich gehöre nicht zu ihnen. Die Kunst muß Dienerin der Idee sein, eine bescheidene Dienerin. Das ist ihre wesentliche Rolle: demütig wie ein dressiertes Tier den befohlenen Inhalt auszudrücken.«

»Zu wem gehörst du denn? Du bist für mich das typische Erzeugnis der Pseudomorphose, um den Begriff Spenglers zu benutzen, der ihn aus der Mineralogie übernahm: wenn die den gegebenen Erscheinungen vorangehenden Formen genügend umrissen sind und der neue Inhalt sie nicht selber erschafft, so ergießt er sich in sie hinein und erstarrt nach dem Abbild nicht mehr existierender Gebilde der vergangenen Epoche, die bereits verfault, mürbe und verweht sind. Deine Poesie ist eine solche Pseudomorphose. Und das beweist Schwäche. Vielleicht haben auf dem Hintergrund ihrer Revolution ein paar Russen fast etwas Neues geschaffen – dort, in Rußland, hat das Material aufgehört, Inhalt einer gereimten, propagandistischen Broschüre zu sein – es ist mit der Form zusammengewachsen, die wie ein lebendiger Keim frühere Sedimentschichten durchdrungen hat. Aber auch das ist noch wenig. Eine völlig neue künstlerische Form haben diese Schichten nicht erschaffen, die jetzt zur Stimme gelangen, und sie werden sie auch nicht erschaffen. Sie haben zuviel zum Problem des Bauchs und seiner Rechte zu sagen. Und die Zeit entflieht . . .«

»Auf dem vollen Bauch allein beruht das Glück. Alle eure Probleme sind künstlich. Nur in der vollkommenen programmatischen Verviehung liegt das positive Ziel, das wahre Ziel der Menschheit: von nichts wissen, sich nichts bewußt werden lassen, angenehm vegetieren. Die ganze Kultur hat sich als Humbug erwiesen: der Weg war schön, doch er ist zu Ende: man hat nichts mehr, wonach man streben könnte, es gibt keinen Weg außer dem unseren; es gibt keine Wahrheit, die Wissenschaft gibt uns nichts, sondern kriecht ganz in die Technik hinein. Die Kunst – ein ernsthaftes Spielzeug für unproduktive ästhetische Eunuchen – wahrhaftig: wer das einmal erkannt hat, wie ich es erkannt habe, der wird nie mehr in diese pseudomenschliche Welt zurückkehren. Es war schön, doch es ist zu Ende – wir müssen für unsere Ziele die positiven Errungenschaften benutzen. Dancing und Sport, das sind einige der Verdummungselemente – es wird ein Kinderspiel sein, die Verviehung auf dieser Grundlage zu vollbringen. Das Schließen der Dancings durch die Faschisten, diese größten Narren auf der Welt, spricht für meine These. Aber das ist nur die Einleitung – die Revolution programmatischer Viecher! Ich bin der Meinung, daß der Materialismus im Marxismus bisher zu sehr unterdrückt war. Es wird sich noch zeigen, wer ich bin, mein Tazio. Ich weiß, daß mir die Kraft nicht ausgeht.« Er schlug die grünliche Joppe auseinander und ließ die Muskeln gewaltig hervortreten. Jemand, den die aufräumende Hauswartfrau hereingelassen haben mußte, legte im Vorzimmer ab.

»Und was bedeuten in all dem deine eigenen Gedichte?« fragte Atanazy, den die Offenheit der Fragestellung etwas aus dem Gleis gebracht hatte, so daß er vorläufig keine Erwiderung fand. »Sind auch sie Erscheinungen einer programmatischen Verviehung?«

»Mach keine Witze: hinter diesem populären Kunstausdruck verbirgt sich wirklich ein tiefer Inhalt. Was meine Poesie betrifft, so ist sie weder eine Schöpfung eurer dummen Reinen Form noch eine künstlerische Lösung sozialer Probleme oder sonstwas – ich habe diese Universalisten nie recht begriffen. Die Lüge ausrotten – unsere Kultur ist tödlich verlogen. Meine Gedichte sind reine Propaganda für die Wahrheit – die Kunst darin wird brutal, offen als Arbeitstier benutzt.« (Atanazy war von der Geradheit und Aufrichtigkeit Tempes beeindruckt: er beneidete ihn um seine Kräfte und seinen Glauben.)

»Aber noch nicht programmatisch«, sagte lustig Łohoyski, der ohne anzuklopfen eingetreten war. Zum erstenmal hatte er sich schon am Morgen Kokain genehmigt und war ausgezeichneter Laune. Er wußte nicht, daß er gerade an diesem Tag sein Todesurteil unterschrieben hatte – zwar nicht des physischen, aber des geistigen Todes. Kein einziger Moment des Tages oder der Nacht sollte von nun an mehr frei von diesem schrecklichen Gift oder von dem Verlangen danach sein.

»Ah, ich grüße den Herrn Grafen!« erwiderte Sajetan mit ironischer, programmatischer, geschmackloser Kriecherei.

»Ohne dumme Späße, Herr Tempe«, knurrte Jędrek drohend, plötzlich finster und gesträubt. Er beschloß, diesen Scherz zu benutzen und Tempe per Sie und Herr anzureden. Er konnte es nicht ertragen, daran erinnert zu werden, daß er nur ein Graf war.

»Warum verbieten Sie Ihren Lakaien nicht schon jetzt diese Titulierung? Ich erinnere mich an meinen Besuch im Mai vorigen Jahres . . .«

»Na, na – lassen wir diese Themen«, murrte Łohoyski und errötete leicht. »Ich wußte nicht, daß Sie bereits Zeit hatten, sich mit meiner Dienerschaft zu treffen.«

»Herr Graf haben sich verändert: ein Mitglied der sozialdemokratischen Partei hat jetzt ein Palais, und man sagt, das hätte dazu beigetragen, daß der alte Herr aus Kummer die Beine von sich gestreckt habe.«

»Herr Tempe, vielmehr, Genosse Sajetan: vergessen Sie nicht, daß ich ungerechtfertigte Vertraulichkeiten nicht ausstehen kann.«

»Früher habt Ihr euch nicht so gegen Vertraulichkeiten gewehrt, Genosse Jędrzej«, sagte Tempe frech und kniff das linke Auge zu. Atanazy verstand: Tempe war eines der flüchtigen Opfer von Łohoyskis inversiven Umwerbungen gewesen. Er war übrigens ein sogenanntes »Amphibium«. Jetzt benutzte er die Inversion nur noch zum Einfangen und zur Beherrschung von Männern, die er brauchte. »Na ja, hat er doch in der russischen ›Gardetruppe‹ als Leutnant gedient, kein Wunder«, entsann sich Atanazy.

Łohoyski: Früher war früher: halten wir eine neue Distanz.

Tempe: Noch weiß man nicht, welche Distanz wir halten werden. Genosse Graf haben, wie ich sehe, lange keine Zeitungen mehr gelesen. Alles hängt an einem Haar, freilich für die, die zu lesen verstehen. Und wenn es erst einmal angefangen hat, werden wir uns diese Gelegenheit nicht entgehen lassen. Für uns arbeiten alle diese gemäßigten Reformatoren. Mäßigung und Sozialismus, das sind beinahe logische Gegensätze.

Łohoyski: Und das sagen Sie, ein Reserveoffizier der Flotte? Hör zu, Tazio: vielleicht können wir ihn ganz einfach . . . – Tempe wurde bei diesem Satz etwas bleich.

Tempe: Ich wußte nicht, daß Tazio jetzt einen Nebenberuf

hat. – Łohoyski merkte, daß er in seiner Zügellosigkeit zu weit gegangen war.

Łohoyski: Lassen wir dieses gegenseitige Anbellen. Ich habe noch an der Tür Ihre Theorie belauscht, und ich muß gestehen, daß das auch mir fast aus der Seele spricht. Vielleicht war ich deshalb böse, weil mir jemand in der Formulierung zuvorgekommen ist.

Tempe: Das ist allerdings eine Ehre für mich. Aber so gratis und plötzlich geht das nicht. Es ist ein weiter und schwieriger Weg zum Glück. Und zuvor müssen alle Schöpfungen der Kultur auf ihren höchsten Stufen benutzt werden: der Intellekt, Herr Graf, der Intellekt vor allem. Und Sie haben Ihre Gehirnhalbkugeln zugunsten jener anderen sehr vernachlässigt, noch dazu zugunsten fremder. Ich habe diesen Pfad seit langem verlassen.

Łohoyski: Dieser Tempe ist unmöglich geworden, Tazio. Ich weiß nicht, wie ich mit ihm reden soll. (Drohend:) Genosse Sajetan: reden wir ernsthaft – auch ich bin der Ansicht, daß die übermäßige Aufklärung uns um den Genuß des unmittelbaren Erlebens gebracht hat. Aber ich propagiere eine individuelle Verviehung. Die Gesellschaft wird sich von selbst verviehen, wenn ihre Mitglieder . . .

Tempe: Keine dummen Witze, Herr Łohoyski. Ich nehme meine Ideen ernst: sie sind keine Funktionen meiner Familien- und Finanzverhältnisse. Zu Ihrer Verviehung wird Kokain genügen. Ich weiß auch einiges.– Łohoyski wollte etwas erwidern, doch Atanazy unterbrach ihn.

Atanazy (zu Tempe): Das Wort Kommunismus ist in meinem Munde eine blasse Idee aus der Sphäre des idealen Daseins, in deinem aber – eine blutige Bombe aus Dynamit und lebendigem, in Fetzen gerissenem Fleisch. Laßt die Streitereien. Kommst du mit uns zur Taufe von Fräulein Bertz, Tempe? Die letzten Zuckungen des hiesigen semitischen Katholizismus. Bald werden sie ein anderes Motorchen finden, aus dem sie die Kraft offen und in großem Maßstab schöpfen werden. Jetzt braucht die Menschheit einen neuen Prophetentyp, einen anderen als die Sozialisten aus dem 19. Jahrhundert. Man muß die programmatische Verviehung des Zaubers wegen ein wenig metaphysieren, ihre transzendentale Notwendigkeit aufzeigen. Keine der bekannten Religionen wird hier helfen – man muß etwas ganz Neues erfinden.

Łohoyski: Wenn Sie das sein sollen, Herr Tempe, dieser Prophetentyp der Zukunft, dann beneide ich die Menschheit nicht. Sie können einem jede Idee nur verekeln.

Tempe: Eure Wut auf mich beruht nur darauf, daß ihr mich um eine Kraft beneidet, die ihr nicht habt. Ich hatte die Kraft zu glauben, und dieser Glaube hat mir wieder doppelt soviel Kraft gegeben, wenn nicht noch mehr. – Die beiden schwiegen düster. – Ich habe ein höllisches Organisationstalent, das war mir selber neu. Die kommende Veränderung wird mich verwenden können, und zwar auf den höchsten Posten. Ihr werdet es erleben. – Sie gingen hinaus in die Stadt, die nach Frost und Pöbel roch. Etwas Seltsames lag in der Luft, ein Schatten war zu spüren, von etwas geworfen, was niemand sah – auch war kein Licht zu sehen, das diesen Schatten hervorrief – desto seltsamer war dieser Eindruck. Aber alle ahnten etwas, was noch nicht in den Zeitungen stand. Beunruhigend war der Standpunkt der gemäßigten sozialistischen Presse: man empfahl größte Mäßigung und rief zur Ruhe auf – offenbar fürchteten sich alle. Tempe kaufte eine Extraausgabe und überflog sie im Gehen.

»Ich will euch offen sagen«, sagte er, »morgen wird General Bruizor die erste Bresche schlagen – selbstverständlich für uns – ich erhielt geheime Informationen. Wir, wir warten auf den geeigneten Augenblick. Doch behaltet das bitte für euch.« Atanazy hatte schlagartig eine Erleuchtung. Also morgen schon? Plötzlich begann die ganze Welt sich im tanzenden Lichte zu drehen: er hatte ein Gefühl wie damals vor dem Duell. Aber jetzt begriff er, daß es für ihn noch zu früh war – er war nicht vorbereitet – die Hochzeit, Hela, ungelöste Probleme. Beide, er und Łohoyski, fühlten sich nicht wohl auf der Straße mit Tempe als Gefährten: als gingen sie in Gesellschaft einer Bombe – irgendeine Unvorsichtigkeit und – Rrrums! In der Theorie war alles schön und gut – aber die Praxis war entsetzlich. Ohne positive Antidota in sich zu haben, verloren sie den Boden unter den Füßen – ein Abgrund schien sich zu öffnen, hier auf dem Trottoir, in den Torwegen düsterer Häuser, in den Gesichtern der entgegenkommenden Menschen. Nur der blaue Himmel im Zenit, der sich mit kleinen wandernden Nebelschwaden verhüllte, war gleichgültig und glücklich – wie beneideten sie ihn um sein sorgloses, unpersönliches Dasein. Was sollte man mit diesem verfluchten Tempe machen?

Tempe: Schluß mit diesen prometheischen Leuten, die mit Handfunzeln – heutzutage mit elektrischen – den Pöbel in seinen Höhlen besuchen und dann zu ihren alltäglichen Höhen oder eher Niederungen des Geistes zurückkehren. Die Massen werden sich alles selber nehmen, ohne die manchmal einträgliche Vermittlung dieser Aufklärer – und sie werden ihre Leute auf die Welt loslassen.

Łohoyski: Ihr habt doch wirklich keine Ahnung, Genosse Tempe: Rußland ist im Rückzug begriffen – niemand auf der ganzen Welt nimmt den Kommunismus ernst.

Tempe: Aber der Kommunismus nimmt ja auch niemanden ernst außer sich selbst. Übrigens ist das nur die Einleitung. Der Kommunismus ist eine Übergangsphase, und Schwankungen sind notwendig – das hängt vom Ausgangspunkt ab. Vergeßt nicht, von wo Rußland ausgegangen ist. Das Kräftezentrum, von dem diese weltweite Woge ausging, kann sogar zeitweilig verlöschen – aber die Welle ist ausgesandt und hat ihr Werk getan. Und wo sind denn eure Konzeptionen, ihr muffigen Demokraten? Ihr macht auf kurze Distanz durchs Mikroskop eure Beobachtungen und versteht nicht die Größe der Idee. Ihr heult um diese Ideen, die ihr nicht habt und nicht haben könnt, denn Ideen erschaffen sich gegenwärtig in den Massen selber, und sie suchen sich die Individuen, die sie zur Selbstinterpretation brauchen. Die Idee wächst im Leben, sie wird nicht am Schreibtisch erdacht, und vor allem muß sie *wirklich* sein; sie muß aus der historischen Notwendigkeit hervorgehen, sie darf nicht nur eine Bremse sein, die die Menschheit auf dem lausigen Niveau des Anscheins von Menschlichkeit unter Beibehaltung aller Privilegien zurückhalten soll; das gilt nicht nur für Menschen vom alten Herrschertyp, sondern auch für neue Schlauberger, die Selfmademänner, Businessmänner und Hyänen, die sich mit Handel befassen . . .

Atanazy: Genug, Tempe, du bist langweilig – wir wissen das alles. Wenn ich allein bin und über das alles nachdenke und darüber, wer ich bin, so scheint mir das groß, und ich selber werde mit meinem ganzen Individualismus im Verhältnis dazu klein und unnötig – nicht nur ich, auch die anderen, die auf den Gipfeln stehen. Aber ich brauche nur einen Menschen mit deinem Stil anzuhören, der solche Gemeinplätze von sich gibt, und die ganze Größe zerweht sofort in Langeweile: ich sehe nicht mehr überflüssige einzelne, sondern eine überflüssige Menschheit, die nicht mehr schöpferisch ist – und das ist schlimmer.

Łohoyski: »Ich habe an die Sozialdemokratie geglaubt, denn ich dachte, das Ziel sei die wirkliche Befreiung des Geistes, Freiheit und Schaffenskraft für alle – aber jetzt . . .

Tempe: Das eben sind alle diese Phrasen, die wir über Bord geworfen haben, und darin liegt *unsere* Größe. Ihr beide seid pseudoprometheische Geistlein. Ihr würdet gern gnädig verschenken, aber ihr habt nichts, und wenn man es selber nimmt, seid ihr empört. Mechanisierung, oder einfacher gesagt: bewußte Verviehung – das ist die wirkliche Zukunft – der Rest ist ein Überbau, ein Ornament, das sich so breitgemacht hat, daß es zu fressen begann, was es hätte schmücken sollen. Wir sind am Ende der bürgerlichen Kultur angelangt, die uns nichts gegeben hat außer dem alles umfassenden Zweifel.

Atanazy: Das hängt davon ab, was man von ihr verlangt – die Tatsache, daß die Philosophie bei einer rein negativen Definition der Grenzen der Erkenntnis stehengeblieben ist, läßt eine Menge Energie freiwerden, die sonst zu fruchtlosem Ringen mit der Unmöglichkeit verwendet worden wäre. (»Bin ich das, der das sagt?« dachte er.) Dieses Grauwerden – und das wird das Ergebnis der Vergesellschaftung sein – muß nicht unbedingt mit Verviehung gleichzusetzen sein – man kann sich mechanisieren und dennoch die Errungenschaften der Kultur bewahren. Und darauf geht die Menschheit zu, wird aber nicht ans Ziel gelangen; vernichtende Katastrophen, die die sofortige Realisierung des staatlichen Sozialismus bezwecken, werden sie daran hindern.

Das alles sagte Atanazy unaufrichtig, um nicht an das Problem des heiligen Abendmahls denken zu müssen, zu dem Pfarrer Wyprztyk ihn heute zwingen wollte. Die Nähe der

Katastrophe jedoch hatte seine unmittelbare Stimmung verändert – das war alles schön und gut, aber nur von weitem.

Tempe: Ich weiß, wessen du mich verdächtigst, Atanazy: daß ich, wenn ich eine Revolution mache . . .

Łohoyski: Was werden Sie da schon machen, Herr Tempe: Sie sind ein Bauer im Schachspiel.

Tempe: Das wird sich zeigen. Also daß ich mich dabei selber als Abfall dieser Kultur erlebe, die ich hasse, daß ich mich dabei in einem meiner Idee nicht entsprechenden Ausmaß über mich selber emporhebe. Ich weiß – du hast vielleicht sogar recht, wenn es sich um dieses Moment handelt. Aber wie – können wir denn zu neuen Menschen werden, ohne die dazwischenliegenden Phasen durchzumachen? Was du von der Pseudomorphose gesagt hast, bezog sich vielleicht mehr auf mich als auf meine Gedichte – aber das ist eine Übergangsphase. Mit zusammengebissenen Zähnen müssen wir durch alle Stadien hindurchgehen, müssen uns stückweise aus dieser toten Masse herausreißen, die wir mit der ganzen Welt bilden. Und zum Schluß anstatt der unbewußten Verviehung, die unter der Maske angeblich großer, doch im Grunde falscher Ideen unbemerkt daherkommt, der bewußte Abstieg in den Abgrund des Glücks – einen dämmerig dunklen Abgrund, das gebe ich zu – aber eben darauf beruht, wenn ihr so wollt, die Größe, daß man sich nämlich bewußt wird, daß allzu großes Licht Dunkelheit erzeugt, blendet und die Möglichkeit des Sehens an sich vernichtet. Wir sind bereits in dieser Phase. Und dabei, und das ist für euch das Unverständlichste, kann ich nicht ruhig schlafen, wenn ich weiß, daß mich ein bodenloses Meer von Leiden umringt, das man um den Preis gewisser leichter Unannehmlichkeiten, die man solchen Typen wie euch zufügt, beseitigen könnte. Entschuldigt, aber da fällt es einem schwer zu warten.

Für Łohoyski, der Tempe böse war, weil er ihm seinen Morgenbesuch bei Atanazy, den letzten vor der Heirat, verdorben hatte, wurde das Gespräch geradezu unerträglich. Er wußte nicht mehr, was er gegen wen verteidigte, um so weniger, als er in letzter Zeit Atanazy ernstlich des heimlichen Kommunismus verdächtigt hatte.

»Schluß mit dieser Haarspalterei«, schrie er. »Ihr seid beide erklärte Kommunisten. Ich will wenigstens noch eine Weile leben, vergiftet sie mir nicht. Man weiß nicht, was morgen ist.« Sie hatten nun die Kathedrale in der Altstadt erreicht, wo die Taufe und beide Trauungen stattfinden sollten. Vor der Kirche stand der blasse Prepudrech, ohne Mütze, eingehüllt in einen schwarzen Sealpelz.

»Sie hat mir nicht erlaubt, sie abzuholen. Ich sterbe vor Unruhe. Sie kann sich jeden Augenblick umbringen. Bei ihr ist das immer so – die größten Gegensätze treffen aufeinander. Ach, Tazio – wenn du wüßtest, was ich leide«, sagte er, ohne Tempe zu beachten, der auf alle drei mit unverhohlener Verachtung blickte.

»Ich gehe«, sagte Tempe plötzlich sehr laut. »Ich mag diese Komödien nicht. Die letzten Zuckungen. Du hast recht, Tazio. Auf Wiedersehen auf den Barrikaden, falls ihr überhaupt noch Drüsen in euch habt. Wenn ja, dann kommt bitte zu uns. Wir können euch noch gebrauchen. Wir brauchen zwar Schlachtopfer, aber solche mit Drüsen, nicht Waschlappen, die sich nicht einmal im letzten Moment zu vergnügen verstehen.« Er salutierte, die erfrorene, rote Pranke an die schwarze Jockeimütze legend, und ging pfeifend davon.

»Dieser schwedische Adel ist doch recht ›minderwertig‹«, lachte Łohoyski hinter ihm drein. Auch ihm kam die morgige Revolution nicht sehr gelegen: es war ungewiß, wie sich nach dem Umsturz das Problem des heimlichen Kokainhandels stellen würde, und dabei hatte er eben für morgen ein bestimmtes Treffen verabredet: Palliative statt der Liebe zu Atanazy, dessen Eroberung wegen der Hochzeit auf unbestimmte Zeit verschoben werden mußte.

Inzwischen heiterte sich das Wetter auf, und allmählich begann ein vor Frost funkelnder, heiterer, hoffnungs- und verheißungsvoller frühwinterlicher Vormittag. Die Sonne bahnte sich durch den Nebel, der langsam zerging, und von den Gesimsen und schwarzen Bäumen begannen feuchte Schneebatzen herabzufallen, die im Kot der Trottoire zerplatschten. Atanazy versetzte sich in Gedanken in die Berge. Wie wundervoll mußte es doch dort sein: riesige, glitzernde Flächen, dunkelblauer Himmel, Skier und frostiges Dahinjagen und der unbeschreibliche Zauber eines kleinen Restaurants am Fuße der Berge, in dem man nach einem inmitten von Schneemassen verbrachten Tag Tee mit Rotwein trank. Wie lange schon hatte er sich das nicht gestatten können (das heißt: eine Reise ins Gebirge, nicht einen Tee mit Rotwein), welche Zaubereien hatte er anstellen müssen, um wenigstens einigermaßen anständig gekleidet zu sein. Zum erstenmal kam es ihm klar zu Bewußtsein, daß er nicht mehr in der Kanzlei des alten Rechtsanwalts Waniuszewski zu sitzen und langweilige Sachen zu bearbeiten brauchte; statt einer Reise ins Ausland, die einstweilen unmöglich war, könnte er wenigstens einen Gebirgswinter in Zaryte genießen. Er hätte es lieber mit seinem eigenen Geld gemacht, aber da war nichts zu machen. Angesichts dessen, daß er beschlossen hatte, auf Hela Bertz endgültig zu verzichten, wurde das Problem einer relativ reichen Heirat unwesentlich. Obgleich – verkaufte er nicht vielleicht seine Schönheit? Und wenn Zosia nichts hätte, und wenn er Hela als Ehefrau nicht geradezu gefürchtet hätte, und wenn sie . . . Atanazy verdüsterte sich, doch nur kurz. Die unmittelbare Wirklichkeit besaß zuviel schamlosen Zauber, der es nicht zuließ, diese gefährlichen Zweifel zu vertiefen. Er blickte auf Łohoyski, der verstohlen eine neue Prise Coco genommen hatte und wie ein Kind mit dem Schnee spielte. Dieser flache und brutale »Genießer« kam ihm wirklich wie ein sehr Nahestehender vor. »Ich rutsche immer tiefer«, dachte er, doch dieser Gedanke machte ihm keinen Kummer.

Eine undefinierbare Gefahr huschte ganz, ganz dicht an ihm vorbei – ein Abhang, unbekannt, aber verlockend.

»Du hast keine Ahnung, was ich in diesem Schnee sehe«, sagte Jędrek, »eine unbekannte Materie von einem anderen Planeten. Um eines derartigen Augenblicks willen nehme ich das ganze Dasein in Kauf. Tempe und die Revolution gehen mich nichts an – wenn das nur immer so bleiben würde – oh, diese Fünkchen, die sich vereinigen – ah, verflucht – ich kann das nicht ausdrücken« – mit erweiterten Pupillen vergaffte er sich in den Schneefetzen auf einer Heiligenfigur im Portal und erstarrte in viehischer Entzückung. Hela kam immer noch nicht angefahren. Nun befiel auch Atanazy Unruhe; mit Bestürzung wurde er sich dessen bewußt, daß er trotz des Verzichts auf Hela ebenso um sie fürchtete wie Prepudrech, ohne sie ganz oder gar zu lieben, ja sogar ihr gegenüber eine Art von Haß empfindend. Sollte etwa sie die Gefahr sein, vor der er kurz vorher erschrokken war? Unerforschliche Entscheidungen unterbewußter Kräfte – hatte er doch geglaubt, er hätte das alles endgültig unterdrückt. Er hätte geschworen, daß er nicht einmal die geringste Absicht hatte – und plötzlich erschien ihm das ganze Leben als unfruchtbare Wüste bei dem Gedanken, daß sie sich in diesem Augenblick umbringen konnte. Dabei empfand er nicht die geringste Reue: der Tod als solcher ging ihn nichts an. Prepudrech betrachtete ihn sonderbar aufmerksam.

»Also hast auch du Vorgefühle. Ich weiß: du bist in Hela verliebt. Sie hat mir gestern alles erzählt. Sie warf mir vor, ich hätte keinen Masochismus. Ihr habt einander geküßt. Das ist gemein«, würgte der Prinz hervor, der sich nicht mehr beherrschen konnte. »Ich fühle, daß etwas passiert ist!«

»Dann fahr am besten hin. Und was das andere angeht, so sage ich dir zum letzten Mal: Fräulein Hela ist – ohne ihren Wert damit verringern zu wollen – eine Hysterikerin. Um der Situation größeren Zauber zu verleihen, hat sie dir frei erfundene Sachen erzählt«, erwiderte Atanazy mit künstlichem Zorn, errötete dabei aber stark und verkroch sich in den neuen Affenpelz, ein Geschenk von Frau Osłabędzka. Prepudrech hätte ganz offensichtlich gern an diese Version geglaubt.

»Meinst du das ernst?« fragte er in einem Ton, als wäre eine unerträgliche Last von ihm genommen. »Ich bitte dich flehentlich, sage ihr nichts davon. O Gott! Vielleicht ist sie nicht mehr am Leben! Ihr wißt nicht, welche Qual das ist, dieses fortwährende Warten auf einen Selbstmord.«

»Aber es ist doch sicher nichts passiert«, sagte Atanazy, völlig unaufrichtig. »Und zwischen uns ist nichts gewesen. Erinnere dich an die Geschichte des Grafen de la Roncière, den irgendein hysterisches Fräulein dadurch auf die Galeeren brachte, daß sie allen einredete, er hätte sie vergewaltigt.«

»Du kannst dir nicht vorstellen, welche Freude du mir mit dieser Versicherung gemacht hast.« Azalin umarmte ihn nervös, Atanazy begann, sich fatal zu fühlen. Immer mehr Personen kamen vor der Kirche an, Autos fuhren vor, Kutschen, und

Hela kam noch immer nicht. »Warum, warum wollte sie nicht, daß ich sie in einem Wagen abhole. Sie sagte, sie müßte noch in Einsamkeit über die Taufe nachdenken. Das ist nicht wahr. Ich werde verrückt vor Unruhe«, stöhnte Prepudrech. »Nimm eine Prise Coco, Azio. Damit gibt es kein Drama im Leben mehr«, lachte Łohoyski grausam. »Oh, da kommen sie gefahren. Ich sehe den Bart des alten Bertz. Aber was ist – Fräulein Hela hat eine bandagierte Hand.« In einem offenen Landauer – Bertz benutzte Autos nur zu Geschäftsfahrten –, mit vier purpurgefärbten englischen Pferden bespannt, fuhren sie endlich vor der Kirche vor: er niedergedrückt, in völliger moralischer Zerrüttung, sie, nach dem neuesten mißlungenen Selbstmord, in ausgezeichneter Laune, mit einem verbundenen Arm in einem über das schwarze Abendkleid geworfenen Pelz.

»Hela, wie konntest du, ausgerechnet heute«, stöhnte Prepudrech und saugte sich in ihren gesunden Arm ein wie ein Polyp.

»Beiß nicht, du Tier«, zischte sie. »Ich sage es dir zum letztenmal, Azio. Es wird nie wieder so sein, und nie mehr werde ich dich Kuba und Prepudrech nennen.«

»Schwer?« fragte der Prinz, von widersprüchlichsten Gefühlen hin und her gerissen.

»Bizeps durchschossen, Knochen unverletzt. Das Aas hat geruckt, weil es klein ist. Es wäre Schluß, wär' es mit einem großen Colt gewesen – beruhige dich, ich scherze«, sagte sie und strich dem Verlobten über den Kopf. Bertz grüßte ringsum, schrecklich beschämt.

»Zum wievielten Mal, Prinzessin«, fragte Łohoyski.

»Siebenundeinhalb, das Kokain von Ihnen als halbes Mal gerechnet«, erwiderte Hela laut. Jędrek war verwirrt – man sprach zuviel davon. »Es hat mich überfallen, ich konnte es nicht aushalten. Gottes Urteil – entweder ist es heute zu Ende oder nie, so habe ich für mich beschlossen.« Sie küßte Azalin auf den Kopf, und wie damals im Krankenhaus blickte sie gleichzeitig Atanazy in die Augen, der vor blitzartig plötzlicher Begierde erzitterte. Für einen Moment verlor er das Bewußtsein.

»Geben Sie acht, sonst ist es so wie damals«, flüsterte Hela.

»Was, was?« Prepudrech riß sich von ihrem Pelz los, der

vom Duft von Fontassinis Gentiane und von Jod durchtränkt war.

»Nichts – ich erinnerte Herrn Tazio daran, wie er einmal eine volle Tasse vergossen hatte, bevor er sie zu den Lippen brachte. Ich fürchte mich, in die Kirche hineinzugehen. Rettet mich alle vor Wyprztyk. Er ist imstande, mich umzubringen vor Wut.«

»Aber was für einen Zusammenhang hat das ...« wunderte sich der bereits fast glückliche Azalin.

»Muß denn alles einen Zusammenhang mit allem haben? Wenigstens im Gespräch sollten wir uns der greifbaren Ursächlichkeit enthalten. Amüsieren wir uns mit überraschenden Dingen.«

Plötzlich kam aus den Schatten des Inneren der Kathedrale der dampfsprühende Wyprztyk herausgestürzt, in einen roten Ornat gekleidet, ein Meßhemd und andere weniger bekannte Requisiten.

»Ich werde es dir zeigen, du rebellische, treulose ... Dirne!« würgte er endlich hervor, da er in seinem Zorn kein anderes Wort fand als das, mit dem seine Mutter, eine Bäuerin, ihre Magd beschimpft hatte. »Mir nach zur Beichte. Und ihr alle sollt Zeugen der Buße sein, die ich ihr auferlegen werde.« Er faßte sie an dem gesunden Arm und zog sie mit unbändiger Wut in die Tiefe der Kirche. Der Pelz fiel ihr von den Schultern, der weiße Nacken glänzte unanständig, sinnlich auf unter dem Dikkicht goldenroten Haars vor dem Hintergrund des dunklen, heißen Inneren der Kathedrale. Alle stürzten ihnen nach, und nach einer Weile war es leer vor der Kirche. Nur Spatzen pickten Pferdemist, und wie russische Troikalenker neckten einander gemästete Kutscher und hagere, lordgesichtige Lakaien und Chauffeure der höchsten Finanz. Erst nach etwa drei viertel Stunden verkündete die Orgel mit dem Andante aus der 58. Symphonie von Szymanowski der bereits revoltierenden Dienerschaft, daß ihre Herrschaften das Ritual erfüllt hatten.

Pfarrer Hieronymus, der Hela zum Beichtstuhl gezogen hatte, warf sie brutal auf die Knie und stellte ihr, selbst in der dämmrigen Tiefe verschwunden, mit lauter Stimme Fragen. Danach flüsterte er lange und hörte endlich auf.

»Du Schlange, krieche auf dem Bauch vor den großen Altar und flehe dort zehn Minuten lang die Allerheiligste Jungfrau Maria um Erbarmen an – ich vergebe dir«; er klopfte dreimal stehend und sah dann nicht ohne den Schatten einer subtilen Befriedigung zu, wie Hela seitwärts, mit erhobenem linkem Arm, nur auf den rechten Ellbogen gestützt, bäuchlings zum Altar kroch. Azalin und Atanazy waren begeistert. Łohoyski schniefte hinter einem Pfeiler eine neue Dosis und wieherte innerlich vor Wonne. Der alte Bertz beobachtete die Szene mit einem sonderbaren Wohlgefühl. Er war jetzt stolz, daß alles so nach »mittelalterlicher« Art stattfand, wie es ihm schien, so recht auf ultraerzkatholisch. Er fühlte sich in diesem Moment als echter Katholik, und Tränen traten ihm in die Augen vor Wonne. Von welcher Intuition geleitet hatte ihn doch seine geliebte Hela jetzt zu dieser Taufe inspiriert – er hatte bestimmte Nachrichten von dem bevorstehenden Umsturz, kannte aber das Datum nicht – einerlei, noch nie war etwas so sehr zur rechten Zeit gekommen: er hoffte, in einer gemäßigten Regierung einen hohen Posten einzunehmen – nicht in der, die jetzt kommen konnte, aber in der darauffolgenden. Ohne Taufe wäre das etwas schwieriger gewesen, denn die bauernfreundlichen Sozialisten (ein Äquivalent der russischen SR = Sozialrevolutionäre) mußten mit der Religiosität der Landbewohner rechnen. Im Grund ist jeder Jude doch nur ein Jude – so denken die Gojim – sollen sie so denken. Endlich begann die Taufe. Sonderbar: Hela antwortete anfangs ruhig und glatt, doch auf die Frage: »Entsagst du dem bösen Geist und seinen Dingen«, packte sie ein Krampf an der Gurgel, die Augen füllten sich mit Tränen, und sie konnte kein Wort hervorwürgen. In der Kirche trat unheilvolle Stille ein, und sogar die allerskeptischsten Gehirne überlief ein außerweltlicher Schauer. Der alte Bertz hob beide Arme in die Höhe – in diesem Moment senkte die Gnade sich auf ihn herab: er glaubte wahrhaftig, aber wie sonderbar . . . Er glaubte mehr an den bösen Geist als an Gott . . . Er empfand Stolz darüber, daß in seiner Tochter vielleicht der Fürst der Finsternis selbst wohnte. Die Stille füllte sich allmählich mit ängstlichem Geflüster, und dieses Geflüster hatte einen jüdischen Beigeschmack: irgendein »Chabełe, Chibełe«

Łohoyskis, irgendein Ananiel, Ahaspharon, Azababrol oder gar Prepudrech. Viele waren heute in der Kirche. Darüber barst etwas im Raume, und die klangvolle Stimme Helas ließ sich vernehmen: »Ich entsage.« Pfarrer Wyprztyk erlebte einen Augenblick überirdischen Entzückens. Sein ganzer Glaube an die Würde seines Priestertums hing an diesem im Grunde so unwesentlichen Moment. Er sagte sich in Gedanken: »Wenn ich ihn nicht überwältige, bin ich verloren.« Der alte Bertz mit seiner notorischen Ähnlichkeit mit Beelzebub war für ihn das sichtbare Symbol des Bösen der ganzen Welt. Er war es, der in der Seele seiner Tochter wohnte, trotz seiner gleichfalls notorischen Güte. – Pfarrer Hieronymus überwältigte »jenen« in seiner (Bertzens) Person. Der Moment ging vorüber. – Helas Seele wurde durch seinen Willen zur Teilnehmerin an dem großen Verkehr mit Gott. Er war glücklich.

Atanazy empfand diesen Moment des Waffenstillstands vielleicht ebenso stark. Das Böse in ihr, das ihn so anzog, wurde jetzt beinahe greifbar, wie erstarrt in der von Weihrauch übersättigten Atmosphäre des heiligen Ortes, mit dem ihn immerhin ferne Erinnerungen an die Kindheit verbanden. Was würde er dafür geben, um zu dem einstigen Glauben zurückzukönnen! Doch das war eine abgestorbene Welt, zu der ihm der Zutritt für immer versagt war. Davon hatte er sich im Krieg überzeugt. Hätte er an die Echtheit der geistigen Wandlung Helas glauben können, so hätte er sie in diesem Augenblick bis zum Wahnsinn beneidet. Er allein war sicher, daß der unterbewußte Mechanismus dieser Geschichte ein anderer war, als alle annahmen, doch was für einer, das wußte auch er nicht. Die Blasphemie einer Taufe dieser bösen, unbeugsamen Kraft wirkte auf ihn trotz seines Unglaubens berauschend. Wieder (ach, wie oft schon und immer ohne eine Spur realer Wirkung) blickte er auf die Welt mit neuen Augen, und ferne Bestimmungen (ähnlich wie bei Zosia an jenem Abend), wie fremde Landschaftsbilder, vom Fenster eines Zugs gesehen, zogen lautlos kreisend um das geheimnisvolle Zentrum seiner für ihn selbst unverständlichen (und für andere so gut verständlichen) Persönlichkeit – still, wie auf der Welle einer geölten Achse. Für ihn war das natürlich die Achse des Weltalls. Er wollte sich jedoch nicht dazu bekennen, daß Hela, »diese kleine Jüdin«, wie er sie in Gedanken noch nannte, die wirkliche Gebieterin seines Schicksals war. Er war ein Goi, und zwar in diesem Moment ein sehr katholischer. Um nichts in der Welt (in dieser Sekunde, versteht sich) wäre er zum Protestantismus übergetreten.

Die Orgel erdröhnte, und ein dünnes Knabenstimmchen begann das sonderbare, herrliche Lied Szymanowskis vom jungen Hirten, dem Freund des einsamen Königs, zu singen. Hela betete inbrünstig um einen unaufhörlichen, unwandelbaren Glauben. Über ihr türmte sich in goldenem Schimmern und Strahlen der barocke Altar, ein irgendwie unpassend gekleideter und grotesker Gast inmitten emporstrebender Schlankheit der machtgesättigten gotischen Kathedrale. Gibt es eine größere Dissonanz – und trotzdem finden es alle harmonisch. In der Woge der Klänge, die mit wilder Raserei in die Unendlichkeit stürmten und sich asymptotisch in die Spitzbogen der Wölbungen keilten, erhob sich Hela in einem weißen, durchsichtigen Gewande, das ihr geheimnisvolle, weißgekleidete Mädchen vorher übergeworfen hatten. Die Gnade des Glaubens war auf sie gekommen – scheinbar würde ihn nie mehr etwas erschüttern. Mit einer fast weiblichen Hellsicht für den Augenblick erfühlte Pfarrer Hieronymus ihren Zustand, und mit der Naivität einer außerirdischen Vision strahlte er ganz und gar im Triumph seines Sieges. In diesem Moment dachte er gar nicht an die materiellen Profite dieser »Transaktion« mit Gott. Er betete dankbar und voller Aufrichtigkeit, was ihm leider immer seltener passierte. Die Menge der verschiedenen Juden glotzte darauf wie auf einen magischen Hokuspokus von ihnen feindlichen Kräften. »Was in diesem Moment der den beiden gegenseitig undurchdringlichen Welten gemeinsame Gott wohl dachte? Dieses Problem hat niemand außer mir beachtet«, dachte Atanazy. Voller Mitgefühl vertiefte er sich in den quälenden Zwiespalt dieser für ihn nicht existierenden und doch so realen Macht, die über den Horizont der grauen Bestimmungen der Menschenmasse hinausging. In den düsteren Strahlen dieses Gedankens erschienen ihm Ramses II. und Napoleon armselig, wie auch die Religion und der ganze Individualismus im Leben und in der Kunst. Der Ameisenhaufen der künftigen Menschheit, die Ansammlung von Automaten, die sich irgendwo am Boden dieses herrlichen Rests (angesichts dieser Tatsache aber eines wirklich herrlichen Rests?) von Vergangenheit verbargen, türmte sich vor ihm zu gigantischen Ausmaßen. Es war eine Komödie, ein kurzes Aufblitzen von Mächten, verbraucht für gegensätzliche, sie überfordernde Zwecke. Die menschliche Gemeinschaft, diese künftige, graue und langweilige, wuchs in seinen Gedanken inmitten kosmischen Staubs der Sonnen in der Unendlichkeit des Raums zu dem einzigen realen Wert. Dieser Gedanke löschte alle Farben der angeblich großartigen Epoche, angefangen von den Höhlenbewohnern bis zur Französischen Revolution. Das Hin und Hergezerre einer Bande von individualistischen Mißgestalten vor dem Hintergrund einer leidenden Viehmasse, die noch nicht fähig war, sich zu organisieren, erschien ihm als der Gipfel komödiantischer Erbärmlichkeit. »Dennoch haben sie die Welt auf eine andere Weise erlebt. Sogar Napoleon trotz seines Kompromisses . . . Doch was geht uns das an? Ist in diesem Falle ein einziger Augenblick aus dem Leben des Jędrek Łohoyski nach fünf Dezigramm Kokain mehr wert als das ganze Leben der Menschheit?« Die Widersprüchlichkeit und Inkommensurabilität dieser Welten, mit dem deutlichen Übergewicht des objektiven, notwendigen Sieges der fortwährend wachsenden organisierten Masse über das Individuum, das sich in seiner Begrenztheit wie in einer Zwangsjacke hin und her warf, wurde geradezu erschreckend. Und trotzdem lag angesichts der unvermeidlichen, wenn auch unbewußten Niederlage die wirkliche Tragik auf dieser Seite. »Nach fünfhundert Jahren wird es vielleicht schon keinen Menschen dieses Stils mehr geben, die glücklichen Automaten werden nicht einmal die Bücher früherer Zeiten verstehen, denn die in ihnen enthaltenen Worte werden für sie Zeichen ohne Bedeutung sein, mit keiner unmittelbar verständlichen Idee koordiniert – vielleicht werden sie uns so betrachten wie wir heute die Totemisten in Australien.« Mit solchen Gedanken rechtfertigte Atanazy seine eigene Nichtigkeit vor sich selbst.

Hela ging im Triumph durch die Kirche. Eine heilige,

durchsichtige Maske auf ihrem Gesicht, diesem Gesicht eines bösen, gequälten Dämons, machte aus ihr eine Erscheinung von unglaubwürdiger Schönheit. »Dieser letzte Schuß war trotzdem gut. Hätte dieser Esel nicht geruckt (sie dachte an ihren roten Browning wie an ein lebendiges, ihr nahestehendes und undankbares Geschöpf), so gäbe es das alles gar nicht: nicht diese Kirche, nicht Wyprztyk, nicht die Taufe, nicht diesen Atanazy, der aus Begierde nach meinem Körper verblödet ist – nichts gäbe es.« Zum erstenmal (jene Vision am Tage der Bekehrung war nichts im Vergleich damit) empfand sie gleichsam greifbar die unbegreifliche Idee des Nichtseins. Und die Dankbarkeit für dieses kleine, rote, ungehorsame Geschöpf dort in der Schublade ihres Nachttischchens füllte ihre Augen mit einer heißen Woge von Tränen, die von irgendwo unter ihrem Herzen herkamen. Das Leben kehrte zurück: dieses geliebte, schreckliche, scheußliche und dennoch so nahe Leben. »Ich werde seine Geliebte sein, ja, ich werde es sein . . .« dachte sie mit einem neuen Gefühl an Atanazy und erschrak über die an diesem heiligen Ort zum erstenmal in Gedanken begangene Sünde. »Nein, nein, niemals«, log etwas verbissen in ihr. Und gleichzeitig lachte in ihr ein ganz Fremder frech und zynisch. »Der Satan«, dachte sie. »Er hat ihn noch nicht völlig aus mir vertrieben, der arme Pater Hieronymus.« Prepudrech existierte für sie überhaupt nicht. Er lehnte noch dort am Pfeiler, schön wie ein echter Prinz auf einer persischen Miniatur, ohne sich von der Stelle rühren zu können, als sie an ihm vorüberging – wie ein Dämon der Vernichtung in der Krone einer Heiligkeit, die ihrem ganzen Wesen, ihrem Glauben fremd war. Die Dosis der Erlebnisse war entschieden zu stark. »Wie halte ich das bis zum Abend aus, und wie werde ich dann die Nacht aushalten. Ich werde bestimmt vorher sterben – es sei denn, ich besaufe mich wie ein Schwein, um nichts zu denken, um keinen Preis etwas zu fühlen.« Und der morgige Tag stand vor seinen gebrochenen Gedanken noch drohender da als diese höllische Nacht, nach der er sich sehnte und die er zugleich bis zum Wahnsinn fürchtete. Wie konnte er ihr überintelligentisiertes Gehirn ertragen, mit seinem Minihirn eines gewöhnlichen aristokratischen Bubis? Wie ihr ein erotisch reines Glück in dieser ganzen Komplikation geben, die den mächtigsten Stier zur Impotenz brächte? Helas Bewußtsein erwachte plötzlich vor Atanazy, der in der ersten Reihe des Spaliers zwischen irgendwelchen schrecklichen Potentaten jüdischen Kapitals stand, das nun, durch die Taufe von Bertz, in ungeheuerlichen Machenschaften Anknüpfung finden sollte an andere Anhäufungen desselben Kapitals, das sich in den Händen mächtiger Gojim des Westens befand. Einerlei – wenn nur das Geschäft geht, und vielleicht einmal... Aber vielleicht ist das eine Illusion? Graue Oliven auf Palästinas Höhen und silbrige Weiden an der stillen Weichsel, überwuchert vom Gewimmel jüdischen Elends, und die Rothschilds, Mendelssons und Bleichroeders (aber vielleicht ist Bleichroeder kein Jude – wer weiß das mit Bestimmtheit –, vielleicht ist er einer von jenen, die das nichts angeht und die das gar nicht verstehen) – das alles zusammen, verflochten in die weltweite Konzentration der Industrie und der mit ihr fortschreitenden Organisation der Massen, und die Vision eines jüdischen Staates in den Gehirnen bestürzter Gojim, Freimaurer, Dancings und Giftgase und der Osten, dieser echte, wahrhaft geheimnisvolle Osten, der von der übrigen Welt schon durch die dünne Schicht des russischen Kommunismus abgetrennt war, dieses Kommunismus, der hier und da seine Fangarme nach dem Westen ausstreckte –, das alles zusammen ging durch Atanazys geplagten Kopf, während seine Augen sich auf »sie« hefteten, auf diese Blume weiblicher Bestialität, die auf ebendiesem Morast gewachsen war. »Diese Bestien degenerieren nicht so rasch wie wir. In der grauen Masse des Gesellschaftsameisenhaufens werden wir vielleicht einmal einander gleichen – doch jetzt haben sie das Übergewicht gesunder Kraft. Eben dadurch organisiert sich die Inversion so fieberhaft, daß sie normale Pornographie in der Kunst verurteilt«, vermochte Atanazy noch zu denken, bevor er in den lazurenen, von unirdischem und dennoch sinnlichem Feuer brennenden Abgrund dieser auf der Welt einzigartigen Augen stürzte. »Warum wehre ich mich vor ihr – mein Leben ist ohnehin nichts wert. Oh, warum bin ich in diesem Augenblick kein Künstler – ich würde alles in ein paar Tönen rechtfertigen, in armseligen Schmierereien, und ich wäre glücklich.« Hela wurde von einem Schauder der Scham überlaufen, und ihre Seele entflog zusammen mit den Klängen der Orgel und schlug mit wilder Begierde nach Endlosigkeit an die Grenzen des Weltalls. »Nein« – dachte sie naiv – »dies Leben, das Er mir geschenkt hat, dort im Himmel, an den ich glaube, dieses Leben muß rein und erhaben sein. Ich schenke ihn der armen Zosia, und aus Azalin werde ich einen Menschen machen.« Der arme Prepudrech wäre vor rein intellektuellem Schreck gestorben, hätte er ihre Gedanken erraten können. Er nahte jetzt schwankenden Schritts, bewegt von wiederauflebender Eifersucht.

»Warum ist Zosia nicht gekommen?« fragte Hela. »Ich mag sie so gern, möchte so sehr, daß wir in wirklicher Freundschaft einander verbunden wären.«

»Ich auch, ich will nicht . . . ich denke an etwas ganz anderes – das läßt sich nicht ausdrücken«, stammelte Atanazy.

»Ich weiß: Sie möchten, daß wir beide . . . Genug – hier ist ein heiliger Ort. Ich erwarte euch zum Déjeuner um halb zwei.« Dieses Gespräch war in seiner Gewöhnlichkeit sonderbarer als alles, was vorher geschehen war. Der gewöhnliche Tag, mit dem sich der Abgrund des Daseinsgeheimnisses bedeckte wie ein Morast mit der verräterischen Hülle von Wasserpflanzen, erhielt plötzlich eine neue Dimension, nicht metaphysischer, sondern rein vitaler Seltsamkeit. »Das ist diese Seltsamkeit, von der normale Menschen in besonderen Momenten leben, ohne jede religiöse Ergriffenheit – diese Seltsamkeit, die ein Offizier empfindet, wenn er einem Mädchen auf der Balalaika vorspielt (warum gerade diese Kombination?), ein Bankbeamter auf einem Dancing, eine verdächtige (immer dasselbe) Ehefrau in der nach schlechtem Tabak und miesen Parfums riechenden Garçonnière eines armen Dancing-Bubis – diese Seltsamkeit dritter Klasse, die in allen Romanen zu finden ist, mit Ausnahme von Micińskis *Nietoty*. Nein – es sollen sich ruhig entsetzliche Dinge tun, aber in den Ausmaßen der echten Metaphysik. Also Husserl lesen oder Russell, und nachher irgendwen vergewaltigen, denn der Geschlechtsakt an sich ist das Allerseltsamste und in allen Religionen mit Ausnahme der sehr ursprünglichen mit Ritualen verbunden. Was bleibt anderes übrig? Priester werden, oder was?«

»Ja, wir kommen bestimmt. Zosia war am Morgen beim heiligen Abendmahl, nachher wurde sie müde, darum ist sie nicht gekommen. Also heute um sechs Uhr?«

»Ja – wir treffen uns wieder hier.« Das Gespräch brach ab. Sie fühlten beide, daß sie identisch dasselbe wußten, nur sie beide allein, hier und auf der ganzen Welt, schon außerhalb von Gewöhnlichkeit oder gar Sonderbarkeit. Es begann eine neue Große Liebe, auf Unrecht und den Qualen anderer gewachsen – darin lag ihr ganzer Wert und Preis. Atanazys unterbewußter psychischer Sadismus, verbunden mit seinem physischen Masochismus, verlieh dieser Kombination einen satanischen Zauber. Es lag ein Gegensatz darin. Das befriedigte beider Ambitionen. Sie wurden durch eine gemischte Menge von Semiten und Gojim getrennt – gesondert gingen sie hinaus: er allein, sie am Arm des Verlobten.

Das Déjeuner bei den Bertzen, bei dem ganz unglaubliche Gerichte serviert wurden – für die Beschreibung würde man ein eigenes Buch brauchen –, fand in düsterer Stimmung statt. Die Nachricht von dem für morgen geplanten Staatsstreich verdarb sogar den größten Optimisten die gute Laune. Bertz selbst hatte sie der Versammlung vertraulich mitgeteilt, denn er hatte Zugang zu den sichersten und schnellsten Informationen. Angeblich wurde diese Demonstration von der extrem rechtsgerichteten Fraktion der Sozialisten veranstaltet, doch steckte die militärische Partei des Generals Bruizor dahinter. Einer der Alten sagte:

»Meine Herrschaften – das ist so sicher, wie 2 × 2=4 ist. Eine bestimmte Partei macht einen Staatsstreich – natürlich die konservativste von den revolutionären – von Faschismus ist bei uns keine Rede. Am Anfang einer solchen Geschichte hat sie in dem bestehenden Parlamentskörper freilich mehr Stimmen hinter sich als alle anderen, aber nur wenig aktive Vertreter in der sozialen Gemeinschaft. Ein solches Abenteuer bringt die ganze Gesellschaft aus dem Gleichgewicht, vor allem die Armee, die von jetzt bis zum nächsten Staatsstreich weit empfänglicher für Agitation und undisziplinierter wird. Die unzufriedene und sich in der Minderheit befindende radikalere Partei tut dasselbe, denn die allgemeinen Grundsätze aller sozialistischen Parteien gestatten nicht die Anwendung allzu starker Repressionen gegenüber radikaleren Parteien.«

»Eine Ausnahme machen die Kommunisten, Herr Baron«, warf jemand ein.

»Ja«, sprach dieselbe Stimme weiter, »weil sie die letzte Partei sind, die die größte Zahl der ungebildetsten Masse hinter sich hat und keinen mehr findet, den sie unterdrücken kann – das heißt nach oben hin wohl, nicht aber nach unten –, sie sind die Letzten. So, wie ein Stein von oben nach unten fällt, so muß dieser Prozeß der Vergesellschaftung der Menschheit auf ebendieser Linie verlaufen. Das Ergebnis der Versteigerung steht fest.«

»Aber die Kommunisten ziehen sich zurück.«

»Gewiß – vorläufig. Schwankungen und Wenden sind unvermeidlich. Die ganze Welt besteht aus Schwingungen. Aber es gibt auch ein Gesetz vom Wachstum der gesellschaftlichen Energie – nicht alle Prozesse sind umkehrbar. Die Breite der Amplitude dieser Schwankungen hängt von der Kultur der gegebenen Gesellschaft ab.«

»Also sind Sie ein Kommunist, Herr Baron«, lachte jemand heiter.

»Ich bin ein Erzbourgeois, der nur klar sieht, was geschehen muß, und der den Kopf nicht in den Sand steckt...«

Atanazy trank mit Łohoyski Cocktails am Buffet. Wie kam dieser verfluchte Tempe hierher? Er kam ihnen nicht nahe, als wäre er beleidigt, sondern unterhielt sich mit einem geheimnisvollen Herrn mit Zwicker, den niemand außer ihm und dem Hausherrn kannte. Man flüsterte sich zu, er wäre einer der größten geheimen Fische in einer der umstürzlerischsten Parteien – dieser vorletzten, nach der Theorie jenes Herrn. Warum war er bei dem Déjeuner bei den Bertzen? Auf einmal trat Tempe zu Hela, die hereinschaute, als suche sie jemanden. Sie freute sich, als sie ihn erblickte, dann tranken beide irgendwelche seltsamen Getränke: Hangdogs und Buiterzangs (oder etwas Ähnliches), die ein echter Malaie mixte und dabei zwischendurch mit einer prächtigen Kobra spielte, die er um seinen Hals gewickelt trug. Dann trat Prepudrech zu ihnen, und Hela behandelte ihn mit raffinierter Zärtlichkeit. Zu ihnen gesellte sich jener Parteimann. Atanazy sah alles von weitem und begoß sich das Gehirn mit immer größeren Dosen von Alkohol. Zum erstenmal aß und trank er bei den Bertzen. Wahrlich, das Fressen war wundervoll.

»Was kann Sie mit diesem Tempe verbinden?« fragte er Hela und hielt sie fest, da sie ihm entwischen wollte.

»Wir sind früher miteinander zu geheimen Vorträgen gegangen, die einer der hiesigen nihilistischen Nivellisten hielt. Ich mag seine Sorglosigkeit und seinen tierischen Reiz.«

»Der Reiz eines dreckigen Tiers in einem Käfig.«

»Vielleicht wird er zum Tier, wenn er zur Macht gelangt. Das ist eine schreckliche, verborgene Macht. Der einzige Mensch, den ich ein wenig fürchte. Ich habe heute keine Zeit für Sie – das ist ein gewöhnlicher Tag: Sie sind ein Dessert, nur für Feiertage.« Sie krümmte sich vor Schmerz, da sie den durchschossenen Arm zu heftig bewegt hatte, und verschwand in der Menge der schwarz-weißen Männer.

»Was für eine Melange, was für eine Melange«, wiederholte Atanazy laut und stopfte einen Bissen von gebratener Gorgondilia mit rohem Frick auf Mankanila-Pumpernickel in seinen schönen Mund. Eine fatale, träge, zersetzende Eifersucht befiel ihn. Er schluckte sie mit dem Bissen zusammen hinunter, spülte mit einem Glas Djewe-Wein nach und fühlte, daß er genug hatte. Der Alkohol rauschte in seinem Kopf, der von der mit rasender Geschwindigkeit zunehmenden Wirklichkeit anschwoll. Er war Hela böse, mit diesem sexuellen, unerträglichen Zorn – sie hatte die anderen lieber als ihn, wo er sich doch absichtlich betrunken hatte (Alkohol schadete seinen Nerven sehr), um mit ihr zu sprechen, und Zosia der Obhut eines halb-aristokratischen Bubis überlassen hatte. Hela war für ihn plötzlich zu etwas Höherem und Unverständlichem geworden. Beschäftigt mit konkreten sozialen Fragen, mit der realen, technischen Seite des Problems (wovon Atanazy keine blasse Ahnung hatte), mit wirklichen Leuten in sozialer Tätigkeit redend, wurde sie ihm immer verhaßter, wobei ihr Zauber sich potenzierte. Er fühlte sich wie ein gekränktes Kind, dem man ein Spielzeug genommen hatte. Vor diesem Hintergrund schnellten Zosias Aktien in die Höhe. »Ich liebe sie, liebe sie«, flüsterte Atanazy halbtrunken. »In mir siegt das Gute. Ich will nichts mehr als nur in völligem Einvernehmen mit mir selber leben. Ich begehre keinerlei Außergewöhnlichkeiten. Nur man selbst sein, nur der sein, der man wirklich ist. Keinen verlogenen Doppelgänger in geistigen Sphären, die einem fremd sind, schaffen. Ich werde jetzt an mir arbeiten, intellektuell arbeiten – vielleicht werde ich etwas schreiben: so eine kleine Broschüre, eine kleine, aber wahnsinnig essentielle, die meine ganze Existenz rechtfertigen wird. Sich begrenzen und konzentrieren. Ein Leben wie in einer Schachtel, in einem kleinen Schächtelchen. Ich liebe Zosia – heute ist die Trauung – fliehen, und wir werden glücklich sein. Einmal im Leben – und dann geschehe, was will.« Aber die Zeiten waren dieser Art des Glücks nicht günstig. Ihm fiel der morgige Staatsstreich ein. »Es geschehe, was will, aber vielleicht erst ein wenig später«, korrigierte er den vorigen Gedanken. Trotz aller früheren Zustände und Theorien empfand er einen rasenden Abscheu vor allen Kämpfen und Umstürzen – er war in diesem Moment lediglich »ein fader Demokrat«. »Ruhe, nur Ruhe – was geht mich das alles an. Ich denke darum so, weil mir erst jetzt die materielle Unabhängigkeit bewußt geworden ist, die ich Zosia verdanke. Vielleicht habe ich sie deshalb vor einer Weile so sehr geliebt? O Gott! Wie doch der Mensch nie weiß, wer er ist! Alles machen die Umstände. Es gibt keine Umstände, die den Menschen nicht zur Vollbringung einer beliebigen Tat zwingen könnten. Heilige vielleicht . . . Man kann die inneren Dispositionen nicht ändern, es sei denn mit Hilfe von Narkotika. Ja – ich weiß nicht, was ich tun werde, falls ich Łohoyski nachgebe und Kokain schlucke. Aber im Moment liebe ich Zosia und schwöre, daß ich ihr nie untreu sein werde.« Alle Gefühle strebten in einem einzigen Elan nach oben, doch am Boden blieb eine scheußliche Schwäche, hängte sich an den Schweif jener hochstrebenden Masse und erlaubte ihr nicht, höher zu fliegen. Absolute Gewißheit vermochte Atanazy nicht zu erlangen, deshalb trank er während des ganzen Déjeuners weiter und fraß sich dabei unheimlich voll. Er sagte einer alten jüdischen Tante, neben die Hela ihn aus Bosheit gesetzt hatte, schreckliche Sachen und zweifelte immer mehr an sich selbst. Aber das machte ihm jetzt nichts mehr aus. Mit Wollust potenzierte er sogar seinen Sturz, und dieses Hinunterstürzen erschien ihm das eigentliche Wesen des Lebens zu sein. Wenn man immer so könnte – wäre das nicht das Glück? Nach dem Déjeuner suchte er Zosia auf, und bald gingen sie zusammen mit Frau Osłabędzka fort. Helas prachtvolles Auto trug wie ein Vogel. Zeitig ging die große winterliche Sonne unter. Eine satanische Lebenslust zersprengte Atanazy. Vor seinen trunkenen Augen modellierte das schräge, orangene Licht die Straßen zu den phantastischen Formen von Cañons. Nachdem er, betrunken, wie er war, Mama Osłabędzka vor einer Patience plaziert hatte, wußte er nichts mit sich anzufangen. Verstohlen schlüpfte er in das Zimmer der Verlobten. Sie stand halbnackt mitten in ihrem Mädchenzimmer, mit irgendwelchen Hochzeitsvorbereitungen beschäftigt – sie maß etwas aus oder probierte, den Flitterkram anzustecken. Wie ein wild gewordenes Tier warf Atanazy sie auf das Bett, und fast ohne sie irgendwo zu küssen, vergewaltigte er sie bestialisch – auf einen Schlag besaß er sie zweimal, trotz heftiger Proteste und stillem Gestöhne. Schwer atmend lagen sie da, von gesättigter Begierde zu einem Haufen Fleisches zusammengefügt. Und vorher hatte Zosia gesagt:

»Nein, nein, was tust du, küsse mich nur, ich will jetzt nicht – warum, warte, Mama wäre bekümmert – in zwei Stunden, nach der Trauung – ach, wie schlecht du bist«, hatte sie gestöhnt, sich bereits ergebend. (Und dennoch hatte ihr diese plötzliche Vergewaltigung eine wahnsinnige Wonne bereitet, trotz des Schmerzes und der Angst und noch etwas Schrecklichem, Unbekanntem.) »Ich hätte so sehr gewünscht, daß es danach geschieht. Und bisher warst du so lieb – ach – ach – du bist betrunken, das ist entsetzlich . . .«

»Ich muß, heute in diesem Moment, sonst werde ich nie dein sein – ich muß, muß, du mußt, wenn nicht, laufe ich von dir fort und komme um.«

»Das ist bestimmt diese Jüdin, diese Hela – oh, wie ich sie hasse! Tu, was du willst«, hatte Zosia geflüstert und sich ihm hingegeben.

»Nein – sie mag dich gern. Das ist es nicht. Das sind hundertmal tiefere Dinge. Du kannst es nicht wissen. Ich muß sofort mein Leben beschließen. Dieser Moment wird vergehen, und ich werde nie imstande sein, das zu vollbringen.« – Er hatte ihr den Mund mit einem schrecklichen Kuß verschlossen und sie mit einem Stoß von etwas Unaussprechlichem in die allergeheimsten Teile ihres jungfräulichen Körpers entwaffnet. Und nun lagen sie da: ein einziger Haufen von Fleisch und zwei Geister an den entgegengesetzten Grenzen der Milchstraße, vereinigt durch eine schreckliche, gedankenlose, große, ideale Liebe. Nachdem er Zosia Unrecht angetan hatte, schien Atanazy sich die Innereien herauszureißen zu wollen, ohne Hilfe von Händen oder Instrumenten, nur aus einem schrecklichen, reinen Gefühl heraus. Er liebte sie in diesem Augenblick sogar ohne jede Spur von Sinnlichkeit (kein Wunder), aber mit einer Intensität, die jede Fähigkeit zur intellektuellen Kontrolle ausschaltete und fast das Objekt des »Liebens« selbst vernichtete. Ein moralischer Jack the Ripper – ein psychischer Lustmörder. Zosia weinte still, gesättigt von einer ihr unbekannten Empfindung der Fülle aller Innereien, die beinahe an Ekstase grenzte. Nach einer Weile des Schmollens verzieh sie ihm, obwohl sie lieber als Halbjungfrau vor den Altar getreten wäre. Dennoch begann von diesem Augenblick an in Wahrheit alles Böse. Zum erstenmal hatte Atanazy Zosia als Antidoton gegen »jene« benützt. Nun waren beide bereits auf gleicher Stufe, wenn auch ihr Geliebter sich etwas anderes einredete.

Die Trauungen verliefen normal. Pfarrer Wyprztyk erteilte die Absolution, Atanazy aber enthob er überhaupt der Kommunion, die am nächsten Morgen stattfinden sollte, weil der Pönitent heute aus Vergeßlichkeit gefrühstückt hatte – er hätte bis sechs Uhr abends fasten sollen. Ein paar Kerzen, stille Responsorien, dem Anschein nach nichts Interessantes – die Trauung war möglichst bescheiden, ohne jegliche Assistenz. Das Publikum bestand nur aus Papa Bertz und Mama Osłabędzka, und die Zeugen waren Purcel, Łohoyski, Smorski und Tempe – letztere natürlich von seiten der Prepudrechs – Perversion und Snobismus. Im Herbst verendende Insekten, für eine Weile von wärmeren Strahlen der jeden Tag tiefer sinkenden Sonne zum Leben erweckt. Pfarrer Hieronymus, der infolge der Beichten aller Beteiligten alles zu wissen schien, zuckte nicht mit der Wimper, um die nahenden Ereignisse zu verhindern. Ein einziger Parameter in dieser Gleichung war falsch: Atanazy, der ihn unterbewußt und unwillkürlich völlig belogen hatte. Wie klein war doch das alles angesichts des aufziehenden sozialen Gewittersturms. Die Kerzenflammen schienen nicht vom Atemhauch und den Bewegungen der versammelten Menschen zu flackern, sondern aufgrund einer latenten Spannung, die den Raum mit Erwartung füllte. Das Licht, das sich am Hauptaltar kondensierte, wo die Zeremonie stattfand, erhellte nicht den ganzen Raum, dessen Stille mit gleichsam potentieller und monoton dröhnender Resonanz sogar in den feierlichsten Momenten etwas Schreckliches flüsterte, das aus unbekannten Gründen dieses Stück der Erde betraf. In den dunklen Winkeln lauerten unheilverkündende Schatten. Allen war es zum Weinen, so unheimlich war es, so unsagbar schlimm. Nur Pfarrer Wyprztyk allein strahlte und blickte mit Augen voller Güte auf die beiden von ihm gefesselten Gefangenenpaare: er glaubte daran, daß das Sakrament sie reinigen und ihnen neue Wege im Leben weisen würde. Sie aber fühlten, daß eine unmenschliche Gewalttat an ihnen begangen wurde, und sie wußten in diesem Moment nicht, in wessen Namen sie sich ergaben. Und wäre nicht die morgige Revolution gewesen und das Gefühl, es würde alles einstürzen, worin sie lebten, so wären sie vielleicht noch vom Altar weg, vor der endgültigen Gefangensetzung ausgerissen. Die ganze ewige Macht der Kirche zerdrückte und zermalmte sie zu einer einzigen kraftlosen, duldenden Masse. Sogar für den ungläubigen Atanazy war diese Trauung etwas metaphysisch Starkes, Unverwüstliches – zum erstenmal begann er den ganzen Dämonismus der Ehe zu begreifen. Aber war er nicht trotz seines Unglaubens tatsächlich ein Katholik, kein schlechterer als Hela Bertz? Prepudrech, hypnotisiert von dem Glauben seiner Verlobten, hatte sich ebenfalls bekehrt und erfüllte alles mit dem geistesabwesenden Ernst eines dressierten Tiers. Die seltsamen Bewegungen des von unten beleuchteten Pfarrers Hieronymus, karikiert von riesenhaften Schatten, trübten den Frieden der schlafenden Spitzbogen. Es war deutlich zu spüren, daß es sich hier um die letzten Todeszuckungen von etwas einstmals Schönem und Herrlichem handelte – aber auch darin lag noch eine schreckliche, unirdische Macht. Ein Priestergespenst vollzog in einer Gespensterkirche eine wirkliche Trauung an vier Gespenstern, an sterbenden Abfällen zweifelhaften Wertes aus der Vergangenheit. Unwiderrufliches senkte sich lastend auf die ganze Gesellschaft und preßte aus jeder Seele das Wesentlichste heraus. »Zwischen einer solchen Trauung und dem Tod ist kein großer Unterschied«, dachte der alte Bertz und sagte halblaut zu Frau Osłabędzka:

»Meinen Sie nicht, daß es besser wäre, diese Paare anders zu kreuzen: daß Ihre Tochter diesen Prepudrech heiratet und dieser berühmte Atanazy meine Tochter! He?«

»Was reden Sie da für Unsinn, Herr Bertz. Überarbeitung und Kräftemißbrauch haben Ihnen die Sinne verwirrt.«

»Nicht so sehr, wie Sie denken. Ein schreckliches Schicksal erwartet die vier in dieser Kombination, falls nicht die sozialen Veränderungen, auf die wir unabwendbar zustreben, ihre Psychologie grundsätzlich wandeln.« Frau Osłabędzka »fuhr auf« und wandte sich von diesem Alten ab, der mit seinen schwarzen Augen unbewegt in eine Kerzenflamme starrte. In diesem Moment erinnerte er sie eher an eine riesige Küchenschabe als an Beelzebub. Er begann darüber nachzudenken, wie man unbemerkt und unter Auslassung der ersten Etappe gleich in die Partei der bauernfreundlichen Sozialisten hinüberschlüpfen und im Fall eines darauffolgenden Umsturzes den Posten eines Ministers für Agrarreform einnehmen könnte. Er hatte in bezug auf diese Dinge originelle Konzeptionen: das jüdische Proletariat wollte er zu Kleinbauern machen. Er mußte unter den neuen Bedingungen irgendeine Art und Weise finden, seine Energie zu nützen; große Mengen seines Kapitals hatte er bereits ins Ausland verschoben. Schon lange hatte er davon geträumt, Staatsmann zu werden – der Moment schien günstig, diesen Traum zu erfüllen, falls nur die Revolution im zweiten Stadium haltmachte. In dieser Richtung mußte man alle Kräfte anspannen.

Endlich war die Zeremonie zu Ende, und die ganze Gesellschaft versammelte sich vor der Kirche. Der Frost hatte nachgelassen. Es blies ein südlicher, heißer Wind und jagte auf einem schwarzen Himmel zerfetzte Wolken, die vom rötlichen Widerschein der Stadt beleuchtet waren. In der ganzen Natur herrschte Unruhe, alles zerrte ungeordnet, fieberhaft irgendwohin. Die gleiche Unruhe teilte sich der ohnehin schon durch die Vorfälle enervierten Gruppe des gesellschaftlichen Abschaums mit, die in die Kutschen des alten Bertz verfrachtet wurde. In dem roten Palais sollte die Hochzeitsorgie stattfinden – vielleicht die letzte Orgie überhaupt. Der Alte hatte es schon während des Déjeuners aufgegeben, Tempe auf seine Seite zu ziehen. Tempe war unbeugsam – incorruptible. Doch mußte er ihn heute als Trauzeugen und als Gast beim Souper noch dulden. Seine »Freunde«, Atanazy und Jędrek, hatten nicht vermutet, was für eine wichtige Rolle dieser scheinbar unscheinbare, kleine ehemalige Offizier und mißratene Poet bereits spielte. Bertz besaß hinsichtlich der Menschen Intuition: im Fall, daß der nivellistische Umsturz gelang, sah er ihn bereits auf dem Gipfel der Macht und zitterte allein bei diesem Gedanken. Man mußte ihn um jeden Preis unschädlich machen. Der Grundsatz absoluter Freiheit, zu dem sich die Anführer des gegenwärtigen Staatsstreichs bekannten, machte jegliche Repressionen unmöglich, und nur darauf beruhte die Möglichkeit eines Erfolgs der Bauernfreunde.

Alles war morgen möglich (der Tod, die Plünderung des Palais und derlei Dinge), also heute noch schnell Muränen, Trivuten, Agamelin-Saucen und Murbien auf kalt (ein Wunder kulinarischer Kunst); Taftane süßsauer und Wein von der Insel Djebel-Cukùr und Cognac aus degenerierten Trauben des Rajah von Timor. Die Gäste fraßen und tranken unverschämt – die über den Köpfen hängende Revolution regte die niedersten (warum niedersten?) Appetite an. Der Fürst der Finsternis im Frack, mit allen Orden, präsidierte mit der Tochter, deren satanische Schönheit heute den Gipfel erreichte. Atanazy saß neben Hela, die wenig aß, aber dafür über das gewöhnliche Maß hinaus trank und ihrem Opfer immer neue Kombinationen der rarsten Alkohole der Welt einschenkte. Sie lächelte bestialisch und dachte: »Gerade auf dieser ganzen Pyramide der Heiligkeit irgendeine ungeheure Schweinerei begehen und morgen Wyprztyk kommen lassen, mit ihm offen über alles reden, sich demütigen, und nachher wieder dasselbe, und so fort, immer wieder dasselbe. Soll ich es ihm vielleicht heute noch sagen?« Sie blickte sich nach dem Pfarrer um, doch sein Platz war leer. Pater Hieronymus hatte für heute genug von der Wirklichkeit und hatte sich auf englisch gedrückt, oder schlimmer noch, weil während des Soupers, bei irgendeinem Toast. Atanazy trank düster weiter, zerfressen von immer schmerzlicherer Begierde. Er schielte von der Seite her auf die Prinzessin Prepudrech und erstarb vor unwahrscheinlichen Gelüsten. Was war denn schon alles, angesichts einer einzigen Locke ihres roten Haars auf dem weißen, sinnlichen Nacken, was die ganze Zukunft im Vergleich zu einem einzigen Quadratzentimeter dieser wundervollen Haut, deren Berührung einen schon um das Bewußtsein brachte? Oder dieser breite Mund und die Wolfszähne, die sich voller Grausamkeit in die zergehende Hyalisfrucht versenkten. Sein Blut erstarrte bis zum Schmerz, und Sehnsucht nach dem für immer verlorenen Leben ballte sich in Gedanken zu einer unverständlichen Konzeption eines frechen Betrugs. »Ich bin von mir selbst betrogen worden – es wird mir nie mehr gelingen, das Leben zuzukorken«, röchelte er lautlos in sich hinein. »Es sei denn, ich könnte Zosia jetzt gleich mit ihr betrügen – das wäre eine unvorstellbare Wollust. Dann hätte der Zwiespalt ein Ende, und ich könnte anfangen, sie wieder wirklich zu lieben – das heißt, wen?« fragte er sich selbst. – »Natürlich Zosia. – Sonst müßte ich sie hassen, weil sie mir den Weg zum Glück versperrt – Glück«, flüsterte er ironisch, »Unglück ist in mir selbst . . .« Aber diese Konzeption blendete ihn: die Ungeheuerlichkeit potenzieren, um sie desto tiefer zu überwinden. Mit einem Streich töten, mit einem Schluck alles fressen. Ein schrecklicher Appetit überfiel ihn, das ganze Leben kondensiert in einem einzigen kurzen, blitzartigen Gefühl haben zu wollen. Also einfach ständige Vergewaltigung? Über diesen Unsinn lachte er selbst. »Der Tod, allein der Tod gibt dem Leben diese Dimension der Macht, an der sich so unglückliche Kanaillen wie ich sättigen können.« Der Alkohol durchtränkte sein Gehirn wie einen Schwamm, brannte alle Kontakte durch, zerschmolz psychische Sicherheitsstöpsel – auf allen Linien gab es Kurzschluß. Die verbrennenden Lipoiden entblößten die gespannten, zuckenden Nerven. Die scheinbaren Spannungen waren einfach entsetzlich – in Wirklichkeit war Atanazy in diesem Moment schwach wie ein Kind. Hela beobachtete ihn aufmerksam, wie er so von innen heraus anschwoll, von den allergeheimsten, dunklen, blutigen Gedärmen her, wo der heiße, nasse, stinkende Korpus sich mit diesem kleinen Bauchnabel verbindet, aus dem dann wie Engel erhabene Gedanken geboren werden und alles: die ganze menschliche Welt. Diese Verbindung sprengen, sie so viehisch im Sturz zu haben, schwach im Übermaß und im Ansturm der Kräfte, sie beherrschen, vernichten, verschlingen, nicht zu erlauben, zu dieser unfaßbaren, veränderlichen Windmühle der Endlosigkeit zu werden. Diesen ganzen Strom natürlicher und künstlicher, aus der Gegensätzlichkeit entstehender Kraft auf sich lenken, selbst auf diese Stelle schlimmster Demütigung und schrecklichster Macht – Macht natürlich für so selbstquälerische mikrosplanchistische Nihilisten wie diesen Atanazy. Wenn man das verwirklichen könnte, wie man wollte, in einer anderen Dimension der Sättigungen, so würde das ganze Weltall platzen wie ein kleiner Ballon – zum Glück ist das unmöglich – wie der Zerfall der Atome, der – theoretisch – ungeheure Mengen von Energie freigibt. Ach – wenn doch er käme, der sie nähme, zermalmte und fortwürfe, dabei an etwas anderes denkend, an etwas Großes, das sie nicht begreifen könnte – ihm würde sie nachkriechen durch das ganze Weltall und auf den Augenblick des Ausruhens warten – nicht des Falls – nur so einer würde ihren unersättlichen Sadismus überwältigen. Vielleicht Tempe, wenn . . . Einstweilen blieb als einziger Atanazy. Er hatte Tempe voraus, daß er schön war und ihr besser gefiel. Aber hing es denn nur davon ab? »Es ist schrecklich, aber ich liebe ihn wohl. Wenn er betrunken ist, ist er psychisch so stark, wie er normalerweise sein müßte, um ›Feuer‹ zu sein.« Plötzlich rissen irgendwelche Vorhänge, und alles begann, wirklich zu geschehen: es begann ein psychologisches Schauspiel für ihren Gott, für diese Karikatur des wirklichen Gottes, den Pfarrer Hieronymus. Wenn dieser Seelenfänger wüßte, was für eine schreckliche Blasphemie er begangen hatte, indem er den Katholizismus in Helas dunkle Seele impfte, wäre er vor Verzweiflung gestorben, nie erlöst zu werden. Breit saß der Alte allein in seiner Proszeniumsloge. Gegenüber war die Loge des Teufels. Ab und zu wechselten sie Blicke, und in den Pausen sprachen sie über andere Dinge – Mathematik, Philosophie, Soziologie. Und auf der Bühne lag die ganze unendliche Welt in Qualen, und die Heiligen schauten von den ersten Reihen des Parketts des vierdimensionalen Zuschauerraums zu. Die Ungeheuerlichkeit dieses bescheidenen Bilds genügte für die Seele der zweiundzwanzigjährigen frisch bekehrten Katholikin. Sie erblickte auf dieser Bühne sich selbst, vergewaltigt von Atanazy, einem Halbtier von wundervoller Schönheit und Kraft. Und das ganze Parkett schaute zu, und Gott zwinkerte dem Teufel vielsagend zu. Dieses Bild erregte sie bis zum Wahnsinn. Dafür wurde in dieser bösen Seele der Glaube benutzt! Aber vielleicht war sie nicht böse, sondern nur unglücklich, wie dieser betrunkene Märtyrer, der an ihrer Seite saß? Hela dachte: »Metaphysische Unersättlichkeit, die nur teilweise in den Abfällen von dem Bösen, die der Teufel einem ab und zu zuwirft, Erfüllung findet. Und die Gesellschaft erfindet Fiktionen von anderen Sättigungen, sie bemüht sich anfangs, sie in der Dimension des Jenseits heilig zu sprechen – später, nach einer gewissen Dressur, gibt sie sich keine Mühe mehr, derart zu lügen – die verdummten Bürger sind ja ohnehin gut.« Einstweilen, faute de mieux, Souper bei Herrn Bertz. Alle erhoben sich und gingen hinüber in die Salons zu einem Mokka, der aus der Plantage des Rajah von Balampang selbst stammte (er hatte persönlich anwesend sein sollen, hatte aber nur Kaffee geschickt), und zu Likören, die aus Früchten eines Dutzends verschiedener Arten von He-He-Bäumen gemacht waren, mit einem Zusatz ätherischer Öle, welche die brasilianischen Fliegenfallen verstänkerten – (es gab auch normale Liköre, doch niemand wollte sie trinken).

Nachdem sie am Kaffee genippt und einen großen Perang von Camolli-Bemba mit drei Kringeln getrunken hatte, entschwand Hela in ihr »Mädchenboudoir«. Gleichzeitig (wie im Film) traf der stockbesoffene Atanazy Łohoyski an einem »gewissen Ort«. Jędrek, völlig narkotisiert, mit vom Kokain gepudertem Schnurrbart, stand bewegungslos da und starrte auf ein rotes Marmortäfelchen aus Neuseeland – nur auf dieses eine. Sonst existierte in diesem Moment die Welt für ihn nicht – das Kokain machte aus ihr ein unbegreifliches Wunder. Dann wollte er Atanazy vergewaltigen, doch dieser lehnte entschieden ab und klagte darüber, daß er zuviel getrunken habe und nicht wisse, was er mit sich anfangen solle. »Da hast du Koks«, sagte Łohoyski zärtlich, »nimm ein bißchen – du wirst sofort nüchtern.« Und er hielt ihm ein Glasröhrchen mit weißem, glitzerndem Pulver unter die Nase. Ein paar leere Röhrchen trieben sich bereits in seinen Taschen herum. »Werde ich bestimmt nüchtern? Nichts weiter?« »Selbstverständlich. Nimm wenig«, sagte schlau der gerissene Kokainsüchtige: alle zu dem Gift zu überreden, war seine Manie, wie übrigens die aller »Drogisten«. Atanazy nahm eine Prise – beileibe nicht als Narkotikum – lediglich als ernüchterndes Mittel. Und er wurde tatsächlich nüchtern. Irgendein karbolartiger Geruch – und Klarheit im Kopf. Doch eine etwas andere . . . Seine Nase wurde hölzern, und er empfand eine angenehme Kühle. O ja – etwas anders erschien ihm die Welt, das heißt: Jędrek und zunächst der »gewisse Ort«. Irgendwie war allem die Tragik genommen. Oh – es war entschieden gut. Jetzt könnte man mit Hela sprechen. Das ist nichts Schreckliches, dieses berüchtigte Kokain – ein leichtes Antidoton gegen Alkohol. Er hatte gerade soviel genommen, daß die zwei Gifte sich gegenseitig kompensierten, mit einem kleinen Plus seitens des Kokains. Die Seltsamkeit potenzierte sich noch eine Weile – dann hielt sie an, und es war nur noch wohlig, sehr wohlig. Die ganze vorherige quälende Stimmung war verweht wie der Flaum einer Pusteblume. Atanazy floh vor dem ihn umschmeichelnden Łohoyski. Alles stellte sich irgendwie anders dar. Er begann, Hela zu suchen, und fand sie irgendwann in ihrem Zimmer.

Und währenddessen (wie im Film) hatte sich Hela, ein wenig beschwipst, auf das Kanapee hingelegt und gedacht: »Ich bin sicher unfruchtbar, denn nach so einer Nacht wie damals mit Azio . . . Jetzt – Salome ruft den heiligen Johannes. Er muß sehr behaart sein. Wie ist das? Nur er. Mag er sein, wie er will. Heute, gerade heute.« Ein Sturmwind, ein südlicher, hei-ßer – »derselbe« wie damals vor der Kirche nach der Trauung –, heulte im Ventilator auf. Hela empfand Freiheit und Selbstsicherheit, wie sie ein Jaguar im Dschungel haben könnte und sicherlich hat. Sie spannte ihren Willen an bis zum Bersten, bis zum Zerreißen der Ganglienverbindungen. Nach einem Augenblick Warten, der vor Willensanstrengung beinahe von selbst platzte, geschah es. Atanazy kam herein mit dem Schritt eines bösen Tiers. Er machte einen nüchternen Eindruck. Unheimliches Feuer flammte in seinen grünen Augen, die riesigen Pupillen leuchteten wie bei einem Kater im Dunkeln mit dem roten Purpur des Augeninneren, als er neben der Lampe an ihr vorbeiging. »Ach – wäre er doch dazu ein wirklicher Fürst oder ein berühmter Künstler. Doch man soll nicht zuviel verlangen – nein. Nehmen, was da ist, nehmen, nehmen.« Diese Augen waren überbewußt, unheilvoll, brennend, eher versengend und böse – und dennoch begehrten sie Leiden, physischen Schmerz, und die dahinter verborgene Seele folterte sie mit ihrer Unerfaßbarkeit, mit dem verheimlichten Verrat, mit der Lüge. Das war dieser einzige – »der Fürst der Finsternis«. »Wenn er wirklich so ist, werde ich wohl vor Wonne sterben, ich werde das nicht überleben – das in das. O Gott! Was sind schon angesichts einer solchen Liebe Trauungen, gegeben noch dazu von Dienern, die Deiner unwürdig sind. Ja – das ist Liebe.« Gotteslästerungen erregten sie noch mehr. Atanazy stand schweigend da – (prachtvoll sah er aus in dem neuen Frack. Gewisse Verformungen waren zu sehen . . .) Hela hob die Beine empor und streifte ohne ein Wort das allerwundervollste Super-Höschen ab.

»Hier hast du mich«, sagte sie mit ihrer schrecklichen, aus dem Inneren kommenden Stimme. »Auf der ganzen Welt verstehen nur wir beide das eine, das in das, und alles andere: als Symbol, als gemeinsame Macht, als Ausbruch des persönlichen, einheitlichen Geheimnisses, nicht als niederträchtigen Kampf von Tieren – das ist Liebe, und nicht deine sentimentalen, jungmädchenhaften Schwärmereien.« Sie log frech, sättigte sich an seinem Sturz, glaubte an alles hoch und heilig, demütigte sich vor seiner Macht – einer illusorischen oder wirklichen Macht – einerlei – »wie eine Königin mit einem Lakai«, dachte sie noch. Und gleich danach: »Warum gerade er – ich könnte ja auch irgendeinen Fürsten von Geblüt. Warum ist es diese elende Puppe und nicht ein anderer?« So ist die Liebe . . . Atanazy stürzte auf sie wie ein Turm, der eine 42-cm-Granate verschlungen hat, und mit einem unaufhaltbaren Stoß, mit einem blutigen Aufwallen irgendwo tief unter dem Herzen nagelte er sie an sich, erstürmte er sie für immer. Und die eben ausgesprochene Lüge wurde für eine Weile zur Wahrheit. Das war Wollust. Wie eine Maschine besaß er sie zweimal, unersättlich, gewaltsam. Er überlegte nicht einen Moment, ob sie jungfräulich war oder nicht. Und mit dem Schmerz eines schrecklichen Abscheus und Triumphs, mit dem Gefühl einer unerträglichen, alles zersprengenden Lust gab sie sich bereits der künftigen Buße hin. Noch wußte sie nicht, was sie tun sollte, um glücklich zu sein – sie kannte sich nicht – hatte ihren Sadismus noch nicht ausgelotet. Nein – für sie gab es keine Liebe auf dieser Welt. »Was für ein Unglück, so zu sein«, dachte sie voll tiefen Selbstmitleids. Und dennoch lag auch darin etwas, was ihre bisherigen Erfahrungen überstieg. Aber noch war es nicht das, nicht das. »Ich muß ihn quälen und viele andere gleichzeitig haben« – ja, das war vielleicht eine Lösung. Jetzt erst verspürte sie Schmerz in dem verwundeten Arm. Für Atanazy, in seiner leichten Kokainisierung, war das schon der Gipfel. Nicht einmal im entferntesten hatte er sich so etwas vorgestellt.

Man vernahm das Öffnen einer fernen Tür. Hela stieß ihn von sich und schob ihn ins Schlafzimmer. Sie hörte ihn in das Badezimmer gehen. Sie ordnete gerade ihr Haar vor dem Spiegel, als ihr Papa hereinkam. Das Höschen lag auf einem Fauteuil. Er bemerkte es nicht.

»Es hat schon angefangen. In den Vorstädten ballern sie bereits. Bruizor attackiert die Stadt konzentrisch. Vier Regimenter haben sich ergeben. Und was ist das«, fragte er, ein Plätschern vernehmend.

»Józia wischt die Wanne. Und was würdest du machen, Papa, wenn ich als einfache Konsequenz des Christentums, nicht des Katholizismus, den Kommunismus wählen würde?«

»Das habe ich heute selbst gedacht, während ich mit diesem Tempe sprach. Das ist eine Kanaille! Aber ich habe an mich gehalten und bin bereits bauernfreundlicher Sozialist geworden. Das muß einmal kommen. Ich muß mich bis zu Ende erleben, etwas Großes schaffen, und das ist nur dort möglich. Verstehst du? Und wie steht es mit dem Arm?«

»Ich verstehe – zwischen uns kann es kein Mißverstehen geben. Der Arm ist in Ordnung – tut etwas weh, aber nicht sehr.«

»Ich liebe dich, Hela – dich allein«, flüsterte die Beelzebub-Küchenschabe, umarmte die Tochter und drückte sie wild an sich. »Mit dir werde ich nie wie König Lear sein – sollte ich auch alles verlieren, du allein wirst mir bleiben – als Frau Prepudrech, oder als eine andere – das ist mir ganz gleich. Und wenn das andere kommt, sei, was du willst. Wie dein Dämon dich heißen wird. Nur eines – das war das letzte Mal? Nicht wahr?«

»Ich liebe dich auch, Papa. Du allein verstehst mich. – Nie mehr – ich schwöre es.«

»Ein Ehegemahl wird für dich immer nur eine Beigabe sein. Du bist wie eine geistige Amazone in einem metaphysischen Land.« Er küßte sie auf die Stirn und eilte in die Salons.

Atanazy erschien in der Tür des Schlafzimmers. Auf seinem Kopf sträubte sich nasses Haar, der Blick war bewußt, aber unerhört wirkungsvoll auf »schön tragisch« gemacht, der Mund zusammengekniffen in »schönem Schmerz«. Schon hatten sich Gewissensbisse auf ihn geworfen, die potenzierte reine Liebe zu Zosia. Aber das Ganze ließ sich auch etwas anders darstellen: als Notwendigkeit, mit der man sich abzufinden hatte. Auch darin lag etwas Schönes. Daß er sie fast mit Gewalt vor der Trauung genommen hatte, schien ihm jetzt als ein Verbrechen, für das es keine Strafe gab. Und dazu dieser köstliche Verrat. Aber auch das vereinigte sich mit allem zu einem düsteren, harmonischen Ganzen. Wie in einer früheren Kunstauffassung des Lebens, zur Zeit der unglückseligen Anwaltslehrpraxis, noch bevor er seine Frau kennengelernt hatte. »Frau« – er wiederholte in Gedanken dieses sonderbare Wort, und ein Schauer der Angst überlief ihn. Dieses Wort blieb nicht in seinem Hirn stecken.

»Bitte kämmen Sie sich und richten Sie Ihre Krawatte«, sagte Hela kalt wie zu einem Lakaien. Er verschwand im Schlafzimmer und blieb ratlos stehen. »Links vom Badezimmer, Tölpel – die Tapetentür!« schrie sie. Empfindungslos gegen Kränkungen (auch eine Novität), ging er wieder ins Schlafzimmer. Hela wand sich auf dem Kanapee wie eine Anakonda mit ihrem rothaarigen Kopf, sie dachte – immerfort dachte sie, verflixt – das war ihr schlimmster Fehler. Vor allem fürchtete sie gar nicht, daß jeden Augenblick Azalin hereinkommen könnte. Er existierte für sie überhaupt nicht: sie fühlte sich weder als Prinzessin noch als Ehefrau, keinen Augenblick. (Von weitem hörte man die Klänge des Orchesters, wie aus einer anderen Welt. Dort tanzte man, dort amüsierte sich ihr dancingbubihafter Ehemann – darin war er Meister – das mußte man ihm lassen.) Oh, wie eklig war ihr jetzt dieser Atanazy, und trotzdem war er der einzige auf der ganzen Welt. Sie fühlte in sich das scheußliche Brandmal einer einzigen Liebe. Mag er scheußlich sein, schwach, gefallen – es hilft nichts: er war es, dieser wunderschöne Luzifer, der sie in einer Mondnacht auf sechs Flügeln ins Land des Bösen und der Lust getragen hatte. So oder ähnlich schreibt irgendwo Miciński: »Wo aber ist zwischen uns Güte, Aufopferung, gegenseitiges geistiges Verstehen, wo Seelenfriede, diese gewöhnliche Beruhigung, dieses Hingehören in eine kleine Ecke, da die Welt ein einziges, großes Futteral zu sein scheint, das dieses einzige (außer diesem gibt es wirklich nichts) Glück birgt. Statt dessen qualvolles Ringen zweier metaphysisch ungesättigter Wesen und fortwährendes Schwanken der Werte auf der auf und ab tanzenden Waage der eigenen Widersprüche.« Das konnte ebenso langweilig werden wie alles andere. Ich bin neugierig, ob er genauso, nur umgekehrt? Und dennoch ist das bestimmt das tiefste Wesen meines Lebens. Es gibt doch Menschen, die ohne Qualen zugrunde gehen, wie Fische ohne Wasser. Und wenn das Leben selber ihnen diese Qual nicht liefert, erschaffen sie sie für sich und für andere unschuldig leidende Personen. Hieronymus werde ich alles detailliert erzählen, werde ihn mit der Beschreibung der Lust und der gesättigten Begierde foltern.« Atanazy kam wieder aus dem Schlafzimmer, gekämmt, gepudert, wunderschön. Das vollbrachte »Verbrechen« verlieh ihm eine neue Dimension (ja – nicht Ausmaß: das ist ein allzu gewöhnliches Wort) der Erhabenheit. »Komm mir nicht nah!« – (Er dachte gar nicht daran) – schrie Hela. Er blieb stehen und stand leicht zum Ausgang geneigt, wieder in den Panzer jener Empfindungen geschmiedet und in noch etwas Neues: Coco. »Wenn sie es Zosia sagt, werde ich schwören, daß sie eine pathologisch lügende Hysterikerin ist, die sich rächt, weil ich sie abwies. Sie weiß nichts, womit sie beweisen könnte, daß es anders war.« – »Fort!!« schrie Hela weiter. »Wage nicht, dich wieder bei mir sehen zu lassen, du Bauer! Ein schwacher Bauer! Brr! – abscheulich! Du sollst mich erobern, verstehst du? Und wenn du nicht weißt, wie man das macht, dann fort mit dir für immer.« Atanazy verstand sie ganz und gar nicht.

»Aber ich weiß es ja«, sagte er kalt. »Sie möchten, daß ich so spreche, wie ich jenes mache, und daß ich jenes mache, wie ich spreche, und daß alles gleichzeitig geschehe und faktisch das eine das andere wäre. Ich drücke mich populär aus. Mich erinnert das an den berühmten Humbug Bergsons – und Bergson ist ja Jude – von der Gallwespe und der Raupe: wenn diese Gallwespe von der ganzen Welt so dächte, wie sie die Raupe ansticht, wörtlich dächte, wie sie ansticht – bitte zu probieren –, und sie dabei aus welchen Gründen auch immer in diesen Nervenknoten trifft, den sie um der Zukunft der Arterhaltung willen treffen muß, dann würde sie das Wesen des Daseins erkennen. Ist denn zwischen diesem und dem, was wir vor einer Weile getan haben, ein Qualitätsunterschied? – Es sind einfach instinktive Tätigkeiten. So zu denken ist aber eine absolute Unmöglichkeit. Nicht einmal uns selbst haben wir darin gegenseitig erkannt, und was soll man erst vom Wesen des Daseins sagen. Ich verstehe Sie gut. Sie sind sehr unglücklich – Ich auch«, fügte er mit wirklicher Traurigkeit hinzu. Oh, war er schön! Und diese Schultern und alles . . . Sie änderte den Ton.

»Wissen Sie, daß in den Vorstädten schon gekämpft wird? Papa hat es mir gesagt – Bruizor hat die Regierungstruppen angegriffen.« – »Ich bin noch zu schwach für ihn. Wo hat er diese Kraft her? Vielleicht liegt es auch an mir. Er hat einen Zauber auf mich geworfen.«

»So? Das ist wunderbar. Endlich werden wir alle erleben, was wir wirklich sind. Ich gehe Zosia holen. Man muß gehen, denn wir könnten voneinander abgeschnitten werden.« Er küßte ihre Hand und ging hinaus.

»Wird also das ganze Leben so ein fortwährendes Hinundhergezerre sein, im Grunde langweilig, trotz scheinbarer Vielfältigkeit – wird es keine andere Besänftigung geben, nur den Verzicht auf alles?« dachte Hela in maßloser Qual. Sie ging ins Badezimmer und kehrte rein, erhaben und ruhig von dort zurück. »Man muß ein Bußexperiment in großem Maßstab machen.« Herein kam Azalin – der Ehemann. Er war betrunken, aber er hielt sich.

»Ich bin so sonderbar glücklich, Hela. Ich kann nicht glauben, daß ich dein Gatte bin. Vielleicht willst du schon in unsere Zimmer gehen. Die Atanazys gehen. Ich habe gesagt, daß du Kopfschmerzen hast. Ich wollte ein Auto zur Verfügung stellen, aber sie wollen lieber zu Fuß versuchen durchzukommen. Da unten ist schon richtig was los.«

»Du wirst noch lange, lange nicht glauben können, Azio, daß du mein Mann bist«, sagte Hela unwillkürlich böse. – Prepudrech erblaßte.

Helas ganze Buße war nicht die Tat des guten Geists in ihr, sondern lediglich die des kleinen Behelfssatans. Dieser kleine böse Geist zog eine kleine Feder auf, die, sich entspannend, um sie herum dieses kleine, gewöhnliche Böse erzeugte, das sie nicht befriedigte. »Ich bin entsetzlich reingefallen, ausweglos«, dachte sie verzweifelt. Atanazy, irreal wie eine Erscheinung aus der Vergangenheit, war siegreich von ihr gegangen und war nun fern. Konnte man ihn denn durch gar nichts zwingen, daß er sie wirklich eroberte? »Entweder werde ich die Gedärme aus ihm herausreißen und diese Gedärme zertrampeln, oder ich werde ihn durch diese Qual auf eine höhere Stufe des Geistes erheben, so daß er dessen würdig wird, mich zu erobern.« Sie glaubte an die Macht ihres sinnlichen Zaubers. Vorläufig aber die Buße. Unterbewußte Dunkelheiten begannen sich zu lichten – weniger Lügen an der Oberfläche – dieser allerschlimmsten Lügen: vor sich selbst. »Ich werde die Kanaille zuerst durch Verweigerung mürbe foltern, und dann einfach so: mit Krallen, Zähnen, Beinen – mit allem . . .« Sie ballte die Fäuste unmittelbar vor dem Gesichtchen des armen Azalin, der sich einfach zu fürchten begann. Ihren bösen und leidenden Blick, den er so liebte, versenkte sie geistesabwesend in seine Augen, dabei an den anderen denkend.

»Wie meinst du das, Hela?« fragte schließlich der Prinz. »Sei wenigstens heute nicht grausam. Sei eine gute Katholikin. Wozu hast du dich taufen lassen?« verlor sich Azalin in ungeschickten Einfällen, und die Begierde (eine wahrhaft persische) schwoll in seinem ganzen Körper an wie der Nabel des Ozeans, der hoffnungslos zu dem niemals erreichbaren Mond drängt. Azalin rankte sich in ihm bisher unbekannte Machtgründe wilder Gefühle hoch, er überbot sich selbst. Doch das war ihr alles zuwenig. »Das eben ist das Unglück dieser überpersönlichen Ausbrüche, daß sie das wahre Maß des betreffenden Menschen überschreiten. Er ist wie unter der Wirkung eines Narkotikums – dieses Narkotikum bin ich. Wie kann ich ihn bewundern und mich vor ihm demütigen. Er ist so, wie er ist.« Sie entsann sich nicht mehr, was sie von seiner Trunkenheit gedacht hatte, und wußte nicht, daß diese Potenzierung der Unfaßbarkeit, die ihr am meisten imponiert hatte, das Ergebnis eines Narkotikums war. Doch immerhin waren Dinge geschehen, die sie rechtfertigten: es war das zweite Mal in ihrem Leben gewesen und wie – etwas wahrhaft Höllisches. Prepudrech stammelte weiter irgendwas.

»Sprich nicht, sprich nicht so«, schrie Hela und hielt ihm mit der Hand den Mund zu. Er erbebte bei dieser Berührung. »Bemühe dich nicht, abscheulich zu sein. Es ist ohnehin schon schrecklich schlimm. Du weißt nicht . . .«

Azalin verspürte den schwarzen Knoten des Bösen wie einen Fruchtkern im dunklen Zellgewebe der Verzweiflung. Er war an seinen eigenen äußersten Grenzen – wohl sogar weiter: Verbrechen und Selbstmord – diese zwei Dinge, die er am meisten fürchtete.

»Hela, du weißt nicht, wie ich dich liebe«, flüsterte er naiv. Seine ganze Liebe fiel vor ihre Füße wie ein kleines, graues, kaum noch lebendes Vögelchen – ach, wie war das rührend. Und sie gab diesem Vögelchen noch einen Fußtritt, selbst die unerträglichen Foltern der Widersprüchlichkeit leidend. Er wußte nicht mehr, was er sagen sollte, nachdem er in jenem Satz alles eingeschlossen hatte. Außer diesem bestand nur die düstere Leere intellektueller Unzulänglichkeiten. Damit wollte er sich nicht produzieren, betrunken und zu Brei aufgelöst vor Begierde, dazu noch ohne jede Hoffnung auf Befriedigung. Eine Weile lang schien ihm, er werde verrückt. Gleich, gleich sollte etwas platzen, doch es hielt stand. Und zu vergewaltigen wagte er nicht.

»Azio: bitte, geh schlafen, allein – dort – du weißt! Ich werde die letzte Nacht in meinem Zimmer schlafen. Ich flehe dich an . . .«

»Hela – siehst du denn nicht . . .?« begann er.

»Ich sehe«, erwiderte sie zynisch und senkte die Augen. »Ich sehe und bewundere. Aber nicht heute – morgen. Morgen beginne ich mit der Buße.«

»Also betrachtest du die Liebe zu mir als Buße? Vielleicht hat Wyprztyk dir befohlen, mich für irgendwelche Verbrechen zu heiraten, die ich nicht kenne?«

»Ich dich heiraten – das hast du gut gesagt: du, meine Lesbierin, du, mein wunderschönes Bübchen. Auf Wiedersehen, bis morgen.« (Azalin war dennoch ein phänomenal schöner Bursche; weit schöner als Atanazy, aber das war nicht »das«.) »Sei nicht böse.« Sie küßte ihn auf die Stirn und verschwand hinter der Tür des Schlafzimmers. Prepudrech stand bewegungslos da, mit dem Brandmal der Schande auf der Stirn, eingebrannt mit diesem Kuß, versteinert, erstarrt in verzweifelter Begierde, die mit ihren ungeheuerlichen, zahnlosen Kiefern die Liebe zerrieb wie ein kleines, unscheinbares Insekt. Das Umdrehen des Schlüssels fühlte er, als geschehe es mitten in seinem Kopf. Für eine Vergewaltigung war es zu spät. Aber was wäre denn eine Vergewaltigung? – eine Lächerlichkeit, noch kompromittierender als Impotenz. Und plötzlich, in wildem Zorn, programmatisch, ohne jedes Vergnügen . . . Scheußlich! Etwas Lebendiges schien sich auf der grausamen Tür aus rotem Lack zu bewegen. Vielleicht war das sein »gebrochenes Herz« – »ha, ha«. Und dann, wütend, von Abscheu vor sich selbst triefend, ging er aus dem Palais und begab sich rasch zu Fuß zu einer seiner früheren Geliebten, die jetzt offiziell von Ziezio Smorski ausgehalten wurde (dieser spielte gerade im Salon der Bertz, nachdem er sich wie ein Schwein besoffen hatte), der äußerst sympathischen, goldhaarigen Sechzehnjährigen Izia Krzeczewska. Und dort, gegen Morgen, vollbrachte er mit Mühe den Akt des Verrats. Die bis zum Wahnsinn in ihn verliebte Izia war glücklich wie noch nie – seit drei Monaten schon hatte der Prinz sie nicht mehr als Antidoton benützt. Sie war begeistert von dieser Hochzeitsnacht, und ihre Verzweiflung über Azalins Heirat milderte sich dadurch merklich. Dazu hatten diese zwei Monate vorbildlichen Verlöbnisses beigetragen. Er ging am hellichten Tag von ihr weg, voll schrecklichem Abscheu vor sich selbst, mit zerschmettertem Glauben an seinen Wert, mit immer stärker werdender psychophysischer Anhänglichkeit an Hela. Aber immerhin, ein wenig hatte er sie überwunden. Daß er das so »auf der Stelle« gemacht hatte, tat ihm gut für die Zukunft. Irgendwo wurde geschossen, doch was ging ihn das an? Er legte sich rasch allein auf das riesige Lager aus schwarzem Ebonit, wie ihm schien, das mit Bildchen aus Perlmuttperlen inkrustiert war, die ihm unbekannte Szenen aus der assyrischen (warum?) Mythologie darstellten. Aber vielleicht war es Ebenholz – er wußte es nicht – er konnte nicht mehr Holz von Kautschuk unterscheiden. Doch vor dem Einschlafen zündete er mit einem Streichholz eine Kante des Betts an und spürte den Geruch von Holz und nicht den charakteristischen Gestank von angesengtem Gummi. Das beruhigte ihn. Bald darauf schlief er bereits, und er träumte vom heimatlichen Persien, das er erst später als Gesandter des staatlichen Laboratoriums für nivellistische Experimente kennenlernen sollte. Abends begann ihr gemeinsames Leben. Hela fragte ihn nicht einmal, was er einen halben Tag lang gemacht hatte.

»Ihr gemeinsames Leben«, dachte Atanazy, während er seine Frau und die Schwiegermutter am Arm führte. Es begann zu tagen, nach einer warmen, windigen Nacht war der Morgen heiter und frostig. Nur im Morgengrauen stimmte das Aussehen der Stadt mit ihrem Wesen überein: eine Ephemeride. Vorläufigkeit des Privatlebens in dieser sonderbaren Stadt, Vorläufigkeit der Politik, der Ämter, Fabriken, Eisenbahnen, Trams, Ladengeschäfte, Telefone – Vorläufigkeit von allem. Niemand glaubte an die Dauerhaftigkeit des jetzigen Systems in dieser Form, in der es bis dahin nur aufgrund der absoluten Ohnmacht der untergehenden Mächte der Vergangenheit existierte. Mangel an Menschen – wiederholte man flüsternd, Mangel an Eintracht – schrie man laut, Mangel an allem, ein einziger großer Mangel, eine Stadt von Mängeln, ein Stadtprovisorium. Eine leere Form, in die man etwas hineingießen könnte, damit etwas entstünde. Die Vergangenheit verpflichtete, und die Zukunft war bisweilen scheußlich wie ein unglaubwürdiger, ekelhafter Traum, den zu erzählen einem sogar selbst peinlich wäre. Es gibt solche Träume. Alle »größeren Fische« hatten ihr Kapital im Ausland und lebten »auf den Handkoffern sitzend«, blickten mit den irren Augen von Reisenden um sich, die in den Wartesälen der Bahnhöfe auf einen Zug warten. Eile, Fieberhaftigkeit von Tag zu Tag: irgendwas verdienen und verbrauchen, verdienen und verbrauchen . . . Lediglich bei Tagesanbruch bestand eine Übereinstimmung zwischen dem äußeren Aussehen und dem Wesen dieser Stadt, in Erwartung der Revolution, deren Symbol auseinandergespreizte Beine sein könnten: ein Bein auf den Stufen des internationalen Expresses, das andere in einem Dancing. Was den Kern ausmachte, schlief noch in tiefem Schlaf, erwachte nur manchmal zu gelegentlichem, nicht systematisiertem »sozialen Verbrechen«. Jetzt hatte etwas begonnen, man wußte nicht genau, was es war, noch wie es enden sollte, noch, in wessen Namen es stattfand. Eine Lizitation war unvermeidlich. Vielleicht wußte nur der verfluchte Tempe etwas Bestimmtes. Doch was schon . . .! Der Tagesanbruch war herrlich. Ferne Maschinengewehrsalven und nähere einzelne Schüsse verliehen dem Bild etwas Unwirkliches und Nichtiges. Der sich bis in die Unendlichkeit wölbende Himmel, schimmernd von Goldbraun, Seladongrün und Mandelkobalt, und eine blaßorangene, über ihre eigene, von niemandem gebrauchte Schönheit nachsinnende Stratuswolke (so eine geschichtete) steigerten die Sehnsucht nach einem anderen Leben bis zum Schmerz. Wo war denn dieses andere Leben? »In uns selber«, sagte irgendeine langweilige Stimme, und niemand wollte sie hören. Die Silhouetten der Häuser und die Perspektiven der Straßen fügten sich zu einer am Tage ungeahnten Komposition von Massen. Alles war so unbedingt notwendig, sauber und schön in seiner Harmonie, als wäre es nicht von Menschenhand geschaffen. Sie gingen alle drei durch leere Straßen, einander fremd, getrennt durch solche Hindernisse, daß zu ihrer Beseitigung nicht Jahrzehnte, sondern dreihundert oder fünfhundert Jahre nötig gewesen wären. Auf einem Platz surrte wie eine große Hornisse ein verirrter Querschläger und schlug in eine völlig unschuldige Hauswand. Die ganze Scheußlichkeit eines zufälligen Todes stand plötzlich vor ihren erstaunten Gehirnen: sie bogen in weniger umkämpfte Straßen ein. Von weitem, irgendwo von den Schneeflächen jenseits der Stadt her, vernahmen sie zwei Donnerschläge schwerer Artillerieabschüsse, dann ein metallisches Rascheln, wie von über ihnen dahinfliegenden kleinen Windrädern, eingehüllt in das breit auseinanderreißende Material gedämpften Gebrülls, und unweit erdröhnten zwei unterirdisch-gedärmliche Donnerschläge von berstenden Granaten. General Bruizor trat immer drohender auf. Durch die nahenden Ereignisse verkleinerten sich plötzlich alle scheinbaren Verbrechen und erschütternden Gegensätze der Empfindungen – und wie ein Fels inmitten von aufgewühlten Wassern zeigte sich die harte Kruste der Wirklichkeit, die einzige Objektivität, das soziale Dasein, das sich hier vor ihren Augen verwandelte. Wieder eine Serie von Granaten und das regelmäßige Rattern deutscher Maschinengewehre und das ihnen nervös antwortende von französischen – Echos des fernen Großen Krieges. Verschwunden war der Eindruck von der Vorläufigkeit dieser Stadt und der Überflüssigkeit ihrer Einwohner. Endlich tat sich etwas. Aber für manche (ob es viele waren und auf welchen Stufen der Hierarchie, wußte man nicht) war es nur ein Narkotikum, genau wie Kokain oder Morphium.

Nach einer Weile waren sie bereits zu Hause. Der Kampf entbrannte nun erst richtig. *Information:* [Die Zimmer für die jungen Herrschaften hatte Frau Osłabędzka in dem bisher leerstehenden Dachgeschoß eingerichtet.]

Die Ausläufer des narkotischen Zustands zerwehten in Atanazys Seele oder in seinen Nervenzentren. Er küßte Zosia (die gründlich belogene und einzige glückliche von den vieren) auf die Stirn und sagte: »Ich bin noch betrunken. Ich will in einem solchen Zustand nicht mit dir reden. Ich liebe dich. Jetzt gehe ich schlafen«, und ging hinaus in das Badezimmer. Als er zurückkam, schlief Zosia schon. Wie schrecklich, wie wild, wie hoffnungslos liebte Atanazy sie in diesem Moment. Die Wirkung der kombinierten Gifte ging vorüber, und plötzlich begann er ungeheuerlich zu leiden. Irgendein völlig neuer »Katzenjammer«* (gibt es denn dafür kein polnisches Wort?) – beinah ein Wahnsinn. Es begann die Rache des Alkohols und des Kokains; dazu kam, daß er nun die schreckliche Bedeutung der Ehe begriff. Es hatte sich doch nichts wirklich geändert, nur weil Pfarrer Wyprztyk ihre Hände mit der Stola zusammengebunden hatte? Und dennoch – und dennoch war alles so anders, so unvergleichlich anders, und trotzdem dasselbe – wie die Welt nach Kokain. Worauf das beruhte, konnte Atanazy nicht begreifen und begriff es auch niemals. Wieder befielen ihn Gewissensbisse, und wieder schwor er Zosia noch fester die Treue. »Und dennoch, hätte ich nicht dieses Schweinezeug eingenommen, hätte ich sie heute vielleicht nicht betrogen«, dachte er, während er nach einer riesigen Dosis Brom einschlief. Aber er war sich dessen nicht sicher. Tags darauf überwand der seltsam verwandelte Alltag viel gewaltigere Ereignisse.

V. Kapitel
Homococo

Information

[Am selben Tage gegen Abend, vor dem Hintergrund einer rasenden Schießerei, nahm der arme Prinz Prepudrech seine Ehefrau offiziell in Besitz. Aber er war weit davon entfernt, sich an der Wirklichkeit zu sättigen. Helas Körper war ihm fremd geworden, fern und nicht zu erobern, und ihre Seele in völlig unerreichbare Gebiete der Buße entflogen. Jetzt lernte er den unheilvollen Zauber kennen, den dieser »Haufen Organe«, der Sitz des unerfaßbaren, unerkennbaren Geistes, haben kann. Er verkohlte zu einer zerquälten Griebe, während er in kraftlosen Umarmungen die ihm entschlüpfende Hela drückte, die sich allmählich in ein flüchtiges Element verwandelte, in einen Sternennebel, leuchtend allein durch die kalte Entladung geistiger Kräfte. Gleichgültig sogar in der Zügellosigkeit, war sie über alles erhaben, womit er bisher (ohnehin ziemlich erfolglos) versucht hatte, ihr zu imponieren. Er konnte ihr, zumindest vorläufig, nicht den geringsten Vorwurf machen, und dennoch war alles nicht das Wahre ... Er preßte seine quasi gelähmten Hände zusammen und heulte in sich hinein, weil seine unvernünftigen Begierden ungesättigt geblieben waren – schließlich hatte er alles. Doch wartete noch hundertmal Schlimmeres auf ihn. Pingpong, Dancing, Schwimmen, magische Kunststücke, humoristische Verslein, die sogar in Kabaretts rezitiert wurden, Improvisationen auf dem Klavier – alles war vergebens. Helas Pflichterfüllung verbreitete eine Atmosphäre unheilverkündender Langeweile. Die Hingabe dieses ihm zuweilen geradezu verhaßten Körpers erinnerte in nichts an jene für ihn so denkwürdige Nacht, als das unverhoffte Glück auf ihn gefallen war und ihm in einem unpassenden Moment den Kern seines Glaubens an sich selbst zertrümmert hatte. Seit dem frühen Morgen ging er mit seinem ganzen armseligen Intellekt, der in einem fortwährenden Zustand der Wachsamkeit mobilisiert war, um ihn nicht als noch größeren Dummkopf erscheinen zu lassen, als er war, durch immer höhere Kreise geistiger Qualen und überzeugte sich allmählich davon, daß die Philosophie, die er von seinen Dancing-Höhen herab verachtet hatte, doch nicht nur »Humbug von lebensuntüchtigen Tölpeln war, ohne jeden Wert angesichts der Ergebnisse der Naturwissenschaften«, wie er früher gemeint hatte. Hätte er jetzt diese Waffe in der Hand, könnte er andere Bedingungen stellen – mit diesem Zustand des Gehirns war er machtlos.

Hela dagegen befand sich in einem Zustand, den sie irgendwo auf dem Grund des Bewußtseins »einen Gottesbetrug« nannte, ohne daß sie es sich selbst wirklich eingestand. Das war der Gipfel des Glaubens, zu dem sie sich aufschwingen konnte: Gott existierte für sie, unbestreitbar – hätte sie ihn denn sonst betrügen können? Atanazy, weiterhin im Rang einer Erscheinung der Vergangenheit, tauchte von Zeit zu Zeit vor dem »gemischten Hintergrund« auf, war aber »als solcher« nicht zu Gesprächen zugelassen, ja nicht einmal zu einem inneren Rätselraten: sie hielt ihn in Reserve, solange es zu ertragen war. Allmählich zog sich eine innere Feder auf, häuften sich explosive Stoffe. Und wenn alles bereit ist, ein Druck auf den Knopf (aber auf welchen?) und . . . Die Revolution existierte für beide Prepudrechs fast gar nicht. »Die erste Stufe« war, wie der alte Baron Hammersmith, ein Freund des alten Bertz und großer Kenner der russischen Verhältnisse, sagte, nicht radikal und intensiv genug. Obwohl in diesem Zustand auch höhere Stufen Hela nicht interessiert hätten. Der alte Bertz tobte inmitten seiner komplizierter werdenden Geschäfte und versuchte vergebens, die reißenden Fäden zwischen den ausländischen Geschäftsleuten großen Stils und den ideologischen Kompromissen im eigenen Land wieder zu knüpfen. Hela konferierte täglich einmal mit ihrem Vater, der ihr in aller Kürze vom allgemeinen Stand der Dinge berichtete; darauf kehrte sie wieder in ihre geschlossene Welt der Ekstasen, Empörungen und – angesichts ihres Pflichtgefühls – vorprogrammierten Abstürze in die alltägliche Prepudrechsche Wirklichkeit zurück. Dort fand sie Befriedigung ihrer grausamen Instinkte hinter der Maske der Tugend, die durch eine andere Form der Tugend gebrochen wurde: die der Erfüllung ehelicher Pflichten. Anfangs gab sie sich ihrem Gatten ohne Vorbehalte hin, doch bald hörte das auf, sie zu amüsieren. Erst als Prepudrech, durch ihr Widerstreben rasend geworden, sie in einem düsteren Ausbruch tierischer, erniedrigender Begierde beinahe vergewaltigte, weidete sich Hela ohne Gewissensbisse und ohne Einbußen für ihren Ehrgeiz an der verachteten Lust. Sie war dann in Eintracht mit sich selbst und mit ihrem trotz allen Glaubens fremden Gott, den sie unmittelbar anredete, ohne die Vermittlung des ihr fernen Christus. Der zweiten Person der Heiligen Dreifaltigkeit gegenüber herrschte trotz ihres ganzen »Katholizismus« ein gewisser Mangel an Vertrauen, ja sogar (o Graus!) eine gewisse Verachtung – in dieser »ganzen Erlösung« lag für sie etwas Unklares. Am nächsten aber war ihr der Heilige Geist, die reine Vernunft – mit diesem verständigte sie sich ohne jeden Kompromiß. Das alles blieb freilich tief verborgen – nach außen hin war sie eine vorbildliche Katholikin. In Wirklichkeit aber hatte sich nichts geändert: sie hatte nur das System der Widersprüche bereichert und die Selbstmordmanie überwunden; doch der verblendete und von den äußeren Erscheinungen irregeführte Pfarrer Wyprztyk erblickte in ihr das vollkommenste Beispiel einer echten Bekehrung. Sogar der ihm in der Beichte gestandene »Betrug an Gott« (natürlich nicht mit diesen Worten) war ein Beweis mehr für ihre völlige Unterwerfung. Die Lüge lag weit tiefer verborgen. Das ganze System von Bußen (Gebete, Knien bis zur Erstarrung, Fasten und verschiedene kleine Entsagungen, bis dahin, sich mehrere Tage lang nicht zu waschen) und rein katholischen öffentlichen Akten: in Kreuzesform auf dem Kirchenfußboden liegen, auf den Knien durch die Kirche rutschen und ähnliche (dem allgemein antiklerikalen Ton der gegenwärtigen Regierung widersprechende) Dinge war nur ein kaum bewußter Versuch, den abgeschwächten Reiz des Lebens zu höheren Potenzen zu erheben. Der »Betrug an Gott« beruhte unter anderem auf dem unklaren Bewußtsein, daß es nicht ewig so bleiben konnte. Aber wer redete überhaupt von Ewigkeit? Mit dem Augenblick, da der

Tod keine alltägliche Frage mehr war, verschwand zugleich das Problem der Ewigkeit. Dennoch gelangte Hela zu irgendeinem Zeitpunkt aller dieser Wandlungen zu dem Glauben an die Unsterblichkeit der Seele, gleichsam unabhängig von der Ganzheit ihrer früheren philosophischen Ansicht, einem Konglomerat von Psychologie, Vitalismus und Idealismus im Stile Husserls – es war eine sogenannte »zusätzliche Prämisse«. Wie sie zu dieser Zeit alle diese Widersprüche miteinander in Übereinstimmung brachte, darüber konnte sie sich später niemals Rechenschaft geben. Der Kompromiß beruhte darauf, daß Hela in ihrem Verhältnis zur Religion nicht die ganze Stärke ihres Intellekts benutzte. Sie unterwarf sich Wyprztyks Ansicht, die er ihr in dem Gespräch nach ihrer ersten Hingabe an Azalin in allgemeinen Umrissen skizziert hatte und die er später mit einer gewissen Naivität kompromißlos weiterentwickelte. So war es besser. Dieses Verhältnis war also pragmatisch – ha, wenn Pfarrer Hieronymus das gewußt hätte! Aber berauscht vom Triumph verbarg er auch vor sich selbst gewisse Zweifel. Bewußt stellte Hela sich die endgültige Lösung des Lebens so vor, daß sie sich dem »sozialen Dienst« hingeben würde. Doch das hatte noch Zeit – und konnte lediglich in der allerradikalsten Partei erfolgen – alles andere war für ihre absolutistische Natur zu klein. Vorläufig jedoch stellte sich die geheime »papieragitatorische« Arbeit in den Sphären der Nivellisten recht langweilig dar. Die Überwindung ihrer Liebe zu Atanazy war auch nur eines der Mittel, ihn zu einem würdigen Objekt des unterbewußt erwarteten Ausbruchs zu machen. Hela schärfte ihren Appetit auf diesen Bissen, indem sie den Anschein einer idealen Freundschaft mit dem Ehepaar Atanazy pflegte, einer derart vollkommenen Freundschaft, daß Prepudrech, der sogar auf Józia Figoń, auf Vater Bertz, auf die Hunde, die Pferde, das Auto und auf Wyprztyk eifersüchtig war, überhaupt nichts merkte. So flossen die Tage und Nächte im Roten Palais dahin, während sich im sozialen Untergrund, nach oberflächlicher Beruhigung der Ereignisse, der Ausbruch der zweiten Phase vorbereitete, ein Pronunziamento der nächsten, vorletzten Schicht – dort, wo Papa Bertz arbeitete, unter kolossalen Schwierigkeiten, aber mit immer größerem Erfolg. Vor diesem Hintergrund entstand das Projekt, die Hauptstadt zu verlassen, deren Atmosphäre immer drohender, stickiger und unheilschwangerer wurde. Vergeblich suchte der Vater, Hela zur Flucht ins Ausland zu überreden. Sie bestand darauf, die Übergangszeit in ihrer Villa im Gebirge, in Zaryte, zu verbringen. Sie wußte, das Ehepaar Atanazy hatte kein Geld für eine Auslandsreise und würde nie etwas borgen. Hier konnte sie sie zu sich einladen, ohne sie besonders in ihrem Selbstgefühl zu kränken. Und das Leben voller Buße ohne Atanazy wurde ihr allmählich grausam langweilig. Der Ausbruch rückte näher.

Atanazy und Zosia ertranken in ihrem psychophysischen ehelichen Wohlleben. Nach den ersten Tagen der Schießerei (Gott, wenn das nur zu Ende ginge, so wäre das Leben ein wahres Paradies!), während es die Versorgungsschwierigkeiten gab, die Möglichkeit eines »dummen Todes« in irgendeinem partiellen Krawall (der nichts von historischer Größe des Augenblicks an sich hätte; diese Größe empfanden höchstens Menschen, die scheinbar die wahnsinnigen, manchmal in Zwangsjacken steckenden Ereignisse leiteten), gaben andere kleine Unannehmlichkeiten in der Art wie: »auf die Seinen schießen« oder die Unvereinbarkeit politischer Überzeugungen in der Familie dem Leben in der Villa der Osłabędzkis eine düstere Färbung. Darauf folgte eine Periode der Wertschätzung des Lebens (dieses verachteten und unerträglichen Lebens) in seinen alltäglichsten Erscheinungen: des Lebens an sich. Alle Gespräche über die Unzulänglichkeit dessen, was war, den Überdruß am grauen Dahinfließen der zu Ende gehenden »bürgerlichen Kultur«, den Marasmus und die Altersschwäche der Innenpolitik schienen dumm und jeder Voraussetzung zu entbehren. Das Verspeisen von gedünsteten Tomaten und das Trinken eines Glases Wermut zu Hause, mit der Aussicht auf die bereits ein wenig des Zaubers entblößten ehelichen Angelegenheiten, schien der Gipfel des Lebens zu sein. Und wo die große Liebe geblieben war, wußte Atanazy im Alltag nicht, er fragte nicht einmal danach. Doch sollten Ereignisse eintreten, in denen die Seltsamkeit des Daseins vor den erstaunten Augen der aus vergangenen Epochen übriggebliebenen Geschöpfe noch einmal aufglänzte, über einem Abgrund aufglänzte, in den wie zufällig auch andere Werte hinabrollten, jene Werte, die man früher die ewigen nannte: die Religion, die Kunst und sogar die Philosophie. Wie aus dem Wasser geholte Fische starben bestimmte Menschen, ja ganze Klassen, unfähig, die in unheimlicher, aller idealistischen Voraussicht spottender Weise brodelnde und schäumende Alltäglichkeit des gewöhnlichen Tags zu erfassen, des ersten besten Dienstags oder Donnerstags, ganz zu schweigen vom Sonntag. Aber was ging das jemanden von der anderen Seite schon an!

Das Fehlen einer fest umrissenen Arbeit wirkte fatal auf Atanazy. Der Teil seiner Kraft, den er mit der verhaßten Gehilfentätigkeit im Zaume gehalten hatte, schlüpfte aus und tummelte sich nun in bisher unerforschten oder auch vernachlässigten Gebieten seines Geists, in den »sozialen Brachfeldern« seines Intellekts, und richtete im Verhältnis zu seinen Gehirnreserven schreckliche Verwüstungen an. Alles kehrte sich gegen ihn, sogar die Bemühungen, ein positives Leben zu schaffen. Er blieb hinter sich selbst zurück und schleppte sich in eine hoffnungslose Zukunft, deren Gefahren sogar – außer Hela Bertz, die aber einstweilen aus dem Programm eliminiert war – farblos und blaß wurden wie Larvenhüllen längst ausgekrochener Insekten. Atanazy überzeugte sich tatsächlich, wie schwierig es war, »sich dem Strom zu überlassen«. Es erwies sich dabei, daß das ganze frühere, sogenannte »künstlerische Komponieren des Lebens«, das künstliche Erzeugen interessanter »Einzelteile«, lediglich ein Nebenprodukt der langweiligen Büroarbeit gewesen war. Es fehlte das Sprungbrett für die kleinen Sprünge, das Material für kleine Kontraste, der Platz zum Anlaufen, das Doping zum kleinen Wettrennen mit sich selbst. Mußte man auf alles verzichten und anfangen, zu trinken und sich zu kokainisieren wie Jędrek? Aber dazu fehlte ihm vorläufig der Mut. Die Ereignisse, die er verachtete, überwältigten ihn, und daraus entstand eine noch stärkere Selbstverachtung, die er nur zeitweise verdrängen konnte. In der Vernichtung allein schien die Rettung zu liegen, während ihn im alltäglichen Leben »die junge Ehe« und die noch immer verpflichtende und trotz so vieler Verrate (und vielleicht gerade deswegen) bestehende »Große Liebe« – mit welcher Bitterkeit sprach er diese Worte in Gedanken aus – dazu zwang, jeden armseligen Tag auf positive Weise aufzubauen. Jeder weiß, was das bedeutet. Sich in irgendeine öffentliche Arbeit einzumischen, hatte er weder Kraft noch Lust. Alles war gleichsam noch zu klein, reichte nicht an seinen Ehrgeiz heran, den er von Tag zu Tag im Alltag der Villa von Frau Osłabędzka unmerklich verlor. Er schrieb und gaukelte sich vor, er schriebe etwas Wertvolles. Es war eine sozialphilosophische Schwafelei ohne umrissene Form und ohne einheitlichen Gesichtspunkt. Aber die Gedanken, die in Gesprächen mit Freunden Gewicht und Tiefe zu haben schienen, erwiesen sich auf dem Papier, mit der notwendigen Absolutheit und Genauigkeit formuliert, entweder als ganz banales Geschwätz oder aber als ein unvollkommener, deformierter Ausdruck von etwas, was auszudrücken nicht im Rahmen seiner Möglichkeiten lag, an der Grenze einer nicht bis zu den Grundlagen durchdachten Philosophie und eines halbkünstlerischen Nonsens, der durch keine künstlerische Form gerechtfertigt war. Nur in den Gesprächen und den schwächer werdenden erotischen »Erlebnissen« mit Zosia fühlte Atanazy, daß er wirklich lebte, doch auch das erschöpfte sich bald endgültig. In der düsteren Leere, die seit wer weiß wann seinen ganzen inneren Gesichtskreis allmählich verhüllte, brannte in der Ferne ein Feuer dämonischer Mächte, das ihn zu etwas Unbekanntem, Vernichtendem lockte. Da war die bis zu einem gewissen Grade bewältigte Liebe (– ein scheußliches Wort –), eine Liebe, die weder groß noch klein war, sondern überhaupt einen anderen Rang einnahm: die Liebe zu Hela Bertz. Doch von diesen Möglichkeiten trennte ihn vorläufig das bedingungslose Gebot eines unterbewußten, unprogrammatischen Entschlusses. Er fürchtete sich ganz einfach. In der Schwebe zwischen dem strömenden Verlangen nach Selbstvernichtung, das zu befriedigen einzig und allein interessant sein konnte, und dem kleinen Gelüst nach einem normalen, gesunden Leben in den Fetzen der entfliehenden Tage, was in einem sehr kleinen Maßstab gelang, verlor Atanazy mehr und mehr die Verbindung zwischen seinem gegenwärtigen Ich und dem Ich vor dem ersten Verrat an Zosia. Aber auch die Frage der »Vernichtung« stellte sich nicht allzu deutlich, sondern, offen gesagt, sogar völlig dunkel. Mit welchen Mitteln das erfolgen sollte, davon hatte Atanazy keine Ahnung – er wartete in dieser Sache auf höhere Offenbarungen, vorläufig allerdings vergeblich. Aber selbst wenn sich entsprechende Mittel fänden, müßte man alles riskieren, und falls sich auch das als langweilig erwies . . .? Es konnte zu spät sein, sich zurückzuziehen (aber wovon?). Vergeblich fragte Atanazy unbekannte Mächte, was mit dem immer überflüssigeren und unerträglich belastenden Leben denn anzufangen wäre. Aber irgendwie leben – in der »Vernichtung« oder nicht – möchte man schon noch, sogar sehr. Nicht *er* wollte, sondern *man*: protoplasmatisch, fast unpersönlich.

»Alles liegt noch vor mir«, hatte er sich vor kurzem noch vorgesagt. Der Reichtum, und sei es nur der der Oszillationen zwischen widersprüchlichen Zuständen, schien unerschöpflich. Jetzt aber schaute er wie ein armseliger Bettler voll Neid auf dieses Ich, erkannte deutlich, wie das, was er für seinen dauerhaften Schatz gehalten hatte, nämlich die künstlerische Auffassung des Lebens, ihm irgendwann zwischen den Fingern zerronnen war. Es war nicht einmal mehr sicher, ob es nun ein Schatz oder ein Haufen Kehricht gewesen war. »Ein Symptom des schlimmsten Niedergangs ist es, wenn wir anfangen, Menschen zu beneiden, die von Illusionen leben«, dachte Atanazy, und in der Vorstellung zogen alle seine Bekannten, Opfer (wie ihm schien) von Illusionen vorüber: Ziezio – der Wert der Kunst, Chwazdrygiel – die Wahrheit liegt in der Wissenschaft, Wyprztyk – die Wiedergeburt der Menschheit durch die Religion, Jędrek – Kokain, Tempe – Glück in allmählicher Verviehung – ha, der hatte vielleicht die wenigsten Illusionen. Dieser verfluchte Tempe hatte doch immer ein wenig recht. »Aber in wessen Namen muß mein Leben ein unerträgliches Leiden sein?«

Um das Maß voll zu machen, erklärte Zosia nach einem Monat (nicht ohne eine gewisse Befriedigung, die Atanazy bis ins Mark des »metaphysischen Bauchnabels« zu Eis erstarren ließ), daß sie sich in anderen Umständen befinde. Sie hörte plötzlich auf, sich in den Spitälern mit Krankenpflege zu befassen oder vor gelangweilten und verblüfften Soldaten Vorträge über Hygiene zu halten – sie ließ sich mit der ganzen Last ihrer

Gefühle auf Atanazy fallen, die zwischen einer stillen, grenzenlosen Anhänglichkeit und einer rasenden, in ihrer Schamlosigkeit zügellosen Erotik schwankten. Und das eine wie das andere brachte Atanazy manchmal direkt zur Verzweiflung. Abwechslungsreich machten diesen Schichtkuchen Füllschichten, die aus kurzen Perioden einer anormalen Verachtung und eines Abscheus bestanden, was schon an einen leichten Rappel grenzte. Atanazy verlor sich vergeblich in Mutmaßungen: Zosia verstand sich nicht einmal selbst. Und wie zum Trotz kehrten bei ihm gerade dann jene Perioden zurück, die die frühere »Große Liebe« vorspiegelten; wenn aber Zosia zärtlich und liebesbedürftig wurde, erstickte er vor Ekel – vor ihr, vor der Schwiegermutter, vor der Villa und vor dem nicht ihm gehörenden Geld. Wieder eine neue Stelle anzunehmen, davon konnte keine Rede sein: lieber sofort sterben. Das schlimmste aber war, daß Zosia ihn trotz seiner Anfälle von Ekel so liebte, wie er war: gefallen, verlogen, schwach – denn sie mußte ihm ja glauben, wenn er ihr mit der überflüssigen Offenheit eines Menschen, der nichts mehr zu verlieren hat, seine Zweifel bekannte. Was aber jenseits alles Vorstellbaren war – Zosia liebte ihn als den Vater ihres künftigen Kindes. »Der Gipfel der Perversion«, sagte Atanazy zu sich und begriff überhaupt nichts mehr. Er hatte das Bewußtsein seines rein männlichen Reizes verloren, das er früher auch im schlimmsten Fall immer bewahrt hatte. Und der Gedanke an dieses Kind (sein Kind! – etwas Unglaubliches) wurde zu einem unerträglichen Alptraum. In seiner Phantasie erblickte er einen ungeheuerlichen Mischling, eine lebensunfähige Hybride, jemanden, der noch mehr litt als er, völlig degeneriert war, der in dem neu entstehenden sozialen Dasein höchstens ein gänzlich passiver Lappen werden konnte, der nicht einmal mehr einen negativen Wert besaß, oder aber eine von diesen sich in alle Umstürze einmischenden Kanaillen, die niedrigste Funktionen wahrnehmen: Henker, Spione und anderes Gesindel. Er stellte sich nicht vor, daß er auch eine Tochter haben könnte, obwohl das vielleicht noch auszuhalten gewesen wäre. »Nein – mit ›dieser‹« (wie er Zosia in Gedanken schon nannte, aber in einer anderen Bedeutung als bisher Hela), »mit dieser kann ich kein Kind haben, muß es aber, weil ich nicht den Mut habe, es ihr vorzuschlagen. Mit ihr, mit dieser höllischen Jüdin allein könnte ich mir das erlauben: das würde ein Sohn, der etwas vollbringen würde auf der Welt, eben das vielleicht, was ich nicht vollbracht habe. Aber was? Verflucht, was? Alles, was in mir Fäulnis ist, wäre in ihm nur ein Schleifstein für die Instrumente jener Kraft, die er von ›jener‹ erhielte.« Hela, die nun zu »jener« avancierte, wurde ihm allmählich und unbewußt zum Symbol für die höchste Form der Selbstvernichtung: das kam darin zum Ausdruck, daß er gerade von ihr ein Kind hätte haben wollen. »Wenn man nicht schöpferisch zu leben versteht, so soll man sich wenigstens schöpferisch vernichten«, so hatte einst der psychisch bereits völlig zum Ungeheuer gewordene Ziezio gesagt. Tempe, Ziezio und Chwazdrygiel wurden für ihn zu lebendigen Gewissensbissen, zu Bildschirmen, auf denen er mit höllischer Deutlichkeit sein fruchtlos vergeudetes Leben sah. Wie schrecklich beneidete er doch alle, die jemand waren (oder »wer«?) – irgend etwas waren, aber etwas. Doch langsam trat auch Zosia mit hinein in diesen Kreis der Spiegel, die ihm seine eigene Nichtigkeit reflektierten: irgendwo sehr tief unten begann er, sie zu hassen, aber noch gestand er sich das vor sich selbst nicht ein. Als künftige Mutter wurde sie »wer«, ohne Rücksicht darauf, was für ein Ungeheuer sie gebären sollte. Sie gewann dadurch ein unverständliches Übergewicht über ihn, und auch das war Grund für Atanazys heimlichen Haß. Gleichzeitig aber liebte er sie, als ein gutes, ja biederes Tierchen, dem Unrecht geschehen war, und dieser Widerspruch zerfetzte den Rest des Kerns seiner Kräfte. Und zu allem Überfluß auch noch dieser verfluchte, wie eine chronische, tuberkulöse Bauchfellentzündung langweilige, fortwährende soziale Umsturz, der gegenwärtig zwischen völliger Reaktion und einer Revolution der bauernfreundlichen Sozialisten, deren Kraft von Tag zu Tag wuchs, schwankte. Atanazy hatte sich das alles anders vorgestellt. Darüber hatte er mit Freunden noch vor ein paar Monaten gesprochen. Die Revolution war für manche nur ein Vorwand für die Beendigung eines ihnen selbst unverwendbaren, niemandem notwendigen Lebens geworden, ausgenommen einigen ähnlichen Abfallstücken. »Sie langweilen sich im unschöpferischen, vegetierenden Dasein und möchten, daß etwas zu ihrem Vergnügen geschieht«, hatte dieser verfluchte Tempe einmal gesagt, der in allem recht zu haben schien, solang es nicht um Religion, Kunst und Philosophie ging – hohle, ihrer Korrelate unwürdige Ausdrücke, daß es eine Schande war, sie auch nur auszusprechen. »Darauf also beruht die Revolutionierung der Hälfte dieser sogenannten ›Intelligenz‹. Und dazu das Elend und eine schwache Hoffnung, daß ›es vielleicht einmal besser wird‹. Solche Figuren brauchen wir nicht« – so wagte er, sich auszudrücken – »wir brauchen Leute mit Ideen, keine potentiellen Selbstmörder, die mangels Mut auf einen glücklichen Zufall warten.« Revolution als Amüsement für gelangweilte, sterile Abfälle der letzten Kategorie! Das ist empörend, doch was soll man dagegen machen, wenn bestimmte Typen sie nun einmal so erleben. »Wir sind an einem Wendepunkt der Geschichte, und heute sind noch alle Gattungen vertreten. An einigen von ihnen wird das Leben vorbeigehen – sofern es sie im Vorübergehen nicht mitleidsvoll zerdrückt – und sie dem Aussterben in moralischem Elend überlassen, sozusagen auf einer menschenleeren, einsamen Insel inmitten des Gewimmels einer neu entstehenden Menschheit. Von dort können sie wie aus einer Loge das Ende ihrer Welt betrachten«, sagte Tempe. »Der Überfluß an solchen Typen, die sich nur schwer allgemein definieren lassen, ist stets ein Krankheitssymptom in den betreffenden Sphären: das heutige Übermaß an Logistikern in der Mathematik, an perversen Malern vor dem Hintergrund des Endes dieser vielleicht einst größten Kunst, die Unmenge von Künstlern dieses Typs überhaupt in dieser Endzeit der Kunst. Für sie, die keiner braucht – nicht genug, daß sie der Gesellschaft immer fremder werden, es sind ihrer auch noch viel zu viele –, zahlt die Menschheit mit der Qualität der Erzeugnisse, die von der Größe der früheren Werke weit entfernt sind. Bitte – vielleicht steht es mit der Mathematik ein wenig anders, aber auch deren Knabbern an den Grundfesten verheißt nichts Gutes; genau wie der Überfluß an solchen Pseudohamlets wie mir, Künstlern ohne Form, ein Beweis dafür ist, daß die fade demokratische Sphäre, der ich angehöre, im Aussterben ist. Demokratisierung des Hamletismus. Aber stellte dieser Lebenstyp überhaupt je einen Wert dar? Die Helden der Romane werden gegen Ende entweder: a) Mannequins ohne Leben, oder b) Künstler, wenn sich aus ihnen wirklich nichts Positives mehr herausquetschen läßt, oder c) im besten Fall Revolutionäre einer undefinierbaren Gattung« – derart bitter dachte Atanazy, während zwei Zimmer von ihm entfernt Zosia, diese vor ein paar Monaten noch so sehr geliebte Zosia, sich in schrecklichen Konvulsionen quälte, die ihr der von ihr vorzeitig geliebte Embryo des künftigen degenerierten Menschen verursachte. Wie viele ähnliche Kombinationen mochte es ringsum geben?! Und überall, ebenfalls ringsum, warteten gesunde, bäurische (so sagte Tempe voll Stolz) Kräfte, um mit Gewalt ins Leben zu treten, in ihr eigenes Leben, das für manche das Ende von »allem« war: das Ende der Religion, der Philosophie, der Kunst . . . »Pfui, zum Teufel mit diesem Dreck, mit dieser verfluchten Trinität toter Werte! Wir sind es, die ihnen den Weg unnötigerweise versperren. Und dieser naive Wyprztyk glaubt, daß die Kirche (irgendeine) einst das Steuer der Welt ergreifen wird! Wahnsinnige Trugbilder à la Krasiński in der *Ungöttlichen*. Es ist umgekehrt: der Mohr hat seine Schuldigkeit getan und kann gehen. Und wo bleibt die Seltsamkeit des Daseins? Alles hat sich selbst definiert, erklärt, begrenzt, geglättet – es gibt nur die Gesellschaft ohne alle Geheimnisse, als einzige Wirklichkeit des ganzen Weltalls, und alles andere ist nur ihr Erzeugnis. Fiktionen, die einer bestimmten Tiergattung zu leben erlauben – und dennoch dem Individuum . . .«, und so weiter im Kreis. »Nur in der bewußten Vernichtung seiner selbst kann sich das Individuum heute selbst überleben, so wie es früher überlebte, indem es gestaltete. Räumen wir uns selbst aus dem Wege, bevor man uns hinwegfegt wie Kehricht. Und wer mit flachen Optimismen spielt (auf unserer Seite, versteht sich – dort, wo Tempe tätig ist, dort haben sie das Recht dazu), der ist nichts als ein kurzsichtiger Kretin, der nicht die ganze Tragik der Sache sieht, weil man ihn noch ein wenig atmen, fressen und sich an der Sonne wärmen läßt. Aber auch das geht einmal zu Ende. Wir, die Künstler ohne Form und ohne Werk, wir dilettantischen Philosophen vermögen kein ›System ohne Widerspruch‹ zu schaffen, wir, die wir an kleine Vorurteile glauben und nicht einmal zu einer Kirche der Degeneration der Religion gehören, wir sind in gerader Linie die Nachkommen früherer echter Schöpfer des Lebens, der Kunst und der Metaphysik – nicht aber die heutigen Pseudomachthaber, Pseudokünstler, den Verhältnissen angepaßte Kaplane aussterbender Kulte in der Art des Pater Hieronymus, Philosophen, die mit Verbissenheit das Dasein entgeheimnissen und alles mit Aufschriften versehen wie: ›Durchgang verboten‹ oder bestenfalls: ›Privatweg – Durchgang gestattet bis auf Widerruf‹. Das sind die echten Bastarde, doch auch sie wird zugleich mit uns das an Kraft wachsende soziale Ungeheuer hinwegfegen.« Die Scheußlichkeit dieser Gedanken, von denen ihn niemand befreien konnte, überstieg die Möglichkeit, sie zu ertragen. Er wollte schreien: »Zu Hilfe!« – aber zu wem? An Gott glaubte er nicht. Bis eines Tages (eben an diesem) sich alles endgültig umkehrte. Es war der 3. Januar, vier Uhr nachmittags. Die Dämmerung brach herein. (Ohne anzuklopfen trat Łohoyski in das dunkle Zimmer.) An diesem Tag begann die Vernichtung – aber in ihrem Verlauf sollte sie ganz andere Formen annehmen, als man am Anfang hätte ahnen können.]

Łohoyski redete. Atanazy schloß die Tür und zündete die Lampe an.

»Zosia kotzt. Ich höre es. Es wird ein Sohn. Schadet nichts. Er wird ohnehin umkommen. Es lohnt nicht zu gebären. Ich habe auf eine jüngere Linie der Łohoyskis verzichtet. In ein paar Tagen gibt es einen neuen Umsturz, und dann wird alle meine Güter der Teufel holen. Sie haben sich sogar an das Eigentum herangemacht, an das sogenannte größere. Ich stehe unter sozialer Kuratel.« Er sah schrecklich aus: seine Bewegungen waren ruhelos wie bei einem Tier im Käfig, er sprach fieberhaft, schluckte den Speichel oft mit Anstrengung. Die grüne Iris seiner Augen war durch die übermäßig erweiterten Pupillen zu dünnen Streifen reduziert. Das ganze Gesicht atmete Irrsinn.

»Jędrek, was redest du da? Bist du bei Bewußtsein?«

»Du allein, Tazio. Ich sage dir, nur darin liegt die Rettung. Mit den Weibern habe ich längst Schluß gemacht – nun – so

lange ist es nicht her, aber immerhin. Ich habe Koks ge-
schnupft, nach einer langen Pause – das heißt, nach zwei Ta-
gen. In dieser Zeit bin ich fast verrückt geworden. Ich kann
nicht.« Er warf den Pelz ab und wollte Atanazy umarmen, der
sich ihm aber in Abscheu, gemischt mit Mitleid, entzog.

»Nein. Warte. Sag noch etwas.«

»Ich liebe dich, Tazio. Ich habe es mit solchen versucht . . .
du verstehst? – aber ich kann nicht. Das ist Päderastie – eine
Schweinerei. Du weißt noch nicht, was Freundschaft ist, doch
dazu muß man sich vereinigen, miteinander in eins zerfließen.
Du bist Kommunist – ich weiß – aber egal. Du bist psychophy-
sisch schön – nur du allein. Ach – was ist das Weib für eine
Schweinerei! Wenn du mich ohne Vorurteile verstehen wollt-
test, würden wir zusammen in diese Welt gehen . . . Lies *Cory-
don* – hier hast du!« Er drückte Atanazy das kleine Buch von
Gide in die Hand.

»Ich will nicht. Ich habe davon gehört. Damit wirst du mich
nicht kriegen. Ich empfinde keinen Abscheu vor dir, aber du
tust mir leid, obwohl auch ich in einem Zustand völligen Nie-
dergangs bin.«

»Auch! Ach, du weißt nichts! Das ist kein Niedergang, das
ist nur ein anderes Leben, wie auf einem anderen Planeten.
Aber ohne dich kann ich nicht: ich kann nicht so einsam sein.«
Łohoyski umarmte ihn und schmiegte sich sanft mit einer
kindlichen Zärtlichkeit an ihn. »Alle haben es auf mich abgese-
hen. Bald werden Tiere anfangen, sich in mich zu verlieben«,
dachte Atanazy traurig und streichelte Łohoyski über das helle,
gekräuselte Haar, das in dem scharfen Licht wie Messingdräht-
chen aussah. Aber Jędreks Umarmungen wurden irgendwie
unangenehm leidenschaftlich, und Atanazy entzog sich mit
plötzlichem Widerwillen.

»Da fällt mir wieder ein Satz meiner Tante ein: ›Macht euch
an irgendeine nützliche Arbeit.‹ Aber an welche – und was ist
Nützlichkeit? Benützung eines gegebenen Menschen in Rich-
tung seiner wesentlichsten Möglichkeiten. Weißt du – noch in
der Tiefe des Sturzes habe ich Mitleid mit denen, die mit der
Illusion leben, daß es überhaupt noch etwas gibt. Ich ziehe es
vor, mich wenigstens nicht zu belügen. Und denke, wie viele

215

gesunde Stiere es gibt, die nicht annähernd verstehen, worum es geht: metaphysische Ermüdung durch sich selbst. Nur Künstler fühlen die Zufälligkeit nicht, ausgenommen auch jene Menschen, die überhaupt nicht an das Geheimnis des Daseins denken, aber die halte ich eigentlich nicht für Menschen – und vielleicht noch Mathematiker und jene Philosophen, die absolute Wahrheiten schaffen. Aber leider ist die allgemeinste Wahrheit nur eine negative – das Verbot, gewisse Grenzen zu überschreiten.« Atanazy versuchte, ein echtes Gespräch zu arrangieren: seinen Sturz zu rechtfertigen und Łohoyskis Gedanken in eine abstraktere Richtung zu lenken. Doch es gelang ihm nicht: er redete flau dahin und produzierte verkrustete Abfälle einst lebendiger Gedanken. Jędrek kehrte mit der Hartnäckigkeit eines Besessenen zu seinem Thema zurück:

»Ich flehe dich an, laß mich heut abend nicht allein. Allein werde ich verrückt, und ich kann keinen mehr sehen außer dir. Komm, gehen wir ein wenig spazieren – ein wundervoller Winter, und dann gehst du mit mir zu einem Abendessen. Ich muß von hier fort in die Berge, aber ohne dich kann ich nicht. Reden wir über dieses Projekt.« In Atanazy zuckte etwas – er wußte noch nicht, was. Aber es umwehte ihn ein anderes Leben, wie ein Wind von der »anderen« Seite, wenn man sich einem Gebirgsgrat nähert. Eine Weite eröffnete sich allmählich, vielleicht keine Weite, sondern ein schmaler Spalt in einer Höhle ohne Ausgang oder in dem unheimlichen Durchgangskorridor, aus einem scheußlichen Alptraum, in dem er gegenwärtig lebte. Er ahnte nicht, daß er sich gerade in diesem Moment auf der Klippe befand; darin lag auch die unbewußte Verlockung, Kokain einzunehmen, eine versteckte Begierde, jenen Zustand der sogenannten »Hochzeitsnacht« bei den Bertzen zu wiederholen. Aber, Gott behüte, daran dachte er nicht ernstlich: danach gefragt, hätte er es entschieden bestritten. Łohoyski wirkte trotz Atanazys Abscheu gegen seine erotischen Zudringlichkeiten geradezu physisch als *Katalysator*, der in ihm Ungeheuer aus dem Schlaf erweckte, die sich nach langem, erzwungenem Schlummer wollüstig reckten. Vor dem Hintergrund des vollkommenen Nichts blinkte ein Flämmchen auf, und in seinem Schimmer erschien Hela wie ein Gespenst:

nicht die Hela, die er jetzt manchmal bei Zosia sah oder bei offiziellen Besuchen im Roten Palais, sondern diese frühere, in die er sich beizeiten zu verlieben nicht gewagt hatte.

Nach einer Weile schritten sie bereits durch die schwach beleuchteten Straßen. Atanazy hatte sich nicht von Zosia verabschiedet. In diesem Zustand, trotz dessen Flüchtigkeit, hatte er nicht den Mut, sich ihr zu nähern – ihr und diesem »Etwas«, vielmehr Jemand, der in der Tiefe ihres Körpers versteckt war, den er haßte und zugleich bemitleidete: wirklich bemitleidete, wie einen geblendeten, verendenden Kater. Die von Schneewolken umgebenen Laternen gaukelten schimmernd, wie Sonnen im Wirbel von Planeten. Schatten von herabfallenden großen Blättern huschten konzentrisch über den Boden zu den Laternenpfählen, wie geschmeidige, flache Tierchen. Der Klang von Schlittenglocken erinnerte beide an den lange nicht mehr erlebten Winter in den Bergen, und die gleiche wehmütige Sehnsucht schnürte beiden die Herzen zusammen.

»Denkst du auch an die Berge«, flüsterte Łohoyski und schmiegte sich entzückt an Atanazy mit dieser abscheulichen, gänzlich neuen Vertraulichkeit. »Dieser Sonnenuntergang auf dem Gipfel des Großen Kogels – ich war schon damals . . . nur wagte ich nicht, es dir zu sagen . . .«

»Sehr schlecht, daß du es jetzt wagst. Du willst nur unsere Freundschaft verderben. Und ich hatte schon früher einen Verdacht . . .«

»Nein, nein: sage jetzt nichts. Es ist gut so.« Er zog das unzertrennliche Röhrchen aus der Tasche, schüttete etwas weißes Pulver auf die Handfläche und zog es in die Nase, und dabei sah er sich ängstlich um.

»Du solltest dieses Kokain lassen, Jędrek . . .«

»Sag nichts. So ist es gut. Du weißt nicht, was sich vor mir auftut. Alles ist so, wie es sein sollte.« Er schniefte mit immer größerer Selbstvergessenheit durch die Nase. Sie kamen in belebtere Straßen. Łohoyski wurde steif und schritt aufrecht, gestrafft, in stumme Ekstase vertieft. Beide schwiegen lange. Atanazy wurde von einer tiefen Eifersucht ergriffen, die von irgendwoher, wie aus den Eingeweiden selbst herkam. »Schließlich ist alles einerlei. Alles geht mal zu Ende. Warum nicht auch ich? Anstatt Zosia noch einmal zu verraten und sie mit ›jener‹ zu betrügen, wäre es nicht besser, auf diese Weise zu enden? Es ist übrigens nicht sicher, ob diese höllische Jüdin mich noch haben will.« Hela war jetzt so stolz, unnahbar und verschlossen, daß sie nicht einmal die Möglichkeit zuließ, von ihr etwas »Derartiges« zu denken. »Und außerdem gibt es noch etwas: man kann weiter in die Gewöhnlichkeit der alltäglichen, gesichtslosen Tage hineinwaten, und wenn schon keine neue Liebe mit Hela, die allein würdig wäre, sich mit ihr gemeinsam zu vernichten, dann so kleine Betrugsaffären mit ›Substituten‹, Ladenfräulein, ein Verrat an etwas, was groß sein könnte, wenn auch nur rein negativ.« Er beneidete Łohoyski um diese andere Welt, in der er sich mit einer solchen Nonchalance im Verhältnis zu seiner eigenen Gesundheit, zum Leben überhaupt aufhielt. Narkotika! Wie oft hatte Atanazy davon geträumt, ohne jemals zu wagen, seine Gelüste zu verwirklichen. Vielleicht ist das die einzige Möglichkeit, die Seltsamkeit des Lebens und »jene«, in normalem Zustand unwiederbringlichen Momente wieder zu erwecken, die Momente einer künstlerischen Auffassung der Welt. Sollten etwa tatsächlich Zosia und die Ehe schuld daran sein? Oder vielleicht die Enttäuschung, die ihm der chronische soziale Umsturz bereitet hatte, der heute bereits alle langweilte, mit Ausnahme der neu auftretenden Parteiführer und der »nächstfolgenden Schicht«? Noch zögerte er, doch er fühlte bereits, daß er sich auf einer gefährlich schiefen Ebene befand. Im Restaurant aß Łohoyski fast nichts, trank aber viel und schien allmählich aus seiner Ekstase wieder zu Bewußtsein zu kommen, indem er sich auf ungewöhnliche Weise betrank. Atanazy trank ebenfalls über das gewöhnliche Maß, und als sie wieder in den Frost hinaustraten, fühlte er, daß er bereits auf »jener« Seite war. Er beschloß, das Schweinezeug noch einmal einzunehmen.

»Nicht jetzt«, flüsterte Łohoyski. »Komm zu mir – dort wirst du es wirklich probieren. Damals, das war nichts. Du wirst mein sein: wir werden uns von diesen verfluchten Weibern erlösen. Du weißt noch nicht, welche Horizonte das da eröffnet«, er zeigte Atanazy das Röhrchen, »und jenes«, fügte er nach einer Weile hinzu. »Aber du bist einer echten Freund-

schaft noch nicht würdig. Alle großen Menschen waren so, die
größten Epochen des Schöpferischen waren damit verbunden.
Unbekannte Gefühle, unvorhergesehene Perspektiven und die
Freiheit, ohne die erniedrigende Lüge des Verhältnisses mit
einem Weib . . .« Atanazy fühlte sich beleidigt. Wieso – er war
nicht würdig? Er wußte nicht, daß Łohoyski ihn auf diese
Weise programmatisch in seine Welt des Narkotikums und der
Inversion verführte.

»Vielleicht können ganz große Menschen sich das erlauben,
aber wenn wir damit anfangen, wir armseligen Auswürfe der
untergehenden Welt, werden wir dadurch bestimmt nicht zu
den größten Menschen der heutigen Zeiten.«

»Völlige Isolierung vom Leben: untergehen im eigenen Win-
kel, sei es auch um den Preis einer vorzeitigen Vernichtung.«

»Leiden ohne Schuld ist mein Teil, und ich will mein Schick-
sal ohne alle Erleichterungen auf mich nehmen«, sagte Atanazy
unaufrichtig hart, denn er fühlte, daß er keinen Fels, sondern
einen nachgiebigen Sumpf unter sich hatte.

»Wozu? In wessen Namen? Zeig mir das Ziel!«

»Ja: das ist eine schwierigere Sache, wenn man weder Partei-
genosse noch untergehender Künstler ist.«

»Übrigens gibt es auch von unserer Sorte nur noch wenige.
Sie sollten uns in Ruhe umkommen lassen.«

»Im Irrenhaus oder im Gefängnis«, lachte Atanazy bitter
auf. »Nein: diese ›künstlichen Paradiese‹, das ist ein Versuch,
ohne Anstrengung zu erlangen, was sich einzig durch schwere
Arbeit erringen läßt, durch wirkliches Sich-Erheben über sich
selbst.«

»Aber wir haben nicht diesen Motor, der uns erhebt. Worauf
wirst du dich am Anfang stützen? Du wolltest das auf einem
kleinen Abschnitt vollbringen und hast zu diesem Zweck die
arme Zosia geheiratet. Sie tut mir leid, obwohl es auch für
mich ein Unglück ist. Mit einem Mann wie dir wird sie
schlimm enden. Aber was bedeutet das? Ein Leben wird in ein
Fläschchen von fünf Gramm eingekorkt, während für deine
Leere nicht einmal ein großes Faß ausreichen würde.«

»Die Dialektik eines Narkotikums ist ebenso unabweisbar
wie die Dialektik der Sozialdemokratie. Man kann sie nur irra-

tional widerlegen. Unlängst noch schien der Syndikalismus etwas Utopisches. Heute sehen wir, was der staatliche Sozialismus ist: eine Utopie – nicht das ist der Weg. So ist es auch dort: aus nichts eine kleine Basis schaffen, und sie wird ohne alle künstlichen Mittel ins Unendliche wachsen.« Sie wurden immer betrunkener: sie hörten auf, einander zu verstehen.

»Wo? Bei den heutigen nivellierenden Bedingungen? Woran wirst du glauben, wenn du dieses schaffst? Warum soll dieser Moment des Rauschs niedriger sein als ein ganzes in Lüge und Elend durchlebtes Leben? Denn etwas anderes werden wir nicht schaffen. Es sei denn, man spielt Komödie und geht auf ihre Barrikaden und Wälle. Wegen des Abenteuers? Davon hatte ich genug.«

»Ja – alle diese heutigen Wiedergeburten von Intuition und Religion und Metaphysik, alle diese neuen Sekten, diese »meta-irgendwie-da« Gesellschaften, das alles sind Symptome dafür, daß die große Religion gestürzt ist und die Masse der Naiven sich darüber freut wie über den Anfang von etwas Großem . . .«

»Ich will lieber auf Tigerjagd gehen als Kondottiere einer Volksmasse in kleinem Maßstab werden, einer Masse, die ich verachte, die ich hasse.«

»Und das sagt ein gewesener Sozialdemokrat!«

»Aber jagen werde ich nicht mehr. Die Bestien werden mir alles konfiszieren, aber ich habe ja ohnehin nichts davon. Ich habe nur ein Palais, diese scheußliche Bude, die ein Palais genannt wird, und lebe halt gerade so, indem ich irgendwelchen Lumpenkerlen Zimmer vermiete. Ach – könnte ich noch an die Menschheit glauben wie früher!«

»Dem Vater zum Trotz.« Das Kokain weckte den Grafen in ihm auf, und zwar vor dem Hintergrund des gesellschaftlichen Umsturzes. Vielleicht . . .

»Schweig! Früher hätte ich deshalb die Beziehungen zu dir abgebrochen. Heute verletzt du nur grausam meine tiefsten Gefühle, indem du künstlich Mißverständnisse schaffst.«

»Mit einem Wort, ich ersetze dir in diesem Moment ein dämonisches Weib«, lachte Atanazy giftig. Immerhin bedauerte er, kein Graf zu sein. »Für einen Grafen schickt es sich, in diesen Zeiten umzukommen. Er kann das mit gutem Gewissen machen.«

»Tazio, Tazio! Du nimmst mir den letzten Glauben. Ich glaube nur an dich, und das willst du mir nehmen. Gemeinsam werden wir prachtvoll untergehen. Ohne mich wirst du auf die dümmste Art dahinsterben zwischen deinen Weibsstücken: ich weiß alles: Zosia und sie, ein Engel zur Rechten und ein Dämon zur Linken. Die eine ist die andere wert. Ungeheuer, leere Gruben, weiß der Teufel, warum wir sie zuschütten, indem wir in sie hineinwerfen, was wir an Wertvollstem haben.«

»Wir sind nicht zu bedauern. Die Menschheit wird ganz gut ohne uns auskommen.«

»Die Menschheit?! Wo ist die Demarkationslinie zwischen uns und den Affen? Sind das Menschen, mit denen sich Tempe befaßt? Vielleicht verläuft die Linie durch mich, durch jeden von uns kann sie gehen, vielleicht verändert sie sich fortwährend?«

»O ja: das ist wahr. Du fängst an, banalen Unsinn zu reden. Ich sehe nicht, daß Kokain dir intellektuell viel hilft. Ich bin betrunken und fühle mich dir weit überlegen.«

»Du wirst noch sehen, wirst sehen . . .«

»Wenn du das noch einmal erwähnst, kehre ich augenblicklich nach Hause zurück«, schrie Atanazy künstlich laut im klaren Bewußtsein, daß er nicht widerstehen würde.

»Zu Zosia? Ha, ha – du wirst nicht zurückkehren. Auch wenn ich dich jetzt loswerden wollte, würdest du mich nicht verlassen. Du hast diese Linie schon überschritten: du hast mich schon vor einer Weile darum gebeten. Ich weiß alles: weil ich dich liebe.« Atanazy spürte einen unangenehmen Schauer. Etwas klebte plötzlich um ihn herum wie eine warme Kompresse. »Dieser Dämon weiß wirklich alles: ein Dämon dritter Klasse. Ein Graf. Der darf alles«, schäumte er und fühlte, daß er immer schneller in einen weichen, schwarzen, nicht sehr angenehm riechenden, abseitigen Abgrund hinunterrutschte – in einen kleinen Nebenabgrund, nicht in den Hauptabgrund. Dort waren nur Hela und dieser idiotische Prepudrech. »Woher ist er auf meinen Platz gekommen?« Und er erinnerte sich wieder an seine Entscheidungslosigkeit, an den Wunsch, sich vor Hela zu retten, und an die künstliche Furcht vor der Liebe zu Zosia. Das eben war die ganze Liebe: die »Große Liebe« zur Gattin. Er fürchtete »jene« und versuchte durch Verrat herauszufinden, was stärker war. »Und dennoch habe ich sie nachher so lange Zeit geliebt! Nein – das waren ebenbürtige Kräfte. Niemals werde ich da herauskommen«, dachte er voll Verzweiflung.

Eben standen sie vor dem düsteren, von Kugeln durchlöcherten Renaissancehaus, dem sogenannten »Palais Łohoyski«. Ein junger Lakai öffnete ihnen, in dem Atanazy einen früheren Diener der Bertz erkannte. Seltsam vertraulich nahm er den Herren die beschneiten Pelze ab. Łohoyski sagte ihm etwas ins Ohr. »Ach so ist das – das ist Päderastie, und ich bin der homosexuelle Freund. Was für eine Schweinerei! Niemals! Jędrek tut mir leid – aus diesem Menschen hätte etwas anderes werden können.« Da erinnerte er sich an sich selbst und hielt inne und unterbrach diese leisen, unzeitigen Ermahnungen. Durch die kalte, leere, von Möbeln entblößte Halle gingen sie zu den privaten Gemächern Jędreks. Kaum drei Zimmer, recht spärlich möbliert, in denen eine geradezu höllische Unordnung herrschte: schmutzige Wäsche, vermischt mit zerknüllten Anzügen und Pyjamas, ein Tablett mit kleinen Kuchen, worin ein schwerer spanischer Browning steckte, Fläschchen, Reste vom Mittagessen, eine Menge leerer Flaschen, absonderliche Zeichnungen von der Hand des Hausherrn – das alles lag auf Sofas und Tischchen in wildester Unordnung herum.

»Warum ist nicht aufgeräumt, Alfred?« fragte Łohoyski mit gespielter Überlegenheit; unter diesem Ton versteckte er eine Atanazy früher unbekannte Schüchternheit – ganz offenbar fürchtete er diesen Lakaien.

»Ich dachte, Herr Graf würden nicht zurückkommen, wie gestern«, erwiderte der Lakai frech.

»Wo warst du denn gestern?« fragte Atanazy.

»Ach, frage nicht. Bring Schnaps«, sagte er zu Alfred und schaute gedankenlos in die Ferne oder eigentlich eher in die Tiefe der abscheulichen gestrigen Erlebnisse. Die Ekstase war vorüber. Der Lakai ging hinaus. »Ich war mit meinen Klassengenossen an einem bestimmten Ort. Es ist nicht gut. Wir müs-

sen die Dosis verstärken – das heißt, ich – dir wird ein halbes
Gramm genügen. Aber vorher trinken, trinken! Nur mit Alkohol gibt das einen besseren Likör als Met mit Blut des Herrn
Zagłoba. Mein Gott! *Potop* von Sienkiewicz! Wann ist das gewesen! Wie wundervoll war doch meine Kindheit. Du kennst
das nicht.«

»Du brauchst es nicht zu sagen. Was habe ich von deiner
gewesenen Splendeur«, erwiderte Atanazy brutal.

»Du willst nicht in meine Welt eintreten. Ja – leider lassen
sich Erinnerungen nie in die Seele eines anderen Menschen mit
dieser Intensität übertragen, mit diesem Flair von Einzigkeit,
das sie für ihren Eigentümer haben. Warum nur hatten wir
keine gemeinsame Kindheit – das wäre herrlich!« Der Lakai
brachte den Schnaps. Sie tranken. Atanazy fühlte sich schrecklich betrunken. Plötzlich verschwanden alle Hindernisse und
Hemmungen, so plötzlich, daß er, kaum er es gedacht, schon
seine Hand dem Kokain schnupfenden Łohoyski hinhielt und
sagte: »Gib« – er konnte den Anblick dieses Menschen nicht
ertragen, der sich zwei Schritte von ihm in einem anderen,
unbekannten Dasein befand.

»Ich beneide dich«, sagte Jędrek mit Nonchalance. »›Les
premières extases de la lune de miel.‹ Und nachher? – nachher
›Les terreurs hallucinatoires, qui mènent à la folie et à la mort.‹
La mort«, wiederholte er mit Wollust. »Wo habe ich das gelesen? Aber ständiges Einnehmen hat wieder einen anderen Zauber. Nur muß man immer mehr, immer mehr . . .«

»Schön mußt du dich fühlen nach so einer Nacht. Ich habe
gehört, daß tags darauf eine ungeheure Depression eintritt.
Sogar nach dem, was du mir damals gegeben hattest, fühlte ich
mich fatal.«

»Ja, früher ja. Jetzt nehme ich, sowie es schlimm wird, mehr
und mehr und bin dann dort, wo mich nichts erreichen kann,
es sei denn der Mangel an diesem Schweinezeug. Doch darin
hast du recht, aber vielleicht nicht du: ein fruchtloser Narkotiker: nichts wirst du in diesem Zustand erschaffen. Nicht einmal einen Gedanken . . .«

»Ich weiß: deine Gedanken waren nicht besonders: dasselbe
Durcheinander wie immer«, erwiderte Atanazy und nahm eine

Prise des weißen Pulvers wie Schnupftabak, aber doppelt soviel wie damals nach der Trauung. Und plötzlich war er völlig nüchtern.

»Nicht besser als deines«, erwiderte Jędrek.

»Was ist denn das Neues?« sagte Atanazy erstaunt. »Nicht nur, als hätte ich nichts getrunken, sondern tatsächlich verändert sich alles zu etwas völlig, aber völlig anderem, und dabei ist es so, wie es ist.« Eine angenehme Kühle und Empfindungslosigkeit nahm immer höhere Teile der Nase ein und gelangte bis in die Gurgel. »Das ist wundervoll: ich bin völlig nüchtern, und trotzdem«, vergebens bemühte er sich, das Wesen dieser Veränderung zu erfassen, »damals war es nicht so . . . Warte!« Und plötzlich brach er in ein seltsames, hölzernes Lachen aus, das ihm nicht wie sein eigenes vorkam. Jemand lachte ganz deutlich in ihm selbst, aber es war nicht er.

»Setz dich und sprich«, sagte Łohoyski und zog Atanazy neben sich auf das Sofa. Plötzliche Klarheit blitzte irgendwo auf, gleichsam im Zentrum des Weltalls, und Atanazy erblickte dasselbe Zimmer, in dem sich absolut nichts verändert hatte, in eine andere Welt verwandelt, die ganz für sich war, abgeschlossen und vollkommen. Die an der gegenüberliegenden Wand hängenden Anzüge wurden, ohne auch nur gezuckt zu haben, lebendig, schwollen, dehnten sich innerlich vor unbegreiflicher Wunderkraft, und ihre grauen Farben, die sich nicht im geringsten verändert hatten, leuchteten auf wie die allerschönste Harmonie der Bilder Gauguins oder Matisse' – und dennoch waren sie dieselben geblieben. Jędrek blickte triumphierend auf Atanazy. Wie jeder wirkliche »Drogist« (ein Ausdruck von Ziezio Smorski) fand er die ganze Wollust darin, andere in diese Welt einzuführen. Und dazu »jenes« . . . Er spürte, daß Atanazy ihm jetzt nicht entwischen, daß endlich diese Einführung in die wahre Freundschaft erfolgen würde, von der er ihm bisher nie etwas zu sagen gewagt hatte, während er Qualen der Eifersucht auf Zosia, Hela und andere sogenannte Freunde durchmachte. Und das alles hatte so richtig und quälend begonnen während der Hochzeitsfeier bei Bertzen. Damals hatte er den jungen Lakaien entführt. Es war eine furchtbare Nacht gewesen: wie mit einem ordinären, antipathischen, ungeliebten, aber höllisch verführerischen Weib. So rächte er sich an Atanazy wegen seiner Ehe. »Diese Unersättlichkeit«, dachte er. »Sogar dieses schweinische Koks hat seine unüberschreitbaren Grenzen. Vielleicht genießt dieser Tazio sogar jetzt mehr als ich. Warte: du wirst mein sein. Danach erst werde ich die Weiber in mir unterdrücken. Diese niederträchtigen Äser!« – ihm fiel die letzte Geliebte ein, die ihn mit einem Musiker aus einem Dancing betrogen hatte. (Obwohl er es sich nicht eingestand, haßte Łohoyski die Musik als eine niedere Kunst, die durch ordinären Lärm auf die niedersten Schichten der Seele wirkte, und sprach ihr alle metaphysisch-formalen Werte ab.) »Gott! Wie ist das herrlich! Ich habe nie etwas Schöneres gesehen als deine Hosen. Nein – störe mich nicht: ich will mich sättigen«, sagte Atanazy mit einer hölzernen, fremden Stimme und gab vor, nüchtern zu sein. Das Pepitakaro von Jędreks Hosen an der Wand war für ihn in diesem Moment die wundervollste Sache auf der Welt. Das Blickfeld verringerte sich. Mehr wollte er nicht, würde er nie mehr wollen. Die ganze Ewigkeit auf diese Hosen schauen, und der Teufel kann sich die restliche Welt holen. Leider hat alles ein Ende, und der Kokainrausch wälzt sich jetzt auf die andere Seite und wird zu einer schrecklichen Qual, trotz vergrößerter Dosen. Davon wußte der arme Tazio noch nichts.

»Noch«, flüsterte er, ohne aus der Ekstase zu erwachen, die nicht mehr sein Eigentum war, sondern das ganze Weltall erfüllte. Doch obwohl er sich anderer Möglichkeiten bewußt war, wollte er sich nicht von diesen, genau diesen einzigartigen Pepitahosen losreißen. Wahrhaftig, er hatte noch nie etwas derart Schönes gesehen. »Das ist eine ganz neue Welt! Warum habe ich bisher nur nicht gewußt, daß alles so herrlich, so einzigartig sein kann«, sagte er, während Łohoyski mit der Miene zumindest eines Ritters de Sainte-Croix ihm eine zweite Dosis des mörderischen Gifts unter die Nase schob. Atanazy schniefte und spürte sogleich, daß dieser erste Eindruck nichts war im Vergleich mit dem, was noch folgen konnte. Er ließ den Blick nicht von diesen Hosen. Er lebte dort, inmitten der sich kreuzenden schwarzen und grauen Streifen, ein herrliches, unbekanntes Leben, schöner als die besten Momente der Vergangenheit, potenziert zu unmöglichen Ausmaßen. Er fürchtete sich, den Kopf zu bewegen, wagte nicht, mit den Augen zu zucken und auf die ringsum schwankenden Gegenstände zu blicken, aus Angst, sie würden anders, nicht so vollkommen in ihrer Schönheit wie diese unglückseligen Hosen sein. Seitdem wurde Pepita für ihn zu einem Symbol des Wunders – er sehnte sich immerfort danach wie nach einem verlorenen Paradies. Doch davon später. Außer den alten Hosen des »Grafen« Łohoyski in Kokainsoße gab es noch hundertmal stärkere Narkotika, wie zum Beispiel Hela Bertz – doch an sie dachte er jetzt nicht, er, der arme, schöne, »interessante«, todunglückliche »Tazio«. Jetzt lebte er zum erstenmal vielleicht wirklich in dieser »anderen Welt«, von der er geträumt hatte – sättigte sich an der Wirklichkeit bis in die tiefsten Fibern seines Wesens. Mit Gewalt drehte ihm Łohoyski den Kopf zur Seite. Mit was für einem Bedauern trennte er sich von diesem abgesonderten Dasein der Pepitareithosen: »die Welt der Reiterhosen an und für sich«.

»Stiere nicht so blöd auf einen Punkt: alles ist dasselbe«, sagte Jędrek, seine Gedanken erratend. Und Atanazy erblickte das ganze Zimmer, nicht als unseren alltäglichen, biederen, sondern als irgendeinen psychisch nichteuklidischen, Riemannschen Raum, als einen einzigen großen Tempel der Seltsamkeit. Eine uralte (»uralt« – was für ein grauenvolles Wort!) Harmonie absoluter Vollkommenheit hatte die ganze Welt umfaßt. Es gab keinen Zufall: als hätte sich die physikalische Anschauung mit ihrer ganzen Notwendigkeit im Bild der Unordnung dieses Zimmers verkörpert, das zu einem Symbol der ewigen Daseinsgesetze in dieser zufälligen, scheußlichen, statischen Verwirrung wurde. Die Planeten, die Milchstraße und alle daneben kreisenden Nebel von Gestirnen und kalten Gasen wirbelten mit derselben mathematischen Präzision rundherum, mit der die notwendige Unordnung dieses in seiner Art einzigen Zimmers existierte. Atanazy betrachtete jetzt nicht mehr die Sachen, die dem Gesetz der »faktischen einzelnen Identität« des Pfarrers Hieronymus unterlagen – sondern vielmehr ihre Ideen, die in einem unveränderlichen Dasein außerhalb der Zeit währten. Er wollte es Łohoyski sagen, fürchtete aber, diesen einzigen Augenblick zu verscheuchen, der, in sich selbst ohne Makel erstarrt, zur Ewigkeit wurde. Und plötzlich erinnerte er sich, daß es liebe, teure Menschen gab. Er war nicht allein in dieser märchenhaften Welt, in der die armseligste gewöhnliche Sache, ohne sich zu deformieren, ohne aufzuhören, sie selbst zu sein, so vollkommen, so vollendet, notwendig und einzigartig wurde. Da war ja schließlich Jędrek, dieser liebe, der dasselbe, geliebte Koks eingenommen hatte. Er umhalste Łohoyski und gab ihm einen unschuldigen, reinen Kuß auf die Wange. Jędrek zuckte nicht einmal. Systematisch, kalt verführte er sein Opfer weiter – er fürchtete, durch vorzeitige Eile die sich so herrlich entwickelnde Situation zu verderben. Er wußte, daß nach der Ekstase Erregung und Redelust kommen und daß danach das Vieh erwacht. Und dann mußte man sich mit einem einzigen Sprung darauf stürzen und es an sich nehmen. Aber all das tat er aufrichtig, im Namen seiner Konzeption von Freundschaft, die aus vorzeitiger Blasiertheit und erotischen Enttäuschungen entstanden war. Um ganz zum Ende zu gelangen, hatte er schon im Restaurant telefonisch einige Bekannte zu sich gebeten, die seit langem gewünscht hatten, zu den Kokainmysterien zugelassen zu werden. Sogar Tempe sollte kommen, den Łohoyski angesichts des variablen Laufs der Ereignisse unter seine Herrschaft zu bringen beschlossen hatte. Er weckte Atanazy nicht aus der Ekstase – die Gedanken schossen ihm in Blitzgeschwindigkeit durch den Kopf. Er nahm eine für ihn kolossale Dosis: etwa drei oder vier Gramm. Er war noch in einem verhältnismäßig recht frühen Stadium, und Coco wirkte auf ihn wie ein »Aphrodisiakum«. Aber mit Willenskraft hielt er sich zurück: gleich konnten die Gäste kommen. Atanazy wird sich in Gesprächen entladen, und dann fort mit den Gästen – und die Ekstase der einzigen, mit Freundschaft amalgamierten Liebe: »Dann werden wir reden«, dachte er mit dem Schauer der Wollust.

Ins Zimmer traten soeben: Ziezio, Purcel, Chwazdrygiel und hinter ihnen Prepudrech. Nach einer Weile schlüpfte fast unbemerkt auch Sajetan Tempe herein: er wollte in diesem Zustand gewisse Dinge überdenken – er kannte diese »Möglichkeiten« noch aus Rußland. Als Titan des Willens konnte er

sich das erlauben. Atanazy begrüßte alle mit einer wilden Freude. Sie waren ihm nah wie nie bisher. Nun begann ein allgemeines Trinken und Schniefen, und nach und nach wurden alle (mit Ausnahme von Ziezio, der bereits alle »künstlichen Paradiese« in allen Varianten probiert hatte, eine so »dickfellige Annehmlichkeit« wie Kokain verachtete und nur das äußerst rare und teure Apotransformin schnupfte), nachdem sie zuerst die gleiche Phase der Empfindung wie Atanazy durchgemacht hatten, von einem Zustand unerhörter Gesprächigkeit befallen. Nur Ziezio und Łohoyski führten in einem Winkel eine ruhige Diskussion über Musik. Chwazdrygiel fluchte auf die Wissenschaft und bedauerte laut, kein Künstler zu sein, und zwar am liebsten ein Maler, wofür er seiner Meinung nach geschaffen war. Er zeichnete ungeheuerliche Sachen in Jędreks Alben: infantilistische Szenen in der Art von Goya, mit einem neunzigprozentigen Zusatz sodomitischer Pornographie, ohne die leiseste Ahnung vom Zeichnen zu haben. Trotzdem hielten das alle für genial. So rächte sich die Zoologie an ihm. De Purcel erzählte, wie man an der Front die Juden mit so schrecklichen Qualen gefoltert hatte, daß er damit den Marquis de Sade und Gilles de Rais hätte befriedigen können, beide zusammengenommen und zur sechsten Potenz erhoben. Für jede dieser Geschichten hätte er hängen können – zum Glück war das alles vielleicht nur Aufschneiderei. Doch nichts dergleichen: er erinnerte sich an köstliche Momente bei der »Leibgarde des Leib-Kavallerieregiments«, und die Vergangenheit vermischte sich für ihn mit der Gegenwart zu einem einzigen unartikulierten Knäuel, das er vergeblich mit seinem ärmlichen polnischen Vokabular zu differenzieren bemüht war. Schließlich ging er zur russischen Sprache über:
»Meine Herren: sie war so eine kleine rothaarige Jüdin mit einem kleinen ›grain de beauté je ne sais où, mais enfin‹ – wir haben sie auf ein Pfählchen gesteckt, und dann, meine Herren, hat ihr Graf Burdyszew, Kornett, Leibdragoner, jetzt in polnischem Dienst, so einen langen Einschnitt gemacht . . .« Atanazy saugte sich psychisch in Azalin Prepudrech ein, der gerade in den Zustand der höchsten Ekstase überging. Die ganze Gesellschaft war schon stark angetrunken gekommen, und das

Kokain wirkte ausgezeichnet. Nur Tempe, einsam und verdüstert, saß in finstere Gedanken vertieft. Inmitten des einheimischen »Kerenskitums« war er ungefährdet, das heißt inmitten der allgemeinen grundsätzlichen Toleranz auch gegen jene, die ohne weiteres dem Regierungssystem selbst das Messer in den Bauch stießen. Sogar Anarchisten gingen mit einer schwarzen Fahne durch die Stadt und schrien: »Fort mit jeder Regierung«, doch falls ein »Pronunziamento« der folgenden zweiten Schicht zum Erfolg führen sollte, drohte ihm Verhaftung oder sogar Tod: in dieser Partei der bauernfreundlichen Sozialisten hatte er schreckliche Feinde, und wenn diese zur Macht kämen, würden sie nicht verfehlen, seine Verstecke und geheimen »Ateliers« aufzuspüren, in denen er den Staatsstreich der dritten, der letzten Stufe vorbereitete.

»Verstehst du, du Dummkopf«, sagte Atanazy zum Prinzen, »ich liebe nur deine Frau. Zosia ist ein armes Stubenhündchen, ich liebe sie auch, aber das ist nicht das Richtige. Sie ist so ein unglückseliges, verlassenes Geschöpf, meine Zosia – sie ist in anderen Umständen. Ich hasse diesen Embryo – ich möchte ihn umbringen! Oder nein: soll er aufwachsen, soll er leiden wie der Vater, oder noch mehr. Aber nun: sie wollte es ja selber. Sieh: Zosia ist wie ein gemalter Engel, sie hat eine Kopiersucht nach Neugeborenen. Und du, Idiot, weißt nicht, wen du hast: sie ist erste Klasse, deine Hela. Und weißt du, was ich ihr damals, als ich dich rausgeschmissen hatte, angetan habe? Na, weißt du – und du Dummkopf dachtest, daß sie mich nicht liebt – ich sage dir, Azio, nur mich allein . . . Aber vielleicht ist dir das unangenehm? Und weißt du, wer sie zum erstenmal besessen hat – psychisch, meine ich – rühr mich nicht an – in deiner Hochzeitsnacht? Ich – glaubst du's vielleicht nicht? – ich werde es dir im Detail erzählen. Sie sagte mir damals, sie könne überhaupt nicht mehr, und umklammerte mich von selber mit den Beinen, und dann diese wahnsinnige Metaphysik. Azio – bleib ruhig – mit psychischen Beinen. Und ich bin so neugierig, was für Beine sie hat. Es ist alles eine metaphysische Schweinerei. Diese ganze Bekehrung, das ist ein ›Trick‹, damit sich das Leben vor ihr aufbäume und sie mit Gewalt nehme, wie ich – psychisch, obgleich sie selber . . . Oh, unauslotbare

Wunderbarkeit von allem, o Wunder des Daseins! Das ist alles so schön, daß ich nicht glauben kann, daß es wahr ist. Aber . . .«, und er verfiel wieder in eine momentane Ekstase und beobachtete mit einer Spannung, die einen Stier hätte töten können, irgendeinen Punkt auf der braun-goldenen Tapete, der sich unbegreiflicherweise (alle Blumen waren genau gleich) von dem ganzen (so schien es) Weltall durch seine fast absolute Vollkommenheit unterschied. Der arme Atanazy war sich einer Sache überhaupt nicht bewußt: des Gewöhnlichen und des Schweinischen dessen, was er da redete. Ähnlich wie Jędreks Hosen und wie die Blume auf der Tapete schienen ihm seine eigenen scheußlichen Bekenntnisse ebenso herrlich, vollkommen und notwendig wie nach den Keplerschen Gesetzen die Bewegung der Planeten um die Sonne oder wie die Konstruktion einer Sonate von Beethoven. Azio hörte schweigend zu, geistesabwesend gaffte er den düsteren Sajetan Tempe an, der für ihn psychisch zu den Ausmaßen einer allmächtigen Gottheit zu wachsen schien, ohne dabei einen Moment aufzuhören, ein gefährlicher »gewöhnlicher Nivellist« zu sein. Aber Atanazys Worte fügten sich vor einem unerbittlichen, stählernen Hintergrund in seinem Feiglingskopf zu einem erschreckenden Muster, das die Bedeutung eines Todesurteils hatte. Also war diese Qual, die er durchlebte, noch nichts im Vergleich zu dem, was nun geschehen sollte? Vielleicht scherzte er wirklich? Der Prinz wagte nicht, ihn danach zu fragen. Die Ungewißheit war ihm lieber als irgendein neuer Schrecken. In diesem Moment verstand er seine Qual nicht »als solche« – sie war nur ein notwendiger Hintergrund für die in die Vergangenheit entfliehende Zeitperiode, die von reiner Begeisterung über das Dasein erfüllt war. Łohoyski beobachtete beide aufmerksam, und in einem bestimmten Moment schob er ihnen neue »Prisen« des höllischen Pulvers zu.

»Ja, so amüsiert sich ein polnischer Graf zu Revolutionszeiten«, sagte de Purcel, der ihn beobachtete, auf russisch, »er vergiftet seine Freunde, hi, hi! Sei's drum: noch eine Prise, mein lieber Graf. Ich kokse selten, dann aber exzessiv – in guter Gesellschaft . . .« Hier erfolgte ein tolles Einschniefen des tödlichen Gifts bis zum Nabel, möglicherweise sogar bis zum metaphysischen.

»Also sag, Tazio, was ist zu tun?« begann Azalin schüchtern und ohne Überzeugung.

»Mach, was du willst«, sagte Atanazy mit plötzlicher Härte und hörte auf, die braun-goldene Blume als die einzige Schönheit der Welt zu begreifen. Hela füllte die ganze räumliche Vorstellung bis an die Ränder: er empfand sie in den angeschwollenen Adern gleich heftig wie das Gift. »Ich werde sie dir wegnehmen – das ist klar. Sie ist die Verkörperung meiner Lebensbegierde. Mit ihr werden wir ein großes Poem der Vernichtung schaffen – einen neuen Mythos. Das ist die neue Astarte oder Kybele – ich werde die Rolle des Adonis spielen oder des Attis oder irgend jemandes – einerlei – nicht du, o nein, du nicht – ich!« (Er war schon sehr durcheinander.) »Du wirst weiter mein Freund bleiben. Ich bin auf dich nicht eifersüchtig. Freu dich, daß du dich so wunderschön quälen kannst. Und im äußersten Fall wird uns das da erlösen!« Hier deutete er auf das Röhrchen mit dem Pulver, das ihm Łohoyski soeben zur eigenen Verfügung übergeben hatte. »Für gewisse Menschen besteht der Sinn des Lebens in der Selbstvernichtung. Es handelt sich nur darum, wie. Für mich ist deine Hela der Vorwand – ich habe keine Kunst, keine Wissenschaft – nichts. Ich lebe allein in mir für geheime Ziele der Zukunft. Ich bin der Held eines ungeschriebenen Romans oder Dramas.« Alles, was er sagte, schien Atanazy außergewöhnlich erhaben und wichtig – dies vor allem. Die Welt existierte nicht mehr objektiv: nur er war da – und dazu eine Projektion von an sich unwesentlichen Bildern, die eigens für ihn geschaffen waren.

Azalin machte eine ähnliche Phase durch. Plötzlich war das Leiden verschwunden, obwohl das Bild seines Lebens auf dem Hintergrund von Atanazys Enthüllungen so ungeheuerlich geworden war wie eine niemals gezeichnete Radierung Goyas. Zum ersten Mal erfühlte er den Sinn seines einmaligen Lebens, als blickte er von der Seite auf ein kompliziertes, bisher unverständliches Ornament vor der Kulisse der dumm und leer verlebten sechsundzwanzig Jahre der Vergangenheit. Diese ganze Vergangenheit verkleinerte sich zu den Ausmaßen einer kleinen Pille, die er wie in einem geheimnisvollen, kondensierten Elixier in dem gegenwärtigen, sich zu schwindelnden Höhen türmenden Augenblick wieder verschluckte und auflöste: er war endlich über sich erhaben. Dieses Ausmaß von Wirklichkeit dauerhaft fixieren, immer in ihm leben, mit Kokain oder ohne, unabhängig davon, was sein wird – das war die Aufgabe. Etwas Unerfaßbares blitzte in ihm auf, er wußte nicht wo – denn es befand sich ja in nichts Bekanntem. Und gleich ein konkreter Plan: Improvisation: Ziezio muß das hören, Musiklehre, Kunst. Das war die Lösung. In welchen Zeichen er das dachte, konnte er nicht begreifen. Etwas dachte sich von selbst in den entbrannten Eingeweiden des Daseins. Doch dieses Krümchen wuchs zu den Ausmaßen des Alls. Er vermochte jetzt alle Qualen der Welt in sich aufzunehmen und endlich (»und vielleicht auch vor Gott«, flüsterte etwas in ihm) die grausame, unbegreifliche Tatsache seines Daseins vor sich zu rechtfertigen. Das war ein Moment der metaphysischen Offenbarung. Woher nahm er so viel Verstand, um den dunklen Abgrund des Geheimnisses seines »Ich« zu begreifen, über das er nie *so* gedacht hatte? »Aha, Coco«, schoß es ihm durch den Wirbel der Seltsamkeit, die seine bisherige Vision der Innenwelt überstieg. Jetzt erst verstand er manche Momente der Kindheit, Träume, in denen er sich in tagsüber unverständlichen Formen selbst erschienen war, die sich nachher nicht rekonstruieren ließen, in flüchtigen, unerfaßlichen Formen. Er empfand Atanazy gegenüber eine tiefe Dankbarkeit, daß er mit seinen schweinischen Bekenntnissen diese Hülle der Gewöhnlichkeit durchstoßen hatte, in der er bisher gelebt hatte wie ein Küken im Ei. Er hatte sich herausgepickt und flog nun mit vollen Flügeln (wie mit vollen Segeln) in die unbekannte Welt.

»Ich danke dir«, flüsterte er. »Es ist nicht deine Schuld. Ich hätte dich beinahe getötet. Das war schrecklich. Es gäbe diesen Augenblick nicht mehr. Jetzt bist du für mich ›tabu‹! Ich weiß, daß du unglücklich bist, und zwar mehr als ich. Ich war mit dem Leben zufrieden, aber ich bin in etwas hineingeraten, was mich überstieg. Hela hat mich unterdrückt wie einen kleinen Wurm. Jetzt stehe ich darüber. Nie mehr, nie mehr werde ich dieses Pulver nehmen. Aber ich habe so viele Dinge verstanden. Alles muß so sein, wie es jetzt ist, aber ohne das. Ich danke dir.« – Atanazy blickte ihn mit Verachtung an. »Was, zum Teufel? Ich bin allein. Woher diese schreckliche Einsamkeit, diese bodenlose Traurigkeit?« Er verspürte die absolute Undurchdringlichkeit zweier Ich in einer geheimnisvollen Welt, deren Schrecklichkeit und Fremdheit wir vor uns selbst durch andere Menschen zu verbergen bemühen, mit durchsichtigen Netzen lügnerischer Begriffe, die niemals das Wesen der Dinge wiedergeben, und mit einem Schwall von Funktionen, die sich aus gesellschaftlichen Zwängen ergeben. »Ja, nur die Gesellschaft ist etwas Reales«, dachte dieses a-soziale Geschöpf par excellence. »Und was folgt daraus? Was, da ich existieren und meinen elenden Zeitabschnitt so durchleben muß, wie es mir die ganze Verflechtung zufälliger Fügungen in mir und außerhalb meiner gebietet? Das reine Ich ist nur ein mathematischer Punkt, etwas im Umfang einer Null. Es hätte mich ja auch gar nicht geben können.« Die Nichtigkeit wehte mit monströser Leere, größer als die Leere des gestirnlosen Raums. »Aber wenn es nicht einmal einen Raum gäbe? Nichts – ein mathematischer Punkt. Vitalismus und Physik konvergieren in der Unendlichkeit im Problem der Existenzen und in unendlich kleinen Ausdehnungen. Ohne Grenzbegriffe kann man überhaupt nichts sagen. Eine aktuelle Unendlichkeit in der Ontologie ist Nonsens. Unvorstellbar, undenkbar. Also *mußte* das Dasein existieren . . .« Ein schrecklicher Abgrund unausdrückbarer, durch kein bekanntes System erfaßbarer Dinge (die Mengentheorie sudelte darin in Abstraktion herum), die sich überhaupt nie, in alle Ewigkeit, auch durch den vollkommensten Verstand nicht würden erfassen lassen, öffnete sich vor Atanazys begeistertem und entsetztem inneren Blick. Er trat in die höchste Ebene der Offenbarungen ein, so schien ihm. In Wirklichkeit konnte er über das alles auch ohne Kokain nachdenken (und tat es oft). Aber jetzt hatte es den Beigeschmack von einer Wichtigkeit, die gewöhnliche Momente der Überlegung ohne künstliche Anregung nicht gaben. Dorthin vermochte ihm der Prinz nicht mehr zu folgen, nachdem er mit Mühe die erste Plattform der Wunderbarkeit erreicht hatte. »Mußte ich denn sein: dieses Etwas, das von sich ›Ich‹ sagt für eine ganze Ewigkeit? Sind das nicht Dinge, von denen Wittgenstein sagt, daß sie unausdrückbar sind, und läßt sich denn das nicht genau in einfachen Begriffen ausdrücken, die keine Definition besitzen? Sonst gäbe es ja einen Kreislauf ohne Ausweg: ein Definieren von Begriffen durch sie selbst, nur in einer anderen Form? Läßt sich denn der grundlegende Begriff der Logik und der Mathematik: der Begriff der Vielheit nämlich, definieren? Dasselbe gilt für den Begriff ›Ich‹ und überhaupt für den Begriff des Daseins.« Er versank in die Sphäre unkomprimierbarer Wesenheiten, die den letzten Vorhang vor dem niemals zu überwindenden Geheimnis des realen und idealen Daseins bilden. »Das ideale Dasein der Begriffe läßt sich in Termini ausdrücken, die von dem Begriff des unmittelbar gegebenen Daseins abstammen: der Qualitäten und ihrer Verbindungen, bei der Voraussetzung der Einheitlichkeit und Einzigkeit des ›Ich‹, oder in einem vervollständigten psychologischen System; aber das reale Dasein läßt sich von nichts ableiten. Doch woher kommt die unmittelbare Empfindung des Geheimnisses? Aus der notwendigen, unmittelbar gegebenen Gegenüberstellung des Individuums mit der Ganzheit des Daseins – aus dem gegebenen notwendigen Unterschied der inneren und äußeren Qualitäten in der Existenz einer jeden Persönlichkeit und daraus, daß die Form des Daseins, die eine und einzige, zweifach ist: zeitlich-räumlich. Also – aber wieso also?« (Atanazy übersprang ganze Ketten von Überlegungen) »die Auflösung des Individuums in der Gemeinschaft ist eine Form von kollektivem Nirwana: das einzig reale Nirwana, außer der Selbstvernichtung durch Absonderung vom Leben – das niemals vollkommen sein kann – und außer dem Tode. Nur im Verhältnis dazu ist alles: das kleinste Stäubchen, das geringste Gefühl, das Sehen einer Farbe – etwas unendlich Großes: der Tod, um dessen Preis man allein lebt, und das Leiden, das genauso eine absolute Notwendigkeit des Daseins darstellt, was wiederum nur Koordinierung und Kampf der freien Existenzen mit denjenigen, die nur einen Teil anderer Existenzen bilden, bedeutet – wie die Zellen unserer Körper. Im Kern des Daseins selber steckt ein Widerspruch: *die Einheit in der Vielheit.* Das Glück ist nur das zufällige Zusammentreffen von viehischer Gedankenlosigkeit mit einer potenziert zufälligen Fügung der Umstände für das gegebene Individuum.

Doch die gesellschaftliche Entwicklung strebt dahin, den um-
gekehrten Fall auszuschließen, der für alle ungünstig wäre,
nicht nur für einen. Die gesellschaftliche Entwicklung handelt
den wesentlichsten Daseinsgesetzen zuwider – sie ist deren to-
tale Verneinung, wie der Gedanke, den sie geschaffen hat. Auf
einem kleinen Stück widerspricht sich alles – doch auch das ist
in die allgemeine Notwendigkeit mit eingeschlossen. Eine
wunderbare Sache. Die einzige Gottheit, die wahre Gottheit,
die wir heute verdienen, ist die gesellschaftliche Gemein-
schaft . . .« Diese Gedanken rissen ab in einer neuen Woge der
Ekstase: der Begeisterung über die Klarheit dieser Weltan-
schauung, die allerdings gar nicht so sehr klar war. Obwohl,
wer weiß – wenn man weiter darüber nachdachte. Aber das
war unmöglich: Jemand sagte: » . . . aus Vieh sind wir erstan-
den, und zu Vieh werden wir werden. Und die ganze Entwick-
lung des Individuums war nur eine Etappe der gesellschaftli-
chen Entwicklung, damit die Kraft der Individuen, aufgelöst in
der Masse, diese Masse zu einer Möglichkeit der Selbstorgani-
sierung hinführen könnte. Jeder neue große Mensch, der die
ihm Unterlegenen unterdrückte, war nur ein Opfer dieser Un-
terdrückten zugunsten zukünftiger Generationen: er gab der
Masse Kraft und erschwerte das Kommen eines nächsten. Die
desorganisierte, eher von Anfang an amorphe Bande des ge-
sellschaftlichen Plebs bei den primitivsten Wilden und in Kul-
turen, sofern man sie so nennen kann, wie der vorägyptischen
und der vorbabylonischen und der urchinesischen, brachte ein
Individuum hervor und unterwarf sich ihm, um nach Jahr-
hunderten, nachdem sie es verdaut und sich von ihm genährt
hatte, in einer völlig antiindividuellen, mechanischen Organi-
sation glücklich zu werden – oder auf dem umgekehrten Weg
zu dem ursprünglichen Zustand zurückzugelangen.« So sprach
der »inspirierte« Chwazdrygiel aus einer Ecke. Und Atanazy
wußte nicht mehr, ob seine letzten Gedanken ein unbewußtes
Hören von Chwazdrygiels Worten oder seine eigene Erfindung
gewesen waren. Jedenfalls waren zwei Gruppen aufeinander
gestoßen – vielleicht war eine von ihnen imaginär? Doch kann
man wissen, was sich *wirklich* in einer Gesellschaft unter der
Wirkung von Koks tut? »Übrigens geht es in diesen Tagen mit

mir zu Ende. Gesellschaftliche Eruptionen erzeugen manchmal tiefere Offenbarungen als narkotische. Ich bin ein großer Künstler, der in biologischen Abhandlungen verkümmert ist«, endete Chwazdrygiel und fing an, laut zu weinen und mit der Faust auf die Sofalehne zu schlagen. Niemand schenkte ihm Beachtung. Alle, mit Ausnahme von Ziezio, der, von seiner Musik davongetragen, wie in einem metaphysischen Ballon über der Welt schwebte, alle (sogar auch de Purcel) wußten und fühlten – wenn nicht völlig bewußt, so unterbewußt – eben das, was Chwazdrygiel an ihrer Stelle aussagte.

Tempe erhob sich und sagte zu Łohoyski: »Ich danke dem Herrn Grafen für den heutigen dekadenten Abend. Ich habe hier gewisse Dinge dank Ihres Coco rein technisch durchdenken können, doch denke ich nicht daran, mich ständig damit zu befassen, mich darin zu spezialisieren wie Sie, ehemaliger Genosse Łohoyski. Apropos: vielleicht werden Sie bald wieder Ihre frühere Legitimation benötigen. Bitte kommen Sie zu uns zur Bestätigung des Dokuments. He, he! Ich überlasse die Kunst den künftigen Generationen, sofern sie überhaupt noch fähig sein werden, so etwas zu produzieren. Du kannst sicher sein, Tazio«, wandte er sich an Bazakbal, »daß ich keine Gedichte mehr schreibe. Die Zeiten sind vorbei. Du hast recht: das war nur eine Pseudomorphose. Die einzige Konsequenz dieser Gespräche wäre eine reale Arbeit in der Richtung der maximalen Vergesellschaftung, wie sie im Anfangsstadium von der Partei repräsentiert wird, der anzugehören ich die Ehre habe. Nichts verbindet mich mit euch untergehenden Menschen. Aber wehe euch, wenn ihr euch nicht beizeiten besinnt.« Und damit ging er hinaus, ohne sich von jemandem zu verabschieden. Die Banalität, Einfachheit und Rücksichtslosigkeit des Tons seiner Ansprache ließ plötzlich alle erstarren. Sie griffen nach neuen Prisen. Die Zufälligkeit der Tatsache, daß Tempe ihr Schulkollege aus der Gymnasialzeit war, bildete in Verbindung mit seiner Kraft, die sich begrifflich nicht erklären ließ, und in Verbindung mit den Möglichkeiten seiner unberechenbaren Zukunft eine erschreckende Dissonanz für die Zurückgebliebenen. (Chwazdrygiel, ihr ehemaliger Zoologielehrer, hörte plötzlich zu weinen auf.) »Dieser Tempe führt sich auf wie eine Tante, aber recht hat die Bestie immer«, dachte Atanazy, und eine bodenlose Einsamkeit befiel ihn wieder mit schrecklichen, erbarmungslosen Fangarmen. Einem toten Planten gleich schwebte er im zwischengestirnlichen Raum. »Vielleicht findet sich wirklich in der Freundschaft, von der Łohoyski sprach, ein Ausweg aus diesem Abgrund. Denn keine noch so große Liebe zu einer Frau vermag die Einsamkeit zu besiegen. Mit einer Frau kann man sich vernichten oder vulgär werden und verkümmern oder höchstens das normale Leben eines in der gesellschaftlichen Maschine arbeitenden Automaten leben. Vielleicht wäre es am besten, sich gleich in den Kopf zu schießen.« Niemals vorher hatte er so ernsthaft an Selbstmord gedacht. Jetzt aber kam es ihm so vor, als hätte er zum ersten Mal die metaphysische Bedeutung des Todes verstanden, seinen freien Willen und die herrliche Einfachheit einer Lösung. »Der Tod beendet unlösbare Rechnungen – ich fürchte das Leben und seine geheimnisvollen Dunkelheiten«, fiel ihm ein Satz von Miciński ein. »Alle Kokainisten enden durch Selbstmord, sofern nicht das Gift selber sie umbringt. Sogar die, die vom direkten physischen Laster geheilt sind, können sich angeblich auch nach Jahren ohne diese Anregung nicht mit der Gewöhnlichkeit des Aussehens der Welt abfinden. Schon in der ersten Ekstase ist etwas Tödliches . . .«, dachte er mit Grauen. Der morgige Tag entsetzte ihn. Eine Sekunde lang wurde alles so wie gewöhnlich: Zosia, der soziale Umsturz, die fehlende Zukunft, Langeweile, und Hela Bertz als Gespenst der Vernichtung, ebenso gefährlich wie alle Narkotika. »Nur leeren Menschen kann eine Frau überhaupt gefährlich werden«, hatte einmal jemand gesagt. Noch eine Weile, und ihm war, als ob er an dieser Qual stürbe. Vor dem Hintergrund einer seltsamen physischen Leere und Kälte in der Brust war dieser normale Moment ein unerträglicher Schmerz. »Also noch mehr von diesem Schweinezeug. Morgen geschehe, was wolle. Heute muß ich bis zu Ende genießen.« Und er griff nach einer neuen Dosis. Die Gäste waren eben am Gehen. Atanazy vertiefte sich wieder in höllisches Hellsehen, das jedoch anders war als der vorherige ekstatische Zustand. Die Gleichwertigkeit aller möglichen Taten, schlechter und guter, wurde für ihn so klar »wie die Sonne«, und er wunderte sich, wieso er das nicht früher gesehen hatte. Die Reste der »gewohnten«, in keinem begrifflichen System erfaßten, durch die Religion nicht unterstützten Ethik lösten sich auf im »nullitätischen« Absolutismus der Alldinge. Er war nur ein unendlich schmaler Schnitt zwischen zwei Welten: der zeitlichen und der räumlichen, des subjektiven Daseins und des äußeren Weltalls – Grenze zwischen zwei Endlosigkeiten: der einen im Kleinen, der anderen im Großen, und wie Gott schwebte er über dem namenlosen Chaos. Auf dieses dünne Täfelchen schlugen zwei Wogen überendlicher, unbegreiflicher Wesenheiten. Ungenanntes kroch aus der Ferne . . . Der Puls hämmerte in seinen Schläfen, und das abwechselnd von Alkohol und von Kokain gepeitschte Herz pochte in einem kurzen nervösen Trab zumindest hundertfünfzigmal in der Minute. Das Stimmengewirr der hinausgehenden »Drogisten« erstarb, die den Abend woanders beenden wollten, wie es schien, bei Ziezio, wo »außergewöhnliche Mädchen« waren. Das Palais versank in Stille. Nur manchmal vernahm man das Pfeifen einer fernen Lokomotive oder das gedämpfte Brummen und Surren vorbeisausender Autos. In diese Stille legte sich wie in ein weiches Futteral das subtile Flüstern Łohoyskis:

»Verstehst du jetzt?« Atanazy nickte mit dem Kopf. »Nur wir: es gibt keine Welt außerhalb von uns: es gibt keine Körper und Seelen. Sei mein, so wie ich dein bin seit langem.« Dieses Flüstern war angenehm: das Ekelgefühl schwand in einem geglätteten, inhaltslosen, empfangbereiten – zu allem vom Verbrechen bis zu Offenbarungen – psychischen Inneren. Angesichts der Unruhe des Herzens und der oberflächlichen, nervösen Verflechtungen schien diese Ruhe der höheren Zentren ein unbegreifliches Wunder. Łohoyski stand über ihn geneigt und schaute ihm in die Augen. »Darf ich mich zu dir setzen?« fragte er mit einer Stimme, die Atanazy durchdrang wie ein geölter Degen und ihn mit unbekannten Wonneschauern erschütterte. »Er ist kein Weib – das ist dieser einzige, geliebte Jędrek« – dieser sinnlose Satz schien eine unermeßliche Bedeutungstiefe in sich zu bergen. Erst jetzt bemerkte er, daß Łohoyski sich den Schnurrbart abrasiert hatte.

»Wann hat er das getan?« dachte er träge. Er kam ihm wunderschön vor wie eine Erinnerung an diese unvorstellbare, *doch in diesem Moment* gleichsam irgendwann irgendwo einmal gewesene Freundschaft. »Ach – wenn alle Menschen immer so sein könnten – wie Erinnerungen – ich würde die ganze Menschheit lieben, würde mit Wonne für sie sterben.« Das schreckliche Gefühl zwischengestirnlicher Einsamkeit zerstob. Irgendwo in einem Winkel des früheren normalen Bewußtseins tauchten flüchtig Bilder auf, eines nach dem anderen: zuerst Hela – eigentlich nur die Augen – und *der Schatten der ganzen Gestalt Zosias* (aber wie gestorben), und versanken in einem Wirbel unausgesprochener Gedanken, gleichgültig, wie Gespenster aus anderen Existenzen. Und Atanazy »unterwarf sich der Umarmung von Andreas, Graf Łohoyski, in seinem eigenen Palast« – so dachte er in einem letzten Reflex, der zu jenem, fernen, scheußlichen, wirklichen Leben gehörte. »Macht euch an irgendeine nützliche Arbeit«, zog der Satz der Tante vorüber, doch er hatte keinen Sinn, war aus unverständlichen Zeichen ohne Zusammenhang zusammengesetzt. Łohoyski umschlang ihn fest und küßte ihn mitten auf den Mund – es war erfüllt: sie waren eines Geistes, der sich über dem bodenlosen Abgrund des Daseins erhob, als hätte dieser Kuß ihre bisher geteilten Körper verbrannt, vernichtet. Wie Rauch entflog der zweifache Geist in eine andere Dimension. Und nachher, bereits in dieser Dimension, traten sie miteinander umarmt an den Tisch, tranken, nahmen wieder Kokain ein, und dann begannen schreckliche Dinge, in deren »entschrecklichter« Schrecklichkeit (wie eine Schlange mit ausgebrochenen Giftzähnen) sich irgendwo wie eine sonderbare und dabei scheußliche Perle auf dem Boden eines entsetzlichen Mischmaschs abscheulicher Gegenstände: (Kehricht, Abfälle aus einem Schlachterladen, Exkremente oder weiß der Teufel was) die Wollust des sexuellen Orgasmus einfand – es geschah wirklich *das:* jemand jemandem in was da irgendwo dabei auf wem über wen von der Seite, daneben und trotz, trotz – das ist das wichtigste, daß trotz – aber wovon – ach, trotz dessen, daß nicht sie es war, nicht sie! – aber wer? Und nachher tranken sie wieder, und wieder zogen sie das Gift in die geschwollenen, anästhe-

239

sierten Nasen ein, nicht in *diesem* Zimmer, sondern anscheinend im Nabel des Weltalls, jenseits von Gut und Böse, jenseits von Schrecklichem und irgend etwas zwischen Eigenartigem und Eigenem (ja: Eigenem), außerhalb der Grenzen des Todes sogar. Sie hätten sterben können, wollten aber noch nicht – sie wollten sterben, konnten aber noch nicht, konnten sich nicht voneinander trennen, nicht entsagen, und redeten, redeten lange, und dann fing dies wieder an: noch sonderbarer, noch schrecklicher und noch wundervoller oder abscheulicher – das weiß niemand . . .

Es war früher Morgen: acht Uhr – das wußte Atanazy bestimmt. Schon das Morgengrauen war eine Tortur, und einen schwarzen Vorhang gab es nicht. Man mußte das Morgengrauen töten – sie töteten es. Die Helligkeit des Tages war nicht eine gewöhnliche, sie war *ungeheuerlich* – wie das riesige Gesicht der Leiche einer geliebten Person – vielleicht der Mutter. So hatte der Tag noch nie angefangen – es war ein Tag auf einem anderen Planeten, irgendwo in einem fernen unbekannten Sternhaufen. Eine Sonne, so fremd wie Sirius, Wega oder Aldebaran, »unsere« gewöhnliche Sonne ging auf über der von chronischer Revolution zerfetzten Stadt – für die »anderen« Menschen war es die tägliche Sonne eines gewöhnlichen Tagesbeginns. (Die Stadt war wie ein schmerzendes, reißendes Geschwür, (vielleicht wie ein kleiner Pickel?), und ein Unbekannter wollte mit ungeschickten Händen dieses Geschwür auspressen, statt eine regelrechte Operation vorzunehmen.) Doch was bedeutete das für sie, die mit einem schrecklichen, *betrügerischen* Gift bis zu den letzten Grenzen vergiftet waren, faulende Abfälle, die sich gegenseitig unter dem Anschein höchster Freundschaft und erhabenster Gefühle auffraßen, die mit echter, scheußlicher Schweinerei vergällt waren? Łohoyski war an seinem Platz, aber Atanazy? – zum Glück wußte er von nichts. Das unpersönliche Ungeheuer der Rache und Vergeltung wartete mit aufgesperrtem, zahnlosem Rachen auf ihn (das war einfach der kommende sonnige Wintertag), lachte über seine »Ekstasen« und »Höhenflüge in ein anderes, andersartiges Dasein« – es zu betrügen, war unmöglich, es sei denn im Tod. Es wartete ruhig und geduldig. Und sie redeten. Aber was redeten sie? – das war das wichtigste. Leider konnte sich keiner von beiden erinnern: dieser unermeßlich tiefe (wie ihnen schien) Wettlauf der Gedanken an den Rändern des Irrsinns, im Irrsinn selbst, außerhalb des Irrsinns – den Irrsinn durchstieß man, durch und durch – *dort* hatte dieses Wort keinen Sinn. Sie redeten, und es kam ihnen vor, als hätten sie ein neues, psychisch-nichteuklidisches Dasein entdeckt. Wenn jemand sie belauscht hätte, hätte er folgendes gehört:

Atanazy: Siehst du jetzt nicht, wie sich alles dort überschneidet, wo es muß? . . . wundervoll . . . das ist diese Linie, dieses Härchen, das trennt und trotzdem verbindet . . . ach, wie ist das herrlich! . . . du verstehst nichts, bist ein Kretin . . . ich würde sie auch . . . Hela ist ein scheußliches Vieh . . . du bist, bist . . . das ist ein Wunder . . . es gibt nichts . . . und dennoch . . .

Łohoyski (etwas mehr bei Sinnen, aber nicht sehr): Eben darum geht es . . . du bist einzig . . . ich habe es immer gewußt . . . jetzt siehst ¢u, daß ich allein . . . sie sagen das, aber sie verstehen es nicht . . . verstehen nicht, daß es hier darum nicht geht, und trotzdem nur darum, aber nicht so, sondern anders, ganz anders . . . verstehst du? . . . Alfred ist ein Vieh . . . verstehst du, ich mit irgendwelchen Chauffeuren und sogenannten Spezialisten . . . aber nicht darum geht es . . . ich kann das nicht ausdrücken . . . dort und woanders gleichzeitig . . .

Atanazy: Sprich nicht davon . . . Ja, ich weiß . . . mitten drinnen und wieder außerhalb . . . Aber wo ist das Ende? . . . die Grenze . . . so kann man ins Unendliche . . . doch das ist es nicht . . . Zosia hat es niemals gegeben . . . so, wie es ist, ist es am besten . . . ich liebe dich wirklich . . . Eine absolute Einheit . . . niemals, und trotzdem für immer . . .

Łohoyski: Ja: niemals . . . wir sind allein . . . niemand wird das begreifen . . . es ist so einfach . . . und dennoch liegt darin Größe . . . sag, daß niemals . . .

Atanazy: Ja . . . und eben darum . . . niemals sie, nur wir . . . aber über uns hinaus: in der Mitte dessen, was es nicht gibt . . . Das ist wundervoll . . . Usw., usw.

Ihnen aber schien, daß sie unerhörte Dinge sagten, und

wenn es nur jemand notieren würde, so wären das Offenbarungen für die gesamte Menschheit. »So ist das verfluchte Koks, ›la fée blanche‹«, wie Atanazy später sagte.

Die winterliche Morgensonne fiel durch die herabgelassenen Jalousien und beleuchtete mit gelbem Licht die schreckliche Unordnung des Zimmers und die grünen, irren Gesichter der narkotisierten »Freunde«. Das Wunder hatte sich erfüllt: nicht nur das Morgengrauen hatten sie »getötet«, sondern auch den hellichten Tag. Doch was nun? Łohoyski, als längst »Eingeweihter«, döste auf dem Sofa und lauschte den abgerissenen, sinnlosen Sätzen Atanazys, der wie eine Hyäne im Käfig mit nervösen Schritten auf und ab lief und auf eine völlig fremde Weise herumgestikulierte. Er hatte fremde Bewegungen, ein fremdes Gesicht, war tatsächlich ein anderer. Er hatte den Eindruck, daß sich die Wirklichkeit, bis zum Platzen angeschwollen von ihrem allerwesentlichsten Saft, ihm in verzweifelter Begierde besinnungslos hingebe. Er war ein Teil von ihr, nahm alles in sich auf, und zugleich vergewaltigte er die ganze Welt, zermalmte sie in sich, durchlebte sie, verdaute, erbrach sie und fraß sie wieder auf. Er zog die Jalousie hoch und blickte durch den blendenden Glanz auf den Hof des Palasts, der in rosigorangener Morgensonne von reinem, frischem Schnee überweht dalag: ein niedriges Mäuerchen, weiter weg ein Garten, in dem blattlose Bäume im Gegenlicht wie aus rotglühenden eisernen Ruten gemacht zu sein schienen. Unterhalb der Mauer lag ein violettblauer Schatten von unsagbarer Schönheit. Atanazys Entzücken erreichte den Höhepunkt: er konnte es nicht mehr ertragen; schon war alles geborsten, platzte wie eine langsam explodierende Granate im Gehirn. Die Bindungen der Welt knisterten, etwas Unbegreifliches geschah, unbegreiflich auch in den bisherigen kokainistischen Dimensionen. Hätte Atanazy sein an die Fensterscheibe geklebtes Gesicht sehen können, wäre er entsetzt gewesen. Goya, Rops und Munch, oder weiß der Teufel wer – das war alles nichts angesichts dieses Ausdrucks. Ein zerknüllter, grüner Lappen mit grauvioletten Schatten, vom Irrsinn vergällte Augen mit schrecklich erweiterten Pupillen und ein von wilder Grausamkeit verzerrter, verdorrter, rissiger Mund. Von innen her war er ausgetrocknet, als hätte er sich in einem Krematorium aufgehalten, und Wasser gab es nicht: man hätte es von draußen holen müssen . . . Also trank er ein halbes Wasserglas Schnaps. Doch was war denn das alles angesichts *dieses* Entzückens . . . Der Tag war getötet, doch gleich sollte er wieder auferstehen: ein schrecklicher Rächer des raffinierten Betrugs, den man an ihm begangen hatte.

Da platzte auf einmal die Granate, und alles veränderte sich wie durch die Berührung eines Zauberstabs. Die im Grauen von unsagbarer Schönheit wundervolle Welt duckte sich zum Sprung und warf sich wie ein Raubtier auf das arme, sie und sich selbst betrügende menschliche Aas, saugte sich mit all ihrer bisher verheimlichten Schrecklichkeit in das unglückselige, vergeblich Erlösung suchende Bewußtsein. Es öffneten sich Perspektiven unerfaßbarer Qualen. Atanazy fand sich plötzlich in der raumlosen Folterkammer eines unpersönlichen, grausamen Gerichts – einsam wie nie bisher, sich selbst fremd und dennoch derselbe, der eben erst in der bodenlosen Wonne unirdischen Entzückens versunken war. Auf welche Weise hatte das denn geschehen können? Vergebens hätte er jetzt um Erbarmen gewimmert – niemand war da, den er anflehen konnte: er war allein in dem ganzen unendlichen Dasein. Das Herz bäumte sich auf wie ein zu Tode gehetztes Tier, mit letzter Anstrengung, schlug zweihundertmal in der Minute – es wollte sich retten, beunruhigt bis zum Wahnsinn, verrückt vor Angst vor dem, was sein bisher relativ guter Verbündeter und nun fremder erbarmungsloser Feind – das Gehirn – mit ihm anstellte. Manchmal blieb es ratlos stehen – setzte dreieinhalb Schläge aus – nichts. Der Tod (auch er war gleichgültig) beugte sich dann über den bemitleidenswerten »Haufen *unkoordinierter* Organe« und fragte: »jetzt schon« – Iii – noch nicht – mag er sich noch ein bißchen quälen. Es kam die Rache – grausam, aber dennoch gerecht. Da muß man die falschen Banknoten wechseln, mit purem Gold bezahlen für alles, und das mit Wucherzinsen – sonst Gefängnis oder Tod. Es geschah plötzlich, still, insgeheim, verräterisch. Auf den unvorbereiteten, in Entzücken ertrinkenden Atanazy stürzte ein Berg von unglaublichem Ekel und Entsetzen – er hatte die Dosis übertrieben, und der ganze »Katzenjammer«* (sonderbar, daß es im Polnischen kein Wort dafür gibt, wie im Russischen »pochmielje« = »Nachrausch«), der langsam am nächsten Tag hätte kommen können, realisierte sich plötzlich, in einem Moment, in seiner höchsten Potenz. In dem Glasröhrchen mit dem weißen Pulver konnte man keine Erlösung mehr finden – dort war nur noch der Tod. Atanazy spürte, daß er bereits verrückt geworden war, daß diese Qual nicht zu ertragen war, daß er nie wieder einschlafen, daß dies in alle Ewigkeit so bleiben würde. Ebenso, wie gestern abend alles (angefangen bei Jędreks Pepitabuxen), *ohne sich zu verändern*, auf unbegreifliche Weise schön, einzigartig und notwendig geworden war, ebenso schwankte es jetzt, den Punkt der normal abscheulichen Wirklichkeit überspringend, pendelte um denselben Winkel zurück: oder gar um einen noch größeren, in die entgegengesetzte Richtung des Ekels, der Zufälligkeit, der Unordnung und der Angst. Aber dabei waren das erst der verschneite Hof und der Garten, von der morgendlichen Januarsonne übergossen – etwas relativ Schönes im Umkreis der Stadt. Atanazy drehte sich um und fiel mit dem Blick in die abscheuliche, gelblich-düstere Tiefe des Zimmers. (Die Sonne wandte sich von diesem Anblick ab und schob sich nach rechts.) Und da begriff er, was für grenzenlose Qualen ihm noch bevorstanden. Fast hatte er gemeint, das Allerschlimmste überstanden zu haben, da türmte sich vor ihm eine Scheußlichkeit von tausendfach größerer Spannung auf. Er erinnerte sich (jetzt erst) an alles und schüttelte sich in unerfaßlichem Grausen. Der halbnackte, bäuchlings hingefläzte Jędrek mit dem vorgereckten hinteren Teil seines Körpers war das grellste Symbol des in seiner Ungeheuerlichkeit unmöglichen Sturzes. Einen Augenblick lang wollte Atanazy einfach ein Tafelmesser nehmen und dieses Vieh abschlachten, beherrschte sich aber in einem letzten Aufblitzen des Bewußtseins. Angst brachte ihn zur Besinnung (aber eine andere), eine tierische, wilde Angst um sein Gehirn und sein Herz. Diese Angst verlieh ihm automatische, tierische Kaltblütigkeit und Geistesgegenwart. Er weckte Łohoyski aus seiner Betäubung, berührte ihn mit Ekel wie eine Kröte. »Das also ist deine Freundschaft, das sind die ›künstlichen Para-

244

diese‹«, murrte er durch die zusammengebissenen Zähne, die knirschten wie die eines Verdammten beim Jüngsten Gericht. Er tat so, als sei alles gut, um so schnell wie möglich von hier zu entwischen. Aber selbst hatte er nicht den Mut, auf die sonnigen Straßen der einen neuen Staatsstreich erwartenden Stadt hinauszugehen. Łohoyski kam zu sich: er war (scheinbar) sonderbar gefaßt, kalt und fern, aber dennoch höflich und zuvorkommend, sogar gütig.

»Höre, Jędrek: mir hat sich alles verdreht. Ich habe den Eindruck, mein Gehirn hat hundert Purzelbäume im Schädel geschlagen. Alles ist anders, doppelt, und ich weiß nicht, wie das geschehen ist. Ich selbst bin doppelt.«

»Hast die Dosis übertrieben für das erste Mal.«

»Und das letzte Mal – da kannst du sicher sein. Falls ich nicht verrückt werde.« Atanazy sprach wie ein Automat. An der Oberfläche hielt ihn einzig diese schreckliche, kalte Angst – auch vor sich selbst.

»Verrückt zu werden ist leichter gesagt als getan.« Er fühlte seinen Puls. »Eh – dir passiert nichts. Gleich gebe ich dir Brom. Verzeih, daß ich so gleichgültig bin, aber das ist die Ermüdung. Tazio, mach nicht so ein Gesicht – unsere Freundschaft dauert ja weiter: nichts hat sich verändert.« Er nahm seine Hand und drückte sie fest. Atanazy riß sich los, ohne seinen Abscheu zu verbergen.

»Nachher, nachher. Ich weiß nichts. Erst rette mich. Ich habe Angst. Ich habe Angst, daß ich gleich ich weiß nicht was tun werde. Mir ist schrecklich zumute. Der andere weiß, daß er nicht weiß, was dieser tun wird – du hast keine Ahnung, was das für eine Qual ist.« Łohoyski sah ihn aufmerksam an, lächelte nachsichtig, zog den Pyjama an und begann, irgendwelche Antidota zu suchen.

»Du wirst wiederkommen – hab keine Angst«, sagte er sanft, doch bestimmt. Er war sich überhaupt nicht ähnlich, sogar im Vergleich mit dem gestrigen Abend. Nachdem Atanazy eine große Dosis Brom mit Chloral eingenommen hatte, fühlte er, daß es irgendwie besser wurde, hatte aber noch keine Hoffnung, daß es je vorübergehen würde.

»Weißt du«, sagte Jędrek ruhig, »Alfred kennt so magneti-

sche Zonen – er hat mich ein paarmal gerettet.« Dabei trank er
ein Glas Schnaps und nahm direkt durch den Mund ein großes
Häufchen »davon« ein. Atanazy betrachtete ihn schaudernd.
»Nein, dieses Stück Vieh soll mich nicht berühren. Fahre du
mich nach Hause: ich habe Angst vor dem Tag.«
    »Entschuldige, Tazio, es geht nicht. Ich bin müde. Außer-
dem muß ich jetzt allein sein – vielleicht schlafe ich ein. Ich
schlafe alle paar Tage ein paar Stunden. Jetzt habe ich so einen
Augenblick.« – Atanazy spürte den ganzen Abgrund, der sie
trennte. Aus Łohoyski kam der »Graf« gekrochen; manchmal
beneidete er ihn um seinen Grafenstand und um dieses unerfaß-
bare Etwas. Von den »erfaßbaren« Dingen äußerte sich in Ję-
dreks ganzem Benehmen, daß er auf nichts und niemanden
Rücksicht nahm, Egoismus und diese natürliche Überlegen-
heit, die nicht so sehr seiner Abstammung entsprang als der
Erziehung in einer gewissen, seit Jahrhunderten präparierten
Atmosphäre. Und sonderbar: trotz allem waren es ebendiese
Merkmale, die in diesem Moment Łohoyskis ganzen Zauber
ausmachten, dieses Etwas, das Atanazy daran hinderte, ihn
gänzlich zu hassen.
    »Alfred wird dich nach Hause fahren«, sagte weiter
Łohoyski, »und übermorgen treffen wir uns und werden über
alles sprechen. Angeblich ist die Revolution Nummer zwei um
fünf Tage verschoben. Wir haben Zeit. Wir fahren ins Ge-
birge.«
    Der Faden der früheren Sympathie war gerissen, doch da-
hinter zeigte sich etwas Neues. »Vielleicht ist das der Anfang
einer neuen Freundschaft«, dachte Atanazy bitter. »Dieses Vieh
hat irgendeine Überlegenheit über mich. Er hat dennoch etwas
Geheimnisvolles.« Noch konnte Atanazy nicht seinen ganzen
Sturz begreifen. Eine »durchdringende Angst«, so eine, die
Menschen scheißen läßt, verhüllte alles.
    Nach einer Weile fuhr er bereits in Gesellschaft des Lakaien
Alfred in einem Schlitten durch die belebten, von der Sonne
übergossenen Straßen. Zehn Uhr schlug es vom nahen Turm.
Es war die Hölle auf Erden: diese Stadt und diese Fahrt. Alles
sträubte sich gegen ihn: als hätte sich die ganze Welt mit Sta-
cheln bedeckt, die in die Seele stießen, schmerzend wie eine

Prellung am Körper, bis zum Platzen geschwollen von schrecklichen Gewissensbissen. Was hätte er dafür gegeben, daß die Erlebnisse dieser Nacht nur ein unheilvoller Traum gewesen wären! Zum ersten Mal hatte die Wirklichkeit wahrhaftig ohne Übertreibung den Charakter eines unerträglichen, endlosen Alptraums. Ja: endlos – nie würde er einschlafen, immer würde er so sein. Zum erstenmal seit langer Zeit dachte er an die verstorbene Mutter. Er wollte rufen: »Mama! rette mich!« wie ein kleiner Knabe oder wie ein Verbrecher unter dem Galgen, der eben wegen Muttermord verurteilt war – wie das tatsächlich zu sein pflegt. Er wußte jetzt zumindest annähernd, wie die Hölle wirklich aussah. Menschen, Stimmengewirr, Schlittenglocken, Dröhnen von Lastautos, Hupengetön – das alles, ihm ohnehin schon ekelhaft, wurde zur satanischen Symphonie der Tortur. Der Anblick des gewöhnlichen, morgendlichen städtischen Lebens war jetzt einfach nicht zu ertragen. Und hier redete Alfred, und Atanazy, aus Furcht, allein im Schlitten zu bleiben, unterbrach ihn nicht in seinem abscheulichen Gefasel.

»Da hat er Sie aber schön zugerichtet, mein Herr Graf. Graf«, lachte er sonderbar auf. »Ich halte nichts von ihm – und trotzdem . . . Sie müssen das ja alles wissen. Ich habe Sie von den Bertzen her in Erinnerung. Eine Hundehochzeit. Und Sie haben auch das da. Aber ich hab' das jetzt alles vergessen. Einmal hat mir der Graf ›das da‹ gegeben. Aber ich hab' mir gleich gesagt: Schluß! Hier ist meine Grenze. Ich bleibe lieber ohne; solange er hat, zahlt er mir wenigstens. Aber bald wird es zu Ende sein mit all dem«, sagte er laut, mit einem prophetischen Aufstöhnen in der Stimme, daß sich der rote Schlitten-Droschkenkutscher umschaute und mißtrauisch auf dieses sonderbare Paar blickte. »Oje, bestimmt – es kommt irgendeine große Sache. Nur überstehen, nur überleben. Und unser Graf mit uns. Ich kenne ihn. Herr, was habe ich mir von ihm nicht alles angehört! Was redet er nicht alles, wenn er sich gehörig verkokst!« »Aha, da sichert sich Jędrek auf jeden Fall ein Hintertürchen durch diese Sphären. Sie werden ihn retten.« »Aber er ist anders. Ein Graf ist ein Graf, immer hat er so etwas, was unsereiner in keiner Komödie fertigbringt – einfach nicht hinkriegt. Das nennt man: Gentleman. Das bringt man nicht zustande, lieber Herr. So einer ist sogar ohne Geld anders, und wenn du auch noch so sehr möchtest, zur Vertraulichkeit wirst du mit ihm nicht kommen.«

Trotz aller »Verbolschewisierung« – wie Zosia seine letzten metaphysisch-gesellschaftlichen Konzeptionen nannte – empörte Atanazy sich innerlich bis zu den äußersten Grenzen. Das hatte noch gefehlt, daß dieser Lakai . . .! Es erwachte der in ihm, wie übrigens in jedem durchschnittlichen Menschen, in der Tiefe lauernde Snob: viertausend Jahre ererbten Drucks sind nicht so leicht abzuwerfen wie ein verschlissener Anzug – es ist viel leichter, Überzeugungen zu wechseln als unmittelbare Gefühlszustände. Er kam zur Erkenntnis: »Wie viele Jahrhunderte werden vergehen, bevor diese Gefühle völlig verlöschen. Die Kunst wird der Teufel holen, die Religion wird weit schneller verschwinden«, konnte er gerade noch denken. Zum Glück fuhren sie eben vor der Villa der Osłabędzkis vor. Atanazys Zustand war ungefähr so wie damals, als er vor Azios Pistolenlauf gestanden hatte. Es fiel ihm auch ein bestimmter Morgen vor einer Schlacht ein. Vor Schwäche schwankend, mit einem Gefühl, als sei sein ganzes Inneres ein Knäuel von sich windenden Würmern, floh er aus dem Schlitten, ohne ein Wort zu Alfred gesagt zu haben. Er gab ihm nicht einmal ein Trinkgeld. Zu allem Überfluß begegnete er in der Diele der Schwiegermutter. Sein Gesicht verbergend, küßte er ihr die Hand und eilte weiter. Um »jenes« »es« zu verheimlichen, beschloß er, Zosia das vom Kokain zu gestehen. Er stürzte ins Schlafzimmer. Zosia, in einer Haube mit blauem Band, lag noch im Bett. Ihr armes »verschmälertes« Gesichtchen verriet Unruhe und Leid. Sie sah aus wie ein kleines Mädchen, dem Unrecht geschehen war. Atanazy war wie vom Blitz getroffen. Ihm war, wie damals, als wäre das Schlimmste überstanden. Aber nein – jetzt erst fühlte er die ganze unbegreifliche Scheußlichkeit der vergangenen Nacht. Ein einziger, riesiger Vorwurf des Gewissens, der ihm die ganze Welt verhüllte, ließ ihn zu verschimmelter Marmelade werden. Er fiel vor dem Bett auf die Knie und suchte nach der Hand seiner Frau. Er hatte von Zosia Trost erwartet, doch nichts da: ein Block. Zosia lag weiter bewegungslos da, mit vor Qual geweiteten Augen, die Hände unter der Bettdecke. Die ganze frühere Liebe brach aus Atanazys wahrsten Tiefen hervor und übergoß ihn mit einer Glut von Vorwürfen, Scham und Reue. Am stärksten liebte er dann, wenn er Unrecht zufügte: Mitleid und Vorwürfe hielt er für Liebe, aber darüber konnte er sich im Augenblick keine Rechenschaft geben. Er fühlte sich so nichtswürdig und gemein wie ein zertretenes (unbedingt zertretenes) Schweinezeug auf dem Weg, und lügen mußte er weiter, sonst verlor er den einzigen Stützpunkt. Und der war sie, dieses von ihm verletzte Mädchen.

»Die ganze Nacht habe ich Kokain eingenommen mit Łohoyski. Das erste und letzte Mal.«

»Wir haben überall nach dir telefoniert . . . «

»Das Telefon war rausgezogen. Niemals mehr. Ich schwöre. Du mußt mir glauben. Sonst schieße ich mir sofort in den Kopf.«

»Das ist eine Schweinerei. Hast du mich betrogen? Warum bist du so sonderbar?« fragte sie mit kaum vernehmbarem Flüstern.

»Mit wem? Mit Łohoyski vielleicht? Ich sage dir, daß es Kokain . . . « Er war so unverschämt, daß er sogar lächelte. »Wie kannst du nur so etwas fragen. Hast du Brom oder Chloral? Gib schnell her.« Er sprach bereits in einem anderen Ton, da er sah, daß er gesiegt hatte und daß schließlich nichts Böses geschehen war. »Ach, wie niederträchtig ich bin, bodenlos niederträchtig«, dachte er. Und dennoch schimmerte durch den Vorhang von kondensiertem Ekel der Anfang und das Ende dieser schrecklichen Nacht als Erinnerung in einem geheimnisvollen Glanz, dem Reflex einer anderen, »jener« Welt. »Diese Hosen von Łohoyski und dieser Garten im Sonnenlicht, das war schon was. Nicht das, was nachher geschehen war. Das war eine einzige große Scheußlichkeit. Aber immerhin war es ein interessantes Experiment. Alles muß man einmal probieren.« Er spürte bereits die schreckliche Angel des Narkotikums in sich. Mit letzter Anstrengung zerriß er die Schnur, doch der Haken blieb in ihm. Und er schwamm weiter (das heißt, er ging mit dem Brom in der Hand aus dem Schlafzimmer seiner

Frau) wie ein sozusagen freier Fisch, der aber ein mörderisches Stück scharfen Metalls in sich trug, den Keim des zukünftigen, vorzeitigen Todes. »Eigentlich ist Jędrek ein gemeiner Verbrecher. Solche müßte man wie Hunde . . .« dachte er, im Badezimmer in kaltem Wasser prustend. »Es ist mir gelungen. Es ist gar nicht so schlimm, wie ich dachte. Aber mit Coco und mit dieser ›Freundschaft‹ ist es Schluß.« Alles, was er sonst vollbracht hatte, verzahnte sich nicht mit einer der wesentlichen Maschinerien seiner Psyche – es blieb fremd und abscheulich, obwohl es in »jener« Welt geschehen war. Aber trotzdem war es *geschehen*, verflucht! Vergebens kämpfte er mit der ihn bedrängenden Wirklichkeit der Schuld. Eines war sicher: durch dieses »Verbrechen« (er dachte das mit einer gewissen kindlichen Befriedigung) hatte er von neuem die Liebe zu Zosia errungen.

Noch war alles gesträubt und ungeheuerlich, noch waren sein Zimmer und er selbst nicht »die«, noch war er halb in jener, der Schrecklichkeit des Kokains zugewandten Welt, aber jedenfalls hatte er die Gewißheit, daß er gleich einschlafen werde und daß er Zosia liebe, sie, die einzige, so wie früher. Er schlief dann schließlich beim Lesen ein; mit Abscheu las er Gides langweilige Apologie der Homosexualität. Und als er erwachte (um sechs Uhr am Abend) und Licht machte und wie immer seine gelbe Atlasbettdecke erblickte, die sich nicht mehr gegen ihn sträubte, da streichelte er sie wie eine geliebte Katze oder einen Hund. Und alle Gewissensbisse transformierte er nach altem Muster in eine »noch größere« Liebe zu seiner Frau. Zosia, von Atanazys letzter Phase der Unentschlossenheit gequält, begann ihn erst jetzt wirklich zu lieben. Sie konnte es sich erlauben, sich so an ihn zu binden, wie sie wollte. Es vergingen (nur drei) stille und friedliche Tage. Alles war absolut gut. Nur die Stadt wurde von der Basis her immer stürmischer, während oben die Anführer der Massen sonderbare Dinge trieben. Ein neues Pronunziamento kündigte sich an.

VI. Kapitel
Verbrechen

I. Teil: Vorbereitungen

Information

[Prinz Prepudrech sagte der »Prinzessin« nichts von Atanazys Bekenntnissen. Er blieb starrsinnig in sich verschlossen, mit einer Kraft, die seine bisherigen Wunschvorstellungen von Kraft noch übertraf. Überhaupt hatte er beschlossen, den Dämon zu besiegen, und schmiedete aus dem von Atanazy erfahrenen Geheimnis eine neue Waffe für diesen ungleichen Kampf. Er wußte nun bestimmt, daß die Macht, mit der er sich messen sollte, eine böse Macht war, und mit Bösem beschloß er sie zu bekämpfen. Unter dem Einfluß des Kokains erschien ihm in diesem abnormalen Zustand das alles leicht ausführbar und einfach. Er wußte nicht, mit welchen Widerwärtigkeiten er noch zu ringen haben würde. Im gegebenen Moment handelte es sich vor allem darum, die Eifersucht unschädlich zu machen. Systematische Untreue und die Erschaffung eines Gegengewichts für positive Empfindungen sollten die hauptsächlichen Mittel zu diesem Zweck sein. Prepudrech war an diesem Abend tatsächlich zu neuen Ergebnissen für sich selbst gelangt. Psychisch gründlich maskiert, ging er morgens um neun in das Palais der Bertz, nachdem er vorher (für alle Fälle) Hela mit einem von Ziezios Mädchen betrogen hatte, mit dem er eine unverbrüchliche Freundschaft schloß. Ziezio, begeistert von seinen Improvisationen in narkotisiertem Zustand, die bereits in den Bereich völligen musikalischen Nonsens traten, immerhin mit einer gewissen intellektuellen Konstruktion, den er sich selbst als bereits anerkannter und übrigens echter Künstler nicht leisten konnte, hatte, des Ruhms überdrüssig, beschlossen, ihn zu einem neuen und letzten Musikertyp zu erziehen, in dem die sich in tödlichen Zuckungen quälende Kunst endlich ihre definitive Vollendung finden könnte. Das gab dem Leben des Prinzen einen ganz neuen Wert. Er kam mit speziellen

Büchern beladen zurück, und sofort nach Bad und Frühstück und ohne sich für einen Moment zur Ruhe zu legen, machte er sich an die Arbeit, ab und zu auf dem purpurrot lackierten Klavier klimpernd und mit Mühe irgendwelche musikalischen Schmierereien mit roter Tinte schreibend – er war nämlich auch schon vom Rot des Hauses Bertz angesteckt. Mit einem Schlag fühlte er sich als Künstler – was für ein Glück! Aus der Ferne glänzte die Perspektive der Freiheit und einer ihm bisher unbekannten psychischen Zügellosigkeit, die Möglichkeit, sich alles erlauben zu können, sogar den Ruhm. Er stand noch unter der Wirkung des Narkotikums, doch da er es ziemlich maßvoll genossen hatte, fühlte er sich, zumindest vorläufig, ausgezeichnet.]

Über ein so frühzeitiges Geklimper erstaunt – Prepudrech stand gewöhnlich um ein Uhr auf –, lief Hela sogleich zu den Zimmern ihres Mannes. Sie hatten sich gestern ohne alle sinnlichen oder geistigen Erlebnisse verabschiedet. Der Prinz, im Besitz des Versprechens eines Kokainkollegiums bei Jędrek, hatte sie nicht wie gewohnt vergewaltigt, sondern war zum erstenmal seit der Heirat spät abends aus dem Haus gegangen, ohne um Erlaubnis zu fragen. Das waren ungewöhnliche Symptome. Als die Prinzessin eintrat, gekleidet in einen mit Silber durchwirkten schwarzen Pyjama (zum Gedenken an den Titel eines Gedichts von Lechoń, den sie aus dem ganzen *Skamander*-Verein als einzigen wirklich verehrte – nur zu seinem Gedenken brach sie manchmal des Morgens das allgemeine Prinzip des Rots, das noch eine Erbschaft der Urgroßmutter war, einer geborenen Rothschild – aus der minderen Linie), sprang Prepudrech, in einem kirschroten Samtschlafrock (in so einem hatte er als Kind den greisen Szymanowski bei der Arbeit gesehen), (etwas erschrocken) vom Klavier auf. Doch er beherrschte sich sofort: der letzte Verrat hatte ihm hervorragende Kräfte verliehen. Sie sahen sich in die Augen.

»Ich sehe, du hast irgendwelches Schweinezeug eingenommen: du hast ganz unheimliche Pupillen.«

»Ich habe nichts eingenommen – das ist Schöpfergeist«, erwiderte er in einem Ton, daß Hela die Brauen runzelte und den Kopf abwandte. Als Objekt für ehelich-büßerische Zwecke

eignete sich Azio nur in einem Zustand völliger Anschmieg-
samkeit, die täglich mit einer rasenden Gewalttat endete, die sie
schlußendlich, hätte sie nicht das Bewußtsein ihrer christlichen
Pflicht als Ehefrau, jedesmal mit Leichtigkeit hätte abweisen
können mittels eines Systems rein intellektueller Methoden,
ihn »in Verlegenheit« zu bringen. Die Intensität erotischer Er-
lebnisse mit der Erfüllung dieser Pflicht zu verbinden, war
Helas letzte Schöpfung, auf die sie im stillen sehr stolz war.
Ihrem Mann tief in die Augen schauend, fühlte sie, daß sich
etwas verändert hatte. Sollte sogar dieser arme Prepudrech
tieferer Transformationen fähig sein? »Ich beginne, mich ernst-
lich mit Musik zu befassen«, sagte der Prinz weiter, mit einer
Nuance einer gewissen, bisher noch nie bemerkten Überlegen-
heit. »Das ist alles. Ich habe dieses untätige Leben satt. Ziezio
Smorski prophezeit mir eine blendende Zukunft, falls ich nicht
allzuviel lerne. Gewisse Grundlagen muß man jedoch haben:
soviel wie die Kenntnis der Kalligraphie und Orthographie,
um Poesie zu schreiben. In ein paar Wochen werde ich bereits
notieren können, was ich bisher nur gespielt und gleich darauf
vergessen habe. Als Hilfsmittel zum Eintragen der Improvisa-
tionen werde ich mir eine Maschine kaufen: einen Kramerogra-
phen – ich habe ihn schon in Berlin bestellt.« Er klingelte. Ein
Lakai kam herein. »Peter: trag das gleich zur Post: Expreß.«
    Hela blickte ihn mit wachsendem Staunen und mit unver-
hüllter Mißbilligung an. Das Opfer entwand sich, das katholi-
sche Gleichgewicht des Hauses war gestört, aber nicht durch
sie. Eine ihr fremde Ermattung überkam sie: sie war, wie die
Franzosen so treffend sagen: »contrariée«. Sie beschloß, ihren
Mann an einem anderen Punkt »in Verlegenheit« zu bringen,
da sie seine Feigheit gut genug kannte. Sie bewunderte ledig-
lich seine Fähigkeit, diesen Zustand zu überwinden, allerdings
auf Kosten eines wahnsinnigen Quantums an psychischer
Energie. »Vielleicht ist das tatsächlich echter Mut«, dachte sie
dann, da es in dem gegebenen Augenblick erwünscht war, vor
sich selbst ihren Sturz zu rechtfertigen und dem aus tiefster
Seele verachteten Gatten einen höheren Wert beizumessen.
    »Du weißt nicht, was sich tut. Du liest keine Zeitungen,
nichts kümmert dich. Papa ist wie rasend – er macht geradezu

titanische Anstrengungen, um in diesem kommenden Umsturz zu überleben und die Stelle des Landwirtschaftsministers zu erlangen. Aber alles hängt an einem Haar. Wenn diese Revolution nicht gelingt, wird er von der gegenwärtigen Regierung vielleicht zum Tode verurteilt. Er hat sich auf der Seite der Bauernfreunde zu sehr engagiert – er kann nicht zurück.«

»Was geht das mich an? Ich bin Künstler, Hela: jetzt wirst du dich meiner nicht mehr schämen, mich nicht mehr ein Nichts nennen. Ich werde mein Dasein selbst rechtfertigen: ohne deine Hilfe und ohne deinen künstlichen Gott, der mich dadurch, daß du nicht an ihn glaubst, endgültig langweilt. Ich bin wirklich religiös: au fond bin ich es immer gewesen. Nur deine Bekehrung hat mich katalektisch aufgeklärt.«

Katalektisch! Das war wirklich eine Frechheit! Mit letzter Willensanstrengung hielt sich Hela zurück. »Was für Ausdrücke er da gebraucht! So etwas wagt . . .« Sie konnte ihn doch nicht fragen, diesen Prepudrech, ob er sie zufällig zu lieben aufgehört oder ob er sie vielleicht betrogen habe; das wäre allzu lächerlich gewesen.

»Meinen Gott, wie du sagst – oder vielmehr zu sagen wagst – laß bitte außer Diskussion. Hingegen . . .«

»Es handelt sich hier um keine Diskussion. Es ist nur die Feststellung einer Tatsache. Dein Verhältnis zur Religion ist pragmatisch: du hast den Glauben angenommen, damit es dir besser geht, nicht aber aus innerem Drang.«

»Pragmatisch! Er wagt es, mir gegenüber *solche* Ausdrücke zu gebrauchen. Du weißt bestimmt nicht einmal, was das heißt.«

»Ich weiß es: Bazakbal hat es mir erklärt. Er ist schöpferischer in seinen Gedanken als du – Semiten sind überhaupt nur zu Reproduktionen und Umänderungen fähig.« Ein weißer Nebel der Wut verhüllte Hela den Blick. Sie erbleichte, und ihre blauen Augen blitzten in purem, hemmungslosem Bösen. Sie war satanisch schön. Der Prinz war leicht verwirrt. »Verflucht, noch bin ich ihr gegenüber nicht stark genug, aber warte!«

»Du bist selber ein Pragmatiker. Dein Verhältnis zur Musik ist ein solches. Ohne Talent zu haben, willst du mit aller Gewalt einen Künstler aus dir machen, nur um dich wohler zu fühlen.«

»Ich *bin* ein Künstler, und basta. Die Zeiten sind vorbei, da du mich grundlos verachten durftest. Kunst ist nicht Religion. Künstler kann man rein zufällig werden – à propos von irgend etwas – auch pragmatisch. Das kann niemanden kränken. Aber mit der Religion ist das eine andere Sache: dort gibt es keine Späße. Gott kann Pragmatiker nicht leiden. Es sei denn, deiner, der ist sicher ein Pragmatiker. Ha, ha!«

»Aber mein Gott ist doch auch dein Gott, Azio, der einzige Gott des einzigen Daseins. Außer ihm gibt es keine Erlösung.«

»Ich weiß nicht, wer von uns erlöst wird und wer nicht. Einen Dämon wie dich, Hela, zu erlösen, ist eine sehr schwierige Aufgabe. Aber ein Künstler wird sich stets irgendwie zum Thron des Urewigen durchstoßen. Religion und Kunst haben dieselbe Quelle in der unmittelbar gegebenen Einsamkeit des Individuums im Weltall – aus der die metaphysische Angst entsteht. Die Kunst verdrängt diese Angst mit unmittelbar wirkenden Konstruktionen, die Religion ist ein begriffliches System, das die Gefühle erfaßt, die aus dieser Angst entspringen. Das hat mir Atanazy gesagt, der mein wahrer Freund ist.« Er blickte sie aufmerksam an. Sie zuckte nicht einmal. Allen seinen Vorhaben zum Trotz empfand er ein tolles Glück. »Man muß durchhalten, das Spiel ist gefährlich«, dachte er. »Und jetzt störe mich nicht«, sagte er laut mit künstlich gewichtiger Stimme. »Ich habe eine ausgezeichnete Idee zu einem kleinen Prélude. Auf Wiedersehen«, und er wandte sich dem Klavier zu. Hela krümmte sich vor ohnmächtiger Leidenschaft. Einen kleinen Augenblick blieb sie noch stehen, während der Prinz sein armseliges musikalisches Kauderwelsch klimperte, dann wandte sie sich langsam ab und ging, als ob sie sich selbst vorsichtig wie eine gefährliche Bombe trüge, still hinaus und murmelte das Wort »Dummkopf« vor sich hin. Dieser Willensakt kam Prepudrech teuer zu stehen. Rasch gab er das Klimpern auf, und alle früheren Gefühle für seine Frau stürzten sich auf ihn wie rasende Windhunde auf einen Hasen. Aber er unterdrückte die Tränen, und nach einer Weile schrieb er bereits freche, ruchlose und hoffnungslose Dissonanzen in einer völlig unorthographischen Weise. Was ist denn das, zum Teufel? Plötzlich war Hela wieder hereingekommen. Ihr Gesichtsausdruck war sanft, und ihren blutroten, grausamen, vollen Mund »schmückte« ein nachsichtiges Lächeln. Prepudrech sah sie erstaunt an, ohne vom Klavier aufzustehen. »Entschuldige, Azio, daß ich dich störe. Ich wollte nur sagen, daß wir übermorgen ins Gebirge fahren. Ich will während des zweiten Umsturzes nicht hier sein. In der Ferne werde ich weniger unruhig sein wegen Papa. Triff deine Vorbereitungen und überrede Atanazy. Ich habe mich entschlossen, sie beide zu mir einzuladen. Mit Geld steht es bei ihnen ein wenig unklar bei den jetzigen Komplikationen. Zosia ist sicher einverstanden, doch dieser ehrgeizige Unproduktivling macht vielleicht Einwände. Überrede ihn. Obendrein verlangt sogar Papa selber entschieden, daß ich während dieser Geschichte nicht hier bin. Er behauptet, das würde seine Erfindungsgabe behindern. Diese zwei Tage vor der Abreise muß ich in Konzentration verbringen. Auf Wiedersehen bis übermorgen nacht. Laß den Wagen bereitstellen.« Sie strich ihm über das Haar und ging hinaus. Prepudrech hatte aufspringen und sich ihr zu Füßen werfen wollen, aber er konnte sich wie gelähmt nicht bewegen. Atanazys Name, von ihrem Mund ausgesprochen, brannte ihm wie Schwefelsäure im Auge (solange er selbst von ihm zu ihr gesprochen hatte, war das nichts). Eine Woge ungeheuerlicher Liebe überschwemmte zusammen mit einer in Begierde verwandelten Eifersucht sein vom Kokain ermüdetes Herz. »Tränen rannen über das olivbraune, aristokratische Gesicht des kokainisierten Persers, während er, die grausamen Zuckungen seiner prinzlichen inneren Organe unterdrückend, sich wieder ans Schreiben machte, das mit schrecklichem Geklimper verbunden war«, so ungefähr dachte er über sich selbst. Alles das faßte er in die musikalische Form, und das sinnlose Präludium, das nun ein zweites Thema in cis-Moll erhielt, das ihm gefehlt hatte, begann den unerfaßlichen Höhenflug von Szymanowskis Jugendwerken anzunehmen, dessen einzig würdiger Schüler Ziezio gewesen war. Durch so einen Destillierapparat ging Azalin Prepudrechs Inspiration. »Ich muß eine Maske haben, sonst bin ich verloren. Ich liebe sie noch, verflucht, ich liebe sie«, murmelte er und verwandelte das gleichzeitig in ein ganz hübsches, kleines Thema mit einem gemischten Rhythmus aus unregelmäßigen Synkopen. »Auf diese Weise werden Gefühlszustände nur zu einer dynamischen Spannung, zu einer individuellen Färbung von Klangkomplexen, und verwandeln sich in rein formale Werte, sofern man aus der Musik nicht eben programmatisch eine Illustration innerer Lebensperipetien machen will«, fiel ihm ein Satz des genialen Ziezio ein. Er machte sich an die Bearbeitung dieses Themas in Form einer wilden, perversen Harmonie, denn was ihm wie von selbst aus den Fingern »herauslief«, befriedigte seinen Ehrgeiz nicht. Mit einer für sein bisher gedankenloses Köpfchen wahnsinnigen intellektuellen Anstrengung versenkte er die Reste des Leids und verschloß sich wie in einer Rüstung in einer Woge selbst geschaffener klanglicher Konstruktionen.

Mit dem Schritt eines Panthers ging Hela zu ihren Zimmern und pfiff dabei das an der Tür gehörte erste Motiv des Präludiums. Mit einer Kurbelumdrehung des Haupttransformators der Gefühle hatte sie zwei Dinge erreicht: eine dämonische Haltung neuen Typs gegenüber dem Gatten sowie christliche Zufriedenheit mit sich selbst dadurch, daß sie dem ersten Wutanfall nicht erlegen war. In Anbetracht des frühen Morgens war das nicht übel. Doch was weiter? Immer öfter spürte sie die drückende Leere, die sie mit Gebeten und kleinen Kasteiungen zu bewältigen versuchte. In der Tiefe wuchs irgendeine unheilvolle psychische Beule, ein Abszeß oder Geschwür, und drohte mit leichtem Druck und einer undeutlichen nachteiligen Färbung der inneren Empfindungen, daß die Zeit kommen werde, da sie in ein bösartiges Stadium übergehen, sich auf die Gewebe gesunder Organe ausbreiten und das ganze mit Mühe aus kleinen Klötzchen erbaute Gebäude des Verzichts auf das Leben vernichten würde. Was das Zentrum dieser vernichtenden Mächte war, darüber gab sie sich keine Rechenschaft und wollte sich keine geben. In allem, womit sie sich befassen und sich von dieser von außen saugenden Leere losreißen wollte, lauerte eine halbbewußte Verachtung ihrer selbst, weil sie so die allgemeinen Lebensprobleme kompromißlerisch erledigte. Da half auch nicht der wahre, vernünftelndste Glaube, den Pfarrer Wyprztyk in Gesprächen mit ihr nährte, indem er die frühere dialektische Methode und die Beispiele der Nichtigkeit der diskursiven Philosophie anwandte. Bei dem Gedanken jedoch, welche Qualen der Demütigung sie (selbst bei ihrem Reichtum) im Fall einer Ehe mit einem italienischen oder französischen, besonders aber mit einem einheimischen wirklichen Aristokraten hätte durchmachen müssen, war sie ihrer Bestimmung und ihrer Intuition dankbar, daß ihr Gatte ein bescheidener, persischer, »wiederum nicht so völlig« bis ins letzte legitimierter Prinz war, an dem man wenigstens ungeniert seine Leidenschaften auslassen konnte. Denn wer wird einem persischen Almanach glauben – die Bezeichnung allein war schon lächerlich. Ja: einen anderen Ausweg gab es nicht – es war so, wie es sein mußte – die einzig mögliche Kombination, sogar die vollkommenste. Nur Atanazy, der immerhin bei idealen physischen Eigenschaften ihre höheren, wahren, intellektuellen Ambitionen befriedigte, weckte gewisse Zweifel hinsichtlich der Vollkommenheit dieser Lösung. Aber dieser hatte wiederum nicht einmal einen persischen Titel. Und übrigens konnte sie ihn jederzeit zum Geliebten haben . . . Unmerklich vertiefte sie sich in die frühere Art zu denken, Gott und Pfarrer Hieronymus völlig vergessend; denn eigentlich war für sie der katholische Gott in Wirklichkeit: nur ein privater Fetisch dieses Magnetiseurs in der Soutane, übrigens des einzigen Menschen, der eine gewisse geistige Macht über sie besaß. Eine solche Macht wie er hatte noch kein »geschlechtlicher« Mann über sie gewonnen. Allerdings, was für ein scheußliches Gesindel waren diese heutigen sogenannten »Herren«! Vielleicht gab es noch in der Sphäre der Politik stärkere Individuen, aber auch das nicht so recht . . . »Atanazy steht außer Konkurrenz, denn ihn liebe ich geradezu«, sagte sie leichthin – als wäre nichts dabei. Doch schon in der nächsten Sekunde erschrak sie vor diesem Gedanken. »Drop this subject, please. Aber ich konnte ja nicht die Geliebte des alten Generals Bruizor werden, des Schöpfers von Umsturz Nr. 1, oder irgendeines Nivellisten, nicht einmal Tempes, vor ihrem Sieg, ich könnte doch nicht bei den Besiegten sein. Übrigens werden wir ja sehen, welche Typen aus der Revolution Nr. 3 nach oben gespült werden«, dachte sie, in ihrer Vorstellung in die unruhigen, schwarzen Augen Sajetan Tempes blickend. In diesem unscheinbaren Blonden verbarg sich eine »unbekannte Kraft« – er hatte die Konsequenz eines Artilleriegeschosses – im Handeln und in der Dialektik. Doch dafür war er schmutzig, und man sah ihm seinen dänischen Adel ganz und gar nicht an. Ja: nur Atanazy . . . Und plötzlich erschrak sie – dieses Mal wirklich: hört Er es doch, sieht Er sie doch in diesem Augenblick – o wie schwer ist es, Gott zu betrügen! Er ist hier – aber wo? Oh – vielleicht lauert Er dort hinter dem purpurnen Betschemel . . . Sie sah Ihn, den drohenden Greis mit dem bläulichen Bart, wie in einer bestimmten kleinen Kapelle im Vorgebirge der Karpaten, den schrecklich Einsamen inmitten einer Unendlichkeit von wirbelnden Welten. »Daß Ihn nicht schwindelt! Vielleicht setzt Er sich, um auszuruhen, auf irgendeinen Planeten und hat die Illusion des Friedens wie wir.« Ihr Entsetzen wuchs, aber wie zum Trotz drängten sich ihr gotteslästerliche, unwiderstehliche Gedanken auf. Obwohl das Zimmer eine vom städtischen Morgendunst gelbliche Morgensonne überschwemmte, wurde sie von wilder Angst befallen. »Bin ich schon verrückt geworden? O Gott! Rette mich«, schrie sie auf und fiel mit vor Schreck geschlossenen Augen neben den prächtigen Betschemel hin, der auf besondere Bestellung des alten Bertz von den tüchtigsten Schülern Karol Stryjeńskis aus Zakopane aus Eschenholz gearbeitet worden war. »Und könnte Gott, wenn Er wollte, einen anderen Gott schaffen, Ihm gleich – Er ist doch allmächtig. Dann würde Er sich nicht langweilen«, huschte durch ihr zwiegespaltenes Bewußtsein eine Blasphemie neuen Typs. »Hätte Er eine Welt ohne Übel schaffen können? Wenn Er gewollt hätte, wäre alles gut«, flüsterte eine satanische Stimme dicht an ihrem Ohr. Ganz deutlich stand jemand hinter ihr. Sie wagte nicht, sich umzudrehen, sondern vertiefte sich in ein fast sinnloses Gebet, ungewiß, um was, vielleicht um Gnade. Sie öffnete die Augen und heftete den Blick auf ein Bild von Zofja Stryjeńska über dem Betschemel, das Gottvater in einem allgemein-slawischen Stil darstellte, wie er Honig mit einem Bären trank, dem Symbol der Kraft und der Fruchtbarkeit und von noch irgend etwas, auf dem Hof eines altslawischen Tempels – kleine Engelchen spielten im Sand in Gesellschaft einer rötlichen Katze mit jungen, noch blinden Kätzchen. Hela wiederholte in Gedanken alle Argumente des Pfarrers Wyprztyk von der Gnade, von der Buße und von der Erlösung, doch nichts vermochte den schrecklichen Zweifel zu zerstreuen: »Wenn Er gewollt hätte, gäbe es kein Übel auf der Welt. Aber dann gäbe es nichts – die Ewigkeit der Erlösung verlöre ihren Wert. Also ist das Übel notwendig, damit überhaupt etwas sei, es ist ein integraler Teil des Daseins. Also könnte Gott nicht . . .« Die erschreckende Leere eines anscheinend seelenlosen Dogmas, die ein noch schrecklicheres, absolut unergründliches Geheimnis barg, öffnete sich irgendwo abseits, dort, wo niemand sie erwartet hätte. »Ein unlösbares Rätsel kann auf verschiedene Art gestellt werden, mehr oder weniger vollkommen. Wo wirst du ein besseres Erfassen des Weltgeheimnisses finden als in der katholischen Kirche?« so hatte Pfarrer Hieronymus unlängst gesagt. »Und Er wußte alles im voraus, denn Er ist allwissend«, flüsterte wieder die satanische Stimme. »Demütige dich vor der Vollkommenheit des Geheimnisses, nicht aber vor einer unvollkommenen Lösung«, fielen ihr wieder die Worte des inspirierten Pfarrers ein. »Ja – oh, wenn ich könnte, wäre das ja das höchste Glück«, flüsterte sie unter Tränen. Sie war zwischen dem Lebens- und dem metaphysischen Widerspruch hin und her gerissen von dem schrecklichsten der Zweifel, dem Zweifel an dem endgültigen Sinn der Welt. Und wieder begann der Hauch des Todes sie zu umwehen, leicht noch, doch er konnte sich jeden Augenblick in einen »Orkan« aus unlängst erst, seit kaum zwei Monaten vergangenen Zeiten verwandeln, die dennoch psychisch so fern waren.

INFORMATION 1.

[Alles, was Hela bisher getan hatte (Bekehrung, Buße, Heirat), um die Schale zu durchstoßen, die ihr Leben umgab, erwies sich nur als armseliges Palliativ. Die Schale barst nicht, sie dehnte sich nur, als wäre sie aus Gummi. Die Freiheit, die sie selbst erhofft und die Wyprztyk ihr verheißen hatte, kam nicht. Frühere Probleme standen ungelöst vor ihr wie eine Schar aufdringlicher Bettler, die um Abfall baten. Ohnehin nährte sie schon mit Resten den ewig hungrigen Abgrund ihres eigenen Geheimnisses. Es rächte sich an ihr die Halbheit der Zufriedenheit mit dem Leben: nie hatte sie sich mit ihrem ganzen Wesen gegen die undurchdringliche Mauer der endgültigen Probleme geworfen, nie hatte sie endgültig Ordnung gemacht mit dem Chaos ihres scheinbar systematisierten Lebens. Über der ganzen Welt schwebte der unheilkündende Schatten des Gottes ihrer Kindheit, des jüdischen Jehova, dessen sekundäre Emanation der katholische Gott des Paters Hieronymus zu sein schien. Das Leben floß abseits dahin, in einem immer ferner liegenden Flußbett, und ließ sie wie ein hoffnungslos auf einer Sandbank aufgelaufenes Schiff liegen. Am empfindlichsten demütigte sie, daß ihre Existenz nur als eine Funktion eines von ihr unabhängigen erotischen Zufalls mit ihrem Wesen übereinstimmend sein könnte. Und wenn Atanazy überhaupt nicht existierte? Was dann? Niemals hatte sie von diesem Glück auch nur gewußt, von diesem Ausmaß der Eintracht mit sich selbst. Schrecklich. Und wenn er sie jetzt nicht mehr wollte! »Er muß, muß«, zischte sie durch die zusammengebissenen Zähne, und ihre erstarrten Augen, ins Unendliche blickend mit einer Spannung, die imstande gewesen wäre, eine Herde amerikanischer Bisons umzubringen, überzogen sich mit einem Nebel erotischer Potenz. Die Stärke des Weibchens, eine ihr selbst widerliche Kraft, hatte in ihr überlebt wie ein fremdes, scheinbar gezähmtes Tier. Stolz, verwegen und selbständig in ihren Gedanken, wollte sie sich nicht gestehen, daß es tatsächlich so war, wie sie es spürte, und da sie mit den Zuteilungen des Lebens nichts Notwendiges, nichts Absolutes machen konnte, warf sie sich in einem ausweglosen Widerspruch hin und her. Es machte sie besonders rasend, daß ein derart zahmes Kälbchen wie Zosia ihn alltäglich benutzte wie irgendein physisches Instrument, diesen verfluchten Atanazy, der für sie alles hätte sein können, ja alles: eben dieses eine: überintellektualisierte, sogar im Sturz prachtvolle Stück Vieh, fähig, ihr Gehirn mit neuen Gedanken zu befruchten, der fruchtlosen, hungrigen dialektischen Maschine Futter zu geben zu rein begrifflichen Konzeptionen. Erst wenn sie den Körper an seiner Schönheit gesättigt hätte und den Geist an der blutigen, lebendigen Substanz seiner gedanklichen Abfälle, erst dann könnte sie sich dem hingeben, was sie am meisten liebte: dem Erschaffen von partiellen Lösungen verschiedener philosophischer »Kuriositäten«, ohne sie jedoch irgendeinem großen System gegenüber zu verantworten. Aber ohne ihn war nichts zu machen: Vakuum im Leben, Vakuum eines unfruchtbaren, ausgezeichnet konstruierten Intellekts. So konnte es nicht bleiben. Aber so viel war er ihr erst jetzt geworden, da sie ihn verloren hatte.]

INFORMATION 2.

[Die Trauung ist eine sonderbare Zeremonie: scheinbar ändert sich nichts, und dennoch, momentan, wie unter der Wirkung einer Beschwörung, brechen völlig unbekannte Probleme auf: das besondere Gefühl für Eigentum, die Ehre, eine ganz spezielle Eifersucht, das Haus und das, was dem Haus fremd und feindselig ist, Verrat und Unfreiheit – das alles in einem anderen, in seiner Andersartigkeit unbegreiflichen Ausmaß. Zosia, die geborene Sklavin, ergab sich dieser neuen Konstellation vollkommen und sah überhaupt kein Glück mehr außer Atanazy und dem Haus, zu dem auch er als eines der Möbel gehörte. Atanazy, trotz seiner ganzen Anhänglichkeit an Zosia, fühlte sich ein wenig wie in einem bequem eingerichteten Gefängnis. Der Ausflug in das verbotene Land der Narkotika und in die ihm trotz der Gegenreaktion in Zosias Richtung zutiefst widerliche Inversion steigerte in ihm noch das Gefühl von einer hoffnungslosen Gefangenschaft. Aber in dem Zustand, in dem er nach jener schrecklichen Nacht erwachte, hatte diese Empfindung sogar einen angenehmen Nachgeschmack: der Geborgenheit des Chez-soi. Wie ein gehetztes Tier verkroch er sich in seine Höhle. Wollüstig, mit einer spezifisch häuslichen Zufriedenheit, verkroch er sich in psychische Winkel, suchte dort die Reste der »Großen Liebe« hervor, verschlang sie mit ungesundem Appetit, und gleichzeitig schob er sich langsam auf »jene«

schiefe Ebene, die Hela symbolisierte, diese Verkörperung wirklicher Vernichtung. Zosia, von diesen äußeren Anzeichen getäuscht, hielt es für eine endgültige Bekehrung des Gatten zu dem Glauben an die Hausgötter und ergab sich endgültig ihren Gefühlen. Sie verliebte sich in Atanazy definitiv, ausweglos. Was für ihn nur ein Pendeln nach rechts war, nach einer starken, aus dem Gleichgewicht bringenden Schwingung nach links, das war für sie das wesentlichste Ziel ihres Lebens. Insbesondere vor dem Hintergrund der nahenden zweiten Revolution war dieser Zustand für beide angenehm. Das Verlangen nach Sonderbarem und Ungewöhnlichem in Atanazy befriedigte der über ihnen hängende Umsturz. Aber warum soll man das aus der Nähe betrachten – um von einem »Volksgenossen« ohne ersichtlichen Grund eine Kugel in den Kopf zu kriegen? Angesichts dieser Perspektive nahm Atanazy Helas Einladung widerstandslos an, um so mehr, als außer ihnen noch andere Bekannte eingeladen waren: Smorski, Łohoyski und Chwazdrygiel. Jędrek schwankte noch, und Atanazy beschloß, ihn aufzusuchen und ihn endgültig zu überreden. Er hatte dabei noch ein anderes, zusätzliches Ziel. Trotz wahnsinnigem Abscheu vor den Erinnerungen an jene Nacht spukte ein Schatten des Mitgefühls für den einstigen Freund in den Winkeln seiner verblaßten, gehäuteten und mit kleinen Wunden bedeckten Seele. Er tat ihm leid, dieser fröhliche und manchmal hundsdumme, rassige Kerl. Warum diese Freundschaft so abscheulich beenden – es war sogar seine Pflicht, ihn richtig zu beeinflussen. Und als er im Telefon die Stimme vernahm, die ein Symbol der schrecklichen Erlebnisse im Palais der Łohoyskis war, schüttelte ihn der Schauder einer abergläubischen Angst. Diese Stimme schien aus der Hölle zu kommen, aus dieser behexten, sich gegen ihn sträubenden, in normalem Zustand unvorstellbaren Stadt, durch die er damals mit diesem wie eine Wanze widerlichen Lakai gefahren war. Er überwand jedoch Angst und Ekel und begab sich zu Jędreks Palais. Unmittelbar vor seinem Weggehen erfuhr er, daß Zosia von Hela eine beträchtliche Summe geliehen hatte. Dagegen konnte man nichts mehr machen, und Atanazy war wütend, da er darin einen Angelhaken spürte. Er hatte den Eindruck, er beginge etwas

Unehrenhaftes, wenn er seiner Frau, die nichts sah und nichts sehen wollte (wie ihm schien), so was erlaubte. Aber dagegen etwas zu machen, war nicht möglich – aus welchem Grund wohl?]

Atanazy ging durch die von der Nachmittagssonne beschienenen Straßen. Es war warm, und Wasser floß von den Dächern, die Luft war durchtränkt von einem undefinierbaren Frühlingsgeruch. Oft begegnete er Patrouillen, verschlafenen, unlustigen Soldaten. Das Publikum war still und verschreckt: man spürte Gemetzel in der Luft. »Daß sie Lust haben, wieder so eine Arbeit anzufangen! Aber wer weiß, was ich täte, wenn es um mein Leben ginge. Man bräuchte mich nur in entsprechende Umstände zu versetzen. Alle haben recht – das ist das schlimmste.« Es war unmöglich, sich auf eine bestimmte Seite zu stellen. Eine dumpfe und kalte Gleichgültigkeit kämpfte in ihm mit einer unnormalen, greisenhaften und zugleich kindlichen Anhänglichkeit an das Leben. So gut konnte alles noch sein! Solche Momente nur ein wenig ausdehnen, zwischen die Leute quirlen, mit einer mystischen Soße würzen, und alle wären sich einig, daß es wert sei zu leben, ohne um etwas zu kämpfen, in Frieden sich an jedem Augenblick des Daseins an sich zu freuen und sich dabei, so ein bißchen abseits, in freien Momenten innerlich zu vervollkommnen zugunsten von jenen, die den Weg dahin lehrten. In Amerika ist es angeblich bereits so – ob das jedoch die Begierden der Massen auf jenem Niveau halten wird, das jener schon untergehenden Klasse genehm ist? Konnte sich so ein schmutziger, wie ein Vieh abgearbeiteter Roboter, der ihm da jetzt entgegenkam, diesen Luxus gestatten? »Das ist kein Mensch« – so sagt man in gewissen Sphären. Aber vielleicht ist er ein Mensch – er, Atanazy, der . . . ach, er kannte sich nur zu gut – da gibt es nichts zu denken. Und wie viele solche gewöhnliche Taugenichtse wie ihn gibt es heute – das ist die Grundlage der Durchschnittlichkeit, auf die sich die sogenannte demokratische Macht stützt. Die grünen, bösen, verzweifelten, aber dennoch wild hoffenden jungen Augen eines Vorübergehenden glitten über seinen eleganten Pelz, als zögen sie ihn aus, entkleideten ihn bis auf den gewaschenen, gesättigten, jede Wonne gewohnten Körper. Er fühlte einen scheußlichen Kitzel – er schämte sich plötzlich seiner selbst, und dieser Mensch tat ihm leid. In einer ekelhaften gemischten Woge überschwemmten ihn diese Gefühle bis zum Herzen hinauf. »Ach – wenn ich immer so fühlen könnte, so einfach, und zwar nicht nur im Verhältnis zu diesem einen Menschen, sondern zu allen, so würde ich ihnen dies armselige Leben mit Vergnügen opfern. Ach – was gäbe ich darum, in diesem Augenblick eine Überzeugung zu haben!« Ganz tief unten auf dem Grund hatte er einen Pseudoglauben an den für ihn fast mystischen Syndikalismus und glaubte nicht, daß der Sieg der Nivellisten jemandem Glück bringen könnte. Andererseits sah er, wie der Faschismus in seiner Entwicklung syndikalistische Manieren übernahm. Sollte etwa die Erlösung der Menschheit auf diesem Weg kommen? »Alles ist Humbug. Ich glaube an nichts. Ich bin der Typ des nihilistischen Pseudobourgeois.«

Er betrat das Palais Łohoyski wie ein Haus, das er in einem Alptraum gesehen hatte. Die physische Unwirklichkeit jener Nacht war ein geringer Trost. Moralische Verantwortlichkeit für einen schrecklichen Traum – das ist doch Nonsens. Und dennoch war das Tatsache. Zur Buße seiner Schuld beschloß er, Jędrek auf den rechten Weg zurückzuführen, obwohl er selbst in fatalen Weglosigkeiten umherirrte. Er fand ihn in einem beweinenswerten Zustand vor. Offensichtlich hatten gesteigerte Dosen des Gifts jegliche, auch die inversive Erotik getötet. Er saß verblödet da, gaffte starr auf einen Punkt und erhob sich nicht einmal zur Begrüßung seiner ehemaligen Liebe. Allmählich ließ er sich auf ein Gespräch ein.

». . . du mußt, heute – verstehst du? Sonst bist du verloren. Hätte ich nicht diese tiefe Sympathie für dich, die ich habe – vielleicht ist das nicht die Freundschaft, von der du geträumt hast« – hier schwoll Atanazys Stimme vor bitterer Ironie an – »aber auf jeden Fall ist da *etwas* – also hielte ich dich nicht für einen im Grunde normalen Menschen, wäre ich heute nicht zu dir gekommen. Du bist nicht so geboren. Das ist nur ein Geschwür, das durch Übersättigung und dieses Schweinezeug da entstanden ist.« Er zeigte auf die Glasröhrchen auf dem Tisch. »Du mußt mit allem brechen, vor allen Dingen aber mit dem

Kokain. A propos«, sprach er weiter mit einer etwas undeutlichen Miene, »ich wollte dich um einige Dezigramm bitten.« (Łohoyski lächelte zum erstenmal schwach.) »Für alle Fälle. Jetzt habe ich nicht die geringste Absicht. Aber wenn ich sterben sollte – verstehst du . . .«

»Ja – das ist wirklich stark, das Schweinezeug. Wer es einmal gekostet hat – was?« sagte Łohoyski mit solchem Stolz, als wäre er der Erfinder dieser Spielerei und nicht die Indianer in den Urwäldern Südamerikas.

»Glaube nicht, daß ich die Absicht hätte, damit fortzufahren. Das ist noch unter meinem Sturz. Ich will es für den Fall haben, wenn man ein Ende machen muß mit diesem . . .«, er machte eine Kreisbewegung mit der Hand. »Aber du, der du davon wußtest, wie konntest du . . . Nun, lassen wir das. Ich verstehe dich: du wolltest, daß auch ich in deinem Paradies wäre – als ein zweiter Adam . . .«

»Das hört schon auf, ein Paradies zu sein. Ich habe gräßliche Halluzinationen . . .«

»Gib mir alles, was du hast, und von heute an Schluß. Du kommst heute noch mit uns mit. Ich werde dich festhalten, werde wirklich dein Freund sein, solange du mir nie mehr so etwas vorschlägst.«

»Ohne dich gibt es für mich augenblicklich kein Leben. Aber wenn nicht – dann nicht«, sagte Łohoyski und blickte ihn mit einer solchen Verzweiflung an, daß Atanazy es nicht aushielt und in ein sonderbares Lachen ausbrach: er hatte einen Moment den Eindruck, als wäre er ein dämonisches Weib. »Ich verstehe nicht, wie die Weiber uns in solchen Augenblicken ernst nehmen können, wenn wir so aussehen wie dieser Kretin jetzt.« »Lach nur – das ist für mich ganz und gar nicht amüsant«, flüsterte Łohoyski und bedeckte das Gesicht mit den Händen.

»Also Schluß, und heute nehme ich dich mit zu einer Kur«, sagte Atanazy hart, als lade er Jędrek zumindest auf seine eigenen Güter ein. »Für morgen versprechen sie einen Rabatz höherer Klasse, und ich kann daran nicht teilnehmen – ich kann einfach nicht. Das ist zu fremd, zu partiell, zu klein – ich weiß nicht. Vielleicht muß alles eben so anfangen, aber ich kann

nicht, werde nicht, und basta. Nun? Versprichst du es mir?« In
Łohoyskis Augen leuchtete ein gesunder Glanz auf. Doch der
Entschluß, schwach wie ein Fünkchen, verwehte sogleich in
der Dunkelheit der Willensschwäche.
»Schließlich kann ich auch wegfahren. Ich habe ohnehin kein
Geld, ab morgen ist es wohl völlig zu Ende. Mag sich Frau
Prepudrech den Snobismus etwas kosten lassen. Aber heute
muß ich noch. Sonst werde ich nicht fahren. Völlige Willenlo-
sigkeit. Heute und morgen noch hier. Von übermorgen an tu
mit mir, was du willst. Oh, wie werde ich leiden! Aber viel-
leicht hast du recht. Obwohl, wer weiß, ob sich das lohnt . . .«
»Es lohnt sich, bestimmt lohnt es sich. Ich will auch an die
Einheit, die Einzigkeit des Lebens glauben. Das machen wir
gemeinsam. Wir müssen es tun, sonst ist es besser, gleich
Schluß zu machen.«
»Macht euch an irgendeine nützliche Arbeit, wie deine Tante
sagte. Das ist klassisch!« sagte Łohoyski und nahm eine große,
zehnfach tödliche Dosis Coco ein. Dann stand er auf und be-
gann, »etwas in den Sachen durcheinanderzubringen«: »Siehst
du: heute wollte ich *nicht,* und ich kann nicht. Du weißt nicht,
was das ist, diese Grauheit und diese Angst, eine *gegenstandslose*
Angst, die mich beherrscht. In diesem Zustand könnte ich
nicht das Geringste tun, schon gar nicht Sachen packen und
verreisen. Und im Ausland habe ich gerade soviel, um nicht
Hungers zu sterben. Ich habe nicht beizeiten darauf gehört,
verflucht . . . Alfred, Alfred! Packen!« rief er mit der Stimme
des fröhlichen, menschlichen Stiers, der er noch vor kurzem
gewesen war. »Das geht wirklich schnell. Kann man in ihm
den Menschen erkennen, der erst vor ein paar Monaten mit
diesem Spiel angefangen hat?« dachte Atanazy und bestärkte
sich in dem Beschluß, »dieses Schweinezeug« nur im letzten
Moment einzunehmen. Selbst gab er sich keine Rechenschaft
über eine prinzipielle Sache: obgleich die Kokainnacht mit Ję-
drek nicht der Anfang jener schiefen Ebene war, auf der er bis
zum Boden seines Daseins hinabrutschen sollte, so war sie
doch eine mittelbare schiefe Ebene, auf der er unaufhaltsam
und leicht wie über Weichen hinüberwechselte in eine andere
Gefahrensphäre: unmerklich, ohne zu wissen, wann, verlor er

jeglichen Widerstand im Verhältnis zu Hela, obwohl er sich äußerlich auf dem früheren Niveau hielt. Jedenfalls gab ihm Łohoyski ein Röhrchen mit 50 Gramm vortrefflichem Koks von Merck und behielt einen Vorrat für zwei Tage für sich. Als Atanazy das Röhrchen verwahrte, war ihm, als schlüge eine geheimnisvolle Tür hinter ihm zu und die ganze allernächste Vergangenheit, zusammengefaßt in eine einzige Epoche (ein wenig künstlich), stürzte zusammen in ein totes, nicht wieder zu erweckendes »Gebiet« des Lebens. Schon einige Male hatte er solche Momente gehabt. Die Gegenwart kehrte sich in gewissen Zeitabschnitten vom Leben ab und trat ihren Platz einer neuen ab. Warum geschah das aber in diesem Moment? Sollte in diesem Röhrchen mit dem glitzernden weißen Pulver eine geheimnisvolle Kraft enthalten sein? Der arme Atanazy ahnte nicht, in welchem Augenblick er diesen potentiellen Sesam verräterischer Wonne öffnen würde.

Sie fuhren schließlich mit dem Nachtexpreß (an den der prachtvolle Waggon der Bertz angehängt worden war) aus der immer rebellischer werdenden Stadt. Frau Osłabędzka hatte sich um keinen Preis aus der Hauptstadt rühren wollen – sie fürchtete, »ihr Haus den Massen zum Raub zu überlassen«, wie sie mit einem Schatten von Hochmut in der Stimme erklärt hatte. Der alte Bertz hatte jetzt alle Chancen, Minister zu werden oder in die Sphäre des Nichtseins hinüberzuwechseln, und das ohne jegliche Narkotika. Fachmänner in Diensten der bauernfreundlichen Partei – das war der Grundsatz der kommenden neuen Regierung. Dank Bertzens Wendigkeit wurde er als Fachmann anerkannt, nämlich in Sachen der Agrarreform und der Aufteilung des Grundbesitzes – ganz gleich wo – möge ihm die Erde leicht sein. General Bruizor, bereits in seinem eigenen Stab umzingelt, wollte keinen Kompromiß eingehen und bereitete sich auf einen verzweifelten Kampf an der Spitze von ein paar treuen Regimentern vor, in wessen Namen, wußte er selbst schon nicht mehr. Es entstand ein allgemeines Kuddelmuddel aller Ideale in einem einzigen unentwirrbaren Chaos – man brauchte unbedingt Blut zur Reinigung der Atmosphäre. So kündigte sich denn auch ein herrliches Gemetzel an. Die Nivellisten verkrochen sich in ihre Verstecke und warteten, was da kommen werde. Vielleicht doch . . .?

Zosia, die ihre Mutter in einer so unsicheren Zeit in der Stadt zurückließ, brachte Atanazy damit ein großes Opfer, das dieser nicht entsprechend zu schätzen wußte. Was konnte ihn eine langweilige, fremde Dame angehen, deren tägliche Anwesenheit im Haus er nur mit großer Mühe ertrug? Er freute sich sehr, daß sie nicht mitgekommen war, und irgendwo tief innen (was er um nichts in der Welt eingestanden hätte) wünschte er ihr einen plötzlichen und schmerzlosen Tod in dem aufziehenden sozialen Gewittersturm. »Eine ›Große Liebe‹«, dachte dieser unverbesserliche Denker, »unterscheidet sich unter anderem dadurch von einer kleinen und mittleren, daß alles, was für die eine Seite wertvoll ist, auch zu einem ›Tabu‹ für die andere wird. Also da mich die Schwiegermutter nichts angeht, ist mein Gefühl für Zosia nicht das, was es sein sollte. Doch für das alltägliche Leben reicht es. Gäbe es nicht diese ganze Revolution« (»und nicht Hela«, sagte eine geheimnisvolle Stimme – immer derselbe Berater in entscheidenden Momenten). (Atanazys Bewußtsein erwachte: »Was, zum Teufel? Es gibt keine Hela, daß doch endlich alle einmal . . .«) »so wäre ich vollkommen glücklich und würde mich begnügen, ›posthum‹ Faseleien über philosophisch-gesellschaftliche Themen zu schreiben. Aber so?« Und wenn er dennoch zeitweise eine unverständliche, kurz dauernde Lebensfreude empfand, so war das allein dieses und nichts anderes: eine unterbewußte Vorwegnahme der nahenden Lösung. Deutlich sah er sich selbst, den gehaßten »faden Demokraten«, den kleinlichen Snob, den großen Egoisten, den unfruchtbaren Fasler, der langsam im völligen Nonsens des alltäglichen Lebens dahinstarb und sich in seiner Nichtigkeit nicht zu helfen wußte – nichts war da auf der Welt, womit er die nackte, aller Wundersamkeit des Lebens bare Tatsache seines Daseins hätte rechtfertigen können. »Leute wie ich werden in Romanen zu Künstlern, wenn der Autor sonst nichts mit ihnen anzufangen weiß. Die ganze Hoffnung liegt in dieser Reise ins Gebirge. Aber was nachher?« Das weitere Leben lag vor ihm wie eine undurchquerbare Wüste von steriler Langeweile, an deren Ende der graue Tod wartete. Mit einem Schauer von Angst und Ekel entsann er sich des Kokains. »Nein – das lasse ich sein bis ganz zum Schluß, wenn es gar keine Hoffnung mehr geben wird. Ich werde in dieser ›Schweinerei‹ wenigstens auf eine subjektiv interessante Art enden.« Er wollte sich nicht eingestehen, daß seine einzige Hoffnung »jene« war, ein besseres Narkotikum als Ziezios Apotransformin. Sein eigener »Charakter« spielte mit ihm Katz und Maus: wieder erfolgte eine Wandlung. Wie zum Trotz wirkte die normale Ehenacht im ›Schlafwagen‹ als Neuigkeit auf ihn ausgezeichnet – leider aber nur eine kurze Zeit. Sogar Helas und Prepudrechs Anwesenheit im Nebenabteil und der verkokste Jędrek, der schlaflos im Korridor umherirrte, das alles gab dem friedlichen Glück im stillen Abteil seinen Zauber. Endlich schlief er völlig erschöpft ein und träumte sonderbare und unheimliche Dinge. Es war wie ein Kinofilm, aber gleichzeitig geschah alles wirklich. Auf einer rosafarbenen Wüste jagte er wie toll zwei wunderliche Tiere, die sich, als er sie erreichte, in zwei mexikanische, zu Blechplatten flachgewalzte Banditen verwandelten (rasch konsolidierten sie sich auf unbegreifliche Weise). Er fragte einen von ihnen, grundlos vor Angst zitternd: »¿Usted contenta, habla español?« Das sollte im Traum völlig flüssiges Spanisch sein. Da erkannte er, daß dieser mexikanische Kerl Hela Bertz war. Er schämte sich furchtbar und spürte, daß er verloren war. »Mach ein Feuer an«, sagte sie zu dem anderen Kerl, der sich als Prinz Prepudrech erwies. Woher sie Pferde hatten, war Atanazy nicht klar. Mitten in der Wüste zu Fuß zu entfliehen, war völlig unmöglich. Prepudrech packte ihn am Nacken (durch irgendein Wunder brannte bereits das Feuer). Er fühlte, daß sie ihn foltern würden, und die Furcht vor der Qual vermischte sich mit einer sonderbaren, fast erotischen Lust. Über sich sah er Helas schräge blaue Augen. »Ich entsage Husserl, ich werde nie wieder«, sagte er, vor Entsetzen und von dieser sonderbaren Lust schwach werdend. Die brennenden Augen kamen immer näher, und Prepudrech schob das Feuer unter ihn. Aber das Feuer versengte ihn nicht im gewöhnlichen Sinne: vielmehr lag in der Empfindung seiner Hitze eine widerliche Wonne.

Schreckliche Kraftlosigkeit befiel Atanazy: darin lag Scham und Wonne und Gewissensbisse, Reue, Verzweiflung und ein völliges Zerrinnen von allem zu einem persönlichkeitslosen Brei, und das alles vor ihren Augen, der Quelle dieser unbegreiflichen Qual und Demütigung. Er erwachte, glücklich, daß es nicht so war, aber mit einem Angelhaken im Herzen. Das geschah eine halbe Stunde vor der Ankunft am Ziel, das heißt kurz vor Zaryte, einem Kurort mitten in den Bergen, wo sich die Villa der Bertz befand. Inmitten von schneebedeckten, bewaldeten Hügeln keuchte der Zug bergan. Eben ging die Sonne auf und beleuchtete die Berggipfel und Wälder unter der Schneelast mit orangenem Glanz, während das Tal, durch das die Bahnlinie führte, in bläulichem, durchsichtigem Halbdämmer lag. Ein dunkelblauer Schattenstreifen an der Grenze des Lichts senkte sich immer tiefer, bis schließlich die golden-rosige Sonne in den wunderlichen Mustern der gefrorenen Waggonfenster erglänzte. Zosia und die Prepudrechs schliefen noch. Atanazy und Jędrek standen nebeneinander im Korridor und betrachteten gebannt die herrliche Gebirgslandschaft. Zwei Lokomotiven keuchten ungleichmäßig und warfen schwarzrötliche Rauchwolken in die kristallische Reinheit der Luft. Doch sogar dies war schön.

»Du weißt nicht, was das ist. Mein letzter Tag in dieser Welt. Aber ich bereue es nicht. Zum erstenmal sehe ich die Berge in diesem Zustand. Du weißt nicht . . . Aber vielleicht möchtest du? – Auch zum letzten Mal?« sagte Łohoyski, in hemmungslosem Entzücken mit unverwandtem Blick auf die dahinfliehenden Schluchten und Anhöhen, auf deren schiefe Flächen, die in der Morgensonne in allen Farben schillerten, vom Rosa bis zum Violett, voller wie Funken glänzender Eisnadeln, sich die tiefen, bläulichen Schatten der rötlichen Fichten und dunkelolivgrünen Tannen legten. Erlenhaine schimmerten in grauem Purpur, und in den Schatten ähnelten sie einem zarten, violetten Nebel. Die Welt sättigte sich selbstvergessen und in höchsten Entzückungen an ihrer Schönheit. Die Wonne, auf das alles zu schauen, grenzte an einen zerreißenden Schmerz.

»Nein. Heute erlaube ich dir alles, aber selber will ich nicht. Ich weiß, wie prachtvoll das sein muß, denn ich erinnere mich an deine Pepitahosen, die in der Erinnerung mit der Pracht dieses Morgens vergleichbar sind. Aber nachher – brrr – war ich in einer Hölle, damals, als ich von dir wegging und mit Alfred durch die Stadt fuhr.«

»Apropos: weißt du, daß er mich nicht fahren lassen wollte? Ich vergaß, es dir zu sagen – du warst derart mit Zosia beschäftigt. Ich habe den Schelm in einen fensterlosen Alkoven eingesperrt und bin ausgerissen. Dort kann er verhungern, wenn man ihn nicht findet.«

Łohoyski verfiel in die gewöhnliche Kokaingesprächigkeit und faselte selbstvergessen, in der Illusion, daß er unendlich wichtige und interessante Dinge sagte. Atanazy hörte ihm fast nicht zu. Was ist schon angesichts dieser Herrlichkeit der Welt das Unglück der Völker und der benachteiligten Klassen, allerdings sofern man nicht zu ihnen gehört. Was konnte ihn das alles angehen: diese Revolutionen und Umstürze, da dieses Wunder hier wahr und wirklich währte und nicht nur in Kokaindimensionen, für die man mit Vertrottelung, Irrsinn und Tod bezahlte. In diesem Moment überholte der Zug einen Kerl, der längs des Bahndamms zur morgendlichen Arbeit ging. Dieses Geschöpf trug eine zerrissene »Bauern«-Joppe, ein abgeschabtes Góralenhütchen, alte, mit Flicken »bestickte« Filzhosen und an den Füßen Stoffpantoffeln, sogenannte »Puńcochy«. In seinem maßlos leidenden Gesicht, dem Gesicht eines ochsenhaften Kretins, steckten jähzornige Augen, die mit gleichgültigem Blick über den ihn überholenden, von Luxus gleißenden »Schlafwagen« huschten. »Das ist das sogenannte ›Dorfelend‹, um dessentwillen sich dort vielleicht schon die bauernfreundlichen Sozialisten und die Anhänger Bruizors niedermetzeln, die Anführer an der Spitze, die sich bei Bertz oder bei einem anderen Potentaten mit Trivuten und Murbien vollgefressen und mit unschätzbarem Wein vom Djewestock vollgesoffen haben.« Und plötzlich schämte sich Atanazy seiner selbst und dieses prachtvollen Waggons, in dem er da fuhr, um sich den Winterfreuden im Gebirge von dem Geld einer reichen Phantastin hinzugeben, deren Vater in der Stadt vielleicht gerade in diesem Moment zum Minister der Bauernfreunde »ernannt wurde« inmitten von Salven der Maschinengewehre und dem Feuer schwerer Artillerie, die Ströme vom Blut der unglückseligen, besessenen Menschen vergossen. Ihr Zug sollte angeblich der letzte sein. Wenn auch Hela jetzt nicht seine Geliebte war, hatte Atanazys Situation etwas Zuhälterhaftes. Er errötete plötzlich vor Scham vor diesem Kretin, der an einer Kurve der Bahn entschwand – vor dem Hintergrund dieser herrlichen Gebirgslandschaft im Glanz der riesigen Wintersonne, die irgendwo hinter fernen Gipfeln aufging, um den armseligen Kampf der ineinander verbissenen, widerlichen Wesen zu beleuchten, die mit ihrem Dasein die »astronomische« Reinheit des Planeten befleckten. Und hier der Gatte dieser »Phantastin« (offen gesagt, der Geliebten) und sein »Freund« (ekelhaft war ihm dieses Wort jetzt) und die Gattin, die Gattin, von der er eigentlich auch ausgehalten wurde (doch das zählte angeblich nicht), die in ihren Innereien seinen Sohn mitführte (ja, es mußte ein Sohn sein, um das Maß des Unglücks vollzumachen), den von ihm gezeugten (das war ein Glück und ein Unglück zugleich), und hier, an seiner Seite, sein gewesener Geliebter – ah, nein: genug. Die Kombination war seiner würdig, des in gewissen, übrigens recht gemischten Kreisen berühmten, unfruchtbaren Schöpfers künstlerischer Lebenskonstruktionen. »Ob ich etwa unterbewußt das alles absichtlich erzeuge, nur wegen der Zusammenstellung von Ungeheuerlichkeiten?« dachte Atanazy. »Aber schließlich ist darin nichts Ungeheuerliches – alles hat eben so sein müssen und nicht anders, alles läßt sich restlos erklären, und die Vergangenheit verpflichtet sich dem gegenwärtigen Moment nicht.« So also, auf solchen Grundlagen, begann das sogenannte »neue Leben« im Gebirge.

Doch auf einmal, nachdem er durch einen schneeverwehten Durchstich gelangt war, begann der Zug im vollen Sonnenglanz die Neigung hinabzurollen in die schneebedeckte Ebene, an deren Rändern in rötlichopalenen Dunst getauchte Berge gaukelten und ihre Gipfel mit blauen Schatten gegen den seladonkobaltblauen Himmel erhoben. Alle Zweifel und Widersprüche verschlang die unbegreifliche Schönheit der Welt. »Vor allem das Leben fliehen. Das eben sind diese gefährlichen ›mikroskopischen Perspektiven‹, die in einer Summe von

273

kleinen Widersprüchen das große Bild der Wirklichkeit überschreiten. Davor muß man sich hüten – das treibt einen in ausweglose gedankliche Winkel. Fort mit Schwäche, auch gegenüber offensichtlich edlen Dingen, soweit sie nicht wirklich auf der wahren Linie der Bestimmung liegen. Durch Leiden zu den Gipfeln des Lebens – das kann man noch aushalten. Aber mein eigenes Leiden, nicht das von irgendwelchen ›Dreckskerlen‹.« Schon wollte er sich selbst fragen: »Nun gut, aber im Namen wessen«, aber er hielt sich beizeiten zurück. Der in seiner grauenhaften Gleichgültigkeit erbarmungslose Anblick der sonnigen Berge bestätigte Atanazy diese Wahrheit. »Aber der eben gesehene, ochsenhafte, elende Kerl lebt auch in dieser Welt, nur *sieht* er sie nicht – darin liegt der Unterschied. Doch auch für mich wird dieser Anblick nicht lange reichen – das sind Augenblicke – man muß jemand sein. Und wiederum, was diesen Kretin betrifft (warum nur habe ich ihn gesehen, verflucht!?), wie soll man denn diese nivellistisch-christliche Gleichheit einführen – wie zum Beispiel so einen Ochsenhaften einem General Bruizor gleichstellen? In Zukunft wird es in einer sich immer mehr spezialisierenden Gemeinschaft nur eine entsprechende Nutzung der Arbeit aller geben und eine bessere, entsprechende Entlohnung – nichts weiter. Aber das geschieht angeblich schon heute in Amerika ohne jeden Nivellismus. Und der Wert der Idee? Für den, der in einer Disziplin gehalten wird, ist es ein Unterschied, ob ihn die ganze Gemeinschaft zu seinem eigenen und zum allgemeinen Wohl darin hält oder irgendein Individuum für seine Launen. Und die Endlosigkeit der Appetite, die aus der Einzigartigkeit eines jeden Individuums im unendlichen Weltall kommen? Möglich, daß sie in der weiteren gesellschaftlichen Entwicklung verkümmern. Nein – dies Problem werde ich nicht lösen. Ein Knäuel von Widersprüchen.« Verdrossen schaute er wieder auf die Berge.

INFORMATION

[Die selbstredend rote und prachtvoll eingerichtete Villa der
Bertz lag an der Peripherie des Dorfs, das den ausgedehnten
Kurort Zaryte umgab. Hela nahm sich der Organisation der
Hauswirtschaft an, an deren Spitze ihr »Butler« stand, der so
prachtvoll titulierte alte Antoni Ćwirek aus dem Roten Palais.
Die Villa im Gebirge war (ausgenommen die Außenarchitektur
– die natürlich im Zakopaner Stil war) eine genaue Kopie der
hauptstädtischen Residenz der Bertz: angefangen von dem Rot
bis zu der selbst jenseits der Landesgrenzen berühmten Küche.
Die Zukunft schien ungewiß, doch das verlieh der Reise und
der ersten Zeit des Einrichtens ihren Zauber. Danach begann in
der Gebirgsstille das Warten auf die Ereignisse. Alle stellten die
wildesten Vermutungen an – niemand wußte etwas. Falls die
Bauernfreunde siegten und es dem alten Bertz gelänge, Mini-
ster zu werden – war alles gut, falls nicht, könnten im Verhält-
nis zu der sich ändernden lokalen Macht Komplikationen ein-
treten, und dann wäre alles möglich. Aber vielleicht würden
die Nivellisten die Verwirrung ausnutzen und das ihre tun, und
die Revolution würde die zweite Phase überspringen, um
gleich in die dritte, definitive überzugehen. Prepudrech und
Łohoyski behaupteten aufgrund der lokalen Gerüchte be-
stimmt, daß das alles nur ein Vorwand für ein noch größeres
Chaos wäre, das die örtlichen Faschisten und sogar Mon-
archisten nutzen würden, die Miguel de Braganza inthronisie-
ren wollten, einen Verwandten von Jędrek. »Dann werden wir
alle schwelgen«, sagte Łohoyski mit verheißungsvoller Miene.
Für die ganze Gesellschaft waren in seiner Vorstellung bereits
herrliche Posten bestimmt, falls sich dieses System verwirkli-
chen sollte. Von Zaryte aus, diesem wurmförmigen Fortsatz
des Blinddarms des ganzen Landes, nahm sich die ganze Ge-
schichte phantastisch, beinah humoristisch aus. Alles roch von
weitem nach einem ungeheuren Skandal, aber vorläufig be-
seelte die Gesellschaft eine völlig sorglose Stimmung. Morgen
begann das sogenannte »neue Leben«, der morgige Tag sollte
über die weiteren realen Geschicke entscheiden, einmal ganz
abgesehen von Metaphysik, sozial-gesellschaftlichen Ab-

schweifungen und geistiger Wiedergeburt, die alle begehrten. Prepudrech, den Hela weiterhin auf antierotischer Distanz hielt (jede Vergewaltigung war wieder verboten), komponierte verbissen vom frühen Morgen an, und Ziezio Smorski, der, die geringe Schneedecke auf den Chausseen nutzend, nachmittags mit dem Auto gekommen war, erkannte den Prinzen definitiv als Künstler der Zukunft an. Sie improvisierten bald vier-, bald zweihändig und begeisterten die Gesellschaft. Die Nachrichten waren unverändert: das Geschwür schwoll, aber platzte nicht. Nur Atanazy durchlebte, »irgendwie« unzufrieden, alle früheren Gedanken, indem er sie auf Abruf aus seinen doppelten psychischen Eingeweiden hervorholte. In Erwartung des Morgen verbrachte man den letzten Abend mit einer tollen Trinkerei. Es flossen die teuersten und besten Flüssigkeiten: Djewe, nicht Djewe, Camolli–Bemba und patagonische Liköre. Sogar Zosia trank, nachdem sie die würdige Maske einer schwangeren Matrone abgeworfen hatte, und vergiftete das Atanazysche Embryo erbarmungslos und degenerierte es noch mehr. Hela tollte wie ein wildes Tier und steigerte Atanazys noch nicht artikulierte Unruhe. Sogar Łohoyski, zum letzten Mal sein geliebtes Narkotikum in wahnsinnigen Dosen genießend (so um zwölf Gramm herum), hatte sich zu Hela bekehrt, lag vor ihr eine halbe Stunde auf dem Bauch und huldigte ihr in unbezähmbarer Verzückung. Atanazy beneidete ihn, doch trotz aller Versuchung nahm er nichts ein – er war fest entschlossen, das nur im letzten Moment zu tun. Nur welchen von diesen Momenten er als den letzten erkennen sollte – das war das Problem. Alles war so »gut«, warum konnte es nicht immer so sein, und warum war alles so kaputt?

Der nächste Morgen war trübselig. Ein langweiliges Schneetreiben hatte eingesetzt, und von Sport war keine Rede. Aber gegen sieben Uhr abends kam ein chiffriertes Telegramm von Bertz (das Telefon funktionierte nicht), folgenden Inhalts: »Gelungen. Gesund. Agrarminister Bertz.« Darauf allgemeine Freude und eine neue Orgie, und der Beginn des »neuen Lebens«, schon auf der »Plattform« der mit Optimismus erfüllten Anschauung der bauernfreundlichen Sozialisten, die eine Chance hatten, länger zu existieren als die »zusammengeklebte« Partei des Generals Bruizor, wurde auf den nächsten Tag verschoben. Nur Łohoyski, der den ganzen vom gestrigen Abend übriggebliebenen Vorrat Kokain in den Ofen geworfen hatte, trank düster und warf Atanazy doppelt flehende Blicke zu, die dieser ganz und gar nicht verstehen wollte. Tags darauf begann das normale Leben. Alle konnten Ski laufen, doch brauchten sie eine höhere Schule. Die Ausflüge erfolgten unter der Leitung eines Schweden, den Hela zu diesem Zweck engagiert hatte. Nur Zosia konnte nicht am Sport teilnehmen, doch trug sie es mit Demut und war immer besorgter um die nahende Mutterschaft. Die Bewegung in der frostigen Luft inmitten von prächtigen, glitzernden Schneeweiten verschlang inzwischen alles Üble und Böse ihrer ermüdeten Seelen. Łohoyski ertrug heldenhaft den Entzug des geliebten Gifts, und sein erschlafftes Herz fand eine neue Anregung in der Eroberung immer schwierigerer Rekorde der Standhaftigkeit. Sogar der physisch ängstliche Feigling Ziezio ließ sich vom Sport hinreißen und leistete für seine Verhältnisse geradezu Wunder an Mut und Tüchtigkeit. Prepudrech, dem Vorbild seines Meisters zum Trotz, vernachlässigte zugunsten des Skilaufens nicht seine Kompositionen. Nachdem er in sich eine Goldader (oder auch eine, wie Ziezio vertraulich sagte, »Tombakader«) gefunden hatte, beutete er sie in einer vernichtenden Weise aus. Eines war fatal, nämlich, daß Hela beschlossen hatte, in Tugend zu verharren, und behauptete, erotische Spielereien hätten eine schlechte Wirkung auf die sportliche Spannkraft ihres Organismus. Doch in nächster Nachbarschaft stand das Haus des alten Hluś, eines der letzten Patriarchen der Bergbauern; er hatte eine Tochter, eine wilde, etwas irre Blondine von eigentümlicher Schönheit. Diese begann der von seiner Frau mißachtete Prinz zu frequentieren, und die schöne Halbirre verliebte sich in ihn bis zum völligen Wahnsinn. Sie sang ihm stundenlang Góralenlieder vor, die er in seinen musikalischen Nonsens transponierte, der für Nichtfachleute unerreichbare Ausmaße hatte, und nebenbei fand er eine unbekannte Wollust in ihren primitiven, ein wenig stinkenden Umarmungen und brachte ihr subtile Perversitäten bei, die auf seine Frau schon längst nicht mehr wirkten. Atanazy mißtraute er nicht im geringsten, denn woher sollte in dem biederen Kopf eines persischen Khans der Gedanke entstehen, daß sein Freund, Gast in seinem eigenen Haus, ihm seine Frau verführen könnte, zumal er seine eigene bei der Hand hatte, und das in anderen Umständen. Helas katholischer Gott war einstweilen auf Urlaub. Er wurde dort in der Stadt gebraucht. Hier, in der Umgebung der wundervollen Gebirgsnatur, zerfloß er in einen tierischen, begrifflich nicht erfaßbaren Pantheismus. Er war nur eine der Figuren im Reich der Fetische, angefangen bei einem von den Papuas auf Neuguinea geschnitzten Alligator und endend mit der roten Bajachoschlange, die in ihrem speziellen Glaskasten mitgebracht worden war und sich ausgezeichnet fühlte, denn sie stammte von den niederen Hängen des schneebedeckten Aconcagua. Hätte Pfarrer Hieronymus in die Seele seiner geistigen Pflegetochter blicken können, er wäre vor Entsetzen erstarrt: fürwahr, die Religion wurde von ihr auf eine Stufe mit dem Essen gestellt: das »Menü« mußte abwechslungsreich sein, sonst wäre es langweilig. Ohne die Anfänge wahrzunehmen, versank Hela immer tiefer in die pragmatische Schweinerei, ins pluralistische Kuddelmuddel, mit dem sogar der verstorbene James zufrieden gewesen wäre. Endlich meldete sich, so behauptete sie, das Blut ihrer Vorfahren, der Hethiter, der Hochlandbewohner Kleinasiens. Die Berge hatten einen magnetischen Einfluß auf sie. Sie zerschmolz in deren unerreichbarer Schönheit und vergaß dabei Gott, den Pfarrer Wyprztyk, den Gatten, die Schlange, den Vater und die Revolution, nicht aber Atanazy. Dieser verfluchte Unproduktive war noch immer jemand, auch in bezug auf die neuen, sich jenseits des persönlichen Gottes abzeichnenden pantheistischen Koordinaten. Obgleich der schöne blonde Schwede, der Trainer Erik Tvardstrup, Abscheu in ihr erweckte, machte sie ihm raffiniert schöne Augen und zeigte Atanazy gegenüber völlige Gleichgültigkeit. Sie erniedrigte sich bis zur programmatischen Provozierung der Eifersucht, da sie wußte, daß nur Standhaftigkeit die Unfaßbarkeit des Geliebten besiegen werde – so nannte sie ihn in Gedanken. Ein höheres Ziel stand über allem: es ging um das ganze Leben, oder vielleicht nur um den Eintritt ins Leben, aber um einen unbedingten, unvermeidlichen Eintritt. Ihre Freundschaft mit Zosia ging den gewöhnlichen Weg kleiner weiblicher Lügen, bei scheinbaren »Ergüssen« und gegenseitigen Schwüren für die Ewigkeit. Für einen oberflächlichen Beobachter stellte diese ganze Gesellschaft eine gut harmonisierende Gruppe von Freunden dar – in Wirklichkeit war es ein Knäuel von gefährlichen, unbeständigen, explosiven Verbindungen, das nur auf den entsprechenden Zünder wartete. Vor diesem Hintergrund erwuchsen zwei neue ideale Freundschaften: Zosia mit dem Prinzen und mit Łohoyski. Das war für sie ein ausgezeichnetes Antidoton gegen das Verlassensein (vorläufig nur ein geistiges) von ihrem Mann, der immer seltener ernsthaft mit ihr sprach und seinen ganzen, übrigens geschwächten Intellekt dazu verwendete, »jene« zu verführen, gleichfalls vorläufig »geistig«.

Łohoyski fühlte sich auch verlassen, aber nicht für lange – gleich nach der Ankunft begann er, in der Umgegend auf Beute auszugehen, neue Opfer für seine Inversion zu suchen, um so mehr, als seine Kokainabstinenz ihm von Tag zu Tag mehr Kräfte wiedergab. Beide, Zosia und er, waren Opfer des »dämonischen Tazio«, und das brachte sie einander nahe, obwohl Zosia die Ursachen dieser Annäherung völlig unbekannt waren. Obwohl sie es ehrgeizig vor allen und vor dem Gatten verbarg, litt sie in tiefster Seele sehr unter dieser Vernachlässigung, und unter diesen Umständen nahmen sogar erotische Erlebnisse für sie einen tragischen Charakter an. Sie fühlte, daß Atanazy sie nur zu einer unwesentlichen Zerstreuung benutzte, als ein Palliativ, während er in Wirklichkeit mit etwas Unerratbarem beschäftigt war. Aber womit? Sie beneidete »jene« um ihre Gespräche, doch die erotische Eifersucht war bei ihr wie eingeschläfert. Ähnlich wie Prepudrech glaubte sie nicht einmal, daß eine derartige Schweinerei überhaupt möglich wäre. Die Anfälle von Abscheu und Verachtung für ihren Gatten waren spurlos verschwunden: offenbar waren sie nur eine Folge der frühen Schwangerschaft gewesen. Dazu begann sie sehr häßlich zu werden, sie wurde träge und schlafmützig. Das alles stieß Atanazy immer mehr von ihr ab. Mit Verzweiflung dachte er an die Zukunft; er hatte den Eindruck, als zöge ihn eine halb Ertrunkene auf den Grund, die sich krampfhaft an seinen Hals klammerte. Er begann eine buchstäblich physische Last am Nacken und an der Gurgel zu spüren, als hielte ihn jemand wie einen Hund an der Kette. Nichts halfen mehr die Momente von Zufriedenheit, diese »kleinen Zufriedenheiten«, daß alles so, wie es ist, gut ist; nichts half es, sich in einen stillen Winkel der Lebensentsagung in kleinem Maßstab zurückzuziehen. Alles wurde hoffnungslos flach und gewöhnlich.

Manchmal hatte Atanazy Sehnsucht nach jener schrecklichen Nacht mit Łohoyski – nicht etwa nach Kokain oder Gott bewahre nach dem hier anwesenden Jędrek – sondern nach diesem anderen, alptraumhaften, nach dem, dessen Stimme ihn damals am Telefon entsetzt hatte. Aber warum? Weil er damals, tags darauf, eine wirkliche Verbindung »in rührseliger Hinsicht« (wie er diese Summe miteinander verbundener Zustände nannte: der Gewissensbisse und der kleinen, fast nur theoretischen Buße ohne große Leiden) mit Zosia in ihrer kleinen Welt gefühlt hatte. War denn aber seine eigene Welt groß? »O Gott! Womit messen wir denn Größe?« dachte er verzweifelt, da er keinen festen Anhaltspunkt für seine taumelnden Gedanken finden konnte. »Ob mit der Spannung der Empfindungen oder mit der Zahl der einbezogenen Menschen oder mit der Weite der Anwendungen – ist das denn nicht dasselbe wie mit der Größe in der Kunst, die nicht von der Kraft eines einzelnen Elements bestimmt wird, sondern von der Proportion maximaler Spannungen: des Gefühls konstruktiver Einheitlichkeit, der Kontrolle des Intellekts, des Reichtums der Vorstellungen und der Gedanken – und des Talents, das heißt rein sinnlicher Gegebenheiten. Aber die Wertung ist immer relativ, abhängig von der gegebenen Menschenklasse. Soll denn das, woran ich glaube, nicht von einem unabhängigen Gedanken regiert werden, sondern nur von dem Zufall, daß man zu einer bestimmten Klasse und Epoche gehört? Es sei denn, es wäre kein Zufall, daß ich gerade in diesen Umständen entstehe, sondern eine existentielle Notwendigkeit. Aber in diesem Fall ist es eine metaphysische Notwendigkeit, die von einem höheren Rang wäre als die physikalische Ursächlichkeit.« (Die Idee von einem persönlichen Gott flackerte auf dem Boden dieser Erwägungen auf, doch undeutlich.) »Vielleicht bestimmen sogar Dinge dieser Art den Lauf der Gedanken in Sphären, die scheinbar unabhängig von diesen Gebieten sind, in der Mathematik und in der Logik. Das behauptet wenigstens Spengler, aber das kann wohl nicht wahr sein.« Das Gefühl der Zufälligkeit und die Unmöglichkeit, sich mit Notwendigkeit zu sättigen, wurden zu einem alltäglichen Zustand, und zu einem realen Symbol dieses Zustands wurde unwiderruflich Zosia, während Hela in die Sphäre der absoluten Notwendigkeiten überging, beinah in den Bereich eines idealen Daseins von Begriffen, wobei die geheime Leidenschaft für sie sich immer schwieriger in den Grenzen erzwungener Unterbewußtheit halten ließ. »Aber kann man überhaupt von einem ›Zufall des individuellen Daseins‹ sprechen? Es scheint uns nur so, daß wir, während wir von uns selber ›ich‹ sagen, völlig andere Geschöpfe sein könnten, daß dieses ›Ich‹, verbunden mit einem anderen Körper, in einem anderen Volk, auf einem anderen Planeten identisch mit sich selbst wäre. Vor allem gibt es nicht Körper und Seele, sondern nur eine Einheit der zeitlich-räumlichen Persönlichkeit; aus dieser Zweifaltigkeit einer Daseinsform und aus der Vielheit der Individuen entspringt die Illusion des begrenzten Einzeldaseins. Einmal nur in aller Ewigkeit wird es geschaffen als das und kein anderes: langsam, allmählich entsteht es aus der ganzen Masse der heranwachsenden einzelnen, partiellen Existenzen, die der Freiheit beraubt sind: aus den Zellen, die sich zu einem gemeinsamen Ziel organisieren. Unendliche Zusammengesetztheit der Existenzen, die sich immer aus anderen Existenzen zusammensetzen müssen, Geheimnis aktueller Unendlichkeit in Kleinheit und in Größe in Verbindung mit dem Dasein, nicht Mengentheorie, sondern Grenzbegriffe: Dasein von etwas einzelnem, unendlich Kleinem und andererseits der Begriff nicht nur des einzelnen Daseins – (das würde die Einheit in eine Größenordnung implizieren, die dem Absoluten Nichts gliche) – sondern einer unendlich großen Organisation von solchen Individualexistenzen – wie das zum Beispiel eine Pflanze ist. Ohne die Prämisse dieser Organisation wäre es unerklärbar, daß überhaupt etwas existiert: die Welt kann nicht nur eine Ansammlung von Existenzen sein – muß also eine Organisation sein, da sie nicht eine

Einzelexistenz sein kann.« Über diesen »vitalistisch-biologischen Mumpitz« lachte ganz offen der unlängst angekommene Chwazdrygiel, dem Atanazy manchmal in Momenten der Depression seine Zweifel bekannte. Aber die Theorien der neuzeitlichen materialistischen Biologen, die alle unlösbaren Probleme implizierten und den unlotbaren Abgrund zwischen der psychologischen Anschauung der reinen Qualitäten und der physischen Anschauung scheinbar kontinuierlich (von den Elektronen zu den Zellen über Eiweißkörper hinweg) übersprangen, und diese Theorien stellte Chwazdrygiel diesem »Mumpitz« entgegen, waren so naiv, daß Atanazy verdrossen wieder zu seinem »System« zurückkehrte. Ohne über seinen biologischen Physikalismus hinauszugehen, begann Chwazdrygiel jetzt ernstlich zu begreifen, daß die Kunst, die er ebenfalls als eine soziologisch-biologische Erscheinung betrachtet hatte, die sich letztlich, wie alles in seiner Konzeption, zurückführen ließ auf die Bewegung von Energieladungen, sein wahrer Weg sei. Wie damals unter der Wirkung des Kokains empfand er auch jetzt, nachdem er sich einfach mit Raritäten aus dem Bertzschen Keller betrunken hatte, ein ungerechtfertigtes Ressentiment gegenüber der Wissenschaft, warf ihr vor, daß sie ihn betrogen hätte, indem sie ihm Phantome von großen Problemen zeigte, die in ihrem Bereich längst ausgeschöpft waren. Die Konsequenz des Bankrotts in allen Sphären, mit einer Ausnahme: der gesellschaftlichen Entwicklung, war mörderisch. Die allgemeinen, mit Metaphysik gewürzten Sehnsüchte und gesellschaftlichen Rauschzustände wurden angesichts der konkreten Ereignisse zu etwas völlig Irrealem: sie hatten keinerlei Bezugspunkt in der entstehenden Wirklichkeit. Vorläufig war Bertz noch an der Macht, und man konnte wenigstens ruhig über alles reden. Wenn man ihm die oberste Direktion überließe, wäre er vielleicht imstande, durch eine allmähliche Organisierung der Landwirtschaftskooperativen das Problem der Verteilung des Grundbesitzes zu lösen. Aber das war nicht der geeignete Moment für eine schöpferische Arbeit. Die Menschen waren von dem Wahn befallen, sich zu befreien. Sie wollten nicht arbeiten, nur nehmen und genießen.

Atanazy litt immer schrecklicher. Für Zosia hatte er grenzenloses Mitleid, und er sehnte sich manchmal nach ihr, während er dicht neben ihr saß oder sogar neben ihr im Bett lag. Er sehnte sich nach der, die sie einst für ihn gewesen war. Er sah jenes Leben: stilles Glück, das Schreiben des sogenannten »philosophischen Werks« mit dem Gefühl der Unabhängigkeit von höchsten Kriterien und den Urteilen offizieller Weiser, ein friedliches, gemäßigtes »geschlechtliches Leben« ohne die unheimliche Wollust perverser Zugaben und eine kleine Zufriedenheit mit sich selbst und mit anderen, und, wer weiß, vielleicht auch kleinere Schweinereien und Betrügereien seiner Frau und seiner selbst in nicht allzu großem Maßstab. Hier war kein Platz für eine höhere Lebensanschauung, in der Aufopferung und Streben nach Vollkommenheit, nach absoluter Güte mit inbegriffen wären – diese »Dinge« zogen manchmal wie entlegene Berge an einem in die Ferne fliehenden Horizont vorüber – sie waren ein nicht aktualisierter Hintergrund der Unmöglichkeit. Zosia trat eher in diese Sphäre absoluter Ethik ein: aus einem kompromißlerischen, halbjungfraulichen Fräulein, das sich in »anderen Umständen« befand, in ganz anderen als den ihr bisher bekannten, verwandelte sie sich in eine fanatische Weibchen-Mutter-Ehefrau, und das alles war nicht ursprünglich und amüsant, sondern vielmehr düster und vernünftelnd, wobei ihre Liebe zu Atanazy noch ständig wuchs und unheilvolle, quälende Ausmaße erreichte. Oft sprach sie nun mit Łohoyski über das Problem einer absoluten Ethik, was Atanazy nicht ertragen konnte, weil er an seine Theorie der Relativität glaubte, die nur den Begriff eines Verhältnisses des Individuums zu Gattung und Gesellschaft anerkannte. Jędrek wurde durch seine Kokainenthaltsamkeit allmählich ausgewogener und begann, an sich selbst zu arbeiten: er las die Bibel und Spinozas Ethik abwechselnd mit Mystikern des Mittelalters und Kants *Kritik der reinen Vernunft*, was ihn nicht abhielt, unter den degenerierten Ureinwohnern dieses wahrhaft verzauberten Landes nach höheren Formen der Freundschaft zu suchen. Die verwilderte und von Sport und Fasten abgemagerte Hela gab ihm Bücher. Ihre Askese war von den höheren Regionen des Geistes hinübergelangt in die Sphäre rein hygienischer Maßnahmen. Aber weder die eine noch die andere Erscheinung zeigte Merkmale von Dauerhaftigkeit: es waren eher Symptome einer chronischen Krise, die schließlich irgendwann enden mußte. Atanazy vermied jetzt Gespräche mit ihr, da er geradezu vor sich selbst Angst hatte. Beide waren sie wie Fässer, angefüllt mit Materialien, die unter den jetzigen Umständen neutral waren, doch eine potentielle Spannung in sich hatten, die nur einen guten Katalysator brauchte. Gleichzeitig schien es, als könnte zwischen ihnen nie mehr etwas geschehen, und dieses bei beiden gleichzeitige Gefühl verlieh jeder ihrer Begegnungen eine bisher unbekannte tragische Schattierung. Das schlimmste waren die Mahlzeiten. Die Atmosphäre wurde zeitweise bedrohlich. Łohoyski in leisem Gespräch mit Zosia, gegenwärtig vor allem über das Thema der Wertlosigkeit des Lebens überhaupt und der Schönheit des Todes (beide sahen aus wie Verschwörer), Prepudrech, auch während des Essens besessen in Musik versunken, Smorski immer deutlicher die Sphäre des Irrsinns beschreitend, der finstere und nicht zustande gekommene Künstler und Professor der Biologie Chwazdrygiel, und über dem allen die hoffnungslos aufeinander gespannten bösen und unersättlichen Seelen (und nicht nur Seelen, sondern auch Körper) von Atanazy und Hela. Sie schlemmten (mit Ausnahme von Hela) ungeheuerlich, und am meisten fraß der vom Kokain ausgemergelte Łohoyski. Es gab verhältnismäßig lichte Momente, wenn Jędrek in einem plötzlichen Anfall von Begierde nach seinem Gift wilde Sachen anstellte (die er euphemistisch »Abstinenzerscheinungen«* nannte), die von toller Fröhlichkeit in völlig hoffnungslose Verzweiflungsanfälle übergingen. Von der lokalen Gesellschaft der provinziellen Sportler (außer dem »Trainer«), nämlich der »societymen«, »artmen«, »dancingmen« und Megalomanen schlossen sich die Neuangekommenen völlig ab. Bei den »Schmausereien« in der Villa war nur manchmal der schöne, bärtige Trainer Erik Tvardstrup zugegen, der sich immer deutlicher in Hela verschoß. Die Atmosphäre verdichtete sich dann und schwoll auf eine noch unheilvollere Weise.

Eines Tages sagte sich Atanazy deutlich und unwiderruflich, daß er ohne Hela nicht mehr leben konnte – und dennoch lebte er und war nicht imstande, auch nur einen Schritt in Richtung auf eine Unterbrechung dieses Zustands hin zu tun. Und an ein Wegfahren war nicht einmal zu denken. Doch das geschah unmerklich, und eh er sich dessen versah, war er bereits auf »jener«, auf der »schwarzen« Seite seines Lebens, auf der Seite der Vernichtung. Sie erkannte seine plötzliche Umwandlung, sah deutlich, wie er sich unter ihrem schräg-blauen, aufreizenden Blick veränderte. Und als sie sich danach an den ihm verhaßten Tvardstrup wandte, empfand der unglückliche »Geliebte« das charakteristische, scheinbar geschlechtslose Zusammenschrumpfen aller Eingeweide zu einem Knäuel *schmerzlosen Schmerzes*. Zum erstenmal begann dieser bisher unbesiegte Don Juan zu begreifen, daß Eifersucht nicht eine nüchterne Erfindung war, wie er früher behauptet hatte.]

Es war schon Ende März, und in den Bergen entstand »Firn«*. Die Tage waren warm, frühlingsmäßig. Der fahlblaue Himmel sprühte eine sanfte Wärme, und die Firne auf den Berggraten schimmerten wie Aluminium. Große Flecken nackter, heißer Erde im Tal hatten einen sinnlichen, erregenden Geruch. Die allgemeine Stimmung war viehisch, weit entfernt von der mit metaphysischer Sonderbarkeit durchtränkten Periode des wirklichen Winters. Die ganze Gesellschaft begab sich eines Tages auf den Viehpaß, von wo die Abfahrt auf die andere, Luptower Seite ganz unerhört war. Die Hitze war geradezu tropisch, und alle stiegen, ziemlich entblößt, auf dem östlichen Abhang des Bergs bergan, der mit der rechten Seite an den Paß grenzte. Tvardstrup bat um Erlaubnis, das Hemd auszuziehen, und niemand konnte es ihm, einem echten Schweden, versagen. Nach einer Weile erglänzten vor dem Hintergrund des gewöhnlichen, heimatlichen Schnees seine ungeheuren, reinschwedischen Muskeln in der Sonne. Hela ging an der Spitze, hinter ihr Tvardstrup und dahinter Atanazy. Der Rest schleppte sich hinterdrein. Atanazy war wütend auf Tvardstrup, daß er sich so entblößt hatte und daß er, Atanazy, nicht dasselbe machen konnte, wegen der relativen Dürftigkeit seiner Muskeln, die sich, wenn sie auch an sich nicht übel waren, mit diesen eisernen Muskelsträngen nicht messen konnten. Die Wut würgte ihn, und darum konnte er den beiden nicht nachkommen. Außer Atem sah er, wie sie, nachdem sie eine kleine schattige Senke überquert hatten, vor dem dunkelblauen Himmel auf dem Grat in der Sonne erglänzten. Der wehende blonde Bart Tvardstrups leuchtete wie golden, als er sich lachend zu Hela neigte. Auf dem Grat blies ein heißer Südwind. Die fernen Luptower Berge versanken in rötlichem Dunst. Da der Schnee auf der Südseite zu naß war, begann Tvardstrup mit Übungen auf demselben Hang, den sie hinaufgekommen waren. Eine Weile blieb Atanazy mit Hela allein auf dem Paß. Hela, mit weiten Augen in Richtung der südlichen Berge vor sich hin schauend, schien das ganze Weltall mit tierischer Selbstvergessenheit in sich hineinzuschlingen. Eine schreckliche Unersättlichkeit umfaßte ihren Kopf mit beinah berührbaren Fangarmen. Atanazy verguckte sich in ihr raubtierhaftes Profil, von rotem Haar umweht, dessen Strähnen im Wind flatterten. Sie war in diesem Augenblick für ihn das sichtbare Symbol des gesamten Lebenssinns. Wäre sie plötzlich verschwunden, wäre er wohl mit ihr verschwunden. »Und dieses Vieh . . .« dachte er fast gleichzeitig von ihr und von dem Schweden, den er vom Nordhang des Kessels her rufen hörte, schon in einem dunkelblauen Schatten versunken. Unmerklich verstrich einer dieser flüchtigen Momente, in denen die Bestimmungen der Zukunft gewogen werden, in denen sie potentiell enthalten sind. Plötzlich stieß Hela, die die Existenz des »Geliebten« ncht zu bemerken schien, sich kräftig mit den Skistöcken ab und begann in gerader Linie die Abfahrt auf die Südseite, durch eine schneeige Mulde hindurch, an deren Seiten Reihen von nackten Felsen ragten, die von gelben Flechten bedeckt waren. In Atanazy zuckte etwas auf: so hinter ihr hersausen, alles vergessen, mit ihr bleiben irgendwo auf der anderen Seite der Berge, ausreißen bis zu den Tropen, von denen er seit seiner Kindheit träumte und die er aus Erzählungen Łohoyskis und auch Helas kannte – (schon als kleines Mädchen war sie einmal mit dem Vater in Indien gewesen). Ja – aber wozu, womit? Vielleicht mit dem Geld seiner Frau – wie fremd tauchte dieses Wort auf der semantischen Seite des Bewußtseins auf. Oder vielleicht mit Helas Geld? Er fühlte sich kraftlos und fühlte sonderbarerweise auch eine ungestüme Sympathie für die Partei der Nivellisten und für den unbesiegbaren

Tempe. Hela, die etwa fünfzig Meter hinabgefahren war, machte einen Bogen nach links, um über einen kleinen Schneesattel über den Felsgrat in eine andere Mulde zu kommen. Sie verschwand nach links, nachdem sie geschickt über den schmalen Schneestreifen geflitzt war. Doch gleich darauf vernahm Atanazy ein Gerumpel der Skier auf Felsen und einen Schrei – dann Stille. Nur das Blut hämmerte ihm in den Schläfen . . . Ohne Überlegung raste er die Mulde hinunter, und nach einem tollen »Kristiania« fuhr er langsam über den Grat und erblickte Hela, die kopfüber inmitten von nackten Zwerglatschen an einer Felswand lag. Sie stöhnte leise. Rasch band er die Skier los und stürzte zu Hilfe. Er machte ihre Skier los und begann, den Fuß am Knöchel zu befühlen.

»Ziehen Sie den Strumpf ab. Ich glaube, es ist eine Verrenkung.«

»Wenn es eine Verrenkung wäre, könnten Sie den Fuß überhaupt nicht bewegen.« Im Verhältnis zu ihrem Fuß hatte dieser Satz für ihn eine ausgesprochen unanständige Bedeutung. Er knöpfte ihre kurzen Hosen ab (Hela erkannte lange Hosen für Frauen nicht an), zog den Strumpf heraus, knöpfte das Strumpfband ab, zog die Gamasche vom Bein und den Stiefel ab und sah endlich durch die durchsichtige Seide diesen Fuß, von dem er stets geträumt hatte. Er war in der Tat höllisch schön. Dann schaute er Hela an, das heißt ihr Gesicht. Sie lag mit halbgeschlossenen Augen da, blaß, mit vor Schmerz verzerrtem Mund. Atanazy fühlte plötzlich, daß er sie liebte, wie er vor einigen Monaten Zosia geliebt hatte, und vielleicht noch mehr – oder vielleicht nicht mehr, aber voller – in diesem Gefühl war keine Entsagung und kein Mitleid, keine künstliche Selbstaufopferung. Statt dessen war alles »das« durchtränkt mit etwas Scheußlichem, fast Niederträchtigem, auch unabhängig von seinem Verhältnis zu Zosia. Aber er hatte keine Zeit, seinen Zustand zu analysieren. In diesem Augenblick dachte er mit maßloser Zärtlichkeit an Hela (tendresse – Zärtlichkeit ist ein abscheuliches Wort), verbunden mit einem wütenden Zorn auf sie wegen des Schweden. Und beide Gefühle verwandelten sich in eine schreckliche, plötzliche, besinnungslose Begierde. Er zog den Strumpf ab und erblickte *diesen Fuß nackt,* fast weiß wie Schnee. Das war zuviel, aber noch hielt er an sich. Er betastete den fast zusehends anschwellenden Knöchel und drehte den Fuß in verschiedene Richtungen – es war keine Verrenkung. Und plötzlich, auf Helas geschlossene Augen schauend und auf ihren wie vor Lust verzerrten Mund, packte er mit wildem Blick ihren Fuß sich zwischen die Beine. Hela stöhnte auf und blickte ihn vorwurfsvoll an, doch als sie sah, was sich tat, nahm ihr Gesicht einen bestialischen Ausdruck an, und ihre Zehen, die auf etwas Unheimliches trafen, begannen, sich leicht zu bewegen. Atanazy sah das an und sättigte sich. Die Sonne brannte, und die Welt zerschmolz in Dunst, in Glanz, in Hitze und in teuflischer Wonne. »Ich sterbe, ich halte es nicht aus«, dachte der unglückselige »Geliebte« und fühlte, daß er verloren war, daß nichts ihn von diesem Weib losreißen würde. Eine mit Liebkosung (ein zweites scheußliches Wort) vermischte Wut, Verzweiflung und Selbstvernichtung, Scham und Verachtung, alles das ging über in einen wilden Orgasmus der Lust, die ihn vernichtete, ihn mit dem Gesicht auf die Felsen warf wie einen zerknüllten Fetzen. Er verdrehte dabei Helas armen schmerzenden Fuß. Hela stöhnte dünn auf wie ein kleines Kind, und dann sagte sie mit einer lüstern schleppenden Stimme:

»Na – jetzt wissen Sie, was es heißt, jemandes Gedanken zu erraten. Und wenn ich dir sagen würde, was ich will, würdest du einfach sterben – könntest es nicht aushalten. Das ist das letzte Mal – jetzt können Sie für immer fortgehen – Sie wissen alles.«

»Nein«, brüllte Atanazy und erhob sich. »Jetzt gebe ich dich nicht auf. Jetzt weiß ich erst, wer du bist: was du für mich bist.«

»Weil Sie meinen Fuß berührt haben. Das ist lächerlich.« Aber er war so schön in diesem Augenblick, daß Hela dasselbe empfand wie er: nichts würde sie von ihm losreißen: er mußte der ihre sein, ausschließlich der ihre. Das ist nichts für sentimentale Zosias: das ist ein verfaulter Bissen, den man mit Geschmack zu essen verstehen muß, entsprechend zubereitet, wenn auch dadurch jemandem ein Unglück zustoßen sollte. Einmal mußte man diese dummen Skrupel loswerden – es gibt nur ein Leben. Sie verklammerten sich mit den Augen wie Ringer mit den Armen. Hela ließ als erste mit lüsternem Lächeln den Blick sinken und sagte nichts. Der nackte, geschwollene Fuß lag kraftlos auf den Steinen, dieser Fuß, der zu diesem einzigen Gesicht gehörte. Eine neue Welle hoffnungsloser Begierde ertränkte in Atanazys vertiertem Körper jegliche Menschlichkeit – er war in diesem Augenblick ein wildes Vieh, sogar zu einem Mord bereit. Da vernahmen sie Rufe auf dem Grat. Durch die zweite Mulde fuhren direkt auf sie zu Łohoyski, Prepudrech und Tvardstrup. Ziezio und Chwazdrygiel blieben auf dem Paß. »Nichts Schlimmes?« fragte der Prinz, fuhr einen ungeschickten »Telemark« und stürzte kopfüber in den Schnee. Auf Atanazys verneinende Antwort sagte er, während er sich aus dem nassen »Firn«* aufrappelte: »Ich danke dir, Tazio. Na, aber für ein paar Tage mindestens ist es aus mit dem Skilaufen.« Auch er hatte keine Sympathie für diesen Schweden, und das Vertrauen zu Atanazy hatte er (trotz der Kokain-Gespräche) nicht völlig verloren. Überhaupt war er ein sonderbarer Mensch, dieser Prepudrech, weit sonderbarer, als es anfangs schien. Die Musik verwandelte ihn allmählich in einen ganz anderen Menschen. Er war sogar täglich von sich selbst neu überrascht, er war sich selbst ein unbegreifliches Rätsel. Er zog Hela eigenhändig den Strumpf und den Stiefel an und schnürte ihn zu und führte sie mit Atanazy zusammen hinauf. Die Skier trugen die anderen. Oben banden sie die Skier zu zwei Paaren zusammen und fuhren so Hela hinunter zu einem kleinen Restaurant am Fuß des Berges. Der Arzt stellte eine Sehnenzerrung fest und verordnete ein paar Tage Bettruhe.

Atanazy litt wie auf der Folter, da er keinen Augenblick mit Hela allein sein und mit ihr über die Zukunft reden konnte. Er schwebte in völliger Ungewißheit, und die Erinnerung an diesen Fuß erfüllte ihn mit der Glut wilder, unerträglicher Begierden. Zosia haßte er jetzt endgültig, und vor sich selbst empfand er einen unüberwindlichen Ekel, der ein einziges großes Knäuel von unersättlichen, perversen Gelüsten war. Wenn er an dem riesigen Ehebett der Prepudrechs saß, auf dem, in der Diagonale hingefläzt, die Prinzessin las (immer vor Zeugen) oder sich mit Gästen unterhielt, kam es ihm vor, als würde er platzen vor ungeheurer, unbegreiflicher Begierde nach ihrem Körper. Die Kraft dieser Gefühle trug ihn fast in eine metaphysische Dimension. Er begann, Malinowskis Theorie von der Entstehung religiöser Gefühle aus ganz gewöhnlichen tierischen Zuständen in einer entsprechenden Spannung zu begreifen. Hela wurde für ihn zu etwas Übernatürlichem, zu einem bedrohlichen Fetisch, der nicht von dieser Welt war: in der hoffnungslosen Unterwerfung fand er eine grausame Lust. Und sie quälte ihn auf eine raffinierte Art, da sie ihn endgültig an sich binden wollte. Da sie nun seine Perversion kannte, schob sie manchmal vor aller Augen gleichsam unwillkürlich den Fuß unter der Decke hervor oder befahl, etwas an den Kissen oder auch an den Bändern des Häubchens zu verändern, und rückte ihm dabei die nach Alpenveilchen duftende (Hela benützte jetzt keine Parfums), rothaarige, nicht rasierte Achsel unmittelbar unter die Nase. Atanazy erlebte ein paarmal ohne ihre Teilnahme beinahe die höchste Lust, doch hielt er sich noch mit letzter Anstrengung zurück. Abends – und das war das Schlimmste – behielt Hela ihren Gatten bei sich und sandte Atanazy einen bedeutungsvollen, schamlosen Blick zu. Doch sonderbar: Atanazy war nie auf Prepudrech eifersüchtig – er litt nur, weil er es nicht war. Der Prinz existierte für ihn absolut nicht als Rivale. Bis sie endlich am dritten Tag zufällig allein blieben. Hela schob den gesunden Fuß unter der Decke hervor, und jetzt geschah mit Atanazy etwas so Schreckliches, daß es besser ist, überhaupt nicht davon zu sprechen. Er verbrannte ganz einfach, vernichtete sich in einem Ausbruch derart perverser Empfindungen, daß man sich davon ebensowenig eine Vorstellung machen kann wie von der kokainistischen, psychisch nichteuklidischen Welt. Der Mund und die Füße und *dieser* Geruch, beinahe vermischt mit dem Blau der Augen . . . Er wußte nicht mehr, was er wollte, wo was war, was zuerst und was nachher. Aber sie lenkte jetzt alles und verstand die Qual der Unersättlichkeit und die Folter der Lust ins Maßlose zu steigern. Sie präparierte ihn weiter auf sanftem Feuer und ließ ihn nur durch kleine Spältchen die Welt des unerreichbaren Glücks sehen, in völliger Verlorenheit, in endgültiger Vernichtung. Doch gleich nachher, beinahe gleichzeitig mit dem Ende dieser Szene, kam jemand herein (wahrscheinlich Ziezio), und es folgten wieder die gewöhnlichen, zur Verzweiflung bringenden Gespräche. Atanazys Leiden gingen geradezu in Wahnsinn über. Da er sich nicht mündlich mit ihr verständigen konnte, schickte er ihr durch den »Butler« Ćwirek einen irrsinnigen Brief, aber vergebens. Er bekam keine Antwort. Nur Prepudrech begann seit dieser Zeit, man wußte nicht, warum, ihn mit einem sonderbaren, bösen Blick zu betrachten – doch das ging bald vorüber. Und immerfort redeten alle nur von Helas Fuß: von *diesem Fuß*. Atanazy verlor die Sinne und die Herrschaft über sich. Bis endlich am vierten Tag, als Tvardstrup mit irgendwelchen sportlichen Prahlereien anfing und Hela ihm begeistert zuhörte, Atanazy im Zorn etwas sagte, was sich scheinbar nicht auf ihn bezog, ihn mir nichts, dir nichts in seiner Rede unterbrechend. Ja, richtig: da faselte doch dieser arme Schwedenkerl etwas von Griechenland:

»Ich hasse Griechenland – dieses Unglück der ganzen Menschheit. Dort entstand die erste Demokratie, deren Folgen wir jetzt vor uns haben.«

»Und das sagt dieser ›Bolschewik‹«, mischte Zosia sich ein.

»Sei still – davon verstehst du nichts: ich habe ein zweifaches Wertungssystem.« Tvardstrup lachte und wiederholte: »Komisch. Ein ›Doppelwertungssystem‹. Haben Fürstin je so etwas gehört?«* .wandte er sich an Hela. – Das Gespräch wurde auf deutsch geführt. »Aber was hat das mit Sport zu tun?«

»Das ist nicht so ›komisch‹*, wie sie zu glauben scheinen. Relative Wertungssysteme: ein individuelles und ein gesellschaftliches, fasse ich in eines zusammen, das absolut ist: es zeigt die Notwendigkeit beider Ansichten.«

»Aber das ist selbstverständlich . . .«*

»Die größten Wahrheiten werden von selbst verständlich, wenn man sie ausspricht. Aber man muß sie finden. Um auf Griechenland zurückzukommen: dort entstand außer der Demokratie die diskursive Philosophie als übrigens hoffnungsloser Begriffskampf mit dem Geheimnis des Seins, was soviel wie den Untergang der Religion bedeutete; dort, aus der bankrotten Religion, denn als solche betrachte ich die griechische, wuchs eine naturalistische Kunst, deren Wiedergeburt die Ursache für den jahrhundertelangen Niedergang der ganzen europäischen Kunst war; dort schließlich entstand Sport an sich, ebenfalls ein erstes Symptom der Degeneration. Diese heutige Manie ist nichts Positives, sondern nur ein Beweis unter anderen, daß die heutige Menschheit vor die Hunde geht. Das für etwas Positives zu halten, das wäre so, als wenn ein Syphilitiker sich darüber freute, daß er einen Hautausschlag hat, weil es eine Reaktion des Organismus sei, der mit der Krankheit kämpft. Die einstigen Menschen brauchten keinen Sport: sie waren von Natur aus gesund und stark. Heute tötet der Sport alles, ersetzt sogar die Kunst, die immer tiefer sinkt. Ich selber laufe sehr gerne Ski, aber ich kann es nicht ertragen, wenn man aus euch Sportsmännern die Zierde der Nation macht und wenn eure idiotischen Rekorde derart viel Platz in den Zeitungen einnehmen, wo es keinen Platz für ernsthafte Kunstkritik gibt – denn die, die es gibt, ist Quatsch – und auch nicht für eine Polemik in Fragen der Kunst.«

»Kunstkritik und Polemik sind völlig entbehrlich, da es dort nur darum geht, ob das Gegebene gefällt oder nicht. Was kann man darüber schon sagen. Diese Rubriken sollten überhaupt gestrichen werden. Ich weiß nicht, warum Sie das verteidigen, da Sie ja nicht einmal selber Künstler sind.«

Dieses »nicht einmal« versetzte Atanazy einen Stoß mitten in die Leber. »Der Sport wird die Menschheit verjüngen, die ein Antidoton gegen die schlechten Nebenwirkungen der Kultur braucht. Im Sport liegt die Zukunft der menschlichen Rasse...«

»Der Rekordsport wird nichts verjüngen, sondern nur auch die noch völlig verdummen, die vom Kino, vom Dancing und von mechanischer Arbeit noch nicht verblödet sind.«

»Wie soll ich das verstehen, Herr« (wörtlich »Herr«* ohne »mein«*) »Sie elender Müßiggänger, Sie Schmarotzer«*, sagte Tvardstrup drohender als vorher. – Die Eifersucht auf Hela, verbunden mit der Beleidigung, brach bei beiden Herren mit unkontrollierbarer Heftigkeit aus. Atanazy gab Tvardstrup schnell und leicht eine ins Gesicht, reichte ihm, weiß der Teufel wozu, seine Visitenkarte und fiel erschöpft auf das Sofa zurück.

Der Schwede verbeugte sich vor allen und ging hinaus, ruhig wie eine bewegliche Mauer. Zosia stürzte zu Atanazy hin, natürlich zu spät.

»Was, weswegen?!« schrie sie und faßte sich an das merklich vergrößerte Bäuchlein. »Und das auch noch vor Damen . . .«

»Schweig! Daß mir niemand zu nah kommt. Ich bürge für nichts«, zischte Atanazy mit zusammengebissenen Zähnen. Hela blickte ihn mit Bewunderung und fast hündischer Ergebung an. Zosia bekam spasmische Anfälle und warf sich auf Helas Bett. Hela versuchte, sie zu beruhigen, was wiederum Atanazy bis zum Wahnsinn aufreizte. Er erkannte dieses Zimmer nicht wieder, nicht die Aussicht durch das Fenster, geschweige denn die Menschen. Alles schien von einem ungeheuerlichen Nonsens übersättigt, dessen Quelle nicht in ihm selbst war, sondern in den umgebenden Gegenständen und Personen. Atanazys Zustand war schon leicht »rappelig«, wenn nicht gar völlig verrückt. Alle saßen, vor Schreck erstarrt, schweigend da. Jetzt verspürte Atanazy plötzlich die absolute Gewißheit, daß er so oder anders den verhaßten blonden Kerl umbringen werde. Ein Gespräch wollte nicht mehr aufkommen, und die ganze Gesellschaft, schlapp wie vom Frost erschlafftes Kartoffelkraut, ging rasch auseinander.

Bereits um sieben Uhr erschienen Tvardstrups Zeugen, zwei hiesige Sportsmänner, behängt mit Auszeichnungen und Abzeichen. Besonders der eine, mit tierisch verbissenem Gesicht und listigen Augen, erweckte einen besonderen Haß in Atanazy. Sofort benachrichtigte der zornentbrannte Don Juan den Prinzen und Jędrek von ihrer Ankunft. Die Konferenz fand à la fourchette statt, der zufolge das Duell auf morgen früh festgesetzt wurde. Der Schwede verstand natürlich nur mit schweren schwedischen Rapieren zu fechten, die Atanazy ärgerlicherweise ziemlich schlecht beherrschte, da er Spezialist im Florettkampf war. Doch nahm er alle diese schweren Bedingungen an – Kampf bis zu völliger Entwaffnung. Er war sich seines Sieges gewiß, aber anders als vor dem Duell mit dem Prinzen. Damals hatte ihm das Gefühl für Zosia eine illusorische Unberührbarkeit verliehen – das war etwas Äußerliches gewesen, das sich nicht in das Wesen dieses Duells einfügte, sondern eher, wie zum Trotz, mit der ganzen Situation entgegengesetzten Kräften anderer ethischer Indikatoren verbunden war. In diesem Fall hier spürte er das Übergewicht seiner wilden Begierde, hatte als Männchen recht vom Gesichtspunkt seiner Gattung her. Er kämpfte um das Weibchen, das für ihn einen größeren Wert darstellte als für jenen. Und dennoch war das alles Unsinn – Tvardstrup war angeblich ein Meister dieser Waffe, mit der Atanazy sich einverstanden erklärt hatte. Zum Glück war das neu erlassene Gesetz, das einen regelrechten Zweikampf mit blanker Waffe gestattete, noch nicht annulliert worden. Zur Sicherheit jedoch wurden beiderseits Briefe verfaßt, die den potentiellen Tod als Selbstmord erklärten (im Fall eines Stichs, der wirklich gefährlich wäre, konnte man einen Selbstmord vortäuschen), und in formaler Hinsicht stellte sich die Angelegenheit ausgezeichnet dar.

In einem bestimmten Augenblick betastete Atanazy das Röhrchen mit dem weißen Pulver, das er immer bei sich hatte, für alle Fälle. »Noch ist es nicht an der Zeit«, flüsterte er, und plötzlich zog vor seinem inneren Blick ein unklares, bewegliches Bild der bevorstehenden Ereignisse vorüber, angesichts deren dieses ganze Duell nur eine dumme Farce war – dieses Bild war nicht optisch, sondern wie aus unbekannten Qualitäten zusammengesetzt. Und an diesem Abend gelang es ihm nicht, mit Hela allein unter vier Augen zu sein. Er spürte, es würde, wenn es weiter so bliebe, zu einem öffentlichen Skandal kommen, und er war zu allem entschlossen.

Als Zosia die Bedingungen des Duells erfuhr (weiß der Teufel, warum Łohoyski sie ihr gesagt hatte, der sich damit natürlich »disqualifizierte«), machte sie eine neue Szene.

». . . du Egoist, wegen einer Bagatelle willst du Frau und Kind opfern . . .«

»Das ist es eben: dir geht es nicht um mich, sondern um den Vater dieses Kindes, das ich eigentlich lieber nicht haben möchte. «

»Das wagst du zu sagen? Du lügst wohl! Du weißt nicht, was du jetzt für mich bist. Merke dir, wenn du umkommst, werde ich dich keinen Augenblick überleben. Wir werden beide mit dir umkommen: ich und Melchior. « (So sollte der

Sohn heißen, zum Andenken an den Kastellan Brzesławski, einen Vorfahren Zosias mütterlicherseits.) »Das wird mich dann allerdings wenig kümmern«, dachte Atanazy und sagte: »Ach Zosia: wozu sollten wir einander die letzten zappelnden Momente vergiften. Es ist doch Revolution – wir können auch sonst jeden Augenblick umkommen. Und vielleicht wird es Rosalia?« sagte er lächelnd. (Dies war der Name der möglichen, wenn auch wenig wahrscheinlichen Tochter, identisch mit dem Namen der Großmutter des verstorbenen Osłabędzkis weniger rühmlichen Angedenkens, die eine der Geliebten Stanisław Augusts gewesen war – also immerhin »etwas«.) Es folgte ein richtiger Nervenanfall. Die Beruhigungen nahmen kein Ende. Aber glücklicherweise erriet Zosia nicht die wirklichen Motive der ganzen Angelegenheit, und Atanazy wurde bei dem Gedanken an morgen kalt und gleichgültig gegen alles. Nur deswegen gelang es ihm, diesen Abend verhältnismäßig friedfertig zu verbringen. Hela hingegen war feierlich und schweigsam. Endlich geschah wirklich etwas. Sie stand zum erstenmal vom Bett auf und nahm teil an einem düsteren, verspäteten Diner. (Aber nachher empfing sie niemanden mehr außer ihren seit einigen Tagen wieder zu vollen erotischen Gnaden zugelassenen Gatten.) Kleine, unbedeutende Vorfälle geschahen wie die Vorhut von etwas, was allmählich systematisch von allen Peripherien des Gesichtskreises aufzog wie eines dieser berüchtigten podolischen kreisförmigen Gewitter (sofern sie überhaupt existieren), die sich nachher (wonach?) in einem Punkt sammeln und auf ihn die ganze Ladung von Blitzen niedergehen lassen. Schon am Morgen (vor dem Abenteuer) erschienen seltsame Zeichen: der rokmoronte Handspiegel in Helas Zimmer zersprang von selbst, Zosias Uhr blieb auf ihrer Schicksalsstunde stehen: 20 Minuten vor der X-ten, der »Butler« Ćwirek schnitt sich beim Schneiden von Geräuchertem aus ceylonesischen Wildschweinen mit der Michelsonschen Präzisionsmaschine den kleinen Finger ab. Am späten Abend waren schon alle enerviert. Helas Gott, dieser allerkatholischste Gott des Pfarrers Hieronymus, »versteckte sich in der Tiefe des Weltalls derart, daß nicht einmal ein intensives Starren in den vor dem Sturmwind glitzernden Himmel Ihn aus Seinen gestirnten Schlupfwinkeln hervorzurufen vermochte«. Mit fast diesen Worten dachte die zynische Pflegetochter Wyprztyks darüber nach. Sie fühlte sich verlassen und machte sich vor, daß sie imstande wäre, sich Atanazy noch eine *ganze* Woche lang nicht hinzugeben. Die Liebe zersprengte ihre weiblichen Innereien, eine geradezu satanische Liebe. Ihre Substitute: ihr Gatte und alle anderen »Fetische« verblaßten angesichts des einen immer mehr, an den sie nicht offen zu denken wagte. Und jetzt, um das Unglück vollständig zu machen, konnte dieser verfluchte Atanazy morgen umkommen – und was dann? Nun, was? Mit jedem weiteren Augenblick verlor sie die Fähigkeit, den Zustand der Buße aufrechtzuerhalten, aber angesichts des ungewissen Morgen konnte sie sich heute nichts erlauben. Der letzte Abend vor dem Duell – Hela wußte genau, worum es ging – sollte mit einem musikalischen Vortrag der Komponisten enden. Die Atmosphäre war drückend und voller Unruhe. Draußen heulte in gleichmäßigen Intervallen ein sich steigernder Gebirgs-»Hurrikan«. Obwohl sie sich um Atanazy sorgte (um den Schweden kümmerte sie sich gar nicht, wenn er ihr auch, als »sportliches Tier«, manchmal sehr gefiel), freute sie sich, daß eine Art von Gottesurteil stattfinden sollte, das ihr die Verantwortung für die Wahl abnahm. Wenn Atanazy stürbe, so würde alles unwiderruflich im Kloster enden, obschon gerade zu dieser Zeit ein kleines Büchlein über Buddha (von Sir Graham Wensley, einem indianisierten Engländer, dessen Mutter eine Tochter des Maharadschahs von Gwalpor gewesen war) die einstigen Schlußfolgerungen des Pfarrers Wyprztyk vom vollkommenen Glauben und von der unvollkommenen Philosophie ins Wanken gebracht hatte.

Während des Diners waren alle ein wenig (aber nicht sehr) über Atanazy empört, daß er die Sache öffentlich und noch dazu in Gegenwart von Damen angezettelt hatte. Er selbst machte sich nichts aus allem und trank mit seinen Zeugen bis zum Umfallen. Gegen neun Uhr trafen beunruhigende Nachrichten aus der Hauptstadt ein. Der alte Bertz hatte telefoniert, daß für morgen ein Probestreich der Nivellisten-Kommunisten beschlossen sei, die zwei Regimenter hinter sich hatten, allerdings nicht ganz. Falls es ihnen gelänge, das Arsenal zu besetzen, könnten die Kämpfe schwer werden und mit einem völligen Ruin der Stadt enden. Zu alledem kam mit dem Zug um elf Uhr unverhofft Frau Osłabędzka angereist und brachte den unangenehmen Gärstoff einer älteren Person in die ohnehin schon dissoziierte Gesellschaft. Hela verließ daraufhin wiederum ihre Zimmer, nahm an einem zusätzlichen Abendessen teil und blieb für den Rest des Abends in Gesellschaft. Danach isolierte man die Matrone ziemlich rasch und machte sie wenigstens bis zum Morgen unschädlich. Dennoch war das eine unvorhergesehene Komplikation. Die ältere Dame erklärte, sie habe üble Vorahnungen gehabt. Sie habe in dem magischen metapsychischen Spiegel über Zosia eine grüne Aura gesehen, und das Hofgespenst des Geschlechts der Brzesłwaskis (Grafen, die von Nieczuj aus Sanok abstammten), ein Ritter in Rüstung ohne Kopf, sei ihr im Halbschlaf im Waggon erschienen. Eine unangenehme Stimmung verblieb in der Gesellschaft nach all diesen Geschichten. Das einzige, wovor Hela wirklich Angst hatte, waren Gespenster. Bei dem Gedanken an den Ritter, der sich ohne Kopf trotzdem im Raum orientierte, wurde ihr geradezu übel. Nachdem die Mutter hinausgegangen war, wurde Zosia noch trübseliger und wollte schon schlafen gehen, als der große rosa Adjamalinspiegel in der Ecke des Salons zersprang und mit einem Krachen aus dem Rahmen fiel. Es war dämmerig: Ziezio wollte gerade improvisieren. Zu gleicher Zeit rief jemand (es war wohl Prepudrech): »Ah, ah, ah! dort, dort!!«

»Ich habe den Ritter ohne Kopf gesehen«, sagte Ziezio Smorski am Flügel.

»An welcher Stelle?« fragte Atanazy mit ganz veränderter Stimme, wie aus einer Tonne.

»In dieser Ecke, auf dem Teppich da. Er war gebückt und wandte mir den Rücken zu.«

»Also haben wir alle dasselbe gesehen, nur von verschiedenen Seiten. Ich sah ihn im Spiegel von vorne, zu mir geneigt, mit der schwarzen Höhle des leeren Halses.«

»Eine kollektive Halluzination. Bitte augenblicklich um Stille! Ich habe auch etwas gesehen. Spiel, Ziezio!« rief Chwazdrygiel scharf. Ziezio begann zu spielen, und die überweltliche

Stimmung war vorüber. Aber Hela war düster geworden und blieb es bis zum Ende. Sie hatte nichts gesehen, doch die gemeinsame Halluzination von vier Männern auf dem Hintergrund der vorherigen Erzählungen hatte einen höllisch unangenehmen Eindruck auf sie gemacht. Sie fühlte sich schuldig, Atanazys Leben gefährdet zu haben, doch wußte sie, daß der Zauber des gegenwärtigen Moments, sofern überhaupt vorhanden, nur durch dieses von ihr fast unwillkürlich arrangierte Gottesurteil entstand. Aber wo war Gott selbst? Wie lächerlich klein war ihre ganze Bekehrung angesichts der Liebe und der neuen, jüdischen Dimension des Buddhismus. Ja – ein jüdischer Buddhismus war im Entstehen, tief auf dem Boden ihrer Seele, und die gleichzeitig damit geheiligte Erotik lockerte die restlichen Bindungen an die katholischen Selbstquälereien. Worin aber das Judentum des Buddhismus beruhte, wußte niemand, auch sie selbst nicht: die Tatsache allein, daß Sir Grahams Büchlein durch Helas Intellekt passierte, gab seinem Text eine ganz andere Bedeutung – außerhalb dessen breiteten sich Geheimnisse aus, die nur Pfarrer Hieronymus hätte erklären können. Eigentlich war das brahmanische Metaphysik, vermischt mit Resten von Christentum auf dem Hintergrund eines psychologischen Monismus, der an Solipsismus grenzte. Und dazu kam der Wunsch nach Isolierung vom Rest der Welt: daß nur dieses Volk herrschte – für die Ordnung, für die Einheitlichkeit – daß es nicht mehr diese abscheuliche Unterschiedlichkeit gäbe. Und dann schien die nivellistische Revolution die einzige Verkörperung zweier *guter* Weltreligionen zu sein. Das war nur die Einleitung: die Ethik fraß weiterhin die Metaphysik, aus der sie entstanden war, indem sie sich aus einem abgerissenen System von Grundsätzen in ein tätiges System dynamischer Spannungen verwandelt hatte, die, fortdauernd, jedes Individuum zu einem Teil der Organisation umschmelzen würden. Also fehlte jenen Religionen nur die Kraft des Organisierens. Was für eine Macht könnte man schaffen, wenn man nicht im Namen materialistischer Ideen organisierte! Aber kann man dynamische Konzeptionen finden, ohne die Frage des Wohlstands mitzubedenken? Marx' Lehre kann falsch sein, aber dennoch ist sie eine wirksame Kraft, keine

Abstraktion. Pragmatismus! Wohin man sich auch wendet, man bleibt wie mit der Nase in einer Wand in diesem verdammten, schweinischen, schändlichen Pragmatismus stecken. »Aber vielleicht ist der Pluralismus wirklich die richtige Weltanschauung?« schob sich langsam ein Zweifel ein wie eine Gestalt mit vor Entsetzen blassen Augen – vor Entsetzen über den eigenen Mut. Die schreckliche Angst, daß es so war, daß sie, die bisher so »begeisterte« Absolutistin, plötzlich, unmerklich übergehen konnte zu einem ihr bisher widerlichen System, an die Vielheit der Wahrheiten zu glauben und in diesem schrecklichen Saustall des Kompromisses zu leben, erschütterte sie bis in die letzten Grundfesten ihres metaphysischen Wesens. »Was für ein scheußliches Durcheinander ist mein ganzer Intellekt. Sobald ich nur über ein System hinausgehe oder etwas nicht genau formuliere, schwatze ich schändlichen Unsinn«, dachte sie zum ersten Mal ehrlich. – Der einzige wahre, katholische Gott wandte sich angewidert von ihr ab und ging davon in alle Ewigkeit: *sie war verdammt* – sie fühlte es, und dennoch konnte sie es nicht glauben. Wie konnte das nur passieren? Sie erzitterte: sie war schon in der Hölle . . . Aber vielleicht würde die Hölle »liquidiert« werden, wie sich Pater Hieronymus einmal unvorsichtig ausgedrückt hatte. »Da ich nicht an die Todsünde glaube, nehme ich ihn mir ab morgen zum Geliebten, wenn er am Leben bleibt (natürlich), und wenn er stirbt, gehe ich ins Kloster oder ich trete den Nivellisten bei, sollte das auch Papa ins Grab bringen.« Eines war zweifelhaft: ob der sogenannte »Sturmwind des Todes« seit dem Moment der Taufe aufgehört hatte zu blasen oder von dem Moment an, als sie sich Atanazy in der Hochzeitsnacht hingegeben hatte? Jetzt flehte er sie vergeblich mit den Augen um diese letzte Nacht an. Sie schien nicht zu verstehen, fern und gleichgültig, dem schrecklichen metaphysischen Drama der miteinander kämpfenden Klänge lauschend, die durch das Instrument hindurch aus dem langen, schmächtigen Körper Ziezio Smorskis kamen. Er spielte heute mit dem ganzen Körper, und sein Kopf ruhte in einem nicht-musikalischen Jenseits, einer zusätzlichen Schöpfung seines entarteten Intellekts, die man mit einem Pastetchen vergleichen könnte: das Innere bestand aus gewöhnlichem

Aberglauben (Schlüssel, Knöpfe, Steinchen, Daten, Stunden und derlei Dinge), umhüllt von einem dünnen französischen Teig aus degeneriertem Bergsonismus. Diese Kombination, zusammen mit Musik und Apotransformin, verlieh ihm eine alles überragende Überlegenheit.

Siegesgewiß, aber mit Verzweiflung im Herzen, ging Atanazy zu Bett. Zosia war schon längst eingeschlafen, halb vergiftet mit Veronal. Zum ersten Mal (außer der »Trinkerei« nach der Ankunft) hatte sie etwas gegen das Kind getan. »Aber das war seine Schuld. Sich in einem solchen Moment der Gefahr eines so idiotischen Abenteuers auszusetzen. Nicht genug der Gefahren – ach: nicht mehr denken, nur schlafen bis neun Uhr, ohne aufzuwachen.« Zosia war ebenfalls eine kleine Egoistin.

II. Teil: Tatsachen

Als Zosia in den Umarmungen des weinenden Gatten vollends erwachte, war es 8 Uhr 20 am Morgen. Und das war so: der Morgen war warm, aber windig und voller Grausen. Ein Schwall dunkler Wolken, deren Ränder in hellem Orange leuchteten, wälzte sich von den Gebirgsgipfeln zu Tal, hinunter zu den dunkelblauen Wäldern und Kahlschlägen, die von kleinen Stellen schwindenden Schnees gesprenkelt waren. Leichte, rosa »Zirrus«, verflochten zu einem phantastischen Schleier im Zenit, sonderbar unbeweglich im Verhältnis zu den wie Kugeln »dahinjagenden«, vom Hauptschwall abgerissenen, dunklen Bauschwolken, schienen Geheimnisvolles von einem besseren Dasein zu sagen, wo es keine Liebe gab, keine Männergeschichten, keine religiösen Kompromisse, keine gesellschaftlichen Verbrechen und keinen metaphysischen Unsinn. Dort sein, in diesen erstarrten Wirbeln von Wolken verkörpert fortdauern, wenn auch nur eine Sekunde ein anderes Dasein leben als dieses zufällige Schäumen eines schmutzigen Schäumchens auf einer unbekannten Tiefe der Welle. Das Schäumchen zergeht, verweht und weiß nur soviel von sich – aha: umgekehrt – ist das nicht alles einerlei? »Wir vergehen und wissen nichts von uns: leidende oder dumm glückliche Phantome, prahlend mit unserem armseligen (und dennoch für das ganze Dasein einzigen) Apparat der Begriffe – aber, was ist das schon angesichts der unübersehbaren Weiten des Unbekannten in uns und außerhalb von uns, des Unausdrückbaren in psychischer und physischer Sicht und in beiden zugleich, zusammengefaßt in einem metaphysischen System, das ihre Unzulänglichkeit erweist sowie die Notwendigkeit, beide anzunehmen, da sie aus grundsätzlichen Gesetzen des Daseins entspringen. Gibt es denn ein sogenanntes Glück, das sich nicht auf viehische Dummheit stützt oder auf sonst eine, wenn auch kulminierende (doch womit messen wir diese Kulmination?) Betörung durch irgendeine Fiktion oder einfach auf einen groben Schwindel? Obwohl früher, vielleicht noch im 18. Jahrhundert, alles, was mit – einer vielleicht etwas unvernünftigen – Metaphysik verbunden war, Verzückung hervorrief – erweckt es heute nur noch Zweifel und vorzeitige Übersättigung.« So dachte der unbesiegbare »Denker« auf dem Weg zum »Kampfplatz«, wo er sich um das Weibchen schlagen wollte, überzeugt von der Wichtigkeit seines Problems: wie kann man sich auf eine interessante Weise vernichten.

Wütender Wind blies über die Lichtung. Alle Augenblicke stürzte irgendwo ein Baum krachend um. Der Schwede verspätete sich. Das Warten, statt Atanazys tierische Kraft zu schwächen, steigerte seine Selbstsicherheit bis zu einem absoluten Glauben an den Sieg. Kein bißchen leid tat ihm der scheußliche blonde Kerl, der ihm aus bloßem Vergnügen den letzten Sinn des Lebens entreißen wollte. Es begann – und endete sogleich. Bevor Tvardstrup nach einer schrecklichen Quart, die er pariert hatte (ein Stich und Hieb zugleich), dazu kam, sich zu schützen, erhielt er einen Stoß in den Hals, der ihm die Halsschlagader öffnete und seinen sofortigen Tod nach sich zog. Er war seines Sieges so sicher gewesen, daß er keine Zeit fand, sich seiner Niederlage bewußt zu werden. Der Arme hatte eine derart schreckliche, eine so plötzliche Attacke nicht erwartet, er hatte seinen Gegner unterschätzt. Und so lag er da, eine sinnlose schwedische Leiche in den polnischen Karpaten, mit windzerwehtem blondem Bart und mit in die Unendlichkeit des Himmels starrenden blauen Augen, und über ihm stand das gleichfalls sinnlose Gespenst und Symbol eines auf die dunkle Seite gestürzten, fast entpersönlichten Lebens, das Gespenst des Atanazy Bazakbal, eines überflüssigen Menschen. Der Sturmwind zischte wütend in den Ästen der schwankenden Fichten und tobte dumpf in den fernen Weiten inmitten der düsteren Berge. »Ich habe ihn getötet«, dachte Atanazy schlicht in einer plötzlichen, maßlosen Ermüdung. Und dieser Gedanke hallte mit einem unheilverkündenden Echo wider im tiefsten Gedärm seines Wesens. Dieser ganze ausgezeichnete sportliche Mechanismus und dieses kaum von sich wissende Gehirn, dieser so ersehnte »Katalysator« – hatte aufgehört zu existieren. Erst jetzt, trotz oftmaligem Nachdenken darüber und trotz des Anblicks des Todes im Krieg (einmal hatte er sogar bei einem nächtlichen Angriff jemanden erschossen), kam Atanazy zum erstenmal der Sinn des Todes zu Bewußtsein – nun, da er selbst einen Menschen am hellichten Tag, unter »normalen« Umständen getötet hatte. Zwar waren diese Umstände auch wieder nicht gar so normal. Schrecklich einsam war er in diesem Moment. Sowohl der Tote wie der Totschläger waren irgendwie derart majestätisch, daß keiner der Zeugen heranzutreten wagte. Einen Arzt hatten beide Seiten vergessen. Die ganze Wut des Männchens, mit der Atanazy sich auf den verhaßten Rivalen gestürzt hatte, verwehte spurlos in den Winkeln seines Körpers. Es blieb nur ein dumpfer Schmerz des (noch nicht völlig bewußten) Vorwurfs, und eine geheime Stimme des Instinkts flüsterte ihm zu, daß nun Hela bestimmt die Seine würde – hatte er doch diesen getötet: er hatte ein Recht auf sie. In einem düsteren Marsch kehrten sie ins Dorf zurück, die Leiche Tvardstrups auf Helas kleinem Toboggan mitführend. Atanazy schritt innerlich versteinert dahin, er konnte die dissoziierten Komplexe seines psychischen Inhalts nicht miteinander verbinden: er war wie aus einigen locker umherplanschenden Stücken gemacht, zwischen denen keine Verbindung bestand: er dachte nicht an die Konsequenzen, er dachte fast gar nichts – er ruhte endlich aus. Das war noch nötig gewesen, um wenigstens für einen Moment dieses unfruchtbar hin und her wirbelnde Gehirn zu beruhigen. Gott sei

Dank, auch ein Hund begnügt sich mit einer Fliege. Sie beschlossen, sich stracks zu der entsprechenden Behörde zu begeben. Die Rapiere ließ man unterwegs zurück. Da halfen keine Märchen von einer im Wald gefundenen Leiche, sie mußten gleich alles bekennen. Die Naivität dieses Einfalls war in der Tat groß. Die Scherereien aber waren gesalzen: ein fremder Staatsangehöriger – das beunruhigte den Volkskommissar, oder wie er sich titulierte, am stärksten. Doch schließlich ließ man Atanazy laufen mit einem leichten Vorgeschmack dessen, was hätte sein können, wenn, und so weiter. Am meisten half der Name von Hela Bertz, der Tochter des noch allmächtigen »Bodenverteilers«. Vielleicht würde sich die Staatsanwaltschaft des Kreises einmischen – doch das war zweifelhaft. Jedenfalls fühlte sich Atanazy zum erstenmal im Leben auf einer verbrecherischen schiefen Ebene – vielmehr nicht so sehr einer verbrecherischen als einer sträflichen – alles andere sollte erst später auf den Plan treten: er war derart hypnotisiert, daß er weder einen eigenen Willen noch eine eigene Verantwortung fühlte: er hatte den Eindruck, ein vortrefflich konstruierter Automat zu sein. Dennoch, obwohl die Sache fast erledigt war, tat ihm schon das kleine Schwänzchen, das »sie« ihm gezwickt hatte, empfindlich weh – was zur Folge hatte, daß der Zauber der Gegenwart um mindestens 20 % stieg. (Doch das geschah in der geschlossenen Sphäre des Brennpunkts der Seltsamkeit – jene Gebiete der wirklichen Gefühle waren noch unberührt.) Und oberflächlich war Atanazy mit sich zufrieden: zum erstenmal fühlte er, daß er etwas Reales vollbracht hatte, eine rein individuelle »Tat« – zum Glück gab er sich keine Rechenschaft über seine moralische Niedrigkeit – davor schützte ihn ein kleines rotes Büchlein (das sich gegenwärtig in der Tasche des Prinzen befand): der inländische Ehrenkodex. Die Schichten seiner Seele waren ungefähr so geordnet: Zauber des Lebens – Leere – Befriedigung über die »Tat« – Leere, Leere, Leere – die kleine Welt mit Zosia, in der man sich jetzt ausruhen konnte – Leere – ein großer imaginärer Ballon, in dem sich in der Sphäre der sogenannten Vernichtung Hela abhob – das letztere ohne alle Merkmale der Wirklichkeit. Doch sollten noch tektonische Störungen eintreten, in deren Folge derart verwickelte »Verlagerungen« und Überschiebungen entstanden, daß auch der genialste Psychotektoniker sie nicht hätte entwirren können, es sei denn, er nahm im vorhinein die Spezifik der metaphysischen Zustände der Persönlichkeit an oder aber er behauptete, daß die Frage der Zeitfolge keine »transzendentale Gesetzmäßigkeit« im Sinne von Cornelius sei.

Sie traten wie Sieger ins Haus – Łohoyski und Prepudrech waren nämlich von der Stimmung ihres Klienten beunruhigt. Atanazy konnte im Lauf dieses Tages feststellen, wie seine »Wichtigkeit« bei den Weibern infolge des begangenen Totschlags gewachsen war. Sogar Frau Osłabędzka, die man trotz Protest zur Sicherheit zu einem zwangsweisen Autoausflug in Gesellschaft von Chwazdrygiel expediert hatte, betrachtete später ihren Schwiegersohn mit weit größerem Respekt: in ihr rührte sich das Blut der Brzesławskis, die angeblich niemandem die geringste Kränkung hatten durchgehen lassen. »Weiber mögen Verbrecher«, erinnerte sich Atanazy an einen Satz von Doktor Chędzior. Also vor allem: die plötzlich erwachte Zosia warf sich ihm entgegen und schaute ihm bewundernd in die Augen, mit Grausen und mit einer Anhänglichkeit, die an Irrsinn grenzte. Atanazy umarmte sie, und nach einem Blick in ihre grünen, tränenvollen, vor Begeisterung leuchtenden Augen fühlte er etwas in der Art der früheren Bindung. Einen Moment hätte er viel darum gegeben, den unglückseligen Tvardstrup nicht auf dem Gewissen zu haben und Zosia so zu lieben wie vor einem halben Jahr. Gesonderte psychische Teile verbanden sich, und es folgte eine Krise: Atanazy bekam einen wahnsinnigen Weinkrampf, er heulte geradezu. Er beweinte zugleich sich wie auch den unnötig ermordeten Schweden. Lange konnte ihn Zosia nicht beruhigen. Und als in das Speisezimmer, wo man den Teilnehmern der Tragödie ein zweites Frühstück servierte (Murbien in Azamelinsoße und Kryps mit Gonzolaga à la Cocteau), die hinkende Hela hereinkam (auf diesem verfluchten Fuß), verschwanden unter dem Einfluß ihres Blicks alle Leiden Atanazys, verweht wie Distelflaum im herbstlichen Sturmwind – sie war sein, gehörte keinem anderen, nur ihm – er fühlte das sofort und platzte fast vor Wonne. Zosia zerwehte mitsamt ihrem Melchior wie ein kleiner Nebel zwischen Felsen im Gebirgswind. Es begann eine Sauferei, und die gleiche Wand, die den Zauber des Lebens von der Wirklichkeit trennte, barst unter dem Druck der zersprengenden Lebensgier – endlich. Doch dieser Zustand, wie jedes Glück, währte nicht lange. Nach den sachlichen Erläuterungen legte Hela unbegründeterweise ihre Hand auf die von Atanazy, der wie verbrannt aufzuckte.

»Herr Atanazy: glauben Sie mir, es ist mir sehr peinlich, daß durch mein Verschulden . . .« sagte sie wie unschuldig.

»Wieso durch deines?« unterbrach sie Zosia mit dem Ton einer zutiefst Verletzten, und Prepudrech spitzte sonderbar die Ohren. »Sie haben sich doch wegen sportlicher Fragen geschlagen?«

»Das war nur ein Vorwand. Herr Atanazy war allzu entsetzt über das Benehmen des armen Tvardstrup mir gegenüber. Er war ein wenig geschmacklos, dieser Schwede – doch einerlei: Friede seiner Seele. Das hätte mein Azio tun können, doch hat es dein Tazio getan: ist das nicht alles gleichgültig? Jedenfalls lebt er nicht mehr. Es ist seltsam – vielleicht werdet ihr es nicht glauben –, daß der heutige Tag ein Wendepunkt in meinem Leben ist: die ganze Zukunft ist in diesem Ereignis enthalten.« (In dieser kalten Schlange ohne Gewissen und ohne Skrupel hätte Pfarrer Hieronymus die einstige Büßerin nicht wiedererkannt: welch schreckliche Verwüstungen verbreitete in dieser frisch bekehrten Seele die Liebe. Aber auch diese »Aufdeckung« (ein geologischer Ausdruck) zeigte noch nicht alles auf, nicht einmal vor ihr selbst.)

»Sollte dir dieser ordinäre Blonde gar so sehr gefallen haben?« fragte Azalin. »In diesem Fall danke ich dir, Tazio«, fügte er hinzu und wandte sich mit einer sehr dummen Miene an Atanazy. Im Grunde war er zufrieden, sich mit so geringen Kosten eines Rivalen entledigt zu haben, nämlich mit einem langweiligen Gespräch und dem Aufstehen um fünf Uhr morgens. Und auch daraus machte er sich nichts, denn er wußte, daß er sich gleich nach dem Frühstück ans Komponieren machen würde. Eine wundervolle Sache, diese Kunst! Alles begann höchst abgeschmackt zu werden. Diese Gespräche mit kleinen Sticheleien, die in völliger Disproportion zu dem waren, was in essentiellen Dimensionen geschah, waren unerträglich. Kleinlichkeit, Flachheit – und auf der anderen Seite dieses abscheulichen Vorhangs verbargen sich das Geheimnis der ganzen Zukunft und der Sinn des Lebens, vielmehr die Möglichkeit, Verdruß und Übersättigung (diese schlimmste, die in völliger Unersättlichkeit nicht vorkommen kann) zu betrügen oder schlechthin einen Haufen von Schweinezeug mit buntem Plunderkram zu verdecken, um eines armseligen Vergnügens willen, welches das Leben kosten konnte – nur darum, allein darum. Das dauerte noch eine Weile, dann gingen alle wütend auseinander. Atanazy trauerte diesem Morgen nach, der infolge der Gewöhnlichkeit und des Kleinmuts der Umgebung verdorben war.

»Ambivalenz, Dementia praecox, ich bin ein Mikrosplanchiker – nichts wird mich davor retten«, dachte Atanazy, als er hinter Zosia hinaufging. Wie diesen Tag zu Ende bringen? Wie sich auch nur annähernd die nächsten Tage vorstellen? Die Gegenwart gehörte gleichsam schon zur Vergangenheit. Das alles war tot, unterbewußt längst erledigt, man konnte nicht darin leben, diese Atmosphäre nicht einen Augenblick atmen. Atanazy scheute sich, die Hand seiner Frau zu berühren: er hatte das Empfinden, ihn habe eine kalte Leiche berührt, nicht seine lebendige, schwangere Frau.

»Tazio: sag, daß es nicht wahr ist, daß Hela scherzt. Sie geht dich doch nichts an? Denkst du noch an unsere frühere Liebe?«

»Du meinst meine Liebe, denn du kamst zu spät, das heißt: nicht zur rechten Zeit – o Gott! Warum sage ich das? Glaube mir nicht, Zosia – ich rede nach all dem Unsinn.« Er fühlte ein unüberwindliches Bedürfnis nach Lüge, nach einer brutalen, deftigen Lüge, nicht nach diplomatischen Ausflüchten. Hier konnte es keinen Kompromiß geben: entweder alles mit einem solchen Dickicht von Falschheit bedecken, daß niemand es je erfahren konnte, oder alle Verhüllungen zerreißen und die nackte Wahrheit aufzeigen, die auf dem Hintergrund völliger Leere ein riesiges, vor Begierde geradezu deformiertes, in die Dunkelheiten des Geistes ragendes, blutiges, gequältes Lingam zu sein schien. Atanazy zuckte noch einmal zurück. Er mußte einstweilen lügen – »bis wann«? Würde er imstande sein, noch eine Stunde in dieser Widersprüchlichkeit zu verleben? Schreckliches Mitleid zerfetzte seine Innereien; doch schon wandte er den Kopf ab von Zosias grünen, guten Augen, schon vertiefte er sich in die dunkle, große, böse Welt, die sich gleichzeitig in ihm und außer ihm auftat. Zosia sah mit Entsetzen auf sein Gesicht. Dieser schreckliche Schmerz, der ihr unbegründet erschien, und diese Fremdheit, wie die eines Leichnams, eines sehr geliebten Leichnams . . . »ja – nicht des Leichnams einer geliebten Person«. Zwei Leichname, aus unbekannten Gründen zusammengeschmiedet. Nur daß sie außer ihm nichts mehr hatte. »Also wozu das alles, dieser Kampf mit sich selbst um ihn, der frech provoziert war durch seine ›große Liebe‹? Dazu hatte sie ihn mittels ekelhafter, kleiner sexueller Ferkeleien in ihr kleines Lotterbett hineingezogen, um ihn zu ihrem Eigentum zu machen, damit er sich nun von ihr entfernte in ihr unbegreifliche, unerreichbare Leiden, deren Ursache vielleicht sie war. Dafür hatte sie endlich angefangen, ihn auf eine derart gewöhnliche, idiotische Weise zu lieben, so sehr, ach, so sehr, dafür hatte sie sich so an ihn gehängt, damit er, dieser böse, dieser einzige, dieser geliebte – o Gott!« In all dem war schon der Geruch von Milch zu spüren, von Guttapercha und häuslichem »Kindergestank«. Schon türmte sich die an die Gurgel packende Güte auf, aus der es kein Entkommen gab, es sei denn durch Tod oder Verbrechen. Und sie fühlte das auch: mit jeder Sekunde wurde er ihr fremder. (Und dort erzählten Łohoyski und Prepudrech Hela ihre Beobachtungen vom Verlauf des Duells, die sie in Atanazys Gegenwart nicht erzählen konnten. Und der entsetzte katholische Gott des Pfarrers Hieronymus hörte hinter dem roten Kachelofen zu (Hela dachte zeitweise ganz kühl, sie werde nun wirklich verrückt): vor Seinen Augen, so mir nichts, dir nichts, auf der Stelle (wie sie sie jetzt sah) stürzte das ganze Christentum plötzlich auf die Seite der gewöhnlichen, verhaßten, stinkenden Arbeiter. Ob das die Wahrheit war oder nur eine neue Art der Perversion? Aber zuerst möge sich das Leben erfüllen (Tempe würde inzwischen siegen), wenn auch nur für kurze Zeit, aber zuerst möge die unerfüllte Schönheit dessen noch erglänzen, was in Wirklichkeit niemals sein kann. Die endgültigen Konsequenzen nahten langsam heran, doch auf einem komplizierten Umweg. »Oh, warum hängt alles von ihnen ab, von diesen heute unser schon unwürdigen Männern? Warum sind wir so benachteiligt? (Eigentlich nur ich.)« – Ein Abscheu vor allen Weibern befiel sie – sie fühlte sich als die einzige Frau auf der Welt. »Diese Bestien (die Männer) können allein machen, was sie wollen. Wir nur durch sie. Zum letztenmal dieser Sturz, und nachher Schluß. Ich werde auf sie für immer verzichten. Vielleicht Tempe allein . . . Der wird der letzte sein.« Der im Winkel kauernde Tod lachte bald sonderbar, bald blickte er beunruhigt.) Zum Mittagessen war es noch lange hin. Bis endlich auch der Nachmittagskaffee vorbei war und die seltsame Zeit zwischen fünf und sieben Uhr kam, während des zeitigen Frühlings, in der die unwahrscheinlichsten und tollsten Dinge geschehen. Doch es geschah nichts. Das normale Leben in Helas Villa an einem wolkenbedeckten, windigen Märzabend lief einfach weiter. Irgendwo saß jemand mit einem Buch, einer döste, ein Teil war in ein Café gegangen – jemand spielte etwas Trübseliges in dem von den Schlafzimmern entfernten Salon unten – entweder Ziezio oder Prepudrech, denn einer überholte oder übertraf den anderen immerfort an Seltsamkeit der Mathematik und Disharmonie. Frau Osłabędzka, zurückgekehrt von einem wegen des Sturmwinds mißlungenen Ausflug, war schlafen gegangen, ohne etwas von den vorgefallenen Ereignissen zu wissen. Zosia nähte Kindersachen, nachdem sie sich mit Atanazy versöhnt hatte, der ihr einen Riesenhaufen vorgelogen hatte und dann in eine wahrhaft orientalische Apathie verfallen war. Vielleicht hatte sich da endlich das tatarische Blut in ihm geregt. Kurz, es war nichts mit ihm los, absolut nichts: als habe er sich selbst mit der eigenen Lüge narkotisiert. Aber es war reines Mitleid, transformiert zu etwas, was zwischen fünf und sieben Uhr die Rolle der großen Liebe ganz gut spielen konnte. Wo nur war in den Ereignissen das große Geheimnis des Daseins! Wo äußerten sich ewige Gesetze? Wohl dort, in dieser modernen Musik, die schwach aus dem fernen Salon zu vernehmen war. Atanazy ging auf den Balkon hinaus. Aus Helas Zimmer strahlte Licht – was mochte dort vorgehen? – Er konnte nicht, wagte nicht dort hinzugehen. Der Sturmwind, der sich nachmittags auf die Lauer gelegt hatte, begann mit verdoppelter Kraft loszubrechen. Die gelbliche Mondsichel und der silbrige Jupiter schienen über dem sich nach unten wälzenden unheilverkündenden Wolkenschwall nach oben zu jagen. Von weitem, von der »Stadt« her, war in Momenten der Stille eine andere Musik zu hören: Jazzband. Diese beiden zeitgenössischen Musiken, die sich von zwei fernen Gipfeln her miteinander verflochten (denn war jene nicht ebenfalls ein Gipfel von etwas?), enthielten in ihren Grenzen das ganze Leben, dieses erlöschende Leben: noch mit wilden, aber leichenhaften Farben des Herbstes schillernd, auf den die hoffnungslose, unendliche, graue Stunde winterlicher Dämmerung, völliger Erstarrung folgen sollte. Nicht mehr weit ist diese Zeit, aber noch dauert der Herbst – auch sein Herbst. Noch eine Weile, und das Leben wird vorbei sein und nichts von ihm wird bleiben – vielleicht irgendeine dumme philosophische Faselei, und vielleicht »Melchior« – man muß genießen, solange noch Zeit ist. Und inmitten dieser Musik wilde Windstöße des Sturms, desselben Windes wohl wie in der kambrischen Epoche, des ewig jungen Greises. Aber auch er war nicht ewig – mit den letzten Windstößen von Sandstürmen wird er den verödeten, verdorrten Planeten glätten und dann ersterben in der verdünnten, wasserlosen Luft, erstarren im Frost des zwischengestirnlichen Raums. Atanazy spürte (was ihm in der letzten Zeit selten geschah), daß das auf dem Planeten, auf dem einen von Millionen Planeten geschah: diese astronomische Dimension, zu dem Zustand zwischen sechs und sieben Uhr hinzugefügt, hatte den Beigeschmack eines zwischen die Augen gestochenen Stiletts. Plötzlich drang ein schrecklicher Vorwurf, der bis dahin gelauert hatte, zum erstenmal in diese elende Welt von fast imaginären Erlebnissen: »Ich habe für sie einen Menschen umgebracht.« Der arme Schwede stand zum erstenmal vor ihm (als der Getötete) wie lebendig, mit fröhlichen Augen und messinggelbem Bart. Auch zog das Bild vorüber, das er auf dem Grat des Viehpasses gesehen hatte: sie beide in der Sonne, und er, atemlos, wütend, zurückgewiesen. Gleichzeitig mit diesem Vorwurf durchstach eine harte, flammende Begierde seine Genitalien. Es gab keinen anderen Ausweg. Das ferne Leben, fast gleichzeitig mit dem Tod, rief aus dem dämmrigen, mit den Windstößen des Hurrikans ausgefüllten Gebirgsraum. Diese Stimme bebte in den Innereien, Gedärmen und Lenden mit dem metallischen Echo riesiger Glocken. Alles andere schien klein. Ohne einen Moment des Entschließens war »das« schon unterbewußt beschlossen und erledigt. (Nur würde dieser unglückselige Schwede sonst jetzt einen Grog im Café trinken, dort, woher die Klänge einer Jazzband kamen, oder würde etwas von Skiwachs und Schneearten faseln.) Oh, wozu hatte diese grausame »Göttin« (so nannte er sie ganz aufrichtig, ohne Spaß – das war das Schlimmste) sein Leben verlangt? – Ja – es ist schon beschlossen, erledigt – darüber gibt es nichts zu denken. Darin steckte bereits eine gewisse Langeweile, eine absolute Langeweile, die ein unbedingtes Attribut ist von allem, was existiert, eine allgemein–ontologische Langeweile – sie kann in verschiedenen Abstufungen existieren, einschließlich der selbstmörderischen. Er ging durch das von einer Lampe mit grünem Schirm erleuchtete, stille, ruhige Zimmer, und ein Schauder oberflächlichen Ekels lief über seine psychophysische Peripherie. Was hätte er dafür gegeben, hier bleiben und sich weiter in dieser Umgebung wohlfühlen zu können. Er blickte auf seine Frau. »Und wenn Zosia sich umbringt?« fragte plötzlich etwas in ihm. An seiner Stelle antwortete ihm der Schwede Tvardstrup, der wieder wie lebendig in seinem Gedächtnis vor ihm stand. »Warum ist mein Leben weniger wert als deines und ihres? Wenn du mich getötet hast, töte auch sie, und auch dich vergiß nicht. Und das sage ich dir: ›Du wirst in furchtbaren Qualen zugrunde gehen‹*«, flüsterte der Geist fast laut in der dämmrigen Tiefe des Korridors. (Man hatte vergessen, das Licht anzuzünden.) Ob in ihm oder außerhalb seiner – das wußte er nicht. Trotz der Pose vor sich selbst, obwohl er sicher war, daß er das in diesem Moment gesagt hatte, weiß der Teufel, warum auf Deutsch, obwohl Zosia direkt nebenan Wäsche für Melchior nähte, wurde Atanazy von Angst befallen. Rasch knipste er das Licht an, und der glänzende Korridor lächelte ihn an, rot, gesund und luxuriös. Er trat in den Salon, wo Ziezio spielte, gebannt auf eine Landschaft von Derain starrend, die hinter dem Flügel hing. Gleichzeitig kam durch eine andere Tür die hinkende Hela herein, in einen grünen Schal gehüllt, der ihr Haar mit eigenem Licht zu entflammen schien. Sie setzten sich auf ein Sofa, das Ziezio vom Flügel aus nicht sehen konnte.

»Ich hatte einen Anruf von Papa. Der Streich der Nivellisten ist mißlungen. Tempe ist verhaftet.«

»Sprich nicht davon. Das ist gleichgültig. Jetzt mußt du mein sein. Aber nicht so – für immer. – Das war die Vorbestimmung, der wir entgehen wollten, die wir betrügen wollten.«

»Ja, mein Gott ist schon gestorben – ich habe nichts zu verlieren. Ich möchte jetzt das wirkliche Leben kennenlernen. Wir müssen von hier fliehen.«

»Ich halte das nicht aus, ich muß dich heute haben, ganz, wie nie bisher. Das ist nicht ein gewöhnliches Gefallen an diesem oder einem anderen Weib, das ist der höchste Sinn des Daseins, darin verkörpert.« Er fühlte die ganze Dummheit dessen, was er da sagte, aber er konnte nicht anders sprechen. Er hatte genug von den poetischen Albernheiten und von der gewöhnlichen, ebenso scheußlichen Dialektik.

»Darin?« fragte sie mit einem bestialischen Lächeln und schlug das kurze Röckchen zurück und deckte ein Labyrinth von Spitzen auf. Noch eine Bewegung der Hand, und es erglänzte die rötliche Flamme des Haars. Atanazy stürzte sich auf sie, doch zurückgestoßen fiel er auf die Knie und saugte sich mit dem Mund durch die dünne Seide des Strumpfs in ihr Knie. Durch einen kraftvollen Faustschlag auf den Kopf kam er zu Sinnen und wurde sich aller Qualen bewußt, die seiner noch harrten. Ziezio, versunken in die Improvisation, hörte nichts. »Oh, das wird keine einfache Liebe sein wie die mit Zosia. Doch geschehe, was will. Ich werde alles aushalten und alles erobern und werde mich endlich derart vernichten, daß nichts von mir übrigbleiben wird – nicht einmal ein Gewissensbiß.« Ziezio, trotz der Grundsätze der Reinen Form in der Musik, riß sich die letzten Innereien heraus: es war ein schrecklicher, sich zwischen der Qual des Seins und völligem Nichtsein wiegender Tanz. Hela sprach ruhig:

»Heute nacht werde ich allein sein. Ich werde wach bleiben. Und wenn Zosia eingeschlafen ist, komm zu mir. Azio geht zu einem Musikabend zu diesem Mädel. Ich vergaß, dir zu sagen, daß ich mit ihm gebrochen habe. Das heißt, ich werde mich ihm nie mehr hingeben. Durch Ćwirek habe ich erfahren, daß er mich mit dieser irren Tochter von Hluś schon lange betrog. Dort soll es auch junge Gebirgsbauernburschen für Łohoyski geben. Wir können nachher hingehen und sie beobachten. Ćwirek hat versprochen, einen Spalt im Vorhang zu lassen.« Atanazy war von der Nichtausschließlichkeit ihrer Gedanken unangenehm betroffen: sie konnte noch Pläne »für nachher« machen, idiotisches Beobachten danach – für ihn war eben das der Gipfel des Lebens. Er fühlte die Gefahr und beschloß, neue Kraft zu gewinnen. Und hier blitzte ein unbekannter Gedanke in ihm auf: »Schaffe ich nicht, wenn ich eine andere, programmatisch böse Kraft zu ihrer Beherrschung erfinde, etwas wirklich Neues in mir? Vielleicht ist mir noch ganz anderes bestimmt, und das ist nur eine Art Probe?«

»Woran hast du gedacht?« fragte Hela und näherte ihr flammendes, inspiriertes Gesicht dem seinen, dieser in viehischer Nachdenklichkeit abwesenden, tierisch schönen »Fresse«.

»An das, was du in mir erschaffen wirst. Doch erst muß ich dich erobern. Noch bist du nicht mein. Ich weiß alles. Niemand konnte dir das geben, was ich kann, denn ich riskiere alles, riskiere mich selbst: ich fürchte keine inneren Gefahren. Nur für mich ist deine Liebe so gefährlich, weil ich dieser einzige bin, der nur dein sein sollte. Nonsens – das ist unausdrückbar.« Wieder verspürte er einen ungeheuerlichen Abscheu von seinen Worten, aber trotzdem sprach er weiter – er hätte nichts anderes sagen können. »Vielleicht wird dann mein Leben einen Sinn annehmen. Mich in dir verlierend, werde ich mich vielleicht von neuem wiederfinden. Ich täusche dir nicht vor, daß ich ohne dich jemand bin: nur zusammen bilden wir eine Einheit ohne Inhalt, deren Existenz auch vor den höchsten Kriterien gerechtfertigt ist. Das wußte ich bereits dort in der Kirche während deiner Taufe.«

»Erinnere mich nicht daran. Ich glaube noch. Es kann eine Strafe kommen für dieses Verbrechen. Ich bin dieser Taufe unwürdig gewesen.«

»Ich bin nichts, und darum kann ich alles sein für dich. Ich bin nur dein Eigentum und nichts weiter.«

»Noch weiß man nichts – nichts. In uns stecken solche Möglichkeiten, daß sich jetzt noch nichts sagen läßt. Lassen wir uns von der Woge tragen. Wir müssen von hier fliehen. Auch ich ertrage dieses Leben nicht länger. Ich weiß, du wirst Gewissensbisse haben wegen Zosia. Trotzdem: denke, was du ihr sein würdest, bliebest du jetzt: ein fremder Leichnam von etwas, was gewesen ist und nie wiederkehren wird.«

»Ich weiß – aber dennoch: man muß eine schreckliche Kraft haben, um das zu tun. Nur angesichts des Problems der Größe bedrückt mich das alles. Ich habe nichts vollbracht. Und vielleicht nachher ...«

»Ja: nachher können wir alles machen. Nur denke jetzt nicht mehr. Ich fürchte eines: wenn du mich hast, wirst du alles überdenken und wirst Nichtigkeit auf dem Grund finden. Sei einmal ein mutiges Vieh und nicht dieser Analytiker ohne Ziel – nimm einmal dein Leben an den Hörnern.« Die Geschmacklosigkeit dessen, was sie sagte, irritierte ihn heute gar nicht.

»Ja, gut. Vielleicht besteht Größe eben darin, der zu sein, der man sein soll, in einem Guß, wo alles seinen eigentlichen Platz einnimmt ...«

»Und er hier, er«, flüsterte Hela, mit ihrem entbrannten, feuchten Mund über seine Lippen wischend und mit der Hand zart über die Stelle streichend, wo sich der keiner metaphysischen Tiefen bewußte Direktor oder Diktator dieser ganzen dummen Farce reckte. Wie ein fürchterlicher Polyp im Hinterhalt auf vorüberschwimmende kleine Meerestierchen, so lauerte er blutig und hungrig auf die Gedanken, die ihn umkreisen wie Mücken eine brennende Kerze – um dann, gleichgültig und erschlafft, den ganzen Menschen wegzuwerfen wie eine unnütze Zugabe. Und ihnen schien, es lägen darin höhere Werte, die ein gewöhnliches, ordinäres Verbrechen rechtfertigen könnten! Vielleicht hatten sie recht? Vielleicht änderte sich da nur der Gesichtspunkt? Und was blieb davon an Dauerhaftem? Warum mußten sie erst zusammen . . .? Denn jeder für sich blieben sie zwei Leeren, die nichts anzufüllen vermochte. Dieser Zynismus, auf Höchstspannung der Empfindungen geschaltet – scheußlicher oder nicht, das ist gleichgültig –, steigerte den unheilvollen Zauber der sexuellen Wirklichkeit bis zur Unerträglichkeit. »Aber warum mußte das eben auf dem Grund davon sein!« Vielleicht nur bei solchen Typen wie ihm, die sonst nichts anderes mehr haben, für die das wie für Weiber der einzige Lebensinhalt ist. Warum mußte es diese verfluchte andere Seite geben, mit Genitalien, Mündern, Beinen, mit diesem ganzen Apparat von schmutzigen (auch bei den saubersten Menschen) fleischlichen Auswüchsen, Abfallstücken, Gedärmen, warum konnte man das nicht außerhalb des Lebens erlangen, außerhalb dieses scheußlichen Lebens, von dem die Straßennutten sprechen, die Kenner der menschlichen Schweinereien, die Bubis in den Dancings und die naturalistischen Schauspieler – wer noch? Dort, jenseits des Lebens, war nur die Kunst. Ebendort war, eben in jener Welt befand sich der spielende Ziezio. Aber konnte Atanazy ihn beneiden? Stellte Ziezio nicht eben – wie alle Künstler – nur eine gewisse Gattung von Lebenskastraten mit »stellvertretenden Tätigkeiten« dar, faßten denn nicht gerade sie alles mit Gummihandschuhen an, sonderten sich durch metaphysische Präservative und gar durch eiserne Rüstungen mit Matratzen notwendigerweise von der Wirklichkeit ab? »Ja: Mag sein, daß ich, der kontemplative Unproduktive und Nichtkünstler, eben mit ihr (an Weiber denke ich überhaupt nicht: es existiert nur einzig und allein SIE, die etwas versteht) die wesentlichste Essenz unmittelbaren Erlebens aussauge.«

»Also heute«, flüsterte Hela. Atanazy floh aus dem Salon und ging nach draußen. Ein heißer Sturmwind, der aus dem schwarzen Schlund der Berge kam wie der Atem eines ungeheuer großen, lebendigen Wesens, wehte ihm direkt ins Gesicht. Reste von Schnee phosphoreszierten weiß im Schein der hinter dem Wolkenschwall untergehenden blassen Mondsichel. Die Sterne flimmerten unruhig. »Warum sind die größten Gefühle, die tiefsten Wandlungen des Geistes immer mit der Wahl eines entsprechenden Orts für diese scheußliche Wurstelei verbunden?« dachte Atanazy verzweifelt. »Und das nicht nur bei mir, sondern bei den Größten dieser Welt. Sich in geschlechtsloser Gestalt dort hinaufschwingen, auf diesen Wolkenschwall, vermischt mit Gipfeln, Einheit sein in metaphysischer Bedeutung und nicht ein Trugbild toll gewordener Körper.« »Die Ehe in der gegenwärtigen Form muß verschwinden. Auf dem Hintergrund der Mechanisierung der Arbeit und der Entwicklung des Sports wird die Erotik überhaupt vergehen oder auf das Niveau gelangen, auf dem sie gegenwärtig bei sehr primitiven Schichten steht. Die Kinder werden angesichts der notwendigen Spezialisierung schon im zweiten Monat den Müttern weggenommen, untersucht und segregiert werden. Und die Mütter werden mehr Zeit haben für Beschäftigungen, die sie allmählich den Männern entreißen.« Nach diesen Gedanken wandte er sich um.

Fast alle Fenster der Villa waren erleuchtet. In den Unterbrechungen des Sturmwinds war das wilde Gedonner des von der Form ungesättigten Ziezio auf dem unglückseligen Instrument zu hören. Das äußerst seltene Narkotikum (reines, originales Apotransformin von Merck – C_{38}, H_{18} O_{35} N_{85}) nehmend, näherte er sich rasch der letzten Phase seines Irrsinns. Apotransforministen (man kann sie an den Fingern abzählen) hielten Kokainisten für das letzte Gesindel. Aber nun ja – ein Gramm dieses »alleredelsten Schweinezeugs« kostete ein schönes Rittergut. Und Ziezio bot es grundsätzlich niemandem an. Er existierte nur in der Musik. Das Leben an sich hatte sich schon von ihm zurückgezogen, obgleich er noch automatisch kleine Mädchen verführte. Berühmt auf der ganzen Welt, reich wie ein amerikanischer Nabob, unerbittlich gegen Bettler und Kranke, Protektor aller Künste, nach Fürst Brokenbridge der eleganteste Mann der Welt, starb er langsam dahin in völliger Verkapselung des Ich, verschlossen in einer fremden Welt, die sich immer mehr verengte und manchmal nur noch ein schmaler Spalt war, durch den die Schwärze des Absoluten Nichts gähnte. Die Wonnen der Welt lagen eigentlich bereits hinter ihm. Er lebte wie ein Mensch in einem Gefängnis, der zum Tode verurteilt ist, und jetzt schon blickte er unerschrockenen Auges in den von allen Seiten her aufziehenden Wahnsinn. Es gab keine Sphäre, die nicht verzerrt gewesen wäre, aber alles hielt sich noch wie durch ein unbegreifliches Wunder – noch hatte er sich nicht bis auf den Grund ausgeschrieben, wie er sagte. Menschen zogen wie Gespenster der Vergangenheit in seiner ausgestorbenen Welt vorüber, ohne einen Kontakt mit diesem seltsamen lebenden Leichnam zu finden, durch den aus der Unendlichkeit die ewige Harmonie des Seins floß, ausgedrückt in Konstruktionen monströser Dissonanzen. Darauf beruhte die Unheimlichkeit des Eindrucks, den er auf andere machte. Hela hörte noch lange seiner Musik zu, und als er geendet hatte, vom Flügel aufstand und eine Pille schluckte, streichelte sie ihm leicht über den Kopf. Er sagte: »Sie hätten einst – wäre ich klug gewesen. Sie waren damals dreizehn. Aber ich zog das vor« – hier klopfte er auf die kleine Dose in seiner Westentasche. »Einst wird die Menschheit wissen, daß sie gelebt hat, falls irgendein Kretin-Virtuose fähig sein wird, das zu spielen, was ich geschrieben habe. Orchester, das ist nicht mehr das, was es einmal war – ich bin der einzige Musiker, der die symphonische Musik weniger anerkennt als das Klavier. Ich, wissen Sie, habe mich tatsächlich auf dem Altar der Kunst verbrannt« – er sagte das so einfach und lachte so töricht, daß diese Phrase Hela nicht lächerlich erschien. »Aber dazu muß man Mut haben. Ein Feigling wird das nie fertigbringen: er wird in einem Kompromiß steckenbleiben, wird anfangen, sich selbst etwas vorzuheucheln, wird nicht genug Mumm haben, um beizeiten aufzuhören, er selber zu sein: im gegebenen Augenblick von den Kretins bewundert und gepriesen. Doch wozu sage ich das? Ich will noch diese letzte Revolution abwarten: ich will sehen, was für Gesichter auftauchen. Ich werde hinschauen und alles wissen. Ha – nichts zu machen. Ich werde hier noch ein wenig für mich spielen, und Sie, gehen Sie nur. Sie können Ihren Gatten verlassen – er befindet sich auf dem Weg zu einer regelrechten musikalischen Manie, und ihm kann nichts mehr schaden. Vielleicht wird er noch etwas in der Kunst schaffen – in der Kunst«, wiederholte er lauter. »Früher wußte ich, heute aber weiß ich nicht mehr, was das ist, ›die‹ Kunst – und ich will es nicht wissen. Irgendein Narkotikum wohl.« – Behutsam stieß er Hela aus dem Zimmer. Das sogenannte zweite Abendessen um elf Uhr nachts verlief normal, nur Łohoyski und Azio tranken viel und verschwanden sofort. Zosia, von Atanazys Lügen betäubt, ging ebenfalls nach oben. Die beiden blickten einander in die Augen – das unwiderrufliche Urteil war gefällt.

Als Zosia endlich eingeschlafen war (oder so tat, als schliefe sie), zog Atanazy einen Pyjama an und verließ leisen Schritts das eheliche Schlafzimmer. Er hatte in diesem Moment keinerlei Lust zu erotischen Erlebnissen mit Hela. Gern hätte er mit ihr in einer leicht metaphysischen Beleuchtung über diese Dinge gesprochen – er liebte sie heute sogar ein wenig. Und ebendarum, eben heute, mußte er »vergewaltigen«. Alle Begierde war wie ein welkes Blatt von ihm abgefallen. Ach – lieber würde er in diesem Augenblick sterben, als das zu tun. Er dachte, Zosia würde aufwachen, irgend etwas würde geschehen, was ihn hinderte, diese ganze Schweinerei zu begehen. Aber nein – alles war gegen ihn – oder auch für ihn – das war noch nicht ganz klar. Der Sturmwind blies und heulte hinter der Tür zur zweiten Hälfte des Korridors. Atanazy schaute zum Fenster hinaus. Aus der nahen Hütte von Hluś schlug ein roter Glanz in den schwarz-windigen Schlund der Nacht. »In einer solchen Nacht wurde Troja in Brand gesteckt«, fiel ihm ein Satz von Shakespeare ein. Die Sterne verfinsterten sich, die Mondsichel versank in einem schwarzen Wolkenwall – es war eine wahrlich unheilverkündende Nacht. Ab und zu war wilder Gesang zu hören und das Gefiedel eines Bauernorchesters. Am besten wäre es, zu schlafen. Ein wenig beneidete Atanazy Jędrek und Azio um ihr Vergnügen. Was hätte er darum gegeben, reinen Gewissens: ein Kokainist, ein Artist, ein Homosexueller sein zu können – überhaupt irgendein »-ist«, einerlei, was für einer – sogar Sportler beneidete er um ihre Sportbesessenheit. Aber er war nur ein komplizierter, metaphysizierter Masochist. Und wo war die Größe von all dem geblieben? Es hatte sie nie gegeben – wie war es möglich, daß er, eine relativ intelligente Person, sich so hatte belügen können? »Irgendwas, irgendwo, eine reiche Jüdin« (als ob Hela als Arierin oder Mongolin Kleinheit bewirkt hätte) »dickes Geld, ekelhafte Schweinerei.« Plötzlich packte ihn ein solches Mitleid mit dem Schweden, daß er zu weinen begann. »Er hat dort irgendwo eine Mutter, Schwestern – o Gott, o Gott!« heulte er leise und dachte, daß ihn vielleicht etwas vor dieser schrecklichen Schande bewahren würde, daß gerade an diesem Tag . . . Aber so wollte es eben ein höheres Gesetz. Ein Unbekannter packte ihn am Genick (er wußte genau, wer) und stieß ihn durch die halb offenstehende Tür in Helas Schlafzimmer, und als er sich darin befand, spürte er die längst bekannten Gerüche, ihre Haut unter seiner Hand, diese unbesiegbare Haut (um derentwillen sich angeblich im vorigen Jahr der größte Verführer der Nachkriegszeit unseres Jahrhunderts, der junge bucklige Baron de Vries, erschossen hatte), und sah in diese Augen, heute so süß und liebend, die durch das ewige Böse hindurch, das am Boden versteckt war, leuchteten wie das unheilverkündende Feuer einer Mörderbande in einer verdächtigen Felshöhle (oder wie eine elektrische Taschenlampe durch die Milchglasscheibe eines geradezu ungeheuerlichen Klosetts), Atanazy verlor das Gefühl für das reale Sein und stürzte sich auf Hela, brutal, schamlos und grausam wie ein Stier auf eine Kuh. Kaum war es einmal vorbei, türmte ein neuer Ausbruch der Begierde wieder seine arischen Gedärme über dem Abgrund des bösen, schwarzroten, semitischen Chabeɫe-Chibeɫe. Und so weiter und so weiter, und dann begannen andere Sachen . . . Entsetzlicheres konnte es wohl nicht geben, und doch, was war das angesichts dessen, was später folgte. Aber sie wußten nicht, daß, als sie schon zum wer weiß wievielten Mal beide das Bewußtsein verloren in dieser hellsichtigen Wollust, die den Blick nicht vernebelt und die Muskeln nicht lockert, sondern den Blick habichtsscharf macht und die Muskeln in kautschukhaft eiserne Würgeschlangen verwandelt und aus allem eine Hölle zerreißenden, unerträglichen Schmerzes macht – daß da die Tür ein wenig geöffnet wurde und jemand hereinschaute. Es war Zosia – sie schrie auf und lief davon. Ein Windstoß des wütenden Sturms erstickte den Schrei. Und so war es passiert: Zosia hatte nicht geschlafen, als Atanazy aus ihrem Schlafzimmer hinausging. Aber sie dachte, er müsse eben mal hinaus. Nachdem eine längere Weile vergangen war und sie nichts hörte – es waren etwa zwanzig

Minuten verflossen –, stand sie auf und ging in den Korridor hinaus. Dort war es still. Hingegen stand die Tür, die den Korridor in zwei Teile trennte, offen. Atanazy hatte die Absicht gehabt, es heute rasch zu erledigen und dann schlafen zu gehen und natürlich so wenig Lärm zu machen wie möglich. Das war sein Verderben. Der Sturm übertönte ja ohnehin alles. Doch es gab auch Momente der Windstille. Er hatte sich selbst getäuscht. Darum hatte er auch die zweite Tür, die zu dem Zimmer der Prepudrechs führte, nur angelehnt gelassen, und durch diesen und den anderen, also den ersten Spalt, hatte Zosia dunkelrote Glut bemerkt. Sie schlich sich heran, von einem ganz unbewußten inneren Drang geleitet (einem »geistigen«, der aber ein ihm entsprechendes Empfinden im Unterleib hatte), und erblickte etwas Unglaubliches: den nackten Hintern von Atanazy, dem Denker, und die runtergelassenen Hosen des violetten Pyjamas (er hatte in seinem Brandeifer nicht die Zeit gefunden, sie ganz auszuziehen) und ein wenig links davon Helas zur Seite gewandten Kopf mit zerzausten Locken und ihre beiden Beine, auseinandergespreizt in wilder Schamlosigkeit. Sie sah, wie diese Beine sich vor unerträglicher Lust krampften, und dieser Anblick durchdrang sie mit einem entsetzlichen, scharfen, bisher unbekannten Schmerz. Also konnte er, dieser ihr Tazio. Er war das, auf dieser »Judenschlampe« (war sie nicht schon vorher eine Jüdin gewesen?), ihrer Freundin! Was für eine unverständliche Scheußlichkeit. Die Welt stürzte plötzlich zusammen wie bei einem Erdbeben – durch welches Wunder sie nach der Katastrophe noch lebte, war unbekannt. Sie wußte alles, was weiter geschehen würde. »So? Daran wird er noch denken.« Sie ging langsam, auf schlaffen Beinen, durch den Korridor und trug »dieses arme Würmchen« (so dachte sie von Melchior) in ihrem Bauch vor sich her. »Nein – es kann nicht leben. Die Welt ist zu schrecklich. Er hatte recht, daß er dies Kind nicht liebte. Und es sollte sein Sohn sein. Er wäre wirklich unglücklich. In diesen Zeiten sind solche Menschen wie ihr Mann, die eine Familie gründen und Kinder haben wollen (aber er wollte ja keine), wirklich Verbrecher. Ohne ihnen etwas garantieren zu können: weder Liebe, noch eine Atmosphäre der Eintracht, noch Wohlstand (alles ist ja im Wanken), zeugen sie degenerierte Wesen (denn er ist selbst·eins – was diese Tat beweist: die Ehefrau eines Freundes, auf ihre Kosten sind wir hier, als Gäste – schöne Gäste!) und begehen soziale Delikte – oh, der Niederträchtige – nein, er kann keinen Sohn haben. Der Niederträchtige, der Niederträchtige«, wiederholte sie noch. »Aber er wird noch Tränen vergießen über alles. Vielleicht wird dieses Leid etwas Edleres aus ihm herauspressen.« Sie fühlte bereits kein Bedauern mehr für ihn, nur Scham und grenzenlose Verachtung. Er hatte einfach aufgehört, ihr Gatte zu sein, war nicht einmal mehr verhaßt. Doch das Leben *nach diesem* war unmöglich geworden. Und dazu die Beine »der anderen«... Keinen Augenblick länger – jede Sekunde war eine unerträgliche Demütigung. Wenn sie ein wenig hätte denken können – aber nein: die Gedanken hatten sich zu einem irren Chaos zusammengeknäult. Nur das Wort »Niederträchtiger« zeichnete sich in flammendem Zickzack auf dem Hintergrund eines namenlosen Wirrwarrs ab, hatte aber nicht mehr die Bedeutung wie im ersten Augenblick. Sie fühlte eine brennende Scham für ihn – eine unerträgliche Scham. Und die Mutter, die friedlich schlief, dort, ein paar Zimmer weiter? »Kann ich ihr denn als eine solche, die ich bin und sein werde, noch Glück geben in diesen letzten Tagen des Lebens? Ich würde ihr nur mit meinem Leid das Leben vergiften. Und ist das im übrigen nicht alles gleichgültig? Wenn nicht heute, dann morgen – sie werden uns abschlachten. Und was ist ohne ihn? Wer ist denn so wie er, trotz seiner Fehler? Ach – wenn er nur nicht lügen müßte – ich würde ihm wohl auch dies verzeihen – obwohl nicht mit ihr... Er hat sie schon früher geliebt. Ja – sie sind ja doch physisch und auch geistig füreinander geschaffen. Solch ein ideales Paar, wie man es nur einmal in tausend Jahren auf der Welt findet. Nein – ich habe genug davon. Niemand wird ihn mir ersetzen.« Plötzlich packte sie die Wut. Sie ergriff und zerriß fieberhaft alle möglichen Kindersachen, die sie für Melchior genäht hatte. »Armer Melchior! Er wird diese Welt nicht erblicken, und um so besser für ihn.« Sie war sich deutlich des Irrsinns dieser Gedanken bewußt. Und dort ging das Entsetzliche weiter, und den beiden war es so wohl, während sie... Und irgendeine Stimme sagte: »Warte wenigstens bis morgen. Warte eine Woche. Alles wird sich klären. Du wirst ein Kind gebären – wirst für es leben.« Aber die Heftigkeit und Unverhofftheit jenes Eindrucks, und vor allem das Bild dieser Beine »der anderen«, vor Wollust verkrampft, errichtete eine unüberwindliche Mauer zwischen diesem Gedanken und dem gegenwärtigen Moment. Zosia war wie in einer Hypnose. Sie beeilte sich, um die Todeslust nicht vorzeitig zu verlieren. Sie schrieb mit kaum lesbaren Buchstaben:

»Verzeih, Tazio, aber ich wußte nicht, daß du so niederträchtig bist. Du hättest wenigstens nicht lügen sollen. Du wirst keinen degenerierten Sohn haben, denn ich nehme ihn mit mir.

Deine Zosia«

Ein paar Tränen fielen auf dieses Gekrakel und bildeten federartige Flecken. Aber ihr Gesicht war erstarrt und ruhig. Sie war sich nicht mehr ähnlich. Sie erkannte sich nicht, als sie aus Gewohnheit im Vorbeigehen in den Spiegel blickte. Sie nahm Atanazys großen Trommelrevolver aus dem Schrank, zog Halbschuhe über die nackten Füße, warf einen Pelz über und ging über die Seitentreppe hinaus, nachdem sie am Zimmer ihrer Mutter vorbeigekommen war. Sie hatte nicht den Mut gehabt, die Tür anzuschauen. Dort war Rettung, aber sie wollte keine. Es war schon zu spät. Ein Sturmwind blies, derselbe, der unlängst, vor ein paar Stunden, Atanazys erhitzten niederträchtigen Kopf gekühlt hatte. Mit Schnee vermischter Regen begann zu fallen. Zosia weinte jetzt ganz offen, mit vollen Augen, mit dem ganzen Körper. Ungeheures Mitleid mit diesem Kind, das an nichts schuld war, zerriß sie in Stücke, aber der einmal gefaßte Entschluß schleppte sie willenlos wie einen Hund an der Leine in das stürmische Dunkel der Märznacht. Irgendwo kreischten Katzen. »So wie die beiden in diesem Augenblick ...« dachte sie, und das Gefühl der Rache überwältigte sie und schloß jede Umkehr aus. Sie ging so lange, bis sie auf einer ansteigenden Lichtung, auf der noch große Flecken nassen Schnees lagen, sich müde niedersetzte, ganz verheult, böse auf die ganze Welt und voll schrecklicher

Erbitterung. Und sie wußte, daß sich, wenn sie jetzt aushielte und fähig wäre, diesen Moment bis zum Morgen aufzuschieben, alles noch ändern könnte. Ein neuer Windstoß des rasenden Sturms – und eben darum beeilte sie sich aus Angst vor dieser Möglichkeit, stand auf, preßte den Lauf an die linke Brust, und mit einer Verbissenheit, als schösse sie auf ihren Todfeind, schoß sie sich ins Herz. Sie verspürte keinen Schmerz, aber dahingemäht wie durch einen Schlag gegen die Beine neigte sie sich vornüber und sank in die Knie. Und jetzt erst begriff sie alles. Schreckliche Sehnsucht nach dem Leben erschütterte ihr Inneres und jagte das ganze Blut des Kreislaufs zu ihrem Herzen hin. Oh, warum hatte sie das getan . . .? Das Herz schlug noch einmal, und als es keinen Widerstand fand, blieb es plötzlich stehen. Ein Blutstrom spritzte aus der Hauptaorta, überschwemmte die inneren Organe und brach in einem heißen Strom nach außen. Ihr letzter Gedanke war: Stirbt das Kind schon, und wer stirbt zuerst? Die Qual dieses Gedankens war so fürchterlich, daß Zosia mit unermeßlicher Erleichterung die gegenstandslose Schwärze begrüßte, die vom Gehirn aus durch die Augen auf ihren warmen, blutspeienden Körper hinabfloß. Sie war gestorben. Der Sturmwind blies weiter über die leere Lichtung, und niedrig, vor einem etwas helleren, von Sternenlicht übersäten Hintergrund, flogen zerfetzte, schwarze Wolken vorbei – sie schienen neugierig die einsame Leiche zu betrachten.

Eben in diesem Augenblick ging Atanazy, erschöpft von der ersten Attacke normaler Empfindungen, zur höheren Erotologie über. Sadismus und Masochismus überboten einander, sich gegenseitig scheußliche Dienste zu leisten. Zwei durch nichts zu sättigende Seelen, vereinigt zu einem einzigen Brei fleischlicher Lust, endlich zu ihren Quellen gelangt, sogen das ihnen von einem unausdenkbaren Zufall hingeworfene Tröpfchen dieser höllischen Essenz des Daseins aus, das Künstler vergebens in Formen der Kunst zu erfassen versuchen, Denker in Begriffssysteme einschließen möchten. Atanazy stahl sich in »ihr« Zimmer, als bereits der Morgen anfing zu grauen. Er war gesättigt. Er schaute im Korridor zum Fenster hinaus. Der Wind hatte sich gelegt, und es fiel ein gleichmäßiger nasser

Märzschnee. Zosias Bett war leer. Er wunderte sich gar nicht darüber. »Aha, sie ist an einem gewissen Örtchen. Ich werde ιihr sagen, ich sei hinausgegangen, den neuen Winter zu betrachten«, dachte er. Er war so müde, daß er kein reales Gefühl mehr für die Situation und das Wesen der ihn umgebenden Personen hatte. Ohne sich zu waschen, fiel er ins Bett und versank in einen abscheulichen, viehischen Schlaf. Er schnarchte, aber er war schön. Er wußte nicht, daß seine Taten bereits eine furchtbare Frucht erzeugt hatten, die er gleich am frühen Morgen pflücken sollte. So rächte sich an ihm der Kompromiß.

Zosias Leiche fand der zu seiner Hütte an den Schroffen heimkehrende Jędrek Czajka, der sich früher als die anderen von Łohoyskis homosexueller Orgie davongestohlen hatte, die sich unter der Begleitung des Geheuls der betrunkenen irren Hluś-Tochter und eines grausigen, kratzenden Gefiedels auf selbsthergestellten Streichinstrumenten abspielte. Es taten sich »moralisch« um so schrecklichere Sachen, als alle drei Medien von Łohoyski (vergeblich hatte er versucht, alle zu überreden – nur einer ergab sich ihm, und auch der nicht völlig, der schöne, aber mißgestaltete Janek Baraniec) einstige Liebhaber der wahnsinnigen Jagna waren. Prinz Belial-Prepudrech tobte in einer erotisch-musikalischen Ekstase und soff bis zum Umfallen, bis zum »unvorstellbaren Übersäufnis«, wie Kavalleriegardist Rittmeister de Purcel diesen Zustand nannte.

»Musik ist eine dionysische Kunst, sie muß im Rausch entstehen. Aber diesen Rausch, versteht ihr, in Kristalle kalter Formen einzuschließen – das ist die Kunst – oh, das ist eine Kunst«, sagte er besinnungslos.

»Schließt ein in Kristallen
Eure blutigen Phallen
In verrückten Chorälen
Eure bösen Seelen«, heulte Jagna und entblößte sich bis zum Gürtel. Das Lied war gräßlich, bäurisch-flegelhaft, verzerrt, im höchsten Grad geschmacklos. Niemand achtete darauf. Der Alkohol verwischte alle möglichen Unterschiede und Grenzen. Aus der Tür der »Kammer« schaute der alte Jan Hluś heraus, einst ein durchtriebener Kerl und ein

Lästermaul erster Klasse – heute ein halb vertrottelter viehischer Greis.

»Amesiert euch, ihr Herren Grofen, amesiert euch, Ferschten. Meinetwegen, meinetwegen – ich hab' nischt dagegen, nur wißt ihr, nur wißt ihr . . .«, er verhedderte sich und konnte den allzu einfachen Gedanken nicht ausdrücken. (»Nur achtet beizeiten darauf, die bösen Seelen zu retten«, fügte singend die schreckliche Jagna hinzu.) Nachdem er einige Hundert obligater Münzeinheiten erhalten hatte, zog er sich in die »Kammer« zurück, fürchterlich hustend. Doch in der Tür blieb er stehen und sagte: »Itze sein wir alle gleich, Grof, nich Grof. Alle sein wir itze Bauern. Denn ein Bauer, das ist ewig – und die Herren sein daraus gebrütet wie die Läuse auf dem Kopp, he.«

»Ja!« heulte Jędrek Łohoyski auf und umarmte die zwei verbliebenen Bauernburschen. (Der Prinz rettete Jagna, die zu kotzen begann, das herrliche kalte, aus der Villa mitgebrachte Abendessen von sich gebend – [Trivuten, Murbien und derlei Sachen fühlten sich in ihrem primitiven Magen nicht wohl].) »Alle sind wir einander gleich auf einem Stückchen Erde. Jeder mit seinem Bauernfreund – wir werden einander so gleich, daß uns niemand unterscheiden kann – eins werden wir sein, wie ein Kerl mit einem Weib, oder noch mehr . . .« »Gides *Corydon* auf diese besoffenen Tiere angewandt«, dachte Prepudrech lächelnd.

»Gleichen Boden, he – aber wie wüßtest du, wo mein Hintern anfängt und wo deiner aufhört«, sagte der betrunkene Janek Baraniec.

»Wach auf«, flüsterte ihm der andere, Wojtek Burdyga, zu. »Du weißt nicht einmal, wann er dir dieses Kunststück machen wird.« Łohoyski hörte nicht mehr zu. Er verspürte plötzlich Lust auf Kokain. Unter dem Einfluß des wahnsinnigen, maßlosen Trinkens kam ihm alles in Erinnerung, und eine schreckliche Sehnsucht nach dem geliebten Narkotikum packte ihn wie Millionen Zangen am ganzen Körper. Jede einzelne Zelle und das verdunkelte Gehirn flehten ihn um wenigstens eine Prise des Giftes an. In seinem dunklen Kopf blinkte auf, daß Atanazy diesen Vorrat besaß, den er ihm in der Stadt gegeben hatte – plötzlich, alle Schwüre vergessend, stürzte er zur Tür.

Er mußte wieder in dieser Welt sein – hatte er doch zwei Monate durchgehalten. Es war schon fast hell. Überall dampfte es – und dazwischen zeichnete sich das Bild eines weißrosa schneeigen Morgens ab – wie auf einem anderen Planeten. Die Berge waren im Nebel nicht sichtbar – die nahen Fichten bogen sich unter der Schneelast. Vom Wald her lief jemand zur Hütte.

»Da kommt dieser Lümmel zurück. Für zweihundert hat er es sich überlegt. Wenn die arme Hela wüßte, wofür sie das Geld ausgibt«, dachte Łohoyski.

»Ihr Herren, ihr Herren, dort liegt Atanazys Frau angeschossen im Schnee«, schrie Jędrek Czajka. So, wie sie standen, rannten alle zum Wald los. Jagna als erste, nachdem sie über ihren nackten Körper rasch einen Pelz geworfen hatte, und sie rannte, daß ihre übrigens wundervollen Brüste lüstern schwappten, ermüdet von den Zärtlichkeiten des Prinzen. Janek Baraniec rannte zur Villa, um die Nachricht zu überbringen. Zosia lag, vom Schnee überschüttet, mit offenem Mund und halbgeschlossenen Augen da. Ihrem Gesicht war der letzte Kampf um das Leben nicht anzumerken: es war friedlich und heiter. Ringsum fiel der Schnee gleichmäßig, ohne Wind – es begann leicht zu frieren. Sie trugen die Leiche schweigend. Alle waren nüchtern geworden – einstweilen zumindest – der Hauch des Todes hatte alle Begierden in ihnen erstarren lassen. Plötzlich waren sie ernüchtert, schweigend, tiefernst. Jeder rechnete in Gedanken mit irgendwas ab. »Warum«, fragte sich Prepudrech. Hartnäckig wiederholte sich das Thema, das nur aus dem Wort »warum« bestand. Er transponierte jetzt alles in Musik. Er machte sich nichts daraus, daß Hela gestern die erotischen Beziehungen mit ihm für immer abgebrochen hatte, als sie von den Orgien bei Hluś erfuhr, die er bisher sorgsam verheimlicht hatte. Er wußte, daß daraus nur neue Musik erstehen würde – der Rest kümmerte ihn nicht. Aber jetzt fühlte er plötzlich, daß in seiner Frau etwas war, was er nicht einmal mit Hilfe von Jagna Hluś in reine Töne zu transformieren imstande wäre – der Tod ließ es ihn erkennen. Er wollte noch nichts wissen und wußte wirklich nichts, und trotzdem . . . Und er erschrak plötzlich vor seiner Bestimmung, die vor ihm aufflimmerte wie ein »schwarzbrillantener Vogel, der sich aus einem Käfig, der aus rohem Fleisch gemacht ist, in die Weite schwingt«. »Wo habe ich das gesehen? Im Traum?« fragte er sich angstvoll und schaute auf Zosias flachsgoldene Locken, auf die körniger Schnee fiel. Weiße Kügelchen hielten erst inne und rollten dann inmitten des regelmäßigen Geschaukels der Tragenden hinab. »Wer weiß, ob ich es überleben würde, wenn Hela sich umbrächte«, dachte er weiter. Dennoch hatte sich diese seine intellektuelle Angst mit der Zeit in eine völlig unsinnliche Anhänglichkeit verwandelt. Er wunderte sich sogar über sich selbst: solch ein Dämon . . . ha, was hilft's. Einstweilen genügte ihm die Hluś-Tochter vollkommen, aber ohne die Freundschaft dieses höheren Wesens hätte er nicht mehr leben können – aus reinem Ehrgeiz – er würde sich so verachten, daß er das nicht überleben könnte. So dachte er in diesem Moment, doch nach einer Sekunde konnte sich alles ins Gegenteil verkehren. Darin lag die wesentlichste Wonne des Daseins: die Sorglosigkeit der Veränderungen, die ihm die musikalische Transponierung des Lebens gab. Prepudrech staunte über sich, über die Tiefe, die dieser Tod in ihm aufgetan hatte. Und als er die endlose Perpsektive der Qualen erkannte, schlug er mit großer Willensanstrengung die Tür zu, die zu diesen unterirdischen Gewölben führte.

Ihnen entgegen kam aus der Villa in violettem Pyjama und Pantoffeln, zerzaust und von Sinnen, Atanazy gerannt. Er blieb stehen – sie ließen den Körper auf die Erde nieder. Zufällig war am Weg ein kleiner lehmiger Hügel – dort legten sie sie nieder, auf dem Hügel. Es war still – in den Wacholderbüschen zischte leicht wie ein Hauch das Wehen eines aufkommenden Ostwinds. Die Schneekörner fielen raschelnd auf die Kleider. Atanazy schwieg, die ganze Welt bäumte sich unter seinem Schädel auf. »Zosia lebt nicht«, flüsterte er, doch er verstand diese Worte nicht. »Das wird mir eine neue Dimension geben, mich selbst zu begreifen«, sagte jemand in ihm völlig kalt. Noch spürte er jene Wonne, und hier eine Leiche, und zwar Zosias Leiche. »Ach – also lebt dieser Sohn auch nicht mehr.« Hier fiel eine Last von ihm ab, wie es schien, hier, auf diesem von Graupeln bestreuten Lehm, wie ein ganz materieller Klumpen. Die Bergbauern flüsterten untereinander. Und erst jetzt, wo er sich fast gefreut hatte, daß er keinen Sohn haben würde, erst jetzt verstand er, daß er sie verloren hatte und daß irgendein drohender Gott-Weichensteller die Weichen seines Lebens auf dieses Gleis gestellt hatte, das zu ganz realer Vernichtung führte. Das Urteil dröhnte bis in die Tiefe der Eingeweide, und er neigte sich in idiotischer Ehrfurcht vor der geheimnisvollen Kraft, die ihm dies Unglück gebracht hatte. Gleichzeitig brach aus seinem schmerzenden, gequälten Herzen die frühere Liebe zu Zosia hervor. Und obgleich er wußte, daß es damals eine Lüge gewesen war, durch die er, sich hysterisch selbst belügend, sich für immer jenen Weg hatte versperren wollen, dessen Symbol jene Frau war, so liebte er dennoch in diesem Augenblick Zosia so wie damals, wie an jenem Tag, als er sie zum erstenmal betrogen hatte – und vielleicht war dies nun endlich die Wahrheit. Außerdem, wo ist überhaupt die Wahrheit in diesen Dingen – wer weiß auch nur irgend etwas bestimmt? »Warum kann nichts so sein, wie es ist und sein sollte? Kann es denn nicht wenigstens einen einzigen Moment von Glück geben?« dachte mit bodenlosem, aber kindlichem Egoismus dieser schöne, ziemlich intelligente, gut zwanzig Jahre alte, auf dieser Welt höchst entbehrliche Kerl. In diesem Moment stieg er auf die nächste Stufe des Schmerzes: er verstand, was Zosia gestern bis zum Augenblick des Todes bewegt hatte. Was in ihr vorgegangen sein mußte . . . Er errötete vor Scham über seine vorherigen Gedanken. Sie mußte ihn gesehen haben – in der Position . . . Sie war schon im Wald gewesen, als er von »jener« zurückkehrte. Er verstand jetzt ihr Dasein, verstand sie, die er so scheußlich betrogen und umgebracht hatte. Er wurde schwarz vor Qualen. Ein Schmerz, so groß, daß er sich selbst und alles andere anästhesierte, packte ihn in einem Zangengriff. Er faßte sich an den Kopf und rannte besinnungslos zur Villa, als wäre dort noch irgendeine Rettung. Und sie nahmen die Leiche auf und trugen sie dem davonlaufenden scheußlichen Dulder im violetten Pyjama nach. Niemand sprach auch nur ein Wort. Alles war unsagbar ekelhaft. Und wie das Leiden ihn ergriffen hatte, so dauerte es unerbittlich an: da waren Schrauben, Stacheln, quetschende Walzen – unbeweglich, zugeschraubt von der grausamen Tatze des Schicksals

– ein großes, vielleicht befremdendes, vielleicht sogar lächerliches Wort, aber so war es – jetzt verstand er zum ersten Mal seine banale Bedeutung. Inzwischen erwies sich, daß sich der Schmerz, der schon den Gipfel erreicht zu haben schien, noch steigern konnte. Er fand ihren Zettel und las ihn, fand auch die zerrissene Wäsche von Melchior. Den Zettel zerriß er in kleine Stückchen, ohne sich dessen bewußt zu sein, und verbrannte diese Fetzchen zusammen mit den anderen. Die ganze Maschine erzitterte, und »die Tatze des Schicksals« drehte und preßte die Kurbel um einige Zahnräder weiter. Er gelangte auf die dritte Stufe. Das Wort »Niederträchtiger« biß sich durch den Schädelknochen mitten ins Gehirn. Der Tag dauerte endlos. Was tun, was tun? Das Hirn verdrehte die vor Schmerz verblödeten Augen, und die »hirnlose«Seele fragte, wann und ob überhaupt jemals dies enden würde. Und das Weinen kam nicht. Dann zog er sich an, ohne sich zu waschen, noch voller Spuren »jener« Nacht, dieser Nacht aus der anderen Hälfte des Lebens. Dann begegnete er ihr, »jener«, im Korridor, und zusammen betraten sie das Zimmer, wo SIE lag. Atanazy stöhnte auf vor Schmerz, einfach, ihm war, als verbrenne ihm jemand die Wade mit einem glühenden Eisen. Aber das, was ihn erwartete, war noch fürchterlicher. Dieser ganze Schmerz war jetzt rein viehisch: er vermittelte keinerlei metaphysische Erlebnisse. Ein Lachen verzerrte Atanazys Gesicht, ein von unten nach oben gekehrtes Lachen, umgewendet wie ein Handschuh oder ein Strumpf.

Hela blickte ruhig auf die Tote. Sie beneidete sie nicht um den Tod, sie, die so viele Male, seit so langer Zeit, bemüht gewesen war, »diese Welt zu verlassen«. Diese notorische Selbstmörderin lebte, und hier liegt sie, die voller Lebensfreude war, die medizinisch-pflegerische, aufrichtige, halbaristokratische Zosia mit zersprengtem Herzen. Fast nicht zu glauben. Sie fühlte keine Gewissensbisse. Ihre Schuld, daß sie es nicht verstanden hatte, ihn an sich zu fesseln. Sie wird sich für niemanden aufopfern. Außerdem war es zu spät. Aber tausendmal würde sie ebenso handeln. Mag sein, daß das jemand eine Schweinerei nennen würde, aber sie ist nur für sich selbst verantwortlich. »Ein im Namen des höchsten Lebens begangenes

Verbrechen ist nur die Abwehr eines fliegenden Speers«, fiel ihr ein Satz von Miciński ein. »Vielleicht würde Papa mich verstehen und rechtfertigen.« Atanazy gehörte nun ihr – war der, dessen Bestimmung sie erfüllen und vervollkommnen sollte, in Leid, in Freude, im Verbrechen, auch in der Schweinerei. Der katholische Gott hatte aufgehört zu existieren – es gab weder Schuld noch Strafe. »Wir werden sehen, wer er nun ist. Wie interessant. Nichts mehr ist notwendig – nicht einmal Gott.« Angst durchrieselte sie, und plötzlich fühlte sie sich wie ein schwaches, kleines Mädchen. Sie wollte, daß er sie umarmte und an sich drückte, dieser Mörder – an sich selbst als Komplizin des Verbrechens dachte sie nicht einmal. Sie neigte sich (Atanazy stand völlig gebeugt da) und wollte ihn zur Aufmunterung auf den Kopf küssen. Da stieß er sie brutal zurück und schlug sie mit der Faust in die Brust. Er selbst fiel auf die Knie und hörte, wie sie hinausging – er blieb allein mit der Leiche. Durch die Fenster fiel ein immer stärkerer Glanz. Bis endlich die Sonne hinter den Schneewolken hervorkam und die goldenen Haare und das bläuliche Gesicht von Zosia beleuchtete. »Arme Zosia, Arme (armes, unglückliches Ding, ›ärmstes‹ . . .)« – nichts. An einem solchen Tag wurde das Wetter schön – ein wundervoller Tag brach an, idealer Schnee für Ski – Graupelschnee auf gefrorenem Firn. Daran war auch dieser Schwede schuld. Es tat ihm jetzt nicht mehr leid, daß er ihn umgebracht hatte. »Selber werde ich mich nicht umbringen, ›was auch immer geschehe‹« – das beschloß er fest – alles, aber nicht das. Er mußte dieses Leben bis zu seinem eigenen Ende leben. Zosia hat sich nicht umsonst umgebracht – er wird sich bis zum Ende durchquälen. Doch was waren schon diese Entschlüsse angesichts der Qual, die noch kommen sollte. Und später »ertappte er sich« ein paarmal mit dem Browning an der Schläfe, schon im Begriff, abzudrücken. Es wäre eine solche Wonne gewesen wie ein Glas eisgekühlter Limonade nach einer Woche Umherirrens auf dem weißen Wüstensand. Aber er konnte nicht. Was hielt ihn ab? Angst existierte nicht. Vielleicht ein Pflichtgefühl sich selbst gegenüber – damit Zosia nicht umsonst gestorben war. Er mußte seine Fehler loswerden, sich bessern. Aber vielleicht war es eine Lüge? Vielleicht –

o Schande, o Schmach – hielt ihn die Liebe zurück – vielleicht liebte er »jene« wirklich? Schon dies vor sich selbst zu bekennen, wäre dem Tode gleich. Nichts – Finsternis. Genug, daß er in unmenschlichem Leiden verharrte, litt und litt, ohne zu schlafen, ohne zu essen. Manchmal dachte er an das Glasröhrchen mit dem weißen Pulver, doch er wies diesen Gedanken sogleich von sich. Aber Łohoyski gab er das Röhrchen nicht zurück, trotz seines Flehens – nur für ihn allein war es gut, so sagte er sich, aber er wußte, daß es nicht wahr war. Dieses Röhrchen hatte irgendeine spezielle Bestimmung – noch hatten die Geschicke sich nicht erfüllt. Er war niederträchtig – als Niederträchtiger konnte er nicht sterben. Man mußte durchhalten – um irgendeinen Preis. Am selben Tag kamen noch schrecklichere Momente. Frau Osłabędzka war erwacht – das war eine weit schlimmere Hölle als die Heimkehr mit Alfred von dem Kokainabend. Auch sie konnte nicht weinen – vor Verzweiflung erstarrt, behandelte sie Atanazy wie ein Luftloch. Dann weinte sie, und das war noch schlimmer. Er ertrug auch das. Aber nach der Nacht, die Atanazy auf unbekannte Weise »verbracht« hatte, mit halbem Hindösen und Gesprächen, kamen die Polizei und der Untersuchungsrichter, und es begannen die Nachforschungen. Verdächtig schien, daß man die Behörden einen Tag zu spät benachrichtigt hatte. Das war aber die Folge einfacher Schlamperei. Alle mußten aussagen, was sie in dieser Nacht getan hatten. Atanazy, der aus Aufrichtigkeit oder auch Betäubung gestanden hatte, bis zum Morgengrauen nicht geschlafen zu haben, konnte sein »Alibi« für die Zeit zwischen ein und drei Uhr nicht nachweisen (und Zosias Brief hatte er vernichtet), und er begann, sich in seinen Berichten peinlich zu verwirren, bis er schließlich in Schweigen verfiel und seinen etwas ratlosen Blick auf den Richter heftete, in dessen Vorstellung daraufhin leider ein Bild von ihm entstand, wie er seine Frau bis auf die Lichtung verfolgte, ermordete und »Selbstmord-Umstände« arrangierte.

»Hier kann ein Verbrechen vorliegen«, sagte dieser Herr (ein sympathischer Blonder mit einem Binokel) und sah mit vollendet gleichgültigem Blick um sich. Daraufhin trat Hela auf.

»Herr Bazakbal hat diese Nacht mit mir geschlafen – das

heißt: in meinem Bett«, sagte sie mit klangvoller, starker Stimme. Es war einer jener Momente, die man später in antisemitischen Kreisen boshaft als »Regung des Bluts der Bertz und der Szopenfelder« bezeichnete – so lautete der Mädchenname von Helas Mutter – doch wer weiß, vielleicht war es auch das Blut der Rothschilds, der schlechteren natürlich. Alle zuckten zusammen (zum Glück war Frau Osłabędzka nicht mit dabei), und Atanazy sah Hela an wie von unter der Erde, wie aus dem Grab, als sähe er sie zum erstenmal im Leben. Plötzlich hatte er wieder Kraft. Die erste Äußerung seiner eigenen Kraft (bisher war alles nur die Automatik eines völlig marmeladisierten Individuums gewesen) war, daß er in wildes Weinen verfiel. Er platzte so vor Weinen, wie man sonst vor Lachen platzt, er platzte wie ein kleiner Ballon, der bis zum äußersten aufgeblasen und dann von gedankenlosen, erbarmungslosen Händen zerdrückt wird. Er brüllte geradezu, verschluckte sich an Tränen und Nasenschleim. Das war ekelhaft, aber gesund. Aber tief innen war immer noch Platz für die unangenehme Empfindung, daß sich niemand um ihn kümmerte (was denn, das war einfach Helas Pflicht, wenn sie ihn liebte) und sich um sein Schicksal Sorgen machte. »Wenn Zosia noch lebte, dann würde sie vielleicht als einzige . . .« dachte er und lachte mitten im Weinen beinahe auf bei diesem Gedanken. Er begann wild zu lachen; in einem Anfall von Hysterie schäumend, trug man ihn aus dem Zimmer. Hela sagte weiter aus. Prepudrech verstand nichts. Nach beendigter Untersuchung, als alle hinausgegangen waren, trat er zu ihr:

»Hela: ich weiß, daß du das gesagt hast, um ihn zu retten. Sie hatten sich wegen der Frage eines Kindes zerstritten. Dann ist er zu einem Spaziergang hinausgegangen. Der Wind hat die Spuren verweht. Niemand hat ihn gesehen. Und sie ging gerade dann hinaus. Als er zurückkam, dachte er, daß sie – du weißt? – und schlief ein. So sagte er mir heute morgen. Beweisen kann man nichts, aber . . . Vielleicht ist das sogar edelmütig, aber man wird es aufklären müssen, denn versteh meine Situation . . .«

»Du bist dumm, Azio. Du hast mir den Sinn des Lebens verdeckt, als ich mich mit dem einzig wahren katholischen

Gott versöhnen wollte. Ich bin darüber hinaus. Ich liebe dich nicht. Du kannst weiter nominell mein Gatte sein und sogar manchmal, wenn du willst, ein Freund (Prepúdrech erzitterte vor Zufriedenheit), aber ich habe tatsächlich gestern mit ihm ›gebumst‹ – wie deine Jagna wahrscheinlich sagen würde. Und das nicht zum erstenmal. Ich habe dich vor der Trauung betrogen – das weißt du. Und in der Hochzeitsnacht ebenfalls, damals, als Ziezio spielen sollte – darum wollte ich nachher nicht mit dir – verstehst du? Ich sage dir das, um herauszufinden, ob wir Freunde sein können oder nicht – wenn nicht, dann Scheidung, und ich heirate Atanazy – das weiß ich aber noch nicht.«

Vor Prepudrech tat sich eine stinkende Höhle auf: das, was er für ein Kokainprodukt von Tazio gehalten hatte, das, was er nicht hatte glauben wollen, obwohl er es schließlich schon längst wußte, diese entsetzliche psychische Gallertsülze von unbekannter Konsistenz, vor der er einen Ekel empfand, der schon an eine ekelhafte perverse Neigung grenzte, dieses ganz Unmögliche – das war Wahrheit! Einstweilen erwies sich das als »intransformable« – als etwas, was sich nicht in reine Klänge übertragen ließ, nicht einmal in unreine. Jetzt begriff er zum erstenmal, was eine Ehefrau ist (man kann sie betrügen, aber nicht der Betrogene sein – eine schöne Bescherung), und er begriff, daß er seine Frau diese ganze Zeit über rasend geliebt hatte, auch wenn er in die Welt der entstehenden Klänge vertieft war, und auch wenn er sich in den harten Umarmungen Jagnas suhlte. Auf eine Ehefrau schießt man – dagegen gibt es keinen Rat. Vielleicht rührte sich in ihm endlich das persische Blut der Fürsten Belial-Prepudrech – wer weiß – kurz, ohne weiter zu überlegen, griff er langsam in die hintere Hosentasche, nahm dort etwas heraus und schoß plötzlich mit einem Browning auf Hela, ungefähr auf die Brust zielend, und schaute ihr dabei in die Augen, die ihn mit ironischer Neugier beobachteten. (In dem Augenblick, als er zielte, sagte Hela:

»Aber, mein Azio, du kannst nichts Besseres tun.«) Sie stürzte und schloß die Augen – es schien, als stürbe sie, doch wer konnte das sicher wissen: sie versank ins Nichts, sie empfand eine unbeschreibliche Wonne – diese Verantwortungslosigkeit, diese Leichtigkeit von allem – ihr schien, daß Gott sich über sie neigte, *dieser einzige,* und ihr alles verzieh – sie lächelte und wurde ohnmächtig. »Das erst gibt mir eine neue musikalische Dimension«, dachte Prepudrech mit Worten, die er von Tazio gelernt hatte, »eine Möglichkeit von Dingen, die ich mir noch nicht vorzustellen wagte. Ha – wenn ich wirklich Talent hätte, wäre ich groß. Als Qualität habe ich eine erstklassige künstlerische Maschine.« Mit diesen Gedanken ging er aus dem Zimmer, ohne Hela anzusehen (er fühlte, wenn er sie ansähe, würde er anfangen sie zu retten, und das wäre lächerlich), zog den Pelz an, nahm einen riesigen Stoß Notenpapier, ein paar Bleistifte und rannte dem Untersuchungsrichter nach. Er holte ihn ein, als dieser bereits in den Schlitten stieg. Unterwegs drang der »Butler« Ćwirek fieberhaft in ihn:

»Was denn noch? Was denn noch? Sind Ihre Durchlaucht wahnsinnig geworden?«

»Ich habe die Frau Prinzessin umgebracht: sie liegt im großen Salon oben, dort wo Frau Bazakbal«, sagte Azalin ruhig und schob den aufdringlichen Alten beiseite. Dieser rannte weiter.

Der Richter nahm die Nachricht auf, ohne zu zucken. Er ließ den Prinzen sofort verhaften; in dem prachtvollen Pelz aus Neukinländischem Berber lieferte man ihn im Gemeindegefängnis ab. In einem katatonischen Anfall vollkommen erstarrt, im übrigen bei vollem Bewußtsein, erfuhr der Prinz dort später, daß Hela mit einer durchschossenen linken Lungenspitze lebte und wahrscheinlich am Leben bliebe. Und plötzlich kehrte sein verkrampfter Körper in den normalen Zustand zurück, und der gesunde musikalische Gedanke durchtrennte die Wälle der versteinerten schmerzlichen Gefühle. »Also werden wir beide leben und uns noch irgendwann begegnen. Das ist Glück. Und unterdessen an die Arbeit.« Er ließ sich einen großen Tisch bringen, breitete das Notenpapier aus und begann zu schreiben. Am nächsten Morgen besuchte ihn Ziezio. Nach einem Einblick in die Noten konnte sich der Meister nicht eines gewissen Reflexes von Unwillen enthalten, den der Prinz mit Freude bemerkte: sein Zögling machte zu rasche Fortschritte. Man wird ihn zum offiziellen Nachfolger ernennen und sich vor dem Niedergang mittels Apotransformins von der Welt in eine Irrenanstalt zurückziehen müssen. Wie aber soll man den richtigen Zeitpunkt wissen? Aber das sagte Ziezio Azalin nicht. Sie sprachen miteinander nur von Hela . . . (Sie fühlte sich ausgezeichnet. Atanazy bewachte sie physisch – sie ihn – moralisch. Nur weinte er jetzt fortwährend, zeitweise heulte er sogar.) Prepudrech freute sich über diese Nachricht – Zosia tat ihm sehr leid, ebenso Łohoyski. Nichts zu machen – soll dieser Schuft nur heulen – anders bezeichnete er Atanazy jetzt nicht mehr – er muß bestraft werden. Sonst gäbe es keine Gerechtigkeit auf der Welt. Die Freundschaft war erschöpft. Der naive Prepudrech konnte sich die Welt nicht ohne Gerechtigkeit vorstellen, nicht einmal ohne außerweltliche Sanktionen. Jetzt erst überzeugte er sich davon, wie schwach doch sein Katholizismus war, der in Helas Bußzeit gestützt worden war. Er fühlte sich durch alle diese Niederlagen von Gott beleidigt, und der Glaube war verschwunden wie von Zauberhand. »Musik ist meine einzige Religion. Mit oder ohne Talent werde ich als Opfer auf ihrem Altar untergehen«, dachte er hochfliegend, sich durch nichts mehr geniert fühlend. Gott blieb für ihn etwas sehr Würdiges, aber entschieden weniger Wirkliches als auch nur ein Septimenakkord. Ganz zu schweigen von den Werken, die nicht in der Natur präexistieren, die nur in ihm sind. Ziezio, an der Grenze des Irrsinns, jeden Moment einen Ausbruch akuter Paranoia erwartend, beneidete den persischen Cherub um seine Sorglosigkeit. Zum ersten Mal wohl empfand er die Last seiner vierzig Jahre und nahm eine riesige Dosis Apotransformin von Merck: »Spécialité pour les musiciens, verschärft den Gehörsinn*, exciting musical sensibility« – so stand es in verschiedensprachigen »Gebrauchsanweisungen«. Die Leere vor ihm war schrecklich. »Nein – umbringen werde ich mich nicht: ich will sehen, was Wahnsinn ist.« (Ziezio fürchtete nicht einmal das, also war er absolut mutig.) »Ich habe ohnehin nichts zu verlieren.« Doch alles rächt sich fürchterlich: das sah er bald. Schon um zehn Uhr abends, als Atanazy, nachdem er Frau Osłabędzkas mörderische Tirade über die Schweinereien arbeitsloser Pseudointellektueller angehört hatte, gefoltert in sein Zimmer ging (er hatte jetzt ein Zimmer neben Hela), stürzte sich Ziezio von einem roten Schrank im Korridor auf ihn und begann brüllend, ihn zu würgen. Zwei Lakaien entrissen ihm den halbtoten Atanazy. Man fesselte Ziezio mit Gurten, und nachts brachten sie ihn zum Sanatorium Widmannstädt in den Heiligen-Kreuz-Bergen. Prepudrech war jetzt ohne Konkurrenten, dafür aber im Gefängnis. So endete dieser Tag.

VII. Kapitel
Flucht

Atanazy »verbrachte« die Nacht an Helas Bett. Alles war von einer so dichten Schicht von Gewissensbissen verhüllt, daß er durch das alptraumhafte, fürchterliche Gewölk von grau-roten und schwarzen außerweltlichen Materien hindurch nicht einmal mehr ihre Schönheit erblickte. Und dennoch lebte er nur durch Hela. Wäre sie nicht gewesen, so hätte sich vielleicht der Ehrgeiz, nicht als ein Niederträchtiger zu sterben, als zu schwach erwiesen, und er wäre wohl einem der Selbstmordgedanken unterlegen, die ihn täglich fünf bis sieben Mal befielen. Er gab sich keine Rechenschaft über die Möglichkeit noch niederträchtigerer Dinge, die da kommen konnten – und was dann? Das, was geschehen war, »erhob« und sublimierte sein Gefühl zu Hela – wenigstens vorläufig. Dabei fühlte er, daß er ohne sie völlig allein im Leben stünde und ihn nichts mehr erwarten würde. Wie ein ekelhafter Fettfleck glibberte auf dem Grund der Gedanke, daß er ohne sie eine Anstellung suchen und anfangen müßte zu arbeiten, um seinen Lebensunterhalt zu verdienen, unter der Herrschaft der bauernfreundlichen Sozialisten, unter für ihn unbegreiflichen Daseinsbedingungen. Doch diesen Gedanken verdrängte er durch die Gewißheit, daß er sich schließlich jederzeit eine Kugel in den Kopf schießen konnte. Diese Überlegung war sonderbar. Die Scheußlichkeit des Lebens fletschte ihre gelben, morschen Zähne und streckte ihre schwarzbelegte Zunge geil aus dem stinkenden Rachen, ohne jede Maske. Schmerz und Leiden konnten theoretisch auch schön sein – in diesem Falle waren sie es – nicht. Zosia war fortgegangen, nachdem sie ihm mit raffinierter Verachtung moralisch eins in die Fresse gegeben hatte im klaren Bewußtsein, was für ein Leid sie ihm damit bereitete. Das linderte seine Gewissensbisse ein wenig – freilich nur zeitweilig. Die grenzenlose Qual dauerte bis sechs Uhr morgens. Im Sitzen schlief er um sieben Uhr ein. Und dieses höllische Erwachen, mit dem klaren Gefühl, daß alles von neuem begann: anfangs ein gegenstandsloses Erschrecken, daß etwas geschehen war, was, war noch ungewiß – und dann lief in der Erinnerung der höllische Film der Ereignisse ab, und eine Foltermaschine erfaßte Atanazy mit ihren Zahnrädern und Transmissionen. Regelmäßig jede Stunde weinte er. Es schien, als wäre jede Sekunde der Vergangenheit das Allerschlimmste gewesen, als komme jetzt die Besserung oder wenigstens ihr Anfang. Aber nein: je weiter, desto schlimmer. Zu irgendeiner Stunde irgendeines Tages sagte Frau Osłabędzka wie eine Maschine (die arme Alte, die das wirkliche Leiden ihres Schwiegersohns sah und, von ihm belogen, daß es sich um das Kind gehandelt habe, ihm ein wenig verziehen hatte – nicht sehr, doch immerhin. Den Schuß des Prinzen auf Hela hatte man ihr als eine ganz andere Geschichte dargestellt. Sie fragte niemanden, und niemand wagte ihr etwas zu sagen.): »Die Zeit heilt alles. Schließlich weiß ich ja, daß niemand ganz unschuldig ist und daß du sehr leidest. Ich verzeihe dir, ich weiß ja, daß du sie anfangs mehr geliebt hast, und wenn sie verstanden hätte, dieses Gefühl anders zu lenken, wäre es nicht dazu gekommen. Vielleicht hättet ihr euch nach etwa fünf Jahren in gutem Einvernehmen getrennt. Aber leider ist es anders gekommen. Ertrage es und sei glücklich. Möge es dich lehren, die Gefühle eines anderen mehr zu schätzen. Die Zeit heilt alles. Wir werden einander nicht wiedersehen – wozu? Ich glaube nicht, daß du finanzielle Ansprüche hast . . .« Hier wurde ihre Rede durch einen Weinkrampf Atanazys unterbrochen. Sie reichte ihm die Hand. Er wagte nicht, ihr die Wahrheit zu sagen – vielleicht war es auch besser für sie. Wer weiß.

Aber es kamen unerträgliche Dinge. Er mußte bei der Obduktion der Leiche mit dabei sein, das verlangte ausdrücklich der zu der Zeremonie gekommene Staatsanwalt, der noch einen Verdacht hatte und den sonderbaren Aberglauben hegte, daß »in Gegenwart des Mörders das Blut wieder fließen« werde. Das geschah nicht. Aber Atanazy sah, wie man aus dem blutigen Inneren der (einst geliebten) Zosia sein Kind hervor-

337

holte – es war ein Sohn, der einige Monate alte Melchior Ba-
zakbal, von der Farbe eines rohen Hühnerpürzels. Dieser
Schlag war allzu schwer. Er weinte nicht mehr bei diesem
Anblick, sondern stürzte um wie hingemäht, und die Augen
verhüllte ihm eine gütige Schwärze. Er war zum erstenmal im
Leben richtig ohnmächtig geworden, und das war eine der
angenehmeren Erinnerungen an diese Periode; nur einmal war
er sonst ohnmächtig geworden, während ein paar Stunden
wahnsinniger Zahnschmerzen – damals hatte er nichts gefühlt.
Endlich begriffen diese Herren, daß er keines physischen Ver-
brechens schuldig war, und ihn für ein moralisches zu strafen,
hatten sie kein Recht.

Die Beerdigung fand an einem wunderschönen Märztag
statt, dem letzten dieses Monats. Die Berge leuchteten in rei-
nem, frischem, rosigem Schnee, und auch im Tal lag genug
davon. Man hatte den Eindruck von tiefstem Winter, und vor
Atanazys Erinnerung zogen in schrecklicher Klarheit alle die
Tage vorüber, vom Herbst bis heute, insbesondere die mittlere
Periode: der Sport, und wie er Zosia verließ. Obgleich er von
Gewissensbissen gefressen wurde wie ein Stück Käse von Wür-
mern, wahrte er bei der Beerdigung eine Maske der Ruhe – das
wurde ihm dadurch erleichtert, daß Frau Osłabędzka ihm die
Gnade erwiesen hatte, sie am Arm hinter dem Sarg herzufüh-
ren. Zosia wurde auf dem Friedhof für Selbstmörder beerdigt,
unmittelbar hinter der Mauer des »wirklichen« Friedhofs. Der
Bischof hatte keine Erlaubnis für eine Ausnahme erteilt, und er
hatte recht. Das Grabmal – ein grauer, einfacher, ein wenig
stilisierter Stein – sollte von einem der besten Schüler von Ka-
rol Stryjeński gefertigt werden, den man eigens zu diesem
Zweck aus Zakopane kommen ließ.

Das Leid würgte Atanazy wie ein Henker, der über einen
geradezu wilden Einfallsreichtum von Foltern verfügt. Wenn
nicht von dieser Seite, so von einer anderen – stets verstand es,
ihn zu beschleichen und auf das schmerzhafteste zu treffen. Er
empfand dieses Leid fast als eine reale Person, die ständig in
ihm wohnte. Sie ging manchmal auf ein Weilchen hinaus (viel-
leicht wegen eines Bedürfnisses?), um sofort zurückzukehren
und wieder alles aufs neue anzufangen, jedesmal schlimmer,

anders. Gewissensbisse in allen möglichen Gestalten wucherten in der Seele, mit Fasern, deren jede ein neuer Brennpunkt des Schmerzes war. Nach der Rückkehr von der Beerdigung (es war sechs Uhr abends, und die Berge sprühten von der wundervollen fernen Glut der längst untergegangenen Sonne) und vertieft in den herrlichen Anblick, erklärte Atanazy Hela, daß er nicht mehr länger zu leben gedenke. Er war wie ein kleines Kind in dem, was er sagte und wie er sich benahm, und erweckte in Hela trotz allem mutterartige (mütterliche?) Gefühle – sogar in ihr, in diesem notorisch unfruchtbaren Dämon. Nur Frau Osłabędzka, die endlich abgereist war, war bis zum Schluß kalt geblieben. Doch auch so hatte sie viele Vorzüge gezeigt, die vorher niemand hatte wahrhaben wollen. Atanazy dachte an sie mit einer gewissen Dankbarkeit, obwohl ihrer beider Leiden nicht zu vergleichen waren, was sie in keiner Weise anerkennen wollte.

Ohne sich Atanazy zu nähern (auf ihre Berührung reagierte er wie auf ein glühendes Eisen), begann Hela, ihm sanftmütig zu erklären, daß er bis morgen warten solle. Sie behauptete, daß die Krise vorübergehen müsse, daß noch niemand allein durch Leid gestorben sei, daß in den nächsten Tagen der Moment kommen müsse, in dem sich etwas wenden und allmählich das Übergewicht über die Erinnerungen erlangen werde. So sprach sie, auf den Ellbogen gestützt und trübselig vertieft in den auf den Gipfeln erlöschenden, blaß orangeroten Glanz des Abendrots. Atanazy schaute sie an, seit langem zum ersten Mal, und fühlte, daß er sie über alles liebte. Peinlich war das, ja einfach scheußlich, aber wahr. Aber welche Abgründe von Schrecklichkeit waren noch zwischen ihnen! Wer von ihnen würde imstande sein, das zuzuschütten, und womit – mit einer neuen Schweinerei? Welche Gefühle sind nötig, um den fast physischen Abscheu vor ihr zu vernichten, die Gewissensbisse wegen des Verbrechens, ein unschuldiges, ihn liebendes Wesen ermordet zu haben, und diesen Ekel vor sich selbst, dieses Schlimmste... Er fühlte sich, als wäre er ganz von einem stinkenden, klebrigen Schleim oder von Eiter überzogen. Und dazu ein dumpfer, unerträglicher, nicht zu ortender Schmerz, der das ganze Weltall zu umfassen schien. Und diese Verachtung, die in dem letzten Brief zum Ausdruck gekommen war, diese »Ohrfeige«, bei deren Erinnerung er in der ekelhaften Scham eines kraftlosen Feiglings erglühte. »Meinem Geist hat sie eins in die Fresse gegeben und ist gegangen«, wiederholte er für sich einen Satz aus den *Unverbesserlichen* von Słowacki. Nein – das war zuviel. Bis morgen halte ich das Leben vielleicht noch aus, aber weiter . . .? Man kann mit dieser Qual nicht leben. Von Prepudrech war überhaupt keine Rede mehr. Łohoyski ging düster umher, zeigte deutlich seinen Widerwillen gegen Hela und Atanazy, reiste aber nicht ab. Er hatte kein Geld dazu, und um Geld bitten wollte er nicht, in der Stadt aber hatte er nichts zu tun. Arbeiten? Ah, non, pas si bête que ça. Überhaupt betrachtete man den Reichtum der Bertz als etwas Selbstverständliches, was ohne große Dankbarkeit zu benutzen war. Man hätte es ihnen eher übelgenommen, wenn sie nicht so zuvorkommend und gastfreundlich gewesen wären, als daß man ihnen dankbar dafür war, daß sie es waren. Wenn sich so ein Zustand einmal einbürgert, ist nichts mehr zu machen. Łohoyski machte sich wieder daran, junge Bergbauernburschen zu verführen, er begann sogar in lokaler Mundart etwas wie einen volkstümlichen *Corydon* für niedere Klassen zu schreiben: *Dialog eines Bauernwirts mit dem Teufel über den Hintern* – so sollte der Titel dieses Werks sein. Janek Baraniec half ihm dabei, völlig bekehrt zu dem neuen Glauben an »höhere« Freundschaft. Prepudrech (über den nicht gesprochen wurde) war in das Gefängnis der Provinzhauptstadt überführt worden. Obgleich ihm während seines ganzen Aufenthalts in Zaryte stets das Mittag- und Abendessen aus der Villa gebracht und von ihm auch angenommen wurde, lehnte er entschieden ab, seine Frau und Atanazy zu sehen. Offenbar wurde er unter dem Einfluß des »Schöpfertums« immer eigenbrötlerischer. Vergebens versuchte Hela, Atanazy zur Abreise zu überreden. Immerfort behauptete er, er werde den nächsten Tag nicht mehr am Leben sein – aber er »blieb« es, und am zehnten Tag endlich war ihm, als ginge es ihm ein wenig besser. Der Anblick der Schönheit der Natur verursachte ihm nicht mehr diesen brennenden Schmerz bei dem Bewußtsein, daß die durch ihn ermordete Zosia nicht dasselbe sah wie er. An seinen nicht zustande gekommenen Sohn von der Farbe frischer Leber (?) dachte er fast gar nicht mehr. Allmählich begann er Erleichterung zu finden in der Betrachtung von »Weidenkätzchen« vor dem Hintergrund des Himmels oder von kahlen Felsen auf den Gipfeln, die bei Sonnenuntergang in einem grauen Himbeerrot leuchteten. Auch schlief er in der Nacht manchmal ein. Doch dafür verfiel er in eine fast völlige Apathie – sein Wille war derart geschwächt, daß man ihn füttern und sogar ankleiden mußte – damit befaßte sich der »Butler« Ćwirek. Und er war so schön (Atanazy, nicht Ćwirek) in diesem Leid, daß Hela allmählich ungeduldig zu werden begann. Ihre wechselhafte, stürmische Natur empörte sich schließlich, sich »solchen Sachen« fügen zu müssen.

Eines Tages stand sie vom Bett auf, zog einen purpurnen Pyjama an mit einem Muster von stilisierten, schwarzen Hyalisstauden mit goldenen Früchten und öffnete das Fenster. Es war ein warmer Aprilmorgen. Der Frühling hing in der Luft, die Vögelchen zwitscherten lustig, und die Sonne wärmte wie im Sommer. Nur auf der Erde wehte noch im Schatten winterliche Kühle, und morgens bedeckten sich Pfützen und die Ränder der Bächlein mit glasigem Eis. Aus einem Fenster ein paar Schritte rechts tauchte Atanazys Kopf auf.

»Herr Tazio« (sie waren jetzt miteinander auf »Sie«) »kommen Sie sofort hierher. Ich habe Ihnen etwas Wichtiges zu sagen.«

»Ich bin nicht angekleidet«, lautete die mißmutige Antwort.

»Das macht nichts. Bitte, gleich hierher zu mir.« – »Sie schreit mich an wie einen Hund. Ich bin tatsächlich wie ein armer, geprügelter, räudiger Hund an einer Kette«, dachte Atanazy mit tiefem Selbstmitleid, während er sein herrliches Haar kämmte, glänzendes, schwarzes Haar, das nach Honig duftete und nach seltenen Pilzen und nach noch etwas Unerfaßlichem – (das behauptete wenigstens Łohoyski). Er fühlte sich heute etwas besser und machte sich deshalb strenge Vorwürfe. Noch hatte er nicht genügend gelitten, nicht den hundertsten Teil seiner Verschuldungen »abgebüßt« – und schon ging es ihm besser! »Ich bin doch niederträchtig. Wenn ich wenigstens mein Leben in einer anderen Dimension rechtfertigen könnte, so wie der arme Azio, wenn irgend etwas daraus entstünde, verflucht! So aber ist sie umsonst umgekommen, das arme Ding!« Wenn auch infolge der Abreise aus der Hauptstadt und der gegenwärtigen Revolution, die auf der zweiten Stufe stehengeblieben war, alle gesellschaftlichen Aspirationen Atanazys geschrumpft und klein geworden waren, so fühlte er jetzt bei der Nachricht, daß sich dort wieder etwas zusammenzubrauen begann, doch eine gewisse Erleichterung. Sein Leid verlor an Wichtigkeit, und er fühlte, daß er immerhin ein Mitglied der Gemeinschaft war, wenn schon nicht der Nation, wovon er nicht einmal träumen konnte, sowohl aus inneren wie aus äußeren Gründen. Man wird vielleicht auf schöpferische Art in all dem untergehen können, oder vielleicht bietet sich eine Gelegenheit, etwas Bedeutungsvolles zu vollbringen. Zu diesem Thema herrschte ein fürchterliches Durcheinander in seinem Kopf, und Hela, das Instrument der Vernichtung, hatte vor dem Hintergrund der Ereignisse einstweilen ihren ganzen Wert eingebüßt. Mit trägem Zögern ging er zu ihr und dachte dabei mit einem gewissen Vergnügen, daß er sie ja in Reserve habe vor der allerletzten Reserve – dem Tod.

»Und nun hören Sie mir aufmerksam zu und seien Sie nicht mehr derart vom Leiden betäubt, denn mich langweilt das alles bereits!« Sie stampfte mit dem Fuß auf in plötzlichem Zorn. Wie war sie doch wunderschön in ihrer Wut! Mit einem Gewissensbiß, den er aus den tiefsten, erblindeten Schlupfwinkeln des Geistes hervorholte, bekannte sich Atanazy dazu, daß er sie bewunderte, und vielleicht sogar . . . doch nein – genug auch schon so. »Heute abend fahren wir von hier fort. Ich will nicht hier sein während Prepudrechs Gerichtsverhandlung – in einer Woche kommt er vor Gericht – und auch Ihnen wird es nicht angenehm sein: alles wird von neuem hervorgezerrt. Wenn Sie so sind wie jetzt, so weiß ich wahrhaftig nicht, ob ich mich freuen oder ob ich es bedauern soll, daß dieser Esel mich damals nicht umgebracht hat. Sehen Sie denn nicht, daß nur in Ihnen der ganze Zauber des Lebens für mich liegt.« Die letzten Worte sprach sie mit gehemmter Leidenschaft aus, vielleicht auch mit etwas noch Tieferem. Über Atanazys Gesicht huschte eine graue Flamme, doch erlosch sie sogleich im Dickicht der

schon welkenden Leiden. »Und außerdem beginnt es über-
haupt schlecht auszusehen. Wenn sie auch sagten, sie wären
von höchster Qualität, weil unser Land – das heißt eures«, warf
sie geringschätzig hin, »ein Agrarland ist und weil die Nivelli-
sten hier keinen Platz finden können, um sich für immer zu
verwurzeln, so schreibt Papa doch, daß es nicht so gut steht,
wie er gedacht hatte. Die Agitation unter dem ›städtischen
Elend‹ wächst infolge der Unmöglichkeit, die Verteilung und
die Organisierung von landwirtschaftlichen Kooperativen
schnell durchzuführen. Das alles ist langweilig wie eine Ge-
schlechtskrankheit – wenigstens stelle ich mir das so vor. Ach,
Herr Tazio: warum ist alles, was gut ist, so tödlich langweilig!
Ich wollte gut sein: ich tat, was ich konnte – das heißt immer
ein und dasselbe: eine einzige große, graue, lausige Masse –
gut, aber lausig. Ich kann nicht mehr . . . Man wird das Palais
und diese Villa abgeben müssen – man beginnt, Papa verschie-
denes übelzunehmen, daß er seine Stellung ausnützt – aber
lassen wir das – gegenüber dem, was wir im Ausland haben, ist
das nur ein Tropfen im Meer . . .«

»Im Prinzip bin ich damit einverstanden, aber unser heutiges
Böses besteht nur in kleinem Maßstab. Einst, in den Epochen
der Blüte des Individuums, ist das Böse schöpferisch gewesen:
es schuf die Kraft der Massen und das Wohl der Zukunft, das
uns zu Tode langweilt. Ihr Vater, ein erstklassiger Dämon,
muß gut zu den armen Bauern sein, wenn er heute etwas dar-
stellen will. Die Nivellisten müssen nur zu den aussterbenden
Resten des einstigen Individualismus schlecht sein. Und die
heutigen schlechten Menschen, kleine Wanzen und Würmer:
Banditen und Missetäter, sitzen in Gefängnissen. Es bleiben die
Geschäfte, aber auch in großen Affären ist es heute schwierig,
in großem Maßstab schlecht zu sein – und das geht glücklicher-
weise zu Ende. Und was sind erst wir: Abfallstücke ohne um-
rissene Beschäftigung . . .«

»Gleichviel. Wir müssen unser Leben bis zu Ende leben. Ich
werde Sie nicht dafür hingeben, daß Sie sich von allen diesen
Leiden überfluten lassen. Sie sind stärker, als Sie glauben – ich
weiß es. Packen Sie bitte gleich Ihre Sachen. Ich habe alle Rei-
sepässe, Genehmigungen und Vollmachten. Papa hat sie ge-

stern geschickt. Ich habe das ohne Ihr Wissen erledigt. Sie sind
Prinz Prepudrech – Papa hat alles arrangiert. Übrigens will ich
Sie heiraten«, schloß sie, unsicher lachend.

»Und ich werde mich nicht von der Stelle rühren. Hier ist
ihr Grab. Ich kann nicht. Fahren Sie. Es ist am besten, wenn
ich hier ende, und wenigstens ist dann das Problem meiner
Existenz für Sie verschwunden.« So sagte er, wissend, daß das
absolut unausführbar war – doch das andere war ebenfalls un-
möglich: eine Situation ohne Ausweg oder »mit einem Aus-
weg in die Ewigkeit«, wie Miciński als Widmung in eines sei-
ner Bücher geschrieben hatte.

»Ich liebe Sie, Herr Tazio« (zum ersten Mal sprach der Dä-
mon diese Worte aus) »einzig Sie allein, für das ganze Leben.
Ich habe zwei Wege vor mir: entweder Sie oder das Kloster,
und im äußersten Fall die Nivellisten – und vielleicht Tempe,
falls sie ihn bis dahin nicht erschießen. Aber Sie wiegen Kloster
und Nivellisten zusammengenommen auf. Ist das denn kein
Kompliment? Es scheint, daß ich wirklich zum ersten Mal im
Leben und wohl auch zum letzten Mal liebe – und zwar Sie.
Gehen Sie gleich Ihre Sachen packen. Einen Eilzug nach Kra-
lovan haben wir um drei Uhr nachmittags. Zur Station ist es
weit – das Lastauto wird auf diesem Weg nicht schnell vor-
wärtskommen.«

»Fräulein Hela:« (warum sagte er: »Fräulein«?) »Wissen Sie,
was das heißt, so einen Ekel vor sich selbst zu haben wie ich?
Ich bin schlimmer als nichts – ich bin ein ekliger Wurm, ein
Bandwurm oder ein Leberegel.«

»Ja, in mir. Mir ekelt nicht vor Ihnen. Genügt Ihnen das
nicht?«

»Sie setzen sich selbst in meinen Augen herab, wenn Sie so
zu mir reden . . .«

»Was?!« Ein violetter Blitz flammte in Helas Augen auf, und
die in dem Ausbruch rasender Wut wunderschönen Augen
wurden noch schräger. Wie zauberhaft schön war sie in diesem
Augenblick. Wäre nicht der entsetzliche Selbstekel gewesen,
der ihn psychophysisch völlig kraftlos machte, er hätte diese
»Königin Kleinasiens« auf der Stelle vergewaltigt. In kalter
Leidenschaft nahm Hela ruhig, mit sicherer Bewegung, eine

karminrote Gerte aus rohem Stierleder von einem komplizier-
ten Kleiderrechen, der aus zinnoberroten Negerröckchen vom
Kongo gemacht war. Das scheußliche, geschmeidige Ding
zischte durch die Luft, und Atanazy spürte einen höllischen
Schmerz an der Wange. Er stürzte sich auf sie, doch er war vor
Hunger und Leiden geschwächt – seit zwei Wochen hatte er
fast nichts gegessen. Hela packte ihn mit der Linken an den
Haaren, mit der Rechten peitschte sie ihn mit aller Kraft wahl-
los überall hin, ganz ohne Spaß, schlimmer als einen Hund,
von wahnsinniger Wut befallen. Atanazy heulte laut vor
Schmerz, aber auch vor Wollust. Er war derart geschwächt,
daß er sie, obwohl er sie an den Kniekehlen umarmt hielt, nicht
umwerfen konnte. Hela peitschte weiter wie wahnsinnig. Ihr
Mund war verzerrt, zwischen den breiten Lippen blitzten
Raubtierzähne. Anfangs peitschte sie kaltblütig, programma-
tisch: sie wollte auf den Geliebten einwirken: gleichgültig wo-
mit, sie wußte nun schon, daß in ihm etwas Masochistisches
war, wußte, daß, wenn sie sich ihm einmal hingäbe – er geret-
tet wäre: das Gefühl des Ekels vor sich selbst mußte durch-
schnitten werden. Doch als sie einmal zu peitschen angefangen
hatte, fand sie Geschmack daran. Ihre Kräfte wuchsen mit dem
Peitschen, und eine immer stärkere, bisher unbekannte, unge-
heuerliche Erregung befiel sie, die Lust auf ganz entsetzliche
Sachen, bis zum Mord einschließlich, eine endgültige, viehi-
sche Unersättlichkeit – sie war wunderschön. Offensichtlich
war dieser Zustand ansteckend: den gefolterten Atanazy er-
schütterte plötzlich ein Schauer höllischer Begierde – der
Schmerz schwand und verwandelte sich in eine irrsinnige eroti-
sche Wut. Es geschah etwas Unsagbares . . . »Na – nun wird er
es mir zeigen«, dachte Hela mit einem Rest von Bewußtsein,
während sie in seinen fürchterlichen Umarmungen ohnmäch-
tig wurde. »Er hat die Kräfte wiedergewonnen, der Arme,
mein teuerster Geliebter, du . . .« Jetzt schlug er sie mit seinem
ganzen Körper, mit allem – ach, noch nie hatte sie so etwas
gefühlt. Ihr Körper zerriß, etwas Unbegreifliches zermalmte
sie zu einem schmerzenden Brei unerreichbarer Lust. Beide
schrien in völliger Vertiertheit unbekannte Worte: »dumpfe
und zerfetzte«. Endlich erfüllte sich das Opfer ihrer Liebe.

345

Aber wenn der Anfang so war, welche Abgründe von Qualen und Lüsten warteten noch ihrer? Denn erlahmen konnte diese Schweinerei ja nicht. Dann lohnte es sich nicht, zu leben. Atanazy war gerettet: er war wie aus einem schrecklichen Traum erwacht. Ein neues Leben hatte seine Tore aufgetan, die ganze Welt hatte sich plötzlich bis zur Unkenntlichkeit verändert. Das unvermutet auf bestialische Weise ermordete Leid hatte eine prachtvolle Blume neuer Gefühle hervorgebracht. So wenigstens kam es ihnen vor.

Als sie an einem wunderschönen Aprilmittag ins Städtchen gingen (eigentlich ohne Anlaß, vielleicht um irgendwelche Einkäufe zu machen, Atanazy mit einer blauroten Schmarre an der linken Wange, sie mit geschwollenen, verletzten Lippen), blickten die im makellosen Weiß des Schnees schimmernden Gipfel und der in heißem, violettem Blau brennende Himmel auf sie herab. Mit ironischem Blick schien diese verzauberte Bergwelt sich von dem unglückseligen Paar Verrückter zu verabschieden, die ihre eigene Leere mit einer Zügellosigkeit der Sinne belügen, die vor sich selbst in die unbekannte Weite ferner Länder fliehen wollten – wahrscheinlich vergebens. Ihre Körper waren verletzt, zerknüllt, erschöpft und schlaff (besonders der wie ein Hund verdroschene Atanazy hatte keine einzige Stelle, die ihn nicht geschmerzt hätte wie ein reißendes Geschwür), aber die Seelen erbarmten sich zum erstenmal einander, und irgendwo, scheinbar fern, in jenem Jenseits, das jeder in sich immer auf Abruf hat, vereinigten sie sich endlich in stillem Glück. Die ganze Kleinheit des Lebens, seine Zufälligkeit, seine verlogene große Grausamkeit und Rücksichtslosigkeit waren in die Vergangenheit entflohen, die in unmenschlichem Leid verhüllt war.

»Du meinst, nur du hättest gelitten. Mein Leben war eine einzige große Qual. Ich habe erst damals wirklich aufgehört, mich nach dem Tode zu sehnen, weißt du? – nach der Trauung. Das, was du mir gibst, könnte mir niemand geben.« »Ja«, dachte Atanazy traurig, »manchmal, durch eine erotische Schweinerei, erhebt sich der Mensch über sich selbst. Wir sind alle Verrückte, die um welchen Preis auch immer der Wirklichkeit entfliehen wollen. Die heutige Wirklichkeit können bestimmte Typen nicht überleben. Nur wissen wir manchmal nicht, wie wir uns von uns selbst befreien können, wenn wir eine absolute Eintracht des Geistes in sich selbst erschaffen. Wieso bin ich schuld daran, wenn ich es brauche, daß sie mich schlägt? – wenn ich nachher dort bin, wohin ich ohne das nicht gelangen könnte.« Den vorübergehenden Zustand der Narkotisierung nach der Periode der Qualen hielt Atanazy für die Ankündigung einer neuen Welt in seinem Inneren. Mit seinem ermatteten, betäubten Gehirn konnte er die wirklichen Werte der durchlebten Zustände nicht kontrollieren. Es begann die erträumte Vernichtung. Hela wenigstens log nicht: für sie war das zur Zeit tatsächlich alles. Sie kamen an dem Gefängnis vorbei, wo unlängst noch der arme Substitut eines Ehegatten aus den Zeiten der Buße namens Prepudrech gesessen hatte, dessen Rolle jetzt Atanazy spielen sollte – (ein wenig dumm fühlte er sich als persischer Prinz, doch was war zu machen – was tut man nicht alles für eine interessante Selbstvernichtung). Hölzerne, frisch zusammengebastelte Buden leuchteten hellgelb in der Frühlingssonne. In den Schatten herrschte noch eine Kühle, die an den eben erst vergangenen Winter erinnerte.

»Er tut mir nicht ein bißchen leid«, sagte Hela. »Hängen werden sie ihn bestimmt nicht. Und jetzt ist er wirklich imstande, ein großer Künstler zu werden, wenn er sich ein bißchen konzentriert und vom Leben isoliert. Ich werde ihm meine Freundschaft bewahren. Du erlaubst doch, Tazio?«

»Aber natürlich. Ich bin nicht eifersüchtig. Du bist innerlich zu reich, als daß ich Ansprüche an dich haben könnte, wenn du deine Schätze verteilst. Doch wäre heute nicht das geschehen, wüßte ich nicht, ob ich meiner so sehr sicher wäre« – sie lächelten einander bestialisch an.

»Glaub nicht, daß es nur deshalb war. Ich liebe dich. Es erregt nur meine Liebe um so mehr, ich weiß nicht, wie ich das ausdrücken soll: ich möchte dich geistig fressen. So kurze Zeit erst ist es vorbei, und schon wieder bin ich böse: ich möchte dich schon wieder quälen. Du bist der einzige auf der ganzen Welt. Wer hätte mir das geben können.« Ein Frühlingslüftchen, warm und sanft wie der Kuß eines Kindes, streifte ihre Gesichter, als sie einander mit einem tiefen, viehisch-tragischen

347

Blick ansahen, in dem eine tödliche Angst um die Dauerhaftigkeit dieser Gefühle, dieser ganzen Schweinerei war. Sie wußten, daß sie ein gefährliches Spiel angefangen hatten, doch der Einsatz, das ist das ganze Leben, überstieg nicht ihre Erwartungen. Im schlimmsten Fall der Tod. Und wäre denn nicht die Langeweile eines normalen Lebens in einem »stillen Häuschen« noch schlimmer, ohne diese Kombination von Gefühlen? Aber es kamen noch fürchterliche Momente (nicht für sie, sondern für ihn), als die getöteten Gewissensbisse von neuem von den Toten auferstanden und ihm mit den Augen der verstorbenen Ehefrau in die Augen sahen. Und manchmal stürzte auch Zosias Geist in einer unerfaßlichen Form (sie selbst als solche lebte, wurde fast zu etwas Irrealem – zu einem privaten Mythos) auf den ganzen psychophysischen Horizont: mit gleicher Kraft auf die geistigen Innereien wie auch auf die ganze Welt, und da gab es keine Flucht: Atanazy, zu feinem Pulver zermahlen, widerliches Exkrement eines unbekannten, aber sehr elenden Wesens, wurde in alle Richtungen auseinandergeweht – von dem Wind des völligen Zweifels am Wert von allem in ihm und außerhalb seiner – das war das schlimmste, daß man sich auch draußen an nichts halten konnte – nur Hela blieb. Das Glasröhrchen fürchtete er wie Feuer: wie gräßlich hätte doch der Zustand nachher sein können, wenn damals . . . O Gott, als sie lebte . . . Was denn? Hätte er denn, auch wenn er tausendmal gelebt hätte, nicht tausendmal ebenso gehandelt? Und danach kamen wieder die brennenden Gewissensbisse und herrschten allein, allmächtig und ungeteilt, wenn man auch nicht wußte, wo, denn es schien, daß es wirklich nichts mehr gab. Sollte die ganze Metaphysik, die Sucht nach Religion und die daraus entspringende absolute Unersättlichkeit, das Verlangen nach Tod, sollte das alles denn reduziert werden auf ein paar perverse Küsse, ein paar Hiebe, Bisse, ein paar Pseudovergewaltigungen? Hela empfand die Disproportion dieser Elemente nicht – das verblieb gleichsam in dem »gemischten Hintergrund«, und indem es solcherart an sich nicht existierte, gab es jedem Augenblick einen zusätzlichen Zauber: Atanazy ersetzte ihr die ganze komplizierte Maschinerie des früheren Lebens – aber für ihn schien sein eigenes »Ich« manchmal eine dünn verschmierte, kleine Schweinerei auf der neutralen Metallplatte der »Notwendigkeit, daß etwas sei« – mit diesem Begriff bezeichnete er die Unmöglichkeit der Annahme eines Absoluten Nichts. Solche Momente wechselnder Qualen hatte er schon mehrmals gehabt, seit sie aus dem Haus gegangen waren, doch er staunte selbst darüber, wie nach diesen erotischen Schrecklichkeiten die ganze Welt der Foltern verblaßt war – der Silberstreif einer kleinen Hoffnung leuchtete irgendwo hinter dem schwarzen, zerfetzten Grat der düsteren Gipfel der Folter, die die kleine, alltägliche Hölle umgaben.

Hela hatte keine selbständige philosophische Konzeption. Ihr Verstand war nur ein Schnittpunkt aller möglichen Systeme, aber ein eigenes vermochte sie nicht zu erschaffen und litt sehr darunter. Darum mochte sie Atanazys unklare Faseleien, die sie zu genaueren Formulierungen reizten, darum hatte Wyprztyk sie so leicht bekehrt, mittels des »Tricks« (wie sie das jetzt nannte) mit der unvollkommenen Philosophie und der vollkommenen Religion . . .

Und gerade da erschien in der Biegung der Lärchenallee, die zum Städtchen führte, eine hohe Gestalt in zivilem dunklem Anzug: schon an den windmühlenhaften Bewegungen konnte man von weitem Pfarrer Hieronymus erkennen. Beide stürzten zum Handkuß hin – doch er entriß sich ihnen voll Widerwillen mit einer etwas exaltierten und übertriebenen Geste. Da er die Seelen dieser vier durch und durch kannte (nur hinsichtlich der Aufrichtigkeit von Helas Bekehrung hatte er gewisse Illusionen), hätte er mit Leichtigkeit das Unglück von ihnen abwenden können, indem er jeden und jede gesondert aufklärte, welches Schicksal ihrer harrte. Aber: das Beichtgeheimnis – dagegen kann niemand an. Und dennoch . . .

»Ich bin inkognito hier. Ich bin gekommen, um Umschau im Dorf zu halten und die Situation zu prüfen. Ich denke daran, meine Tätigkeit vielleicht hierher zu verlegen, zwischen diese Ureinwohner des Berglands, das ich in meiner Jugend so liebte. Ich bin ja aus dieser Gegend – nur etwas unterhalb – dort«, er wies auf die fernen waldigen Beskiden, die im Norden in einem bläulichen Nebel schimmerten. Atanazy fühlte sich überhaupt nicht wohl – wie ein beim Apfeldiebstahl erwischter Junge oder so ähnlich. Er begann zu sprechen, um seine Verwirrung zu verbergen:

»Mir scheint, daß infolge der Verzögerung der Bodenverteilung und des Elends auf dem Lande die hiesigen Bauern sich eher für den Nivellismus erklären werden. Noch sind sie nicht dazu entschlossen, aber schon ist eine gewisse Veränderung zu spüren, sei es auch nur im Verhältnis zu uns.«

»So, meinst du, mein Sohn«, murrte der Pfarrer und wurde nachdenklich. »Das ist der einzige Winkel des Landes, zu dem ich Vertrauen hatte, und nicht einmal hier kann ich mit meinem Kloster in Sicherheit sein. Ha – nichts zu machen: man wird die Soutane ablegen und das Werk Gottes insgeheim fortsetzen müssen. Märtyrertum der äußeren Form halber ist eine lächerliche Sache. Wenn es notwendig ist, werde ich sogar dem Anschein nach zum Nivellisten werden. Das ist für sie ein großer Happen – ein bekehrter Pfarrer. Gegebenenfalls soll die Intelligenz ja nicht ausgerottet, sondern nur umgepflanzt werden – haha! So schreiben sie in ihren Manifesten.«

»Meinen Hochwürden, daß es schon so weit gekommen ist?«

»Oh, sehr weit. Nur sehen das die nicht, die heute an der Macht sind – auch dein Papa nicht, Hela. Vorbei sind die Zeiten fruchtloser Martern. Ich glaube, daß die Kirche auf lange Zeit zu einer unterirdischen Institution wird, wie zu den Zeiten der ersten Christen. Und glaubt nicht, daß ich aus Angst vor Foltern handle. Nein – ich habe darüber schon eine Denkschrift nach Rom geschrieben. Es scheint, daß im Fall des einstweiligen Sieges des Materialismus eine solche Mimikry der Religion auf der ganzen Welt erfolgen wird – nicht nur unserer Religion, sondern auch anderer Religionen –, und dann erst wird der endgültige Sieg unserer Kirche kommen. Sogar in Indien beginnt die antireligiöse Bewegung stark zu werden – zusammen mit den Engländern werden diese Hindus sich selbst besiegen.«

Atazany hatte keine Lust, Pater Hieronymus davon zu überzeugen, daß er sich einer Täuschung hingab. Seiner Meinung nach war diese Kompromißbereitschaft keine vorläufige Maskierung zum Zweck der Verteidigung auf weite Sicht, sondern vielmehr das Symptom völligen Niedergangs.

»Und wie ist Ihr Verhältnis, Euer Hochwürden, uns gegenüber hinsichtlich des Lebens?« fragte er.

»Seht, Kinder: ihr lebt nicht in der Hauptstadt und wißt nichts davon, was sich tut«, erwiderte der Pfarrer ausweichend. »Das heißt: ihr wißt es aus den Zeitungen, doch ihr durchlebt nicht die Atmosphäre. Ich bin auf der Gegenseite, doch ich muß zugeben, daß darin eine gewisse Nuance von Größe ist. Eine furchtbare Epoche, sage ich euch. Ihr seid hier unter dem Schutz der Tochter des ›Bodenverteilers‹ einstweilen wie unter einer Glasglocke.«

»Na, nicht sehr. Ich sage Hochwürden...«

»Ah was! Ihr habt keine Ahnung von der allgemeinen Soße, in der wir da herumschwimmen. Es heißt, daß sich gerade hier die Nivellisten nicht durchsetzen und daß ihr eine eigene Republik gründen werdet.«

»Vielleicht eine alkoholisch-dancing-sportlich-schwindsüchtige, mit einer Zugabe von angewandter Kunst. Das sind doch Faseleien, bitte, Hochwürden. Doch Sie haben nicht auf die vorige Frage geantwortet: wie Sie die Veränderung unseres Lebens sehen?«

»Nun bitte – wenn du durchaus willst: ihr seid gewöhnliche Verbrecher. Du, Atanazy, hast zwei Menschen umgebracht, sie hat dir nur dabei geholfen. Ich weiß, daß du jetzt schrecklich leidest aufgrund der Demütigung vor dir selber. Gib acht, daß du nicht zu einem gewöhnlichen Zuhälter wirst. Es ist nur noch wenig Material für einen Menschen in dir. Du wirst diesen Rest verfeuern und dich umbringen – so wird das Ende sein. Und sie wird eine Nivellistin werden, so wahr Gott im Himmel ist – ob du dich nun umbringst oder nicht. Und was ist das?« fragte er, die Schramme auf Atanazys Wange betrachtend (er hatte sie beide bisher überhaupt nicht angesehen). »Schlägt dich diese Hexe schon als Verlobte?! ha, ha!« Atanazy errötete.

»Woher wissen Hochwürden davon? Das ist unerhört...«

»Du bist kindisch – das ist noch dein einziger Schutz. Nur tu vor dir selber noch nicht kindlicher, als du bist. Sie ist jetzt glücklich, doch du wirst ihr Herz nicht sättigen – das ist eine bodenlose Leere, die nichts zu füllen vermag: Ich habe die

Hoffnung auf die Möglichkeit aufgegeben, sie jetzt zu bekehren. Vielleicht, vielleicht nach Jahren. Ich kenne euch so wie meine eigenen Ganglien. Ich könnte euch genau den Verlauf eures Tages beschreiben, nur will ich nicht in Schweinereien rumsuhlen. Jetzt mit euch zu reden, wäre ganz überflüssig. Doch einmal werdet ihr in meine Ameisenlöwenhöhle hineinfallen. Also: das alles wird nicht von langer Dauer sein, sowohl aus inneren wie auch aus äußeren Gründen. Du, Atanazy, bist kein so großes Schwein, daß du es lange darin aushalten könntest – ich weiß nicht, ich muß gestehen, daß in dir etwas Geheimnisvolles ist.«

»Ein metaphysisches Wesen ohne Form«, warf Hela ein. »Heute fahren wir nach Indien.«

»Das wird euch nicht viel nützen. Ihr glaubt, ihr könnt euren Problemen entfliehen, indem ihr verreist – sie werden euch nachreisen. Vielleicht wird sich in Indien das alles noch verstärken. Wie ihr seht, bin ich um vieles sanfter geworden – so sind die Zeiten. Mimikry«, sagte er geheimnisvoll, und ohne sich zu verabschieden, ging er mit schwingenden Armen davon.

»Aber vielleicht kommen Hochwürden zu uns, zu einem letzten Mittagessen? Es gibt Murbie auf kalte Art«, rief ihm Hela nach.

»Nein – entschuldigt, nein. Ich habe einen unüberwindlichen Widerwillen vor euch.« Und er ging fort.

»Ich habe Angst – warum er uns wohl gerade heute über den Weg lief«, flüsterte Hela.

»Er ist wohl doch ein Gesandter höherer Mächte.«

»Mit ihm ist jenes Leben für immer von mir gegangen – es wird nicht wiederkehren. Der einzige Gott hat mich endgültig verlassen – hier, auf diesem Weg.«

»Nur im Kampf mit etwas Höherem, als wir es sind, ist noch ein wenig vom Zauber des Lebens enthalten – in uns oder außerhalb unser. Ich sage dir offen, daß ich dich für etwas Höheres als mich halte – in einem gewissen Sinn: ich weiß, daß ich gerade dir das sagen kann. Aber sei nicht beleidigt, das ist eine gleichsam tierische rassische Überlegenheit – abgesehen von der intellektuellen, die ich dir gleichfalls zuerkenne. Einer anderen Frau hätte ich das nie verraten.«

»Einer anderen! Eine zweite wie mich gibt es auf der ganzen Welt nicht. Weißt du, was ich dir sagen wollte: zum Thema der Liebe ist schon alles gesagt worden, wenn nicht im Leben, so in den Büchern – das Reden davon – das ist obligat – ich halte das für ein Symptom des schlechten Geschmacks – laß uns nie mehr davon reden – es sei denn aus einer absoluten inneren Notwendigkeit heraus.«

»Du errätst meine Gedanken. In diesem Augenblick habe ich fast dasselbe gedacht, nur wagte ich nicht, es zu sagen – Frauen haben das gern . . .«

»Ach, laß uns überhaupt nicht von Frauen reden. Das nächste Mal ›wag es‹ – sag, was dir in den Sinn kommt. Zwischen uns kann es keine Einschränkungen geben – wir können uns alles erlauben.«

Die Aprilsonne weckte langsam die erstarrte Erde. Dieselbe Woge strahlender Wärme, die aus dem Billionen von Kilometern entfernten Ofen schlug, umfaßte alles mit derselben Umarmung und erweckte das Gras zum Leben und den alten Autochthonen und seine Kuh, die er nach der winterlichen Gefangenschaft hinaustrieb, und auch die schneeigen Gipfel, die mit metallischem Schimmer vor dem Hintergrund des kobaltblauen Himmels strahlten, und auch dieses Paar Verurteilter, das vor seinen gemeinsamen Qualen in die weite ferne Welt ausriß. Das war banal, aber wahr. Vielmehr war es keine verständliche Wahrheit, sondern eine absolut gewöhnliche Tatsache, von innen her aber als wunderlichste Wunderlichkeit gesehen. Das geschieht unermeßlich selten – sonst wäre im übrigen das normale Leben unmöglich. Die ganze Kleinheit war verschwunden. Sie spürten die an ihnen vorüberfließende Zeit, beide aufgehalten über der unendlichen Konkavität der Ewigkeit durch dasselbe Gefühl – des Verschmelzens mit der ganzen Welt –, das auch sie zu einer Einheit verschmolz. »Wenn alles auf einmal dasselbe fühlte, würde die Welt aufhören zu existieren«, dachte Atanazy, doch er wagte nicht, diesen Unsinn der in Philosophie beschlagenen Hela zu sagen. Möglich, daß das eine naiv ausgedrückte große Wahrheit war – »der Begriff des Existierens impliziert den Begriff der Vielheit«, würde Hela in ihrem philosophischen Jargon sagen.

Es tat ihnen jetzt leid (nach dem morgendlichen Wahnsinnsanfall), sich von diesem traurigen Gebirgsfrühling zu trennen, doch die erwarteten politischen Ereignisse hingen schon wie eine unheilverkündende Gewitterwolke über den Köpfen. Und sobald die Nivellisten an die Macht gelangt waren, war alles zu erwarten: neben Abschlachten konnte es auch das Gefängnis sein, im besten Fall die Unmöglichkeit, ins Ausland zu verreisen. Sie beschlossen, Łohoyski nicht mitzunehmen und insgeheim zu verreisen – (seit dem frühen Morgen war er auf Erkundungen gegangen und sollte erst spät am Abend zurückkommen); durch Ćwirek wollten sie ihn zum Beschützer der Villa Bertz ernennen. Um sieben Uhr abends standen sie bereits am Fenster des Schlafwagens des Orientexpresses und verabschiedeten sich von der davonfliehenden Landschaft. Vor ihnen flitzten die vorkarpatischen Höhen im rötlichen Dämmer des sinkenden Abends dahin. Dort in grauer Ferne hinter ihnen blieb ihr Land – vielmehr seines: Hela war bereits eine völlige Kosmopolitin –, zerfetzt wie eine einzige große Wunde. Über dieser Wunde erhob sich nur der Schatten Zosias (der, wie es schien, Atanazy vor dieser Reise verlassen hatte) und der alte, an der Macht befindliche und noch lebende Bertz – die einzigen wirklichen Wesen, die sie hinter sich ließen. In diesem Moment ging sie das nicht viel an – sie waren glücklich. »Jetzt oder nie wird sich meine Bestimmung erfüllen«, dachte Atanazy und fühlte irgendwo tief im Inneren, daß er einen fatalen Fehler beging, indem er den Schwerpunkt nach außen verlagerte und auf den Ortswechsel baute, auf eine neue Liebe und auf den Zufall. Doch er wollte sich diese Wahrheiten nicht allzu deutlich vergegenwärtigen. Er wußte nicht, daß die Zustände, die er heute morgen durchlebt hatte, mit der doppelten Kraft wiederkehren sollten – er war narkotisiert. Einstweilen verhüllte die Reise mit Hela in die seit der Kindheit erträumten Tropen alle Zweifel – sogar das Problem der Zuhälterei verschwand in den »gemischten Hintergrund« – er fühlte sich jetzt buchstäblich wie ein aus dem Geschütz abgefeuertes Geschoß – endlich hatte dieser »Denker« für eine Weile aufgehört zu denken.

Information

[Das alles ahnte Prepudrech nicht, sondern war überzeugt, daß er seine Frau und den Freund des »Hauses« bei der Gerichtsverhandlung sehen werde. »Was für eine herrliche Sache ist doch die Kunst! Wenn das alle wüßten, so würden alle Künstler werden«, dachte er manchmal mit Dankbarkeit an Ziezio, auch an Łohoyski und an das Kokain an jenem Abend, als er zum erstenmal sich zu dem Mut aufgerafft hatte, seine Faseleien einem so großen »Mogul« wie Smorski vorzustellen. Er wußte nicht, daß er nicht mehr ein Künstler in der ehemaligen Bedeutung war wie sein Meister – er hatte keine Kriterien, um das nachzuprüfen. Als Nebenprodukt des pragmatischen Verhältnisses zur Welt entstand eine Kunst dieser Art (als letzte Kunstgattung auf diesem Planeten), die nicht zutiefst durchlebte schöpferische Notwendigkeit war, nicht passiert durch den sogenannten »metaphysischen Bauchnabel« (die unmittelbar gegebene Einheit der Persönlichkeit), nicht einmal genügend passiert durch die verdrehte Sphäre der Gedanken und Vorstellungen, sondern eine gemachte Kunst, fabriziert von einem meinetwegen sogar wirklichen Talent mittels eines künstlerischen oder auch eines gewöhnlichen spekulativen Intellekts. Bald brachte man aus Mangel an Einzelzellen den absolut gleichgültigen Prinzen in ein anderes Gefängnis, in dem eine höhere Gattung dieser Menschenklasse saß: politische Übeltäter. Man konnte einen Musiker dieses Formats und dazu einen Prinzen nicht mit gewöhnlichen Verbrechern zusammen gefangenhalten. Die Bauernfreunde zeichneten sich durch eine programmatische persönliche Rücksicht gegenüber Ci-devant-aristos aus, was ebenfalls eine Form von Snobismus war. Die Gerichtsverhandlung sollte bald stattfinden, obwohl die Hauptzeugen ins Ausland geflohen waren. Doch was scherte einen das schon in diesen Zeiten. In der Provinzhauptstadt lernte Prepudrech erst die Wonnen eines wirklichen Gefängnisses kennen und machte sich gründlich mit dem Nivellismus vertraut, da er, noch während der Untersuchung, zusammen mit Sajetan Tempe in einer Zelle saß; obwohl man ihn zufällig in irgendeiner der kleineren Organisationen mitverhaftet hatte, wußte damals niemand etwas von seiner Bedeutung. Er hatte Glück, dieser verfluchte Tempe, daß seine größten Feinde während der denkwürdigen Novembertage umgekommen waren. Nur der alte Bertz wußte etwas davon, doch er schwieg für alle Fälle angesichts der ungewissen Zukunft. Prepudrech wurde dort endgültig zum Künstler und gleichzeitig zu einem besessenen Nivellisten. Was die Gefangenschaft allein nicht vollbracht hatte, das vollendeten die Gespräche mit Sajetan, dessen Dialektik unwiderlegbar war. Beide warteten auf den Umsturz wie auf eine Erlösung. Bald trennten sich ihre Wege: Tempe blieb weiter im Untersuchungsgefängnis, während der (dank der Intervention des braven alten Bertz und mittelbar Helas) zu nur zwei Jahren verurteilte Prinz (nunmehr Genosse Belial in spe) in die »Besserungsanstalt« in den Heiligen-Kreuz-Bergen versetzt wurde. Das Urteil ertrug er gelassen wie ein echter Künstler. Aber er schied von Tempe mit dessen Versprechen, ihn nach einem Sieg der Nivellisten sofort befreien zu lassen. Er nahm sich vor, auch zwei Jahre auszuhalten, und legte seine ganze junge Energie in ein hemmungsloses musikalisches Schaffen. An Hela dachte er seit dem Schuß fast gar nicht. Irgendwie hielt Tempe sein Versprechen. Schon nach einigen Monaten verließ Genosse Belial die Strafanstalt mit einem Konvolut derartiger Werke, daß er fast sofort zum Hauptkommissar für Musik ernannt wurde – doch davon später.

Łohoyski, der allein in der Villa Bertz geblieben war, mit einem Gehalt, das ihm vom »Butler« ausgezahlt wurde, begann mit einer Anpassungsfähigkeit, wie sie nur wirklichen Aristokraten eigen ist, ein völlig phantastisches Leben. Er änderte vor allem seine Ideologie vollkommen und wurde etwas, was sich in keine Kategorien hineinpressen ließe. Er nannte es einen »Lebenspluralismus«, und seine einzige geliebte Lektüre wurden nun William James und Henri Bergson. Den Rest füllten tolle Orgien mit den Autochthonen aus und ein zusätzliches, beinah ideales Verhältnis mit Jagna Hluś, die er, so gut er konnte, über den Verlust ihrer einzigen Liebe tröstete: des Prinzen Azalin Prepudrech. Allmählich, aber systematisch, rührte sich in ihm das Blut seiner Mutter, einer irren russischen

Prinzessin aus dem Hause Rurykowicz. Er träumte von Kokain, aber vergebens. Schwere Zeiten waren für die »Drogisten« angebrochen – auf den Verkauf dieses »edlen Narkotikums« stand die Todesstrafe. Der Deckel der von Tag zu Tag alltäglicher werdenden Revolution hatte sich über ihm geschlossen. Alle untergehenden Menschen hatten sich allmählich an den chronischen Krisenzustand gewöhnt. Den Tag überleben, ihn mit irgend etwas auffüllen, um nur nicht daran zu denken, was sein wird – das war die wichtigste Aufgabe. Sogar Menschen, die der nivellistischen Bewegung völlig fremd gegenüberstanden, warteten mit Sehnsucht auf einen neuen »Rabatz«, da dieser Zustand anfing, langweilig zu werden. Auf der Grundlage dieser Psychologie und dieses Elends gewann der Nivellismus viele Anhänger bei der niedergehenden Intelligenz, um so mehr, als man ihren Repräsentanten versprach, daß man sie »verwerten« würde.

Fern von diesem neuen Zentrum sozialer Experimente, in einer Atmosphäre gemeinsam erschaffener perverser Liebe, vollbrachten Hela und Atanazy ihre endgültigen Transformationen. Alles sollte jedoch ganz anders enden, als der größte Lebensphantast es hätte voraussehen können.]

Es gibt keinen noch so normalen Menschen, der nicht, wenn er sich alles erlaubt, eines Tages zur wildesten erotischen Perversion gelangte und aus Übersättigung ein maßlos kompliziertes Verfahren erfände, das von der Erfüllung höllisch seltener und verwickelter Bedingungen umstellt ist. Anfangs ging alles gut. Das durch nichts behinderte, alltägliche erotische Leben beruhigte sie beide ein wenig und erlaubte ihnen sogar, sich auf ein gewisses – man könnte kühn sagen – höheres geistiges Niveau zu erheben – es begannen »essentielle Gespräche«. Das geschah mit Helas Geld – ja – aber was war daran schlimm: sie war in Wahrheit seine Gattin, nur ohne Trauung; die Scheidung von Azalin aufgrund des mißlungenen Mordes war nur eine Frage der Zeit. Und was konnten sie anderes machen, als miteinander zu lesen, zu sprechen und sich aneinander zu sättigen, anfangs in verhältnismäßig normalen Ausmaßen. So war es noch in Athen, wo sie an einem trübseligen grauen Frühlingstag die armseligen griechischen Ruinen besuchten (dabei fiel ihnen der arme, von Griechenland faselnde Tvardstrup ein), so war es in Port Said und sogar (trotz einer Hitze von 40 Grad) auf dem Roten Meer. Die intuitiven, nicht auf genaue Studien gestützten philosophischen Faseleien Atanazys waren für Helas Geist ein Fressen, mit dem sie ihren geschärften, aber unfruchtbaren Intellekt nährte. Gemeinsam schufen sie ein neues vitalistisches System, doch nachdem sie in dem unlösbaren Problem »unendlich kleiner Wesen« und des ironisch so genannten »metaphysischen Schleims« der undifferenzierbaren lebenden Urmaterie steckengeblieben waren, vertieften sie sich in gesellschaftlich-soziale Fragen, die so eng mit dem Programm der Organisierung unfreier Wesen zu höheren Individuen verbunden sind. Die Ratlosigkeit des zeitgenössischen Denkens (nicht vielleicht des Denkens überhaupt, auch der vollkommensten Wesen?) angesichts des Problems des Dualismus, der aus ihrem System hervorwuchs als unkontrollierbare Zweifaltigkeit lebender Wesen (bis einschließlich zu den verfluchten, unendlich kleinen), und der Qualität in ihrer Dauer, begann sie allmählich beide zu entmutigen, diese Geheimnisse zu ergründen. Das physische und das vitalistische System flossen an der Grenze ineinander: mit der Annahme von unendlich kleinen Wesen trat sogleich die Notwendigkeit auf, noch etwas anzunehmen, einen Spiritus movens für alles, eine Energie oder auch ein Substitut des verhaßten »élan vital« Bergsons, und der ordinäre psychophysische Dualismus wurde unvermeidlich. Der einzige Trost dieses Systems war, daß es in dem ganzen unendlichen Dasein nichts außer Individuen und der Qualität ihrer Dauer gab – aber hier wiederum trennte nur eine dünne Wand das alles von der gewöhnlichen Psychologie. Sie versuchten, sich in Russell zu vertiefen – er erwies sich als zu schwierig, sogar für ihre Gehirne, und in seinen leichteren Arbeiten verringerte er sich zu den Ausmaßen eines gewöhnlichen, rein negativen Wächters der Geheimnisse – »no admittance this way (please)«, und von Chwistek, mit seiner (im übertragenen Sinne) nicht-euklidischen Mathematik, wagten sie nicht einmal zu träumen. Was also konnten sie anderes machen, wenn nicht das und wieder das, worin sie immer unersättlicher und bestialischer wurden – sie vertierten, vertierten, bis sie verviehten. Der vorüberziehende, stets neue Hintergrund verstärkte ihr Verlangen nach Abwechslung. Aber schon als sie die Somalihalbinsel umschifft und die Insel Sokotra hinter sich gelassen hatten, als sie von dem wilden Fauchen des »South-East«, des Südostmonsuns, erfaßt wurden (es war schon Anfang Juni und eine schreckliche Hitze), schon da wurde die Unzulänglichkeit von allem klar, auf dieselbe unangenehme Weise wie die tropische Sonne. Sie hatten nur noch eine Reserve: Indien. Dort hatte Hela in dem Buch von Sir Graham Wensley und auf der Landkarte eine weniger bekannte Ortschaft, Apura, gefunden, wo sich alljährlich gerade im Juni Tausende von Gläubigen versammelten, um den von der Hand Buddhas selbst gepflanzten, heiligen Banyan zu verehren – dort sollte die endgültige Offenbarung erfolgen. Unterdessen fraßen sie einander in ungesättigten Liebkosungen wie Spinnen, falls man das Liebkosungen nennen kann, was sich zwischen ihnen tat. Atanazy wurde allmählich von einer ihm bisher unbekannten, unheimlichen psychischen Ermattung befallen, die zeitweise an völlige geistige (zum Glück noch nicht sinnliche) Umnachtung grenzte. Immer schwerer fielen ihm die Gespräche mit der Geliebten, immer weniger interessierte ihn die diskursive Philosophie. Dafür gab er sich einer stillen Kontemplation seiner eigenen Nichtigkeit hin, wobei ihm die Unermeßlichkeit des umgebenden Ozeans vortrefflich zustatten kam. Gedankenlos schaute er stundenlang zu (nur von der Seekrankheit unterbrochen), wie sich die grünlich durchleuchteten Berge der Wogen erhoben und aus ihren gleißenden Oberflächen fliegende Fische wie silberne Pfeile hervorschossen, um wieder in die bewegten Wassermassen zu fallen, die vom Blau des reflektierten Himmels schimmerten. Und wenn sich plötzlich die Abenddämmerung herabsenkte, schaute er ebenso gedankenlos in die grünen Phosphoreszenzen längs des fahrenden Dampfers – hellglänzend an der Oberfläche und geheimnisvoll schimmernd in der Tiefe, wie die Gesichter Verstorbener in dem halbdurchsichtigen Streifen des von den Schiffsschrauben geschlagenen Wassers. Der Monsun wurde schwächer, und Atanazys Gedanken glätteten sich bis zu völliger Benommenheit. Das frühere »Menü« regelmäßig wechselnder Verzweiflungen kehrte ab und zu wieder, aber schwächer. Die perverse Liebe fraß ihn wie metallfressende Säure, verschlang ihn, wie ein amerikanischer oder Pińsker Sumpf ein Pferd oder einen Menschen. Ohne selbst zu wissen, wann, ohne sich dessen zu versehen, war er zum eigenen Schatten geworden, der nur in der von Tag zu Tag ungeheuerlicher werdenden erotischen Vorstellung dieser Frau existierte. Er wußte wahrhaftig nicht, ob er sie liebte. In dem Maß, wie er ihren Körper und seine Begierde sättigte, sich ihren höllischen Einfällen fügte und vielleicht sogar neue erfand (aber was gibt es denn schon Neues auf der Welt?), wurde ihm ihre Seele immer fremder und geheimnisvoller, was seine unnormale erniedrigende Anhänglichkeit an sie noch potenzierte. Er berauschte sich an ihrem unheilvollen Zauber wie mit einem hoffnungslosen Narkotikum. Sollte so die »Vernichtung« aussehen, nach der er sich einst gesehnt hatte? War da das weiße reine Pulver in dem Glasröhrchen nicht besser, das er wie einen kostbaren Talisman aufbewahrte – eben diesen und keinen anderen – es grenzte schon an Fetischismus.

Aber dieser mörderische Rausch verstärkte sich noch, als sie in Bombay an Land gingen. Die Pracht der tropischen Pflanzenwelt und die Glut der Sonne, die hier aufhörte, eine gutmütige Macht zu sein, und sich in eine schreckliche Gottheit der Vernichtung verwandelt hatte, die imstande war, einen zu töten, wenn man den schützenden Tropenhelm auch nur für ein paar Sekunden abnahm, eine Glut, die nicht mehr vom salzigen Atem des Ozeans gelindert war, sondern feucht und erstickend, die schwarzbronzenen Körper, die entfesselten Farben der Trachten und Blumen – das alles verwandelte den gewöhnlichen Alltag vom frühen Morgen an in einen quälenden Alp, der sich in den schwarzen glutsprühenden Nächten noch steigerte bis zu den Ausmaßen eines ungeheuerlichen Wahns. Schweißnaß, erhitzt, übersättigt von scharfen tropischen Speisen, wie von Sinnen vor unaufhörlicher Begierde und Erschöpfung, die sie durch immer neue Einfälle betrügen wollten, versanken sie in einer unwahrscheinlichen sadistisch-masochistischen Geilheit. Die Wunderlichkeit der umgebenden Formen, die spezifische Düsternis der tropischen Natur bedrückten Atanazy. Er schleppte sich, kaum bei Besinnung, hinter Hela her, während sie Tempel, Theater und verbotene Spelunken besuchten, Schlangenbeschwörern und Fakiren zuschauten, die am hellichten Tag unbegreifliche Wunder vollbrachten. In seinem Kopf war ein Chaos von Göttern, Blumen, Tieren und unheimlichen Menschen. Ihn plagten auch die an den brahmanischen Tempelfassaden eingeflochtenen Figuren und das ewig gleiche, dümmlich-schlauklug-naive Lächeln der riesigen Buddhastatuen und vor allem die geheimnisvolle Psychologie der Menschen, die durch ihre Unbegreiflichkeit den Eindruck von unheildrohenden Automaten machten. Nein – das war eine gar nicht so angenehme Sache, diese berühmten Tropen. Wieviel hätte er in dieser Atmosphäre für einen einzigen Augenblick der heimatlichen Junihitze gegeben, mit diesem Hauch von Kühle, von dem es hier keine Spur gab. Der Wind von der Stärke eines Gebirgshurrikans in Zaryte war hier heiß, als käme er aus dem Inneren eines riesigen Ofens, und die seltenen Regenschauer verwandelten sich sogleich in Dampf, ohne die Luft zu kühlen; daraus entstand eine Atmosphäre wie sonst auf der obersten Stufe eines Dampfbads – man spürte dieses charakteristische Prickeln in der Nase. Jeder Grashalm, jedes kleinste Pflänzchen war hier fremd. Sogar die Wolken gestalteten sich in ganz anderen Formen, und die berauschende Pracht der Sonnenuntergänge, nach denen urplötzlich eine weit schwärzere Nacht als daheim herabfiel, war schwanger von drohendem Unheil. Und dennoch watete er in dies alles mit immer größerer Selbstvergessenheit hinein und dachte verzweifelt, daß man einmal darauf würde verzichten müssen – warum, wußte er nicht. Der Zauber der Tropen läßt sich nicht in einfache Elemente zerlegen, nicht auf bekannte Sachen zurückführen – er ist wie ein massiver Felsblock, spottet jeglicher Analyse. Solcherart ist die geheimnisvolle Macht dieser Länder – wer sie einmal gesehen hat – er mag sie sogar hassen – er wird bis ans Lebensende ein Sklave dieser Vision sein. Schließlich hätten sie bleiben können, wo und wie lange sie nur wollten – alle Banken standen Hela offen: der Name Bertz war sogar hier bekannt, und außerdem besaß Hela eine Vollmacht des Papas für alle Konten im Ausland.

Doch Atanazy fühlte, daß es so nicht enden konnte, nämlich durch allmähliches Zerfließen in erotischer Schweinerei, wenn auch von hohem Rang – obwohl er einstweilen noch nichts ahnte, war ihm doch klar, daß eine andere Bestimmung seiner harrte. Doch bald sollte die Zeit kommen, in der unterbewußte Materialien sich zu einem positiven Handlungsplan konsolidierten. Hela, von toller Reiselust befallen, jagte vor sich hin wie von Sinnen, eine Stadt nach der anderen verschlingend. In dem Maß, wie sich ihrer beider sinnliche Liebe steigerte, vollzog sich in Atanazy eine sonderbare Wandlung. Die durch die Sättigung unbekannter Gelüste unterdrückten Gewissensbisse begannen wieder am Horizont der Seele aufzutauchen, wie eine blasse tiefstehende Polarkreissonne, die das Schlachtfeld der letzten Illusionen, welches sein gegenwärtiges Leben in Wirklichkeit war, auf eine ganz neue Weise beleuchtete. Dieses in seiner Größe unerfaßliche Etwas (vielleicht war es eine hysterische Fiktion), das er einst für Zosia gefühlt hatte und das er jetzt nicht einmal wagen würde, Liebe zu nennen, begann in ihm zu wuchern wie ein Krebsgeschwür – langsam, aber stetig. Immer öfter verkehrte er in Gedanken mit dem Geist der ermordeten (anders nannte er sie nicht) Gattin. »Gattin« – wie sonderbar klang dieses für Atanazy nie bis zum letzten begriffene Wort jetzt, da sie nicht mehr da war. Früher war es das Symbol für den Verzicht auf das Leben gewesen, für dieses »Zukorken«, von dem er geträumt hatte – heute schien es das verlorene und einst verachtete Glück zu bezeichnen, dieses gewöhnliche Glück, das erst jetzt, auf dem Hintergrund der Befriedigung des Selbstvernichtungsverlangens, anfing, etwas Wirkliches zu werden. Obwohl die Gefühle der Liebenden immer wilder und unbändiger wurden, begann durch die Momente vernichtenden Wahns der Boden dieses ganzen Abenteuers hindurchzuschimmern, und das Gespenst der Enttäuschung und der Unmöglichkeit, sich mit Wirklichkeit zu sättigen, erschreckte sie beide bereits jetzt manchmal mit hoffnungsloser Leere. Das Unvermögen, diese Nichtigkeit der Begierde ohne wahre Liebe zu verhüllen, wurde immer deutlicher, obgleich beide es sich nicht eingestehen wollten. Weder war das für Hela jener »Tigersprung«, von dem sie geträumt

362

hatte, noch hatte diese Pseudovernichtung für Atanazy jenen Zauber, den er sich vor Zosias Tod vorgestellt hatte.

Endlich gelangten sie zur letzten Station vor Apura. Sie ließen die Autos stehen und fuhren ohne Dienstboten los, nur zu zweit, mit ihrem Fahrer in einem zweirädrigen »bullock-cart«, mit zwei Buckelbüffeln bespannt. Durch »hohe« Dschungel inmitten einer höllischen »feuchten Gluthitze« fuhren sie fünf Tage und Nächte und gelangten zu einem kleinen Dorf am Fuße eines nackten Granitbergs, der dem Rücken eines riesigen Elefanten glich und sich inmitten eines Meers von wild-wuchernden Pflanzen türmte. Das eben war das von Hela er-träumte Apura. Hela hatte sich vorgestellt, hier müsse eine Offenbarung über sie kommen, die ihre bisherige Weltan-schauung ändern und sie endgültig von der katholischen Idee der Buße befreien würde, die sie nicht in ganzer Fülle leben ließ. Sie erstickte ja in sich selbst seit einiger Zeit, und Atanazy hörte auf, ihr als intellektueller Fraß zu genügen. Physisch fühlte sie sich wundervoll und ertrug das Klima und die Unbe-quemlichkeiten ausgezeichnet – nur der metaphysische Zu-stand ließ viel zu wünschen übrig. Angesteckt von dieser intel-lektuellen Unersättlichkeit der Geliebten, wartete Atanazy ebenfalls sehnsüchtig (aus unbekannten Gründen) auf das Ende ihrer Indienreise. Dann sollten noch Ceylon und die Sunda-inseln folgen.

Es war eine windige Mondnacht. Die Palmen bogen sich wie Grashalme, und die Bäume des Dschungels, durch Lianen zu einem undurchdringlichen Chaos verflochten, brausten wie das Meer unter regelmäßigen Windstößen. Ein ums andere Mal hörte man das Krachen der Äste und dumpfe Aufschläge: das waren von den Bäumen fallende Früchte von Kürbisgröße, die an langen Strängen hingen, und Kokosnüsse. Der Vollmond beleuchtete ein ungeheuerlich sonderbares und trauriges Land-schaftsbild. Am Himmel flogen tief über der Erde weiße Wol-ken, vom Wind zu Gestalten zerfetzt, die sich nicht mit den Formen unserer Wolken vergleichen lassen. Atanazy war ener-viert: die letzten zehn Kilometer schritt hinter ihrem zweirädri-gen Karren, der mit einer Hütte aus Palmblättern überdacht war, ein riesiger Elefant. Er schritt ruhig dahin, den Kopf dicht an der Öffnung der Hütte, und tat nichts Böses, doch wenn er wollte, konnte er aus dem Karren, den Büffeln und den Menschen mühelos eine einzige Marmelade machen. Warum er das nicht tat und warum er hinter ihnen herschritt, hätte niemand sagen können. Aus dem Dschungel beiderseits des Wegs drangen auf dem Hintergrund des Rauschens des Windes die klagenden Miau-Bell-Laute von Geparden. Hela amüsierte sich sehr über diesen Spaziergang des Elefanten. Seine sich regelmäßig wiegende Gestalt verhüllte die ganze Öffnung der Hütte, und im Mondschein war sein Rüssel wie auf dem Präsentierteller zu sehen; manchmal hob er den Rüssel, wie entschlossen zu einem Elefantenscherz, und man sah seine weißen Stoßzähne sowie seine kleinen boshaften Augen in kalten Strahlen blitzen. Auf eine so gewöhnliche Weise umzukommen, gefiel Atanazy gar nicht, trotz öfterer Anfälle von Selbstmordgedanken, und er konnte Hela kaum zurückhalten, die durchaus den Elefanten mit einem scharfbeschlagenen Spazierstock am Rüssel reizen wollte. Schließlich blieb der gelangweilte Riese auf dem Waldweg zurück, den Rüssel schwenkend, und dann brach er unter ungeheurem Krachen in den Dschungel ein, von wo verdächtiges Brüllen kam. Der Lenker, der kein Wort Englisch verstand, sagte etwas Unverständliches zu ihnen in hindustanischer Mundart, dann sang er ein seltsames Lied ohne eigentliche Melodie. Dieses unschuldige Abenteuer hatte Atanazy gereizt, der nach dem Abgang des Elefanten Hela im Karren besitzen wollte, was er schon oftmals getan hatte. Aber die Prinzessin Prepudrech schob ihn sanft zurück.

»Nein – nicht jetzt. Wir nähern uns einem heiligen Ort«, murrte sie ziemlich unfreundlich in Erwiderung auf seine wiederholten Annäherungsversuche. Eben überholten sie eine Gruppe von weißgekleideten Pilgern mit weißen Turbanen auf den Köpfen. Aus der Tiefe des Waldes war in Augenblicken der Windstille ein unregelmäßiges Schlagen von hölzernen Trommeln zu hören. »Sollte sie etwa wirklich schon Buddhistin sein?« dachte Atanazy. »Was für eine Fähigkeit zu Transformationen. Nur Juden sind zu etwas Derartigem fähig.« Zum erstenmal, seit sie fortgereist waren, dachte er über sie in dieser Weise. Und gleichzeitig erblickte er fast materiell das Gesicht

der verstorbenen Zosia, so, wie er es unmittelbar vor der Sarg-
legung gesehen hatte: mit einem nicht ganz geschlossenen
Auge, als blicke es ihn schräg an, und mit unnormal vorge-
wölbten Lippen, durch die die Zähne blitzten. Er fühlte sich
einsam mit dem geheimnisvollen, ihm fremden Weib inmitten
des Gewimmels schwarzer, unbegreiflicher Menschen, und
eine schreckliche Sehnsucht nach Zosia und »jenem« Leben
überschwemmte ihn mit einer warmen, schmerzhaften und
widerlichen Woge. Die Verachtung, mit der sie von ihm ge-
gangen war, bedrückte ihn mit unerträglicher Last. Diese hölli-
sche Rechnung mußte mit einer über sich selbst hinausgehen-
den Tat beglichen werden, und im Davongehen mußte man
sich mit ihrem Geist versöhnen, mit ihm gleich sein können.
Die ganze Überlegenheit über sie, die er zu ihren Lebzeiten
empfunden hatte, verwandelte sich jetzt in völlige Erniedri-
gung: er fühlte sich klein, und dagegen gab es keinen Rat – er
hatte recht. »Ich bin ein zu Lebzeiten erledigter Mensch. Man
muß jetzt dieses Leben so schnell wie möglich beenden, nach
dem eigenen, wirklichen Ende beizeiten untergehen – nur nicht
hier, nicht hier. Etwas vor dem Tode vollbringen, aber dort,
woher ich bin. Doch was? O Gott! Wie wenige Möglichkeiten
hat der Mensch, selbst wenn er in irgendeiner Affäre umkom-
men möchte. Entweder ist alles zu klein oder absolut uner-
reichbar. Das aber, was gerade nötig ist, ist niemals da.« Er
beneidete Hela um irgendeinen Glauben, sogar um den an ei-
nen katholischen Gott, obgleich er sich über die objektive Un-
wesentlichkeit dieser Erlebnisse klar war. Und dennoch, trotz
häufiger Wechsel und Widersprüche, war etwas Lebendiges
darin, und für sie selbst, gemäß ihrer psychischen Struktur,
war gerade dieser Wechsel vielleicht das Wesentlichste. Im
»resthouse« von Apura erwartete sie telegrafische Post. Unter
anderem ein Kabeltelegramm des alten »Butlers« Ćwirek aus
der Villa Bertz im Gebirge, das vorher über die südliche Lupto-
wer Grenze geschmuggelt worden war. Die Nachrichten wa-
ren »intensiv«: die triumphierende nivellistische Revolution in
vollem Gang, Tempe an der Spitze als Kommissar für Innere
Angelegenheiten, der alte Bertz durch einen Zufall erschossen,
ohne Gericht, bei der Erstürmung des Palais, die Villa konfis-

ziert, Łohoyski gefangengesetzt, Prepudrech freigelassen, zum Kommissar für reine Musik ernannt. Atanazy hatte nichts erhalten – von wem auch, der Arme hatte ja niemanden. Seine Einsamkeit wurde fast metaphysisch – wie nach einer großen Dosis Äther. Nur sie hatte er, und sie war ein Ungeheuer. Aber darin eben lag der ganze Zauber.

Hela sagte kein Wort und schloß sich in ihrem Zimmer ein. Es gab in diesem Haus nur zwei Zimmer mit je einem Badezimmer. Der Wirt war ein alter, dicker Hindu mit einem weißen, schütteren Bart – im Umkreis von einem Dutzend Kilometern gab es keine weißen Menschen. Er war Atanazy sogar näher als dieses sonderbare Ungeheuer (anders nannte er sie nicht in seinen Gedanken), dem gegenüber er trotz aller Fremdheit in gewisser Weise eine höllische Anhänglichkeit fühlte. Und jetzt, als sich bei der Nachricht vom Tod ihres Vaters ihr Gesicht vor Schmerz verkrampfte (Hela wurde ihm plötzlich ähnlich – ähnlich und vogelhaft, sehr vogelhaft) (»ach, so wird sie im Alter sein« – konnte Atanazy gerade noch denken), schlug sein von ungeheuerlicher Liebe ermüdetes Herz nun auf eine menschliche Weise für sie. Doch in diesem Augenblick war er eben »klein« – er vermochte nichts zu sagen. Beide Frauen bedrängten ihn erbarmungslos: die eine als Schatten, von der Größe des freiwilligen Todes umhüllt, worin für ihn die ganze Welt und er selbst mit seiner »selbstpersönlichen« Wichtigkeit annulliert wurde – die andere als Verkörperung einer unbegreiflichen Kombination: einer *derart* höllischen semitischen Intelligenz und einer *derartigen* Perversion, und dazu die allerhöllischste, für ihn einzige Schönheit. »Vielleicht ist es der Rassenunterschied, der den unerträglichen Zustand der Fremdheit erzeugt. Sie ist dennoch unerreichbar – im selben Grad wie der Wirt – ein Hindu, oder der erste beste chinesische Kuli, mit dem ich mich verständigen möchte. Doch eben das verleiht der Begierde ihren diabolischen Charakter, ihre absolute Wildheit und Unverständlichkeit, auch darauf beruht das Unbegreifliche, womit sie mich behext hat.« Und jetzt sah er klar, daß er, wenn sie ihn ihrerseits als erste verlassen würde, rettungslos verloren wäre. Woher aber die Kraft nehmen, sich von ihr zu trennen? Es sei denn, daß jener Schatten ihn um den Preis jenes Leidens wieder von neuem besiegen und ihn aus dieser Hölle erlösen würde, um ihn auf einer höheren Geistesebene in seine eigene Hölle hineinzuziehen. Aber dann müßte man dieses elende Leben für etwas opfern – aber für was? Die Disproportion der Begriffe und der Tatsachen, der eingebildeten Gefühle und Pflichten und des wirklichen Elends – unmöglich, dies auszugleichen. Alles wurde derart unbegreiflich und bis auf den Grund ungeheuerlich wie damals, als er mit Alfred zusammen von Łohoyski nach Hause fuhr – und das ohne Kokain und Inversion: er war wieder in einer wirklichen Hölle.

Rings um das Resthouse rauschten die im wilden Monsun gebogenen Bäume, und in der flackernden Flamme der Kerze verbrannten seltsame Fliegen, Mücken und riesige Motten: schwarze und goldschimmernde. Einige von ihnen wälzten sich auf dem Tisch, mit ihren versengten Flügeln surrend. Moskitos stachen erbarmungslos. Ihr leiser Chorgesang tönte wie ein warnendes Signal: »Rette dich, solang es noch Zeit ist.« Von weitem kam das vom Rauschen des Windes unterbrochene Dröhnen der Trommeln. Alles war furchterregend und idiotisch – wie das Gesicht eines rindviehhaften Kretins, vor dem Hintergrund der dunklen Nacht, an einer Fensterscheibe. Und ihr Blick, auf ihn gerichtet, losgelöst von jener Depesche. Was dachte dieses nicht zu enträtselnde Ungeheuer, was beabsichtigte sie? Ihre »Unenträtselbarkeit« war um so schrecklicher, als man doch über alles sprach, nichts unausgesprochen blieb und die Situation klar und einfach sein mußte wie ein heißglühender, gespannter Draht – hinter dieser Nichtdeduzierbarkeit steckte ein satanischer »trick«. Eine Sekunde lang, eine Viertelsekunde, konnte Atanazy diesen Moment nach alter Weise künstlerisch erfassen. Doch damals hatte er »mit kleinen Spannungen operiert«. Jetzt war der Transformator der Potentiale kaputt, und der unterbrochene Strom von wechselnder, aber immer schrecklicher Spannung floß durch seine Seele und sogar durch seinen Körper und verbrannte alles mit unsagbarer Glut, zerschmolz die heterogenen Elemente des höheren Ich zu einem Haufen von tierischer Angst, Leiden, Irrsinn und Wollust. Wie lange würden die Kräfte noch reichen? Das lindernde

Moment einer unpersönlichen, künstlerischen Auffassung (wie von außen gesehen) dieser ganzen Geschichte war spurlos verweht. Es blieb die nackte, schamlose Schrecklichkeit des Daseins, die sich auf keine Weise abwerten ließ. Es war so, als hätte Atanazy, indem er den Hebel des Transformators auf geringere, vielmehr *andere* Spannungen verschob, diesen Griff abgebrochen. Die Maschinerie, von einer Feder getrieben, schnellte in die frühere Stellung zurück, die Zeiger sprangen weit über die roten Gefahrenstriche hinaus, und alles ging in unaufhaltsamem Tempo weiter. Ach – um dieses aufzuhalten – dazu mußte man Künstler sein. Er zuckte mit dem früheren Ekel vor diesem Wort zurück, und die ganze Kindheit und Jugendzeit drehte sich vor ihm wie ein tolles Karussell von Erinnerungen. Dort, schon in jenen unterbewußten Tiefen, war dieser Moment enthalten und alles, was weiter folgte. Hinter dem riesigen Gespenst Zosias, das die Welt verhüllte, blinkte in einer anderen Dimension die Erscheinung der Mutter auf, verkrumpelt und armselig, und weiter nur noch der Duft von Levkojen auf einem Rondell und eine schwarze Pfote mit Glöckchen, die sich hinter dem Ofen hervorschob in einem Traum von der Bäckerei auf dem Lande, aber nicht von der wirklichen, sondern von einer potenzierten, hundertfach wirklicheren, nie dagewesenen. Er kam zu Bewußtsein. Auf dem Hintergrund des die ganze Lebensfreude vernichtenden Gefühls der eigenen Kleinheit kam ihm der Gedanke, daß er dennoch so etwas erlebte, daß das wiederum nicht so gewöhnlich und banal sei, daß *etwas* darin sei – und dieser Gedanke wertete alles restlos ab und demaskierte sein eigenes, armseliges Komödiantentum vor ihm selbst. Ein Kreis ohne Ausweg hatte sich um ihn geschlossen – diesmal, so schien es, für immer. Er hatte nicht die Kraft, die angesengten Nachtfalter zu töten, wie er das immer aus Mitleid tat. Draußen (dieses Wort schien ihm fremd im Verhältnis zur ganzen Natur) tobte ein fremder Sturm, bog fremde Bäume, und dort, in dem anderen Zimmer, sie, verbunden mit dieser ganzen Fremdheit der Umgebung, sonderbar, unbegreiflich, davongegangen in ihre für ihn unerreichbare Welt, unerreichbar auch in den kühnsten Gedanken. Dort eindringen, wie eine Horde von Barbaren eine

Stadt erobert, plündern, berauben, sich einmal im Leben sätti-
gen. Eine vergebliche Vorstellung – er wußte, daß es unmög-
lich war. Aber vielleicht ist gerade das die wirkliche Liebe?
Immerhin war er ein wenig getröstet. Das Moment der künst-
lerischen Auffassung hinterließ eine Spur von Hoffnung. Aber
er fühlte, daß nicht auf diesem Weg die Befreiung zu suchen
wäre – eher in einem tollen Willensakt, sich selbst und allem
zum Trotz: sich bewußt den Henkern zur Folter ausliefern.
Woher die Kraft und den Mut dazu nehmen? Und plötzlich,
aus jenen Welten mit unendlicher Geschwindigkeit hergetra-
gen, war er wieder hier, im Mittelpunkt Indiens, klein – ein
Nichts, das alles hätte sein können – einer Phantasie zum Fraß
hingeworfen, der Phantasie eines fremden, phantastischen und
geliebten (ach, aber auf welch grausame Weise), vor allem aber
eines so unerträglich begehrten »Ungeheuers«, das nicht von
dieser Welt war. Er fühlte sie im Blut, in den Muskeln, in den
Knochen, überall – in jeder Faser seines verhaßten, verachteten
Körpers. »Vielleicht ist sie darum heute so, weil ich sie daran
hinderte, den Elefanten mit dem Stock in den Rüssel zu ste-
chen?« dachte er, den Tod des alten Bertz und den Buddhismus
vergessend. »Vielleicht denkt sie, ich hätte Angst gehabt? Zum
Beweis dafür, daß dem nicht so ist, kann ich mich jeden Au-
genblick umbringen.« Er schreckte vor dem Gedanken zurück
(vielleicht war es Feigheit?), daß er aus so armseliger Ursache
als ein Niederträchtiger sterben könnte, der er für Zosia vor
ihrem Tode war, ohne sein Leben mit einem entsprechenden
Abschluß gerechtfertigt zu haben, ohne sich mit ihrem Geist zu
verbinden. Was wird sein? Ihm fiel die Revolution ein, und
plötzlich fühlte er sich erleichtert – dort immerhin, in seinem
Land, wohnte wirklich Zosias Geist, einzig dort konnte er sich
mit ihm verbinden: »Die Nationen reckten sich. Ein Faschist
könnte ich nicht mehr werden, denn daran glaube ich nicht.
Das sind die letzten Zuckungen. Das hat der große Krieg aus-
gerottet. Um diese Dinge habe ich mich doch schon geschla-
gen, und was ist davon für mich geblieben? In Anbetracht
dessen sollte ich konsequenterweise an der nivellistischen Re-
volution teilnehmen. Das ist wohl die höchste Stufe – denn was
gibt es darüber hinaus? – Es genügt zur Sättigung meiner Am-

bition. Ob es gelingt oder nicht – darin liegt Größe, denn hier ist bereits der Boden bereitet. Und schließlich stürmt alles in ebendiese Richtung. Das ist ein metaphysisches Gesetz. Und indem ich so denke, betrüge ich die Idee dieser Revolution, denn ich glaube nicht an die positiven Werte der künftigen mechanisierten Menschheit, ich, ein Aristokrat, wenn auch nur von kleinem tatarischen Adel – oh, warum bin ich nicht zumindest ein Graf wie dieser verfluchte Jędrek – der fühlt sich sogar in einem Gefängnis wohl, weil er sich sagen kann: ich bin immerhin ein Graf – und ich, der Erziehung und der ganzen Kultur nach (falls ich sie überhaupt habe?) ein fader Demokrat, glaube an nichts und werde niemals an etwas glauben. Doch für etwas umzukommen, woran man nicht glaubt, wäre nicht eben die höchste Stufe dieser »grandeur privée«, mit der sich Menschen ohne Ruhm, Vermögen und Namen trösten, dieser drei peinlichsten Werte des Lebens. Dennoch amüsiert es mich, vor irgendeinem Hotelportier die Rolle eines persischen Prinzen zu spielen – ich gehe jetzt anders und spreche anders zur Dienerschaft – sogar Hela hat das bemerkt. O Elend!« Diese sonderbar gewöhnlichen, rein lebenspraktischen Gedanken, die sich auf dem Hintergrund der vorhergehenden Erwägungen abzeichneten, mitten in Indien, in Gesellschaft dieser . . . (»metaphysischen Hure«, wollte er »in Grenzen« denken, doch hielt er sich zurück) – (»ich liebe wohl einzig sie allein«, flüsterte er, »insofern dieses Wort überhaupt einen Sinn hat«), schienen wie ein ruhiger Fleck vergossenen, stinkenden geistigen Fetts inmitten von wirbelnden Wogen ungeheuerlicher, quälender Seltsamkeit.

Weitere Türen taten sich auf, dann die des Zimmers, und Hela trat herein. Atanazy erhob sich und stand da wie auf Habacht vor einer höheren Macht. »Und wenn sie eine arme kleine Jüdin wäre – würde ich sie ebenso lieben?« dachte er. »Freilich ist manches in ihr durch Reichtum entstanden, doch das weiß ich bestimmt, wenn sie ebenso wäre wie jetzt, so wäre sie für mich dieselbe in löchrigen roten Strümpfen in Kocmyrzów oder Koniotop oder in irgendeinem anderen Loch.« Diese Gewißheit erhob ihn in seinen eigenen Augen. Das schien wirklich wahr zu sein.

»Hela«, begann er, als gäbe er einen Rapport vor einem höheren Offizier ab, »ich habe den Eindruck, daß du wegen dieses Elefanten etwas gegen mich hast. Vielleicht glaubst du, ich hätte mich gefürchtet . . .« In diesem Augenblick fiel ihm die Nachricht vom Tod ihres Vaters ein, und er wurde verwirrt. »Verzeih, daß ich in diesem Moment, da du . . . aber ich kann mich für dich jeden Augenblick umbringen, um dir zu beweisen, daß es nicht aus Angst . . . Aber auf eine so idiotische Weise umzukommen . . .«

»Du bist dumm, aber trotzdem liebe ich dich.« Hier küßte sie ihn auf den Kopf wie noch nie. Atanazy erstarb für einen Moment vor unmenschlichem Glück. Für eine Viertelsekunde wurde die Welt so schön wie Łohoyskis Pepitahosen damals – »also kann man das auch ohne Kokain haben in diesem Grad . . .?« Doch gleich danach kehrte alles lautlos, wie auf geölten Scharnieren gewendet, auf den alten Platz zurück. Er war wieder hier, in diesem »gewöhnlichen« Indien, und vor ihm stand die drohende Verkörperung einer unbekannten und schrecklichen Bestimmung in Gestalt dieser »metaphysischen Hu . . «

»Sprich: ich will wissen, was du in diesem Augenblick denkst«, sagte Atanazy und ergriff hart ihre Hand. Sie schwieg. Sie schauten einander in die Augen. Und wieder durchrieselte ihn bei der Berührung dieser so oft berührten und geküßten, doch ewig neuen, unbegreiflichen, unergründlichen Haut ein geheimer Schauer. »Nie werde ich sie überwinden«, dachte er verzweifelt. Und dazu dieses Blau der schrägen Augen. »Ja – darin ist ihre Kraft, daß diese Dinge nicht getrennt für sich existieren: dieses Etwas in ihrer Haut und die schönen Augen und die Stimme und der Geruch – das alles ist eines, wie Gemälde, Laute und Bedeutungen von Wörtern in einem guten Vers eine Einheit sind, eine neue zusammengesetzte Qualität sinnlichen Zaubers – unüberwindlich. So etwas kommt wohl unermeßlich selten vor: höchstes Glück und schlimmste Niederlage. Das ist wirkliche Liebe!« Er fühlte, daß alles, was er von ihr hören würde, trotz der Wahrheit (er glaubte ihr unbedingt) nur eine höllische, unterbewußte Erfindung ihres Körpers wäre, um eine neue unbekannte Lust und eine neue Qual vorzubereiten. Hela unterschied sich von anderen Frauen darin, daß sie nicht log – sie war stark genug, um nicht zu lügen und dieser erstklassige Dämon zu sein, für den sie zu Recht sogar schon in der ersten Phase ihrer Entwicklung gehalten wurde. Und das waren ja kaum erst die Anfänge! Sie geruhte nicht einmal zu lügen, und er – ein Mann . . . – welch eine Niedrigkeit und Niedertracht! Doch war sein Verhältnis zu ihr denn eine Lüge? Das würde er nie erfahren – alles hatte sich für alle Ewigkeiten verwirrt. Vielleicht ist eben das Liebe? Hela hatte noch eine Eigenschaft: sie brauchte nicht kenntnisreich ihre Hingabe zu regulieren – ja: regulieren – ein scheußliches Wort, aber eben so soll es sein – verweigern und wieder erlauben – sie war darüber erhaben. Einmal nur am Anfang hatte sie sich zu solchen Kunststückchen herabgelassen, damals, als Tvardstrup . . . »Wie Kleopatra angeblich«, dachte Atanazy . . . »dieser Hungrigste, der am meisten genoß« – so heißt es bei Shakespeare. Es gab keinen Menschen, konnte keinen geben, der sie hätte unterkriegen können – es sei denn ein Impotenter. Dieser Gedanke war lächerlich. Und dennoch war so ein »Herr« unvorstellbar. Er selbst früher – aber damals hatte er mit ihr nicht das erlebt, was nun schon hinter ihm lag. Doch, es gab ihn: Prepudrech! Dieser armselige, verachtete Pseudokünstler – vielleicht eben darum, weil er ein »Pseudo« war –, das ist kein Mensch, das ist eine kleine Maschine mit Talent. Kein *echter* ist dazu imstande. Nur ein gefälschter Mensch kann eine höhere Kraft haben, als er sie in Wirklichkeit als echter Mensch hätte. Im übrigen war unklar, was augenblicklich mit ihm geschah. Indem Atanazy auf diese Art die Geliebte erhöhte, bemühte er sich, sich selbst zu erhöhen. Ein nicht völlig lösbares Problem war lediglich Azalin Prinz Belial-Prepudrech, gegenwärtig selbst »false«.

. . . (Er hatte ihre ersten Worte nicht gehört) ». . . meinst du, ich hätte ihm das gegeben, was ich dir gab? Ich konnte nicht einmal – ich war im Zustand der Buße, und übrigens hätte ich ihm das nie geben können. Er kennt mich nicht. Ich weiß: diese Haut – weiß, daß sie einen magischen Einfluß hat. Auch weiß ich, daß meine Augen imstande sind, und alles . . . doch das ist es nicht. Nur du allein hast mich selber aus meinen eigenen

Tiefen hervorgeholt wie ein psychophysischer Jack the Ripper. Ich bin dein – aufgeschlitzt – alle meine Innereien sind an die Oberfläche gewälzt, und dennoch weiß ich, daß ich für dich ein quälendes Geheimnis sein muß wie eine Statue der Isis. Aber für mich selber bin ich nicht mehr ein gefoltertes, unverstandenes Gespenst – mit dir lebe ich wirklich.« Das war entsetzlich geschmacklos, wie übrigens immer alles, was sie sagte, aber es hatte diese höllische Eigenschaft, daß man es in dem Augenblick, da sie es sagte, als höchste künstlerische Notwendigkeit annehmen mußte. »Dazu mußte man dich in der Vernichtung lieben, denn du existierst nur in der Vernichtung wirklich. Dein Dasein ist für mich kein Zufall – du mußtest sein und mußtest mein sein. Und es geht mich nichts an, *wer* du bist – du bist mein Geliebter – das genügt, dieser einzige, unter Tausenden ausgewählt, den ich lieben kann. Ich möchte, daß du dasselbe fühlst. Ich habe mich dir mehr hingegeben als du dich mir. Du kämpfst mit mir.« Atanazy hörte die letzten Worte nicht – er überlegte, ob es wirklich ein ausreichender Grund für seine Existenz sei, daß er zu ihrem idealen (in der Bedeutung eines absoluten Ideals) Liebhaber bestimmt war.

»Leider bin ich keine Frau«, sagte der arme Tazio düster und dachte: »Ob es wahr ist, was sie da sagt, oder bin ich eben jetzt zu ihrer Pose gelangt, zu diesem Dämonismus dritter Klasse? Aber woher weiß sie, was ich in diesem Moment dachte – das ist doch seltsam.« »Aber sag mir, woher du jetzt . . . Ich habe eben daran gedacht, als ich vor einer Weile allein hier saß, bevor du hereinkamst.« Er wußte selbst nicht, warum er nicht sagte, daß er dies eben in diesem Moment gedacht hatte.

»Ich wollte es dir schon längst sagen, denn ich fühlte, daß du Zweifel hast. Glaubst du mir jetzt?«

»Wieso – ob ich dir glaube, daß du für mich etwas metaphysisch Unbesiegbares bist, die Verkörperung der Seltsamkeit des Daseins und des größten Leidens, das mit dem höchsten Glück verbunden ist« – er brach ab – er fühlte, daß er anfing, banale Dummheiten zu sagen. Alle vorherigen Überlegungen zerwehten in nichts: der Schatten Zosias, der Mutter, der Wunsch nach einer Tat, die Erhebungen über sich selbst hinaus – alles verbrannte, wurde zu Asche, verkrampfte, wurde klein, ver-

schwand unter einem einzigen Hauch der Liebe. Irgendeine
schreckliche, unbekannte Wonne breitete sich vor die endgül-
tige Vernichtung.

»Und nun, da ich erfahren habe, daß Vater nicht mehr lebt«
(zum erstenmal nannte sie ihn »Vater«, nicht »Papa«), »habe
ich verstanden, wie ich dich liebe. Aber leiden werden wir
beide noch sehr, denn in mir ist etwas, was nicht von mir
abhängt: eine Kraft regiert mich, über die ich nicht herrsche –
ich sehe nur rational und leidend ihre geheimen Wege – und
wenn du auch leiden wirst, dann werden wir beide begreifen,
was wir zusammen sind, als eine Einheit außerhalb des Lebens
und des Todes. Ich werde dich an deiner Seite betrügen –
werde niemals lügen, und auch du wirst mich betrügen, soweit
du das kannst – es werden Dinge kommen, die dem Anschein
nach schrecklich, widerlich klein, sogar ekelhaft sind – ich muß
absolut fallen und du auch, nur anders und zusammen mit mir
– denke nicht, daß ich dich verlassen will: wir werden uns nie
trennen – eben in diesem Niedergang werden wir immer höher
emporstreben, bis wir uns dort irgendwo miteinander vereini-
gen zu einem einzigen, allwissenden Geist in einer Qual ohne
Grenzen, und dort« (Atanazy fiel der Moment der Vereinigung
mit dem Geiste von Jędrek Łohoyski ein und das, was nachher
war; aber das war in dem »künstlichen Paradies« des Kokains
geschehen – hier geschah es in wacher Wirklichkeit, bei vollem
Bewußtsein, obgleich vorerst nur im Versprechen, aber in ei-
nem Versprechen, das sich erfüllen *mußte* und das jetzt das Blut
vor übermenschlicher Begierde in ihm zu einem schwarzen
Brei gerinnen ließ . . .) »und dort, erst dort, wie im Tode,
werden wir über die Welt erhaben sein . . .« – Ihre Augen ver-
drehten sich in wilder Verzückung, und sie war schön wie der
unheilverkündende Engel der Vernichtung, wie die Gottheit
der unersättlichen, grausamen Liebe. Es schien, als entflöge sie
in eine andere Dimension, als wäre sie nicht mehr da. »Eine
solche Schönheit kann nicht wahr sein – es gibt sie nicht, es
gibt sie nicht wirklich, und ich werde nie mehr . . .« Verzweif-
lung und Raserei und allerhöchste, tödliche Liebe. So liebte er
nur Zosias Geist, in völliger Hoffnungslosigkeit und in der
Gewißheit, daß er sie nie sehen werde. Und hier stand sie vor

ihm, wirklich, berührbar, duftend – sie hatte einen leichten roten Schlafrock an und war verschwitzt – er sah kleine Schweißtropfen an ihrer Stirn (es waren 45° Réaumur) – nicht zu glauben. Sie stand da wie hypnotisiert, erstarrt in der Erwartung der Gewalttat, weltabwesend, unerfaßbar – die nackten Beine mit roten Pantoffeln an den Füßen zitterten leicht – sie war nicht ganz bei Bewußtsein. Und unter den schweren, gesenkten Augenlidern hervor blickte sie auf den Geliebten mit einem verdrehten, leichenhaften Blick von tödlicher, giftiger, überweltlicher Begierde. Ihr Kopf sank hintenüber. Atanazy stürzte sich auf sie wie ein gefräßiges Tier. Und es folgte eine jener wahnsinnigen Nächte, nur eine noch schrecklichere, noch unbegreiflichere, jenseits von Zeit und Raum, irgendwo in den Abgründen des absoluten Nichts.

Draußen (im indischen »Draußen«) wehte der fremde, glühende »monsoon«, und die Nachtfalter von wundervoller Schönheit verbrannten einer nach dem anderen in der Kerzenflamme, und die Moskitos stachen wie gewöhnlich, denn als er Hela auf das Bett warf, hatte er das Moskitonetz herabgerissen. Es war keine Zeit, es wieder anzubringen . . . Für die Hindus war das eine gewöhnliche Nacht religiöser Feierlichkeiten, etwa das, was für uns Ostern ist. Doch Hela unterbrach plötzlich diesen wahnsinnigen Taumel, obwohl Atanazy, der fast nur noch ein Klumpen von zerschlagenem Fleisch und kein Mensch mehr war, aber ein Klumpen, aus dem die kalte Flamme des unerkennbaren Geheimnisses des Seins leuchtete – (mit dem Mut eines Verurteilten schaute er in die Flamme, ohne die Augen auch nur ein wenig zu schließen) –, noch nicht gesättigt war. Nicht nur das, was sich tat, sondern auch das, was Hela unterdessen sagte – (und sie verstand es, Dinge zu sagen, die das Gehirn kopfstehen ließen und es zu einer armseligen Geschwulst an den Genitalien machten) –, brachte ihn zu diesem unbegreiflichen Wahnsinn. Sie badeten dann beide in kaltem Wasser in einer steinernen Wanne – und kamen aus diesem Bad erfrischt, unschuldig und erhaben wie ein Engelspaar. Nichts existierte außerhalb von ihnen beiden. »Aber was kann noch sein?« fragte sich Atanazy mit Schrecken. »Warum ist der Tod nicht eingetreten?« Dann ließ Hela das Abendessen servieren: gebratenes Huhn mit Pfeffer, Salat aus Mangofrüchten und Lagerbier aus Bremen. Sie wurden von dem alten Hindu bedient, der in den freien Momenten das rote »Punkha« über dem Tisch bewegte und mit nackter Hand fliegende Schaben von der Größe zweier unserer Küchenschaben fing, die sich bis auf das weiße Tischtuch wagten. An alles kann man sich gewöhnen. Nach dem Abendessen gingen sie zum Tempel. Es war ein Uhr nachts.

Beide brauchten sie eine neue Dimension. Der katholische Gott existierte für Hela überhaupt nicht. Das unbefriedigte religiöse Bedürfnis (das metaphysische Bedürfnis)* suchte eine neue Verkörperung. Nun, vielleicht würde es gelingen, zum Buddhismus überzutreten – vom Brahmanismus war aus technischen Gründen keine Rede – es wäre das eine Zugabe zu einem ohnehin schon großen Glück. »Aber ob das wieder mit Buße und Verzicht auf erotische Annehmlichkeiten verbunden sein wird«, dachte Atanazy mit Schrecken, als sie durch die Dorfstraße gingen, an deren Rand die sturmgezausten Bäume: Palmen und Feigen, sich unter den Stößen des zunehmenden glühenden Hurrikans beugten. »Ich bin neugierig, was für neue Schweinereien dieses Ungeheuer ausdenken wird.« Moralisch war er völlig gebrochen, und an eine Flucht vermochte er nicht einmal zu denken. Doch in der Ergebung in diese vernichtende Kraft fand er eine neue Wollust und eine momentan volle Rechtfertigung seiner Position im Weltall. Bei dem Gedanken an die verheißenen Qualen und den Ekel befielen ihn sogar Zuckungen perverser Begierde. Er wurde allmählich geradezu zu einem einzigen, riesigen Lingam mit einer zusätzlichen, übrigens sehr komplizierten Psychologie als Epiphänomen, etwas in der Art einer Seele in der Konzeption ehemaliger Materialisten.

Auf dem Hof einer der Hütten befaßte sich ein alter Zauberer gerade mit seinem magischen Hokuspokus, bemüht, irgendwelche getrockneten Blätter auf einem kleinen Tischchen aus Schilfrohr zu entzünden. Er tat das mittels eines glimmenden Feuerschwamms. Über ihm hielt sein Gehilfe einen hüttenartigen Baldachin aus getrockneten Palmblättern.

»Ach – so zu glauben wie er – was würde ich in diesem Moment dafür geben«, flüsterte Hela.

»Ja: nach dem Buddhismus kannst du nur noch zur Magie übergehen. Zu dem Zweck können wir nach Neuguinea oder nach Australien fahren – dort ist diese Weltanschauung am besten entwickelt«, sagte Atanazy etwas ironisch.

»Spaße nicht. Das ist wirklich erhaben, was sie da tun.«

Jene beiden machten ihre Künste nicht zur Schaustellung: sie schienen die beiden Weißen in ihrer Tropenkleidung nicht einmal zu bemerken in dem schwankenden Mondlicht, das durch die dichten, bewegten Bäume fiel. Atanazy versuchte, dem Zauberer zu helfen, indem er in einem Moment der Windstille dessen kleines Blatthäufchen mit einem Streichholz anzündete. Der Meister selbst zuckte nicht einmal, da er die Beschwörungen nicht unterbrechen konnte, die er wie für sich murmelte, doch der Gehilfe, der mit einer Hand den Baldachin bewegte, schob Atanazy zornig beiseite und sagte etwas Unverständliches. Sie gingen weiter. Immer mehr weiße Gestalten waren auf dem Weg. Sie gingen in Gruppen und auch einzeln: Männer, Frauen und Kinder. Der Weg begann anzusteigen. Sie gingen an »Dagoben« aus weißem Stein vorüber, die türkischen Helmen mit Spitzen ähnelten und unmittelbar aus dem Boden emporwuchsen entlang des steinigen, gewundenen Wegs, der an einem mit einem Dickicht von Sträuchern bewachsenen Hang entlangführte, aus dem riesige, meterhohe Wolfsmilchstauden ragten. In der Flanke eines riesigen runden Granitfelsens war eine tiefe Höhle. Von dort kam rhythmischer, stöhnender Gesang, dem ein gemischter Chor mit Klagegebrüll antwortete. Es flackerten die Flammen kleiner Kerzen, die vor einem guten Dutzend von Buddhastatuen aufgestellt waren – alle stellten ihn sitzend dar unter zwei verschlungenen Kobras. Atanazy schaute dort hinein, ließ Hela in der Menge und ging selbst auf eine Terrasse über dem Abhang hinaus – er brauchte in diesem Moment Einsamkeit, was ihm jetzt selten geschah. Auf der anderen Seite des Tals, über der Masse schwarzen Dschungels, erhob sich ein spitzer Felsgipfel und weiter in der Tiefe ein wie eine Tischplatte abgeflachter Berg. Alles war fremd und drohend. Keinerlei »Stimmung« (in unserem Sinne) hatte dieses wundervoll (»auf kalte Art«) schöne Landschaftsbild. Links im Tal war ein kleines Dorf zu sehen, weiter ein riesiger See, der in einem zitternden Streifen auf seiner welligen Oberfläche den Vollmond widerspiegelte. Auf den Felsen über dem Tempel wuchs ein niedriger, koboldhafter heiliger Banyanbaum, dessen Äste alljährlich zur Weiterverpflanzung abgerissen wurden – dort saß ein Teil der Pilger, in ihrer weißen Tracht inmitten dunkler Sträucher schimmernd. Riesige Fledermäuse flatterten zu Dutzenden durch die unruhige Luft. Atanazy setzte sich auf eine Mauer. Durch ein unbekanntes Wunder hatte ihn Zosias Geist hier eingeholt und breitete sich über der fremden Erde aus. Atanazys Eingeweide verkrampften sich vor zerreißendem Leid, daß er nicht mit ihr in diesen verzauberten Ländern umherreiste, daß sie alle diese Schönheiten nicht sehen konnte. Aber er dachte nur darum so, weil er momentan gesättigt war. Was wäre, wenn Hela ihm plötzlich die perversen Lüste verweigerte, an die er sich gewöhnt hatte wie an ein mörderisches Narkotikum? Lange saß er so in Kontemplation des prächtigen Anblicks. Er wollte das in sich einschließen, zu seinem Eigentum machen, es für immer in sich fixieren – aber er vermochte es nicht. Die Schönheit entschlüpfte ihm, rann durch seine Sinne fort, verschwand – er war machtlos. »In solchen Momenten malen die Menschen naturalistische Landschaften und fotografieren – das gibt ihnen die Illusion, daß sie den dahinschwindenden Moment der Begeisterung über die Welt eingefangen hätten«, dachte er, doch er war von diesem Gedanken nicht sehr befriedigt. In der ganzen Komposition dieser Nacht war etwas verdorben. »Phosphormangel im Gehirn. Diese Bestie frißt mich auf wie Feuer . . .« Er schlief ein, eingewiegt von dem monotonen Gesang, der aus der Höhle kam, und erwachte erst kurz vor Morgengrauen, als Hela aus dem Tempel kam und seine Schulter mit der Hand berührte. Fast wäre er vor Schreck in den Abgrund gestürzt. Er wußte nicht, wo er war, wer sie war, wußte nicht einmal, wer er selbst war. Er hatte einen Moment metaphysischen Schreckens: das allgemeine Geheimnis des Daseins realisierte sich teilweise in dem Geheimnisvollen des Moments, der absoluten Unverständlichkeit dessen, daß *überhaupt etwas war* – als wären alle Verbindungen alltäglicher Gewohnheiten abgefallen, lösten sich die künstlichen Lebensverbindungen auf, und das nackte, einsame Ich, raumlos wie ein mathematischer Punkt, existierte einen Augenblick über der unermeßlichen, ungeheuren Tiefe des dissoziierten Daseins. Er schreckte auf. Helas Gesicht, von einem warmen Schimmer erleuchtet, hatte den Ausdruck überirdischer Verzückung.

»Bist du schon zum Buddhismus übergetreten«, fragte Atanazy.

»Ja«, erwiderte sie mit entwaffnender Schlichtheit. »Ich hatte eine Erscheinung. Mein Vorgefühl hat sich verwirklicht. Weißt du, daß dort Hunde im Tempel waren? Das ist erschütternd – diese Gleichheit aller Geschöpfe angesichts des Geheimnisses. Ich fühlte mich dort als Hund unter ihnen. Dann habe ich mit ihnen zusammen gesungen. Sie erlauben alles. Das ist die einzige Religion, in der die Götter nur ein Symbol des Geheimnisses sind und nicht das Geheimnis selber. Das ist in Übereinstimmung mit dem, was ich über die Philosophie weiß – sogar mit unserem System – das ist auch eine Art von Pantheismus.«

»Aber ist es nicht darum so, weil du noch zu wenig von dieser Religion weißt? Vielleicht kannst du sie eben deswegen mit den Gegebenheiten deines Verstands in Einklang bringen.«

»Nein, Kind: ich weiß alles, was nötig ist. Ich weiß auch alles, was negativ ist, und eine positive Philosophie kann es heute nicht geben – nur eine Begrenzung. Wyprztyk hat recht, aber erst jetzt habe ich seinen ›truc‹ verstanden: es gibt kein begriffliches System, das das Geheimnis verhüllen könnte, aber eben die Religion, die die letzte Verhüllung ist, ist die einzige vollkommene – die, in der es nur lebende Symbole der in der Philosophie toten Begriffe gibt. Ich bin dazu gekommen, indem ich über das Problem der Dreifaltigkeit nachdachte: die Einheit ist höher als sie, denn das Dasein ist eines. Die Einheit ist gar nicht weniger geheimnisvoll als die Dreiheit. Ich habe tatsächlich eine Erscheinung gehabt. Das ist keine unvollkommene Metaphysik, sondern eine lebendige. Ach, endlich das erleben zu können, worüber man in toten Kategorien nachdachte! Und ich habe kein System wie du: du bist ein unvollkommener Metaphysiker alten Typs«, fügte sie mit leichter

Ironie hinzu. »Ich will gut sein, will mich opfern – die ganze Welt möchte ich umarmen und mit meinem übervollen Herzen sättigen.« (»Und das sagt sie, diese Verkörperung des Bösen – o Gott! was für eine Perversion.«) »Ich möchte eine Kaplanin sein und mich den Vorübergehenden hingeben wie die einstigen hethitischen Priesterinnen, sogar armseligen Bettlern . . .« (»Ah, hier geht es mit ihr durch.«)

»Vielleicht Aussätzigen?« fragte der übermütig gewordene Tazio. »Ich fürchte, daß du dich mit deiner Dialektik auch leicht zum Totemismus bekehren kannst, und nach dem Totemismus gibt es nichts mehr – nur noch die Identität von allem mit sich selbst in unmittelbarem Erleben oder, einfach gesagt, das Tier. Schluß: der Kopf berührt sanft eine Mauer, schlägt nicht einmal dagegen . . .«

»Komm schon. Wenn ich Totemistin werde, wirst du das Tier sein, das ich verehre.«

»Und wirst mich feierlich fressen am Jahrestag der Bekehrung?«

»Nein: ich werde dich täglich aufessen, und du wirst wiederauferstehen in den Flammen meiner Begierde . . .«

»Sag nichts mehr. Ich fürchte dich.«

»Deine Angst ist meine größte Lust.« Sie wurden von braunen Menschen in weißen, langen Gewändern umringt, die ihrer seltsamen Sprache lauschten. Über dem See brach plötzlich der Morgen an.

»Ich befürchte, schon jetzt nur noch ein Tier zu sein. Es gibt Momente, in denen ich nicht weiß, wer ich bin.«

»Du hast es nie gewußt und wirst es nie erfahren. Du lebst nur in mir. Du bist mein Traum vom vernichteten Glück.«

»Und wer bist du?«

»Ich bin die dunkle Flamme Gottes inmitten von Stürmen. Die stöhnend in die Weite fliegt – wie dumpfer Glockenschlag um Mitternacht.

Im Dämmer der Berge entzünde ich das Abendrot.

Mit dem Funken meiner Schmerzen den Stern meiner Machtlosigkeit«,

zitierte sie unvermutet den Anfang von Micińskis Gedicht »Luzifer«. Sie tat Atanazy plötzlich leid, und gleichzeitig schämte er sich für sie. Und wieder fühlte er, daß er sie liebte, daß sie ein menschliches Wesen war, das litt, sich belog, von Widersprüchen hin und her gezerrt. Zum erstenmal empfand er sie so, wie sie für sich selbst war. »Du Katze, Schlange und arme betrogene Ziege!« dachte Atanazy in den Worten, die Nikefor in Micińskis Drama *Im Dämmer des goldenen Palastes* zu Bazylissa Teofanu spricht. Dennoch hatte er einen Augenblick den Eindruck, daß etwas in ihr wirklich unheimlich war: irgendeine weibliche Verkörperung Luzifers – weiß der Teufel, was. (Seine Gedanken zum Thema Zosia und der Möglichkeit, dort bei den Nivellisten Taten zu vollbringen, hatte Atanazy Hela nicht gestanden. Das war jetzt seine einzige Reserve – er wollte sie nicht vergeuden. Er fürchtete, Hela könnte ihn von allem überzeugen, was sie nur wollte, obgleich sie ihn in theoretischen Gesprächen über soziale Themen selbst allmählich zum nivellistischen Glauben bekehrt hatte.)

»Wenn du dich vor der Verviehung fürchtest, so möchtest du vielleicht, daß ich unser Verhältnis durch Buße sublimiere – vielleicht möchtest du . . .«

»Sprich nicht so« – er saugte sich mit einem Kuß in ihre Lippen, in Gegenwart der Schwarzen, die dumpf untereinander zu murren begannen.

»Nein«, stieß sie ihn leicht von sich. »Nein, wir müssen noch durch die Qual der völligen Reinigung hindurch. Ohne uns zu trennen, ohne auf etwas zu verzichten, werden wir alles überwinden, was in uns noch an Gewöhnlichem und Gemeinem ist: diese Kleinlichkeit der Eifersucht und das Gefühl des Eigentums der Körper. Wir werden in der Vielheit zerschmelzen, unser gemeinsames Ich vermehren, nachdem wir es im Weltall aufgelöst haben, dessen Symbole uns andere Menschen sein werden – um es noch inniger zu verschmelzen zu einem einzigen unsagbaren Etwas jenseits des Lebens an der Grenze des Nichtseins. Seit Menschengedenken gab es das nicht auf Erden.« »Eine Verrückte. Mir dämmert etwas. Was für eine Bestie. Schon langweilt sie sich mit mir allein. Und das in dem Moment, da ich anfange, sie zu lieben. Eben deswegen. Was für ein Ungeheuer: unterbewußt weiß sie davon. Ich muß um jeden Preis Haltung bewahren. Ich darf sie nicht lieben. Was sie

sagt, ist Unsinn. Sie tut mir leid. Aber vom Leid bis zur Liebe
ist nur ein Schritt. Ich muß mich zurückhalten. Auf sie verzich-
ten kann ich aber noch nicht«, dachte Atanazy blitzartig. »Nur
mußt du dich mir ergeben«, sagte sie weiter, aber schon in
einer anderen Dimension, in absoluter Einsamkeit hörte Ata-
nazy ihr zu. »Völlig ergeben. Wenn du dich mir ergibst, dann
bist du mein wirklicher Herrscher . . .« »Ich werde mich allem
ergeben, weil ich muß, muß, und darin ist die Lust« – schon
begehrte er sie bis ins Maßlose, obwohl sie erst vor fünf Stun-
den . . . »aber lieben werde ich dich nicht. Diesen Luxus werde
ich mir nicht erlauben. Zosia, rette mich«, flüsterte er, aber er
war sich selbst gegenüber unaufrichtig. Er betrachtete den
rasch heller werdenden Himmel – der kleine Uralte über dem
Horizont färbte sich rosig, wurde orange, dann golden – der
Wind legte sich. Hinter den Bergen, weit jenseits des Sees,
sprühte gelbliches Licht empor, und ein paar Sekunden darauf
stieg senkrecht hinter dem Gesichtskreis der grelle, blendende
Sonnenball hoch und überschwemmte mit Glanz und Glut
diese ganze verzauberte, geheimnisvolle Welt, die, anstatt bei
dieser Helligkeit ihre Fremdheit zu verlieren, sich in dem selt-
samen Grausen der Helligkeit noch potenzierte. Der tropische
Tag war noch weniger von dieser Welt als die Nacht. Atanazy
hatte die Vision eines anderen Planeten oder uralter geologi-
scher Epochen. In diesem Moment stellte sich ihm in Gedan-
ken ein peinliches Problem: »Ich weiß nicht, wer ich bin? Nun,
ich bin ganz einfach ein gewöhnlicher Zuhälter – denn wenn
ich sie nicht lieben kann, wenn ich mir das nicht erlauben kann,
und wenn ich von vornherein mit den versprochenen Unge-
heuerlichkeiten einverstanden bin, kann ich nie ihr Gatte wer-
den, das heißt also, daß ich von ihr ausgehalten werde. Warum
soll andrerseits eine Zeremonie zu etwas berechtigen, was ohne
diese Zeremonie eine Schweinerei ist? Tradition, gesellschaftli-
che Konvention – also ist grundsätzlich nichts Schlechtes
daran?« Die Überlegungen halfen nichts: die Schweinerei ließ
sich nicht mittels entsprechender Substitutionen aus dieser
Gleichung eliminieren, und die Parameter: die reiche Hela und
er: ein armer kleiner Zuhälter (vielleicht ein »metaphysi-
scher«?), waren unantastbar. Sich jetzt von ihr trennen konnte

er nicht, er hatte keine Kraft. »Man muß weiter warten«, dachte er düster. »Wir werden sehen, was kommt. Es ist jedenfalls interessant, was sie sich einfallen lassen wird. Ach – wenn man alles so als Außenstehender betrachten könnte wie früher.« Doch die Wirklichkeit zwang sich allzu stark auf, als daß man sie auf irgendeine Weise zu einem objektivierten künstlerischen Bild hätte verwandeln können.

Sie gingen zum Dorf hinab in dem stillen Gedränge der Pilger. Hela verschlang mit viehischem Entzücken die Schönheit der Welt. Atanazy ging in Gedanken versunken, willenlos wie ein Mondsüchtiger. In seiner Seele herrschte der Friede der völligen Niederlage. Die Welt ringsum schäumte vor Pracht, erstickte vor Selbstbewunderung. Atanazy war gleichfalls schön, doch etwas Abscheuliches war in dieser Schönheit; das eben gefiel ihr, das eben rief sie in ihm hervor. Wie wird dieser Tag sein? Was wird sich dies Ungeheuer noch ausdenken zu noch größerer Qual und Lust?

Abends waren sie schon fern von Apura, inmitten eines trockenen Dschungels, der den heiligen Ort von der nächsten Station im Norden trennte. Dort fanden sie ihr Gepäck und die Dienerschaft vor. Und zwei Tage später jagten sie schon im Express nach Haiderabad.

Information

[Es begannen wirklich schreckliche Dinge: das Versprechen von Qualen ohne Grenzen ging in Erfüllung. Eigentlich hatte Atanazy von diesen »wirklich schrecklichen« Dingen, die schon in die Sphäre eines Strafkodex gehörten, keinen Begriff, da er ein mit Maßen perverser Typ war und kein Mittel zur Verwirklichung von Einfällen größeren Formats hatte, auch wenn ihm solche eingefallen wären. Hela hatte gar nicht die Absicht, Atanazy durch Eifersucht zu reizen. Doch nach der Ausschöpfung der durch Dialektik überraffinierten Zügellosigkeit zu zweit, was blieb da noch übrig als kollektive Schweinerei mit einer zunehmenden Zahl von mit hineingezogenen Dritten – und den Geliebten verlieren wollte Hela um nichts in der Welt: alles hatte nur mit ihm einen Zauber, in der Atmosphäre seiner psychophysischen Folter. Oh – diese »Dritten«! Was waren das für Typen! Atanazy hatte keine Ahnung von der Existenz derartiger Dinge. Und alles deckte die »Commercial Bank of India«, die wahnsinnigen Schecks Helas mit hündischer Ergebenheit honorierend – die vom alten Bertz in der Bank von England hinterlassenen und noch zu seinen Lebzeiten auf die Tochter überschriebenen Schätze schienen unerschöpflich zu sein. Atanazy entledigte sich rasch des Problems der Zuhälterschaft und genoß alles als rechtmäßiger Gatte Helas – er beschloß, sie ohne Rücksicht auf den Stand der Gefühle und der Ereignisse zu heiraten. Sein Sturz wurde immer kompletter, fast nicht mehr unterbrochen von lichteren Momenten des Wunsches, zum einstigen Leben zurückzukehren. Die erste mäßig reiche »Heirat« hatte seine schwache Moral gebrochen, Hela vernichtete sie restlos. Ihre Trauung sollte sogleich stattfinden, sobald sich die Lage in der Heimat geklärt haben würde. So war das bei der Abreise aus Apura beschlossen worden.

Der Tod des Vaters hatte auf Hela keinerlei Eindruck gemacht. Eine geheimnisvolle Last war von ihr gefallen, über deren vorheriges Vorhandensein sie sich jetzt erst Rechenschaft zu geben begann. Vielleicht ein geheimer »Vaterkomplex«? Die Symmetrie im Verhältnis von Atanazy zu seiner Mutter schien ihr ein spezifisches, künstlerisches Vergnügen zu machen. Die Möglichkeit, die religiöse Weltanschauung mit der sexuellen Vertierung in Einklang zu bringen, war der wichtigste Aspekt bei ihrem Übertritt zu einem anderen Glauben. Sie vertiefte sich in altindische Bücher in englischen Übersetzungen, studierte verbissen Sanskrit und machte erstaunliche Fortschritte. Sie beschloß, an der Universität von Haiderabad den Doktor zu machen. Atanazy aber zeigte für diese Gegenstände kein tieferes Interesse. Schließlich widmete er sich sozialen Fragen und versuchte, die Entwicklungsprobleme der Menschheit und überhaupt jeder Art denkender Einzelwesen in unverbrüchliche »transzendentale« (im Sinne von Cornelius) Gesetze zu fassen. Er schrieb, überzeugt, daß das vollkommener Unsinn sei, aber dadurch rechtfertigte er immerhin wenigstens seine eigene alltägliche Existenz. Unterdessen wurde das Leben, eben dieses alltägliche, von Tag zu Tag ungeheuerlicher und nahm immer kriminellere Formen an. Doch unerschöpflich war die Geduld und Fügsamkeit der Wirklichkeit, angefangen von der Indischen Handelsbank, die übrigens nichts zu sagen hatte, bis zu den Polizeibehörden, die wohl etwas zu sagen gehabt hätten, wäre nicht eine vollständige Thrombose der Sprachorgane und der entsprechenden Gehirnzentren gewesen, hervorgerufen durch wahnsinnige Goldspritzen. Begonnen hatte das mit den Hotels, doch bald erwiesen sie sich als eine allzu unsichere Operationsbasis für derart verwickelte Geschichten, die über die allgemein üblichen Normen des Herdenlebens hinausgingen. Daher mietete man in einem Kurort am Fuß des Himalaja, in Anapa, eine Villa, das Relikt irgendeines jungen Radscha, der von den Engländern gefangengehalten wurde. Dort lernte Atanazy Abgründe eines Sturzes kennen, deren Existenz er nicht einmal geahnt hatte. Es begann mit einem Hindu-Pseudoweisen, der Hela das Kamasutra erklären sollte und dabei die Theorien mit praktischen Übungen unterstützte. Atanazy »gefiel das schon nicht mehr«. Doch Hela verstand es, alle nachteiligen Elemente in der erotischen Sphäre in potenzierte Lust zu transformieren, ja sogar in eine zwar verunstaltete, dafür aber »große Liebe«. Fremd waren ihr der Dämonismus der Entsagung und der Verweigerung ebenso wie der Wunsch, Eifersucht als solche, als Mittel zu erwecken – sie brauchte keine derart vulgären Behelfsmittel. Als Motiv von allem, was sie tat, erwies sich lediglich der Wunsch, sich und dem Geliebten ein Maximum an Vergnügen zu bereiten und ihn in unbekannte Welten der Perversion einzuführen, die nur ihrer beider geistiges Verhältnis vertiefen sollten. Und wer weiß – vielleicht war es anfangs wirklich so, doch alles hat seine Grenzen – auch Atanazys Ausdauer – doch davon später. Nach dem Hindu, dem Deuter des Kamasutra, mit dem bereits gewisse gemeinsame Experimente erfolgt waren, kamen neue Kombinationen – vielmehr bildete jener Dambar-Ting den ständigen Hintergrund einer sich entwickelnden Folge von Verflechtungen und Verzahnungen. Ein Riese aus der Schule der Gurus, der sich Bungo Dzengar nannte, begann sich schon vom frühen Morgen an in der Villa herumzutreiben. Niemand wußte recht, was dieser Kerl dachte, denn er war vollständig taubstumm. Dafür besaß er andere, in mörderischer Art geschärfte Sinne. Dann wurden seltsame Frauen eingeführt, dann kleine Mädchen und Knaben, und dann . . .

Gestöhn, Seufzer und Schreie – man wußte nicht: Qualen oder Lüste, schrecklich erregende Gerüche, orientalische Narkotika (Hela probierte jedes nur einmal), sonderbar in entsprechenden Formen ausgepolsterte Zimmer, Mannigfaltigkeit, Tauschbarkeit, Liquidität, Verwischen der Grenzen von Personen und Dingen, Vermischen von Folter und Lust, und über allem der stickige Dunst von Wahnsinn und Verbrechen, dicht an der äußersten, tödlichen Grenze gehalten – unmittelbar vor dem Tod, den man nur bei niederen Geschöpfen anwandte, das alles fügte sich zu Tagen und Nächten zusammen, die keinen noch so wilden Phantasien europäischer Literaten glichen. Atanazy ergab sich diesem Gewirr mit vollem Bewußtsein. Ebenfalls jeweils nur einmal (auf Helas Befehl) versuchte er die einheimischen »Drogen«, doch nichts war mit dem ersten Eindruck von Kokain während jener damaligen Nacht zu vergleichen. Anfangs litt er freilich unerhörte Qualen bei der Betrachtung dessen, was sich da tat. Doch da alles in seiner Anwesenheit stattfand und Hela aus nichts ein Geheimnis machte und aus jeder Schrecklichkeit einen neuen Anreiz zu machen wußte, verfiel Atanazy bald in das Laster des »Potenzierens der Ungeheuerlichkeit« (wie das genannt wurde) und watete mit Ekel, aber auch mit ungesundem Gefallen daran in immer neue orgiastische »Novitäten«. Trotz allem hatte sich die Zeit noch nicht erfüllt, obgleich es manchmal schien, daß es mehr nicht geben könne. Die bis zum äußersten gespannte Situation drohte mit einer wahnsinnigen Explosion zu enden.

Aus der Heimat gelangten außer den offiziellen Mitteilungen nur recht spärliche Gerüchte zu ihnen. Sie hatten dort fast niemanden, der ihnen näher stand. Einzig der alte »Butler« Ćwirek benachrichtigte Hela hin und wieder vom Stand der Dinge – er mochte nämlich seine Prinzessin sehr gern, die er von Kindheit auf kannte. Er hatte eine Stellung als Waldhüter in den staatlichen Wäldern erhalten und fühlte sich nicht schlecht.

Also: Tempe war, wie bekannt, an der Spitze, Frau Osłabędzka war in Armut an einem Herzleiden gestorben, Purcel war Kommandant der ganzen Kavallerie (man nannte ihn den einheimischen Budjenny), Baehrenklotz – Kommissar der bildenden Künste. Łohoyski und Ziezio waren in Irrenanstalten – der erste sporadisch – der andere ständig. Smorski endete in völliger Ataraxie. Jędrek, aus dem Gefängnis entlassen, in das man ihn als Grafen einfach gesteckt hatte, war wieder seinem verderblichen Laster verfallen und dazu noch einem nivellistischen Mystizismus, der an völligen Irrsinn grenzte. Man mußte ihn zeitweise einsperren. In von Tobsucht freien Perioden wurde er zu Propagandazwecken freigelassen. Sein metaphysiziertes neues soziales System verbreitete er auf den Dörfern und in kleineren Städtchen (die Hauptstädte durfte er nicht betreten), vor allem im Vorkarpatengebiet. Hier, was Antoni Ćwirek wörtlich über ihn schrieb:

». . . Der Graf sitzt weiter ständig in Zaryte, sofern man ihn nicht auf eine gewisse Zeit einsperrt, aber er ist sehr verblödet, und es geht wohl demnächst mit ihm zu Ende. Jetzt war es bei uns leicht, Kokain zu bekommen, und er hat wieder angefangen, dieses Schweinezeug einzunehmen. Dann sind neue Gesetze herausgekommen. Aber an die 10 Kilo hat er bei sich. Er wohnt weiter bei den Hluś', geht zu den Hütten und in die weiteren Dörfer und redet immer wunderlichere Sachen von irgendeinem Königreich der Großen Pemp, das kommen würde. Und zu beiden Seiten hat er Geister, sie heißen: Migdaliel und Cybuliel, und er redet mit ihnen wie mit Lebenden. Ich habe Furcht vor ihm, obwohl er demütig ist und ihm kein Grafentum mehr anzumerken ist.«

Ein Vetter von Łohoyski, Fürst Miguel de Braganza, traf sich mit ihm manchmal an der Staatsgrenze, doch alles Zureden zur Rückkehr zum früheren Leben – man bot Jędrek die wunderschöne Prinzessin von Geblüt Amelia als Gattin an – blieb ohne Erfolg. Mit einem Stock in der Hand, groß wie ein Bischofsstab, mit einem roten Federbusch am oberen Ende, in das Fell einer weißen Ziege gehüllt, die er selbst abgeschlachtet hatte, barfuß, mit verwilderten, ungeheuren blonden Zotteln, so wanderte er auf den Wegen umher und hielt Ansprachen an das völlig verwirrte Dorfelend und das kleinstädtische arme Gesindel, das es praktisch gar nicht mehr gab. Er glaubte nicht, daß er einst ein Graf gewesen sei, doch das verlieh ihm einen noch größeren Zauber. Durch die russische Revolution belehrt, verfolgte unsere Partei der Nivellisten die Intelligenz nicht nur theoretisch nicht, sondern auch tatsächlich nicht. Zur Arbeit wurden nur die stärksten Köpfe herangezogen, und lediglich die störrischsten wurden zu ergänzenden Kursen verschickt, die mit Folterungen verbunden waren, von denen manche auf hohe Posten zurückkehrten; die verhärtetsten dagegen starben langsam unter Foltern, die, weiß der Teufel wozu, ertragen wurden, denn alles mußte ja so sein, wie es war, was übrigens Atanazy in seiner philosophisch-sozialen Arbeit schwarz auf weiß bewies. Aber seine Theorie, weil zu sehr durchtränkt von dem einstigen, unterdrückten Individualismus, fand – wie sich später herausstellte – nicht die gebührende Anerkennung. Und wären nicht gewisse, manchmal allzu heftige »Stellungnahmen« der Nachbarn gewesen (in Deutschland war es dasselbe, dieses Mal aber wirklich), wären alle leicht zu der Überzeugung gelangt, daß es so sein müsse – die Müdigkeit war entsetzlich. Wie sich zeigte, hätte der alte Bertz sich diesem neuen System ideell ausgezeichnet anpassen können. Er hatte sich nur hartnäckig wie ein Ameisenbär dagegen gesperrt, seine Auslandkapitale der zur Macht kommenden Regierung zu opfern, worum ihn der Anführer der Abteilung, der sein Palais besetzte, gebeten hatte. Dafür starb er tapfer, des Lebens übrigens überdrüssig und schon ein wenig müde. Und gehandelt hatte er so aus Liebe zur Tochter. Als Hela davon erfuhr, verbrachte sie den ganzen Tag in Schiwas Hauskapelle, doch tags darauf begann die Orgie von neuem mit dreifacher Gewalt. O Wunder (ja: o Wunder), sogar Wyprztyk hatte sich den Umständen angepaßt und wurde zum Hauptdirektor des Instituts der Kulte ernannt, doch unter dieser Maske sorgte er nur dafür, daß seiner Religion, der einzigen, an die er glaubte, nichts Schlimmes widerfuhr. Denn der Katholizismus hatte keinen guten Ruf bei den Nivellisten. Sie lernten jedoch, nicht alles zu vernichten, sondern alles zu nützen, was sich für ihre Zwecke nützen ließ. Das war eine Idee von Sajetan Tempe –

dieses verfluchten Tempe, der immer recht hatte. Eine andere Idee von ihm war die Umbildung des nivellistisch-kommunistisch-staatlichen Systems in einen fortschrittlichen Syndikalismus – aber dazu brauchte man etwas mehr Zeit. Er hatte nicht die Absicht, das noch zu erleben, er wollte nur die Grundlagen dafür schaffen.]

In dieser Zeit schrieb Tempe an Hela, doch sie zeigte seinen Brief Atanazy nicht, sondern behauptete, sie habe ihn verloren. Atanazy vermutete, daß es dabei um ihr Geld gehe und um die Verwendung ihres persönlichen Zaubers für die Ziele der neuen Ordnung. So war es auch in der Tat, wobei eine leichte Liebesbewerbung hinzugefügt war: Tempe brauchte offenbar eine Egeria, die seiner Stellung und Kraft entsprach, die von Tag zu Tag wuchs, statt sich zu verbrauchen. Er war eine von den titanischen Naturen, die im Verhältnis zu der Größe der Lasten und Aufgaben wachsen. Doch einstweilen war die Kombination von kollektiven erotischen Erschütterungen mit der Liebe des einzigen wirklichen Geliebten – der zu den Ausmaßen einer metaphysischen Bestie verungeheuerlicht war – und mit der neuen Religion noch nicht ausgeschöpft und genügte der Prinzessin Prepudrech vollkommen – der Duchess of »Pripadretsch« – wie man sie hier nannte, und mit ihr zusammen auch dem armen tatarischen Adelssprößling.

Abseits, in einem stillen Winkel des Geistes, wuchsen in Atanazy eine verspätete Liebe zu Zosia und die Absicht, sich nach einer vollbrachten Tat vor dem Tode mit ihrer Erscheinung in den reinen Sphären des Nichtseins zu vereinigen. In dem Maße, wie sich die äußere psychophysische Schale zersetzte, wuchs in ihm eine geheime Kraft, die er emsig sammelte – »Körnchen um Körnchen« –, bis das Mäßchen voll wäre. Mäßchen und Maß liefen gleichzeitig über. Mit diesen Orgien und Perversitäten ging alles noch gut, solange nur farbige Menschen im Spiel waren: Hindus (immerhin Arier), Malaien, Chinesen, Burmesen, Siamesen, Anamiten und andere Mongoloiden. Doch als allmählich, in Helas allernächster Umgebung, »Weiße« in Erscheinung zu treten begannen, und vor allem, als diese zu denselben Vertraulichkeiten zugelassen wurden wie die »coloured people«, da bäumte sich Atanazy denn doch ein

wenig dagegen auf, um so mehr, als er zu ebensolchen psycho-
physischen Kombinationen mit den Weißen gezwungen wurde
wie mit den Schwarzen. Anfangs half ihm zwar Jędreks frühere
Ideologie ein wenig – »alles genießen« –, doch der gesunde
Instinkt überwog, das um so mehr, als selbst die Kräfte des
tollsten Stiers leider ihre Grenzen haben – »eine transzendentale
Gesetzmäßigkeit«* – was hilft's. Und dazu Zosias Geist . . . Zu
der Gesellschaft kamen also hinzu: ein gewisser Lykon Multi-
flakopulo, ein Grieche, der von einem der Befehlshaber Alex-
anders des Großen abzustammen vorgab; ein russischer Fürst
Grubenberg-Zamuchosranskij; ein lustiger amerikanischer
Millionär namens Robert Beedle und ein italienischer Marchese
namens Luigi Trampolino-Pempi. Dazu weiße Weiber, so
schrecklich weiß, daß . . . Auf Grund der bekannten Gespräche
in Apura kann man sich vorstellen, welche Plaudereien nun
zwischen den Liebenden stattfanden. Hela war beinahe an der
Grenze des akuten Wahnsinns. Sie sagte Sachen, die das Eiweiß
gerinnen ließen und das Hämoglobin einfach zersetzten und
Giftstoffe schufen, die imstande gewesen wären, Cuviers Me-
gatherium zu töten – die Kobras hätten sie um das Gift ihrer
Worte beneiden können, hätten sie ihr zugehört, wenn sie den
Geliebten von der geistigen Höhe zu überzeugen trachtete, die
ihrer später harrte – aber wann? – wo sollten die Ungeheuer-
lichkeiten einmal enden und wo das Wunder beginnen? Die
Grenzen flohen in den blutigen Nebel ihrer unersättlichen
Phantasie, in den höllischen Dunst bösartiger, schweinischer
Variationen. Es begann der sogenannte schreckliche »Tropen-
koller«: Hitze, Pfeffer, Alkohol, Straflosigkeit und Narkotika
– das sind die Ursachen dieser Krankheit. Schließlich hörte
Atanazy sogar auf, sich damit zu quälen – er verfiel in einen
Zustand chronischen »Stupors«. Wenn er einsam mit dem
langsamen Schritt eines Greises in den umliegenden Bergen
umherging, dachte er immer öfter an Flucht. Hela zahlte ihm
ein ständiges Gehalt für persönliche Ausgaben – das auf seinen
Wunsch hin sehr bescheiden war. Nur gemeinsame Erlebnisse
wurden ohne Verrechnung bezahlt. Seit einer gewissen Zeit
sparte Atanazy und hatte auf diese Weise ein gewisses »Sümm-
chen beiseite gelegt« (was für schreckliche Dinge!), mit dem er

sogar erster Klasse nach Europa zurückkehren konnte. Das tropische Klima und unter diesen Bedingungen auch das Landschaftsbild quälten ihn wie ein schrecklicher Alptraum. Er konnte diese unaufhörliche Hitze, das Chinin und die Moskitos nicht mehr ertragen, und dazu noch jenes . . . Die Arbeit über die soziale Metaphysik lag bereits seit Wochen unberührt da. O Gott! In wie kurzer Zeit war doch alles geschehen! Diese Monate waren wie Jahre, und aus ihnen gähnte eine Leere, die sich durch nichts ausfüllen ließ. Bestialität und Abscheu hatten völlig aufgehört, auf ihn zu wirken. Den geringen Vorrat an Gefühlen, den er für das ganze Leben besaß, hatte er im Lauf von ein paar Monaten verbrannt – es verblieb ein Haufen von Schlacken, und sein Geist erhob sich über dieser Ruine wie Rauch über einer Brandstätte nach einigen Tagen. Und Hela, im Zustand halbmystischen Wahnsinns und akuter Nymphomanie, vollgestopft mit indischer Mythologie, die sie vergeblich mit Russell, Husserl, Bergson, Cornelius, Mach und James in Einklang zu bringen suchte, die in ihrem armen Gehirn zu einem Knäuel vermengt waren (die einzige Linderung war Chwisteks Theorie der Vielheit der Wirklichkeit), wurde ihm zu einer unerträglichen Gefährtin. (Wie zum Trotz war sie weiter schön.) Ihr Intellekt, ermüdet von der dauernden hoffnungslosen Arbeit, alle Widersprüche in Einklang zu bringen, und von der Sucht, das System einer Pan-Religion zu schaffen, die mit den vorgeschobensten Vorposten der verschiedenen Arten exakter Philosophie übereinstimmen würde, versagte ihr bereits den Gehorsam. Sie war geistig nicht schöpferisch – darin lag ihre Tragödie –, stellte aber an sich selbst geradezu fürchterliche Anforderungen.

Den endgültigen Entschluß Atanazys bewirkte ein ganzer Komplex von Ursachen. Auch Indien begann allmählich von Grund auf zu gären, und ein Leben, wie Hela es lebte, ließ sich nicht auf längere Zeit führen. Und hier umzukommen in irgendeinem indischen Krawall, ähnlich zufällig wie von dem Rüssel des von Hela gereizten Elefanten, das wollte Atanazy nicht. Wenn schon umkommen, dann bewußt. Seine Tat mußte er dort vollbringen, in seinem Land, nach dem er sich inmitten der Unheimlichkeit der umgebenden Natur immer mehr sehnte. Sie waren jetzt auf Ceylon, wo Hela ein »Camping« in großem Maßstab arrangierte. Es war ihr etwas zu eng geworden in dichter bevölkerten Gegenden. Das Zeltlager umfaßte einen halben Quadratkilometer im Norden der Insel in der Nähe von Ragnarok. Nur Jagden waren aus der Zahl erlaubter Vergnügungen ausgeschlossen, denn sowohl Hela als auch ihr Geliebter ertrugen das Töten von Tieren nur während ritueller Orgien und gemäß ihrem eigenen, speziellen Zeremoniell – dann war es durch ein höheres Ziel gerechtfertigt: durch die Erkenntnis des immer tieferen Geheimnisses des eigenen Wesens, was nur durch eine Tat möglich war, die den wesentlichsten Instinkten widersprach. (Indem man fortwährend auf diese Weise handelte, war es leicht, sich in sein eigenes Gegenteil zu verkehren.) Eines Tages kam es dazu, daß einer von den geringeren Gästen an Herzschwäche starb. Eine Dame wurde fast zu Tode gekitzelt: sie blieb am Leben, behielt aber einen leichten Rappel. Natürlich wurden solche Vorkommnisse durch einwandfreie ärztliche Zeugnisse vertuscht. Aber es war der letzte Tropfen, der Atanazy zu seinem Entschluß brachte. Er hatte keine Lust, in einem ceylonesischen Gefängnis zugrunde zu gehen, mußte aber in alles persönlich mit verflochten sein. Außerdem gab es immer öfter Erpressungen von Farbigen. Ein Schwarzer wurde im Dschungel angeblich versehentlich erlegt. Das Leben trat in der Tat in die Sphäre wirklichen, tödlichen Verbrechens. Atanazy schämte sich ein wenig, daß gerade diese Vorfälle ihn endgültig zur Flucht bestimmten: doch wie dem auch war – fliehen mußte er. Er wunderte sich nur über seine eigenen Kräfte, daß er das alles hatte aushalten können. Manchmal tat Hela ihm leid, sogar bis zu Tränen, um ihretwillen, nicht nur als erotisches Objekt – doch was sollte er machen mit einer Wahnsinnigen, die von nichts Realem mehr wissen wollte: sie glaubte, daß sie ein Überweib sei, beinahe eine Gottheit. Zosias Geist rief ihn jetzt immer öfter. Nicht selten, wenn er allein durch den Dschungel irrte, hörte er deutlich ihre Stimme. Einmal sah er ihr Gesicht in einem Winkel des Zelts auf einem Schild aus Büffelleder, den er als Talisman von einem Wedda gekauft hatte, einem der halb-tierischen Eingeborenen im Zentrum der Insel.

Er bestellte Büffel im nahen Dorf, packte die nötigsten Sachen und wartete auf die Nacht. Zur Station waren es fünfzehn Kilometer, doch in diesem Teil der Insel waren die Tiger noch nicht völlig ausgerottet – allein, ohne Begleitung zu fahren, war gefährlich. Daß er diesen Tag gewählt hatte und keinen anderen, was die schwierigste Entscheidung gewesen war, hatte folgendes Ereignis verursacht: tags zuvor hatte sich der Gesellschaft ein schrecklicher Gast hinzugesellt: der erste Engländer in dieser Gruppe: es war ein magerer, klappriger Herr, dessen Augen imstande zu sein schienen, Stahlplatten zu durchbohren: Sir Alfred Grovemore aus N. S. W. P. P., den Hela in wilder Perversion zum allernächsten Freund ihres geliebten Tazio bestimmt hatte. Doch Sir Alfred behandelte Atanazy – trotz des von ihm usurpierten Prinzentitels – mit völliger Verachtung: was bedeutet so einem Engländer schon irgendein Perser – dazu noch ein zuhälterhafter – in gewissen kleinen Zirkeln flüsterte man bereits von der Unwirklichkeit dieser ganzen Maskerade – so, als könnte eine Maskerade überhaupt wirklich sein. Um ein Haar wäre es zu einer großen Affäre gekommen. Schließlich entwischte Atanazy gegen sieben Uhr abends, unmittelbar vor dem Diner. Oft schon hatte er sich von gemeinsamen Mahlzeiten ferngehalten.

Nachdem sie sich einige Kilometer vom Lager entfernt hatten, zündete der Büffelführer, ein Tamile, eine Laterne an, und so fuhren sie mit ermüdender Langsamkeit auf dem holprigen Weg zwischen den Wänden des jungfräulichen Dschungels, die von dem blinkenden Licht der Laterne beleuchtet waren. Myriaden von riesigen, grünen Glühwürmern stoben in der Luft wie Meteore und funkelten in dem schwarzen Dickicht. Zum letztenmal sättigte Atanazy sich an den Tropen, die durch die »Letztlichkeit« dieses Moments einen neuen Zauber für ihn gewannen. Zum erstenmal wurde sein Verhältnis zu diesem seltsamen Land, nun, da er wußte, daß er es zum letztenmal sah, gefühlsmäßig, beinah sentimental, wie zu gewissen Winkeln heimatlicher Gegenden. Er wußte selbst nicht, wann er sich derart in diese fremde Natur eingelebt hatte, obwohl er sie manchmal beinahe gehaßt hatte. Ebenso dachte er mit Wehmut an Hela: mit einem Gemisch von Anhänglichkeit, ja Mitleid, und mit Wut auf seinen Sturz, besonders auf Grund der letzten Erlebnisse. Aber irgendwo im tiefsten Grund bedauerte er nicht, diese Periode durchlebt zu haben: alles Böse in ihm war völlig ausgebrannt. Nun war es gut: er war bis ins Mark erschöpft – aber würde er es physisch ohne sie aushalten, würde er nicht wahnsinnig werden, wenn ihm dieser fortwährende Anreiz der Sinne fehlte? Er fühlte das Gift im Blut, andrerseits fürchtete er einen Ausbruch der Wirkung der angesammelten psychischen Antikörper, deren wichtigster Zosias Geist war, die er in den Winkeln seiner Seele züchtete. Ein feiner Regen begann zu fallen. Der Monsun hatte schon lange aufgehört zu blasen, und die Stille im Wald war vollkommen, nur vom Knarren der Räder unterbrochen und vom beruhigenden Grunzen der buckligen weißen Büffel. Plötzlich hielten die Büffel an und wollten auf keinen Fall weiter. Vergeblich hieb der Führer mit der Peitsche auf sie ein und ermunterte sie mit lang hingezogenen Rufen: »Aaa, Aaa, Aaa!« Da hörten sie beide in dem niedrigen trockenen Dschungel Äste krachen, und ein schreckliches Brüllen zerriß den geheimnisvollen Frieden des eingeschläferten Waldes.

»Tiger, Tiger!« schrie der Tamile. »Shoot, Sahib! Shoot anywhere!« Atanazy schoß ohne nachzudenken siebenmal aus dem Browning (den Karabiner hatte er im Zelt gelassen) und erstarrte in Erwartung, nachdem er ein neues Magazin eingeschoben hatte. Jetzt begriff er von neuem, wie sehr er das Leben liebte (oder auch, was für ein Feigling er war), trotz aller Selbstmordgedanken in den Zeiten, da er Helas Bestialität nicht mehr ertragen konnte und keine Kraft hatte, sich von diesem Ekel loszureißen. (Damals, nach Zosias Tod, war das etwas ganz anderes gewesen.) Stille. Die Büffel begannen, sich hin und her zu werfen und zu brüllen. Die Laterne vorn an der Hütte warf unruhiges Licht. Der Fahrer hieb auf seine Büffel ein, und sie fuhren verhältnismäßig schnell weiter. Atanazy feuerte noch zweimal. Irgendwo (oder vielleicht schien es ihm nur so?) krachten noch Äste, und von weitem ertönte ein klägliches Blöken wie von einem unserer Hirsche.

»Got him, got a deer. Good luck, Sahib. No fear«, sagte der Fahrer und stimmte ein wildes Lied an, ohne ein bestimmtes

Thema. In der Ferne hörte man Trommeln. Bis zum Ende der Fahrt war Atanazy erstarrt und gespannt. Endlich erreichten sie eine große Siedlung inmitten einer Gummi- und Teeplantage, wo der Ragnarok-Expreß zu halten pflegte, der Indien (über Brücken zwischen Inseln) mit Anaradjapura, Candia und Colombo verband. Im Speisewagen atmete er auf. Das Abenteuer mit dem Tiger hatte ihn mit neuer Kraft erfüllt. Eine kleine Probe war das gewesen, eine kleine nur, aber er wußte nun, daß der tiefste Kern seines Wesens nicht vernichtet war. Die Abreise selbst war noch nicht maßgebend gewesen – dieses Abenteuer hatte ihn endgültig von sich selbst überzeugt. Er hatte nun etwas in sich, woran er sich halten konnte, um sich aus dem Sumpf zu ziehen. Aber außer dem Vollbringen von »etwas Wirklichem« und dem Tod hatte das Leben keinen Reiz mehr für ihn in petto. Er hatte den Eindruck, daß er, wäre nicht auf der Welt und insbesondere in seinem Land etwas Außergewöhnliches im Gange, sogleich den entsprechenden Gebrauch von dem Röhrchen mit dem weißen Pulver machen würde.

An einem grauen, nebligen Morgen verließ er Colombo mit einem großen Dampfer der Peninsular and Oriental Company, der sogenannten P. and O. Das flache Ufer mit der silbrigen, fetzigen Linie der Palmen und dem schmalen Streifen gelben Sands, den Handelsschuppen mit roten Dächern, über denen sich rotbraune Geier und Möwen erhoben, verschluckte der Nebel, und die tropische Welt entschwand seinen Augen wie ein seltsamer Traum, den man nach dem Erwachen kaum rekonstruieren kann. Auf dem Schiff wurde es etwas schlechter. Atanazy mußte zu Linderungsmitteln Zuflucht nehmen. Er verführte also eine junge Offizierswitwe, deren Mann in Indien umgekommen war und die nun nach England zurückkehrte. Sie verliebte sich sterblich in ihn – die Arme hatte derlei Dinge überhaupt noch nicht erlebt – Helas hohe Schule brachte erstaunliche Resultate. Dann eine brasilianische Kokotte aus Rio, dann die Frau eines scheußlichen holländischen Businessman, dann eine kleine perverse Romanze mit der Tochter eines »Pursers« – bald hatte er einen ganzen Harem, und jeder weiß, wie schwierig es ist, derlei Geschichten auf einem Dampfer zu erledigen. Das alles gab ihm nicht die geringste Befriedigung, half ihm aber immerhin insofern, als er dabei immer öfter an die arme Zosia und an seine soziale Mission dachte. »Man muß konsequent sein«, sagte er etwas ungereimt für sich: »Ist man kein Faschist, ist man eben Nivellist.« Er beendete in dieser Zeit sein »Werklein« und war manchmal beinahe zufrieden mit dem Schicksal. Er beabsichtigte, Hela das Geld für die Veröffentlichung zu überlassen und überhaupt die ganzen Schulden zu erstatten. Er wußte nicht, der Arme, wie es mit den Finanzangelegenheiten im Lande bestellt war – er hatte keinen Begriff davon, wie die sogenannte Intelligenz lebte. Übrigens konnte er sie noch immer heiraten und sie dann verlassen (das wäre toll nach dem, was gewesen war!) und auf diese Weise alles decken. Hatte sie das denn nötig? Er hatte völlig den Kopf verloren. Wozu also floh er? Indem er so dachte, gab er sich keine Rechenschaft über seinen Sturz. Unmerklich und ohne selbst zu wissen, wann, verwandelte er sich in einen ganz anderen Menschen.

Schon in Bombay erhielt er ein Telegramm von Hela: »Komm zurück. Ich verzeihe. Wir fangen alles von vorne an. Ich habe schon genug. Ich will nur deine Liebe.«

»Da hat sie mich aber schnell erwischt«, dachte Atanazy. Und plötzlich erinnerte er sich an alles: das Gift brach in seinem Blut aus, und sein ganzer Körper stand in Flammen. Er ging zu den indischen Tänzerinnen auf Malabar Road und verbrachte dort die ganze Nacht. Es kam ihm vor, als hätte er nach drei Tagen Fasten ein kleines belegtes Brötchen gegessen. Doch kehrte er beruhigt auf das Schiff zurück. Den Rest erledigten die Weiber auf dem Dampfer, die einen erbarmungslosen Kampf um ihn führten, um ein Haar an einem öffentlichen Skandal vorbei. Er beschloß, auf demselben Weg heimzukehren, den er gekommen war: über den Balkan – der Fahrschein von Port Said nach Neapel ging so verloren, doch er konnte der Versuchung nicht widerstehen, dieselben Orte auf dem Rückweg wiederzusehen – er wollte seine Kraft prüfen. Heimlich, wegen der Geliebten, verließ er das Schiff und fuhr schon tags darauf von Alexandrien nach Athen. Während er auf der traurigen, von der Sonne verbrannten Akropolis herumirrte, erinnerte er sich an den Frühlingstag, da er mit Hela gereist war, beide noch voll verhältnismäßig gesunder Liebe. Obgleich damals seine Verzweiflung über Zosias Verlust und die Gewissensbisse eine unerträgliche Qual gewesen waren, dachte er mit Bedauern an jenen Tag und die unwiederbringliche Vergangenheit. Auf die weißen griechischen Ruinen starrend, die er so gar nicht liebte, weinte Atanazy zum letztenmal in seinem Leben. Er hatte ein ruhiges Gesicht, dieser »metaphysische Zuhälter«, nur Tränen des Schmerzes flossen aus seinen bodenlos traurigen Augen. Er wußte, daß das Ende nahe war, und nahm hier wirklich Abschied vom Leben. »Dennoch hat sich die letzte Phase zu einer mäßigen Komposition gestaltet«, dachte er mit einer gewissen Befriedigung. Das Leben ohne Sinn, das Dasein an sich, das grausame, düstere und geheimnisvolle Dasein, das wir versuchen mit der Wichtigkeit alltäglicher, sinnloser Beschäftigungen zu verdecken, zeigte ihm sein Gesicht ohne Maske – er verbrannte im Feuer der (letzten?) Liebe. »Vielleicht gibt es andere, die anders denken – Friede sei mit ihnen – ich beneide sie nicht. Noch im 18. Jahrhundert hatte alles einen Sinn – heute nicht mehr. Wir gehen vorbei, wissen oft nichts von uns, denken aber, wir hätten alles untersucht und wüßten alles, bis unverhofft der Tod uns packt; manchmal, durch den sonderbaren Zufall der Übereinstimmung von psychischen Gegebenheiten und Konstellationen der Wirklichkeit, zeigt sich uns der ungeheure Abgrund des unergründlichen Geheimnisses des begrenzten, individuellen Daseins auf dem Hintergrund der Unendlichkeit dessen, wofür es keine Definition gibt und was wir mit dem Wort Sein bezeichnen. Wir vergehen – nur das wissen wir, und der Rest ist eine Fiktion einander belügender Viecher. Die einzige Wirklichkeit ist das vollkommen mechanisierte, soziale Sein, denn es ist wenigstens eine Lüge in der vollkommensten Form. Darum muß ich Nivellist werden« – so beendete Atanazy seine Reihe ausweg- loser Gedanken. Diese maniakalische, notwendige Konzeption war wie ein Fluß, in den seit einiger Zeit wie kleine Bächlein alle seine anderen Gedanken mündeten. Dieser Fluß mündete in ein Meer: in die Idee einer nichtindividuellen Gesellschaft von Automaten. Sich so schnell wie möglich automatisieren und aufhören zu leiden. Was machte Hela in diesem Moment? Wer hatte seinen Platz an ihrer Seite eingenommen? Vielleicht dieser schreckliche, spinnenhafte Sir Alfred, sein nicht zustande gekommener Freund? »Freund« – mit welcher Bitterkeit sprach er dieses Wort aus. Er war allein – hatte nicht einmal jemanden, dem er von sich hätte erzählen können. Wen ging das alles etwas an! Einzig vielleicht Łohoyski, und der, verflucht, ist verrückt geworden. »Gina Beer! Sie, die einzige – ich möchte wissen, ob sie noch lebt.« Diese Erinnerung belebte ihn jedoch nur kurz. Er stieg von der Akropolis hinab wie in ein Grab. Vielleicht waren ihm diese Ruinen inmitten der vertrockneten gelben Gräser vor dem Hintergrund der nachmittäglichen Orgie geballter Wolken im Osten gänzlich fremd, fremder noch als die ganzen Tropen. Alles hatte sich geschlossen – sogar die letzte Tat (wie schwierig wird das doch sein, allein schon vom rein technischen Gesichtspunkt!) erschien ihm klein, unwesentlich. Aber vollbringen mußte man sie. »Das ist meine Mission auf diesem Planeten, und das, was ich geschrieben habe. Vielleicht ist es Unsinn, aber so muß es sein. Ich bin ein Stäubchen in alldem, aber ein notwendiges Stäubchen.« Die quälende Zufälligkeit der früheren Tage zerwehte. Dafür war er Hela dankbar.

Der arme Atanazy ahnte nicht, daß ihm beschieden war, sein Leben in einer ganz anderen Ideenwelt zu beenden als in der, in der er jetzt lebte. Die Rache der benachteiligten Kombinationen lauerte in der Dämmerung seines Wesens. Was konnte das jemanden kümmern, ob diese Ideen (die, die da kommen sollten) »verwirklichbar« waren oder nicht – ob sie klug waren oder dumm. Es ging um die psychische Dimension, in der das Ende erfolgen sollte.

Unterdessen kam es ihm so vor, als habe er sich vor dem Tode erkannt. Und bei dem Gedanken, daß er auch die ganze Zeit über dort in der Heimat Zosias Mann hätte sein können und Melchiors Vater, in Armut in irgendeinem Büro arbeiten und nicht zurückkehren als dieser lebende Leichnam, der alles wußte, was er wissen konnte, schüttelte er sich vor Grausen und vor retrospektivem Schrecken. Und trotzdem liebte er jetzt nur Zosia, und in Eintracht mit ihrem Geist wollte er dieses Leben beenden. So eine perverse, unglückliche Bestie war dieser Atanazy. Und am Abend, als er griechischen Wein getrunken und ein gutes Abendbrot in Piräus gegessen hatte (zwei Stunden vor der Abfahrt des Schiffs nach Saloniki), hielt er es trotz allem nicht aus, ging in einen Puff für höhere Marineoffiziere, amüsierte sich dort nicht schlecht mit einem gewöhnlichen Judenmädchen (sie war sogar aus Kischiniew) und hatte mit ihr »wesentliche« Gespräche über den Nivellismus und über das semitische Problem überhaupt. Wenn Hela ihn hätte sehen können!

VIII. Kapitel
Das Geheimnis eines
Septembermorgens

Schon aus Athen schickte Atanazy ein langes Telegramm an Tempe und flehte ihn im Namen der alten Freundschaft um die Erlaubnis zur Rückkehr und um einen neuen Paß an. (Auf die Antwort wollte er in Prag warten, denn die Verbindung über Kralovan war unterbrochen.) Er erinnerte auch in chiffrierter Form an seine letzte Wandlung. Nach einigen Tagen des Wartens, während er einen ungeheuer langen Brief an Hela schrieb, in dem er seine Flucht rechtfertigte, erhielt er die verlangten Dokumente – mußte jedoch über Berlin fahren. Schon dort bekam er einen gewissen Vorgeschmack von dem, was seiner in der Heimat harrte. Doch war er erstaunt über die fast kristallene Ordnung im revolutionären Deutschland: Arbeit, Arbeit und nochmals Arbeit, rasend, besessen, unfehlbar, wie das Feuer einer vortrefflich eingeschossenen Batterie. In einem leeren Museum herumirrend, betrachtete Atanazy traurig die Werke alter Meister – er war ein Grab, dieser noch vor kurzem so lebendige Bau, als die Malerei noch *lebendig* war. Heute war der Kontakt zwischen dem, was war, und der Wirklichkeit unterbrochen – die Bilder welkten wie Blumen, obwohl sie als physische Gegenstände dieselben geblieben waren wie früher – sie waren für niemandem mehr notwendig. »Ja – heute kann man noch Maler einer ›angewandten‹ Kunst sein oder auf eine gewisse – bereits allgemein bekannte – Art die Natur stilisieren. Doch mit der großen Komposition in der Malerei ist es aus. Der Kubismus ist vielleicht ein letztes ›Schnippchen‹ in diese Richtung gewesen. Man kann heute eine Mittelmäßigkeit sein, die nach alten Schablonen Stilisierungen vornimmt – von Ägypten bis Picasso –, doch die Gipfel sind unzugänglich. Dort ist nur Irrsinn und Chaos«, dachte er düster, obwohl ihn das wirklich gar nichts anging.

An einem schönen Augusttag kehrte er in die Heimat zurück. Ein früher Herbst begann: Stoppelfelder, herbstliches, smaragden schattiertes Grün, hier und da gilbende Bäume und der Klang der Muttersprache drängten ihm die Illusion auf, alles wäre wie früher. Indessen stand das ganze Land auf dem Kopf, auf der Spitze wie eine umgekehrte Pyramide, und wirbelte schwindelerregend über dem Abgrund unerforschlicher Bestimmungen. Neugierig beobachtete Atanazy die ihm begegnenden Gesichter und überzeugte sich, daß alles anders und unbekannt war. Irgendwelche neuen Menschen kamen aus den Schlünden hervorgekrochen, in denen sie sich früher versteckt hatten. Aber ihre Gesichter waren eher entsetzt über das, was sich tat, als glücklich. Keine Spur von jener Stimmung unaufhaltsamer Eile, die man drüben, ein paar Kilometer jenseits der Grenzstation spüren konnte – nur Stumpfsinn, Bedrücktheit, Unglauben und Angst – das war die allgemeine Atmosphäre, die man sogleich empfand. »Wir werden sehen, was weiter sein wird. Vielleicht ist es eine Übergangsphase.« Die »Machthaber« von einst waren trübselig und bedrückt. Im Zug redete fast niemand. Von tiefem Zweifel erfüllt, ob er in diesem neuen Leben eine Rolle spielen könne, fuhr Atanazy in die Hauptstadt ein – dritter Klasse, nicht erster, als Genosse Bazakbal und nicht als persischer Prinz. (Immerhin hatte er Angst vor diesem Prepudrech – nicht so sehr physisch als psychisch.) Wer hätte das erwartet: der verachtete Dancing-Bubi war jemand, ein bekannter Musiker und Kommissar, er dagegen, Atanazy, der sich einst vor dem Hintergrund der Salons der kleinen Bourgeoisie und Halbaristokratie für einen Dorian Gray gehalten hatte – er kam hier als komplette (auch moralische) Null angereist, um ein bescheidenes Pöstchen zu suchen – denn womit sonst konnte er seine »große soziale Tat« beginnen? In groben Umrissen war alles schon getan von jenem »verfluchten Tempe«. Wie lächerlich dieses dumme Geschwätz und all die Überlegungen. Vielleicht das »Werkchen« – aber auch das schien ihm irgendwie verblaßt, ohne Kraft und Saft. Man zahlte für alle drei Klassen das gleiche, doch richtete sich das Anrecht auf Bequemlichkeit nach der Qualität der betreffenden Funktion. Das war die erste Neuigkeit, die Atanazy bemerkte –

das gab es nicht einmal in Deutschland. Im Bahnhof plagte man ihn, trotz der Dokumente von Tempe, mit unerhörten Formalitäten (im Verhältnis dazu war es an der Grenze eine Kleinigkeit gewesen). Schließlich ging er, versehen mit einer ungeheuren Anzahl von Papieren, auf die Straße hinaus und mietete einen Handwagen für die Sachen – denn er hatte kein Anrecht auf ein Auto oder eine Droschke – er war ein Nichts – die zweite Neuigkeit. Die Stadt fand er in einem völlig vernachlässigten Zustand vor. Von Granaten beschädigte Häuser, Ruinen, Brandstätten, Gras auf den kleineren Straßen, fast kein Verkehr, mit Ausnahme der Hauptverkehrsstraße. Es war offensichtlich, daß die erste Revolution ein unschuldiger Spaß gewesen war im Verhältnis zu den drei folgenden. »Was zum Teufel«, dachte Atanazy, unterwegs zu einem kleinen Hotel, unweit des »Palazzo Bertz«, wo man ihm zu wohnen erlaubt hatte, »offenbar sind sie mit höheren Zielen beschäftigt.« Im Vorübergehen erblickte er auf dem Roten Palais die Embleme der Union der Sowjetrepubliken – dort hatte man ihre Botschaft untergebracht. Die ganze Vergangenheit zog in gedrängter Kürze in seiner Erinnerung vorüber – doch schaute er nur für einen Moment hinein – es gab zuviel aktuelle Neuigkeiten. »Die transzendentale Notwendigkeit der Mechanisierung«, dachte er mit einem sonderbaren Lächeln.

Der Besuch bei Tempe dauerte kurz. Sajetan war jetzt ein völlig anderer Mensch. Welch höllische Massen explosiver Stoffe mußten in diesem ehemaligen, etwas zynischen Poeten und »Marineoffizier« gesteckt haben, daß er diese Veränderung hatte vollbringen können. Plötzlich emporgehoben zu der höchsten Stellung in der nivellistischen (was für ein Widerspruch!) Hierarchie, fühlte er sich dort wie zu Hause. Er verfügte über jene innere Technik, die ihm erlaubte, das in ihm enthaltene Dynamit langsam zu verbrennen und den Druck stufenweise zu steigern, ohne die Struktur des Geistes zu sprengen: er vermochte die mörderische Energie in eine alltägliche titanische Anstrengung zu transformieren. Sein Leben hatte er maschinell systematisiert. Sogar zur Liebe hatte er ein wenig Zeit. Seine Sekretärin war, wie Atanazy später staunend erfuhr, Frau Gina Beer, geborene Osłabędzka. Seine vorletzte

Geliebte vor der Heirat und Tempe! Welch sonderbares Zusammentreffen der Umstände! Wie prächtig sich doch manchmal das Leben fügt! Es kommt vor, daß einmal verbundene Menschen sich in einem geschlossenen Kreise drehen, der in sein isoliertes System wenige neue wichtige Persönlichkeiten einläßt. Es wechseln die Satelliten, doch die Hauptplaneten drehen sich fortwährend um den geheimnisvollen Schwerpunkt des ganzen Systems. »Das beweist nur, daß unser Land eine Provinz ist«, dachte Atanazy. »In der großen Welt findet der Wechsel der psychischen Materie rascher statt: es ergeben sich mehr neue essentielle Verbindungen.« Nach dieser auf eine allzu geringe Zahl von Tatsachen gestützten Feststellung schlief Atanazy in dem düsteren Wartezimmer des Kommissariats ein. Gina kam herein, demütig wie eine Hündin, aber immer noch schön, und tat, als kenne sie ihn nicht. Man spürte ihr die ganze Last des mächtigen Geliebten an und hätte bei ihr keine Spur von erotischer Zufriedenheit bemerken können. Auf einen komplizenhaften Blick Atanazys antwortete sie flüsternd:

»Nicht jetzt. Wo?«

»Hotel zum Roten Stern. Nummer acht«, antwortete Atanazy gleichfalls flüsternd.

»Morgen um sieben. Bis sieben wird gearbeitet.« Aus dem Arbeitszimmer ertönte eine Klingel. »Die Kontrollnummer von der Einreise und das Zeugnis der Antragskanzlei«, sagte sie laut.

»Hier bitte.« Atanazy reichte ihr eine Blechmarke, die man ihm irgendwo gegeben hatte, und ein Papier, auf das er den ganzen Tag gewartet hatte, während er durch die Stadt irrte und sich umsonst bemühte, einen Bekannten zu treffen oder jemandes Adresse zu erfahren. Bei Baehrenklotz hatte man ihn auch zu irgendeiner Kontrolle geschickt, doch war er vor lauter Ärger gar nicht erst hingegangen. Und zu dem ci-devant Prinzen Prepudrech wagte er nicht zu gehen. – Weiß der Teufel, was solch ein neugebackener Musiker und Kommissar machen kann – er kann dich einfach einbunkern lassen, und Schluß. Lieber wollte er selbst einen Posten finden. Überall Karten, Unterschriften, Stempel, Fotos, Gutachten, Nörgeleien und Untersuchungen. Über die Kleinlichkeit all dieser Maßnahmen war Atanazy geradezu entsetzt. Er bekam sein Essen auf irgendeine Karte und mußte eine sogenannte »Arbeitserklärung« abgeben – ohne diese gab es gar nichts – er hätte vor Hunger krepieren können. Doch bevor er sich um einen Posten bewarb, wollte er sich mit Tempe verständigen, um dem Aktionszentrum näher zu sein. Denn was er sah, war zwar ein bißchen neu, aber so hoffnungslos langweilig, daß ihn zeitweise die Verzweiflung überkam und er anfing zu bedauern, daß ihn im ceylonesischen Dschungel kein Tiger gefressen hatte. »Die soziale Tat« zeigte sich in immer zweifelhafterem Licht. Nach einer Weile kam Gina aus dem Arbeitszimmer und sagte: »Bitte.« In diesem einzigen Wort lag die ganze klebrige Süße, die der Titan aus diesem »Dämon« gemacht hatte. Verschüchtert trat Atanazy in das mit rotem Flanell ausgeschlagene Zimmer. Hinter einem Tisch, in einem grauen englischen Anzug, mit einem roten Stern an der linken Brustseite saß Tempe.

»Wie geht es dir, Sajetan«, sagte Atanazy mit künstlicher Nonchalance und näherte sich auf unsicheren Beinen dem Tisch. Es schien, als ginge von Tempe ein undurchdringliches Fluidum aus, ein abstoßendes Magnetfeld mit unermeßlichem Potential. Eine Kraft entströmte ihm wie ein Elektronenstahl aus einer Kathode – der Raum ringsum schien sich zu krümmen. Und das Dämonische dieses Kunststückchens beruhte darin, daß man nicht wußte, worauf sich das alles gründete – dem Anschein nach war es derselbe gewöhnliche Tempe, der immer recht hatte – nichts weiter – und dennoch... Aber vielleicht war es diese Position, die Macht – nein – das steckte in ihm selbst. Er hätte in einem Gefängnis sitzen können – der Eindruck wäre derselbe gewesen – dessen war Atanazy sicher. »Ich danke dir für die Papiere.« Er reichte ihm die Hand. Tempes Gesicht blieb unbewegt. Ohne sich zu erheben, erwiderte er den Händedruck. Er sagte kalt:

»Was wünscht du, mein Lieber. Nur schnell. Fasse dich so kurz wie möglich.«

»Ich möchte ausführlicher mit dir sprechen. Vielleicht abends«, sagte Atanazy. Gina hatte er bereits vergessen.

»Nicht jetzt. Vielleicht mache ich in einem Monat zwei

Tage Urlaub. Was willst du?« wiederholte er schärfer. »Willst du als Intelligenzler bei uns arbeiten?«

»Ja genau . . .«

»Genug. Drei Jahre Anwaltspraxis. Auf der Maschine schreiben kannst du?«

»Ja. Ich wollte dir meine Denkschrift über die transzendentalen Grundlagen der sozialen Mechanisierung geben.« Er holte das Manuskript aus der Tasche und reichte es Tempe, der es in ein Fach des Schreibtischs warf.

»Nicht jetzt.« Er klingelte und begann, etwas unter den Papieren auf dem Tisch durchzusehen. Gina kam herein. »Genossin: Genosse Bazakbal, dritte Kanzlei, achter Tisch. Die Herrschaften kennen einander ja«, fügte er ironisch hinzu.

»Jawohl«, erwiderte Gina mit flacher, unterwürfiger Stimme und errötete leicht.

»Und du, Atanazy«, sagte Tempe ein wenig gutmütiger, »sei nicht bestürzt über den Anblick der Stadt. – Mein Grundsatz: zuerst die Organisation von oben, dann die Einzelheiten. Auf Wiedersehen.« Beide gingen wie begossen hinaus – hätten sie Schwänze gehabt, sie hätten sie sicherlich eingezogen. Im Wartezimmer wartete ein neuer Fall: ein älterer Mann mit üppigem Schnurrbart, ein ehemaliger großer Herr – ein österreichischer Graf (Atanazy hatte ihn manchmal bei den Osłabędzkis gesehen) – und gewesener Finanzminister in irgendeiner Regierung längst vergangener Epochen. Atanazy verneigte sich vor ihm. Er hatte ihn gar nicht erkannt – einst streng und würdevoll, schaute er jetzt mit glasigen, tränenden Augen auf Gina wie auf ein Heiligenbild. Atanazy ging wie bewußtlos die Treppe hinab. Heute, das heißt in einer Stunde, sollte er sich zur Arbeit melden. (Das hatte ihm Gina beim Fortgehen gesagt.) Er bekam Karten für Essen, Kleidung, Schuhe und eine Wohnung – bei einer Arbeiterfamilie im vierten Distrikt, in der Dajwór-Straße, eine Stunde Wegs zum Büro. – Er war wie betäubt. Und die Gesichter, die Gesichter, die er überall sah. »O Gott! Wird meine soziale Tat so aussehen?« dachte er voll Verzweiflung. Doch er beschloß durchzuhalten. »Wir werden sehen, was kommt«, wiederholte er für sich, um sich Mut zu machen, doch der Übergang von den indischen Wonnen zu dem, was er hier sah, war trotz einer dreiwöchigen Reise allzu gewaltsam. Kaum hatte er Zeit, in dem gemeinsamen Speiseraum der Angestellten des Kommissariats für Innere Angelegenheiten Mittag zu essen, dritter Klasse selbstverständlich; dann eilte er ins Büro. Dort wurde er vor eine Schreibmaschine gesetzt (wieder diese sonderbaren Gesichter) und arbeitete bis acht Uhr. Als er hinausging, war er buchstäblich bewußtlos. Er war durch dieses eine Jahr der Bürobeschäftigung völlig entwöhnt, und die Papiere, die er abschrieb, waren für ihn etwas ganz Unbegreifliches. »Wo ist denn hier eine transzendentale Notwendigkeit? Wo bin ich hingeraten? Doch wir werden sehen, was kommt«, wiederholte er im Kreise. Fast sofort schlief er auf einem harten Bett in irgendeinem Kabuff ein. Nebenan, hinter einer hölzernen Trennwand, schnarchte in einem größeren Zimmer die sechsköpfige Arbeiterfamilie. Atanazy träumte von einem prunkvollen Salon einer ihm unbekannten schönen Dame. Sie war »die Hauptursache des Zerfalls«, sagte ihm ein Lakai, der Józio Siemiatycz war, längst in einem Duell gefallen. Woher? Warum? Dann begannen Sprünge über ein Kanapee, ausgeführt von Gästen in Fräcken – man wußte nicht, woher sie kamen. Atanazy sprang ebenfalls, und darin lag ein tiefer und unbegreiflicher Sinn: »eine transzendentale Gesetzmäßigkeit«*, wie jemand daneben sagte. Bis endlich Hela hereinkam, als indische Göttin verkleidet. Alles andere verschwand. Atanazy wuchsen je fünf Arme aus beiden Seiten, und er umarmte Hela, die jetzt aus Bronze und dennoch lebendig war. Er selbst verwandelte sich auch in eine geschnitzte Figur, und zwischen ihnen begann »Liebe« – aber eine *metallene* – einen anderen Ausdruck gab es nicht dafür. »Ich habe eine neue Sache erfunden, eine völlig neue«, dachte Atanazy mit Wonne. »Ich bin wirklich ein Gott, ein indischer Gott«, und in rasender Furie vergewaltigte er die metallene Hela, in der klassischen Form indischer Bildwerke, indem er sie mit zehn Händen an Kopf, Hals, Schulterblättern, Hüften und Hinterbacken hielt. Er wachte auf und spürte, daß dies wirklich geschehen war. »Die eigene Brust habe ich zerrissen und zerfließe in Blut«, fiel ihm ein Vers von Miciński ein. Aber er wußte überhaupt nicht, wo er sich befand. Hinter der Wand schnarchte die Arbeiterfamilie, und Wasser gluckerte in den Dachrinnen. Es war noch dunkel im Zimmer. Ein Wecker begann zu läuten. »Aha, vier Uhr«, murrte Atanazy verzweifelt, versuchte, sich alles zu vergegenwärtigen, und schlief sofort wieder ein. Doch gleich darauf (wie ihm schien) wurde er geweckt, und nach einem kleinen Augenblick wusch er sich bereits mit kaltem Wasser, in einer riesigen Blechschüssel stehend – dem gemeinsamen Waschraum der ganzen Familie. (Unterwegs war ihm sein »Tub« kaputtgegangen, und in der Hauptstadt konnte er nichts Ähnliches kriegen.) »Ich werde noch Krätze an den Fersen bekommen«, dachte er und wischte sich mit einem riesigen Schwamm ab – dem einzigen Reichtum, der ihm verblieben war. Und das war nun er, dieser »perverse« Tazio! Es war nicht zu glauben. »Wir werden sehen, was kommt«, sagte er, und von da an sagte er das immer wieder – ein Symptom des »Wirwerdensehenismus«. Jetzt erst erinnerte er sich daran, daß Gina ihn hatte im Hotel besuchen sollen. Und man hatte ihn bis um halb acht im Büro zurückgehalten, und während dieser Zeit waren seine Sachen hierhergebracht worden; er selbst wurde nach einem obligaten Abendessen mit einem allgemeinen Omnibus, der alle zu ihren Wohnungen brachte, gleich hierhergefahren. Und er hatte alles vergessen! »Wo habe ich nur Abendbrot gegessen? Aha – in demselben Speiseraum – nein, das ist wirklich nicht zu glauben! War ich denn so müde?! Es war ein Einfall des verfluchten Tempe: er hat mir die Krallen gezeigt. Diese Mechanisierung ist doch ein starkes Narkotikum. Und ich habe Gina vergessen.« Vom Omnibus abgeholt, saß er bereits nach einer Stunde wieder an seinem Schreibtisch und schrieb, wie ihm schien, sinnlose »Witze« ab. Für Metaphysik war keine Zeit. Doch er beschloß, Gina um jeden Preis wiederzusehen. Die einzige Frau, die ihm verblieben war. Und hier für jede Kleinigkeit: Tod durch Erschießen, Tod durch Erschießen, Tod . . . – oh, das ist ein starkes Narkotikum. »Wir werden sehen, was kommt«, murrte er zum hundertstenmal. Trotz allem war es noch interessant. Doch sich mit Gina zu treffen war unmöglich: für die Kanzlei des Kommissars wurden keine Passierscheine ausgegeben, und außerdem war einfach keine Zeit: Genosse Tempe brachte seinen Landsleuten das Arbeiten bei. Ein Glück nur, daß nicht auf Grund von irgendwelchen Maßnahmen Leibesvisitationen gemacht wurden und daß Atanazy das Röhrchen mit dem weißen Pulver behalten hatte. Er hatte es sorgsam im Handkoffer versteckt und diesen mit einem Schlüssel verschlossen; manchmal nahm er es heraus, betrachtete es zärtlich und streichelte es wie ein treues Hündchen. Endlich nach einer Woche dieses Lebens erhielt er eine Karte: »Warte morgen auf mich um drei Uhr auf dem Friedhof.« Morgen, Montag, sollte er einen freien Nachmittag haben. »T. fährt zu einem Umzug nach N.G.«, stand weiter auf der Karte.

Als Atanazy durch die von der herbstlichen Sonne beschienenen Straßen ging, fühlte er sich wie im Traum. Die Vergangenheit ließ sich von der Gegenwart auf keine Weise trennen, so als hätte die Zeit aufgehört zu existieren. Die Stadt war dieselbe, die Straßen waren dieselben. Unwahrscheinlich. – Plötzlich wurde er sich bewußt, daß er fast gar nicht an Zosia gedacht hatte. Wo war denn ihr Geist, der ihn an der Grenze des Landes hätte erwarten sollen, und mit dem er sich vereinigen wollte, um etwas Außergewöhnliches zu vollbringen? Er spürte Scham vor dem Gespenst – doppelte Scham – wegen seiner »Tat« – ein nivellistisches Pöstchen dritter Klasse – auch deswegen, daß er erst jetzt, unterwegs zu einem Rendezvous mit Gina, sich seiner erinnerte – er erinnerte sich nicht an Zosia, sondern an ihren Geist – die einst lebende Zosia war irgendwo in den Dämmerungen der indischen Ausschweifung versunken. Er hatte einen Plan – nur wie sollte er ihn ausführen? Er hatte genug von allem. Zosias Geist, die Erinnerungen an die Erlebnisse mit Hela, Ceylon, Indien, die Hauptstadt, Gina, alles hatte sich zu einem gestaltlosen Knäuel vermischt, aus dem es keinen inneren Ausweg gab. Er mußte krank werden und ins Gebirge geschickt werden – das hatte er bei sich beschlossen. An Zosias Grab mußte die Offenbarung über ihn kommen – so hatte er sich das ersonnen oder erträumt.

Jenseits des Friedhofs breiteten sich Felder aus. Ferne Wälder schimmerten am Horizont in herbstlicher Strenge. Wie konnte man annehmen, daß dort in der Stadt, eine Stunde Wegs von hier, Menschen auf diese Weise lebten? Von weitem sah er bereits die schlanke Gestalt der ehemaligen Geliebten. Und wieder fielen ihm ihre Worte ein: »Oh, welch seltsame Formen kann doch der Wahnsinn gesunder Menschen annehmen.« (Gina redete oft Unsinn, wenn sie nichts Wesentliches zu sagen wußte, aber manchmal, zufällig, ergab sich daraus auch ein Gedanke, und dann war sie sehr glücklich. Sie hatte sogar ein Büchlein, in das sie ihre armen »goldenen Gedanken« eintrug. »Kompromittierung nennen wir eine Abweichung von gerechten Beweggründen, wenn der Kompromittierte nicht vorher die Abrechnung mit seiner makellosen Vergangenheit erledigt hat«, oder: »Ein Übermaß von Edelmut rächt sich nur darum, weil wir ihn nicht als eine Gnade zu behandeln verstehen, mit der uns unsere eigene Machtlosigkeit im Verhältnis zu den verratenen Idealen beschenkt«, und ähnliches.) Vielleicht war er wirklich schon verrückt? Doch jetzt entsetzte ihn dieser Gedanke gar nicht. Um so besser – vielleicht konnte man nur in diesem Zustand alles so ertragen, wie er es ertrug.

»Ich habe den Eindruck, als hätte ich dich ganze Jahrhunderte nicht mehr gesehen, und doch sind es nur anderthalb Jahre«, waren ihre ersten Worte. »Ach, Tazio, Tazio, jetzt erst sehe ich, wie wenig ich deine Liebe geschätzt habe! Wo warst du? Was hast du erlebt? Seit Zosias Tod weiß ich nichts mehr von dir. Nur Prepudrech erzählte mir etwas – er hat sich so verändert. Du würdest ihn nicht wiedererkennen: ein Magier Reiner Nivellistischer Musik – der Genosse Belial. Er hat tatsächlich die Musik nivelliert – hat etwas Ungeheuerliches aus ihr gemacht. Und weißt du, was sonderbar ist, daß sie eben das mögen – diese befreiten Tiere.« (Atanazys Gesicht drückte Widerwillen aus.) »O Gott! Was sage ich. Vielleicht bist du . . .? Doch nein. Wir fürchten uns hier schon beinahe vor uns selber. Tempe ist schrecklich eifersüchtig. Ich wäre verloren, wenn er erführe – und du auch. Aber rede. Wozu rede ich?« Atanazy hatte das sichere Gefühl, sie sei die letzte Frau, der er auf seinem Weg begegnete. Ja – es war Zeit. Die Vergangenheit türmte sich vor ihm zu gigantischen Ausmaßen – jenes einstige, friedliche, bescheiden komponierte und bescheiden geführte Leben hatte in diesem Moment eine Nuance von Größe. Das hatte er erreicht. Er mußte sich mit jemandem aussprechen

– allzu schwer bedrückte ihn seine Einsamkeit. Gina war nie eine »Adlerin« gewesen, aber etwas spukte in ihr – ein kleiner, wieselhafter Dämon dritter Klasse. Er hatte jetzt ein sonderbares Gefühl für sie – es war nicht diese Gina, sondern die ehemalige, wie er sie früher hätte haben wollen.

Sie gingen an einem kleinen Flüßchen weiter, das mit Weiden bestanden war. Die Sonne wärmte wie mitten im Sommer, und die vergilbenden Bäume standen bewegungslos in der durchsichtigen Luft. Schon spürte man den fauligen Duft alter, welkender Gräser und Blätter. Auf silbrigen Fäden flogen sorglose Spinnen, und irgendwo, ganz wie im Frühling, waren Vögel zu hören. Atanazy schaute gleichsam aus unerreichbarer Höhe auf sich selbst. Er spürte den unwiderruflich nahenden Tod und war doch erst neunundzwanzig Jahre alt. Er dachte nicht an Selbstmord, nur an den Tod selbst, der von irgendwo kommen mußte. Er sah sich selbst: ein winziges, nichts verstehendes Geschöpf, das irgendwo herumkroch, man weiß nicht, wozu und wofür, das sich mit letzter Kraft anstrengte, etwas zu ergreifen, was nie greifbar war, was es vielleicht nicht einmal gab. Er war nicht imstande, dieses Gefühl auszusprechen oder den Gesichtspunkt zu definieren, von dem aus er eben so auf sich hinunterschaute. Sie setzten sich am Rande des Bachs nieder, im Schatten einer großen Espe, die mit ihren weißen und gelben Blättern metallisch und leicht im Windhauch raschelte. Das ferne Brüllen einer Kuh erinnerte ihn an die Berge, und er sah deutlich einen solchen Tag wie heute im Złomisktal. Eine schreckliche Sehnsucht erschütterte ihn bis in die Grundfesten seines Wesens. Nicht einmal nach Hela oder nach Zosias Seele (ihr Körper schien nie existiert zu haben) hatte er sich so stark gesehnt. Er umarmte Gina, die ihren Kopf an seine Brust schmiegte und still vor sich hin weinte, und ihre Tränen tropften in heißen Tropfen auf seine linke Hand. Dann erzählte er ihr alles. Sie sah ihn an mit weiten, ein wenig schielenden, blauen Augen, und ihr Mund stand halb offen in einem tränenden Halblächeln. Er hatte sich so verändert, er gefiel ihr so schrecklich, so bodenlos in diesem Augenblick... Sie wollte ihn entschädigen für all die kleinen Verdrießlichkeiten, die sie ihm bereitet hatte und die Ursache ihrer Trennung gewesen waren. Doch damals war gleich ein anderer Liebhaber gekommen, dann ein zweiter, ein dritter und so weiter, bis endlich ihren Gatten Beer »der Schlag getroffen« hatte und Gina immer tiefer fiel. Aus diesem Elend hatte Tempe sie herausgezogen. Doch das war eine raubtierhafte, quälende Liebe: »ein Kurzschluß« – wie sie es nannte: die Liebe eines Tyrannen: eines überanstrengten, blitzschnellen, giftigen und düsteren Tyrannen. (Tempe hatte seine frühere Lustigkeit völlig verloren.) Seine Zärtlichkeiten waren schrecklich und ließen sie kalt – sie, die einst beinahe eine Nymphomanin gewesen war. Und jetzt dieser Tazio – vor so kurzer Zeit und doch so lange her schien das alles zu sein . . . Natürlich gab sie sich ihm hin, dort, im Schatten der Espe, einmal, ein zweites, ein drittes Mal. Ein wahnsinniges Vergnügen war das . . .

Arm in Arm kehrten sie zur Stadt zurück – in diese Hölle der besinnungslosen Arbeit, zu der das Ungeheuer Tempe die faul gewordene, vielfältige Masse antrieb, die er allmählich mit den fürchterlichen Hieben seines unbeugsamen Willens zu einer einheitlichen, präzisen Maschine zusammenhämmerte. Die riesigen Friedhofsbäume, im Sonnenuntergang graukarminrot und grünorangen leuchtend, rauschten drohend und warnend im abendlichen Wind, der von den Wiesen kam, durchtränkt von dem herbstlichen Aroma der am Tag erwärmten Erde. Die Sonne erlosch hinter der hoffnungslos flachen, gleichgültigen Erde. Gina sagte:

»Du willst verreisen, aber überlege, was mit mir wird. Du bist mein einziger Trost. Ich bin erst sechsundzwanzig, doch es kommt mir vor, als wäre ich eine Greisin. Denke nach, Tazio. Wir werden sehen, was kommt.« (Alles wurde irgendwie sonderbar einfach wie nie zuvor, und niemand hätte geglaubt, daß ringsum Dinge geschahen, die zukunftsweisend für ganze Jahrhunderte waren.)

»Das wiederhole ich mir immer wieder – es ist mein Wahlspruch. Aber ich muß, Kindchen.« (Woher kam dies Wort, mit dem er bisher nur Zosia bedacht hatte?) »Dort werde ich es deutlicher sehen. Vielleicht komme ich wieder.«

»Vielleicht! Du willst von hier fliehen, oder sterben – sag.«

»Ich weiß es nicht. Mich ruft eine geheimnisvolle Stimme.

Bald könnte es zu spät sein. Ich muß. Du weißt, wie ungern ich dir etwas versage.« Gina schmiegte sich mit ihrem ganzen Körper an ihn, dann riß sie sich mit einem Schauer los und hüllte sich in einen schwarzen, spanischen Spitzenschal. Alle Schweinerei schwand aus Atanazys Seele. Er war in diesem Augenblick so rein und unschuldig wie mit vierzehn Jahren, als er noch (!) keine Frauen gekannt hatte. Nur fünfzehn Jahre waren vergangen – und so viel war geschehen. Die Tat, die er vollbringen sollte, erwies sich als pure Fiktion, was er geschrieben hatte, schien ihm (war bestimmt, was ist da noch zu reden) völliger Unsinn – es blieb »das Leben an sich« – mit ihm mußte abgerechnet werden. Zosias Geist kam ihm näher: er hörte auf, mit Vorwürfen zu drohen und mit Schmerzen zu quälen. Nun konnte er ruhig weggehen – er sah nichts vor sich und fürchtete den Tod nicht mehr, nicht einmal den Schmerz, und obwohl die Rechnungen mit Hela noch nicht beglichen waren, fühlte er sich nicht mehr niederträchtig. Der Grund dafür war die Nähe des Todes, übrigens jenseits aller Selbstmordabsichten – eine seltsame Ansicht: als ob der Tod alles rechtfertigte und als ob man auf seine Rechnung unmittelbar zum Beispiel vor einem Selbstmord die größte Schandtat begehen könnte. So wirkt auf bestimmte Gemüter der Mangel eines Glaubens an ein späteres Leben oder auch der Mangel wirklicher Vergesellschaftung. Es ist das eine Ansicht sich selbst gegenüber, die man posthum nennen könnte – denn gewöhnlich spricht man ja nur von Verstorbenen um mindestens 30 % besser, was unbillig und ungerecht ist. Atanazy dachte das unklar, denn er war ja kein völliger Dummkopf – und dennoch dauerte der unmittelbare Zustand an, aller Gedanken spottend. Sollte das Böse etwa wirklich in ihm ausgebrannt sein? Das alles waren Illusionen – die letzten, war es nicht gleichgültig? Sie überquerten den Bahndamm. In der Ferne blinkten die roten und grünen Signale der Station, und die Signalmasten erhoben ihre gespreizten Arme, als riefen sie den Himmel um Rache an. Mit dumpfem Gedröhn und unregelmäßigem Poltern der Räder auf den Weichen donnerte ein Eilzug vorüber, voller unnützer Menschen, niemand wußte, wozu sie existierten. Er verschwand in der grauvioletten Ferne, ein einziges rotes Licht blinkte am

letzten Waggon. Die Vorbeifahrt dieses Zugs beendete Atana-
zys Gedanken. Jetzt konnte er noch einen, noch zwei Monate
ertragen, ja so viele er wollte, obschon er nichts »zu sehen
hatte, was kommt«. Mit Gina verabredete er weitere Treffen,
ja nach den Abwesenheiten Tempes und dem Wetter – von
einem Zusammensein in der Wohnung konnte keine Rede sein.

Nach zwei Wochen (zweimal war er mit Gina spazieren ge-
wesen, doch sie hatten den Eindruck gehabt, von jemand Ver-
dächtigem beobachtet zu werden) beschloß Atanazy, sich trotz
allem zu erkälten. Abends rannte er schnell, trank kaltes Bier,
verschwitzt badete er in einem Bach, und endlich bekam er
eine Bronchitis. Drei Tage blieb er mit Fieber im Bett, wonach
er, schrecklich hustend, sich zu einer Ärztekommission begab.
Es waren drei hintereinander. Bei der letzten begegnete er wie-
der einem Gespenst aus der Vergangenheit: Doktor Chędzior,
der bei dem Duell mit dem Prinzen assistiert und ihn dann nach
der Verwundung gepflegt hatte. Der tüchtige Leichtathlet lei-
tete irgendwelche Sportkurse für Tempes Arbeiter, die von der
Mechanisierung überanstrengt waren. Wie beneidete er ihn
darum, wie gern wäre er ihm wenigstens ähnlich gewesen.
Was für eine wundervolle Sache, eine Spezialität zu haben, ein
Leben von hier bis da, keinen Schritt nach links noch nach
rechts. Doch das dauerte nur kurz – es war übrigens zu spät.
Von einem Studium der neuen Rechte konnte nicht die Rede
sein. Genau untersucht – ihm kamen dabei irgendwelche Ver-
wachsungen an der Lungenspitze zugute – und mit Attesten
versehen, begab er sich zu dem Genossen Tempe, der ihn ziem-
lich gnädig empfing. Gina meldete ihn dem »Tyrannen« wie
beim ersten Mal, doch hatten sie keine Gelegenheit, auch nur
ein Wort zu wechseln. Aus irgendwelchen Gründen imponierte
Atanazy der »Tyrann« heute gar nicht – vielleicht nur, weil er
in recht guter Laune war (gleich sollte der Bittsteller erfahren,
warum). Er sah in ihm jetzt nur das Werkzeug der Massen, ein
schreckliches zwar – das gestand er ihm zu –, aber lediglich ein
Werkzeug: Ramses II. hätte vor ihm ausgespuckt und mit so
einem Lappen nicht einmal gesprochen – also durfte auch er,
ein verendendes Stück Abfall, zumindest kalt auf diesen
»Machthaber« blicken.

»Wie geht es dir, Alter? Krank bist du«, sagte Tempe, der die Atteste durchsah und Atanazys schrecklichen Husten vernahm. »Du hattest mal eine verschleppte Schwindsucht. Hm – wußte ich nicht.« (In seinem Ressort erteilte der »Machthaber« selbst seinen Beamten die Genehmigungen.) »Fahre.« Er unterzeichnete irgendein Papier und reichte es Atanazy. »Dieser letztere« faßte etwas Mut.

»Weißt du, Sajetan, diese Abhandlung, die ich dir gegeben hatte . . .« begann er.

»Habe ich gelesen. Unsinn. Da ist zuviel von dieser lausigen pseudoaristokratischen Weltanschauung drin, obwohl die Schlüsse annehmbar, wenn auch nicht richtig sind. Du bist überhaupt ein Ignorant in dieser Sache – hast nichts zu sagen. Wir brauchen ganz einseitig entschlossene Menschen, keine Waschlappen – in der Propaganda, versteht sich. Für andere Zwecke kann man jedes Gesindel brauchen. Ich mag auch die wirkliche Aristokratie – mit dieser zynischen Bande kann man sich verständigen. Aber halbkluge Snobs kann ich nicht ausstehen – und sowas ist in dir und in deinen Anschauungen.«

»Du irrst . . .«

»Ruhe! Ich irre mich nie. Vergiß dich nicht!« Und dann sanfter: »Hast du ein zweites Exemplar?«

»Nein.«

»Dann ist es ja gut: dieses habe ich verbrannt«, sagte Tempe gleichgültig. Atanazy zuckte zusammen, doch trotz plötzlicher Verzweiflung beherrschte er sich: er fühlte sich wie absoluter Kehricht, wie eine Zigarettenkippe, wie Erbrochenes auf dem Trottoir. Was hätte in einem solchen Moment Ramses II. getan?

»Die ›gewesene‹ Prinzessin Prjepudrjech ist mit dem Flugzeug aus Colombo angekommen«, sagte Tempe weiter, indem er den Namen aus irgendeinem Grund russisch aussprach. »Vielleicht willst du sie sehen?« fragte er probeweise, und ohne auf eine Antwort zu warten, sprach er weiter. »Nein, Azio. Sie schließt sich uns an, doch der Form wegen mußte ich sie vorläufig verhaften lassen, damit nichts Unnötiges geredet wird.« (Helas Ahnung hatte sich also erfüllt, daß sie von irgendwelchen Kerlen mit Bajonetten verschleppt würde – nur hatte sie nicht vorausgesehen, daß dies »der Form wegen« geschähe – das Leben bringt Überraschungen sogar auf dem Gebiet des echten Hellsehens.) »Alle Gelder von Bertz gehen in den Staatsschatz über. Wie das erledigt wird, lasse ich unerwähnt. Noch haben wir uns dieser Schweinerei nicht entledigt, doch wir werden uns ihrer entledigen – ich spreche vom Geld. Überhaupt müssen den Staat als solchen die Teufel holen, sonst wird nichts aus der Menschheit. Eine wilde Horde – zurück in den Wald, und Schluß. Verstehst du, du vernagelter halbaristokratischer Kopf. Ein Graf wolltest du sein, nur ist es dir nicht gelungen. Dafür warst du ja ein Prinz, ha, ha, ha! Jędrek, der ist ein wirklicher Graf – weißt du noch?« Atanazy errötete stark, im ersten Moment nicht sosehr auf die Nachricht von Helas Ankunft hin, als vielmehr wegen der Erwähnung des Geldes – war er nun also doch ein Schuldner des nivellistischen, heimatlichen Staates. Ein wenig später wurden ihm die Beine schwach bei dieser Nachricht – und sogleich faßte er den unverbrüchlichen Entschluß: sie nicht wiederzusehen.

»Ja, ich weiß. Ich stimme ideell vollkommen mit dir überein. Doch was Frau Prepudrech anbetrifft« (er wagte nicht, Tempe gegenüber »Prinzessin« zu sagen), »so habe ich nicht die Absicht, sie wiederzusehen. Zu viele Erinnerungen . . .«

»Na, na – werde nur nicht vertraulich, du metaphysischer Gentleman. Um so besser, denn auch sie wünschte sich das nicht sehr.« (Trotz allem empfand Atanazy diese Nachricht als einen Messerstoß in die Leber – doch es war nur ein oberflächlicher Stoß.) »Also leb wohl.« Tempe reichte ihm seine rote Hand. Atanazy beschloß, sich auf jeden Fall der Zukunft gegenüber reserviert zu verhalten und zu versuchen – im Falle etwa die Gesinnung: »wir werden sehen, was kommt« zurückkehren sollte –, irgendeinen anderen Posten zu bekommen. Aber vielleicht wirkte die Nachricht von Helas Ankunft in dieser Weise auf ihn?

»Hör mich noch an, Sajetan: ich möchte gern mit euch arbeiten, aber ich muß eine andere Beschäftigung haben. Dieses hoffnungslose Tippen auf der Maschine und diese Lebensbedingungen sind nichts für mich«, sagte er angesichts der unbeweglichen Maske Tempes. »Gib mir irgendeine schöpferische

Arbeit näher am ideellen Zentrum, und vielleicht bin ich imstande, etwas mehr aus mir herauszudrücken als diesen Unsinn – vielleicht ist es sogar besser, daß du es verbrannt hast, obwohl ich im ersten Moment... Und dazu, weißt du: diese Gesellschaft dort in diesem Büro, diese Gesichter, weißt du – ich kann nicht – nun, ich kann einfach nicht.« Tempe erhob sich und sagte feierlich, doch durch zusammengebissene Zähne (geradezu durch Zzzähne):

»Wir brauchen neue Menschen, die mit dem Herzen – verstehst du: nicht mit dem elenden nihilistischen Intellekt, sondern mit dem Herzen an die zukünftige Menschheit glauben. Ich bin ein Dilettant, doch ich lerne schaffend – *schaffend,* und nicht redend. Für die Propaganda habe ich Spezialisten. Herren wie dich benutzen wir, wenn auch mit Widerwillen, und geben ihnen das, was sie verdient haben. Und nun: auf Wiedersehen: fahre auf Urlaub, bessere dich, und dann an die Arbeit, bis du verreckst. Dünger bist du – verstehst du? Und solltest du noch einmal wagen, mir was von welchen Gesichtern zu erzählen, weißt du, was dich dann erwartet? Du weißt es nicht? Ich sage es dir nicht. Aber das merke dir, daß jeder Eigentümer eines dieser »Gesichter« deine schöne Dekadentenfratze als Wischtuch für die Schuhe benützen könnte, und das wäre noch eine Ehre für dich. Ich – wie in dieser Parodie von Mirbeau ›à la manière de...‹ – benütze alles, sogar Ausgespienes – verstehst du? Doch wenn jemand wagt, mir nicht zu gehorchen...!!! Bitte.« Er wies ihm die Tür mit der Hand, ohne ihm »dieselbe« zu reichen.

»Aber Sajetan...«

»Maul halten und raus!« schrie Tempe, und ohne abzuwarten stand er auf (er hatte die ganze Zeit gesessen, ohne Atanazy aufgefordert zu haben, Platz zu nehmen!), drehte den einstigen Freund um und warf ihn ins Wartezimmer hinaus. Der entsetzte Atanazy protestierte nicht. Er flog an der gleichfalls entsetzten Gina vorbei und stürzte in den Korridor. Es war ganz so wie mit dem Tiger im Dschungel: ich kann umkommen, aber nicht hier, nicht füsiliert von diesem Lümmel von Tempe, ohne zu wissen, wofür und wozu. Schrecklich hustend rannte er fast zu dem Büro für Urlaube – bis zur Abfahrt des Zugs blieben nur zwei Stunden. Seltsam war dabei nur die völlige Abgestorbenheit metaphysischer Gefühle – offenbar umgab ihn schon die Atmosphäre der künftigen Menschheit. Der Ehrbegriff hatte keinerlei Sinn in dieser Situation: so, als fühlte er sich beleidigt von einem Tiger, der ihn fressen wollte, und würde ihn, statt sich zu wehren oder zu fliehen, durch Zeugen zum Zweikampf fordern. »Er hat mir dennoch eine Lehre erteilt«, dachte er bewundernd. »Nicht eine Lehre, sondern eins auf den Schädel geradezu. Das ist eine Nummer. Nicht eine Nummer, sondern Klasse. Dieser dänische Adel hat noch Kraft.« Ramses II. hatte er ganz vergessen.

In der Nacht war er schon in der Nähe der letzten Station in der Vorgebirgsgegend, des ehemaligen Zaryte, das nun von den verschreckten Ureinwohnern Tempopol genannt wurde. Er freute sich, daß er in der Hauptstadt außer Gina und Tempe keinem der früheren Bekannten begegnet war, und bei dem Gedanken an ein Wiedersehen mit Hela überliefen ihn Schauder. Nein, um Gottes willen – er hatte genug von den Menschen und vom Leben. Er stieg in dem Sanatorium für Angestellte der dritten Klasse ab und fiel erst gegen Morgen, von Wanzen halb aufgefressen, in einen viehischen Schlaf. Er träumte von einem seltsamen Garten mit psychischen Foltern: zwergenhafte Bäume auf einem flachen Feld außerhalb der Stadt. Die »Meisterin« war Hela als kleines Mädchen, in Rot gekleidet. Die Foltern bestanden darin, daß man ihr die peinlichsten Sachen bekennen mußte. Atanazy hatte tatsächlich etwas auf dem Gewissen, was er mit fünfzehn Jahren begangen hatte und wovon er niemandem, besonders nicht Hela, etwas gesagt haben würde. Nur sein Komplize in dieser Affäre wußte davon, Kollege Walpor, durch den schrecklichsten aller Eide gebunden – doch Walpor war gleich nach dem Abitur gestorben, ohne jemandem das Geheimnis verraten zu haben. Jetzt sollte Atanazy es Hela sagen, die er im Traum bis zum Wahnsinn begehrte. Davon erlöste ihn Zosias Geist, der etwa fünf Meter groß war. Hela verschwand, wie aufgesogen von dem nahenden Geist, doch als Zosia näher herantrat, sah Atanazy, daß ihr Gesicht blaßgelb war, verwischt und verschwommen – als wäre es aus Paraffin und eine Zeitlang übers Feuer gehalten worden – trotzdem war zu erkennen, daß sie es war. In ihrem Inneren, in ihrem aufgeblähten, wie eine Blase durchsichtigen Bauch, strampelte mit den Beinchen die kleine *Leiche* des vier Monate alten Melchior, von der Farbe frischer Leber oder eines Hühnerpürzels, wie während der Obduktion, nur lebendig. Atanazy dachte: »Jetzt kommt die Strafe für alle Sünden.« Von hinten packte ihn Pfarrer Wyprztyk (woher er wußte, daß er es war, ohne ihn zu sehen – das wußte er nicht) und begann, ihn langsam rücklings auf den Boden zu werfen. Dabei flüsterte er mit schrecklicher Stimme: »Siehst du wohl, daß es einen Gott gibt, habe ich es dir nicht gesagt – jetzt ist es zu spät.« Atanazy wußte, daß das wahr war, und er starb einfach vor Angst und Verzweiflung. Das Gespenst kam näher, und Atanazy, außerstande, das Entsetzen als Mensch zu ertragen, begann, sich von den Füßen aufwärts in eine marmeladeartige Masse zu verwandeln. Mit dem Gebrüll: »Marmelade! Mar-me-la-deee!!!« erwachte er und sprang aus dem Bett. (Es war ein heller, sonniger Tag.) Ohne zu wissen warum, stürzte er zu seinem Handkoffer und sah nach, ob das Glasröhrchen von Łohoyski noch da war. Dann erst wurde er völlig wach und erinnerte sich an alles – er war also tatsächlich in Zaryte, war ein Angestellter der dritten Klasse in einem nivellistischen Staat . . . Der Alptraum verschwand.

Als er hinausging, um die vorschriftsmäßigen vier Stunden auf der Veranda zu liegen, überzeugte er sich erst richtig davon, wo er war. Als er vom Bahnhof gekommen war, hatte er fast geschlafen, bis zum äußersten ermüdet von der Arbeit, den Erlebnissen und der Reise in der dritten Klasse. Das Sanatorium stand an dem Hang eines bewaldeten Berges, der Zaryte von Norden her begrenzte – eine Blechbude oder etwas Ähnliches – eine rasch aus Brettern zusammengezimmerte Bude. Er hatte zur Auswahl: entweder die Villa Bertz und das Haus der Hluś oder den Friedhof. Er wählte den Friedhof, und sonderbar ruhig, mit dem Röhrchen in der Tasche, ging er durch Wälder und Schluchten auf eine am gegenüberliegenden Flußufer sichtbare Gruppe von gelbroten Bäumen zu. Es war ein wundervoller Herbsttag, einer von denen, die es nur in diesem Gebirge und in Litauen gibt. An einem schattigen Ort jenseits der Friedhofsmauer, auf der sogenannten »Selbstmörder-stätte«, stand ein grauer Stein mit der Aufschrift: »Hier ruht Zofja Bazakbal, geborene Osłabędzka, eines tragischen Todes gestorben im Alter von dreiundzwanzig Jahren. Betet, Gläubige, für ihre Seele.« Ohne jedes Gefühl blickte Atanazy auf diesen schrecklichen Ort. Ein Friede, der an völlige Apathie grenzte, senkte sich auf seine ermattete Seele. Statt Zosias Geist begegnete er nur einem grauen Stein, doch dieser Stein sagte ihm, was der Geist vielleicht nicht zu sagen gewagt hätte: *Es ist Zeit*. Aber nicht hier: wie mit dem Elefanten, dem Tiger und Sajetan Tempe. Dort in den Bergen, im Złomisktal – nicht in diesem Lande, sondern dort, sei es auch nur dicht hinter der Luptower Grenze, wo er einst, in früher Jugend, die allerhöchsten, erhabensten Gedanken durchlebt hatte, in Verbindung mit der Wiedergeburt der Nation und mit derlei Dingen, diese Gedanken, die der Krieg in ihm getötet hatte. Nur, wie dorthin gelangen? Er hatte mindestens ein paar Stunden auf dem Friedhof sitzen wollen, stand indessen gleich wieder auf und ging in westlicher Richtung davon. Er kam an der Villa Bertz vorbei, in der sich nun das Forstamt befand, und begab sich unmittelbar zu den Hluś. Es stellte sich heraus, daß der alte Hluś nicht mehr lebte, und der mißgestaltete Janek Baraniec, Jędreks früheres Medium, hatte »wegen des Bauernhofs« die »dumme« Jagna geheiratet. Er begrüßte beide herzlich, und sie ihn auch. (Es war sechs Uhr abends, und die Berge brannten im karminroten Glanz eines reinen Sonnenuntergangs an dem kristallenen, seladonfarbenen Himmel.) Nach einer halben Stunde öder und langweiliger »Begrüßungsreden«, während der Atanazy gesellschaftliche Themen vermied, gingen sie alle drei in eine Kneipe – die Freiheit war hier größer als in der Hauptstadt – man brauchte keine Karten für Alkohol. Zu seinem Leidwesen erfuhr Atanazy, daß Łohoyski in einem Anfall der periodischen Furie aus Zaryte in eine Anstalt gebracht worden war. Von Kokain war keine Rede – trotz seines Irrsinns verbarg Jędrek jetzt sein Laster sorgfältig.

Atanazy hatte man sein Monatsgehalt im voraus ausbezahlt. Er hatte das bei einem Beamten erbettelt, einem früheren Bekannten aus der Zeit, da er noch Gehilfe des Rechtsanwalts war

– es würde reichen. Sie betranken sich gehörig, wonach (als sie wegen eines natürlichen Bedürfnisses hinausgegangen waren) Atanazy Janek ein wenig Kokain gab, selbst jedoch keines einnahm. Das war eine Schweinerei, aber da war nichts zu machen. Baraniec, ein Wilderer und überhaupt ein Schuft erster Klasse, erklärte sich bereit, Atanazy durch die dichten Grenzposten hinüberzuführen, die den Befehl hatten, jeden ohne Gerichtsurteil zu erschießen, der es wagen sollte, die Grenze von dieser oder jener Seite zu überschreiten. Sie verabredeten sich für morgen um zehn Uhr nachts.

Der völlig betrunkene Atanazy (er hatte schon einen Monat nichts mehr getrunken) kehrte bei sternklarer Nacht in das Sanatorium zurück. Die ihm seit Kindheit bekannten herbstlichen Sternbilder des frühen Abends grüßten ihn wie ferne Erscheinungen aus der Vergangenheit: die Wega, die ihm so nahe war aus frühesten Zeiten, und Atair mit den zwei Sternchen an den Seiten, und der Große Wagen mit Alkor und Mizar irgendwo am nördlichen Horizont, nach links jagend. Rechts von ihm war der rote Aldebaran im Aufstieg, umgeben von den treuen Hyaden, und hinter der Linie der gezackten, düsteren Gipfel versank der verfluchte Fomalhaut – sein böser Stern – (er wußte nicht mehr, wann in ihm dieser Aberglaube entstanden war, aber er nannte ihn stets »den geheimen Brennpunkt herbstlichen Entsetzens«). Und plötzlich überkam ihn eine schreckliche Sehnsucht nach »jenem« südlichen Himmel. Er sah in seiner Vorstellung den Sirius Canopus und das berühmte »Southern Cross« und uns am nächsten die Alpha Centauris, und auch die von Kindheit an bekannten und »begehrten«: Magellan-Wölkchen, und die Kohlensäcke – leere Stellen inmitten der Milchstraße – Spezialitäten jener Gebiete. War es ein Traum, daß er diese Herrlichkeiten einst gesehen hatte? Er dankte in seiner Seele irgend jemandem (vielleicht Gott?) und vor allem Hela, daß er das alles vor dem Tode kennengelernt hatte. Aber Indien ohne sie konnte er sich nicht vorstellen – das war ein imaginäres Land, das zugleich mit ihrer beider Abfahrt versunken war. Daß sie, diese satanische, jüdisch-indische »Göttin der Liebe«, jetzt kaum ein paar hundert Kilometer von ihm entfernt war, dort, in der von Tempe »nivellierten«

Hauptstadt (noch dazu im Gefängnis), war eine unbegreifliche Tatsache. Wie hatte sie sich in seinen Gedanken verändert seit den Zeiten der ersten Flirte im Palais Bertz. – Und Tempe? Und er selbst? Waren denn alle noch dieselben? Er begann, an der Identität des Ich zu zweifeln, während er betrunken unter dem funkelnden Himmel des Nordens dahinging. »Es ist besser für mich, wenn ich nicht glaube, daß sie dort ist«, flüsterte er für sich. Alle Wege sind abgeschnitten – nur der Tod ist geblieben. Wieder kehrte er in Gedanken nach Indien zurück: der Traum der Kindheit hatte sich erfüllt – er hatte Indien kennengelernt. Aber in was für einem schrecklichen Zustand des Geistes, in was für einer ungeheuerlichen Deformierung! Nicht der Schatten eines Gedankens an Rückkehr zu Hela streifte sein Bewußtsein. Er schlief ein und glitt in einen leichten, traumlosen Schlaf, und unmittelbar vor dem Einschlafen träumte er noch von morgen – unter dem Einfluß des Schnapses spürte er nicht einmal die beißenden Wanzen. Sogar der nördliche Himmel hatte seinen ganzen Zauber für ihn verloren. »Dort« war »sein« Himmel, dieser wachend erträumte Himmel, den er nie mehr, niemals wieder erblicken würde. Das Wort Niemals, mit seinem düsteren und zugleich wollüstigen Klang, fiel auf den Bodengrund seiner Seele. Er nahm es mit einem Verständnis wie nie zuvor in sich auf. Er war zufrieden, daß er dem Tod in die Augen sah, ohne zu zwinkern. Aber wo war Zosias Geist geblieben? »Sollte ich nicht einmal vor dem Tod mit ihr zusammensein«, dachte er mit einem letzten Bewußtseinsreflex.

Am nächsten Morgen erwachte er leicht und fröhlich – in kokainisierter Entzückung über die Welt lächelte der Tod ihm zu. Nach den pflichtgemäß verbrachten Stunden des Liegens auf der Veranda begab er sich wieder zu den Hluś. Janek wartete auf ihn, schon vom Morgen an betrunken, und streckte gleich die Hand aus nach dem mörderischen Pulver. Um zehn Uhr nachts brachen sie auf über den Bystrapaß zu der Luptower Seite, wie einst.

[Atanazy hatte nur zwei Literflaschen Schnaps gekauft, einige Konserven und ein kleines Fläschchen »Maggi«. Außerdem hatte er einen kleinen Kochtopf für Tee, Tee und Zucker.]

Als sie, fast auf dem Bauch kriechend, durch den Wald am Fuße des Passes hindurchdrangen, etwa um zwei Uhr nach Mitternacht, begann eine Schießerei auf der ganzen Linie. Eine der Kugeln surrte dicht über Atanazys Kopf und schlug mit einem Klopfen (als ob ein riesiger Specht an einen Baum klopfte) in einen Stamm dicht daneben. Es wurde blindlings geschossen. Und auch hier hatte Tazio Glück, wie mit dem Elefanten, dem Tiger und mit Sajetan Tempe. Nach einer Stunde waren sie unterhalb des Passes. Hier entfaltete Janek wieder eine kokainistische Eloquenz und kroch kaum noch, ermüdet von einem rasenden Herzklopfen. Die ältesten »Erzähler« wären erstarrt, hätten sie gehört, was dieser degenerierte Nachkomme schwätzte . . .

»Schaut nur, daß Euch die da nicht erwischen«, sagte er mit der Gewichtigkeit eines Kenners, als sie auf der Paßhöhe standen und hinab in die in der blauen Dämmerung schlummernden Luptower Täler blickten. Es begann schon zu tagen. Vor Janek lagen noch an die zwölf Stunden Warten, denn bei Tage hätte er nicht gewagt, sich durch den Kordon im Wald zu stehlen. Sie verabschiedeten sich auf der Südseite des Grats. Janek fragte nichts – er war in seiner Art ein Genleman. »Na, denn auf Wiedersehen bis Samstag. Und kehrt gesund zurück, dann werdet Ihr mir noch von diesem Narkotikum geben. Eine schrecklich feine Sache. Äh – gebt mir noch was auf den Weg«, sagte er kläglich. Atanazy gab ihm etwa zwei Gramm. »Vierzig müßten genügen«, lächelte er lüstern. Langsam begann er den Abstieg, ohne Geräusch, über die Gräser, zu dem mit Urwald bewachsenen Stillen Tal. Janek blieb hinter einem Felsen und schaute. Seltsame Dinge gingen in ihm vor unter der Wirkung des weißen Pulvers. Jagna, Łohoyski, die Revolution, der Aufstand der Chocholen, das von einem stürzenden Baum zerschlagene Bein und überhaupt das ganze Leben verwurstelte sich in seinem Kopf zu einem wunderlichen Chaos.

Darin war eine grausame Sehnsucht nach etwas, was nie sein wird, nach etwas absolut Unerreichbarem, und was dennoch aus unbekannten Gründen geschah, hier, jetzt, auf dem Bystrapaß, in seinem Kopf und »in der ganzen Welt«. Jetzt glaubte er, seine »dumme« Jagna und alles zu verstehen. Jetzt würde er mit ihr reden können. Ihm fiel ihre erste Liebe ein auf der Iwaniekker Alm, vor der sich der seltsame Jamburowy Bobrowiec türmte – niemand wußte, was das war, »Jambur«. Aber jetzt wurde Janek dieses Wort zu einem Symbol für die Seltsamkeit dessen, was er durchlebte – er verstand die nicht existierende Bedeutung dieses »Begriffs«, der ihn von Kindheit an so fasziniert hatte. Plötzlich stimmte er einen wilden Gesang an, neue Wörter improvisierend zu einer bekannten góralischen Melodie, nach deren Thema Prepudrechs Variationen vor einigen Tagen in der Hauptstadt bei einem Abend zu Ehren nivellistischer Delegierter aus den Vorkarpaten gespielt worden waren.

> »Alles aus Jambur, Jamburner Schiffchen,
> Nur nicht aus Jambur meiner Jagna Tittchen!
> Mädel aus Jambur, wärt ihr hienieden,
> würdet aus Jambur die Schwänzchen ihr lieben!«
>   Eoop!!

Er fühlte sich zum erstenmal seiner »dummen« Jagna überlegen, die ihm mit ihrem seltsamen Wahnsinn imponierte, obwohl er sich das nicht eingestand.

Atanazy schaute sich um. Vor dem Hintergrund des sich rötenden Himmels sah er noch Janeks Silhouette, der die Arme in wilder Erregung emporwarf. »Er wird mir noch die Luptower Wachen auf den Hals schicken«, dachte er. Er drohte Janek mit der Hand, der seinen Hut hoch in die Luft warf. Dieses Lied waren die letzten Klänge, die ihn von jener Seite erreichten – die Worte verstand er nicht mehr. Er atmete auf, als er den Wald von Wiercicha erreicht hatte. Nun brauchte er nichts mehr zu fürchten, denn die Wachen spähten um diese Zeit selten in die Tiefen der Gebirge. Die aufgehende Sonne übergoß mit sanftem, orangem Licht die gegenüberliegenden, grasigen Gipfel: schwaches Rauschen der von der Hitze ausgetrockneten Gebirgsbäche kam wie aus einer anderen Welt. Fast gedankenlos fröhlich ging er dahin und war zur Mittagszeit schon im unteren Teil des Złomisktals. Der Husten war ihm völlig vergangen, und er fühlte sich ausgezeichnet. Aber nur die Nähe des Todes gab ihm diese Kraft. Bei dem Gedanken an eine Rückkehr zum Leben dort, in den Tälern, erfaßten ihn Grausen und grenzenlose Langeweile. Er sah Hela, eine unersättliche Sadistin, die in irgendeinem heimatlichen Ostrog (vielleicht in einem Kokainrausch erregt?) nicht genügend arbeitsame und gefügige Repräsentanten der alten Ordnung folterte. Er sah sie als Geliebte Tempes oder eines schrecklichen unvorstellbaren Juden, vor dem er a priori einen abergläubischen Schrecken empfand. Seine Vermutungen trafen gar nicht weit daneben, denn bereits einen Monat später begann etwas Ähnliches und potenzierte sich ständig. Doch was ging das Atanazy an – er ging der endgültigen Erlösung entgegen – wenn man nicht herrlich leben kann, muß man wenigstens herrlich enden – (wer hatte das gesagt?), er ging fröhlich in den Tod wie zu einer Redoute. Endlich fühlte er keine Disproportion mehr zwischen dem, der er hätte sein sollen – heiter, klar, ohne Verzweiflung, ohne Bedauern, ohne Vorwürfe –, und dem, der er war, denn er hinterließ niemanden. Vielleicht wird die arme Gina ein bißchen weinen, vielleicht wird Hela ein Weilchen Sehnsucht nach den indischen Erlebnissen haben, zwischen zwei Folterungen – in ihrem letzten Kult des einzigen realen Götzen – der Gesellschaft – wirklich leiden wird niemand. Łohoyski – der vielleicht – (Atanazy dachte mit Dankbarkeit an ihn), aber zum Glück für ihn war er schon nicht mehr er selbst, lebte er schon in einer imaginären Welt – ein mystischer Vagabund à la manière russe – vielleicht hatte sich jetzt wirklich das Blut seiner Mutter in ihm gemeldet, der geborenen Fürstin Ugmałow-Czemeryńska. Neugierig war Atanazy nur, was Prepudrech weiter machen werde (in Anbetracht seines Erfolgs wurde Azio für ihn zu einem geheimnisvollen Mythos), und das Wichtigste: ob Hela und Prepudrech sich miteinander versöhnen würden oder nicht? Doch das, wie auch vieles andere, sollte Atanazy niemals erfahren. Er bedauerte manchmal, daß sein »Werkchen« von Tempe verbrannt worden war, aber er bedauerte es nicht sehr.

Er beschloß, die letzten Stunden seines Lebens ganz normal zu genießen, und verschob den Tod auf morgen. Er ging zuerst zu dem oberen Teil des Tals, zu den Karseen. Dort verbrachte er mehrere Stunden, starrte liegend in die dunkelblaue, an den Ufern smaragdgrüne Tiefe der Wasser, auf deren Oberfläche der Windhauch matte, graubläulichviolette und goldschillernde Streifen zeichnete. Die Stille war vollkommen. Sogar das Gemurmel des über die nahe Felsschwelle sickernden Wassers schien diese Stille nicht zu unterbrechen, sondern zu vergrößern. Als sich der kirschrotviolette Schatten der Steilwände des Jaworowogipfels von den grünen Wassern des Karsees auf das Ufer verschob und mit zerwehter Kontur dahinkroch zwischen vergilbten Gräsern und über die mit zitronengelber Flechte bewachsenen Böschungen, machte sich Atanazy wieder auf den Abstieg ins Tal. Der uralte Wald aus riesigen Tannen rauschte leise, und von den dunkelgrünen Ästen hingen lange Bärte von Moos – hie und da glühte das Rot einer Eberesche. Oben brannten in ziegelrot-blutigem Schein der irgendwo in den Tälern untergehenden Sonne die Felswände der Gipfel. In den Bergen hatte Atanazy immer den Eindruck, daß die Sonne nicht *hier* unterging, sondern irgendwo unendlich fern – daß sie ebenso irgendwo aufging und sich dann plötzlich vom Himmel in die Täler stürzte – eine einfache und allzu banale Konzeption. Mit Wehmut blickte er zu den Gipfeln auf, auf denen er in früher Jugend herumgestiegen war. »Jetzt würde ich dort nicht hinaufklettern – ich bin ein vollkommener Waschlappen«, dachte er mit einem gewissen Selbstmitleid.

Doch auf einmal befiel ihn eine sonderbare Leere: in diesem Moment wollte er weder Leben noch Tod – er wollte einfach nur dauern – *einzig nur dauern, nicht leben.* Wenn man doch so, auf diese Welt blickend, sich in nichts verflüchtigen könnte, ohne etwas davon zu wissen, ohne den Prozeß des Vergehens zu fühlen! Ach – morgen wird es beinahe sicher so sein – schade, daß nur »beinahe«! Bestimmt. Alles war ungewiß, nur das eine war unverbrüchlich. Es sei denn, daß die Luptower Wachen ihn erwischten oder daß ein Bär ihn fraß. »Ich bin ein Nichts gewesen – ein flüchtiger Schatten, und ich bedaure nichts. Ich habe die Welt gesehen, und damit genug. Ich kann mich nicht belügen, daß das alles so wichtig wäre. Beizeiten davongehen, auch als ein Nichts, ist eine große Kunst, wenn man weder eine Selbstmordmanie hat noch Leberkrebs, oder wenn man nicht seelisch so unerträglich leidet wie damals nach Zosias Tod. Ich möchte wissen, ob unter anderen Bedingungen etwas anderes ›aus mir‹ hätte werden können? Aber das werde ich nicht erfahren – ver-flucht!« Diese Gedanken trösteten ihn merklich. Inmitten von Erdbuckeln und Blöcken machte er ein kleines »Lagerfeuer« an und saß daran bis zum Morgen, manchmal einduselnd und verschwommen denkend. Ein Wildbach gluckerte in ausgehöhlten Zisternen – man konnte aus diesem Geräusch alles mögliche heraushören: Flüche, Hilferufe, Stöhnen, Beschimpfungen und Liebesgeflüster. Etwas ging im Wald um, mit groben Kloben krachend, doch am Feuer fürchtete Atanazy keine unerwartete Lösung seiner Gleichung. Bei Tagesanbruch ging er bereits in Richtung des Siarkańsker Seitentals. Dort kannte er aus der Erinnerung eine Stelle, wo der Wald endete, der den Boden des Złomisktals bedeckte, und sich der Blick weitete auf das herrliche Amphitheater der Gipfel: Satan, Turm, Hruby und von der anderen Seite die düsteren Felswände des Jaworowy behüteten die Stille dieses Tals, in dem eine unheimliche Stimmung herrschte, wo etwas zu rufen, zu warnen und kläglich und leise zu flehen schien, wo sogar bei Tage den Menschen ein bleicher Schreck vor dem Unbekannten aus einer anderen Dimension überkam. Hier sollte eine unerhörte Zahl von hingemordeten Góralen und Luptakern liegen, die seit Jahrhunderten um die Herrschaft in diesem Teil der Berge kämpften. Der Tag schien Atanazy wundervoll. Tau lag auf den Gräsern, auf den Preiselbeerbüscheln, nasse Blättchen: gelber Sanddorn und rote Ebereschen leuchteten im Gegenlicht der Sonne wie Pailletten aus poliertem Metall. Die Stille war vollkommen, nicht einmal getrübt vom Rauschen des Wassers, das unter vergilbten, leuchtenden Gräsern verborgen, vom Jaworowy ins Tal hinabfiel. Ab und zu nur gluckste, unsichtbar zwischen runden, bemoosten Granitblöcken, ein winziges Bächlein. Dort, am Rande eines Dikkichts von Gebüsch und Latschengehölz, im Rücken die Wand des Urwalds, inmitten von Geröllwänden, die in uralten Zeiten vom Jaworowy herabgestürzt waren, bettete sich Atanazy zur ewigen Ruhe. Er war allein – Zosias Geist hatte ihn verlassen – vielleicht für immer. Also trank er zuerst eine riesige Menge klaren Schnapses und spülte als Imbißhäppchen unverdünntes »Maggi« nach. Darauf aß er Sardinen und Pastete – alles mit der tiefen Überzeugung, daß er dies zum letztenmal im Leben tue. Dann, als er sich schon völlig betrunken fühlte, schniefte er eine gehörige Dosis Kokain ein – an die fünf Dezigramm. »Freilich, ein Schuß in die Schläfe wäre effektvoller, aber ich muß mich ja vor niemandem produzieren: und damit würde ich auf diese Vision der Wirklichkeit ganz am Schluß verzichten.« Die Welt drehte sich an irgendwelchen riesigen Hebeln still im Kreis und entflog leicht in jene Dimension: sie verwandelte sich rasch in »jene«, unausdrückbare, verkörperte, pure reine Schönheit. »Ja: das kann man einmal zur Probe einnehmen, und dann erst wieder zum Schluß. Was für eine ungeheuerliche Schweinerei wäre es, sich wie Jędrek jeden Tag darin zu sielen . . .« Und jetzt, in derselben Proportion wie damals, als Łohoyskis Pepitahosen *wirklich* eines der schönsten Dinge auf der Welt waren, wurde diese ohnehin schon so unerträglich schöne Welt noch wundervoller, *anders*, einzig . . . Es gab keine schmückende Hülle, die den notwendigen, alltäglichen Tag verdeckte: die Wirklichkeit war schamlos nackt, gab sich besinnungslos hin, als sei sie wahnsinnig vor Begierde . . . Wer? Hela. Nie war sie so unglaublich schön gewesen wie in diesem Augenblick in seinen Gedanken: er sah ihre von metaphysischer Unersättlichkeit gequälte Seele zusammen mit ihrem Körper als eine völlige, vollkommene Einheit – ach, hätte es bei Lebzeiten so sein können! Vielleicht mordete sie eben jemanden – (er vergaß, daß sie im Gefängnis saß) – oder schlief auf Tempes berühmtem eisernem Bett (von dem ihm Gina erzählt hatte) – Sajetan l'incorruptible, wie Robespierre selbst – in seinen herrschsüchtigen ungeduldigen Umarmungen. Ach – arme Gina – hübsches armes Ding, so gut . . . Bis endlich aus dem Abgrund des Nichtseins Zosias Geist auftauchte und mit der Schönheit der Berge in eins verschmolz – er war darinnen, ohne die metaphysische Einsamkeit zu unterbrechen, in die Atanazy versank. Er hatte sich schon von den Menschen ver-

427

abschiedet – fast alle Bekannten waren in Gedanken als vollkommene Ideen an ihm vorbeigezogen, die irgendwo in einem andersartigen und unveränderlichen Sein währten. Doch sie waren fern, irrten nicht wie im Leben im Gewirr elender, alltäglicher Angelegenheiten herum. Der Moment unirdischen Entzückens, das die Brust mit unfaßbarer Größe sprengte, schien eine Ewigkeit zu währen. »Endlich daure ich nicht mehr in der Dauer«, sagte Atanazy laut, nicht mit seiner Stimme, als wäre es nicht er selbst und als hätte dieser Satz als träumerischer Unsinn einen unermeßlich tiefen Sinn – und nahm wieder eine große Dosis Koks. Wie kann man nur ausdrücken, was er sah, da die Schönheit der Welt ja schon in gewöhnlichem Zustand manchmal ein unerträglicher Schmerz war – dieser Schmerz, potenziert zur Unendlichkeit und plötzlich in Wonne verwandelt, schon in jene andere Wonne, von derselben Spannung wie der Schmerz, eine kalte, reine, klare Wonne . . . Und dazu die Empfindung, daß es zum letztenmal war, daß nie wieder . . . Vor ihm türmten sich die bekannten, geliebten Gipfel in unirdischer Glorie, aber schon über dieses Tal entrückt in eine andere Dimension, in ein ideales Sein, das in seiner Vollkommenheit an das Nichtsein grenzte – denn was gibt es Vollkommeneres als das Nichts?

Und als er so »dauerte ohne Dauer«, vernahm er plötzlich Krachen und Rascheln: aus dem Gewirr des Sanddorns und Gestrüpps schob sich eine dunkelbraune, zottige Masse hervor, brach über den kleinen Rasen zwischen den Felsblöcken, aus dem kleine vertrocknete Doldentrauben und welkende herbstliche Enziane ragten – geradewegs auf ihn zu. Hinter ihr her zwei kleinere Geschöpfe derselben Gattung: eine Bärin mit ihren Jungen: also der sichere Tod – sie attackiert immer als erste. Doch Atanazy hatte unter dem Einfluß des Koks' bereits das Bewußtsein der Gefahr verloren. Sie ging mit der Windrichtung (eine leichte Brise wehte von den Schatten im Tal zu den sonnigen Graten des Jaworowy) – sie witterte nichts – sah nichts von hinter den Blöcken. Plötzlich schob sie sich weiter vor und erblickte ihn. Sie blieb stehen. Er sah Schrecken und Staunen in ihren Augen. Die Kleinen waren ebenfalls stehengeblieben – brummend. »Da hast du den Salat«, sagte Atanazy ohne einen Schatten von Angst. »Sie wird mir den letzten Augenblick verderben.« Doch auch diese neue Aussicht und dieser Ausspruch waren in jenen Moment mit eingeschlossen: sie sprengten nicht den Rahmen jener Dimension, ließen ihren Zauber unangetastet. Ein kurzes Brüllen, die Bärin reckte sich auf den Hintertatzen auf, riß dabei mit den Vordertatzen einen kürbisgroßen Stein empor und ließ ihn auf Atanazy sausen, wonach sie auf den Hintertatzen auf ihn losging. Der Stein flog an seinem Kopf vorbei und zerschellte an dem Felsblock, an den er sich lehnte. Der nicht zustande gekommene Selbstmörder sprang auf und schaute rundum. Der Instinkt der Selbsterhaltung wirkte mechanisch, wie der Fortpflanzungsinstinkt der Gallwespe, die eine Raupe anstich. »Das ist ja Bergson – kann man das denn ›in eine Erkenntnis verwandeln‹ – Unsinn«, dachte er ebenso automatisch im Bruchteil einer Sekunde. Eine Waffe hatte er nicht. Er nahm eine Handvoll des weißen Pulvers, das in einem Häufchen auf dem Papier neben ihm lag, warf es der Bärin in den Rachen, der sich schon dicht über ihm öffnete, und sprang nach hinten auf einen Felsblock. Łohoyski fiel ihm ein, der seinen Kater kokainisiert hatte, und er lachte plötzlich breit – das war von höherer Klasse. Die Bärin, mit dem ihr unbekannten, widerlich riechenden Pulver bestreut, ließ sich mit weißgepuderter Schnauze auf die Vordertatzen nieder und begann zu prusten und zu brummen, die Schnauze bald mit der einen, bald mit der anderen Tatze wischend, und sog dabei eine tolle Dosis des mörderischen Gifts ein. Offenbar war die Wirkung blitzartig, denn sie wurde sofort wahnsinnig und schenkte Atanazy keine weitere Beachtung. Sie wälzte sich brüllend, anfangs mit einem Schatten von Ekel – und dann verwandelte sich das Gebrüll in wollüstiges Röcheln. Die Kleinen schauten mit Staunen auf das wilde Gebaren der Mutter. Sie lag eine Weile bewegungslos da, verzückt in den Himmel blickend, dann warf sie sich auf ihre Kinder und begann, sie zu liebkosen und mit ihnen zu spielen, auf eine offenbar ungewöhnliche, tolle Weise. Statt auszureißen, raffte Atanazy nur seine Sachen zusammen (den Rest des Pulvers (an die zehn Gramm) wickelte er sorgfältig in ein Stück Papier) und schaute dem zu, anfangs amüsiert. »Eine Bärin zu kokainisieren, das ist entschieden von höchster Klasse. Das also ist meine letzte Tat, die Tat vor dem Tod. Noch eine Probe vor dem Tode.« Er schaute auf. (Dort, inmitten der Gräser, trat relative Ruhe ein – die Bärin beleckte und liebkoste ihre Kinder, röchelnd vor unbegreiflichen, potenzierten Gefühlen.) Alles war schön wie vorhin, aber anders . . . Plötzlich zerriß ein schrecklicher Bewußtseinsblitz Atanazys Gehirn: es war der Donnerschlag des Wahnsinns, aber in diesem Zustand erschien er ihm als Offenbarung: »Wie denn? Bin ich vielleicht genauso wie dieses unglückselige Vieh? Ist also meine ganze Verzückung, alles, was ich denke, nur eine armselige Schweinerei? Woher weiß ich, daß meine Gedanken etwas wert sind, wenn ich das nicht begreifen kann?« Er wurde sich dessen nicht bewußt, daß auch das, was er eben dachte, durch denselben Grundsatz bedingt war – durch den narkotischen Zustand – ein Kreis ohne Ausweg – er erstickte vor Scham und Empörung. Er packte rasch die Sachen zusammen und eilte hinunter, zurück in das Złomisktal. Er dachte nicht mehr an die Bärin. Alles tanzte vor seinen Augen. Er taumelte inmitten der Erdbuckel und Blöcke, betrunken, narkotisiert bis zum äußersten. Das Herz hielt noch aus, konnte aber jeden Augenblick stehenbleiben. Er dachte nicht an den Tod – er wollte leben, aber er wußte nicht, wie. Er langte wieder nach dem Stück Papier. Sein Wahn nahm zu. Er war sich nicht bewußt, daß er im nächsten Augenblick vergiftet umfallen konnte, ganz zu schweigen von Selbstmordgedanken – wahnsinnige, unausdrückbare Gedanken zersprengten ihn – Hela, Zosia (sie lebt bestimmt), Tempe, die Gesellschaft, die Nation, die Nivellisten und der mystische Łohoyski, die Berge, die Sonne, die Farben – alles bildete ein Durcheinander, ein Kuddelmuddel von tanzenden Bildern, ohne jeglichen Sinn, doch darin lagen eine höllische Kraft und die Begierde nach Leben und nach ewiger Dauer. Dieses Chaos begann allmählich ein einziger konstanter Gedanke zu beherrschen: ein neues transzendentales Gesetz der Entwicklung von kollektiven Mengen denkender Wesen – doch was für eines? – das wußte er noch nicht. Hin und wieder blieb er stehen und schaute, bald auf den Boden, bald auf den Wald, den stillen und friedlichen Wald, der gleichsam ein wenig erstaunt schien über diese chaotische Furie eines armen Menschen. Und in diesen Momenten nahm plötzlich das Chaos der roten Preiselbeeren, der Enziane und der vertrockneten Gräser Formen eines genauen geometrischen Musters an, eines höllischen Buchstabenrätsels. Endlich kam er aus dem Wald hinaus auf den anderen Hang des Złomisktals, auf dem er gestern hinabgestiegen war. Sein Herz pochte wie ein Dampfhammer, rasch, unruhig bis zum Wahnsinn... Doch in die Gedanken kam eine gewisse Ordnung. Kaltblütig wurde er sich ohne Angst der Todesgefahr bewußt. Er zählte die Schläge – es waren 186. Er setzte sich, um auszuruhen, und trank einen Becher Wodka, ohne etwas dazu zu essen. Die verrückte Idee wurde immer klarer, dennoch blieb sie verrückt: »Die Mechanisierung der Menschheit auf die Weise zurückschrauben, daß man unter Nutzung der bereits erreichten Organisierung das kollektive Bewußtsein eben gegen diesen scheinbar unerbittlichen Prozeß organisiert. Es ist doch klar wie die Sonne hier vor mir, daß man, anstatt den sozialen Materialismus zu propagieren, jeden, aber absolut jeden, vom Kretin bis zum Genie, bewußt aufzuklären hätte, daß dieses System von Begriffen und gemeinschaftlicher Tätigkeit, mit dem wir jetzt operieren, zu einer völligen Verblödung und Automatisierung führen muß, zu einem rein viehischen Glück, zum Verlust allen Schöpfertums, der Religion, der Kunst und der Philosophie (und diese Dreifaltigkeit war unbesiegbar); wenn das einmal *jedem* klar ist, so werden wir, indem wir dem mit einem kollektiven Bewußtsein und mit der Tat entgegenwirken, imstande sein, diesen Prozeß umzukehren. Sonst werden in fünfhundert Jahren die künftigen Menschen uns nur als Verrückte sehen, genauso, wie wir mit leichter Verachtung auf die herrlichen vergangenen Kulturen schauen, weil sie uns in ihren Anschauungen naiv scheinen. Anstatt sich der Täuschung hinzugeben, daß alles gut werde, anstatt sich zu freuen, daß die Religiosität scheinbar wieder aufersteht, weil irgendwelche mystischen Nonsensideen dritter Klasse entstehen, die nichts als ein Zurückweichen vor dem bereits erreichten Niveau des Intellekts sind, statt dessen müßte man diesen Intellekt dafür nutzen, sich der Ungeheuerlichkeit der künftigen Verviehung bewußt zu werden. Anstatt in dem flachen

Optimismus von Feiglingen zu versinken, muß man der schrecklichen Wahrheit in die Augen schauen, mutig, den Kopf nicht unter die Flügel von Illusionen stecken, um nur diese elenden letzten Tage zu überleben. Mut und Grausamkeit gegen uns selbst brauchen wir, nicht aber Narkotika. Denn wodurch unterscheidet sich denn dieses ganze Gerede von Feiglingen, die einen Kompromiß schaffen wollen zwischen der zeitgenössischen Denkerei, dem Geheimnis des Seins und dem vollen Bauch der Massen – wodurch unterscheidet es sich vom Kokain? Unsinn – entweder das eine oder das andere. Diese kleinen Optimisten sind die Schlimmsten – sie sind es, die mit ihrer Anpassung an die zermalmende Maschine den einzigen Weg verschütten. Ausrotten dieses Hundegeschlecht halbreligiöser geistiger Bequemlinge! Eben gerade umgekehrt – o Gott! Wie kann ich alle davon überzeugen, daß ich recht habe? Wie soll man mit diesem armseligen, flachen Glauben an eine Wiedergeburt kämpfen. Nur um den Preis einer zeitweisen – nun, sagen wir für eine Dauer von zweihundert Jahren – Verzweiflung und eines verzweifelten Kampfs kann man den wirklichen Optimismus erlangen, der nicht narkotisiert, sondern eine neue, unbekannte Wirklichkeit schafft, von der nicht einmal Chwistek geträumt hat . . .« Atanazy dachte im Kreis herum – das alles hatte soviel Sinn wie das »Dauern ohne Dauer«, darin war Widerspruch und Unklarheit, aber auch etwas Verständliches drängte sich ihm mit unbedingter Notwendigkeit auf. Weiter: »Wenn man auf diese Weise die Ideologie eines jeden, aber absolut eines jeden Menschen umkehrt, so daß er aufhört zu glauben, er könnte auf diesem Weg den Gipfel des Glücks erreichen, so würde das eine völlig neue kollektive Atmosphäre schaffen. Das wird der materielle Gipfel sein, um den Preis des Automatismus – sie werden das nicht mehr wissen und werden tatsächlich glücklich sein – aber wir, deren Köpfe noch über dieses Niveau herausragen, *wir müssen für sie wissen* – darin kann *unsere Größe* liegen! Man muß nachweisen, daß man auf diesem Weg statt der erträumten Menschheit nur einen gedankenlosen Mechanismus erzielt, daß es nicht lohnt, besser zu leben als so – ha – ob das möglich wäre – die ganze Geschichte spricht dafür – aber man müßte den Sozialismus entmaterialisieren – eine höllisch schwierige Aufgabe. Aber in einem derart aufgeklärten Kollektiv könnte eine völlig neue gesellschaftliche Atmosphäre entstehen, denn eine derartige Kombination hat es bisher nicht gegeben: nämlich die Kombination einer maximalen, gewisse Grenzen nicht überschreitenden gesellschaftlichen Organisation mit einer allgemeinen Individualisierung. Ob das nicht einen Rückschritt der Kultur bedeutet – vielleicht am Anfang, aber später wird es unzählige Möglichkeiten geben – immerhin: statt der langweiligen Gewißheit des Automatismus – etwas Unbekanntes. Nur mit dem Intellekt können wir das vollbringen, nicht aber durch ein bewußtes Zurückweichen in Unsinn, in eine degenerierte, ehemals große, schöpferische Religion. Dann, nur dann könnten neue Quellen hervorsprudeln, aber nicht jetzt, in diesem Zustand halbmystischer Feigheit. Vielleicht entstehen dann neue Religionen, von denen wir jetzt noch keine Ahnung haben. Etwas Unvorstellbares verbirgt sich dahinter, unbegrenzte Möglichkeiten – doch dazu gehört Mut, Mut! Physische Wiedergeburten wirken der Degenerierung nur mit Palliativen entgegen – das muß der überlegenen degenerierenden Kraft unterliegen, selbst wenn die Nichtausübung von Sport mit dem Tode bestraft würde. Die gesellschaftliche Adhäsion, welche die degenerierenden Umstände schafft, ist unendlich – die Kraft des Individuums ist begrenzt. Wozu haben wir denn diesen Intellekt, der jetzt nur ein Symptom des Verfalls ist? Etwa nur deshalb, um programmatisch im Pragmatismus, Bergsonismus, Pluralismus zu verblöden und um programmatisch in einer technisch ideal eingerichteten Welt – zu vertieren? Nein – man muß ihn als ein Antidoton gegen die Mechanisierung benutzen. Die Richtung der Kultur ändern, nicht ihren Schwung. Im übrigen wird das jetzt niemand mehr auf eine andere Weise aufhalten – dieses Scheusal wird wachsen, bis es sich selber frißt und dann glücklich ist. Und dann verdaut es sich selber . . . Und was bleibt übrig? Irgendein Häufchen . . . Was soll's, daß die automatischen Menschen der Zukunft glücklich sein werden und nichts von ihrem Niedergang wissen. Wir wissen es jetzt für sie und sollten sie davor bewahren. In so einer allgemeinen Atmosphäre können neue Typen von

433

Menschen, von Problemen, von Kreativität entstehen, wovon wir jetzt noch keine Ahnung haben und haben können.« »Das kleine Werk« über die Notwendigkeit einer metaphysischen transzendentalen Mechanisierung in der Bedeutung von Cornelius (wiederholte er sich und den ihn umgebenden erstaunten Fichten laut) erschien ihm jetzt sehr weise, aber nicht ganz und gar, sondern nur in einer Hinsicht. »Jenes andere war eine Auffassung bekannter und notwendiger Fakten unter gegebenen Voraussetzungen, hier war eine völlig neue Idee, die auch das Element der Transzendenz in sich barg: die Möglichkeit der absoluten Notwendigkeit – wirklich der absoluten? Nein, das wohl nicht – denn meine Idee ist ein höllischer Zufall und ergibt sich nicht notwendigerweise aus dem Gesellschaftszustand – obwohl sie in Zeiten der Dekadenz immer entstehen sollte, aber lassen wir das – sie existiert, und das ist das Wichtigste.« Er trank wieder einen Schluck Wodka und nahm eine Prise Kokain, und jetzt erst wurde er sich dessen bewußt, daß er mit seiner Idee ins Land zurückkehren, Tempe aufklären und ihn dazu bringen müßte, unter Benutzung der bereits existierenden Organisation seiner Regierung eine solche Organisation der Aufklärung zu schaffen. Der Tod erschien ihm in diesem Moment als Dummheit. Die Probleme Helas, Zosias und all dieser niederen Marmelade von Erlebnissen schrumpften, wurden zu Asche im Feuerwerk seines Irrsinns. Das alles verdankte er der Bärin – nun, und auch dem geliebten, verhaßten Koks. »Ha, ha – wie amüsant das ist«, lachte er mit irrem Lachen, während er langsam den sonnigen Hang zum Viehpaß hinaufstieg – dieser Weg war ja kürzer als über den Bystrapaß. Es kam ihm vor, als wäre er nicht gestern dort gewesen, sondern vor einigen Jahren – so viel hatte er erlebt, seit er sich von Janek verabschiedet hatte. Wie wundervoll war doch die Komposition dieser letzten Tage! In ihm meldete sich wieder der einstige »Lebensbildner« aus den kleinen drittklassigen Salons der Hauptstadt. Er ging langsam, denn er mußte ja sein Herz schonen, dessen die ganze Menschheit bedurfte – würde es jetzt zerspringen, würde niemand seine Idee erfahren, und wer weiß, ob sie in einem anderen Gehirn überhaupt entstünde. Nun fürchtete er weder die Luptower noch die heimatlichen

Grenzwachen – ähnlich wie damals bei dem Duell unter dem Schutz seiner Liebe zu Zosia. Er kam allein zu all denen mit einer »großen« Idee, durch die er endlich sein armseliges Leben rechtfertigte. Als er den ersten Paß erklommen hatte, breitete sich ein herrlicher Ausblick vor ihm aus. Atanazy ertrank in uferlosem Entzücken. Die im nachmittäglichen Dunst zergehenden Berge schienen, von der eigenen Schönheit berauscht, ihr eigener Traum zu sein. Und zugleich war ihre gleichsam objektive Schönheit unabhängig davon, daß er sie eben betrachtete. Sie waren an sich in sich. In ihrer Schönheit vereinigte er sich jetzt wirklich mit Zosias Geist und fühlte sich – o Elend der Illusionen! – ihm sogar in gewisser Weise überlegen. Der Geist bedrückte ihn nicht – im Gegenteil, er redete mit ihm – (ein wenig aus Gnade) – wie mit Seinesgleichen. Er fand die Stelle wieder, wo Hela sich im vergangenen Winter den Fuß verstaucht hatte. Er stand dort eine Weile und schaute auf dieselben Steine. Ja – sie waren dieselben, ewig jung, er aber war bereits ein ganz anderer. Es kam ihm vor, als wäre das ganze vergangene Indien ein großer Ballon, der hier angebunden war, an diesen Fuß, der gar nicht hier war. Die Sonne war schon am Untergehen, als Atanazy, ohne jemandem zu begegnen, ins Tal hinabstieg. Unterwegs nahm er noch tüchtige Prisen Koks ein – zur Unterstützung des Nervensystems – wie er sich sagte – beim Abstieg konnte er sich das erlauben. Sein Pferdeherz, das wohl nur eine Kugel vernichten konnte, hielt auch das noch aus. Er fühlte sich im Einvernehmen mit der ganzen Welt, und eine überirdische Wonne erfüllte sein ganzes Wesen. Vor sich selbst war er bei Bewußtsein, was bei einer starken Vergiftung mit dem höllischen Gift charakteristisch ist – anderen, wären welche dagewesen und hätten sie seine Gedanken sehen können, wäre er voll verrückt erschienen. Die Maßlosigkeit der Welt verschlang ihn, der purpurne Glanz auf den Felsen schien aus seinem eigenen Inneren zu strahlen – er spürte ihn in sich, er war alles, zerschmolz aktuell in der aktuellen Unendlichkeit mit einer solchen Freiheit, wie es Georg Cantor mittels bescheidener, unschuldiger kleiner Zeichen auf Papier getan hätte. Der Himmel erschien als sardanapalischer Baldachin (über einem Bild), sein Ruhm und Preis – ein ungeheuerlicher metaphysischer Luxus, nur für ihn geschaffen – von wem? Die Idee eines persönlichen Gottes gaukelte wie damals in einem endlosen, aber raumlosen Abgrund (wann war das gewesen, o Gott!). »Wenn du bist und mich siehst – verzeih. Nie mehr, nie mehr, nie«, flüsterte er in höchster Ekstase, in einer Euphorie, die an das Nichtsein grenzte, vielmehr an ein Sein mit nach oben gekehrtem Boden – das war der Himmel – der Himmel war wirklich. Er lächelte der Welt zu, wie ein Kind herrlichen, unglaublich schönen Spielsachen zulächelt – er war in diesem Moment im Himmel –, und mit allem vereinigte sich ihm die Vision einer herrlichen, unvorstellbaren Menschheit, die aus seiner Idee erschaffen war. Er war stolz, doch mit dem edlen Stolz des Weisen, und er demütigte sich gleichzeitig vor der großen namenlosen Kraft, die ihn derart beschenkt hatte – vielleicht war es Gott. Wie sein Leben sein werde, wußte er nicht und wollte es nicht wissen. (Eines war sonderbar: diese zwei Tage hatte er nicht ein einziges Mal an seine verstorbene Mutter gedacht – als hätte es sie niemals auf der Welt gegeben.) Alles würde sich von selbst fügen, auf Grund der Verkörperung dieser Idee, die er eben erst entdeckt hatte. Mit der technischen Verwirklichung, mit der tieferen, nichtdilettantischen Bearbeitung würden sich andere befassen. Das ging ihn nichts an. Nur die ganze Maschine in Bewegung setzen – das war das Wichtigste. Es dunkelte schon, als er sich dem kleinen Bergrestaurant näherte, das im vorigen Winter der Ausgangspunkt aller Ausflüge gewesen war – dorthin hatten sie Hela mit dem angeblich verrenkten Fuß getragen. Die Sterne flammten geheimnisvoll auf – sie funkelten wie sichtbare Symbole des ewigen Geheimnisses auf dem Hintergrund des schwarzen Nichts des Himmels. Atanazy spürte heute keine Dissonanz zwischen dem Himmel des Nordens und des Südens – das ganze Weltall gehörte ihm, gab sich ihm hin, durchdrang ihn, verschmolz mit ihm zu einer Absoluten Einheit. Unten blinkten Lichter auf. Plötzlich wurde sich Atanazy bewußt, daß er durch die Linie der Grenzwachen gehen müssen werde, und er wurde etwas nüchterner – so schien es ihm – in Wirklichkeit war er vollkommen kokainisiert. Ein Dokument hatte er (den Ausweis eines Beamten dritter Klasse), er war ein Freund des allmächtigen Tempe – aber war er das? – er hatte ja Gina verführt – nun, irgendwie wird sich das schon regeln. Im Weitergehen blickte er wieder zu den Sternen auf, um zu den vorigen Gedanken zurückzukehren. »Liebe Wega – sie rast auf uns zu mit der Geschwindigkeit von fünfundsiebzig Kilometern in einer Sekunde, vielleicht fliegt sie einmal in unser System und wird mit unserer Sonne um einen gemeinsamen Schwerpunkt zu kreisen beginnen. Wie wunderbar wird das sein, wenn man zwei Sonnen auf einmal sieht . . .« Da tauchte wie aus dem Boden eine dunkle Gestalt vor ihm auf.

»Halt! Wer da?! Die Parole!« sagte eine heisere Stimme, und Atanazy hatte eine genaue Vision des Gesichts, aus dessen Mund diese Stimme kam. Überhaupt stellte sich die ganze Situation mit einer höllischen, übernatürlichen Klarheit dar. Er fürchtete nichts: hatte er doch ein relativ reines Gewissen und ein Papier.

»Die Parole kenne ich nicht. Ich bin ein Landsmann. In den Bergen verirrt. Gut Freund, gut Freund«, wiederholte er noch, während er ein vom Krieg her bekanntes Klirren vernahm.

»Und wie bist du da reingekrochen?« sagte wieder die Gestalt, und Atanazy hörte das Durchladen des Karabiners. »Er war nicht in Bereitschaft, der Kerl – ich hätte noch hinüberspringen können«, dachte er.

»Bitte mich zum Kommandanten zu führen«, sagte er hart.

»Du wirst mir hier noch befehlen – kriegst eine Kugel verpaßt, und basta. Ich habe Befehl, auf jeden zu schießen«, sagte die dunkle Gestalt schon weniger sicher.

»Führe mich, Genosse: du weißt nicht, mit wem du sprichst: ich bin ein Freund des Genossen-Kommissars Tempe.«

»Natürlich weiß ich das nicht. Geh durch.« Atanazy ging unter dem Gewehrlauf hindurch, und jener, mit schußbereitem Karabiner, ging hinter ihm her, seine erstarrten Schulterblätter fast mit dem Bajonett berührend. Von weitem rauschten die Wasser der Sturzbäche, und ein kühler Wind wehte von den Bergen. »Wie einst«, dachte Atanazy. In diesem Wort war so viel unsagbaren Zaubers, daß ihn absolut nichts hätte ausdrükken können.

»Genosse Kommandant! Ein Gefangener!« rief der Wachsoldat vor der Tür eines Häuschens, worin ein Licht brannte. Jemand trat heraus, und hinter ihm kamen noch drei Kerle mit aufgepflanzten Bajonetten auf den Karabinern.

»Was ist?« fragte mit russischem Akzent dieser »jemand«. »Wie konntest du wagen, deinen Platz zu verlassen, du Hundsdreck? Du weißt, was darauf steht? He? Warum hast du nicht sofort geschossen?« – »Woher dieses heimatlich-russische Idiom?« dachte Atanazy, und im selben Augenblick fiel ihm ein, daß eine Menge russifizierter Autochthonen und sogar gebürtiger Russen in seine Heimat gekommen waren, um hier der Revolution zu helfen.

»Er ist von der Luptower Seite. Er sagt, daß er ein Freund des Genossen-Kommissars Tempe ist. Er hat sich verirrt«, sagte der Soldat mit deutlicher Angst. Atanazy spürte eine unangenehme Spannung ringsum.

»Wer hat hier was zu sagen. Ich habe meinen Befehl. Beide sofort erschießen«, sagte der Kommandant mit russischem Akzent, indem er sich an die anderen wandte. Aus der Bude kamen noch einige heraus.

»Ich...« begann der Wachsoldat.

»Maul halten! Entweder ich dich, oder sie mich, und so weiter hinauf«, unterbrach ihn der Kommandant. Atanazy hatte bisher geschwiegen, überzeugt, daß die Sache sich klären würde. Mit seiner Idee im Kopf, dem Kokain im Blut und dem Dokument in der Tasche war er sich seines Lebens sicher. Jetzt empfand er deutlich, wie Sajetan Tempes dämonische Kraft ihr magnetisches Feld ausstrahlte bis zu den fernsten Grenzen seines Staats und entlegene Punkte zu neuen Brennpunkten der Potentiale organisierte. Die anderen rührten sich nicht.

»Genosse, ich habe wirklich...« begann der Wachsoldat wieder mit einer von uferloser Furcht durchtränkten Stimme – beinahe mit Todesgewißheit.

»Ich bin ein Beamter dritter Klasse«, unterbrach ihn Atanazy – und reichte die Papiere der mit russischem Akzent sprechenden Person. Die anderen entwaffneten inzwischen den leise stöhnenden Wachsoldaten. An seine Stelle trat ein anderer. Dieser, ohne Karabiner, las (man leuchtete ihm mit einer elektrischen Lampe) – sah vielmehr das Papier durch.

»Und wozu bist du auf die Luptower Seite gegangen? Und wie bist du da hingekommen? He?«

»Ich hatte mich verirrt«, sagte Atanazy mit leicht zitternder Stimme. Er fürchtete sich gar nicht, doch es war ihm peinlich, daß man ihn bei etwas Illegalem erwischt hatte und daß er lügen mußte. Warum mußte er? Das eben war sein Verderben – oder eben vielleicht seine Rettung – was weiß man schon bis zur letzten Sekunde. Vielleicht wäre es besser gewesen, wenn er gesagt hätte, daß er direkt hierher gegangen sei – vielleicht aber auch schlimmer. Obwohl jetzt ganz deutlich war, daß hier ein wütender schrecklicher Terror herrschte.

»Du spionierst bei den Luptower Konterrevolutionären? Was hast du ausspioniert?« (mit dem Akzent auf der letzten Silbe). »Stellt ihn mit Maciej an die Wand! Verstanden? Ich hänge da drin und ihr.« Es war offensichtlich, daß es der erste Fall dieser Art auf diesem Posten war.

»Genosse: ich habe einige wichtige Informationen für den Kommissar für Innere Angelegenheiten. Ich bin seit meiner Kindheit mit ihm befreundet.« Jetzt, als er seine eigene Stimme hörte, spürte Atanazy, wie schlimm es stand, daß er alle seine Trümpfe verspielt hatte. Aber er hatte keine Angst – er stand außerhalb solcher Kategorien – wo – wußte er selbst nicht. Er betrachtete das alles von der Seite, als wäre er nicht er selbst, sondern irgendein Fremder, ganz gleichgültig und in dieser Gleichgültigkeit fürchterlich. Er spürte seine eigene gehemmte Kraft wie einen Vulkan, der nicht ausbrechen darf. Er erstickte fast, aber er sagte sich, das sind meine letzten Worte zu lebenden Wesen – danach werde ich nur noch schweigen – ich zittere nicht einmal, was auch immer kommen mag. Er war schon in einer anderen Welt, von der er seit seiner Kindheit geträumt hatte, in dieser Welt jenseits des Lebens und sogar jenseits des Kokains. Aber er war sich bewußt, daß er sich nur mit Hilfe dieses verfluchten Mittels dort hineinwinden konnte. »Um diesen Preis kann nur das Ende des Lebens schön sein«, dachte er. Und schon aus der jenseitigen Welt hörte er hier auf der Erde eine Stimme, die schon nicht mehr die Stimme der russifizierten, nivellistischen Person war, sondern die Stimme des Schicksals selbst, und die etwas anderes bedeutete als das, was sie sagte.

»Ruhe! An die Wand!« sagte diese Stimme aus dem Jenseits, *aber umgekehrt.* »Abteilung, formiert euch!!«

Es klirrten die materiellen Teile der einzelnen Existenzen. Atanazy langte nach einer letzten Prise. Er hatte den ganzen Rest dieses Schweinezeugs in der Westentasche. Er dachte, daß er, auch wenn er das nicht hätte (diese letzte Dosis), trotzdem derselbe bliebe. »Ja – das ist wunderschön – schöner als der Anblick des Amphitheaters der Gipfel im Złomisktal. Bestimmt wäre ich auch ohne dieses Zeug darüber erhaben.« Er selbst wußte nicht recht, woran er eigentlich dachte. Wahrheit im letzten Augenblick – wer könnte sie schätzen und wägen? Narkotika oder nicht – das sind endgültige, nicht nachprüfbare Dinge. Das Absolute in einer Pille – ja – aber wer versteht das? Wer? Der Mensch, der an die »metaphysische Wand« gedrückt wird, lügt vielleicht gerade dann am meisten? Leider hatte Atanazy niemanden, vor dem er sich hätte verstellen können. Andere sind anders umgekommen, aber wie *wirklich,* das weiß kein Lebender. Ich – das bin »ich« und kein anderer, das mit sich selbst in alle Ewigkeit Identische kann nur so untergehen und nicht anders. Zosias Geist umfing Atanazy in einer heißen, irdischen Umarmung. Endlich! Noch einen Moment, und er hätte sich verspätet. Niemand war bei ihm außer ihr. Sie stellten ihn hin. Deutlich sah er den in die Augen stechenden Schein der elektrischen Taschenlampe und einen dunklen Haufen von Kerlen mit *Karabinern* im Anschlag vor sich. Über ihnen schwebte die schwarze Masse der Berge, in deren Innerem ein Sturzbach etwas Unverständliches stammelte – ein kalter Hauch trug diese Stimme her. Die Sterne funkelten fast ruhig an einem klaren Himmel. Gleichgültig war das alles, wie erstarrt. Vergebens versuchte Atanazy, sich mit den Sternen zu verständigen. Es ging nicht. Ein Klirren der Karabiner. »Nun – jetzt. Ich bin bereit.« Es war zu spüren, daß er zitterte.

»Ziel! Feuer!!« (Wenn nur nicht dort, wo schon Prepudrech . . .) Dröhnen und ein entsetzlicher Schmerz im Magen, ein Schmerz, gegen den er psychisch seit langem anästhesiert war (seit ein paar Minuten), der erste große physische Schmerz im Leben – der erste und letzte. »Bestimmt die Leber.« Und gleichzeitig dieses Wonnegefühl, daß er kein Herz hatte und niemals mehr töten werde – niemals. Eine der Kugeln, die klügste, hatte mitten ins Herz getroffen. Mit dem Gefühl unirdischer Wonne, versinkend im schwarzen Nichtsein, durchtränkt mit der Essenz des Lebens, diesem Etwas, das nicht nur eine Illusion von miteinander unvereinbaren Widersprüchen ist, *sondern eben dasselbe,* einzige, und dennoch nie, nicht einmal im Augenblick des Todes Erfüllbare, sondern in einer unendlich kleinen Zeit nach ihm . . . Was heißt das? Schließlich war er es nicht mehr (diesmal wirklich, ohne Spaß), der das Repetieren, das Kommando und den Schrei hörte – Maciej schrie, offenbar ebenso schmerzhaft getroffen, er heulte immer schwächer. Atanazy wußte nicht mehr, daß das sein letzter Eindruck war. *Er verendete in dessen Heulen* – das nur in seinen Ohren schwächer wurde . . . Maciej heulte immer lauter – sie mußten nochmals auf ihn schießen. Zum Vorhergehenden zurückkommend: fühlt ein Infusorium in einem Glas Wasser denn nicht dasselbe? Es fühlt es, nur kann es das nicht ausdrücken. Und können wir es? Auch nicht. Atanazy hatte endlich aufgehört zu leben.

Information

[Manchmal dachte Hela an ihn (Gina war bald darauf gestorben), manchmal Prepudrech, aber anders, oh, anders – in sinnlosen Klängen eher als in Worten. Er war jetzt mit Hela befreundet (die Tempes Geliebte war und in der Untersuchungskommission für Angelegenheiten von besonderer Wichtigkeit arbeitete), von einer Scheidung war keine Rede. »Der hat mich irgendwie seltsam besiegt«, dachte sie manchmal bewundernd von dem Prinzen. Nach einem Jahr war Hela mit ihrer Grausamkeit und ihrer Nymphomanie Tempe langweilig geworden – Tempe war ein Mensch der reinen Idee, ein reiner Mensch. In dieser Zeit wurde Prepudrech als Gesandter der P.P.S.N. ins heimatliche Persien geschickt. Unmittelbar vor der Ausreise versöhnten sich die Herrschaften Belial definitiv und verreisten zusammen. Angeblich verliebte sich der Schah von Persien in Hela, und sie war der Star der Teheraner Bälle. Dann machte sie eine Palastrevolution und setzte ihren Azio auf den Thron. Eigentlich regierte sie natürlich selbst, allmächtig und unumschränkt. Und das Blut der Bertz und Szopenfelder (und sogar der Rothschilds) wirkte in ihr bis zum Lebensende. Der metaphysischen Transformationen war kein Ende. (Allerdings war es für Atanazy besser, daß er an diesem Abend umgebracht wurde. Man kann sich seinen »Katzenjammer«* tags darauf vorstellen, wenn er sich nüchtern davon überzeugt hätte, daß seine Idee vollständiger Unsinn war, und dazu die schrecklichen Folgen des Mißbrauchs von Koks, der »Weißen Wahrsagerin«. Brrr!]

»Nun – ein unnützer Mensch weniger auf der Welt – und sogar zw... wenigstens«, sagte einer (wahrscheinlich der intelligenteste) der Füsilierungsgruppe, während er in die Bude zurückging. Bald schnarchten sie alle, mit Ausnahme des neuen Wachhabenden, der sicherlich Tempes Staat eifriger bewachte als sein Vorgänger – ein Exempel ist von Zeit zu Zeit eine gute Sache. In der Tiefe dämmerten die Berge, und die ruhigen Sterne zwinkerten kaum; in der Stille war hin und wieder das Gemurmel des Sturzbachs zu hören, von einem kühlen Luftzug hergetragen. Doch wer sah und hörte das? Niemand konnte mit Wehmut sagen: »Wie einst.«

Information

[Auch die andere Prophezeiung von Hela Belial ging in Erfüllung. Es gab antinivellistische Unruhen in den Heiligen-Kreuz-Bergen. Man ließ die Verrückten aus dem Spital frei. Sie zerstreuten sich in alle Richtungen, jeder nach seinem Belieben. Ziezio Smorski begann, eine Patrouille zu beschimpfen. Sie schlitzten ihm, nachdem sie ihn vorher an einen Baumstamm gebunden hatten, den Bauch auf, brachten Petroleum aus einem nahen Lädchen, begossen ihn und zündeten alles an. Ja – es war besser, daß manche umkamen, Atanazy besonders. Leben, ohne zum Leben fähig zu sein, noch auch zum Tode; mit dem Bewußtsein von der Nichtigkeit und Armseligkeit seiner Ideen; ohne jemanden zu lieben, noch von jemandem geliebt zu

442

werden; völlig einsam zu sein im unendlichen, sinnlosen (Sinn ist hier eine subjektive Sache) Weltall – das ist eine geradezu fürchterliche Sache.

Alle kennen das weitere Schicksal des Landes unter Sajetan Tempes Regierung, der immer recht hatte, also braucht man darüber nicht zu sprechen.

»Macht euch an eine nützliche Arbeit«, wie Atanazys alte Tante zu sagen pflegte (genug dieses Namens). Manche von den früheren Abfällen, die alles durchgehalten hatten, machten sich auch wirklich an die Arbeit – aber es waren verhältnismäßig wenige. Neue, andere Menschen entstanden... Aber *was für welche*, das kann sich niemand auch nur annähernd vorstellen.]

Dennoch ist es gut, alles ist gut – Was? – vielleicht nicht? Gut ist es, ver-flucht, und wer da sagt, daß es nicht gut ist, dem gehört eins in die Fresse!

24. VIII. 1926